水路运输和港口营运安全生产
法律法规汇编

交通运输部安全委员会办公室　编

人民交通出版社股份有限公司
China Communications Press Co.,Ltd.

内 容 提 要

本书由交通运输部安全委员会办公室对涉及水路运输和港口营运安全的相关法律法规、规章制度及重要文件汇编而成。

汇编内容包括四部分，第一部分是水路运输和港口营运安全相关的国家法律，第二部分是水路运输和港口营运安全相关的国务院条例，第三部分是水路运输和港口营运安全相关的部门规章，第四部分是水路运输和港口营运安全相关的重要文件。

本书可供相关安全生产管理人员及从业人员学习参考。

图书在版编目(CIP)数据

水路运输和港口营运安全生产法律法规汇编 / 交通运输部安全委员会办公室编. —北京：人民交通出版社股份有限公司，2016.8

ISBN 978-7-114-13262-9

Ⅰ.①水… Ⅱ.①交… Ⅲ.①水路运输管理—安全生产—安全法规—汇编—中国 ②港口管理—安全生产—安全法规—汇编—中国 Ⅳ.①D922.296.9 ②D922.549

中国版本图书馆 CIP 数据核字(2016)第 187615 号

Shuilu Yunshu he Gangkou Yingyun Anquan Shengchan Falü Fagui Huibian

书　　名：水路运输和港口营运安全生产法律法规汇编
著 作 者：交通运输部安全委员会办公室
责任编辑：林宇峰　姚　旭
出版发行：人民交通出版社股份有限公司
地　　址：(100011)北京市朝阳区安定门外外馆斜街 3 号
网　　址：http://www.ccpress.com.cn
销售电话：(010)59757973
总 经 销：人民交通出版社股份有限公司发行部
经　　销：各地新华书店
印　　刷：北京市密东印刷有限公司
开　　本：880×1230　1/16
印　　张：36.25
字　　数：771 千
版　　次：2016 年 8 月　第 1 版
印　　次：2016 年 8 月　第 1 次印刷
书　　号：ISBN 978-7-114-13262-9
定　　价：150.00 元

前　　言

本书由交通运输部安全委员会办公室汇总水路运输和港口营运安全生产密切相关的法律法规、部门规章及相关重要文件汇编而成，内容包括国家有关法律、国务院相关行政法规、交通运输部以及其他部门的相关规章、国务院以及交通运输部等部门发布的重要文件等。本书可供水路运输和港口营运相关安全生产监管人员、从业人员和公众学习、查阅和参考。

希望本书的出版发行，能够促进相关企业和人员深入学习理解和严格贯彻执行相关法律法规、规章制度和文件的规定和要求，不断提高安全意识和安全素质，不断增进行业安全知识的学习和理解，扎实开展水路运输和港口营运安全生产各项工作，努力提高其安全发展水平，促进该行业科学发展、安全发展。

交通运输部安全委员会办公室

2016 年 7 月 11 日

目　　录

一、国家相关法律

中华人民共和国安全生产法

（2014 年 8 月 31 日第十二届全国人民代表大会常务委员会第 10 次会议修正，
中华人民共和国主席令　第 13 号）

第一章　总　　则

第一条　为了加强安全生产工作，防止和减少生产安全事故，保障人民群众生命和财产安全，促进经济社会持续健康发展，制定本法。

第二条　在中华人民共和国领域内从事生产经营活动的单位（以下统称生产经营单位）的安全生产，适用本法；有关法律、行政法规对消防安全和道路交通安全、铁路交通安全、水上交通安全、民用航空安全以及核与辐射安全、特种设备安全另有规定的，适用其规定。

第三条　安全生产工作应当以人为本，坚持安全发展，坚持安全第一、预防为主、综合治理的方针，强化和落实生产经营单位的主体责任，建立生产经营单位负责、职工参与、政府监管、行业自律和社会监督的机制。

第四条　生产经营单位必须遵守本法和其他有关安全生产的法律、法规，加强安全生产管理，建立、健全安全生产责任制和安全生产规章制度，改善安全生产条件，推进安全生产标准化建设，提高安全生产水平，确保安全生产。

第五条　生产经营单位的主要负责人对本单位的安全生产工作全面负责。

第六条　生产经营单位的从业人员有依法获得安全生产保障的权利，并应当依法履行安全生产方面的义务。

第七条　工会依法对安全生产工作进行监督。

生产经营单位的工会依法组织职工参加本单位安全生产工作的民主管理和民主监督，维护职工在安全生产方面的合法权益。生产经营单位制定或者修改有关安全生产的规章制度，应当听取工会的意见。

第八条　国务院和县级以上地方各级人民政府应当根据国民经济和社会发展规划制定安全生产规划，并组织实施。安全生产规划应当与城乡规划相衔接。

国务院和县级以上地方各级人民政府应当加强对安全生产工作的领导，支持、督促各有关部门依法履行安全生产监督管理职责，建立健全安全生产工作协调机制，及时协调、解决安全生产监督管理中存在的重大问题。

乡、镇人民政府以及街道办事处、开发区管理机构等地方人民政府的派出机关应当按照职责，加强对本行政区域内生产经营单位安全生产状况的监督检查，协助上级人民政府有关部门依法履行安全生产监督管理职责。

第九条 国务院安全生产监督管理部门依照本法，对全国安全生产工作实施综合监督管理；县级以上地方各级人民政府安全生产监督管理部门依照本法，对本行政区域内安全生产工作实施综合监督管理。

国务院有关部门依照本法和其他有关法律、行政法规的规定，在各自的职责范围内对有关行业、领域的安全生产工作实施监督管理；县级以上地方各级人民政府有关部门依照本法和其他有关法律、法规的规定，在各自的职责范围内对有关行业、领域的安全生产工作实施监督管理。

安全生产监督管理部门和对有关行业、领域的安全生产工作实施监督管理的部门，统称负有安全生产监督管理职责的部门。

第十条 国务院有关部门应当按照保障安全生产的要求，依法及时制定有关的国家标准或者行业标准，并根据科技进步和经济发展适时修订。

生产经营单位必须执行依法制定的保障安全生产的国家标准或者行业标准。

第十一条 各级人民政府及其有关部门应当采取多种形式，加强对有关安全生产的法律、法规和安全生产知识的宣传，增强全社会的安全生产意识。

第十二条 有关协会组织依照法律、行政法规和章程，为生产经营单位提供安全生产方面的信息、培训等服务，发挥自律作用，促进生产经营单位加强安全生产管理。

第十三条 依法设立的为安全生产提供技术、管理服务的机构，依照法律、行政法规和执业准则，接受生产经营单位的委托为其安全生产工作提供技术、管理服务。

生产经营单位委托前款规定的机构提供安全生产技术、管理服务的，保证安全生产的责任仍由本单位负责。

第十四条 国家实行生产安全事故责任追究制度，依照本法和有关法律、法规的规定，追究生产安全事故责任人员的法律责任。

第十五条 国家鼓励和支持安全生产科学技术研究和安全生产先进技术的推广应用，提高安全生产水平。

第十六条 国家对在改善安全生产条件、防止生产安全事故、参加抢险救护等方面取得显著成绩的单位和个人，给予奖励。

第二章 生产经营单位的安全生产保障

第十七条 生产经营单位应当具备本法和有关法律、行政法规和国家标准或者行业标准规定的安全生产条件；不具备安全生产条件的，不得从事生产经营活动。

第十八条 生产经营单位的主要负责人对本单位安全生产工作负有下列职责：

（一）建立、健全本单位安全生产责任制；

（二）组织制定本单位安全生产规章制度和操作规程；

（三）组织制定并实施本单位安全生产教育和培训计划；

（四）保证本单位安全生产投入的有效实施；

（五）督促、检查本单位的安全生产工作，及时消除生产安全事故隐患；

（六）组织制定并实施本单位的生产安全事故应急救援预案；

（七）及时、如实报告生产安全事故。

第十九条 生产经营单位的安全生产责任制应当明确各岗位的责任人员、责任范围和考核标准等内容。

生产经营单位应当建立相应的机制，加强对安全生产责任制落实情况的监督考核，保证安全生产责任制的落实。

第二十条 生产经营单位应当具备的安全生产条件所必需的资金投入，由生产经营单位的决策机构、主要负责人或者个人经营的投资人予以保证，并对由于安全生产所必需的资金投入不足导致的后果承担责任。

有关生产经营单位应当按照规定提取和使用安全生产费用，专门用于改善安全生产条件。安全生产费用在成本中据实列支。安全生产费用提取、使用和监督管理的具体办法由国务院财政部门会同国务院安全生产监督管理部门征求国务院有关部门意见后制定。

第二十一条 矿山、金属冶炼、建筑施工、道路运输单位和危险物品的生产、经营、储存单位，应当设置安全生产管理机构或者配备专职安全生产管理人员。

前款规定以外的其他生产经营单位，从业人员超过一百人的，应当设置安全生产管理机构或者配备专职安全生产管理人员；从业人员在一百人以下的，应当配备专职或者兼职的安全生产管理人员。

第二十二条 生产经营单位的安全生产管理机构以及安全生产管理人员履行下列职责：

（一）组织或者参与拟订本单位安全生产规章制度、操作规程和生产安全事故应急救援预案；

（二）组织或者参与本单位安全生产教育和培训，如实记录安全生产教育和培训情况；

（三）督促落实本单位重大危险源的安全管理措施；

（四）组织或者参与本单位应急救援演练；

（五）检查本单位的安全生产状况，及时排查生产安全事故隐患，提出改进安全生产管理的建议；

（六）制止和纠正违章指挥、强令冒险作业、违反操作规程的行为；

（七）督促落实本单位安全生产整改措施。

第二十三条 生产经营单位的安全生产管理机构以及安全生产管理人员应当恪尽职守，依法履行职责。

生产经营单位作出涉及安全生产的经营决策，应当听取安全生产管理机构以及安全生产管理人员的意见。

生产经营单位不得因安全生产管理人员依法履行职责而降低其工资、福利等待遇或者解除与其订立的劳动合同。

危险物品的生产、储存单位以及矿山、金属冶炼单位的安全生产管理人员的任免，应当告知主管的负有安全生产监督管理职责的部门。

第二十四条 生产经营单位的主要负责人和安全生产管理人员必须具备与本单位所从事的生产经营活动相应的安全生产知识和管理能力。

危险物品的生产、经营、储存单位以及矿山、金属冶炼、建筑施工、道路运输单位的主要负责人和安全生产管理人员，应当由主管的负有安全生产监督管理职责的部门对其安全生产知识和管理能力考核合格。考核不得收费。

危险物品的生产、储存单位以及矿山、金属冶炼单位应当有注册安全工程师从事安全生产管理工作。鼓励其他生产经营单位聘用注册安全工程师从事安全生产管理工作。注册安全工程师按专业分类管理，具体办法由国务院人力资源和社会保障部门、国务院安全生产监督管理部门会同国务院有关部门制定。

第二十五条 生产经营单位应当对从业人员进行安全生产教育和培训，保证从业人员具备必要的安全生产知识，熟悉有关的安全生产规章制度和安全操作规程，掌握本岗位的安全操作技能，了解事故应急处理措施，知悉自身在安全生产方面的权利和义务。未经安全生产教育和培训合格的从业人员，不得上岗作业。

生产经营单位使用被派遣劳动者的，应当将被派遣劳动者纳入本单位从业人员统一管理，对被派遣劳动者进行岗位安全操作规程和安全操作技能的教育和培训。劳务派遣单位应当对被派遣劳动者进行必要的安全生产教育和培训。

生产经营单位接收中等职业学校、高等学校学生实习的，应当对实习学生进行相应的安全生产教育和培训，提供必要的劳动防护用品。学校应当协助生产经营单位对实习学生进行安全生产教育和培训。

生产经营单位应当建立安全生产教育和培训档案，如实记录安全生产教育和培训的时间、内容、参加人员以及考核结果等情况。

第二十六条 生产经营单位采用新工艺、新技术、新材料或者使用新设备，必须了解、掌握其安全技术特性，采取有效的安全防护措施，并对从业人员进行专门的安全生产教育和培训。

第二十七条 生产经营单位的特种作业人员必须按照国家有关规定经专门的安全作业培训，取得相应资格，方可上岗作业。

特种作业人员的范围由国务院安全生产监督管理部门会同国务院有关部门确定。

第二十八条 生产经营单位新建、改建、扩建工程项目（以下统称建设项目）的安全设施，必须与主体工程同时设计、同时施工、同时投入生产和使用。安全设施投资应当纳入建设项目概算。

第二十九条 矿山、金属冶炼建设项目和用于生产、储存、装卸危险物品的建设项目，应当按照国家有关规定进行安全评价。

第三十条 建设项目安全设施的设计人、设计单位应当对安全设施设计负责。

矿山、金属冶炼建设项目和用于生产、储存、装卸危险物品的建设项目的安全设施设计应当按照国家有关规定报经有关部门审查，审查部门及其负责审查的人员对审查结果负责。

第三十一条 矿山、金属冶炼建设项目和用于生产、储存、装卸危险物品的建设项目的施工单位必须按照批准的安全设施设计施工，并对安全设施的工程质量负责。

矿山、金属冶炼建设项目和用于生产、储存危险物品的建设项目竣工投入生产或者使用前，应当由建设单位负责组织对安全设施进行验收；验收合格后，方可投入生产和使用。安全生产监督管理部门应当加强对建设单位验收活动和验收结果的监督核查。

第三十二条 生产经营单位应当在有较大危险因素的生产经营场所和有关设施、设备上，设置明显的安全警示标志。

第三十三条 安全设备的设计、制造、安装、使用、检测、维修、改造和报废，应当符合国家标准或者行业标准。

生产经营单位必须对安全设备进行经常性维护、保养，并定期检测，保证正常运转。维护、保养、检测应当作好记录，并由有关人员签字。

第三十四条 生产经营单位使用的危险物品的容器、运输工具，以及涉及人身安全、危险性较大的海洋石油开采特种设备和矿山井下特种设备，必须按照国家有关规定，由专业生产单位生产，并经具有专业资质的检测、检验机构检测、检验合格，取得安全使用证或者安全标志，方可投入使用。检测、检验机构对检测、检验结果负责。

第三十五条 国家对严重危及生产安全的工艺、设备实行淘汰制度，具体目录由国务院安全生产监督管理部门会同国务院有关部门制定并公布。法律、行政法规对目录的制定另有规定的，适用其规定。

省、自治区、直辖市人民政府可以根据本地区实际情况制定并公布具体目录，对前款规定以外的危及生产安全的工艺、设备予以淘汰。

生产经营单位不得使用应当淘汰的危及生产安全的工艺、设备。

第三十六条 生产、经营、运输、储存、使用危险物品或者处置废弃危险物品的，由有关主管部门依照有关法律、法规的规定和国家标准或者行业标准审批并实施监督管理。

生产经营单位生产、经营、运输、储存、使用危险物品或者处置废弃危险物品，必须执行有关法律、法规和国家标准或者行业标准，建立专门的安全管理制度，采取可靠的安全措施，接受有关主管部门依法实施的监督管理。

第三十七条 生产经营单位对重大危险源应当登记建档，进行定期检测、评估、监控，并制定应急预案，告知从业人员和相关人员在紧急情况下应当采取的应急措施。

生产经营单位应当按照国家有关规定将本单位重大危险源及有关安全措施、应急措施报有关地方人民政府安全生产监督管理部门和有关部门备案。

第三十八条 生产经营单位应当建立健全生产安全事故隐患排查治理制度，采取技术、管理措施，及时发现并消除事故隐患。事故隐患排查治理情况应当如实记录，并向从业人员通报。

县级以上地方各级人民政府负有安全生产监督管理职责的部门应当建立健全重大事故隐患治理督办制度,督促生产经营单位消除重大事故隐患。

第三十九条 生产、经营、储存、使用危险物品的车间、商店、仓库不得与员工宿舍在同一座建筑物内,并应当与员工宿舍保持安全距离。

生产经营场所和员工宿舍应当设有符合紧急疏散要求、标志明显、保持畅通的出口。禁止锁闭、封堵生产经营场所或者员工宿舍的出口。

第四十条 生产经营单位进行爆破、吊装以及国务院安全生产监督管理部门会同国务院有关部门规定的其他危险作业,应当安排专门人员进行现场安全管理,确保操作规程的遵守和安全措施的落实。

第四十一条 生产经营单位应当教育和督促从业人员严格执行本单位的安全生产规章制度和安全操作规程;并向从业人员如实告知作业场所和工作岗位存在的危险因素、防范措施以及事故应急措施。

第四十二条 生产经营单位必须为从业人员提供符合国家标准或者行业标准的劳动防护用品,并监督、教育从业人员按照使用规则佩戴、使用。

第四十三条 生产经营单位的安全生产管理人员应当根据本单位的生产经营特点,对安全生产状况进行经常性检查;对检查中发现的安全问题,应当立即处理;不能处理的,应当及时报告本单位有关负责人,有关负责人应当及时处理。检查及处理情况应当如实记录在案。

生产经营单位的安全生产管理人员在检查中发现重大事故隐患,依照前款规定向本单位有关负责人报告,有关负责人不及时处理的,安全生产管理人员可以向主管的负有安全生产监督管理职责的部门报告,接到报告的部门应当依法及时处理。

第四十四条 生产经营单位应当安排用于配备劳动防护用品、进行安全生产培训的经费。

第四十五条 两个以上生产经营单位在同一作业区域内进行生产经营活动,可能危及对方生产安全的,应当签订安全生产管理协议,明确各自的安全生产管理职责和应当采取的安全措施,并指定专职安全生产管理人员进行安全检查与协调。

第四十六条 生产经营单位不得将生产经营项目、场所、设备发包或者出租给不具备安全生产条件或者相应资质的单位或者个人。

生产经营项目、场所发包或者出租给其他单位的,生产经营单位应当与承包单位、承租单位签订专门的安全生产管理协议,或者在承包合同、租赁合同中约定各自的安全生产管理职责;生产经营单位对承包单位、承租单位的安全生产工作统一协调、管理,定期进行安全检查,发现安全问题的,应当及时督促整改。

第四十七条 生产经营单位发生生产安全事故时,单位的主要负责人应当立即组织抢救,并不得在事故调查处理期间擅离职守。

第四十八条 生产经营单位必须依法参加工伤保险,为从业人员缴纳保险费。

国家鼓励生产经营单位投保安全生产责任保险。

第三章　从业人员的安全生产权利义务

第四十九条　生产经营单位与从业人员订立的劳动合同，应当载明有关保障从业人员劳动安全、防止职业危害的事项，以及依法为从业人员办理工伤保险的事项。

生产经营单位不得以任何形式与从业人员订立协议，免除或者减轻其对从业人员因生产安全事故伤亡依法应承担的责任。

第五十条　生产经营单位的从业人员有权了解其作业场所和工作岗位存在的危险因素、防范措施及事故应急措施，有权对本单位的安全生产工作提出建议。

第五十一条　从业人员有权对本单位安全生产工作中存在的问题提出批评、检举、控告；有权拒绝违章指挥和强令冒险作业。

生产经营单位不得因从业人员对本单位安全生产工作提出批评、检举、控告或者拒绝违章指挥、强令冒险作业而降低其工资、福利等待遇或者解除与其订立的劳动合同。

第五十二条　从业人员发现直接危及人身安全的紧急情况时，有权停止作业或者在采取可能的应急措施后撤离作业场所。

生产经营单位不得因从业人员在前款紧急情况下停止作业或者采取紧急撤离措施而降低其工资、福利等待遇或者解除与其订立的劳动合同。

第五十三条　因生产安全事故受到损害的从业人员，除依法享有工伤保险外，依照有关民事法律尚有获得赔偿的权利的，有权向本单位提出赔偿要求。

第五十四条　从业人员在作业过程中，应当严格遵守本单位的安全生产规章制度和操作规程，服从管理，正确佩戴和使用劳动防护用品。

第五十五条　从业人员应当接受安全生产教育和培训，掌握本职工作所需的安全生产知识，提高安全生产技能，增强事故预防和应急处理能力。

第五十六条　从业人员发现事故隐患或者其他不安全因素，应当立即向现场安全生产管理人员或者本单位负责人报告；接到报告的人员应当及时予以处理。

第五十七条　工会有权对建设项目的安全设施与主体工程同时设计、同时施工、同时投入生产和使用进行监督，提出意见。

工会对生产经营单位违反安全生产法律、法规，侵犯从业人员合法权益的行为，有权要求纠正；发现生产经营单位违章指挥、强令冒险作业或者发现事故隐患时，有权提出解决的建议，生产经营单位应当及时研究答复；发现危及从业人员生命安全的情况时，有权向生产经营单位建议组织从业人员撤离危险场所，生产经营单位必须立即作出处理。

工会有权依法参加事故调查，向有关部门提出处理意见，并要求追究有关人员的责任。

第五十八条　生产经营单位使用被派遣劳动者的，被派遣劳动者享有本法规定的从业人员的权利，并应当履行本法规定的从业人员的义务。

第四章　安全生产的监督管理

第五十九条　县级以上地方各级人民政府应当根据本行政区域内的安全生产状况，组织有关部门按照职责分工，对本行政区域内容易发生重大生产安全事故的生产经营单位进行严格检查。

安全生产监督管理部门应当按照分类分级监督管理的要求，制定安全生产年度监督检查计划，并按照年度监督检查计划进行监督检查，发现事故隐患，应当及时处理。

第六十条 负有安全生产监督管理职责的部门依照有关法律、法规的规定，对涉及安全生产的事项需要审查批准（包括批准、核准、许可、注册、认证、颁发证照等，下同）或者验收的，必须严格依照有关法律、法规和国家标准或者行业标准规定的安全生产条件和程序进行审查；不符合有关法律、法规和国家标准或者行业标准规定的安全生产条件的，不得批准或者验收通过。对未依法取得批准或者验收合格的单位擅自从事有关活动的，负责行政审批的部门发现或者接到举报后应当立即予以取缔，并依法予以处理。对已经依法取得批准的单位，负责行政审批的部门发现其不再具备安全生产条件的，应当撤销原批准。

第六十一条 负有安全生产监督管理职责的部门对涉及安全生产的事项进行审查、验收，不得收取费用；不得要求接受审查、验收的单位购买其指定品牌或者指定生产、销售单位的安全设备、器材或者其他产品。

第六十二条 安全生产监督管理部门和其他负有安全生产监督管理职责的部门依法开展安全生产行政执法工作，对生产经营单位执行有关安全生产的法律、法规和国家标准或者行业标准的情况进行监督检查，行使以下职权：

（一）进入生产经营单位进行检查，调阅有关资料，向有关单位和人员了解情况；

（二）对检查中发现的安全生产违法行为，当场予以纠正或者要求限期改正；对依法应当给予行政处罚的行为，依照本法和其他有关法律、行政法规的规定作出行政处罚决定；

（三）对检查中发现的事故隐患，应当责令立即排除；重大事故隐患排除前或者排除过程中无法保证安全的，应当责令从危险区域内撤出作业人员，责令暂时停产停业或者停止使用相关设施、设备；重大事故隐患排除后，经审查同意，方可恢复生产经营和使用；

（四）对有根据认为不符合保障安全生产的国家标准或者行业标准的设施、设备、器材以及违法生产、储存、使用、经营、运输的危险物品予以查封或者扣押，对违法生产、储存、使用、经营危险物品的作业场所予以查封，并依法作出处理决定。

监督检查不得影响被检查单位的正常生产经营活动。

第六十三条 生产经营单位对负有安全生产监督管理职责的部门的监督检查人员（以下统称安全生产监督检查人员）依法履行监督检查职责，应当予以配合，不得拒绝、阻挠。

第六十四条 安全生产监督检查人员应当忠于职守，坚持原则，秉公执法。

安全生产监督检查人员执行监督检查任务时，必须出示有效的监督执法证件；对涉及被检查单位的技术秘密和业务秘密，应当为其保密。

第六十五条 安全生产监督检查人员应当将检查的时间、地点、内容、发现的问题及其处理情况，作出书面记录，并由检查人员和被检查单位的负责人签字；被检查单位的负责人拒绝签字的，检查人员应当将情况记录在案，并向负有安全生产监督管理职责的部门报告。

第六十六条 负有安全生产监督管理职责的部门在监督检查中，应当互相配合，实行联合检查；确需分别进行检查的，应当互通情况，发现存在的安全问题应当由其他有关部门进行处理的，应当及时移送其他有关部门并形成记录备查，接受移送的部门应当及时进行处理。

第六十七条 负有安全生产监督管理职责的部门依法对存在重大事故隐患的生产经营单位作出停产停业、停止施工、停止使用相关设施或者设备的决定，生产经营单位应当依法执行，及时消除事故隐患。生产经营单位拒不执行，有发生生产安全事故的现实危险的，在保证安全的前提下，经本部门主要负责人批准，负有安全生产监督管理职责的部门可以采取通知有关单位停止供电、停止供应民用爆炸物品等措施，强制生产经营单位履行决定。通知应当采用书面形式，有关单位应当予以配合。

负有安全生产监督管理职责的部门依照前款规定采取停止供电措施，除有危及生产安全的紧急情形外，应当提前二十四小时通知生产经营单位。生产经营单位依法履行行政决定、采取相应措施消除事故隐患的，负有安全生产监督管理职责的部门应当及时解除前款规定的措施。

第六十八条 监察机关依照行政监察法的规定，对负有安全生产监督管理职责的部门及其工作人员履行安全生产监督管理职责实施监察。

第六十九条 承担安全评价、认证、检测、检验的机构应当具备国家规定的资质条件，并对其作出的安全评价、认证、检测、检验的结果负责。

第七十条 负有安全生产监督管理职责的部门应当建立举报制度，公开举报电话、信箱或者电子邮件地址，受理有关安全生产的举报；受理的举报事项经调查核实后，应当形成书面材料；需要落实整改措施的，报经有关负责人签字并督促落实。

第七十一条 任何单位或者个人对事故隐患或者安全生产违法行为，均有权向负有安全生产监督管理职责的部门报告或者举报。

第七十二条 居民委员会、村民委员会发现其所在区域内的生产经营单位存在事故隐患或者安全生产违法行为时，应当向当地人民政府或者有关部门报告。

第七十三条 县级以上各级人民政府及其有关部门对报告重大事故隐患或者举报安全生产违法行为的有功人员，给予奖励。具体奖励办法由国务院安全生产监督管理部门会同国务院财政部门制定。

第七十四条 新闻、出版、广播、电影、电视等单位有进行安全生产公益宣传教育的义务，有对违反安全生产法律、法规的行为进行舆论监督的权利。

第七十五条 负有安全生产监督管理职责的部门应当建立安全生产违法行为信息库，如实记录生产经营单位的安全生产违法行为信息；对违法行为情节严重的生产经营单位，应当向社会公告，并通报行业主管部门、投资主管部门、国土资源主管部门、证券监督管理机构以及有关金融机构。

第五章　生产安全事故的应急救援与调查处理

第七十六条 国家加强生产安全事故应急能力建设，在重点行业、领域建立应急救援基地和应急救援队伍,鼓励生产经营单位和其他社会力量建立应急救援队伍,配备相应的应急救援装备和物资,提高应急救援的专业化水平。

国务院安全生产监督管理部门建立全国统一的生产安全事故应急救援信息系统,国务院有关部门建立健全相关行业、领域的生产安全事故应急救援信息系统。

第七十七条 县级以上地方各级人民政府应当组织有关部门制定本行政区域内生产安全事故应急救援预案,建立应急救援体系。

第七十八条 生产经营单位应当制定本单位生产安全事故应急救援预案,与所在地县级以上地方人民政府组织制定的生产安全事故应急救援预案相衔接,并定期组织演练。

第七十九条 危险物品的生产、经营、储存单位以及矿山、金属冶炼、城市轨道交通运营、建筑施工单位应当建立应急救援组织;生产经营规模较小的,可以不建立应急救援组织,但应当指定兼职的应急救援人员。

危险物品的生产、经营、储存、运输单位以及矿山、金属冶炼、城市轨道交通运营、建筑施工单位应当配备必要的应急救援器材、设备和物资,并进行经常性维护、保养,保证正常运转。

第八十条 生产经营单位发生生产安全事故后,事故现场有关人员应当立即报告本单位负责人。

单位负责人接到事故报告后,应当迅速采取有效措施,组织抢救,防止事故扩大,减少人员伤亡和财产损失,并按照国家有关规定立即如实报告当地负有安全生产监督管理职责的部门,不得隐瞒不报、谎报或者迟报,不得故意破坏事故现场、毁灭有关证据。

第八十一条 负有安全生产监督管理职责的部门接到事故报告后,应当立即按照国家有关规定上报事故情况。负有安全生产监督管理职责的部门和有关地方人民政府对事故情况不得隐瞒不报、谎报或者迟报。

第八十二条 有关地方人民政府和负有安全生产监督管理职责的部门的负责人接到生产安全事故报告后,应当按照生产安全事故应急救援预案的要求立即赶到事故现场,组织事故抢救。

参与事故抢救的部门和单位应当服从统一指挥,加强协同联动,采取有效的应急救援措施,并根据事故救援的需要采取警戒、疏散等措施,防止事故扩大和次生灾害的发生,减少人员伤亡和财产损失。

事故抢救过程中应当采取必要措施,避免或者减少对环境造成的危害。

任何单位和个人都应当支持、配合事故抢救,并提供一切便利条件。

第八十三条 事故调查处理应当按照科学严谨、依法依规、实事求是、注重实效的原则,及时、准确地查清事故原因,查明事故性质和责任,总结事故教训,提出整改措施,并对事故责任者提出处理意见。事故调查报告应当依法及时向社会公布。事故调查和处理的具体办法由国务院制定。

事故发生单位应当及时全面落实整改措施,负有安全生产监督管理职责的部门应当加强监督检查。

第八十四条 生产经营单位发生生产安全事故，经调查确定为责任事故的，除了应当查明事故单位的责任并依法予以追究外，还应当查明对安全生产的有关事项负有审查批准和监督职责的行政部门的责任，对有失职、渎职行为的，依照本法第八十七条的规定追究法律责任。

第八十五条 任何单位和个人不得阻挠和干涉对事故的依法调查处理。

第八十六条 县级以上地方各级人民政府安全生产监督管理部门应当定期统计分析本行政区域内发生生产安全事故的情况，并定期向社会公布。

第六章 法律责任

第八十七条 负有安全生产监督管理职责的部门的工作人员，有下列行为之一的，给予降级或者撤职的处分；构成犯罪的，依照刑法有关规定追究刑事责任：

（一）对不符合法定安全生产条件的涉及安全生产的事项予以批准或者验收通过的；

（二）发现未依法取得批准、验收的单位擅自从事有关活动或者接到举报后不予取缔或者不依法予以处理的；

（三）对已经依法取得批准的单位不履行监督管理职责，发现其不再具备安全生产条件而不撤销原批准或者发现安全生产违法行为不予查处的；

（四）在监督检查中发现重大事故隐患，不依法及时处理的。

负有安全生产监督管理职责的部门的工作人员有前款规定以外的滥用职权、玩忽职守、徇私舞弊行为的，依法给予处分；构成犯罪的，依照刑法有关规定追究刑事责任。

第八十八条 负有安全生产监督管理职责的部门，要求被审查、验收的单位购买其指定的安全设备、器材或者其他产品的，在对安全生产事项的审查、验收中收取费用的，由其上级机关或者监察机关责令改正，责令退还收取的费用；情节严重的，对直接负责的主管人员和其他直接责任人员依法给予处分。

第八十九条 承担安全评价、认证、检测、检验工作的机构，出具虚假证明的，没收违法所得；违法所得在十万元以上的，并处违法所得二倍以上五倍以下的罚款；没有违法所得或者违法所得不足十万元的，单处或者并处十万元以上二十万元以下的罚款；对其直接负责的主管人员和其他直接责任人员处二万元以上五万元以下的罚款；给他人造成损害的，与生产经营单位承担连带赔偿责任；构成犯罪的，依照刑法有关规定追究刑事责任。

对有前款违法行为的机构，吊销其相应资质。

第九十条 生产经营单位的决策机构、主要负责人或者个人经营的投资人不依照本法规定保证安全生产所必需的资金投入，致使生产经营单位不具备安全生产条件的，责令限期改正，提供必需的资金；逾期未改正的，责令生产经营单位停产停业整顿。

有前款违法行为，导致发生生产安全事故的，对生产经营单位的主要负责人给予撤职处分，对个人经营的投资人处二万元以上二十万元以下的罚款；构成犯罪的，依照刑法有关规定追究刑事责任。

第九十一条 生产经营单位的主要负责人未履行本法规定的安全生产管理职责的，责令限期改正;逾期未改正的,处二万元以上五万元以下的罚款,责令生产经营单位停产停业整顿。

生产经营单位的主要负责人有前款违法行为,导致发生生产安全事故的,给予撤职处分;构成犯罪的,依照刑法有关规定追究刑事责任。

生产经营单位的主要负责人依照前款规定受刑事处罚或者撤职处分的,自刑罚执行完毕或者受处分之日起,五年内不得担任任何生产经营单位的主要负责人;对重大、特别重大生产安全事故负有责任的,终身不得担任本行业生产经营单位的主要负责人。

第九十二条 生产经营单位的主要负责人未履行本法规定的安全生产管理职责,导致发生生产安全事故的,由安全生产监督管理部门依照下列规定处以罚款:

(一)发生一般事故的,处上一年年收入百分之三十的罚款;

(二)发生较大事故的,处上一年年收入百分之四十的罚款;

(三)发生重大事故的,处上一年年收入百分之六十的罚款;

(四)发生特别重大事故的,处上一年年收入百分之八十的罚款。

第九十三条 生产经营单位的安全生产管理人员未履行本法规定的安全生产管理职责的,责令限期改正;导致发生生产安全事故的,暂停或者撤销其与安全生产有关的资格;构成犯罪的,依照刑法有关规定追究刑事责任。

第九十四条 生产经营单位有下列行为之一的,责令限期改正,可以处五万元以下的罚款;逾期未改正的,责令停产停业整顿,并处五万元以上十万元以下的罚款,对其直接负责的主管人员和其他直接责任人员处一万元以上二万元以下的罚款:

(一)未按照规定设置安全生产管理机构或者配备安全生产管理人员的;

(二)危险物品的生产、经营、储存单位以及矿山、金属冶炼、建筑施工、道路运输单位的主要负责人和安全生产管理人员未按照规定经考核合格的;

(三)未按照规定对从业人员、被派遣劳动者、实习学生进行安全生产教育和培训,或者未按照规定如实告知有关的安全生产事项的;

(四)未如实记录安全生产教育和培训情况的;

(五)未将事故隐患排查治理情况如实记录或者未向从业人员通报的;

(六)未按照规定制定生产安全事故应急救援预案或者未定期组织演练的;

(七)特种作业人员未按照规定经专门的安全作业培训并取得相应资格,上岗作业的。

第九十五条 生产经营单位有下列行为之一的,责令停止建设或者停产停业整顿,限期改正;逾期未改正的,处五十万元以上一百万元以下的罚款,对其直接负责的主管人员和其他直接责任人员处二万元以上五万元以下的罚款;构成犯罪的,依照刑法有关规定追究刑事责任:

(一)未按照规定对矿山、金属冶炼建设项目或者用于生产、储存、装卸危险物品的建设项目进行安全评价的;

(二)矿山、金属冶炼建设项目或者用于生产、储存、装卸危险物品的建设项目没有安全设施设计或者安全设施设计未按照规定报经有关部门审查同意的;

（三）矿山、金属冶炼建设项目或者用于生产、储存、装卸危险物品的建设项目的施工单位未按照批准的安全设施设计施工的；

（四）矿山、金属冶炼建设项目或者用于生产、储存危险物品的建设项目竣工投入生产或者使用前，安全设施未经验收合格的。

第九十六条 生产经营单位有下列行为之一的，责令限期改正，可以处五万元以下的罚款；逾期未改正的，处五万元以上二十万元以下的罚款，对其直接负责的主管人员和其他直接责任人员处一万元以上二万元以下的罚款；情节严重的，责令停产停业整顿；构成犯罪的，依照刑法有关规定追究刑事责任：

（一）未在有较大危险因素的生产经营场所和有关设施、设备上设置明显的安全警示标志的；

（二）安全设备的安装、使用、检测、改造和报废不符合国家标准或者行业标准的；

（三）未对安全设备进行经常性维护、保养和定期检测的；

（四）未为从业人员提供符合国家标准或者行业标准的劳动防护用品的；

（五）危险物品的容器、运输工具，以及涉及人身安全、危险性较大的海洋石油开采特种设备和矿山井下特种设备未经具有专业资质的机构检测、检验合格，取得安全使用证或者安全标志，投入使用的；

（六）使用应当淘汰的危及生产安全的工艺、设备的。

第九十七条 未经依法批准，擅自生产、经营、运输、储存、使用危险物品或者处置废弃危险物品的，依照有关危险物品安全管理的法律、行政法规的规定予以处罚；构成犯罪的，依照刑法有关规定追究刑事责任。

第九十八条 生产经营单位有下列行为之一的，责令限期改正，可以处十万元以下的罚款；逾期未改正的，责令停产停业整顿，并处十万元以上二十万元以下的罚款，对其直接负责的主管人员和其他直接责任人员处二万元以上五万元以下的罚款；构成犯罪的，依照刑法有关规定追究刑事责任：

（一）生产、经营、运输、储存、使用危险物品或者处置废弃危险物品，未建立专门安全管理制度、未采取可靠的安全措施的；

（二）对重大危险源未登记建档，或者未进行评估、监控，或者未制定应急预案的；

（三）进行爆破、吊装以及国务院安全生产监督管理部门会同国务院有关部门规定的其他危险作业，未安排专门人员进行现场安全管理的；

（四）未建立事故隐患排查治理制度的。

第九十九条 生产经营单位未采取措施消除事故隐患的，责令立即消除或者限期消除；生产经营单位拒不执行的，责令停产停业整顿，并处十万元以上五十万元以下的罚款，对其直接负责的主管人员和其他直接责任人员处二万元以上五万元以下的罚款。

第一百条 生产经营单位将生产经营项目、场所、设备发包或者出租给不具备安全生产条件或者相应资质的单位或者个人的，责令限期改正，没收违法所得；违法所得十万元以上的,并处违法所得二倍以上五倍以下的罚款;没有违法所得或者违法所得不足十万元的,单处或者并处十万元以上二十万元以下的罚款;对其直接负责的主管人员和其他直接责任人员处一万元以上二万元以下的罚款;导致发生生产安全事故给他人造成损害的,与承包方、承租方承担连带赔偿责任。

生产经营单位未与承包单位、承租单位签订专门的安全生产管理协议或者未在承包合同、租赁合同中明确各自的安全生产管理职责,或者未对承包单位、承租单位的安全生产统一协调、管理的,责令限期改正,可以处五万元以下的罚款,对其直接负责的主管人员和其他直接责任人员可以处一万元以下的罚款;逾期未改正的,责令停产停业整顿。

第一百零一条 两个以上生产经营单位在同一作业区域内进行可能危及对方安全生产的生产经营活动,未签订安全生产管理协议或者未指定专职安全生产管理人员进行安全检查与协调的,责令限期改正,可以处五万元以下的罚款,对其直接负责的主管人员和其他直接责任人员可以处一万元以下的罚款;逾期未改正的,责令停产停业。

第一百零二条 生产经营单位有下列行为之一的,责令限期改正,可以处五万元以下的罚款,对其直接负责的主管人员和其他直接责任人员可以处一万元以下的罚款;逾期未改正的,责令停产停业整顿;构成犯罪的,依照刑法有关规定追究刑事责任:

(一)生产、经营、储存、使用危险物品的车间、商店、仓库与员工宿舍在同一座建筑内,或者与员工宿舍的距离不符合安全要求的;

(二)生产经营场所和员工宿舍未设有符合紧急疏散需要、标志明显、保持畅通的出口,或者锁闭、封堵生产经营场所或者员工宿舍出口的。

第一百零三条 生产经营单位与从业人员订立协议,免除或者减轻其对从业人员因生产安全事故伤亡依法应承担的责任的,该协议无效;对生产经营单位的主要负责人、个人经营的投资人处二万元以上十万元以下的罚款。

第一百零四条 生产经营单位的从业人员不服从管理,违反安全生产规章制度或者操作规程的,由生产经营单位给予批评教育,依照有关规章制度给予处分;构成犯罪的,依照刑法有关规定追究刑事责任。

第一百零五条 违反本法规定,生产经营单位拒绝、阻碍负有安全生产监督管理职责的部门依法实施监督检查的,责令改正;拒不改正的,处二万元以上二十万元以下的罚款;对其直接负责的主管人员和其他直接责任人员处一万元以上二万元以下的罚款;构成犯罪的,依照刑法有关规定追究刑事责任。

第一百零六条 生产经营单位的主要负责人在本单位发生生产安全事故时,不立即组织抢救或者在事故调查处理期间擅离职守或者逃匿的,给予降级、撤职的处分,并由安全生产监督管理部门处上一年年收入百分之六十至百分之一百的罚款;对逃匿的处十五日以下拘留;构成犯罪的,依照刑法有关规定追究刑事责任。

生产经营单位的主要负责人对生产安全事故隐瞒不报、谎报或者迟报的,依照前款规定处罚。

第一百零七条 有关地方人民政府、负有安全生产监督管理职责的部门，对生产安全事故隐瞒不报、谎报或者迟报的，对直接负责的主管人员和其他直接责任人员依法给予处分；构成犯罪的，依照刑法有关规定追究刑事责任。

第一百零八条 生产经营单位不具备本法和其他有关法律、行政法规和国家标准或者行业标准规定的安全生产条件，经停产停业整顿仍不具备安全生产条件的，予以关闭；有关部门应当依法吊销其有关证照。

第一百零九条 发生生产安全事故，对负有责任的生产经营单位除要求其依法承担相应的赔偿等责任外，由安全生产监督管理部门依照下列规定处以罚款：

（一）发生一般事故的，处二十万元以上五十万元以下的罚款；

（二）发生较大事故的，处五十万元以上一百万元以下的罚款；

（三）发生重大事故的，处一百万元以上五百万元以下的罚款；

（四）发生特别重大事故的，处五百万元以上一千万元以下的罚款；情节特别严重的，处一千万元以上二千万元以下的罚款。

第一百一十条 本法规定的行政处罚，由安全生产监督管理部门和其他负有安全生产监督管理职责的部门按照职责分工决定。予以关闭的行政处罚由负有安全生产监督管理职责的部门报请县级以上人民政府按照国务院规定的权限决定；给予拘留的行政处罚由公安机关依照治安管理处罚法的规定决定。

第一百一十一条 生产经营单位发生生产安全事故造成人员伤亡、他人财产损失的，应当依法承担赔偿责任；拒不承担或者其负责人逃匿的，由人民法院依法强制执行。

生产安全事故的责任人未依法承担赔偿责任，经人民法院依法采取执行措施后，仍不能对受害人给予足额赔偿的，应当继续履行赔偿义务；受害人发现责任人有其他财产的，可以随时请求人民法院执行。

第七章　附　　则

第一百一十二条 本法下列用语的含义：

危险物品，是指易燃易爆物品、危险化学品、放射性物品等能够危及人身安全和财产安全的物品。

重大危险源，是指长期地或者临时地生产、搬运、使用或者储存危险物品，且危险物品的数量等于或者超过临界量的单元（包括场所和设施）。

第一百一十三条 本法规定的生产安全一般事故、较大事故、重大事故、特别重大事故的划分标准由国务院规定。

国务院安全生产监督管理部门和其他负有安全生产监督管理职责的部门应当根据各自的职责分工，制定相关行业、领域重大事故隐患的判定标准。

第一百一十四条 本法自 2002 年 11 月 1 日起施行。

中华人民共和国海上交通安全法

（1983年9月2日第六届全国人民代表大会常务委员会第2次会议通过，
中华人民共和国主席令　第7号）

第一章　总　　则

第一条　为加强海上交通管理，保障船舶、设施和人命财产的安全，维护国家权益，特制定本法。

第二条　本法适用于在中华人民共和国沿海水域航行、停泊和作业的一切船舶、设施和人员以及船舶、设施的所有人、经营人。

第三条　中华人民共和国港务监督机构，是对沿海水域的交通安全实施统一监督管理的主管机关。

第二章　船舶检验和登记

第四条　船舶和船上有关航行安全的重要设备必须具有船舶检验部门签发的有效技术证书。

第五条　船舶必须持有船舶国籍证书，或船舶登记证书，或船舶执照。

第三章　船舶、设施上的人员

第六条　船舶应当按照标准定额配备足以保证船舶安全的合格船员。

第七条　船长、轮机长、驾驶员、轮机员、无线电报务员话务员以及水上飞机、潜水器的相应人员，必须持有合格的职务证书。

其他船员必须经过相应的专业技术训练。

第八条　设施应当按照国家规定，配备掌握避碰、信号、通信、消防、救生等专业技能的人员。

第九条　船舶、设施上的人员必须遵守有关海上交通安全的规章制度和操作规程，保障船舶、设施航行、停泊和作业的安全。

第四章　航行、停泊和作业

第十条　船舶、设施航行、停泊和作业，必须遵守中华人民共和国的有关法律、行政法规和规章。

第十一条　外国籍非军用船舶，未经主管机关批准，不得进入中华人民共和国的内水和港口。但是,因人员病急、机件故障、遇难、避风等意外情况,未及获得批准,可以在进入的同时向主管机关紧急报告,并听从指挥。

外国籍军用船舶,未经中华人民共和国政府批准,不得进入中华人民共和国领海。

第十二条 国际航行船舶进出中华人民共和国港口,必须接受主管机关的检查。本国籍国内航行船舶进出港口,必须办理进出港签证。

第十三条 外国籍船舶进出中华人民共和国港口或者在港内航行、移泊以及靠离港外系泊点、装卸站等,必须由主管机关指派引航员引航。

第十四条 船舶进出港口或者通过交通管制区、通航密集区和航行条件受到限制的区域时,必须遵守中华人民共和国政府或主管机关公布的特别规定。

第十五条 除经主管机关特别许可外,禁止船舶进入或穿越禁航区。

第十六条 大型设施和移动式平台的海上拖带,必须经船舶检验部门进行拖航检验,并报主管机关核准。

第十七条 主管机关发现船舶的实际状况同证书所载不相符合时,有权责成其申请重新检验或者通知其所有人、经营人采取有效的安全措施。

第十八条 主管机关认为船舶对港口安全具有威胁时,有权禁止其进港或令其离港。

第十九条 船舶、设施有下列情况之一的,主管机关有权禁止其离港,或令其停航、改航、停止作业:

一、违反中华人民共和国有关的法律、行政法规或规章;

二、处于不适航或不适拖状态;

三、发生交通事故,手续未清;

四、未向主管机关或有关部门交付应承担的费用,也未提供适当的担保;

五、主管机关认为有其他妨害或者可能妨害海上交通安全的情况。

第五章　安全保障

第二十条 在沿海水域进行水上水下施工以及划定相应的安全作业区,必须报经主管机关核准公告。无关的船舶不得进入安全作业区。施工单位不得擅自扩大安全作业区的范围。

在港区内使用岸线或者进行水上水下施工包括架空施工,还必须附图报经主管机关审核同意。

第二十一条 在沿海水域划定禁航区,必须经国务院或主管机关批准。但是,为军事需要划定禁航区,可以由国家军事主管部门批准。

禁航区由主管机关公布。

第二十二条 未经主管机关批准,不得在港区、锚地、航 道、通航密集区以及主管机关公布的航路内设置、构筑设施或者进行其他有碍航行安全的活动。

对在上述区域内擅自设置、构筑的设施,主管机关有权责令其所有人限期搬迁或拆除。

第二十三条 禁止损坏助航标志和导航设施。损坏助航标志或导航设施的,应当立即向主管机关报告,并承担赔偿责任。

第二十四条 船舶、设施发现下列情况,应当迅速报告主管机关:

一、助航标志或导航设施变异、失常;

二、有妨碍航行安全的障碍物、漂流物;

三、其他有碍航行安全的异常情况。

第二十五条 航标周围不得建造或设置影响其工作效能的障碍物。航标和航道附近有碍航行安全的灯光,应当妥善遮蔽。

第二十六条 设施的搬迁、拆除,沉船沉物的打捞清除,水下工程的善后处理,都不得遗留有碍航行和作业安全的隐患。在未妥善处理前,其所有人或经营人必须负责设置规定的标志,并将碍航物的名称、形状、尺寸、位置和深度准确地报告主管机关。

第二十七条 港口码头、港外系泊点、装卸站和船闸,应当加强安全管理,保持良好状态。

第二十八条 主管机关根据海上交通安全的需要,确定、调整交通管制区和港口锚地。港外锚地的划定,由主管机关报上级机关批准后公告。

第二十九条 主管机关按照国家规定,负责统一发布航行警告和航行通告。

第三十条 为保障航行、停泊和作业的安全,有关部门应当保持通信联络畅通,保持助航标志、导航设施明显有效,及时提供海洋气象预报和必要的航海图书资料。

第三十一条 船舶、设施发生事故,对交通安全造成或者可能造成危害时,主管机关有权采取必要的强制性处置措施。

第六章 危险货物运输

第三十二条 船舶、设施储存、装卸、运输危险货物,必须具备安全可靠的设备和条件,遵守国家关于危险货物管理和运输的规定。

第三十三条 船舶装运危险货物,必须向主管机关办理申报手续,经批准后,方可进出港口或装卸。

第七章 海难救助

第三十四条 船舶、设施或飞机遇难时,除发出呼救信号外,还应当以最迅速的方式将出事时间、地点、受损情况、救助要求以及发生事故的原因,向主管机关报告。

第三十五条 遇难船舶、设施或飞机及其所有人、经营人应当采取一切有效措施组织自救。

第三十六条 事故现场附近的船舶、设施,收到求救信号或发现有人遭遇生命危险时,在不严重危及自身安全的情况下,应当尽力救助遇难人员,并迅速向主管机关报告现场情况和本船舶、设施的名称、呼号和位置。

第三十七条 发生碰撞事故的船舶、设施,应当互通名称、国籍和登记港,并尽一切可能救助遇难人员。在不严重危及自身安全的情况下,当事船舶不得擅自离开事故现场。

第三十八条 主管机关接到求救报告后,应当立即组织救助。有关单位和在事故现场附近的船舶、设施,必须听从主管机关的统一指挥。

第三十九条 外国派遣船舶或飞机进入中华人民共和国领海或领海上空搜寻救助遇难的船舶或人员,必须经主管机关批准。

第八章 打捞清除

第四十条 对影响安全航行、航道整治以及有潜在爆炸危险的沉没物、漂浮物,其所有人、经营人应当在主管机关限定的时间内打捞清除。否则,主管机关有权采取措施强制打捞清除,其全部费用由沉没物、漂浮物的所有人、经营人承担。

本条规定不影响沉没物、漂浮物的所有人、经营人向第三方索赔的权利。

第四十一条 未经主管机关批准,不得擅自打捞或拆除沿海水域内的沉船沉物。

第九章 交通事故的调查处理

第四十二条 船舶、设施发生交通事故,应当向主管机关递交事故报告书和有关资料,并接受调查处理。

事故的当事人和有关人员,在接受主管机关调查时,必须如实提供现场情况和与事故有关的情节。

第四十三条 船舶、设施发生的交通事故,由主管机关查明原因,判明责任。

第十章 法律责任

第四十四条 对违反本法的,主管机关可视情节,给予下列一种或几种处罚:

一、警告;

二、扣留或吊销职务证书;

三、罚款。

第四十五条 当事人对主管机关给予的罚款、吊销职务证书处罚不服的,可以在接到处罚通知之日起十五天内,向人民法院起诉;期满不起诉又不履行的,由主管机关申请人民法院强制执行。

第四十六条 因海上交通事故引起的民事纠纷,可以由主管机关调解处理,不愿意调解或调解不成的,当事人可以向人民法院起诉;涉外案件的当事人,还可以根据书面协议提交仲裁机构仲裁。

第四十七条 对违反本法构成犯罪的人员,由司法机关依法追究刑事责任。

第十一章 特别规定

第四十八条 国家渔政渔港监督管理机构,在以渔业为主的渔港水域内,行使本法规定的主管机关的职权，负责交通安全的监督管理，并负责沿海水域渔业船舶之间的交通事故的调查处理。具体实施办法由国务院另行规定。

第四十九条 海上军事管辖区和军用船舶、设施的内部管理，为军事目的进行水上水下作业的管理，以及公安船舶的检验登记、人员配备、进出港签证，由国家有关主管部门依据本法另行规定。

第十二章 附 则

第五十条 本法下列用语的含义是：

“沿海水域”是指中华人民共和国沿海的港口、内水和领海以及国家管辖的一切其他海域。

“船舶”是指各类排水或非排水船、筏、水上飞机、潜水器和移动式平台。

“设施”是指水上水下各种固定或浮动建筑、装置和固定平台。

“作业”是指在沿海水域调查、勘探、开采、测量、建筑、疏浚、爆破、救助、打捞、拖带、捕捞、养殖、装卸、科学试验和其他水上水下施工。

第五十一条 国务院主管部门依据本法，制定实施细则，报国务院批准施行。

第五十二条 过去颁布的海上交通安全法规与本法相抵触的，以本法为准。

第五十三条 本法自1984年1月1日起施行。

中华人民共和国劳动法

（1994 年 7 月 5 日第八届全国人民代表大会常务委员会第 8 次会议通过，
中华人民共和国主席令　第 28 号）

第一章　总　　则

第一条　为了保护劳动者的合法权益，调整劳动关系，建立和维护适应社会主义市场经济的劳动制度，促进经济发展和社会进步，根据宪法，制定本法。

第二条　在中华人民共和国境内的企业、个体经济组织（以下统称用人单位）和与之形成劳动关系的劳动者，适用本法。

国家机关、事业组织、社会团体和与之建立劳动合同关系的劳动者，依照本法执行。

第三条　劳动者享有平等就业和选择职业的权利、取得劳动报酬的权利、休息休假的权利、获得劳动安全卫生保护的权利、接受职业技能培训的权利、享受社会保险和福利的权利、提请劳动争议处理的权利以及法律规定的其他劳动权利。

劳动者应当完成劳动任务，提高职业技能，执行劳动安全卫生规程，遵守劳动纪律和职业道德。

第四条　用人单位应当依法建立和完善规章制度，保障劳动者享有劳动权利和履行劳动义务。

第五条　国家采取各种措施，促进劳动就业，发展职业教育，制定劳动标准，调节社会收入，完善社会保险，协调劳动关系，逐步提高劳动者的生活水平。

第六条　国家提倡劳动者参加社会义务劳动，开展劳动竞赛和合理化建议活动，鼓励和保护劳动者进行科学研究、技术革新和发明创造，表彰和奖励劳动模范和先进工作者。

第七条　劳动者有权依法参加和组织工会。

工会代表和维护劳动者的合法权益，依法独立自主地开展活动。

第八条　劳动者依照法律规定，通过职工大会、职工代表大会或者其他形式，参与民主管理或者就保护劳动者合法权益与用人单位进行平等协商。

第九条　国务院劳动行政部门主管全国劳动工作。

县级以上地方人民政府劳动行政部门主管本行政区域内的劳动工作。

第二章　促 进 就 业

第十条　国家通过促进经济和社会发展，创造就业条件，扩大就业机会。

国家鼓励企业、事业组织、社会团体在法律、行政法规规定的范围内兴办产业或者拓展经营,增加就业。

国家支持劳动者自愿组织起来就业和从事个体经营实现就业。

第十一条 地方各级人民政府应当采取措施,发展多种类型的职业介绍机构,提供就业服务。

第十二条 劳动者就业,不因民族、种族、性别、宗教信仰不同而受歧视。

第十三条 妇女享有与男子平等的就业权利。在录用职工时,除国家规定的不适合妇女的工种或者岗位外,不得以性别为由拒绝录用妇女或者提高对妇女的录用标准。

第十四条 残疾人、少数民族人员、退出现役的军人的就业,法律、法规有特别规定的,从其规定。

第十五条 禁止用人单位招用未满十六周岁的未成年人。

文艺、体育和特种工艺单位招用未满十六周岁的未成年人,必须依照国家有关规定,履行审批手续,并保障其接受义务教育的权利。

第三章 劳动合同和集体合同

第十六条 劳动合同是劳动者与用人单位确立劳动关系、明确双方权利和义务的协议。

建立劳动关系应当订立劳动合同。

第十七条 订立和变更劳动合同,应当遵循平等自愿、协商一致的原则,不得违反法律、行政法规的规定。

劳动合同依法订立即具有法律约束力,当事人必须履行劳动合同规定的义务。

第十八条 下列劳动合同无效:

(一)违反法律、行政法规的劳动合同;

(二)采取欺诈、威胁等手段订立的劳动合同。

无效的劳动合同,从订立的时候起,就没有法律约束力。确认劳动合同部分无效的,如果不影响其余部分的效力,其余部分仍然有效。

劳动合同的无效,由劳动争议仲裁委员会或者人民法院确认。

第十九条 劳动合同应当以书面形式订立,并具备以下条款:

(一)劳动合同期限;

(二)工作内容;

(三)劳动保护和劳动条件;

(四)劳动报酬;

(五)劳动纪律;

(六)劳动合同终止的条件;

(七)违反劳动合同的责任。

劳动合同除前款规定的必备条款外,当事人可以协商约定其他内容。

第二十条 劳动合同的期限分为有固定期限、无固定期限和以完成一定的工作为期限。

劳动者在同一用人单位连续工作满十年以上，当事人双方同意续延劳动合同的，如果劳动者提出订立无固定期限的劳动合同，应当订立无固定期限的劳动合同。

第二十一条 劳动合同可以约定试用期。试用期最长不得超过六个月。

第二十二条 劳动合同当事人可以在劳动合同中约定保守用人单位商业秘密的有关事项。

第二十三条 劳动合同期满或者当事人约定的劳动合同终止条件出现，劳动合同即行终止。

第二十四条 经劳动合同当事人协商一致，劳动合同可以解除。

第二十五条 劳动者有下列情形之一的，用人单位可以解除劳动合同：

（一）在试用期间被证明不符合录用条件的；

（二）严重违反劳动纪律或者用人单位规章制度的；

（三）严重失职，营私舞弊，对用人单位利益造成重大损害的；

（四）被依法追究刑事责任的。

第二十六条 有下列情形之一的，用人单位可以解除劳动合同，但是应当提前三十日以书面形式通知劳动者本人：

（一）劳动者患病或者非因工负伤，医疗期满后，不能从事原工作也不能从事由用人单位另行安排的工作的；

（二）劳动者不能胜任工作，经过培训或者调整工作岗位，仍不能胜任工作的；

（三）劳动合同订立时所依据的客观情况发生重大变化，致使原劳动合同无法履行，经当事人协商不能就变更劳动合同达成协议的。

第二十七条 用人单位濒临破产进行法定整顿期间或者生产经营状况发生严重困难，确需裁减人员的，应当提前三十日向工会或者全体职工说明情况，听取工会或者职工的意见，经向劳动行政部门报告后，可以裁减人员。

用人单位依据本条规定裁减人员，在六个月内录用人员的，应当优先录用被裁减的人员。

第二十八条 用人单位依据本法第二十四条、第二十六条、第二十七条的规定解除劳动合同的，应当依照国家有关规定给予经济补偿。

第二十九条 劳动者有下列情形之一的，用人单位不得依据本法第二十六条、第二十七条的规定解除劳动合同：

（一）患职业病或者因工负伤并被确认丧失或者部分丧失劳动能力的；

（二）患病或者负伤，在规定的医疗期内的；

（三）女职工在孕期、产期、哺乳期内的；

（四）法律、行政法规规定的其他情形。

第三十条 用人单位解除劳动合同，工会认为不适当的，有权提出意见。如果用人单位违反法律、法规或者劳动合同，工会有权要求重新处理；劳动者申请仲裁或者提起诉讼的，工会应当依法给予支持和帮助。

第三十一条 劳动者解除劳动合同,应当提前三十日以书面形式通知用人单位。

第三十二条 有下列情形之一的,劳动者可以随时通知用人单位解除劳动合同:

(一)在试用期内的;

(二)用人单位以暴力、威胁或者非法限制人身自由的手段强迫劳动的;

(三)用人单位未按照劳动合同约定支付劳动报酬或者提供劳动条件的。

第三十三条 企业职工一方与企业可以就劳动报酬、工作时间、休息休假、劳动安全卫生、保险福利等事项,签订集体合同。集体合同草案应当提交职工代表大会或者全体职工讨论通过。

集体合同由工会代表职工与企业签订;没有建立工会的企业,由职工推举的代表与企业签订。

第三十四条 集体合同签订后应当报送劳动行政部门;劳动行政部门自收到集体合同文本之日起十五日内未提出异议的,集体合同即行生效。

第三十五条 依法签订的集体合同对企业和企业全体职工具有约束力。职工个人与企业订立的劳动合同中劳动条件和劳动报酬等标准不得低于集体合同的规定。

第四章 工作时间和休息休假

第三十六条 国家实行劳动者每日工作时间不超过八小时、平均每周工作时间不超过四十四小时的工时制度。

第三十七条 对实行计件工作的劳动者,用人单位应当根据本法第三十六条规定的工时制度合理确定其劳动定额和计件报酬标准。

第三十八条 用人单位应当保证劳动者每周至少休息一日。

第三十九条 企业因生产特点不能实行本法第三十六条、第三十八条规定的,经劳动行政部门批准,可以实行其他工作和休息办法。

第四十条 用人单位在下列节日期间应当依法安排劳动者休假:

(一)元旦;

(二)春节;

(三)国际劳动节;

(四)国庆节;

(五)法律、法规规定的其他休假节日。

第四十一条 用人单位由于生产经营需要,经与工会和劳动者协商后可以延长工作时间,一般每日不得超过一小时;因特殊原因需要延长工作时间的,在保障劳动者身体健康的条件下延长工作时间每日不得超过三小时,但是每月不得超过三十六小时。

第四十二条 有下列情形之一的,延长工作时间不受本法第四十一条的限制:

(一)发生自然灾害、事故或者因其他原因,威胁劳动者生命健康和财产安全,需要紧急处理的；

（二）生产设备、交通运输线路、公共设施发生故障，影响生产和公众利益，必须及时抢修的；

（三）法律、行政法规规定的其他情形。

第四十三条 用人单位不得违反本法规定延长劳动者的工作时间。

第四十四条 有下列情形之一的，用人单位应当按照下列标准支付高于劳动者正常工作时间工资的工资报酬：

（一）安排劳动者延长工作时间的，支付不低于工资的百分之一百五十的工资报酬；

（二）休息日安排劳动者工作又不能安排补休的，支付不低于工资的百分之二百的工资报酬；

（三）法定休假日安排劳动者工作的，支付不低于工资的百分之三百的工资报酬。

第四十五条 国家实行带薪年休假制度。

劳动者连续工作一年以上的，享受带薪年休假。具体办法由国务院规定。

第五章 工 资

第四十六条 工资分配应当遵循按劳分配原则，实行同工同酬。

工资水平在经济发展的基础上逐步提高。国家对工资总量实行宏观调控。

第四十七条 用人单位根据本单位的生产经营特点和经济效益，依法自主确定本单位的工资分配方式和工资水平。

第四十八条 国家实行最低工资保障制度。最低工资的具体标准由省、自治区、直辖市人民政府规定，报国务院备案。

用人单位支付劳动者的工资不得低于当地最低工资标准。

第四十九条 确定和调整最低工资标准应当综合参考下列因素：

（一）劳动者本人及平均赡养人口的最低生活费用；

（二）社会平均工资水平；

（三）劳动生产率；

（四）就业状况；

（五）地区之间经济发展水平的差异。

第五十条 工资应当以货币形式按月支付给劳动者本人。不得克扣或者无故拖欠劳动者的工资。

第五十一条 劳动者在法定休假日和婚丧假期间以及依法参加社会活动期间，用人单位应当依法支付工资。

第六章 劳动安全卫生

第五十二条 用人单位必须建立、健全劳动安全卫生制度，严格执行国家劳动安全卫生规程和标准，对劳动者进行劳动安全卫生教育，防止劳动过程中的事故，减少职业危害。

第五十三条 劳动安全卫生设施必须符合国家规定的标准。

新建、改建、扩建工程的劳动安全卫生设施必须与主体工程同时设计、同时施工、同时投入生产和使用。

第五十四条 用人单位必须为劳动者提供符合国家规定的劳动安全卫生条件和必要的劳动防护用品，对从事有职业危害作业的劳动者应当定期进行健康检查。

第五十五条 从事特种作业的劳动者必须经过专门培训并取得特种作业资格。

第五十六条 劳动者在劳动过程中必须严格遵守安全操作规程。

劳动者对用人单位管理人员违章指挥、强令冒险作业，有权拒绝执行；对危害生命安全和身体健康的行为，有权提出批评、检举和控告。

第五十七条 国家建立伤亡事故和职业病统计报告和处理制度。县级以上各级人民政府劳动行政部门、有关部门和用人单位应当依法对劳动者在劳动过程中发生的伤亡事故和劳动者的职业病状况，进行统计、报告和处理。

第七章 女职工和未成年工特殊保护

第五十八条 国家对女职工和未成年工实行特殊劳动保护。

未成年工是指年满十六周岁未满十八周岁的劳动者。

第五十九条 禁止安排女职工从事矿山井下、国家规定的第四级体力劳动强度的劳动和其他禁忌从事的劳动。

第六十条 不得安排女职工在经期从事高处、低温、冷水作业和国家规定的第三级体力劳动强度的劳动。

第六十一条 不得安排女职工在怀孕期间从事国家规定的第三级体力劳动强度的劳动和孕期禁忌从事的劳动。对怀孕七个月以上的女职工，不得安排其延长工作时间和夜班劳动。

第六十二条 女职工生育享受不少于九十天的产假。

第六十三条 不得安排女职工在哺乳未满一周岁的婴儿期间从事国家规定的第三级体力劳动强度的劳动和哺乳期禁忌从事的其他劳动，不得安排其延长工作时间和夜班劳动。

第六十四条 不得安排未成年工从事矿山井下、有毒有害、国家规定的第四级体力劳动强度的劳动和其他禁忌从事的劳动。

第六十五条 用人单位应当对未成年工定期进行健康检查。

第八章 职业培训

第六十六条 国家通过各种途径，采取各种措施，发展职业培训事业，开发劳动者的职业技能，提高劳动者素质，增强劳动者的就业能力和工作能力。

第六十七条 各级人民政府应当把发展职业培训纳入社会经济发展的规划，鼓励和支持有条件的企业、事业组织、社会团体和个人进行各种形式的职业培训。

第六十八条 用人单位应当建立职业培训制度，按照国家规定提取和使用职业培训经费，根据本单位实际，有计划地对劳动者进行职业培训。

从事技术工种的劳动者，上岗前必须经过培训。

第六十九条 国家确定职业分类，对规定的职业制定职业技能标准，实行职业资格证书制度，由经过政府批准的考核鉴定机构负责对劳动者实施职业技能考核鉴定。

第九章 社会保险和福利

第七十条 国家发展社会保险事业，建立社会保险制度，设立社会保险基金，使劳动者在年老、患病、工伤、失业、生育等情况下获得帮助和补偿。

第七十一条 社会保险水平应当与社会经济发展水平和社会承受能力相适应。

第七十二条 社会保险基金按照保险类型确定资金来源，逐步实行社会统筹。用人单位和劳动者必须依法参加社会保险，缴纳社会保险费。

第七十三条 劳动者在下列情形下，依法享受社会保险待遇：

（一）退休；

（二）患病、负伤；

（三）因工伤残或者患职业病；

（四）失业；

（五）生育。

劳动者死亡后，其遗属依法享受遗属津贴。

劳动者享受社会保险待遇的条件和标准由法律、法规规定。

劳动者享受的社会保险金必须按时足额支付。

第七十四条 社会保险基金经办机构依照法律规定收支、管理和运营社会保险基金，并负有使社会保险基金保值增值的责任。

社会保险基金监督机构依照法律规定，对社会保险基金的收支、管理和运营实施监督。

社会保险基金经办机构和社会保险基金监督机构的设立和职能由法律规定。

任何组织和个人不得挪用社会保险基金。

第七十五条 国家鼓励用人单位根据本单位实际情况为劳动者建立补充保险。

国家提倡劳动者个人进行储蓄性保险。

第七十六条 国家发展社会福利事业，兴建公共福利设施，为劳动者休息、休养和疗养提供条件。

用人单位应当创造条件，改善集体福利，提高劳动者的福利待遇。

第十章 劳动争议

第七十七条 用人单位与劳动者发生劳动争议，当事人可以依法申请调解、仲裁、提起诉讼,也可以协商解决。

调解原则适用于仲裁和诉讼程序。

第七十八条 解决劳动争议,应当根据合法、公正、及时处理的原则,依法维护劳动争议当事人的合法权益。

第七十九条 劳动争议发生后,当事人可以向本单位劳动争议调解委员会申请调解;调解不成,当事人一方要求仲裁的,可以向劳动争议仲裁委员会申请仲裁。当事人一方也可以直接向劳动争议仲裁委员会申请仲裁。对仲裁裁决不服的,可以向人民法院提起诉讼。

第八十条 在用人单位内,可以设立劳动争议调解委员会。劳动争议调解委员会由职工代表、用人单位代表和工会代表组成。劳动争议调解委员会主任由工会代表担任。

劳动争议经调解达成协议的,当事人应当履行。

第八十一条 劳动争议仲裁委员会由劳动行政部门代表、同级工会代表、用人单位方面的代表组成。劳动争议仲裁委员会主任由劳动行政部门代表担任。

第八十二条 提出仲裁要求的一方应当自劳动争议发生之日起六十日内向劳动争议仲裁委员会提出书面申请。仲裁裁决一般应在收到仲裁申请的六十日内作出。对仲裁裁决无异议的,当事人必须履行。

第八十三条 劳动争议当事人对仲裁裁决不服的,可以自收到仲裁裁决书之日起十五日内向人民法院提起诉讼。一方当事人在法定期限内不起诉又不履行仲裁裁决的,另一方当事人可以申请人民法院强制执行。

第八十四条 因签订集体合同发生争议,当事人协商解决不成的,当地人民政府劳动行政部门可以组织有关各方协调处理。

因履行集体合同发生争议,当事人协商解决不成的,可以向劳动争议仲裁委员会申请仲裁;对仲裁裁决不服的,可以自收到仲裁裁决书之日起十五日内向人民法院提起诉讼。

第十一章 监督检查

第八十五条 县级以上各级人民政府劳动行政部门依法对用人单位遵守劳动法律、法规的情况进行监督检查,对违反劳动法律、法规的行为有权制止,并责令改正。

第八十六条 县级以上各级人民政府劳动行政部门监督检查人员执行公务,有权进入用人单位了解执行劳动法律、法规的情况,查阅必要的资料,并对劳动场所进行检查。

县级以上各级人民政府劳动行政部门监督检查人员执行公务,必须出示证件,秉公执法并遵守有关规定。

第八十七条 县级以上各级人民政府有关部门在各自职责范围内,对用人单位遵守劳动法律、法规的情况进行监督。

第八十八条 各级工会依法维护劳动者的合法权益,对用人单位遵守劳动法律、法规的情况进行监督。

任何组织和个人对于违反劳动法律、法规的行为有权检举和控告。

第十二章　法 律 责 任

第八十九条　用人单位制定的劳动规章制度违反法律、法规规定的，由劳动行政部门给予警告，责令改正；对劳动者造成损害的，应当承担赔偿责任。

第九十条　用人单位违反本法规定，延长劳动者工作时间的，由劳动行政部门给予警告，责令改正，并可以处以罚款。

第九十一条　用人单位有下列侵害劳动者合法权益情形之一的，由劳动行政部门责令支付劳动者的工资报酬、经济补偿，并可以责令支付赔偿金：

（一）克扣或者无故拖欠劳动者工资的；

（二）拒不支付劳动者延长工作时间工资报酬的；

（三）低于当地最低工资标准支付劳动者工资的；

（四）解除劳动合同后，未依照本法规定给予劳动者经济补偿的。

第九十二条　用人单位的劳动安全设施和劳动卫生条件不符合国家规定或者未向劳动者提供必要的劳动防护用品和劳动保护设施的，由劳动行政部门或者有关部门责令改正，可以处以罚款；情节严重的，提请县级以上人民政府决定责令停产整顿；对事故隐患不采取措施，致使发生重大事故，造成劳动者生命和财产损失的，对责任人员比照刑法第一百八十七条的规定追究刑事责任。

第九十三条　用人单位强令劳动者违章冒险作业，发生重大伤亡事故，造成严重后果的，对责任人员依法追究刑事责任。

第九十四条　用人单位非法招用未满十六周岁的未成年人的，由劳动行政部门责令改正，处以罚款；情节严重的，由工商行政管理部门吊销营业执照。

第九十五条　用人单位违反本法对女职工和未成年工的保护规定，侵害其合法权益的，由劳动行政部门责令改正，处以罚款；对女职工或者未成年工造成损害的，应当承担赔偿责任。

第九十六条　用人单位有下列行为之一，由公安机关对责任人员处以十五日以下拘留、罚款或者警告；构成犯罪的，对责任人员依法追究刑事责任：

（一）以暴力、威胁或者非法限制人身自由的手段强迫劳动的；

（二）侮辱、体罚、殴打、非法搜查和拘禁劳动者的。

第九十七条　由于用人单位的原因订立的无效合同，对劳动者造成损害的，应当承担赔偿责任。

第九十八条　用人单位违反本法规定的条件解除劳动合同或者故意拖延不订立劳动合同的，由劳动行政部门责令改正；对劳动者造成损害的，应当承担赔偿责任。

第九十九条　用人单位招用尚未解除劳动合同的劳动者，对原用人单位造成经济损失的，该用人单位应当依法承担连带赔偿责任。

第一百条　用人单位无故不缴纳社会保险费的，由劳动行政部门责令其限期缴纳，逾期不缴的,可以加收滞纳金。

第一百零一条 用人单位无理阻挠劳动行政部门、有关部门及其工作人员行使监督检查权,打击报复举报人员的,由劳动行政部门或者有关部门处以罚款;构成犯罪的,对责任人员依法追究刑事责任。

第一百零二条 劳动者违反本法规定的条件解除劳动合同或者违反劳动合同中约定的保密事项,对用人单位造成经济损失的,应当依法承担赔偿责任。

第一百零三条 劳动行政部门或者有关部门的工作人员滥用职权、玩忽职守、徇私舞弊,构成犯罪的,依法追究刑事责任;不构成犯罪的,给予行政处分。

第一百零四条 国家工作人员和社会保险基金经办机构的工作人员挪用社会保险基金,构成犯罪的,依法追究刑事责任。

第一百零五条 违反本法规定侵害劳动者合法权益,其他法律、法规已规定处罚的,依照该法律、行政法规的规定处罚。

第十三章　附　　则

第一百零六条 省、自治区、直辖市人民政府根据本法和本地区的实际情况,规定劳动合同制度的实施步骤,报国务院备案。

第一百零七条 本法自 1995 年 1 月 1 日起施行。

中华人民共和国工会法

（2001年10月27日第九届全国人民代表大会常务委员会第24次会议修正，
中华人民共和国主席令　第57号）

第一章　总　　则

第一条　为保障工会在国家政治、经济和社会生活中的地位，确定工会的权利与义务，发挥工会在社会主义现代化建设事业中的作用，根据宪法，制定本法。

第二条　工会是职工自愿结合的工人阶级的群众组织。

中华全国总工会及其各工会组织代表职工的利益，依法维护职工的合法权益。

第三条　在中国境内的企业、事业单位、机关中以工资收入为主要生活来源的体力劳动者和脑力劳动者，不分民族、种族、性别、职业、宗教信仰、教育程度，都有依法参加和组织工会的权利。任何组织和个人不得阻挠和限制。

第四条　工会必须遵守和维护宪法，以宪法为根本的活动准则，以经济建设为中心，坚持社会主义道路、坚持人民民主专政、坚持中国共产党的领导、坚持马克思列宁主义毛泽东思想邓小平理论，坚持改革开放，依照工会章程独立自主的开展工作。

工会会员全国代表大会制定或者修改《中国工会章程》，章程不得与宪法和法律相抵触。

国家保护工会的合法权益不受侵犯。

第五条　工会组织和教育职工依照宪法和法律的规定行使民主权利，发挥国家主人翁的作用，通过各种途径和形式，参与管理国家事务、管理经济和文化事业、管理社会事务；协助人民政府开展工作，维护工人阶级领导的、以工农联盟为基础的人民民主专政的社会主义国家政权。

第六条　维护职工合法权益是工会的基本职责。工会在维护全国人民总体利益的同时，代表和维护职工的合法权益。

工会通过平等协商和集体合同制度，协调劳动关系，维护企业职工劳动权益。

工会依照法律规定通过职工代表大会或者其他形式，组织职工参与本单位的民主决策、民主管理和民主监督。

工会必须密切联系职工，听取和反映职工的意见和要求，关心职工的生活，帮助职工解决困难，全心全意为职工服务。

第七条　工会动员和组织职工积极参加经济建设，努力完成生产任务和工作任务。教育职工不断提高思想品德、技术业务和科学文化素质，建设有理想、有道德、有文化、有纪律的职工队伍。

第八条　中华全国总工会根据独立、平等、互相尊重、互不干涉内部事务的原则，加强同各国工会组织的友好合作关系。

第二章　工会组织

第九条　工会各级组织依照民主集中制原则建立。

各级工会委员会由会员大会或者会员代表大会民主选举产生。企业主要负责人的近亲属不得作为本企业基层工会委员会成员的人选。

各级工会委员会向同级会员大会或者会员代表大会负责并报告工作，接受其监督。

工会会员大会或者会员代表大会有权撤换或者罢免其所选举的代表或者工会委员会组成人员。

上级工会组织领导下级工会组织。

第十条　企业、事业单位、机关有会员二十五人以上的，应当建立基层工会委员会；不足二十五人的，可以单独建立基层工会委员会，也可以有两个以上单位的会员联合建立基层工会委员会，也可以选举组织员一人，组织会员开展活动。女职工人数较多的，可以建立工会女职工委员会，在同级工会领导下开展工作；女职工人数较少的，可以在工会委员会中设女职工委员。

企业职工较多的县镇、城市街道，可以建立基层工会的联合会。

县级以上地方建立地方各级总工会。

同一行业或者性质相近的几个行业，可以根据需要建立全国的或者地方的产业工会。

全国建立统一的中华全国总工会。

第十一条　基层工会、地方各级总工会、全国或者地方产业工会组织的建立，必须报上一级工会批准。

上级工会可以派员帮助和指导企业职工组建工会，任何单位和个人不得阻挠。

第十二条　任何组织和个人不得随意撤销、合并工会组织。

基层工会所在的企业终止或者所在的事业单位、机关被撤销，该工会组织相应撤销，并报告上一级工会。

依前款规定被撤销的工会，其会员的会籍可以继续保留，具体管理办法由中华全国总工会制定。

第十三条　职工二百人以上的企业、事业单位的工会，可以设专职工会主席。工会专职工作人员的人数由工会与企业、事业单位协商确定。

第十四条　中华全国总工会、地方总工会、产业工会具有社会团体法人资格。

基层工会组织具备民法通则规定的法人条件的，依法取得社会团体法人资格。

第十五条　基层工会委员会每届任期三年或者五年。各级地方总工会委员会和产业工会委员会每届任期五年。

第十六条　基层工会委员会定期召开会员大会或者会员代表大会，讨论决定工会工作的重大问题。经基层工会委员会或者三分之一以上的工会委员会提议,可以临时召开会员大会或者会员代表大会。

第十七条　工会主席、副主席任期未满时,不得随意调动其工作。因工作需要调动时,应当征得本级工会委员会和上一级工会的同意。

罢免工会主席、副主席必须召开会员大会或者会员代表大会讨论,非经会员大会全体会员或者会员代表大会全体代表过半数通过,不得罢免。

第十八条　基层工会专职主席、副主席或者委员自任职之日起,其劳动合同期限自动延长,延长期限相当于其任职期间;非专职主席、副主席或者委员自任职之日起,其尚未履行的劳动合同期限短于任期的,劳动合同期限自动延长至任期期满。但是,任职期间个人严重过失或者达到法定退休年龄的除外。

第三章　工会的权利和义务

第十九条　企业、事业单位违反职工代表大会制度和其他民主管理制度,工会有权要求纠正,保障职工依法行使民主管理的权利。

法律、法规规定应当提交职工大会或者职工代表大会审议、通过、决定的事项,企业、事业单位应当依法办理。

第二十条　工会帮助、指导职工与企业以及实行企业化管理的事业单位签订劳动合同。

工会代表职工与企业以及实行企业化管理的事业单位进行平等协商,签订集体合同。集体合同草案应当提交职工代表大会或者全体职工讨论通过。

工会签订集体合同,上级工会应当给予支持和帮助。

企业违反集体合同,侵犯职工劳动权益的,工会可以依法要求企业承担责任;因履行集体合同发生争议,经协商解决不成的,工会可以向劳动争议仲裁机构提请仲裁,仲裁机构不予受理或者对仲裁裁决不服的,可以向人民法院提起诉讼。

第二十一条　企业、事业单位处分职工,工会认为不适当的,有权提出意见。

企业单方面解除职工劳动合同时,应当事先将理由通知工会,工会认为企业违反法律、法规和有关合同,要求重新研究处理时,企业应当研究工会的意见,并将处理结果书面通知工会。

职工认为企业侵犯其劳动权益而申请劳动争议仲裁或者向人民法院提出诉讼的,工会应当给予支持和帮助。

第二十二条　企业、事业单位违反劳动法律、法规规定,有下列侵犯职工劳动权益情形,工会应当代表职工与企业、事业单位交涉,要求企业、事业单位采取措施予以改正;企业、事业单位应当予以研究处理,并向工会做出答复;企业、事业单位拒不改正的,工会可以请求当地人民政府依法做出处理:

(一)克扣职工工资的;

(二)不提供劳动安全卫生条件的;

（三）随意延长劳动时间的；

（四）侵犯女职工和未成年工特殊权益的；

（五）其他严重侵犯职工劳动权益的。

第二十三条 工会依照国家规定对新建、扩建企业和技术改造工程中的劳动条件和安全卫生设施与主体工程同时设计、同时施工、同时投产使用进行监督。对工会提出的意见，企业或者主管部门应当认真处理，并将处理结果书面通知工会。

第二十四条 工会发现企业违章指挥、强令工人冒险作业，或者生产过程中发现明显重大事故隐患和职业危险，有权提出解决的建议，企业应当及时研究答复；发现危及职工生命安全的情况时，工会有权向企业建议组织职工撤离危险现场，企业必须及时作出处理决定。

第二十五条 工会有权对企业、事业单位侵犯职工合法权益的问题进行调查，有关单位应当予以协助。

第二十六条 职工因工伤亡事故和其他严重危害职工健康问题的调查处理，必须有工会参加。工会应当向有关处理部门提出处理意见，并有权要求追究直接负责的主管人员和有关责任人员的责任。对工会提出的意见，应当及时研究，给予答复。

第二十七条 企业、事业单位发生停工、怠工事件，工会应当代表职工同企业、事业单位或者有关方面协商，反映职工的意见和要求并提出解决意见。对于职工的合理要求，企业、事业单位应当予以解决。工会协助企业、事业单位做好工作，尽快恢复生产、工作秩序。

第二十八条 工会参加企业的劳动争议调解工作。

地方劳动争议仲裁组织应当有同级工会代表参加。

第二十九条 县级以上各级总工会可以为所属工会和职工提供法律服务。

第三十条 工会协助企业、事业单位、机关办好职工集体福利事业，做好工资、劳动安全卫生和社会保险工作。

第三十一条 工会会同企业、事业单位教育职工以国家主人翁态度对待劳动，爱护国家和企业的财产，组织职工开展群众性的合理化建议、技术革新活动，进行业余文化技术学习和职工培训，组织职工开展文娱、体育活动。

第三十二条 根据政府委托，工会与有关部门共同做好劳动模范和先进生产（工作）者的评选、表彰、培养和管理工作。

第三十三条 国家机关在组织起草或者修改直接涉及职工切身利益的法律、法规、规章时，应当听取工会意见。

县级以上各级人民政府制定国民经济和社会发展计划，对涉及职工利益重的重大问题，应当听取同级工会的意见。

县级以上各级人民政府及其有关部门研究制定劳动就业、工资、劳动安全卫生、社会保险等涉及职工切身利益的政策、措施时，应当吸收同级工会参加研究，听取工会意见。

第三十四条 县级以上地方各级人民政府可以召开会议或者采取适当方式，相同级工会通报政府的重要的工作部署和与工会工作有关的行政措施，研究解决工会反映的职工群众的意见和要求。

各级人民政府劳动行政部门应当会同同级工会和企业方面代表，建立劳动关系三方协商机制，共同研究解决劳动关系方面的重大问题。

第四章　基层工会组织

第三十五条　国有企业职工代表大会是企业实行民主管理的基本形式，是职工行使民主管理权力的机构，依照法律规定行使职权。

国有企业的工会委员会是职工代表大会的工作机构，负责职工代表大会的日常工作，检查、督促职工代表大会决议的执行。

第三十六条　集体企业的工会委员会，应当支持和组织职工参加民主管理和民主监督，维护职工选举和罢免管理人员、决定经营管理的重要问题的权利。

第三十七条　本法第三十五条、第三十六条规定以外的其他企业、事业单位的工会委员会，依照法律规定组织职工采取与企业、事业单位相适应的形式，参与企业、事业单位民主管理。

第三十八条　企业、事业单位研究经营管理和发展的重大问题应当听取工会的意见；召开讨论有关工资、福利、劳动安全卫生、社会保险等涉及职工切身利益的会议，必须有工会代表参加。

企业、事业单位应当支持工会依法开展活动，工会应当支持企业、事业单位依法行使经营管理权。

第三十九条　公司的董事会、监事会中职工代表的产生，依照公司法有关规定执行。

第四十条　基层工会委员会召开会议或者组织职工活动，应当在生产或者工作时间以外进行，需要占用生产或者工作时间的，应当事先征得企业、事业单位的同意。

基层工会的非专职委员占用生产或者工作时间参加会议或者从事工会工作，每月不超过三个工作日，其工资照发，其他待遇不受影响。

第四十一条　企业、事业单位、机关工会委员会的专职工作人员的工资、奖励、补贴，由所在单位支付。社会保险和其他福利待遇等，享受本单位职工同等待遇。

第五章　工会的经费和财产

第四十二条　工会经费的来源：

（一）工会会员缴纳的会费；

（二）建立工会组织的企业、事业单位、机关按每月全部职工工资总额的百分之二向工会拨缴的经费；

（三）工会所属的企业、事业单位上缴的收入；

（四）人民政府的补助；

（五）其他收入。

前款第二项规定的企业、事业单位拨缴的经费在税前列支。

工会经费主要用于为职工服务和工会活动。经费所用的具体办法由中华全国总工会制定。

第四十三条 企业、事业单位无正当理由拖延或者拒不拨缴工会经费，基层工会或者上级工会可以向当地人民法院申请支付令；拒不执行支付令的，工会可以依法申请人民法院强制执行。

第四十四条 工会应当根据经费独立原则，建立预算、决算和经费审查监督制度。

各级工会建立经费审查委员会。

各级工会经费收支情况应当由同级工会经费审查委员会审查，并且定期向会员大会或者会员代表大会报告，接受监督。工会会员大会或者会员代表大会有权对经费使用情况提出意见。

工会经费的使用应当依法接受国家的监督。

第四十五条 各级人民政府和企业、事业单位、机关应当为工会办公和开展活动，提供必要的设施和活动场所等物质条件。

第四十六条 工会的财产、经费和国家拨给工会使用的不动产，任何组织和个人不得侵占、挪用和任意调拨。

第四十七条 工会所属的为职工服务的企业、事业单位，其隶属关系不得随意改变。

第四十八条 县级以上各级工会的离休、退休人员的待遇，与国家机关工作人员同等对待。

第六章 法 律 责 任

第四十九条 工会对违反本法规定侵犯其合法权益的，有权提请人民政府或者有关部门予以处理，或者向人民法院提起诉讼。

第五十条 违反本法第三条、第十一条规定，阻挠职工依法参加和组织工会或者阻挠上级工会帮助指导职工筹建工会的，由劳动行政部门责令其改正；拒不改正的，由劳动行政部门提请县级以上人民政府处理；以暴力、威胁等手段阻挠造成严重后果，构成犯罪的，依法追究刑事责任。

第五十一条 违法本法规定，对依法履行职责的工会工作人员无正当理由调动工作岗位，进行打击报复的，由劳动行政部门责令改正、恢复原工作；造成损失的，给予赔偿。

对依法履行责任的工会工作人员进行侮辱、诽谤或者进行人身伤害，构成犯罪的，依法追究刑事责任；尚未构成犯罪的，由公安机关依照治安管理处罚条例的规定处罚。

第五十二条 违反本法规定，有下列情形之一的，由劳动行政部门责令恢复其工作，并补发被解除劳动合同期间应得的报酬，或者责令给予本人年收入两倍的赔偿：

（一）职工因参加工会活动而被解除劳动合同的；

（二）工会工作人员因履行本法规定的责任而被解除劳动合同的。

第五十三条 违反本法规定，有下列情形之一的，由县级以上人民政府责令改正，依法处理：

（一）妨碍工会组织职工通过职工代表大会和其他形式依法行使民主权利的；

（二）非法撤销、合并工会组织的；

（三）妨碍工会参加职工因工伤亡事故以及其他侵犯职工合法权益问题的调查处理的；

（四）无正当理由拒绝进行平等协商的。

第五十四条 违反本法第四十六条规定，侵占工会经费和财产拒不返还的，工会可以向人民法院提起诉讼，要求返还，并赔偿损失。

第五十五条 工会工作人员违反本法规定，损害职工或者工会权益的，由同级工会或者上级工会责令改正，或者予以处分；情节严重的，依照《中国工会章程》予以罢免；造成损失的，应当承担赔偿责任；构成犯罪的，依法追究刑事责任。

第七章 附 则

第五十六条 中华全国总工会会同有关国家机关制定机关工会实施本法的具体办法。

第五十七条 本法自公布之日起实施。1950 年 6 月 29 日中央人民政府颁布的《中华人民共和国工会法》同时废止。

中华人民共和国港口法

（2015年4月24日第十二届全国人民代表大会常务委员会第14次会议修正，
中华人民共和国主席令　第23号）

第一章　总　　则

第一条　为了加强港口管理，维护港口的安全与经营秩序，保护当事人的合法权益，促进港口的建设与发展，制定本法。

第二条　从事港口规划、建设、维护、经营、管理及其相关活动，适用本法。

第三条　本法所称港口，是指具有船舶进出、停泊、靠泊，旅客上下，货物装卸、驳运、储存等功能，具有相应的码头设施，由一定范围的水域和陆域组成的区域。

港口可以由一个或者多个港区组成。

第四条　国务院和有关县级以上地方人民政府应当在国民经济和社会发展计划中体现港口的发展和规划要求，并依法保护和合理利用港口资源。

第五条　国家鼓励国内外经济组织和个人依法投资建设、经营港口，保护投资者的合法权益。

第六条　国务院交通主管部门主管全国的港口工作。

地方人民政府对本行政区域内港口的管理，按照国务院关于港口管理体制的规定确定。

依照前款确定的港口管理体制，由港口所在地的市、县人民政府管理的港口，由市、县人民政府确定一个部门具体实施对港口的行政管理；由省、自治区、直辖市人民政府管理的港口，由省、自治区、直辖市人民政府确定一个部门具体实施对港口的行政管理。

依照前款确定的对港口具体实施行政管理的部门，以下统称港口行政管理部门。

第二章　港口规划与建设

第七条　港口规划应当根据国民经济和社会发展的要求以及国防建设的需要编制，体现合理利用岸线资源的原则，符合城镇体系规划，并与土地利用总体规划、城市总体规划、江河流域规划、防洪规划、海洋功能区划、水路运输发展规划和其他运输方式发展规划以及法律、行政法规规定的其他有关规划相衔接、协调。

编制港口规划应当组织专家论证，并依法进行环境影响评价。

第八条　港口规划包括港口布局规划和港口总体规划。

港口布局规划，是指港口的分布规划，包括全国港口布局规划和省、自治区、直辖市港口布局规划。

港口总体规划，是指一个港口在一定时期的具体规划，包括港口的水域和陆域范围、港区划分、吞吐量和到港船型、港口的性质和功能、水域和陆域使用、港口设施建设岸线使用、建设用地配置以及分期建设序列等内容。

港口总体规划应当符合港口布局规划。

第九条 全国港口布局规划，由国务院交通主管部门征求国务院有关部门和有关军事机关的意见编制，报国务院批准后公布实施。

省、自治区、直辖市港口布局规划，由省、自治区、直辖市人民政府根据全国港口布局规划组织编制，并送国务院交通主管部门征求意见。国务院交通主管部门自收到征求意见的材料之日起满三十日未提出修改意见的，该港口布局规划由有关省、自治区、直辖市人民政府公布实施；国务院交通主管部门认为不符合全国港口布局规划的，应当自收到征求意见的材料之日起三十日内提出修改意见；有关省、自治区、直辖市人民政府对修改意见有异议的，报国务院决定。

第十条 港口总体规划由港口行政管理部门征求有关部门和有关军事机关的意见编制。

第十一条 地理位置重要、吞吐量较大、对经济发展影响较广的主要港口的总体规划，由国务院交通主管部门征求国务院有关部门和有关军事机关的意见后，会同有关省、自治区、直辖市人民政府批准，并公布实施。主要港口名录由国务院交通主管部门征求国务院有关部门意见后确定并公布。

省、自治区、直辖市人民政府征求国务院交通主管部门的意见后确定本地区的重要港口。重要港口的总体规划由省、自治区、直辖市人民政府征求国务院交通主管部门意见后批准，公布实施。

前两款规定以外的港口的总体规划，由港口所在地的市、县人民政府批准后公布实施，并报省、自治区、直辖市人民政府备案。

市、县人民政府港口行政管理部门编制的属于本条第一款、第二款规定范围的港口的总体规划，在报送审批前应当经本级人民政府审核同意。

第十二条 港口规划的修改，按照港口规划制定程序办理。

第十三条 在港口总体规划区内建设港口设施，使用港口深水岸线的，由国务院交通主管部门会同国务院经济综合宏观调控部门批准；建设港口设施，使用非深水岸线的，由港口行政管理部门批准。但是，由国务院或者国务院经济综合宏观调控部门批准建设的项目使用港口岸线，不再另行办理使用港口岸线的审批手续。

港口深水岸线的标准由国务院交通主管部门制定。

第十四条 港口建设应当符合港口规划。不得违反港口规划建设任何港口设施。

第十五条 按照国家规定须经有关机关批准的港口建设项目，应当按照国家有关规定办理审批手续，并符合国家有关标准和技术规范。

建设港口工程项目，应当依法进行环境影响评价。

港口建设项目的安全设施和环境保护设施,必须与主体工程同时设计、同时施工、同时投入使用。

第十六条 港口建设使用土地和水域,应当依照有关土地管理、海域使用管理、河道管理、航道管理、军事设施保护管理的法律、行政法规以及其他有关法律、行政法规的规定办理。

第十七条 港口的危险货物作业场所、实施卫生除害处理的专用场所,应当符合港口总体规划和国家有关安全生产、消防、检验检疫和环境保护的要求,其与人口密集区和港口客运设施的距离应当符合国务院有关部门的规定;经依法办理有关手续,并经港口行政管理部门批准后,方可建设。

第十八条 航标设施以及其他辅助性设施,应当与港口同步建设,并保证按期投入使用。

港口内有关行政管理机构办公设施的建设应当符合港口总体规划,建设费用不得向港口经营人摊派。

第十九条 港口设施建设项目竣工后,应当按照国家有关规定经验收合格,方可投入使用。

港口设施的所有权,依照有关法律规定确定。

第二十条 县级以上有关人民政府应当保证必要的资金投入,用于港口公用的航道、防波堤、锚地等基础设施的建设和维护。具体办法由国务院规定。

第二十一条 县级以上有关人民政府应当采取措施,组织建设与港口相配套的航道、铁路、公路、给排水、供电、通信等设施。

第三章 港口经营

第二十二条 从事港口经营,应当向港口行政管理部门书面申请取得港口经营许可,并依法办理工商登记。

港口行政管理部门实施港口经营许可,应当遵循公开、公正、公平的原则。

港口经营包括码头和其他港口设施的经营,港口旅客运输服务经营,在港区内从事货物的装卸、驳运、仓储的经营和港口拖轮经营等。

第二十三条 取得港口经营许可,应当有固定的经营场所,有与经营业务相适应的设施、设备、专业技术人员和管理人员,并应当具备法律、法规规定的其他条件。

第二十四条 港口行政管理部门应当自收到本法第二十二条第一款规定的书面申请之日起三十日内依法作出许可或者不予许可的决定。予以许可的,颁发港口经营许可证;不予许可的,应当书面通知申请人并告知理由。

第二十五条 经营港口理货业务,应当按照规定取得许可。实施港口理货业务经营许可,应当遵循公开、公正、公平的原则。具体办法由国务院交通主管部门规定。

港口理货业务经营人应当公正、准确地办理理货业务;不得兼营本法第二十二条第三款规定的货物装卸经营业务和仓储经营业务。

第二十六条 港口经营人从事经营活动，必须遵守有关法律、法规，遵守国务院交通主管部门有关港口作业规则的规定，依法履行合同约定的义务，为客户提供公平、良好的服务。

从事港口旅客运输服务的经营人，应当采取保证旅客安全的有效措施，向旅客提供快捷、便利的服务，保持良好的候船环境。

港口经营人应当依照有关环境保护的法律、法规的规定，采取有效措施，防治对环境的污染和危害。

第二十七条 港口经营人应当优先安排抢险物资、救灾物资和国防建设急需物资的作业。

第二十八条 港口经营人应当在其经营场所公布经营服务的收费项目和收费标准；未公布的，不得实施。

港口经营性收费依法实行政府指导价或者政府定价的，港口经营人应当按照规定执行。

第二十九条 国家鼓励和保护港口经营活动的公平竞争。

港口经营人不得实施垄断行为和不正当竞争行为，不得以任何手段强迫他人接受其提供的港口服务。

第三十条 港口行政管理部门依照《中华人民共和国统计法》和有关行政法规的规定要求港口经营人提供的统计资料，港口经营人应当如实提供。

港口行政管理部门应当按照国家有关规定将港口经营人报送的统计资料及时上报，并为港口经营人保守商业秘密。

第三十一条 港口经营人的合法权益受法律保护。任何单位和个人不得向港口经营人摊派或者违法收取费用，不得违法干预港口经营人的经营自主权。

第四章 港口安全与监督管理

第三十二条 港口经营人必须依照《中华人民共和国安全生产法》等有关法律、法规和国务院交通主管部门有关港口安全作业规则的规定，加强安全生产管理，建立健全安全生产责任制等规章制度，完善安全生产条件，采取保障安全生产的有效措施，确保安全生产。

港口经营人应当依法制定本单位的危险货物事故应急预案、重大生产安全事故的旅客紧急疏散和救援预案以及预防自然灾害预案，保障组织实施。

第三十三条 港口行政管理部门应当依法制定可能危及社会公共利益的港口危险货物事故应急预案、重大生产安全事故的旅客紧急疏散和救援预案以及预防自然灾害预案，建立健全港口重大生产安全事故的应急救援体系。

第三十四条 船舶进出港口，应当依照有关水上交通安全的法律、行政法规的规定向海事管理机构报告。海事管理机构接到报告后，应当及时通报港口行政管理部门。

船舶载运危险货物进出港口，应当按照国务院交通主管部门的规定将危险货物的名称、特性、包装和进出港口的时间报告海事管理机构。海事管理机构接到报告后，应当在国务院交通主管部门规定的时间内作出是否同意的决定，通知报告人，并通报港口行政管理部门。但是，定船舶、定航线、定货种的船舶可以定期报告。

第三十五条 在港口内进行危险货物的装卸、过驳作业，应当按照国务院交通主管部门的规定将危险货物的名称、特性、包装和作业的时间、地点报告港口行政管理部门。港口行政管理部门接到报告后，应当在国务院交通主管部门规定的时间内作出是否同意的决定，通知报告人，并通报海事管理机构。

第三十六条 港口行政管理部门应当依法对港口安全生产情况实施监督检查，对旅客上下集中、货物装卸量较大或者有特殊用途的码头进行重点巡查；检查中发现安全隐患的，应当责令被检查人立即排除或者限期排除。

负责安全生产监督管理的部门和其他有关部门依照法律、法规的规定，在各自职责范围内对港口安全生产实施监督检查。

第三十七条 禁止在港口水域内从事养殖、种植活动。

不得在港口进行可能危及港口安全的采掘、爆破等活动；因工程建设等确需进行的，必须采取相应的安全保护措施，并报经港口行政管理部门批准。港口行政管理部门应当将审批情况及时通报海事管理机构，海事管理机构不再依照有关水上交通安全的法律、行政法规的规定进行审批。

禁止向港口水域倾倒泥土、砂石以及违反有关环境保护的法律、法规的规定排放超过规定标准的有毒、有害物质。

第三十八条 建设桥梁、水底隧道、水电站等可能影响港口水文条件变化的工程项目，负责审批该项目的部门在审批前应当征求港口行政管理部门的意见。

第三十九条 依照有关水上交通安全的法律、行政法规的规定，进出港口须经引航的船舶，应当向引航机构申请引航。引航的具体办法由国务院交通主管部门规定。

第四十条 遇有旅客滞留、货物积压阻塞港口的情况，港口行政管理部门应当及时采取有效措施，进行疏港；港口所在地的市、县人民政府认为必要时，可以直接采取措施，进行疏港。

第四十一条 港口行政管理部门应当组织制定所管理的港口的章程，并向社会公布。

港口章程的内容应当包括对港口的地理位置、航道条件、港池水深、机械设施和装卸能力等情况的说明，以及本港口贯彻执行有关港口管理的法律、法规和国务院交通主管部门有关规定的具体措施。

第四十二条 港口行政管理部门依据职责对本法执行情况实施监督检查。

港口行政管理部门的监督检查人员依法实施监督检查时，有权向被检查单位和有关人员了解有关情况，并可查阅、复制有关资料。

监督检查人员对检查中知悉的商业秘密，应当保密。

监督检查人员实施监督检查时，应当出示执法证件。

第四十三条 监督检查人员应当将监督检查的时间、地点、内容、发现的问题及处理情况作出书面记录，并由监督检查人员和被检查单位的负责人签字；被检查单位的负责人拒绝签字的，监督检查人员应当将情况记录在案，并向港口行政管理部门报告。

第四十四条 被检查单位和有关人员应当接受港口行政管理部门依法实施的监督检查，如实提供有关情况和资料，不得拒绝检查或者隐匿、谎报有关情况和资料。

第五章 法律责任

第四十五条 有下列行为之一的，由县级以上地方人民政府或者港口行政管理部门责令限期改正；逾期不改正的，由作出限期改正决定的机关申请人民法院强制拆除违法建设的设施；可以处五万元以下罚款：

（一）违反港口规划建设港口、码头或者其他港口设施的；

（二）未经依法批准，建设港口设施使用港口岸线的。

建设项目的审批部门对违反港口规划的建设项目予以批准的，对其直接负责的主管人员和其他直接责任人员，依法给予行政处分。

第四十六条 未经依法批准，在港口建设危险货物作业场所、实施卫生除害处理的专用场所的，或者建设的危险货物作业场所、实施卫生除害处理的专用场所与人口密集区或者港口客运设施的距离不符合国务院有关部门的规定的，由港口行政管理部门责令停止建设或者使用，限期改正，可以处五万元以下罚款。

第四十七条 码头或者港口装卸设施、客运设施未经验收合格，擅自投入使用的，由港口行政管理部门责令停止使用，限期改正，可以处五万元以下罚款。

第四十八条 有下列行为之一的，由港口行政管理部门责令停止违法经营，没收违法所得；违法所得十万元以上的，并处违法所得二倍以上五倍以下罚款；违法所得不足十万元的，处五万元以上二十万元以下罚款：

（一）未依法取得港口经营许可证，从事港口经营的；

（二）未经依法许可，经营港口理货业务的；

（三）港口理货业务经营人兼营货物装卸经营业务、仓储经营业务的。

有前款第（三）项行为，情节严重的，由有关主管部门吊销港口理货业务经营许可证。

第四十九条 港口经营人不优先安排抢险物资、救灾物资、国防建设急需物资的作业的，由港口行政管理部门责令改正；造成严重后果的，吊销港口经营许可证。

第五十条 港口经营人违反有关法律、行政法规的规定，在经营活动中实施垄断行为或者不正当竞争行为的，依照有关法律、行政法规的规定承担法律责任。

第五十一条 港口经营人违反本法第三十二条关于安全生产的规定的，由港口行政管理部门或者其他依法负有安全生产监督管理职责的部门依法给予处罚；情节严重的，由港口行政管理部门吊销港口经营许可证，并对其主要负责人依法给予处分；构成犯罪的，依法追究刑事责任。

第五十二条 船舶进出港口，未依照本法第三十四条的规定向海事管理机构报告的，由海事管理机构依照有关水上交通安全的法律、行政法规的规定处罚。

第五十三条 未依法向港口行政管理部门报告并经其同意，在港口内进行危险货物的装卸、过驳作业的，由港口行政管理部门责令停止作业，处五千元以上五万元以下罚款。

第五十四条 在港口水域内从事养殖、种植活动的，由海事管理机构责令限期改正；逾期不改正的，强制拆除养殖、种植设施，拆除费用由违法行为人承担；可以处一万元以下罚款。

第五十五条 未经依法批准在港口进行可能危及港口安全的采掘、爆破等活动的，向港口水域倾倒泥土、砂石的，由港口行政管理部门责令停止违法行为，限期消除因此造成的安全隐患；逾期不消除的，强制消除，因此发生的费用由违法行为人承担；处五千元以上五万元以下罚款；依照有关水上交通安全的法律、行政法规的规定由海事管理机构处罚的，依照其规定；构成犯罪的，依法追究刑事责任。

第五十六条 交通主管部门、港口行政管理部门、海事管理机构等不依法履行职责，有下列行为之一的，对直接负责的主管人员和其他直接责任人员依法给予行政处分；构成犯罪的，依法追究刑事责任：

（一）违法批准建设港口设施使用港口岸线、违法批准建设港口危险货物作业场所或者实施卫生除害处理的专用场所，或者违法批准船舶载运危险货物进出港口、违法批准在港口内进行危险货物的装卸、过驳作业的；

（二）对不符合法定条件的申请人给予港口经营许可或者港口理货业务经营许可的；

（三）发现取得经营许可的港口经营人、港口理货业务经营人不再具备法定许可条件而不及时吊销许可证的；

（四）不依法履行监督检查职责，对违反港口规划建设港口、码头或者其他港口设施的行为，未经依法许可从事港口经营、港口理货业务的行为，不遵守安全生产管理规定的行为，危及港口作业安全的行为，以及其他违反本法规定的行为，不依法予以查处的。

第五十七条 行政机关违法干预港口经营人的经营自主权的，由其上级行政机关或者监察机关责令改正；向港口经营人摊派财物或者违法收取费用的，责令退回；情节严重的，对直接负责的主管人员和其他直接责任人员依法给予行政处分。

第六章 附 则

第五十八条 对航行国际航线的船舶开放的港口，由有关省、自治区、直辖市人民政府按照国家有关规定商国务院有关部门和有关军事机关同意后，报国务院批准。

第五十九条 渔业港口的管理工作由县级以上人民政府渔业行政主管部门负责。具体管理办法由国务院规定。

前款所称渔业港口，是指专门为渔业生产服务、供渔业船舶停泊、避风、装卸渔获物、补充渔需物资的人工港口或者自然港湾，包括综合性港口中渔业专用的码头、渔业专用的水域和渔船专用的锚地。

第六十条 军事港口的建设和管理办法由国务院、中央军事委员会规定。

第六十一条 本法自 2004 年 1 月 1 日起施行。

中华人民共和国突发事件应对法

（2007 年 8 月 30 日第十届全国人民代表大会常务委员会第 29 次会议通过，
中华人民共和国主席令　第 69 号）

第一章　总　　则

第一条　为了预防和减少突发事件的发生，控制、减轻和消除突发事件引起的严重社会危害，规范突发事件应对活动，保护人民生命财产安全，维护国家安全、公共安全、环境安全和社会秩序，制定本法。

第二条　突发事件的预防与应急准备、监测与预警、应急处置与救援、事后恢复与重建等应对活动，适用本法。

第三条　本法所称突发事件，是指突然发生，造成或者可能造成严重社会危害，需要采取应急处置措施予以应对的自然灾害、事故灾难、公共卫生事件和社会安全事件。

按照社会危害程度、影响范围等因素，自然灾害、事故灾难、公共卫生事件分为特别重大、重大、较大和一般四级。法律、行政法规或者国务院另有规定的，从其规定。

突发事件的分级标准由国务院或者国务院确定的部门制定。

第四条　国家建立统一领导、综合协调、分类管理、分级负责、属地管理为主的应急管理体制。

第五条　突发事件应对工作实行预防为主、预防与应急相结合的原则。国家建立重大突发事件风险评估体系，对可能发生的突发事件进行综合性评估，减少重大突发事件的发生，最大限度地减轻重大突发事件的影响。

第六条　国家建立有效的社会动员机制，增强全民的公共安全和防范风险的意识，提高全社会的避险救助能力。

第七条　县级人民政府对本行政区域内突发事件的应对工作负责；涉及两个以上行政区域的，由有关行政区域共同的上一级人民政府负责，或者由各有关行政区域的上一级人民政府共同负责。

突发事件发生后，发生地县级人民政府应当立即采取措施控制事态发展，组织开展应急救援和处置工作，并立即向上一级人民政府报告，必要时可以越级上报。

突发事件发生地县级人民政府不能消除或者不能有效控制突发事件引起的严重社会危害的，应当及时向上级人民政府报告。上级人民政府应当及时采取措施，统一领导应急处置工作。

法律、行政法规规定由国务院有关部门对突发事件的应对工作负责的，从其规定；地方人民政府应当积极配合并提供必要的支持。

第八条 国务院在总理领导下研究、决定和部署特别重大突发事件的应对工作；根据实际需要，设立国家突发事件应急指挥机构，负责突发事件应对工作；必要时，国务院可以派出工作组指导有关工作。

县级以上地方各级人民政府设立由本级人民政府主要负责人、相关部门负责人、驻当地中国人民解放军和中国人民武装警察部队有关负责人组成的突发事件应急指挥机构，统一领导、协调本级人民政府各有关部门和下级人民政府开展突发事件应对工作；根据实际需要，设立相关类别突发事件应急指挥机构，组织、协调、指挥突发事件应对工作。

上级人民政府主管部门应当在各自职责范围内，指导、协助下级人民政府及其相应部门做好有关突发事件的应对工作。

第九条 国务院和县级以上地方各级人民政府是突发事件应对工作的行政领导机关，其办事机构及具体职责由国务院规定。

第十条 有关人民政府及其部门作出的应对突发事件的决定、命令，应当及时公布。

第十一条 有关人民政府及其部门采取的应对突发事件的措施，应当与突发事件可能造成的社会危害的性质、程度和范围相适应；有多种措施可供选择的，应当选择有利于最大程度地保护公民、法人和其他组织权益的措施。

公民、法人和其他组织有义务参与突发事件应对工作。

第十二条 有关人民政府及其部门为应对突发事件，可以征用单位和个人的财产。被征用的财产在使用完毕或者突发事件应急处置工作结束后，应当及时返还。财产被征用或者征用后毁损、灭失的，应当给予补偿。

第十三条 因采取突发事件应对措施，诉讼、行政复议、仲裁活动不能正常进行的，适用有关时效中止和程序中止的规定，但法律另有规定的除外。

第十四条 中国人民解放军、中国人民武装警察部队和民兵组织依照本法和其他有关法律、行政法规、军事法规的规定以及国务院、中央军事委员会的命令，参加突发事件的应急救援和处置工作。

第十五条 中华人民共和国政府在突发事件的预防、监测与预警、应急处置与救援、事后恢复与重建等方面，同外国政府和有关国际组织开展合作与交流。

第十六条 县级以上人民政府作出应对突发事件的决定、命令，应当报本级人民代表大会常务委员会备案；突发事件应急处置工作结束后，应当向本级人民代表大会常务委员会作出专项工作报告。

第二章 预防与应急准备

第十七条 国家建立健全突发事件应急预案体系。

国务院制定国家突发事件总体应急预案，组织制定国家突发事件专项应急预案；国务院有关部门根据各自的职责和国务院相关应急预案，制定国家突发事件部门应急预案。

地方各级人民政府和县级以上地方各级人民政府有关部门根据有关法律、法规、规章、上级人民政府及其有关部门的应急预案以及本地区的实际情况，制定相应的突发事件应急预案。

应急预案制定机关应当根据实际需要和情势变化，适时修订应急预案。应急预案的制定、修订程序由国务院规定。

第十八条 应急预案应当根据本法和其他有关法律、法规的规定，针对突发事件的性质、特点和可能造成的社会危害，具体规定突发事件应急管理工作的组织指挥体系与职责和突发事件的预防与预警机制、处置程序、应急保障措施以及事后恢复与重建措施等内容。

第十九条 城乡规划应当符合预防、处置突发事件的需要，统筹安排应对突发事件所必需的设备和基础设施建设，合理确定应急避难场所。

第二十条 县级人民政府应当对本行政区域内容易引发自然灾害、事故灾难和公共卫生事件的危险源、危险区域进行调查、登记、风险评估，定期进行检查、监控，并责令有关单位采取安全防范措施。

省级和设区的市级人民政府应当对本行政区域内容易引发特别重大、重大突发事件的危险源、危险区域进行调查、登记、风险评估，组织进行检查、监控，并责令有关单位采取安全防范措施。

县级以上地方各级人民政府按照本法规定登记的危险源、危险区域，应当按照国家规定及时向社会公布。

第二十一条 县级人民政府及其有关部门、乡级人民政府、街道办事处、居民委员会、村民委员会应当及时调解处理可能引发社会安全事件的矛盾纠纷。

第二十二条 所有单位应当建立健全安全管理制度，定期检查本单位各项安全防范措施的落实情况，及时消除事故隐患；掌握并及时处理本单位存在的可能引发社会安全事件的问题，防止矛盾激化和事态扩大；对本单位可能发生的突发事件和采取安全防范措施的情况，应当按照规定及时向所在地人民政府或者人民政府有关部门报告。

第二十三条 矿山、建筑施工单位和易燃易爆物品、危险化学品、放射性物品等危险物品的生产、经营、储运、使用单位，应当制定具体应急预案，并对生产经营场所、有危险物品的建筑物、构筑物及周边环境开展隐患排查，及时采取措施消除隐患，防止发生突发事件。

第二十四条 公共交通工具、公共场所和其他人员密集场所的经营单位或者管理单位应当制定具体应急预案，为交通工具和有关场所配备报警装置和必要的应急救援设备、设施，注明其使用方法，并显著标明安全撤离的通道、路线，保证安全通道、出口的畅通。

有关单位应当定期检测、维护其报警装置和应急救援设备、设施，使其处于良好状态，确保正常使用。

第二十五条 县级以上人民政府应当建立健全突发事件应急管理培训制度，对人民政府及其有关部门负有处置突发事件职责的工作人员定期进行培训。

第二十六条 县级以上人民政府应当整合应急资源，建立或者确定综合性应急救援队伍。人民政府有关部门可以根据实际需要设立专业应急救援队伍。

县级以上人民政府及其有关部门可以建立由成年志愿者组成的应急救援队伍。单位应当建立由本单位职工组成的专职或者兼职应急救援队伍。

县级以上人民政府应当加强专业应急救援队伍与非专业应急救援队伍的合作，联合培训、联合演练，提高合成应急、协同应急的能力。

第二十七条 国务院有关部门、县级以上地方各级人民政府及其有关部门、有关单位应当为专业应急救援人员购买人身意外伤害保险，配备必要的防护装备和器材，减少应急救援人员的人身风险。

第二十八条 中国人民解放军、中国人民武装警察部队和民兵组织应当有计划地组织开展应急救援的专门训练。

第二十九条 县级人民政府及其有关部门、乡级人民政府、街道办事处应当组织开展应急知识的宣传普及活动和必要的应急演练。

居民委员会、村民委员会、企业事业单位应当根据所在地人民政府的要求，结合各自的实际情况，开展有关突发事件应急知识的宣传普及活动和必要的应急演练。

新闻媒体应当无偿开展突发事件预防与应急、自救与互救知识的公益宣传。

第三十条 各级各类学校应当把应急知识教育纳入教学内容，对学生进行应急知识教育，培养学生的安全意识和自救与互救能力。

教育主管部门应当对学校开展应急知识教育进行指导和监督。

第三十一条 国务院和县级以上地方各级人民政府应当采取财政措施，保障突发事件应对工作所需经费。

第三十二条 国家建立健全应急物资储备保障制度，完善重要应急物资的监管、生产、储备、调拨和紧急配送体系。

设区的市级以上人民政府和突发事件易发、多发地区的县级人民政府应当建立应急救援物资、生活必需品和应急处置装备的储备制度。

县级以上地方各级人民政府应当根据本地区的实际情况，与有关企业签订协议，保障应急救援物资、生活必需品和应急处置装备的生产、供给。

第三十三条 国家建立健全应急通信保障体系，完善公用通信网，建立有线与无线相结合、基础电信网络与机动通信系统相配套的应急通信系统，确保突发事件应对工作的通信畅通。

第三十四条 国家鼓励公民、法人和其他组织为人民政府应对突发事件工作提供物资、资金、技术支持和捐赠。

第三十五条 国家发展保险事业，建立国家财政支持的巨灾风险保险体系，并鼓励单位和公民参加保险。

第三十六条 国家鼓励、扶持具备相应条件的教学科研机构培养应急管理专门人才，鼓励、扶持教学科研机构和有关企业研究开发用于突发事件预防、监测、预警、应急处置与救援的新技术、新设备和新工具。

第三章　监测与预警

第三十七条　国务院建立全国统一的突发事件信息系统。

县级以上地方各级人民政府应当建立或者确定本地区统一的突发事件信息系统，汇集、储存、分析、传输有关突发事件的信息，并与上级人民政府及其有关部门、下级人民政府及其有关部门、专业机构和监测网点的突发事件信息系统实现互联互通，加强跨部门、跨地区的信息交流与情报合作。

第三十八条　县级以上人民政府及其有关部门、专业机构应当通过多种途径收集突发事件信息。

县级人民政府应当在居民委员会、村民委员会和有关单位建立专职或者兼职信息报告员制度。

获悉突发事件信息的公民、法人或者其他组织，应当立即向所在地人民政府、有关主管部门或者指定的专业机构报告。

第三十九条　地方各级人民政府应当按照国家有关规定向上级人民政府报送突发事件信息。县级以上人民政府有关主管部门应当向本级人民政府相关部门通报突发事件信息。专业机构、监测网点和信息报告员应当及时向所在地人民政府及其有关主管部门报告突发事件信息。

有关单位和人员报送、报告突发事件信息，应当做到及时、客观、真实，不得迟报、谎报、瞒报、漏报。

第四十条　县级以上地方各级人民政府应当及时汇总分析突发事件隐患和预警信息，必要时组织相关部门、专业技术人员、专家学者进行会商，对发生突发事件的可能性及其可能造成的影响进行评估；认为可能发生重大或者特别重大突发事件的，应当立即向上级人民政府报告，并向上级人民政府有关部门、当地驻军和可能受到危害的毗邻或者相关地区的人民政府通报。

第四十一条　国家建立健全突发事件监测制度。

县级以上人民政府及其有关部门应当根据自然灾害、事故灾难和公共卫生事件的种类和特点，建立健全基础信息数据库，完善监测网络，划分监测区域，确定监测点，明确监测项目，提供必要的设备、设施，配备专职或者兼职人员，对可能发生的突发事件进行监测。

第四十二条　国家建立健全突发事件预警制度。

可以预警的自然灾害、事故灾难和公共卫生事件的预警级别，按照突发事件发生的紧急程度、发展势态和可能造成的危害程度分为一级、二级、三级和四级，分别用红色、橙色、黄色和蓝色标示，一级为最高级别。

预警级别的划分标准由国务院或者国务院确定的部门制定。

第四十三条　可以预警的自然灾害、事故灾难或者公共卫生事件即将发生或者发生的可能性增大时，县级以上地方各级人民政府应当根据有关法律、行政法规和国务院规定的权限和程序，发布相应级别的警报，决定并宣布有关地区进入预警期，同时向上一级人民政府报告，必要时可以越级上报，并向当地驻军和可能受到危害的毗邻或者相关地区的人民政府通报。

第四十四条 发布三级、四级警报，宣布进入预警期后，县级以上地方各级人民政府应当根据即将发生的突发事件的特点和可能造成的危害，采取下列措施：

（一）启动应急预案；

（二）责令有关部门、专业机构、监测网点和负有特定职责的人员及时收集、报告有关信息，向社会公布反映突发事件信息的渠道，加强对突发事件发生、发展情况的监测、预报和预警工作；

（三）组织有关部门和机构、专业技术人员、有关专家学者，随时对突发事件信息进行分析评估，预测发生突发事件可能性的大小、影响范围和强度以及可能发生的突发事件的级别；

（四）定时向社会发布与公众有关的突发事件预测信息和分析评估结果，并对相关信息的报道工作进行管理；

（五）及时按照有关规定向社会发布可能受到突发事件危害的警告，宣传避免、减轻危害的常识，公布咨询电话。

第四十五条 发布一级、二级警报，宣布进入预警期后，县级以上地方各级人民政府除采取本法第四十四条规定的措施外，还应当针对即将发生的突发事件的特点和可能造成的危害，采取下列一项或者多项措施：

（一）责令应急救援队伍、负有特定职责的人员进入待命状态，并动员后备人员做好参加应急救援和处置工作的准备；

（二）调集应急救援所需物资、设备、工具，准备应急设施和避难场所，并确保其处于良好状态、随时可以投入正常使用；

（三）加强对重点单位、重要部位和重要基础设施的安全保卫，维护社会治安秩序；

（四）采取必要措施，确保交通、通信、供水、排水、供电、供气、供热等公共设施的安全和正常运行；

（五）及时向社会发布有关采取特定措施避免或者减轻危害的建议、劝告；

（六）转移、疏散或者撤离易受突发事件危害的人员并予以妥善安置，转移重要财产；

（七）关闭或者限制使用易受突发事件危害的场所，控制或者限制容易导致危害扩大的公共场所的活动；

（八）法律、法规、规章规定的其他必要的防范性、保护性措施。

第四十六条 对即将发生或者已经发生的社会安全事件，县级以上地方各级人民政府及其有关主管部门应当按照规定向上一级人民政府及其有关主管部门报告，必要时可以越级上报。

第四十七条 发布突发事件警报的人民政府应当根据事态的发展，按照有关规定适时调整预警级别并重新发布。

有事实证明不可能发生突发事件或者危险已经解除的，发布警报的人民政府应当立即宣布解除警报，终止预警期，并解除已经采取的有关措施。

第四章 应急处置与救援

第四十八条 突发事件发生后，履行统一领导职责或者组织处置突发事件的人民政府应当针对其性质、特点和危害程度，立即组织有关部门，调动应急救援队伍和社会力量，依照本章的规定和有关法律、法规、规章的规定采取应急处置措施。

第四十九条 自然灾害、事故灾难或者公共卫生事件发生后，履行统一领导职责的人民政府可以采取下列一项或者多项应急处置措施：

（一）组织营救和救治受害人员，疏散、撤离并妥善安置受到威胁的人员以及采取其他救助措施；

（二）迅速控制危险源，标明危险区域，封锁危险场所，划定警戒区，实行交通管制以及其他控制措施；

（三）立即抢修被损坏的交通、通信、供水、排水、供电、供气、供热等公共设施，向受到危害的人员提供避难场所和生活必需品，实施医疗救护和卫生防疫以及其他保障措施；

（四）禁止或者限制使用有关设备、设施，关闭或者限制使用有关场所，中止人员密集的活动或者可能导致危害扩大的生产经营活动以及采取其他保护措施；

（五）启用本级人民政府设置的财政预备费和储备的应急救援物资，必要时调用其他急需物资、设备、设施、工具；

（六）组织公民参加应急救援和处置工作，要求具有特定专长的人员提供服务；

（七）保障食品、饮用水、燃料等基本生活必需品的供应；

（八）依法从严惩处囤积居奇、哄抬物价、制假售假等扰乱市场秩序的行为，稳定市场价格，维护市场秩序；

（九）依法从严惩处哄抢财物、干扰破坏应急处置工作等扰乱社会秩序的行为，维护社会治安；

（十）采取防止发生次生、衍生事件的必要措施。

第五十条 社会安全事件发生后，组织处置工作的人民政府应当立即组织有关部门并由公安机关针对事件的性质和特点，依照有关法律、行政法规和国家其他有关规定，采取下列一项或者多项应急处置措施：

（一）强制隔离使用器械相互对抗或者以暴力行为参与冲突的当事人，妥善解决现场纠纷和争端，控制事态发展；

（二）对特定区域内的建筑物、交通工具、设备、设施以及燃料、燃气、电力、水的供应进行控制；

（三）封锁有关场所、道路，查验现场人员的身份证件，限制有关公共场所内的活动；

（四）加强对易受冲击的核心机关和单位的警卫，在国家机关、军事机关、国家通讯社、广播电台、电视台、外国驻华使领馆等单位附近设置临时警戒线；

（五）法律、行政法规和国务院规定的其他必要措施。

严重危害社会治安秩序的事件发生时，公安机关应当立即依法出动警力，根据现场情况依法采取相应的强制性措施，尽快使社会秩序恢复正常。

第五十一条 发生突发事件，严重影响国民经济正常运行时，国务院或者国务院授权的有关主管部门可以采取保障、控制等必要的应急措施，保障人民群众的基本生活需要，最大限度地减轻突发事件的影响。

第五十二条 履行统一领导职责或者组织处置突发事件的人民政府，必要时可以向单位和个人征用应急救援所需设备、设施、场地、交通工具和其他物资，请求其他地方人民政府提供人力、物力、财力或者技术支援，要求生产、供应生活必需品和应急救援物资的企业组织生产、保证供给，要求提供医疗、交通等公共服务的组织提供相应的服务。

履行统一领导职责或者组织处置突发事件的人民政府，应当组织协调运输经营单位，优先运送处置突发事件所需物资、设备、工具、应急救援人员和受到突发事件危害的人员。

第五十三条 履行统一领导职责或者组织处置突发事件的人民政府，应当按照有关规定统一、准确、及时发布有关突发事件事态发展和应急处置工作的信息。

第五十四条 任何单位和个人不得编造、传播有关突发事件事态发展或者应急处置工作的虚假信息。

第五十五条 突发事件发生地的居民委员会、村民委员会和其他组织应当按照当地人民政府的决定、命令，进行宣传动员，组织群众开展自救和互救，协助维护社会秩序。

第五十六条 受到自然灾害危害或者发生事故灾难、公共卫生事件的单位，应当立即组织本单位应急救援队伍和工作人员营救受害人员，疏散、撤离、安置受到威胁的人员，控制危险源，标明危险区域，封锁危险场所，并采取其他防止危害扩大的必要措施，同时向所在地县级人民政府报告；对因本单位的问题引发的或者主体是本单位人员的社会安全事件，有关单位应当按照规定上报情况，并迅速派出负责人赶赴现场开展劝解、疏导工作。

突发事件发生地的其他单位应当服从人民政府发布的决定、命令，配合人民政府采取的应急处置措施，做好本单位的应急救援工作，并积极组织人员参加所在地的应急救援和处置工作。

第五十七条 突发事件发生地的公民应当服从人民政府、居民委员会、村民委员会或者所属单位的指挥和安排，配合人民政府采取的应急处置措施，积极参加应急救援工作，协助维护社会秩序。

第五章　事后恢复与重建

第五十八条 突发事件的威胁和危害得到控制或者消除后，履行统一领导职责或者组织处置突发事件的人民政府应当停止执行依照本法规定采取的应急处置措施，同时采取或者继续实施必要措施，防止发生自然灾害、事故灾难、公共卫生事件的次生、衍生事件或者重新引发社会安全事件。

第五十九条 突发事件应急处置工作结束后，履行统一领导职责的人民政府应当立即组织对突发事件造成的损失进行评估，组织受影响地区尽快恢复生产、生活、工作和社会秩序，制定恢复重建计划，并向上一级人民政府报告。

受突发事件影响地区的人民政府应当及时组织和协调公安、交通、铁路、民航、邮电、建设等有关部门恢复社会治安秩序，尽快修复被损坏的交通、通信、供水、排水、供电、供气、供热等公共设施。

第六十条 受突发事件影响地区的人民政府开展恢复重建工作需要上一级人民政府支持的，可以向上一级人民政府提出请求。上一级人民政府应当根据受影响地区遭受的损失和实际情况，提供资金、物资支持和技术指导，组织其他地区提供资金、物资和人力支援。

第六十一条 国务院根据受突发事件影响地区遭受损失的情况，制定扶持该地区有关行业发展的优惠政策。

受突发事件影响地区的人民政府应当根据本地区遭受损失的情况，制定救助、补偿、抚慰、抚恤、安置等善后工作计划并组织实施，妥善解决因处置突发事件引发的矛盾和纠纷。

公民参加应急救援工作或者协助维护社会秩序期间，其在本单位的工资待遇和福利不变；表现突出、成绩显著的，由县级以上人民政府给予表彰或者奖励。

县级以上人民政府对在应急救援工作中伤亡的人员依法给予抚恤。

第六十二条 履行统一领导职责的人民政府应当及时查明突发事件的发生经过和原因，总结突发事件应急处置工作的经验教训，制定改进措施，并向上一级人民政府提出报告。

第六章 法律责任

第六十三条 地方各级人民政府和县级以上各级人民政府有关部门违反本法规定，不履行法定职责的，由其上级行政机关或者监察机关责令改正；有下列情形之一的，根据情节对直接负责的主管人员和其他直接责任人员依法给予处分：

（一）未按规定采取预防措施，导致发生突发事件，或者未采取必要的防范措施，导致发生次生、衍生事件的；

（二）迟报、谎报、瞒报、漏报有关突发事件的信息，或者通报、报送、公布虚假信息，造成后果的；

（三）未按规定及时发布突发事件警报、采取预警期的措施，导致损害发生的；

（四）未按规定及时采取措施处置突发事件或者处置不当，造成后果的；

（五）不服从上级人民政府对突发事件应急处置工作的统一领导、指挥和协调的；

（六）未及时组织开展生产自救、恢复重建等善后工作的；

（七）截留、挪用、私分或者变相私分应急救援资金、物资的；

（八）不及时归还征用的单位和个人的财产，或者对被征用财产的单位和个人不按规定给予补偿的。

第六十四条 有关单位有下列情形之一的，由所在地履行统一领导职责的人民政府责令停产停业，暂扣或者吊销许可证或者营业执照，并处五万元以上二十万元以下的罚款；构成违反治安管理行为的，由公安机关依法给予处罚：

（一）未按规定采取预防措施，导致发生严重突发事件的；

（二）未及时消除已发现的可能引发突发事件的隐患，导致发生严重突发事件的；

（三）未做好应急设备、设施日常维护、检测工作，导致发生严重突发事件或者突发事件危害扩大的；

（四）突发事件发生后，不及时组织开展应急救援工作，造成严重后果的。

前款规定的行为，其他法律、行政法规规定由人民政府有关部门依法决定处罚的，从其规定。

第六十五条 违反本法规定，编造并传播有关突发事件事态发展或者应急处置工作的虚假信息，或者明知是有关突发事件事态发展或者应急处置工作的虚假信息而进行传播的，责令改正，给予警告；造成严重后果的，依法暂停其业务活动或者吊销其执业许可证；负有直接责任的人员是国家工作人员的，还应当对其依法给予处分；构成违反治安管理行为的，由公安机关依法给予处罚。

第六十六条 单位或者个人违反本法规定，不服从所在地人民政府及其有关部门发布的决定、命令或者不配合其依法采取的措施，构成违反治安管理行为的，由公安机关依法给予处罚。

第六十七条 单位或者个人违反本法规定，导致突发事件发生或者危害扩大，给他人人身、财产造成损害的，应当依法承担民事责任。

第六十八条 违反本法规定，构成犯罪的，依法追究刑事责任。

第七章 附 则

第六十九条 发生特别重大突发事件，对人民生命财产安全、国家安全、公共安全、环境安全或者社会秩序构成重大威胁，采取本法和其他有关法律、法规、规章规定的应急处置措施不能消除或者有效控制、减轻其严重社会危害，需要进入紧急状态的，由全国人民代表大会常务委员会或者国务院依照宪法和其他有关法律规定的权限和程序决定。

紧急状态期间采取的非常措施，依照有关法律规定执行或者由全国人民代表大会常务委员会另行规定。

第七十条 本法自2007年11月1日起施行。

中华人民共和国水污染防治法

（2008 年 2 月 28 日第十届全国人民代表大会常务委员会第 32 次会议修订通过，
中华人民共和国主席令　第 87 号）

第一章　总　　则

第一条　为了防治水污染，保护和改善环境，保障饮用水安全，促进经济社会全面协调可持续发展，制定本法。

第二条　本法适用于中华人民共和国领域内的江河、湖泊、运河、渠道、水库等地表水体以及地下水体的污染防治。

海洋污染防治适用《中华人民共和国海洋环境保护法》。

第三条　水污染防治应当坚持预防为主、防治结合、综合治理的原则，优先保护饮用水水源，严格控制工业污染、城镇生活污染，防治农业面源污染，积极推进生态治理工程建设，预防、控制和减少水环境污染和生态破坏。

第四条　县级以上人民政府应当将水环境保护工作纳入国民经济和社会发展规划。

县级以上地方人民政府应当采取防治水污染的对策和措施，对本行政区域的水环境质量负责。

第五条　国家实行水环境保护目标责任制和考核评价制度，将水环境保护目标完成情况作为对地方人民政府及其负责人考核评价的内容。

第六条　国家鼓励、支持水污染防治的科学技术研究和先进适用技术的推广应用，加强水环境保护的宣传教育。

第七条　国家通过财政转移支付等方式，建立健全对位于饮用水水源保护区区域和江河、湖泊、水库上游地区的水环境生态保护补偿机制。

第八条　县级以上人民政府环境保护主管部门对水污染防治实施统一监督管理。

交通主管部门的海事管理机构对船舶污染水域的防治实施监督管理。

县级以上人民政府水行政、国土资源、卫生、建设、农业、渔业等部门以及重要江河、湖泊的流域水资源保护机构，在各自的职责范围内，对有关水污染防治实施监督管理。

第九条　排放水污染物，不得超过国家或者地方规定的水污染物排放标准和重点水污染物排放总量控制指标。

第十条　任何单位和个人都有义务保护水环境，并有权对污染损害水环境的行为进行检举。

县级以上人民政府及其有关主管部门对在水污染防治工作中做出显著成绩的单位和个人给予表彰和奖励。

第二章　水污染防治的标准和规划

第十一条　国务院环境保护主管部门制定国家水环境质量标准。

省、自治区、直辖市人民政府可以对国家水环境质量标准中未作规定的项目，制定地方标准，并报国务院环境保护主管部门备案。

第十二条　国务院环境保护主管部门会同国务院水行政主管部门和有关省、自治区、直辖市人民政府，可以根据国家确定的重要江河、湖泊流域水体的使用功能以及有关地区的经济、技术条件，确定该重要江河、湖泊流域的省界水体适用的水环境质量标准，报国务院批准后施行。

第十三条　国务院环境保护主管部门根据国家水环境质量标准和国家经济、技术条件，制定国家水污染物排放标准。

省、自治区、直辖市人民政府对国家水污染物排放标准中未作规定的项目，可以制定地方水污染物排放标准；对国家水污染物排放标准中已作规定的项目，可以制定严于国家水污染物排放标准的地方水污染物排放标准。地方水污染物排放标准须报国务院环境保护主管部门备案。

向已有地方水污染物排放标准的水体排放污染物的，应当执行地方水污染物排放标准。

第十四条　国务院环境保护主管部门和省、自治区、直辖市人民政府，应当根据水污染防治的要求和国家或者地方的经济、技术条件，适时修订水环境质量标准和水污染物排放标准。

第十五条　防治水污染应当按流域或者按区域进行统一规划。国家确定的重要江河、湖泊的流域水污染防治规划，由国务院环境保护主管部门会同国务院经济综合宏观调控、水行政等部门和有关省、自治区、直辖市人民政府编制，报国务院批准。

前款规定外的其他跨省、自治区、直辖市江河、湖泊的流域水污染防治规划，根据国家确定的重要江河、湖泊的流域水污染防治规划和本地实际情况，由有关省、自治区、直辖市人民政府环境保护主管部门会同同级水行政等部门和有关市、县人民政府编制，经有关省、自治区、直辖市人民政府审核，报国务院批准。

省、自治区、直辖市内跨县江河、湖泊的流域水污染防治规划，根据国家确定的重要江河、湖泊的流域水污染防治规划和本地实际情况，由省、自治区、直辖市人民政府环境保护主管部门会同同级水行政等部门编制，报省、自治区、直辖市人民政府批准，并报国务院备案。

经批准的水污染防治规划是防治水污染的基本依据，规划的修订须经原批准机关批准。

县级以上地方人民政府应当根据依法批准的江河、湖泊的流域水污染防治规划，组织制定本行政区域的水污染防治规划。

第十六条　国务院有关部门和县级以上地方人民政府开发、利用和调节、调度水资源时，应当统筹兼顾，维持江河的合理流量和湖泊、水库以及地下水体的合理水位，维护水体的生态功能。

第三章　水污染防治的监督管理

第十七条　新建、改建、扩建直接或者间接向水体排放污染物的建设项目和其他水上设施，应当依法进行环境影响评价。

建设单位在江河、湖泊新建、改建、扩建排污口的，应当取得水行政主管部门或者流域管理机构同意；涉及通航、渔业水域的，环境保护主管部门在审批环境影响评价文件时，应当征求交通、渔业主管部门的意见。

建设项目的水污染防治设施，应当与主体工程同时设计、同时施工、同时投入使用。水污染防治设施应当经过环境保护主管部门验收，验收不合格的，该建设项目不得投入生产或者使用。

第十八条　国家对重点水污染物排放实施总量控制制度。

省、自治区、直辖市人民政府应当按照国务院的规定削减和控制本行政区域的重点水污染物排放总量，并将重点水污染物排放总量控制指标分解落实到市、县人民政府。市、县人民政府根据本行政区域重点水污染物排放总量控制指标的要求，将重点水污染物排放总量控制指标分解落实到排污单位。具体办法和实施步骤由国务院规定。

省、自治区、直辖市人民政府可以根据本行政区域水环境质量状况和水污染防治工作的需要，确定本行政区域实施总量削减和控制的重点水污染物。

对超过重点水污染物排放总量控制指标的地区，有关人民政府环境保护主管部门应当暂停审批新增重点水污染物排放总量的建设项目的环境影响评价文件。

第十九条　国务院环境保护主管部门对未按照要求完成重点水污染物排放总量控制指标的省、自治区、直辖市予以公布。省、自治区、直辖市人民政府环境保护主管部门对未按照要求完成重点水污染物排放总量控制指标的市、县予以公布。

县级以上人民政府环境保护主管部门对违反本法规定、严重污染水环境的企业予以公布。

第二十条　国家实行排污许可制度。

直接或者间接向水体排放工业废水和医疗污水以及其他按照规定应当取得排污许可证方可排放的废水、污水的企业事业单位，应当取得排污许可证；城镇污水集中处理设施的运营单位，也应当取得排污许可证。排污许可的具体办法和实施步骤由国务院规定。

禁止企业事业单位无排污许可证或者违反排污许可证的规定向水体排放前款规定的废水、污水。

第二十一条　直接或者间接向水体排放污染物的企业事业单位和个体工商户，应当按照国务院环境保护主管部门的规定，向县级以上地方人民政府环境保护主管部门申报登记拥有的水污染物排放设施、处理设施和在正常作业条件下排放水污染物的种类、数量和浓度，并提供防治水污染方面的有关技术资料。

企业事业单位和个体工商户排放水污染物的种类、数量和浓度有重大改变的，应当及时申报登记;其水污染物处理设施应当保持正常使用;拆除或者闲置水污染物处理设施的,应当事先报县级以上地方人民政府环境保护主管部门批准。

第二十二条 向水体排放污染物的企业事业单位和个体工商户,应当按照法律、行政法规和国务院环境保护主管部门的规定设置排污口;在江河、湖泊设置排污口的,还应当遵守国务院水行政主管部门的规定。

禁止私设暗管或者采取其他规避监管的方式排放水污染物。

第二十三条 重点排污单位应当安装水污染物排放自动监测设备,与环境保护主管部门的监控设备联网,并保证监测设备正常运行。排放工业废水的企业,应当对其所排放的工业废水进行监测,并保存原始监测记录。具体办法由国务院环境保护主管部门规定。

应当安装水污染物排放自动监测设备的重点排污单位名录,由设区的市级以上地方人民政府环境保护主管部门根据本行政区域的环境容量、重点水污染物排放总量控制指标的要求以及排污单位排放水污染物的种类、数量和浓度等因素,商同级有关部门确定。

第二十四条 直接向水体排放污染物的企业事业单位和个体工商户,应当按照排放水污染物的种类、数量和排污费征收标准缴纳排污费。

排污费应当用于污染的防治,不得挪作他用。

第二十五条 国家建立水环境质量监测和水污染物排放监测制度。国务院环境保护主管部门负责制定水环境监测规范,统一发布国家水环境状况信息,会同国务院水行政等部门组织监测网络。

第二十六条 国家确定的重要江河、湖泊流域的水资源保护工作机构负责监测其所在流域的省界水体的水环境质量状况,并将监测结果及时报国务院环境保护主管部门和国务院水行政主管部门;有经国务院批准成立的流域水资源保护领导机构的,应当将监测结果及时报告流域水资源保护领导机构。

第二十七条 环境保护主管部门和其他依照本法规定行使监督管理权的部门,有权对管辖范围内的排污单位进行现场检查,被检查的单位应当如实反映情况,提供必要的资料。检查机关有义务为被检查的单位保守在检查中获取的商业秘密。

第二十八条 跨行政区域的水污染纠纷,由有关地方人民政府协商解决,或者由其共同的上级人民政府协调解决。

第四章 水污染防治措施

第一节 一般规定

第二十九条 禁止向水体排放油类、酸液、碱液或者剧毒废液。

禁止在水体清洗装贮过油类或者有毒污染物的车辆和容器。

第三十条 禁止向水体排放、倾倒放射性固体废物或者含有高放射性和中放射性物质的废水。

向水体排放含低放射性物质的废水,应当符合国家有关放射性污染防治的规定和标准。

第三十一条 向水体排放含热废水，应当采取措施，保证水体的水温符合水环境质量标准。

第三十二条 含病原体的污水应当经过消毒处理；符合国家有关标准后，方可排放。

第三十三条 禁止向水体排放、倾倒工业废渣、城镇垃圾和其他废弃物。

禁止将含有汞、镉、砷、铬、铅、氰化物、黄磷等的可溶性剧毒废渣向水体排放、倾倒或者直接埋入地下。

存放可溶性剧毒废渣的场所，应当采取防水、防渗漏、防流失的措施。

第三十四条 禁止在江河、湖泊、运河、渠道、水库最高水位线以下的滩地和岸坡堆放、存贮固体废弃物和其他污染物。

第三十五条 禁止利用渗井、渗坑、裂隙和溶洞排放、倾倒含有毒污染物的废水、含病原体的污水和其他废弃物。

第三十六条 禁止利用无防渗漏措施的沟渠、坑塘等输送或者存贮含有毒污染物的废水、含病原体的污水和其他废弃物。

第三十七条 多层地下水的含水层水质差异大的，应当分层开采；对已受污染的潜水和承压水，不得混合开采。

第三十八条 兴建地下工程设施或者进行地下勘探、采矿等活动，应当采取防护性措施，防止地下水污染。

第三十九条 人工回灌补给地下水，不得恶化地下水质。

第二节 工业水污染防治

第四十条 国务院有关部门和县级以上地方人民政府应当合理规划工业布局，要求造成水污染的企业进行技术改造，采取综合防治措施，提高水的重复利用率，减少废水和污染物排放量。

第四十一条 国家对严重污染水环境的落后工艺和设备实行淘汰制度。

国务院经济综合宏观调控部门会同国务院有关部门，公布限期禁止采用的严重污染水环境的工艺名录和限期禁止生产、销售、进口、使用的严重污染水环境的设备名录。

生产者、销售者、进口者或者使用者应当在规定的期限内停止生产、销售、进口或者使用列入前款规定的设备名录中的设备。工艺的采用者应当在规定的期限内停止采用列入前款规定的工艺名录中的工艺。

依照本条第二款、第三款规定被淘汰的设备，不得转让给他人使用。

第四十二条 国家禁止新建不符合国家产业政策的小型造纸、制革、印染、染料、炼焦、炼硫、炼砷、炼汞、炼油、电镀、农药、石棉、水泥、玻璃、钢铁、火电以及其他严重污染水环境的生产项目。

第四十三条 企业应当采用原材料利用效率高、污染物排放量少的清洁工艺，并加强管理，减少水污染物的产生。

第三节　城镇水污染防治

第四十四条　城镇污水应当集中处理。

县级以上地方人民政府应当通过财政预算和其他渠道筹集资金，统筹安排建设城镇污水集中处理设施及配套管网，提高本行政区域城镇污水的收集率和处理率。

国务院建设主管部门应当会同国务院经济综合宏观调控、环境保护主管部门，根据城乡规划和水污染防治规划，组织编制全国城镇污水处理设施建设规划。县级以上地方人民政府组织建设、经济综合宏观调控、环境保护、水行政等部门编制本行政区域的城镇污水处理设施建设规划。县级以上地方人民政府建设主管部门应当按照城镇污水处理设施建设规划，组织建设城镇污水集中处理设施及配套管网，并加强对城镇污水集中处理设施运营的监督管理。

城镇污水集中处理设施的运营单位按照国家规定向排污者提供污水处理的有偿服务，收取污水处理费用，保证污水集中处理设施的正常运行。向城镇污水集中处理设施排放污水、缴纳污水处理费用的，不再缴纳排污费。收取的污水处理费用应当用于城镇污水集中处理设施的建设和运行，不得挪作他用。

城镇污水集中处理设施的污水处理收费、管理以及使用的具体办法，由国务院规定。

第四十五条　向城镇污水集中处理设施排放水污染物，应当符合国家或者地方规定的水污染物排放标准。

城镇污水集中处理设施的出水水质达到国家或者地方规定的水污染物排放标准的，可以按照国家有关规定免缴排污费。

城镇污水集中处理设施的运营单位，应当对城镇污水集中处理设施的出水水质负责。

环境保护主管部门应当对城镇污水集中处理设施的出水水质和水量进行监督检查。

第四十六条　建设生活垃圾填埋场，应当采取防渗漏等措施，防止造成水污染。

第四节　农业和农村水污染防治

第四十七条　使用农药，应当符合国家有关农药安全使用的规定和标准。

运输、存储农药和处置过期失效农药，应当加强管理，防止造成水污染。

第四十八条　县级以上地方人民政府农业主管部门和其他有关部门，应当采取措施，指导农业生产者科学、合理地施用化肥和农药，控制化肥和农药的过量使用，防止造成水污染。

第四十九条　国家支持畜禽养殖场、养殖小区建设畜禽粪便、废水的综合利用或者无害化处理设施。

畜禽养殖场、养殖小区应当保证其畜禽粪便、废水的综合利用或者无害化处理设施正常运转，保证污水达标排放，防止污染水环境。

第五十条　从事水产养殖应当保护水域生态环境，科学确定养殖密度，合理投饵和使用药物，防止污染水环境。

第五十一条　向农田灌溉渠道排放工业废水和城镇污水，应当保证其下游最近的灌溉取水点的水质符合农田灌溉水质标准。

利用工业废水和城镇污水进行灌溉，应当防止污染土壤、地下水和农产品。

第五节　船舶水污染防治

第五十二条　船舶排放含油污水、生活污水，应当符合船舶污染物排放标准。从事海洋航运的船舶进入内河和港口的，应当遵守内河的船舶污染物排放标准。

船舶的残油、废油应当回收，禁止排入水体。

禁止向水体倾倒船舶垃圾。

船舶装载运输油类或者有毒货物，应当采取防止溢流和渗漏的措施，防止货物落水造成水污染。

第五十三条　船舶应当按照国家有关规定配置相应的防污设备和器材，并持有合法有效的防止水域环境污染的证书与文书。

船舶进行涉及污染物排放的作业，应当严格遵守操作规程，并在相应的记录簿上如实记载。

第五十四条　港口、码头、装卸站和船舶修造厂应当备有足够的船舶污染物、废弃物的接收设施。从事船舶污染物、废弃物接收作业，或者从事装载油类、污染危害性货物船舱清洗作业的单位，应当具备与其运营规模相适应的接收处理能力。

第五十五条　船舶进行下列活动，应当编制作业方案，采取有效的安全和防污染措施，并报作业地海事管理机构批准：

（一）进行残油、含油污水、污染危害性货物残留物的接收作业，或者进行装载油类、污染危害性货物船舱的清洗作业；

（二）进行散装液体污染危害性货物的过驳作业；

（三）进行船舶水上拆解、打捞或者其他水上、水下船舶施工作业。

在渔港水域进行渔业船舶水上拆解活动，应当报作业地渔业主管部门批准。

第五章　饮用水水源和其他特殊水体保护

第五十六条　国家建立饮用水水源保护区制度。饮用水水源保护区分为一级保护区和二级保护区；必要时，可以在饮用水水源保护区外围划定一定的区域作为准保护区。

饮用水水源保护区的划定，由有关市、县人民政府提出划定方案，报省、自治区、直辖市人民政府批准；跨市、县饮用水水源保护区的划定，由有关市、县人民政府协商提出划定方案，报省、自治区、直辖市人民政府批准；协商不成的，由省、自治区、直辖市人民政府环境保护主管部门会同同级水行政、国土资源、卫生、建设等部门提出划定方案，征求同级有关部门的意见后，报省、自治区、直辖市人民政府批准。

跨省、自治区、直辖市的饮用水水源保护区，由有关省、自治区、直辖市人民政府协商有关流域管理机构划定；协商不成的，由国务院环境保护主管部门会同同级水行政、国土资源、卫生、建设等部门提出划定方案，征求国务院有关部门的意见后，报国务院批准。

国务院和省、自治区、直辖市人民政府可以根据保护饮用水水源的实际需要，调整饮用水水源保护区的范围,确保饮用水安全。有关地方人民政府应当在饮用水水源保护区的边界设立明确的地理界标和明显的警示标志。

第五十七条 在饮用水水源保护区内,禁止设置排污口。

第五十八条 禁止在饮用水水源一级保护区内新建、改建、扩建与供水设施和保护水源无关的建设项目;已建成的与供水设施和保护水源无关的建设项目,由县级以上人民政府责令拆除或者关闭。

禁止在饮用水水源一级保护区内从事网箱养殖、旅游、游泳、垂钓或者其他可能污染饮用水水体的活动。

第五十九条 禁止在饮用水水源二级保护区内新建、改建、扩建排放污染物的建设项目;已建成的排放污染物的建设项目,由县级以上人民政府责令拆除或者关闭。

在饮用水水源二级保护区内从事网箱养殖、旅游等活动的,应当按照规定采取措施,防止污染饮用水水体。

第六十条 禁止在饮用水水源准保护区内新建、扩建对水体污染严重的建设项目;改建建设项目,不得增加排污量。

第六十一条 县级以上地方人民政府应当根据保护饮用水水源的实际需要,在准保护区内采取工程措施或者建造湿地、水源涵养林等生态保护措施,防止水污染物直接排入饮用水水体,确保饮用水安全。

第六十二条 饮用水水源受到污染可能威胁供水安全的,环境保护主管部门应当责令有关企业事业单位采取停止或者减少排放水污染物等措施。

第六十三条 国务院和省、自治区、直辖市人民政府根据水环境保护的需要,可以规定在饮用水水源保护区内,采取禁止或者限制使用含磷洗涤剂、化肥、农药以及限制种植养殖等措施。

第六十四条 县级以上人民政府可以对风景名胜区水体、重要渔业水体和其他具有特殊经济文化价值的水体划定保护区,并采取措施,保证保护区的水质符合规定用途的水环境质量标准。

第六十五条 在风景名胜区水体、重要渔业水体和其他具有特殊经济文化价值的水体的保护区内,不得新建排污口。在保护区附近新建排污口,应当保证保护区水体不受污染。

第六章 水污染事故处置

第六十六条 各级人民政府及其有关部门,可能发生水污染事故的企业事业单位,应当依照《中华人民共和国突发事件应对法》的规定,做好突发水污染事故的应急准备、应急处置和事后恢复等工作。

第六十七条 可能发生水污染事故的企业事业单位,应当制定有关水污染事故的应急方案,做好应急准备,并定期进行演练。

生产、储存危险化学品的企业事业单位,应当采取措施,防止在处理安全生产事故过程中产生的可能严重污染水体的消防废水、废液直接排入水体。

第六十八条 企业事业单位发生事故或者其他突发性事件，造成或者可能造成水污染事故的，应当立即启动本单位的应急方案，采取应急措施，并向事故发生地的县级以上地方人民政府或者环境保护主管部门报告。环境保护主管部门接到报告后，应当及时向本级人民政府报告，并抄送有关部门。

造成渔业污染事故或者渔业船舶造成水污染事故的，应当向事故发生地的渔业主管部门报告，接受调查处理。其他船舶造成水污染事故的，应当向事故发生地的海事管理机构报告，接受调查处理；给渔业造成损害的，海事管理机构应当通知渔业主管部门参与调查处理。

第七章 法律责任

第六十九条 环境保护主管部门或者其他依照本法规定行使监督管理权的部门，不依法作出行政许可或者办理批准文件的，发现违法行为或者接到对违法行为的举报后不予查处的，或者有其他未依照本法规定履行职责的行为的，对直接负责的主管人员和其他直接责任人员依法给予处分。

第七十条 拒绝环境保护主管部门或者其他依照本法规定行使监督管理权的部门的监督检查，或者在接受监督检查时弄虚作假的，由县级以上人民政府环境保护主管部门或者其他依照本法规定行使监督管理权的部门责令改正，处一万元以上十万元以下的罚款。

第七十一条 违反本法规定，建设项目的水污染防治设施未建成、未经验收或者验收不合格，主体工程即投入生产或者使用的，由县级以上人民政府环境保护主管部门责令停止生产或者使用，直至验收合格，处五万元以上五十万元以下的罚款。

第七十二条 违反本法规定，有下列行为之一的，由县级以上人民政府环境保护主管部门责令限期改正；逾期不改正的，处一万元以上十万元以下的罚款：

（一）拒报或者谎报国务院环境保护主管部门规定的有关水污染物排放申报登记事项的；

（二）未按照规定安装水污染物排放自动监测设备或者未按照规定与环境保护主管部门的监控设备联网，并保证监测设备正常运行的；

（三）未按照规定对所排放的工业废水进行监测并保存原始监测记录的。

第七十三条 违反本法规定，不正常使用水污染物处理设施，或者未经环境保护主管部门批准拆除、闲置水污染物处理设施的，由县级以上人民政府环境保护主管部门责令限期改正，处应缴纳排污费数额一倍以上三倍以下的罚款。

第七十四条 违反本法规定，排放水污染物超过国家或者地方规定的水污染物排放标准，或者超过重点水污染物排放总量控制指标的，由县级以上人民政府环境保护主管部门按照权限责令限期治理，处应缴纳排污费数额二倍以上五倍以下的罚款。

限期治理期间，由环境保护主管部门责令限制生产、限制排放或者停产整治。限期治理的期限最长不超过一年；逾期未完成治理任务的，报经有批准权的人民政府批准，责令关闭。

第七十五条 在饮用水水源保护区内设置排污口的，由县级以上地方人民政府责令限期拆除，处十万元以上五十万元以下的罚款；逾期不拆除的，强制拆除，所需费用由违法者承担，处五十万元以上一百万元以下的罚款，并可以责令停产整顿。

除前款规定外，违反法律、行政法规和国务院环境保护主管部门的规定设置排污口或者私设暗管的，由县级以上地方人民政府环境保护主管部门责令限期拆除，处二万元以上十万元以下的罚款；逾期不拆除的，强制拆除，所需费用由违法者承担，处十万元以上五十万元以下的罚款；私设暗管或者有其他严重情节的，县级以上地方人民政府环境保护主管部门可以提请县级以上地方人民政府责令停产整顿。

未经水行政主管部门或者流域管理机构同意，在江河、湖泊新建、改建、扩建排污口的，由县级以上人民政府水行政主管部门或者流域管理机构依据职权，依照前款规定采取措施、给予处罚。

第七十六条 有下列行为之一的，由县级以上地方人民政府环境保护主管部门责令停止违法行为，限期采取治理措施，消除污染，处以罚款；逾期不采取治理措施的，环境保护主管部门可以指定有治理能力的单位代为治理，所需费用由违法者承担：

（一）向水体排放油类、酸液、碱液的；

（二）向水体排放剧毒废液，或者将含有汞、镉、砷、铬、铅、氰化物、黄磷等的可溶性剧毒废渣向水体排放、倾倒或者直接埋入地下的；

（三）在水体清洗装贮过油类、有毒污染物的车辆或者容器的；

（四）向水体排放、倾倒工业废渣、城镇垃圾或者其他废弃物，或者在江河、湖泊、运河、渠道、水库最高水位线以下的滩地、岸坡堆放、存贮固体废弃物或者其他污染物的；

（五）向水体排放、倾倒放射性固体废物或者含有高放射性、中放射性物质的废水的；

（六）违反国家有关规定或者标准，向水体排放含低放射性物质的废水、热废水或者含病原体的污水的；

（七）利用渗井、渗坑、裂隙或者溶洞排放、倾倒含有毒污染物的废水、含病原体的污水或者其他废弃物的；

（八）利用无防渗漏措施的沟渠、坑塘等输送或者存贮含有毒污染物的废水、含病原体的污水或者其他废弃物的。

有前款第三项、第六项行为之一的，处一万元以上十万元以下的罚款；有前款第一项、第四项、第八项行为之一的，处二万元以上二十万元以下的罚款；有前款第二项、第五项、第七项行为之一的，处五万元以上五十万元以下的罚款。

第七十七条 违反本法规定，生产、销售、进口或者使用列入禁止生产、销售、进口、使用的严重污染水环境的设备名录中的设备，或者采用列入禁止采用的严重污染水环境的工艺名录中的工艺的，由县级以上人民政府经济综合宏观调控部门责令改正，处五万元以上二十万元以下的罚款；情节严重的，由县级以上人民政府经济综合宏观调控部门提出意见，报请本级人民政府责令停业、关闭。

第七十八条　违反本法规定，建设不符合国家产业政策的小型造纸、制革、印染、染料、炼焦、炼硫、炼砷、炼汞、炼油、电镀、农药、石棉、水泥、玻璃、钢铁、火电以及其他严重污染水环境的生产项目的，由所在地的市、县人民政府责令关闭。

第七十九条　船舶未配置相应的防污染设备和器材，或者未持有合法有效的防止水域环境污染的证书与文书的，由海事管理机构、渔业主管部门按照职责分工责令限期改正，处二千元以上二万元以下的罚款；逾期不改正的，责令船舶临时停航。

船舶进行涉及污染物排放的作业，未遵守操作规程或者未在相应的记录簿上如实记载的，由海事管理机构、渔业主管部门按照职责分工责令改正，处二千元以上二万元以下的罚款。

第八十条　违反本法规定，有下列行为之一的，由海事管理机构、渔业主管部门按照职责分工责令停止违法行为，处以罚款；造成水污染的，责令限期采取治理措施，消除污染；逾期不采取治理措施的，海事管理机构、渔业主管部门按照职责分工可以指定有治理能力的单位代为治理，所需费用由船舶承担：

（一）向水体倾倒船舶垃圾或者排放船舶的残油、废油的；

（二）未经作业地海事管理机构批准，船舶进行残油、含油污水、污染危害性货物残留物的接收作业，或者进行装载油类、污染危害性货物船舱的清洗作业，或者进行散装液体污染危害性货物的过驳作业的；

（三）未经作业地海事管理机构批准，进行船舶水上拆解、打捞或者其他水上、水下船舶施工作业的；

（四）未经作业地渔业主管部门批准，在渔港水域进行渔业船舶水上拆解的。

有前款第一项、第二项、第四项行为之一的，处五千元以上五万元以下的罚款；有前款第三项行为的，处一万元以上十万元以下的罚款。

第八十一条　有下列行为之一的，由县级以上地方人民政府环境保护主管部门责令停止违法行为，处十万元以上五十万元以下的罚款；并报经有批准权的人民政府批准，责令拆除或者关闭：

（一）在饮用水水源一级保护区内新建、改建、扩建与供水设施和保护水源无关的建设项目的；

（二）在饮用水水源二级保护区内新建、改建、扩建排放污染物的建设项目的；

（三）在饮用水水源准保护区内新建、扩建对水体污染严重的建设项目，或者改建建设项目增加排污量的。

在饮用水水源一级保护区内从事网箱养殖或者组织进行旅游、垂钓或者其他可能污染饮用水水体的活动的，由县级以上地方人民政府环境保护主管部门责令停止违法行为，处二万元以上十万元以下的罚款。个人在饮用水水源一级保护区内游泳、垂钓或者从事其他可能污染饮用水水体的活动的，由县级以上地方人民政府环境保护主管部门责令停止违法行为，可以处五百元以下的罚款。

第八十二条 企业事业单位有下列行为之一的,由县级以上人民政府环境保护主管部门责令改正;情节严重的,处二万元以上十万元以下的罚款:

(一)不按照规定制定水污染事故的应急方案的;

(二)水污染事故发生后,未及时启动水污染事故的应急方案,采取有关应急措施的。

第八十三条 企业事业单位违反本法规定,造成水污染事故的,由县级以上人民政府环境保护主管部门依照本条第二款的规定处以罚款,责令限期采取治理措施,消除污染;不按要求采取治理措施或者不具备治理能力的,由环境保护主管部门指定有治理能力的单位代为治理,所需费用由违法者承担;对造成重大或者特大水污染事故的,可以报经有批准权的人民政府批准,责令关闭;对直接负责的主管人员和其他直接责任人员可以处上一年度从本单位取得的收入百分之五十以下的罚款。

对造成一般或者较大水污染事故的,按照水污染事故造成的直接损失的百分之二十计算罚款;对造成重大或者特大水污染事故的,按照水污染事故造成的直接损失的百分之三十计算罚款。

造成渔业污染事故或者渔业船舶造成水污染事故的,由渔业主管部门进行处罚;其他船舶造成水污染事故的,由海事管理机构进行处罚。

第八十四条 当事人对行政处罚决定不服的,可以申请行政复议,也可以在收到通知之日起十五日内向人民法院起诉;期满不申请行政复议或者起诉,又不履行行政处罚决定的,由作出行政处罚决定的机关申请人民法院强制执行。

第八十五条 因水污染受到损害的当事人,有权要求排污方排除危害和赔偿损失。

由于不可抗力造成水污染损害的,排污方不承担赔偿责任;法律另有规定的除外。

水污染损害是由受害人故意造成的,排污方不承担赔偿责任。水污染损害是由受害人重大过失造成的,可以减轻排污方的赔偿责任。

水污染损害是由第三人造成的,排污方承担赔偿责任后,有权向第三人追偿。

第八十六条 因水污染引起的损害赔偿责任和赔偿金额的纠纷,可以根据当事人的请求,由环境保护主管部门或者海事管理机构、渔业主管部门按照职责分工调解处理;调解不成的,当事人可以向人民法院提起诉讼。当事人也可以直接向人民法院提起诉讼。

第八十七条 因水污染引起的损害赔偿诉讼,由排污方就法律规定的免责事由及其行为与损害结果之间不存在因果关系承担举证责任。

第八十八条 因水污染受到损害的当事人人数众多的,可以依法由当事人推选代表人进行共同诉讼。

环境保护主管部门和有关社会团体可以依法支持因水污染受到损害的当事人向人民法院提起诉讼。

国家鼓励法律服务机构和律师为水污染损害诉讼中的受害人提供法律援助。

第八十九条 因水污染引起的损害赔偿责任和赔偿金额的纠纷,当事人可以委托环境监测机构提供监测数据。环境监测机构应当接受委托,如实提供有关监测数据。

第九十条 违反本法规定，构成违反治安管理行为的，依法给予治安管理处罚；构成犯罪的，依法追究刑事责任。

第八章 附 则

第九十一条 本法中下列用语的含义：

（一）水污染，是指水体因某种物质的介入，而导致其化学、物理、生物或者放射性等方面特性的改变，从而影响水的有效利用，危害人体健康或者破坏生态环境，造成水质恶化的现象。

（二）水污染物，是指直接或者间接向水体排放的，能导致水体污染的物质。

（三）有毒污染物，是指那些直接或者间接被生物摄入体内后，可能导致该生物或者其后代发病、行为反常、遗传异变、生理机能失常、机体变形或者死亡的污染物。

（四）渔业水体，是指划定的鱼虾类的产卵场、索饵场、越冬场、洄游通道和鱼虾贝藻类的养殖场的水体。

第九十二条 本法自 2008 年 6 月 1 日起施行。

中华人民共和国消防法

（2008年10月28日第十一届全国人民代表大会常务委员会第5次会议修订通过，
中华人民共和国主席令　第6号）

第一章　总　　则

第一条　为了预防火灾和减少火灾危害，加强应急救援工作，保护人身、财产安全，维护公共安全，制定本法。

第二条　消防工作贯彻预防为主、防消结合的方针，按照政府统一领导、部门依法监管、单位全面负责、公民积极参与的原则，实行消防安全责任制，建立健全社会化的消防工作网络。

第三条　国务院领导全国的消防工作。地方各级人民政府负责本行政区域内的消防工作。

各级人民政府应当将消防工作纳入国民经济和社会发展计划，保障消防工作与经济社会发展相适应。

第四条　国务院公安部门对全国的消防工作实施监督管理。县级以上地方人民政府公安机关对本行政区域内的消防工作实施监督管理，并由本级人民政府公安机关消防机构负责实施。军事设施的消防工作，由其主管单位监督管理，公安机关消防机构协助；矿井地下部分、核电厂、海上石油天然气设施的消防工作，由其主管单位监督管理。

县级以上人民政府其他有关部门在各自的职责范围内，依照本法和其他相关法律、法规的规定做好消防工作。

法律、行政法规对森林、草原的消防工作另有规定的，从其规定。

第五条　任何单位和个人都有维护消防安全、保护消防设施、预防火灾、报告火警的义务。任何单位和成年人都有参加有组织的灭火工作的义务。

第六条　各级人民政府应当组织开展经常性的消防宣传教育，提高公民的消防安全意识。

机关、团体、企业、事业等单位，应当加强对本单位人员的消防宣传教育。

公安机关及其消防机构应当加强消防法律、法规的宣传，并督促、指导、协助有关单位做好消防宣传教育工作。

教育、人力资源行政主管部门和学校、有关职业培训机构应当将消防知识纳入教育、教学、培训的内容。

新闻、广播、电视等有关单位，应当有针对性地面向社会进行消防宣传教育。

工会、共产主义青年团、妇女联合会等团体应当结合各自工作对象的特点，组织开展消防宣传教育。

村民委员会、居民委员会应当协助人民政府以及公安机关等部门，加强消防宣传教育。

第七条 国家鼓励、支持消防科学研究和技术创新，推广使用先进的消防和应急救援技术、设备；鼓励、支持社会力量开展消防公益活动。

对在消防工作中有突出贡献的单位和个人，应当按照国家有关规定给予表彰和奖励。

第二章 火灾预防

第八条 地方各级人民政府应当将包括消防安全布局、消防站、消防供水、消防通信、消防车通道、消防装备等内容的消防规划纳入城乡规划，并负责组织实施。

城乡消防安全布局不符合消防安全要求的，应当调整、完善；公共消防设施、消防装备不足或者不适应实际需要的，应当增建、改建、配置或者进行技术改造。

第九条 建设工程的消防设计、施工必须符合国家工程建设消防技术标准。建设、设计、施工、工程监理等单位依法对建设工程的消防设计、施工质量负责。

第十条 按照国家工程建设消防技术标准需要进行消防设计的建设工程，除本法第十一条另有规定的外，建设单位应当自依法取得施工许可之日起七个工作日内，将消防设计文件报公安机关消防机构备案，公安机关消防机构应当进行抽查。

第十一条 国务院公安部门规定的大型的人员密集场所和其他特殊建设工程，建设单位应当将消防设计文件报送公安机关消防机构审核。公安机关消防机构依法对审核的结果负责。

第十二条 依法应当经公安机关消防机构进行消防设计审核的建设工程，未经依法审核或者审核不合格的，负责审批该工程施工许可的部门不得给予施工许可，建设单位、施工单位不得施工；其他建设工程取得施工许可后经依法抽查不合格的，应当停止施工。

第十三条 按照国家工程建设消防技术标准需要进行消防设计的建设工程竣工，依照下列规定进行消防验收、备案：

（一）本法第十一条规定的建设工程，建设单位应当向公安机关消防机构申请消防验收；

（二）其他建设工程，建设单位在验收后应当报公安机关消防机构备案，公安机关消防机构应当进行抽查。

依法应当进行消防验收的建设工程，未经消防验收或者消防验收不合格的，禁止投入使用；其他建设工程经依法抽查不合格的，应当停止使用。

第十四条 建设工程消防设计审核、消防验收、备案和抽查的具体办法，由国务院公安部门规定。

第十五条 公众聚集场所在投入使用、营业前，建设单位或者使用单位应当向场所所在地的县级以上地方人民政府公安机关消防机构申请消防安全检查。

公安机关消防机构应当自受理申请之日起十个工作日内，根据消防技术标准和管理规定，对该场所进行消防安全检查。未经消防安全检查或者经检查不符合消防安全要求的，不得投入使用、营业。

第十六条 机关、团体、企业、事业等单位应当履行下列消防安全职责：

（一）落实消防安全责任制，制定本单位的消防安全制度、消防安全操作规程，制定灭火和应急疏散预案；

（二）按照国家标准、行业标准配置消防设施、器材，设置消防安全标志，并定期组织检验、维修，确保完好有效；

（三）对建筑消防设施每年至少进行一次全面检测，确保完好有效，检测记录应当完整准确，存档备查；

（四）保障疏散通道、安全出口、消防车通道畅通，保证防火防烟分区、防火间距符合消防技术标准；

（五）组织防火检查，及时消除火灾隐患；

（六）组织进行有针对性的消防演练；

（七）法律、法规规定的其他消防安全职责。

单位的主要负责人是本单位的消防安全责任人。

第十七条 县级以上地方人民政府公安机关消防机构应当将发生火灾可能性较大以及发生火灾可能造成重大的人身伤亡或者财产损失的单位，确定为本行政区域内的消防安全重点单位，并由公安机关报本级人民政府备案。

消防安全重点单位除应当履行本法第十六条规定的职责外，还应当履行下列消防安全职责：

（一）确定消防安全管理人，组织实施本单位的消防安全管理工作；

（二）建立消防档案，确定消防安全重点部位，设置防火标志，实行严格管理；

（三）实行每日防火巡查，并建立巡查记录；

（四）对职工进行岗前消防安全培训，定期组织消防安全培训和消防演练。

第十八条 同一建筑物由两个以上单位管理或者使用的，应当明确各方的消防安全责任，并确定责任人对共用的疏散通道、安全出口、建筑消防设施和消防车通道进行统一管理。

住宅区的物业服务企业应当对管理区域内的共用消防设施进行维护管理，提供消防安全防范服务。

第十九条 生产、储存、经营易燃易爆危险品的场所不得与居住场所设置在同一建筑物内，并应当与居住场所保持安全距离。

生产、储存、经营其他物品的场所与居住场所设置在同一建筑物内的，应当符合国家工程建设消防技术标准。

第二十条 举办大型群众性活动，承办人应当依法向公安机关申请安全许可，制定灭火和应急疏散预案并组织演练，明确消防安全责任分工，确定消防安全管理人员，保持消防设施和消防器材配置齐全、完好有效，保证疏散通道、安全出口、疏散指示标志、应急照明和消防车通道符合消防技术标准和管理规定。

第二十一条 禁止在具有火灾、爆炸危险的场所吸烟、使用明火。因施工等特殊情况需要使用明火作业的，应当按照规定事先办理审批手续，采取相应的消防安全措施；作业人员应当遵守消防安全规定。

进行电焊、气焊等具有火灾危险作业的人员和自动消防系统的操作人员，必须持证上岗，并遵守消防安全操作规程。

第二十二条 生产、储存、装卸易燃易爆危险品的工厂、仓库和专用车站、码头的设置，应当符合消防技术标准。易燃易爆气体和液体的充装站、供应站、调压站，应当设置在符合消防安全要求的位置，并符合防火防爆要求。

已经设置的生产、储存、装卸易燃易爆危险品的工厂、仓库和专用车站、码头，易燃易爆气体和液体的充装站、供应站、调压站，不再符合前款规定的，地方人民政府应当组织、协调有关部门、单位限期解决，消除安全隐患。

第二十三条 生产、储存、运输、销售、使用、销毁易燃易爆危险品，必须执行消防技术标准和管理规定。

进入生产、储存易燃易爆危险品的场所，必须执行消防安全规定。禁止非法携带易燃易爆危险品进入公共场所或者乘坐公共交通工具。

储存可燃物资仓库的管理，必须执行消防技术标准和管理规定。

第二十四条 消防产品必须符合国家标准；没有国家标准的，必须符合行业标准。禁止生产、销售或者使用不合格的消防产品以及国家明令淘汰的消防产品。

依法实行强制性产品认证的消防产品，由具有法定资质的认证机构按照国家标准、行业标准的强制性要求认证合格后，方可生产、销售、使用。实行强制性产品认证的消防产品目录，由国务院产品质量监督部门会同国务院公安部门制定并公布。

新研制的尚未制定国家标准、行业标准的消防产品，应当按照国务院产品质量监督部门会同国务院公安部门规定的办法，经技术鉴定符合消防安全要求的，方可生产、销售、使用。

依照本条规定经强制性产品认证合格或者技术鉴定合格的消防产品，国务院公安部门消防机构应当予以公布。

第二十五条 产品质量监督部门、工商行政管理部门、公安机关消防机构应当按照各自职责加强对消防产品质量的监督检查。

第二十六条 建筑构件、建筑材料和室内装修、装饰材料的防火性能必须符合国家标准；没有国家标准的，必须符合行业标准。

人员密集场所室内装修、装饰，应当按照消防技术标准的要求，使用不燃、难燃材料。

第二十七条 电器产品、燃气用具的产品标准，应当符合消防安全的要求。

电器产品、燃气用具的安装、使用及其线路、管路的设计、敷设、维护保养、检测，必须符合消防技术标准和管理规定。

第二十八条 任何单位、个人不得损坏、挪用或者擅自拆除、停用消防设施、器材，不得埋压、圈占、遮挡消火栓或者占用防火间距，不得占用、堵塞、封闭疏散通道、安全出口、消防车通道。人员密集场所的门窗不得设置影响逃生和灭火救援的障碍物。

第二十九条 负责公共消防设施维护管理的单位，应当保持消防供水、消防通信、消防车通道等公共消防设施的完好有效。在修建道路以及停电、停水、截断通信线路时有可能影响消防队灭火救援的，有关单位必须事先通知当地公安机关消防机构。

第三十条 地方各级人民政府应当加强对农村消防工作的领导，采取措施加强公共消防设施建设，组织建立和督促落实消防安全责任制。

第三十一条 在农业收获季节、森林和草原防火期间、重大节假日期间以及火灾多发季节，地方各级人民政府应当组织开展有针对性的消防宣传教育，采取防火措施，进行消防安全检查。

第三十二条 乡镇人民政府、城市街道办事处应当指导、支持和帮助村民委员会、居民委员会开展群众性的消防工作。村民委员会、居民委员会应当确定消防安全管理人，组织制定防火安全公约，进行防火安全检查。

第三十三条 国家鼓励、引导公众聚集场所和生产、储存、运输、销售易燃易爆危险品的企业投保火灾公众责任保险；鼓励保险公司承保火灾公众责任保险。

第三十四条 消防产品质量认证、消防设施检测、消防安全监测等消防技术服务机构和执业人员，应当依法获得相应的资质、资格；依照法律、行政法规、国家标准、行业标准和执业准则，接受委托提供消防技术服务，并对服务质量负责。

第三章 消 防 组 织

第三十五条 各级人民政府应当加强消防组织建设，根据经济社会发展的需要，建立多种形式的消防组织，加强消防技术人才培养，增强火灾预防、扑救和应急救援的能力。

第三十六条 县级以上地方人民政府应当按照国家规定建立公安消防队、专职消防队，并按照国家标准配备消防装备，承担火灾扑救工作。

乡镇人民政府应当根据当地经济发展和消防工作的需要，建立专职消防队、志愿消防队，承担火灾扑救工作。

第三十七条 公安消防队、专职消防队按照国家规定承担重大灾害事故和其他以抢救人员生命为主的应急救援工作。

第三十八条 公安消防队、专职消防队应当充分发挥火灾扑救和应急救援专业力量的骨干作用；按照国家规定，组织实施专业技能训练，配备并维护保养装备器材，提高火灾扑救和应急救援的能力。

第三十九条 下列单位应当建立单位专职消防队，承担本单位的火灾扑救工作：

（一）大型核设施单位、大型发电厂、民用机场、主要港口；

（二）生产、储存易燃易爆危险品的大型企业；

（三）储备可燃的重要物资的大型仓库、基地；

(四)第一项、第二项、第三项规定以外的火灾危险性较大、距离公安消防队较远的其他大型企业;

(五)距离公安消防队较远、被列为全国重点文物保护单位的古建筑群的管理单位。

第四十条 专职消防队的建立,应当符合国家有关规定,并报当地公安机关消防机构验收。

专职消防队的队员依法享受社会保险和福利待遇。

第四十一条 机关、团体、企业、事业等单位以及村民委员会、居民委员会根据需要,建立志愿消防队等多种形式的消防组织,开展群众性自防自救工作。

第四十二条 公安机关消防机构应当对专职消防队、志愿消防队等消防组织进行业务指导;根据扑救火灾的需要,可以调动指挥专职消防队参加火灾扑救工作。

第四章 灭火救援

第四十三条 县级以上地方人民政府应当组织有关部门针对本行政区域内的火灾特点制定应急预案,建立应急反应和处置机制,为火灾扑救和应急救援工作提供人员、装备等保障。

第四十四条 任何人发现火灾都应当立即报警。任何单位、个人都应当无偿为报警提供便利,不得阻拦报警。严禁谎报火警。

人员密集场所发生火灾,该场所的现场工作人员应当立即组织、引导在场人员疏散。

任何单位发生火灾,必须立即组织力量扑救。邻近单位应当给予支援。

消防队接到火警,必须立即赶赴火灾现场,救助遇险人员,排除险情,扑灭火灾。

第四十五条 公安机关消防机构统一组织和指挥火灾现场扑救,应当优先保障遇险人员的生命安全。

火灾现场总指挥根据扑救火灾的需要,有权决定下列事项:

(一)使用各种水源;

(二)截断电力、可燃气体和可燃液体的输送,限制用火用电;

(三)划定警戒区,实行局部交通管制;

(四)利用邻近建筑物和有关设施;

(五)为了抢救人员和重要物资,防止火势蔓延,拆除或者破损毗邻火灾现场的建筑物、构筑物或者设施等;

(六)调动供水、供电、供气、通信、医疗救护、交通运输、环境保护等有关单位协助灭火救援。

根据扑救火灾的紧急需要,有关地方人民政府应当组织人员、调集所需物资支援灭火。

第四十六条 公安消防队、专职消防队参加火灾以外的其他重大灾害事故的应急救援工作,由县级以上人民政府统一领导。

第四十七条 消防车、消防艇前往执行火灾扑救或者应急救援任务,在确保安全的前提下，不受行驶速度、行驶路线、行驶方向和指挥信号的限制，其他车辆、船舶以及行人应当让行，不得穿插超越；收费公路、桥梁免收车辆通行费。交通管理指挥人员应当保证消防车、消防艇迅速通行。

赶赴火灾现场或者应急救援现场的消防人员和调集的消防装备、物资，需要铁路、水路或者航空运输的，有关单位应当优先运输。

第四十八条 消防车、消防艇以及消防器材、装备和设施，不得用于与消防和应急救援工作无关的事项。

第四十九条 公安消防队、专职消防队扑救火灾、应急救援，不得收取任何费用。

单位专职消防队、志愿消防队参加扑救外单位火灾所损耗的燃料、灭火剂和器材、装备等，由火灾发生地的人民政府给予补偿。

第五十条 对因参加扑救火灾或者应急救援受伤、致残或者死亡的人员，按照国家有关规定给予医疗、抚恤。

第五十一条 公安机关消防机构有权根据需要封闭火灾现场，负责调查火灾原因，统计火灾损失。

火灾扑灭后，发生火灾的单位和相关人员应当按照公安机关消防机构的要求保护现场，接受事故调查，如实提供与火灾有关的情况。

公安机关消防机构根据火灾现场勘验、调查情况和有关的检验、鉴定意见，及时制作火灾事故认定书，作为处理火灾事故的证据。

第五章 监督检查

第五十二条 地方各级人民政府应当落实消防工作责任制，对本级人民政府有关部门履行消防安全职责的情况进行监督检查。

县级以上地方人民政府有关部门应当根据本系统的特点，有针对性地开展消防安全检查，及时督促整改火灾隐患。

第五十三条 公安机关消防机构应当对机关、团体、企业、事业等单位遵守消防法律、法规的情况依法进行监督检查。公安派出所可以负责日常消防监督检查、开展消防宣传教育，具体办法由国务院公安部门规定。

公安机关消防机构、公安派出所的工作人员进行消防监督检查，应当出示证件。

第五十四条 公安机关消防机构在消防监督检查中发现火灾隐患的，应当通知有关单位或者个人立即采取措施消除隐患；不及时消除隐患可能严重威胁公共安全的，公安机关消防机构应当依照规定对危险部位或者场所采取临时查封措施。

第五十五条 公安机关消防机构在消防监督检查中发现城乡消防安全布局、公共消防设施不符合消防安全要求，或者发现本地区存在影响公共安全的重大火灾隐患的，应当由公安机关书面报告本级人民政府。

接到报告的人民政府应当及时核实情况，组织或者责成有关部门、单位采取措施，予以整改。

第五十六条 公安机关消防机构及其工作人员应当按照法定的职权和程序进行消防设计审核、消防验收和消防安全检查,做到公正、严格、文明、高效。

公安机关消防机构及其工作人员进行消防设计审核、消防验收和消防安全检查等,不得收取费用,不得利用消防设计审核、消防验收和消防安全检查谋取利益。公安机关消防机构及其工作人员不得利用职务为用户、建设单位指定或者变相指定消防产品的品牌、销售单位或者消防技术服务机构、消防设施施工单位。

第五十七条 公安机关消防机构及其工作人员执行职务,应当自觉接受社会和公民的监督。

任何单位和个人都有权对公安机关消防机构及其工作人员在执法中的违法行为进行检举、控告。收到检举、控告的机关,应当按照职责及时查处。

第六章 法律责任

第五十八条 违反本法规定,有下列行为之一的,责令停止施工、停止使用或者停产停业,并处三万元以上三十万元以下罚款:

(一)依法应当经公安机关消防机构进行消防设计审核的建设工程,未经依法审核或者审核不合格,擅自施工的;

(二)消防设计经公安机关消防机构依法抽查不合格,不停止施工的;

(三)依法应当进行消防验收的建设工程,未经消防验收或者消防验收不合格,擅自投入使用的;

(四)建设工程投入使用后经公安机关消防机构依法抽查不合格,不停止使用的;

(五)公众聚集场所未经消防安全检查或者经检查不符合消防安全要求,擅自投入使用、营业的。

建设单位未依照本法规定将消防设计文件报公安机关消防机构备案,或者在竣工后未依照本法规定报公安机关消防机构备案的,责令限期改正,处五千元以下罚款。

第五十九条 违反本法规定,有下列行为之一的,责令改正或者停止施工,并处一万元以上十万元以下罚款:

(一)建设单位要求建筑设计单位或者建筑施工企业降低消防技术标准设计、施工的;

(二)建筑设计单位不按照消防技术标准强制性要求进行消防设计的;

(三)建筑施工企业不按照消防设计文件和消防技术标准施工,降低消防施工质量的;

(四)工程监理单位与建设单位或者建筑施工企业串通,弄虚作假,降低消防施工质量的。

第六十条 单位违反本法规定,有下列行为之一的,责令改正,处五千元以上五万元以下罚款:

(一)消防设施、器材或者消防安全标志的配置、设置不符合国家标准、行业标准,或者未

保持完好有效的;

(二)损坏、挪用或者擅自拆除、停用消防设施、器材的;

(三)占用、堵塞、封闭疏散通道、安全出口或者有其他妨碍安全疏散行为的;

(四)埋压、圈占、遮挡消火栓或者占用防火间距的;

(五)占用、堵塞、封闭消防车通道,妨碍消防车通行的;

(六)人员密集场所在门窗上设置影响逃生和灭火救援的障碍物的;

(七)对火灾隐患经公安机关消防机构通知后不及时采取措施消除的。

个人有前款第二项、第三项、第四项、第五项行为之一的,处警告或者五百元以下罚款。

有本条第一款第三项、第四项、第五项、第六项行为,经责令改正拒不改正的,强制执行,所需费用由违法行为人承担。

第六十一条 生产、储存、经营易燃易爆危险品的场所与居住场所设置在同一建筑物内,或者未与居住场所保持安全距离的,责令停产停业,并处五千元以上五万元以下罚款。

生产、储存、经营其他物品的场所与居住场所设置在同一建筑物内,不符合消防技术标准的,依照前款规定处罚。

第六十二条 有下列行为之一的,依照《中华人民共和国治安管理处罚法》的规定处罚:

(一)违反有关消防技术标准和管理规定生产、储存、运输、销售、使用、销毁易燃易爆危险品的;

(二)非法携带易燃易爆危险品进入公共场所或者乘坐公共交通工具的;

(三)谎报火警的;

(四)阻碍消防车、消防艇执行任务的;

(五)阻碍公安机关消防机构的工作人员依法执行职务的。

第六十三条 违反本法规定,有下列行为之一的,处警告或者五百元以下罚款;情节严重的,处五日以下拘留:

(一)违反消防安全规定进入生产、储存易燃易爆危险品场所的;

(二)违反规定使用明火作业或者在具有火灾、爆炸危险的场所吸烟、使用明火的。

第六十四条 违反本法规定,有下列行为之一,尚不构成犯罪的,处十日以上十五日以下拘留,可以并处五百元以下罚款;情节较轻的,处警告或者五百元以下罚款:

(一)指使或者强令他人违反消防安全规定,冒险作业的;

(二)过失引起火灾的;

(三)在火灾发生后阻拦报警,或者负有报告职责的人员不及时报警的;

(四)扰乱火灾现场秩序,或者拒不执行火灾现场指挥员指挥,影响灭火救援的;

(五)故意破坏或者伪造火灾现场的;

(六)擅自拆封或者使用被公安机关消防机构查封的场所、部位的。

第六十五条 违反本法规定,生产、销售不合格的消防产品或者国家明令淘汰的消防产品的,由产品质量监督部门或者工商行政管理部门依照《中华人民共和国产品质量法》的规定从重处罚。

人员密集场所使用不合格的消防产品或者国家明令淘汰的消防产品的，责令限期改正；逾期不改正的，处五千元以上五万元以下罚款，并对其直接负责的主管人员和其他直接责任人员处五百元以上二千元以下罚款；情节严重的，责令停产停业。

公安机关消防机构对于本条第二款规定的情形，除依法对使用者予以处罚外，应当将发现不合格的消防产品和国家明令淘汰的消防产品的情况通报产品质量监督部门、工商行政管理部门。产品质量监督部门、工商行政管理部门应当对生产者、销售者依法及时查处。

第六十六条 电器产品、燃气用具的安装、使用及其线路、管路的设计、敷设、维护保养、检测不符合消防技术标准和管理规定的，责令限期改正；逾期不改正的，责令停止使用，可以并处一千元以上五千元以下罚款。

第六十七条 机关、团体、企业、事业等单位违反本法第十六条、第十七条、第十八条、第二十一条第二款规定的，责令限期改正；逾期不改正的，对其直接负责的主管人员和其他直接责任人员依法给予处分或者给予警告处罚。

第六十八条 人员密集场所发生火灾，该场所的现场工作人员不履行组织、引导在场人员疏散的义务，情节严重，尚不构成犯罪的，处五日以上十日以下拘留。

第六十九条 消防产品质量认证、消防设施检测等消防技术服务机构出具虚假文件的，责令改正，处五万元以上十万元以下罚款，并对直接负责的主管人员和其他直接责任人员处一万元以上五万元以下罚款；有违法所得的，并处没收违法所得；给他人造成损失的，依法承担赔偿责任；情节严重的，由原许可机关依法责令停止执业或者吊销相应资质、资格。

前款规定的机构出具失实文件，给他人造成损失的，依法承担赔偿责任；造成重大损失的，由原许可机关依法责令停止执业或者吊销相应资质、资格。

第七十条 本法规定的行政处罚，除本法另有规定的外，由公安机关消防机构决定；其中拘留处罚由县级以上公安机关依照《中华人民共和国治安管理处罚法》的有关规定决定。

公安机关消防机构需要传唤消防安全违法行为人的，依照《中华人民共和国治安管理处罚法》的有关规定执行。

被责令停止施工、停止使用、停产停业的，应当在整改后向公安机关消防机构报告，经公安机关消防机构检查合格，方可恢复施工、使用、生产、经营。

当事人逾期不执行停产停业、停止使用、停止施工决定的，由作出决定的公安机关消防机构强制执行。

责令停产停业，对经济和社会生活影响较大的，由公安机关消防机构提出意见，并由公安机关报请本级人民政府依法决定。本级人民政府组织公安机关等部门实施。

第七十一条 公安机关消防机构的工作人员滥用职权、玩忽职守、徇私舞弊，有下列行为之一，尚不构成犯罪的，依法给予处分：

（一）对不符合消防安全要求的消防设计文件、建设工程、场所准予审核合格、消防验收合格、消防安全检查合格的；

（二）无故拖延消防设计审核、消防验收、消防安全检查，不在法定期限内履行职责的；

（三）发现火灾隐患不及时通知有关单位或者个人整改的；

（四）利用职务为用户、建设单位指定或者变相指定消防产品的品牌、销售单位或者消防技术服务机构、消防设施施工单位的；

（五）将消防车、消防艇以及消防器材、装备和设施用于与消防和应急救援无关的事项的；

（六）其他滥用职权、玩忽职守、徇私舞弊的行为。

建设、产品质量监督、工商行政管理等其他有关行政主管部门的工作人员在消防工作中滥用职权、玩忽职守、徇私舞弊，尚不构成犯罪的，依法给予处分。

第七十二条 违反本法规定，构成犯罪的，依法追究刑事责任。

第七章 附 则

第七十三条 本法下列用语的含义：

（一）消防设施，是指火灾自动报警系统、自动灭火系统、消火栓系统、防烟排烟系统以及应急广播和应急照明、安全疏散设施等。

（二）消防产品，是指专门用于火灾预防、灭火救援和火灾防护、避难、逃生的产品。

（三）公众聚集场所，是指宾馆、饭店、商场、集贸市场、客运车站候车室、客运码头候船厅、民用机场航站楼、体育场馆、会堂以及公共娱乐场所等。

（四）人员密集场所，是指公众聚集场所，医院的门诊楼、病房楼，学校的教学楼、图书馆、食堂和集体宿舍，养老院，福利院，托儿所，幼儿园，公共图书馆的阅览室，公共展览馆、博物馆的展示厅，劳动密集型企业的生产加工车间和员工集体宿舍，旅游、宗教活动场所等。

第七十四条 本法自 2009 年 5 月 1 日起施行。

中华人民共和国职业病防治法

（2011 年 12 月 31 日第十一届全国人民代表大会常务委员会第 24 次会议修正，
中华人民共和国主席令　第 53 号）

第一章　总　　则

第一条　为了预防、控制和消除职业病危害，防治职业病，保护劳动者健康及其相关权益，促进经济社会发展，根据宪法，制定本法。

第二条　本法适用于中华人民共和国领域内的职业病防治活动。

本法所称职业病，是指企业、事业单位和个体经济组织等用人单位的劳动者在职业活动中，因接触粉尘、放射性物质和其他有毒、有害因素而引起的疾病。

职业病的分类和目录由国务院卫生行政部门会同国务院安全生产监督管理部门、劳动保障行政部门制定、调整并公布。

第三条　职业病防治工作坚持预防为主、防治结合的方针，建立用人单位负责、行政机关监管、行业自律、职工参与和社会监督的机制，实行分类管理、综合治理。

第四条　劳动者依法享有职业卫生保护的权利。

用人单位应当为劳动者创造符合国家职业卫生标准和卫生要求的工作环境和条件，并采取措施保障劳动者获得职业卫生保护。

工会组织依法对职业病防治工作进行监督，维护劳动者的合法权益。用人单位制定或者修改有关职业病防治的规章制度，应当听取工会组织的意见。

第五条　用人单位应当建立、健全职业病防治责任制，加强对职业病防治的管理，提高职业病防治水平，对本单位产生的职业病危害承担责任。

第六条　用人单位的主要负责人对本单位的职业病防治工作全面负责。

第七条　用人单位必须依法参加工伤保险。

国务院和县级以上地方人民政府劳动保障行政部门应当加强对工伤保险的监督管理，确保劳动者依法享受工伤保险待遇。

第八条　国家鼓励和支持研制、开发、推广、应用有利于职业病防治和保护劳动者健康的新技术、新工艺、新设备、新材料，加强对职业病的机理和发生规律的基础研究，提高职业病防治科学技术水平；积极采用有效的职业病防治技术、工艺、设备、材料；限制使用或者淘汰职业病危害严重的技术、工艺、设备、材料。

国家鼓励和支持职业病医疗康复机构的建设。

第九条　国家实行职业卫生监督制度。

国务院安全生产监督管理部门、卫生行政部门、劳动保障行政部门依照本法和国务院确定的职责，负责全国职业病防治的监督管理工作。国务院有关部门在各自的职责范围内负责职业病防治的有关监督管理工作。

县级以上地方人民政府安全生产监督管理部门、卫生行政部门、劳动保障行政部门依据各自职责，负责本行政区域内职业病防治的监督管理工作。县级以上地方人民政府有关部门在各自的职责范围内负责职业病防治的有关监督管理工作。

县级以上人民政府安全生产监督管理部门、卫生行政部门、劳动保障行政部门（以下统称职业卫生监督管理部门）应当加强沟通，密切配合，按照各自职责分工，依法行使职权，承担责任。

第十条 国务院和县级以上地方人民政府应当制定职业病防治规划，将其纳入国民经济和社会发展计划，并组织实施。

县级以上地方人民政府统一负责、领导、组织、协调本行政区域的职业病防治工作，建立健全职业病防治工作体制、机制，统一领导、指挥职业卫生突发事件应对工作；加强职业病防治能力建设和服务体系建设，完善、落实职业病防治工作责任制。

乡、民族乡、镇的人民政府应当认真执行本法，支持职业卫生监督管理部门依法履行职责。

第十一条 县级以上人民政府职业卫生监督管理部门应当加强对职业病防治的宣传教育，普及职业病防治的知识，增强用人单位的职业病防治观念，提高劳动者的职业健康意识、自我保护意识和行使职业卫生保护权利的能力。

第十二条 有关防治职业病的国家职业卫生标准，由国务院卫生行政部门组织制定并公布。

国务院卫生行政部门应当组织开展重点职业病监测和专项调查，对职业健康风险进行评估，为制定职业卫生标准和职业病防治政策提供科学依据。

县级以上地方人民政府卫生行政部门应当定期对本行政区域的职业病防治情况进行统计和调查分析。

第十三条 任何单位和个人有权对违反本法的行为进行检举和控告。有关部门收到相关的检举和控告后，应当及时处理。

对防治职业病成绩显著的单位和个人，给予奖励。

第二章　前期预防

第十四条 用人单位应当依照法律、法规要求，严格遵守国家职业卫生标准，落实职业病预防措施，从源头上控制和消除职业病危害。

第十五条 产生职业病危害的用人单位的设立除应当符合法律、行政法规规定的设立条件外，其工作场所还应当符合下列职业卫生要求：

（一）职业病危害因素的强度或者浓度符合国家职业卫生标准；

(二)有与职业病危害防护相适应的设施;

(三)生产布局合理,符合有害与无害作业分开的原则;

(四)有配套的更衣间、洗浴间、孕妇休息间等卫生设施;

(五)设备、工具、用具等设施符合保护劳动者生理、心理健康的要求;

(六)法律、行政法规和国务院卫生行政部门、安全生产监督管理部门关于保护劳动者健康的其他要求。

第十六条 国家建立职业病危害项目申报制度。

用人单位工作场所存在职业病目录所列职业病的危害因素的,应当及时、如实向所在地安全生产监督管理部门申报危害项目,接受监督。

职业病危害因素分类目录由国务院卫生行政部门会同国务院安全生产监督管理部门制定、调整并公布。职业病危害项目申报的具体办法由国务院安全生产监督管理部门制定。

第十七条 新建、扩建、改建建设项目和技术改造、技术引进项目(以下统称建设项目)可能产生职业病危害的,建设单位在可行性论证阶段应当向安全生产监督管理部门提交职业病危害预评价报告。安全生产监督管理部门应当自收到职业病危害预评价报告之日起三十日内,作出审核决定并书面通知建设单位。未提交预评价报告或者预评价报告未经安全生产监督管理部门审核同意的,有关部门不得批准该建设项目。

职业病危害预评价报告应当对建设项目可能产生的职业病危害因素及其对工作场所和劳动者健康的影响作出评价,确定危害类别和职业病防护措施。

建设项目职业病危害分类管理办法由国务院安全生产监督管理部门制定。

第十八条 建设项目的职业病防护设施所需费用应当纳入建设项目工程预算,并与主体工程同时设计,同时施工,同时投入生产和使用。

职业病危害严重的建设项目的防护设施设计,应当经安全生产监督管理部门审查,符合国家职业卫生标准和卫生要求的,方可施工。

建设项目在竣工验收前,建设单位应当进行职业病危害控制效果评价。建设项目竣工验收时,其职业病防护设施经安全生产监督管理部门验收合格后,方可投入正式生产和使用。

第十九条 职业病危害预评价、职业病危害控制效果评价由依法设立的取得国务院安全生产监督管理部门或者设区的市级以上地方人民政府安全生产监督管理部门按照职责分工给予资质认可的职业卫生技术服务机构进行。职业卫生技术服务机构所作评价应当客观、真实。

第二十条 国家对从事放射性、高毒、高危粉尘等作业实行特殊管理。具体管理办法由国务院制定。

第三章 劳动过程中的防护与管理

第二十一条 用人单位应当采取下列职业病防治管理措施:

（一）设置或者指定职业卫生管理机构或者组织，配备专职或者兼职的职业卫生管理人员，负责本单位的职业病防治工作；

（二）制定职业病防治计划和实施方案；

（三）建立、健全职业卫生管理制度和操作规程；

（四）建立、健全职业卫生档案和劳动者健康监护档案；

（五）建立、健全工作场所职业病危害因素监测及评价制度；

（六）建立、健全职业病危害事故应急救援预案。

第二十二条 用人单位应当保障职业病防治所需的资金投入，不得挤占、挪用，并对因资金投入不足导致的后果承担责任。

第二十三条 用人单位必须采用有效的职业病防护设施，并为劳动者提供个人使用的职业病防护用品。

用人单位为劳动者个人提供的职业病防护用品必须符合防治职业病的要求；不符合要求的，不得使用。

第二十四条 用人单位应当优先采用有利于防治职业病和保护劳动者健康的新技术、新工艺、新设备、新材料，逐步替代职业病危害严重的技术、工艺、设备、材料。

第二十五条 产生职业病危害的用人单位，应当在醒目位置设置公告栏，公布有关职业病防治的规章制度、操作规程、职业病危害事故应急救援措施和工作场所职业病危害因素检测结果。

对产生严重职业病危害的作业岗位，应当在其醒目位置，设置警示标识和中文警示说明。警示说明应当载明产生职业病危害的种类、后果、预防以及应急救治措施等内容。

第二十六条 对可能发生急性职业损伤的有毒、有害工作场所，用人单位应当设置报警装置，配置现场急救用品、冲洗设备、应急撤离通道和必要的泄险区。

对放射工作场所和放射性同位素的运输、贮存，用人单位必须配置防护设备和报警装置，保证接触放射线的工作人员佩戴个人剂量计。

对职业病防护设备、应急救援设施和个人使用的职业病防护用品，用人单位应当进行经常性的维护、检修，定期检测其性能和效果，确保其处于正常状态，不得擅自拆除或者停止使用。

第二十七条 用人单位应当实施由专人负责的职业病危害因素日常监测，并确保监测系统处于正常运行状态。

用人单位应当按照国务院安全生产监督管理部门的规定，定期对工作场所进行职业病危害因素检测、评价。检测、评价结果存入用人单位职业卫生档案，定期向所在地安全生产监督管理部门报告并向劳动者公布。

职业病危害因素检测、评价由依法设立的取得国务院安全生产监督管理部门或者设区的市级以上地方人民政府安全生产监督管理部门按照职责分工给予资质认可的职业卫生技术服务机构进行。职业卫生技术服务机构所作检测、评价应当客观、真实。

发现工作场所职业病危害因素不符合国家职业卫生标准和卫生要求时，用人单位应当立即采取相应治理措施，仍然达不到国家职业卫生标准和卫生要求的，必须停止存在职业病危害因素的作业；职业病危害因素经治理后，符合国家职业卫生标准和卫生要求的，方可重新作业。

第二十八条 职业卫生技术服务机构依法从事职业病危害因素检测、评价工作，接受安全生产监督管理部门的监督检查。安全生产监督管理部门应当依法履行监督职责。

第二十九条 向用人单位提供可能产生职业病危害的设备的，应当提供中文说明书，并在设备的醒目位置设置警示标识和中文警示说明。警示说明应当载明设备性能、可能产生的职业病危害、安全操作和维护注意事项、职业病防护以及应急救治措施等内容。

第三十条 向用人单位提供可能产生职业病危害的化学品、放射性同位素和含有放射性物质的材料的，应当提供中文说明书。说明书应当载明产品特性、主要成分、存在的有害因素、可能产生的危害后果、安全使用注意事项、职业病防护以及应急救治措施等内容。产品包装应当有醒目的警示标识和中文警示说明。储存上述材料的场所应当在规定的部位设置危险物品标识或者放射性警示标识。

国内首次使用或者首次进口与职业病危害有关的化学材料，使用单位或者进口单位按照国家规定经国务院有关部门批准后，应当向国务院卫生行政部门、安全生产监督管理部门报送该化学材料的毒性鉴定以及经有关部门登记注册或者批准进口的文件等资料。

进口放射性同位素、射线装置和含有放射性物质的物品的，按照国家有关规定办理。

第三十一条 任何单位和个人不得生产、经营、进口和使用国家明令禁止使用的可能产生职业病危害的设备或者材料。

第三十二条 任何单位和个人不得将产生职业病危害的作业转移给不具备职业病防护条件的单位和个人。不具备职业病防护条件的单位和个人不得接受产生职业病危害的作业。

第三十三条 用人单位对采用的技术、工艺、设备、材料，应当知悉其产生的职业病危害，对有职业病危害的技术、工艺、设备、材料隐瞒其危害而采用的，对所造成的职业病危害后果承担责任。

第三十四条 用人单位与劳动者订立劳动合同（含聘用合同，下同）时，应当将工作过程中可能产生的职业病危害及其后果、职业病防护措施和待遇等如实告知劳动者，并在劳动合同中写明，不得隐瞒或者欺骗。

劳动者在已订立劳动合同期间因工作岗位或者工作内容变更，从事与所订立劳动合同中未告知的存在职业病危害的作业时，用人单位应当依照前款规定，向劳动者履行如实告知的义务，并协商变更原劳动合同相关条款。

用人单位违反前两款规定的，劳动者有权拒绝从事存在职业病危害的作业，用人单位不得因此解除与劳动者所订立的劳动合同。

第三十五条 用人单位的主要负责人和职业卫生管理人员应当接受职业卫生培训，遵守职业病防治法律、法规，依法组织本单位的职业病防治工作。

用人单位应当对劳动者进行上岗前的职业卫生培训和在岗期间的定期职业卫生培训，普及职业卫生知识，督促劳动者遵守职业病防治法律、法规、规章和操作规程，指导劳动者正确使用职业病防护设备和个人使用的职业病防护用品。

劳动者应当学习和掌握相关的职业卫生知识，增强职业病防范意识，遵守职业病防治法律、法规、规章和操作规程，正确使用、维护职业病防护设备和个人使用的职业病防护用品，发现职业病危害事故隐患应当及时报告。

劳动者不履行前款规定义务的，用人单位应当对其进行教育。

第三十六条 对从事接触职业病危害的作业的劳动者，用人单位应当按照国务院安全生产监督管理部门、卫生行政部门的规定组织上岗前、在岗期间和离岗时的职业健康检查，并将检查结果书面告知劳动者。职业健康检查费用由用人单位承担。

用人单位不得安排未经上岗前职业健康检查的劳动者从事接触职业病危害的作业；不得安排有职业禁忌的劳动者从事其所禁忌的作业；对在职业健康检查中发现有与所从事的职业相关的健康损害的劳动者，应当调离原工作岗位，并妥善安置；对未进行离岗前职业健康检查的劳动者不得解除或者终止与其订立的劳动合同。

职业健康检查应当由省级以上人民政府卫生行政部门批准的医疗卫生机构承担。

第三十七条 用人单位应当为劳动者建立职业健康监护档案，并按照规定的期限妥善保存。

职业健康监护档案应当包括劳动者的职业史、职业病危害接触史、职业健康检查结果和职业病诊疗等有关个人健康资料。

劳动者离开用人单位时，有权索取本人职业健康监护档案复印件，用人单位应当如实、无偿提供，并在所提供的复印件上签章。

第三十八条 发生或者可能发生急性职业病危害事故时，用人单位应当立即采取应急救援和控制措施，并及时报告所在地安全生产监督管理部门和有关部门。安全生产监督管理部门接到报告后，应当及时会同有关部门组织调查处理；必要时，可以采取临时控制措施。卫生行政部门应当组织做好医疗救治工作。

对遭受或者可能遭受急性职业病危害的劳动者，用人单位应当及时组织救治、进行健康检查和医学观察，所需费用由用人单位承担。

第三十九条 用人单位不得安排未成年工从事接触职业病危害的作业；不得安排孕期、哺乳期的女职工从事对本人和胎儿、婴儿有危害的作业。

第四十条 劳动者享有下列职业卫生保护权利：

（一）获得职业卫生教育、培训；

（二）获得职业健康检查、职业病诊疗、康复等职业病防治服务；

（三）了解工作场所产生或者可能产生的职业病危害因素、危害后果和应当采取的职业病防护措施；

（四）要求用人单位提供符合防治职业病要求的职业病防护设施和个人使用的职业病防护用品，改善工作条件；

（五）对违反职业病防治法律、法规以及危及生命健康的行为提出批评、检举和控告；

（六）拒绝违章指挥和强令进行没有职业病防护措施的作业；

（七）参与用人单位职业卫生工作的民主管理，对职业病防治工作提出意见和建议。

用人单位应当保障劳动者行使前款所列权利。因劳动者依法行使正当权利而降低其工资、福利等待遇或者解除、终止与其订立的劳动合同的，其行为无效。

第四十一条 工会组织应当督促并协助用人单位开展职业卫生宣传教育和培训，有权对用人单位的职业病防治工作提出意见和建议，依法代表劳动者与用人单位签订劳动安全卫生专项集体合同，与用人单位就劳动者反映的有关职业病防治的问题进行协调并督促解决。

工会组织对用人单位违反职业病防治法律、法规，侵犯劳动者合法权益的行为，有权要求纠正；产生严重职业病危害时，有权要求采取防护措施，或者向政府有关部门建议采取强制性措施；发生职业病危害事故时，有权参与事故调查处理；发现危及劳动者生命健康的情形时，有权向用人单位建议组织劳动者撤离危险现场，用人单位应当立即作出处理。

第四十二条 用人单位按照职业病防治要求，用于预防和治理职业病危害、工作场所卫生检测、健康监护和职业卫生培训等费用，按照国家有关规定，在生产成本中据实列支。

第四十三条 职业卫生监督管理部门应当按照职责分工，加强对用人单位落实职业病防护管理措施情况的监督检查，依法行使职权，承担责任。

第四章 职业病诊断与职业病病人保障

第四十四条 医疗卫生机构承担职业病诊断，应当经省、自治区、直辖市人民政府卫生行政部门批准。省、自治区、直辖市人民政府卫生行政部门应当向社会公布本行政区域内承担职业病诊断的医疗卫生机构的名单。

承担职业病诊断的医疗卫生机构应当具备下列条件：

（一）持有《医疗机构执业许可证》；

（二）具有与开展职业病诊断相适应的医疗卫生技术人员；

（三）具有与开展职业病诊断相适应的仪器、设备；

（四）具有健全的职业病诊断质量管理制度。

承担职业病诊断的医疗卫生机构不得拒绝劳动者进行职业病诊断的要求。

第四十五条 劳动者可以在用人单位所在地、本人户籍所在地或者经常居住地依法承担职业病诊断的医疗卫生机构进行职业病诊断。

第四十六条 职业病诊断标准和职业病诊断、鉴定办法由国务院卫生行政部门制定。职业病伤残等级的鉴定办法由国务院劳动保障行政部门会同国务院卫生行政部门制定。

第四十七条 职业病诊断，应当综合分析下列因素：

（一）病人的职业史；

（二）职业病危害接触史和工作场所职业病危害因素情况；

（三）临床表现以及辅助检查结果等。

没有证据否定职业病危害因素与病人临床表现之间的必然联系的，应当诊断为职业病。

承担职业病诊断的医疗卫生机构在进行职业病诊断时，应当组织三名以上取得职业病诊断资格的执业医师集体诊断。

职业病诊断证明书应当由参与诊断的医师共同签署，并经承担职业病诊断的医疗卫生机构审核盖章。

第四十八条 用人单位应当如实提供职业病诊断、鉴定所需的劳动者职业史和职业病危害接触史、工作场所职业病危害因素检测结果等资料；安全生产监督管理部门应当监督检查和督促用人单位提供上述资料；劳动者和有关机构也应当提供与职业病诊断、鉴定有关的资料。

职业病诊断、鉴定机构需要了解工作场所职业病危害因素情况时，可以对工作场所进行现场调查，也可以向安全生产监督管理部门提出，安全生产监督管理部门应当在十日内组织现场调查。用人单位不得拒绝、阻挠。

第四十九条 职业病诊断、鉴定过程中，用人单位不提供工作场所职业病危害因素检测结果等资料的，诊断、鉴定机构应当结合劳动者的临床表现、辅助检查结果和劳动者的职业史、职业病危害接触史，并参考劳动者的自述、安全生产监督管理部门提供的日常监督检查信息等，作出职业病诊断、鉴定结论。

劳动者对用人单位提供的工作场所职业病危害因素检测结果等资料有异议，或者因劳动者的用人单位解散、破产，无用人单位提供上述资料的，诊断、鉴定机构应当提请安全生产监督管理部门进行调查，安全生产监督管理部门应当自接到申请之日起三十日内对存在异议的资料或者工作场所职业病危害因素情况作出判定；有关部门应当配合。

第五十条 职业病诊断、鉴定过程中，在确认劳动者职业史、职业病危害接触史时，当事人对劳动关系、工种、工作岗位或者在岗时间有争议的，可以向当地的劳动人事争议仲裁委员会申请仲裁；接到申请的劳动人事争议仲裁委员会应当受理，并在三十日内作出裁决。

当事人在仲裁过程中对自己提出的主张，有责任提供证据。劳动者无法提供由用人单位掌握管理的与仲裁主张有关的证据的，仲裁庭应当要求用人单位在指定期限内提供；用人单位在指定期限内不提供的，应当承担不利后果。

劳动者对仲裁裁决不服的，可以依法向人民法院提起诉讼。

用人单位对仲裁裁决不服的，可以在职业病诊断、鉴定程序结束之日起十五日内依法向人民法院提起诉讼；诉讼期间，劳动者的治疗费用按照职业病待遇规定的途径支付。

第五十一条 用人单位和医疗卫生机构发现职业病病人或者疑似职业病病人时，应当及时向所在地卫生行政部门和安全生产监督管理部门报告。确诊为职业病的，用人单位还应当向所在地劳动保障行政部门报告。接到报告的部门应当依法作出处理。

第五十二条 县级以上地方人民政府卫生行政部门负责本行政区域内的职业病统计报告的管理工作，并按照规定上报。

第五十三条 当事人对职业病诊断有异议的，可以向作出诊断的医疗卫生机构所在地地方人民政府卫生行政部门申请鉴定。

职业病诊断争议由设区的市级以上地方人民政府卫生行政部门根据当事人的申请，组织职业病诊断鉴定委员会进行鉴定。

当事人对设区的市级职业病诊断鉴定委员会的鉴定结论不服的，可以向省、自治区、直辖市人民政府卫生行政部门申请再鉴定。

第五十四条 职业病诊断鉴定委员会由相关专业的专家组成。

省、自治区、直辖市人民政府卫生行政部门应当设立相关的专家库，需要对职业病争议作出诊断鉴定时，由当事人或者当事人委托有关卫生行政部门从专家库中以随机抽取的方式确定参加诊断鉴定委员会的专家。

职业病诊断鉴定委员会应当按照国务院卫生行政部门颁布的职业病诊断标准和职业病诊断、鉴定办法进行职业病诊断鉴定，向当事人出具职业病诊断鉴定书。职业病诊断、鉴定费用由用人单位承担。

第五十五条 职业病诊断鉴定委员会组成人员应当遵守职业道德，客观、公正地进行诊断鉴定，并承担相应的责任。职业病诊断鉴定委员会组成人员不得私下接触当事人，不得收受当事人的财物或者其他好处，与当事人有利害关系的，应当回避。

人民法院受理有关案件需要进行职业病鉴定时，应当从省、自治区、直辖市人民政府卫生行政部门依法设立的相关的专家库中选取参加鉴定的专家。

第五十六条 医疗卫生机构发现疑似职业病病人时，应当告知劳动者本人并及时通知用人单位。

用人单位应当及时安排对疑似职业病病人进行诊断；在疑似职业病病人诊断或者医学观察期间，不得解除或者终止与其订立的劳动合同。

疑似职业病病人在诊断、医学观察期间的费用，由用人单位承担。

第五十七条 用人单位应当保障职业病病人依法享受国家规定的职业病待遇。

用人单位应当按照国家有关规定，安排职业病病人进行治疗、康复和定期检查。

用人单位对不适宜继续从事原工作的职业病病人，应当调离原岗位，并妥善安置。

用人单位对从事接触职业病危害的作业的劳动者，应当给予适当岗位津贴。

第五十八条 职业病病人的诊疗、康复费用，伤残以及丧失劳动能力的职业病病人的社会保障，按照国家有关工伤保险的规定执行。

第五十九条 职业病病人除依法享有工伤保险外，依照有关民事法律，尚有获得赔偿的权利的，有权向用人单位提出赔偿要求。

第六十条 劳动者被诊断患有职业病，但用人单位没有依法参加工伤保险的，其医疗和生活保障由该用人单位承担。

第六十一条　职业病病人变动工作单位,其依法享有的待遇不变。

用人单位在发生分立、合并、解散、破产等情形时,应当对从事接触职业病危害的作业的劳动者进行健康检查,并按照国家有关规定妥善安置职业病病人。

第六十二条　用人单位已经不存在或者无法确认劳动关系的职业病病人,可以向地方人民政府民政部门申请医疗救助和生活等方面的救助。

地方各级人民政府应当根据本地区的实际情况,采取其他措施,使前款规定的职业病病人获得医疗救治。

第五章　监督检查

第六十三条　县级以上人民政府职业卫生监督管理部门依照职业病防治法律、法规、国家职业卫生标准和卫生要求,依据职责划分,对职业病防治工作进行监督检查。

第六十四条　安全生产监督管理部门履行监督检查职责时,有权采取下列措施:

(一)进入被检查单位和职业病危害现场,了解情况,调查取证;

(二)查阅或者复制与违反职业病防治法律、法规的行为有关的资料和采集样品;

(三)责令违反职业病防治法律、法规的单位和个人停止违法行为。

第六十五条　发生职业病危害事故或者有证据证明危害状态可能导致职业病危害事故发生时,安全生产监督管理部门可以采取下列临时控制措施:

(一)责令暂停导致职业病危害事故的作业;

(二)封存造成职业病危害事故或者可能导致职业病危害事故发生的材料和设备;

(三)组织控制职业病危害事故现场。

在职业病危害事故或者危害状态得到有效控制后,安全生产监督管理部门应当及时解除控制措施。

第六十六条　职业卫生监督执法人员依法执行职务时,应当出示监督执法证件。

职业卫生监督执法人员应当忠于职守,秉公执法,严格遵守执法规范;涉及用人单位的秘密的,应当为其保密。

第六十七条　职业卫生监督执法人员依法执行职务时,被检查单位应当接受检查并予以支持配合,不得拒绝和阻碍。

第六十八条　安全生产监督管理部门及其职业卫生监督执法人员履行职责时,不得有下列行为:

(一)对不符合法定条件的,发给建设项目有关证明文件、资质证明文件或者予以批准;

(二)对已经取得有关证明文件的,不履行监督检查职责;

(三)发现用人单位存在职业病危害的,可能造成职业病危害事故,不及时依法采取控制措施;

(四)其他违反本法的行为。

第六十九条　职业卫生监督执法人员应当依法经过资格认定。

职业卫生监督管理部门应当加强队伍建设，提高职业卫生监督执法人员的政治、业务素质，依照本法和其他有关法律、法规的规定，建立、健全内部监督制度，对其工作人员执行法律、法规和遵守纪律的情况，进行监督检查。

第六章　法律责任

第七十条　建设单位违反本法规定，有下列行为之一的，由安全生产监督管理部门给予警告，责令限期改正；逾期不改正的，处十万元以上五十万元以下的罚款；情节严重的，责令停止产生职业病危害的作业，或者提请有关人民政府按照国务院规定的权限责令停建、关闭：

（一）未按照规定进行职业病危害预评价或者未提交职业病危害预评价报告，或者职业病危害预评价报告未经安全生产监督管理部门审核同意，开工建设的；

（二）建设项目的职业病防护设施未按照规定与主体工程同时投入生产和使用的；

（三）职业病危害严重的建设项目，其职业病防护设施设计未经安全生产监督管理部门审查，或者不符合国家职业卫生标准和卫生要求施工的；

（四）未按照规定对职业病防护设施进行职业病危害控制效果评价、未经安全生产监督管理部门验收或者验收不合格，擅自投入使用的。

第七十一条　违反本法规定，有下列行为之一的，由安全生产监督管理部门给予警告，责令限期改正；逾期不改正的，处十万元以下的罚款：

（一）工作场所职业病危害因素检测、评价结果没有存档、上报、公布的；

（二）未采取本法第二十一条规定的职业病防治管理措施的；

（三）未按照规定公布有关职业病防治的规章制度、操作规程、职业病危害事故应急救援措施的；

（四）未按照规定组织劳动者进行职业卫生培训，或者未对劳动者个人职业病防护采取指导、督促措施的；

（五）国内首次使用或者首次进口与职业病危害有关的化学材料，未按照规定报送毒性鉴定资料以及经有关部门登记注册或者批准进口的文件的。

第七十二条　用人单位违反本法规定，有下列行为之一的，由安全生产监督管理部门责令限期改正，给予警告，可以并处五万元以上十万元以下的罚款：

（一）未按照规定及时、如实向安全生产监督管理部门申报产生职业病危害的项目的；

（二）未实施由专人负责的职业病危害因素日常监测，或者监测系统不能正常监测的；

（三）订立或者变更劳动合同时，未告知劳动者职业病危害真实情况的；

（四）未按照规定组织职业健康检查、建立职业健康监护档案或者未将检查结果书面告知劳动者的；

（五）未依照本法规定在劳动者离开用人单位时提供职业健康监护档案复印件的。

第七十三条　用人单位违反本法规定，有下列行为之一的，由安全生产监督管理部门给予警告，责令限期改正，逾期不改正的，处五万元以上二十万元以下的罚款；情节严重的，责令停止产生职业病危害的作业，或者提请有关人民政府按照国务院规定的权限责令关闭：

（一）工作场所职业病危害因素的强度或者浓度超过国家职业卫生标准的；

（二）未提供职业病防护设施和个人使用的职业病防护用品，或者提供的职业病防护设施和个人使用的职业病防护用品不符合国家职业卫生标准和卫生要求的；

（三）对职业病防护设备、应急救援设施和个人使用的职业病防护用品未按照规定进行维护、检修、检测，或者不能保持正常运行、使用状态的；

（四）未按照规定对工作场所职业病危害因素进行检测、评价的；

（五）工作场所职业病危害因素经治理仍然达不到国家职业卫生标准和卫生要求时，未停止存在职业病危害因素的作业的；

（六）未按照规定安排职业病病人、疑似职业病病人进行诊治的；

（七）发生或者可能发生急性职业病危害事故时，未立即采取应急救援和控制措施或者未按照规定及时报告的；

（八）未按照规定在产生严重职业病危害的作业岗位醒目位置设置警示标识和中文警示说明的；

（九）拒绝职业卫生监督管理部门监督检查的；

（十）隐瞒、伪造、篡改、毁损职业健康监护档案、工作场所职业病危害因素检测评价结果等相关资料，或者拒不提供职业病诊断、鉴定所需资料的；

（十一）未按照规定承担职业病诊断、鉴定费用和职业病病人的医疗、生活保障费用的。

第七十四条 向用人单位提供可能产生职业病危害的设备、材料，未按照规定提供中文说明书或者设置警示标识和中文警示说明的，由安全生产监督管理部门责令限期改正，给予警告，并处五万元以上二十万元以下的罚款。

第七十五条 用人单位和医疗卫生机构未按照规定报告职业病、疑似职业病的，由有关主管部门依据职责分工责令限期改正，给予警告，可以并处一万元以下的罚款；弄虚作假的，并处二万元以上五万元以下的罚款；对直接负责的主管人员和其他直接责任人员，可以依法给予降级或者撤职的处分。

第七十六条 违反本法规定，有下列情形之一的，由安全生产监督管理部门责令限期治理，并处五万元以上三十万元以下的罚款；情节严重的，责令停止产生职业病危害的作业，或者提请有关人民政府按照国务院规定的权限责令关闭：

（一）隐瞒技术、工艺、设备、材料所产生的职业病危害而采用的；

（二）隐瞒本单位职业卫生真实情况的；

（三）可能发生急性职业损伤的有毒、有害工作场所、放射工作场所或者放射性同位素的运输、储存不符合本法第二十六条规定的；

（四）使用国家明令禁止使用的可能产生职业病危害的设备或者材料的；

（五）将产生职业病危害的作业转移给没有职业病防护条件的单位和个人，或者没有职业病防护条件的单位和个人接受产生职业病危害的作业的；

（六）擅自拆除、停止使用职业病防护设备或者应急救援设施的；

（七）安排未经职业健康检查的劳动者、有职业禁忌的劳动者、未成年工或者孕期、哺乳期女职工从事接触职业病危害的作业或者禁忌作业的；

（八）违章指挥和强令劳动者进行没有职业病防护措施的作业的。

第七十七条 生产、经营或者进口国家明令禁止使用的可能产生职业病危害的设备或者材料的，依照有关法律、行政法规的规定给予处罚。

第七十八条 用人单位违反本法规定，已经对劳动者生命健康造成严重损害的，由安全生产监督管理部门责令停止产生职业病危害的作业，或者提请有关人民政府按照国务院规定的权限责令关闭，并处十万元以上五十万元以下的罚款。

第七十九条 用人单位违反本法规定，造成重大职业病危害事故或者其他严重后果，构成犯罪的，对直接负责的主管人员和其他直接责任人员，依法追究刑事责任。

第八十条 未取得职业卫生技术服务资质认可擅自从事职业卫生技术服务的，或者医疗卫生机构未经批准擅自从事职业健康检查、职业病诊断的，由安全生产监督管理部门和卫生行政部门依据职责分工责令立即停止违法行为，没收违法所得；违法所得五千元以上的，并处违法所得二倍以上十倍以下的罚款；没有违法所得或者违法所得不足五千元的，并处五千元以上五万元以下的罚款；情节严重的，对直接负责的主管人员和其他直接责任人员，依法给予降级、撤职或者开除的处分。

第八十一条 从事职业卫生技术服务的机构和承担职业健康检查、职业病诊断的医疗卫生机构违反本法规定，有下列行为之一的，由安全生产监督管理部门和卫生行政部门依据职责分工责令立即停止违法行为，给予警告，没收违法所得；违法所得五千元以上的，并处违法所得二倍以上五倍以下的罚款；没有违法所得或者违法所得不足五千元的，并处五千元以上二万元以下的罚款；情节严重的，由原认可或者批准机关取消其相应的资格；对直接负责的主管人员和其他直接责任人员，依法给予降级、撤职或者开除的处分；构成犯罪的，依法追究刑事责任：

（一）超出资质认可或者批准范围从事职业卫生技术服务或者职业健康检查、职业病诊断的；

（二）不按照本法规定履行法定职责的；

（三）出具虚假证明文件的。

第八十二条 职业病诊断鉴定委员会组成人员收受职业病诊断争议当事人的财物或者其他好处的，给予警告，没收收受的财物，可以并处三千元以上五万元以下的罚款，取消其担任职业病诊断鉴定委员会组成人员的资格，并从省、自治区、直辖市人民政府卫生行政部门设立的专家库中予以除名。

第八十三条 卫生行政部门、安全生产监督管理部门不按照规定报告职业病和职业病危害事故的，由上一级行政部门责令改正，通报批评，给予警告；虚报、瞒报的，对单位负责人、直接负责的主管人员和其他直接责任人员依法给予降级、撤职或者开除的处分。

第八十四条 违反本法第十七条、第十八条规定，有关部门擅自批准建设项目或者发放施工许可的，对该部门直接负责的主管人员和其他直接责任人员，由监察机关或者上级机关依法给予记过直至开除的处分。

第八十五条 县级以上地方人民政府在职业病防治工作中未依照本法履行职责，本行政区域出现重大职业病危害事故、造成严重社会影响的，依法对直接负责的主管人员和其他直接责任人员给予记大过直至开除的处分。

县级以上人民政府职业卫生监督管理部门不履行本法规定的职责，滥用职权、玩忽职守、徇私舞弊，依法对直接负责的主管人员和其他直接责任人员给予记大过或者降级的处分；造成职业病危害事故或者其他严重后果的，依法给予撤职或者开除的处分。

第八十六条 违反本法规定，构成犯罪的，依法追究刑事责任。

第七章 附 则

第八十七条 本法下列用语的含义：

职业病危害，是指对从事职业活动的劳动者可能导致职业病的各种危害。职业病危害因素包括：职业活动中存在的各种有害的化学、物理、生物因素以及在作业过程中产生的其他职业有害因素。

职业禁忌，是指劳动者从事特定职业或者接触特定职业病危害因素时，比一般职业人群更易于遭受职业病危害和罹患职业病或者可能导致原有自身疾病病情加重，或者在从事作业过程中诱发可能导致对他人生命健康构成危险的疾病的个人特殊生理或者病理状态。

第八十八条 本法第二条规定的用人单位以外的单位，产生职业病危害的，其职业病防治活动可以参照本法执行。

劳务派遣用工单位应当履行本法规定的用人单位的义务。

中国人民解放军参照执行本法的办法，由国务院、中央军事委员会制定。

第八十九条 对医疗机构放射性职业病危害控制的监督管理，由卫生行政部门依照本法的规定实施。

第九十条 本法自 2002 年 5 月 1 日起施行。

中华人民共和国劳动合同法

（2012年12月28日第十一届全国人民代表大会常务委员会第30次会议修正，
中华人民共和国主席令　第73号）

第一章　总　　则

第一条　为了完善劳动合同制度，明确劳动合同双方当事人的权利和义务，保护劳动者的合法权益，构建和发展和谐稳定的劳动关系，制定本法。

第二条　中华人民共和国境内的企业、个体经济组织、民办非企业单位等组织（以下称用人单位）与劳动者建立劳动关系，订立、履行、变更、解除或者终止劳动合同，适用本法。

国家机关、事业单位、社会团体和与其建立劳动关系的劳动者，订立、履行、变更、解除或者终止劳动合同，依照本法执行。

第三条　订立劳动合同，应当遵循合法、公平、平等自愿、协商一致、诚实信用的原则。

依法订立的劳动合同具有约束力，用人单位与劳动者应当履行劳动合同约定的义务。

第四条　用人单位应当依法建立和完善劳动规章制度，保障劳动者享有劳动权利、履行劳动义务。

用人单位在制定、修改或者决定有关劳动报酬、工作时间、休息休假、劳动安全卫生、保险福利、职工培训、劳动纪律以及劳动定额管理等直接涉及劳动者切身利益的规章制度或者重大事项时，应当经职工代表大会或者全体职工讨论，提出方案和意见，与工会或者职工代表平等协商确定。

在规章制度和重大事项决定实施过程中，工会或者职工认为不适当的，有权向用人单位提出，通过协商予以修改完善。

用人单位应当将直接涉及劳动者切身利益的规章制度和重大事项决定公示，或者告知劳动者。

第五条　县级以上人民政府劳动行政部门会同工会和企业方面代表，建立健全协调劳动关系三方机制，共同研究解决有关劳动关系的重大问题。

第六条　工会应当帮助、指导劳动者与用人单位依法订立和履行劳动合同，并与用人单位建立集体协商机制，维护劳动者的合法权益。

第二章　劳动合同的订立

第七条　用人单位自用工之日起即与劳动者建立劳动关系。用人单位应当建立职工名册备查。

第八条 用人单位招用劳动者时,应当如实告知劳动者工作内容、工作条件、工作地点、职业危害、安全生产状况、劳动报酬,以及劳动者要求了解的其他情况;用人单位有权了解劳动者与劳动合同直接相关的基本情况,劳动者应当如实说明。

第九条 用人单位招用劳动者,不得扣押劳动者的居民身份证和其他证件,不得要求劳动者提供担保或者以其他名义向劳动者收取财物。

第十条 建立劳动关系,应当订立书面劳动合同。

已建立劳动关系,未同时订立书面劳动合同的,应当自用工之日起一个月内订立书面劳动合同。

用人单位与劳动者在用工前订立劳动合同的,劳动关系自用工之日起建立。

第十一条 用人单位未在用工的同时订立书面劳动合同,与劳动者约定的劳动报酬不明确的,新招用的劳动者的劳动报酬按照集体合同规定的标准执行;没有集体合同或者集体合同未规定的,实行同工同酬。

第十二条 劳动合同分为固定期限劳动合同、无固定期限劳动合同和以完成一定工作任务为期限的劳动合同。

第十三条 固定期限劳动合同,是指用人单位与劳动者约定合同终止时间的劳动合同。

用人单位与劳动者协商一致,可以订立固定期限劳动合同。

第十四条 无固定期限劳动合同,是指用人单位与劳动者约定无确定终止时间的劳动合同。

用人单位与劳动者协商一致,可以订立无固定期限劳动合同。有下列情形之一,劳动者提出或者同意续订、订立劳动合同的,除劳动者提出订立固定期限劳动合同外,应当订立无固定期限劳动合同:

(一)劳动者在该用人单位连续工作满十年的;

(二)用人单位初次实行劳动合同制度或者国有企业改制重新订立劳动合同时,劳动者在该用人单位连续工作满十年且距法定退休年龄不足十年的;

(三)连续订立二次固定期限劳动合同,且劳动者没有本法第三十九条和第四十条第一项、第二项规定的情形,续订劳动合同的。

用人单位自用工之日起满一年不与劳动者订立书面劳动合同的,视为用人单位与劳动者已订立无固定期限劳动合同。

第十五条 以完成一定工作任务为期限的劳动合同,是指用人单位与劳动者约定以某项工作的完成为合同期限的劳动合同。

用人单位与劳动者协商一致,可以订立以完成一定工作任务为期限的劳动合同。

第十六条 劳动合同由用人单位与劳动者协商一致,并经用人单位与劳动者在劳动合同文本上签字或者盖章生效。

劳动合同文本由用人单位和劳动者各执一份。

第十七条 劳动合同应当具备以下条款:

（一）用人单位的名称、住所和法定代表人或者主要负责人；

（二）劳动者的姓名、住址和居民身份证或者其他有效身份证件号码；

（三）劳动合同期限；

（四）工作内容和工作地点；

（五）工作时间和休息休假；

（六）劳动报酬；

（七）社会保险；

（八）劳动保护、劳动条件和职业危害防护；

（九）法律、法规规定应当纳入劳动合同的其他事项。

劳动合同除前款规定的必备条款外，用人单位与劳动者可以约定试用期、培训、保守秘密、补充保险和福利待遇等其他事项。

第十八条　劳动合同对劳动报酬和劳动条件等标准约定不明确，引发争议的，用人单位与劳动者可以重新协商；协商不成的，适用集体合同规定；没有集体合同或者集体合同未规定劳动报酬的，实行同工同酬；没有集体合同或者集体合同未规定劳动条件等标准的，适用国家有关规定。

第十九条　劳动合同期限三个月以上不满一年的，试用期不得超过一个月；劳动合同期限一年以上不满三年的，试用期不得超过二个月；三年以上固定期限和无固定期限的劳动合同，试用期不得超过六个月。

同一用人单位与同一劳动者只能约定一次试用期。

以完成一定工作任务为期限的劳动合同或者劳动合同期限不满三个月的，不得约定试用期。

试用期包含在劳动合同期限内。劳动合同仅约定试用期的，试用期不成立，该期限为劳动合同期限。

第二十条　劳动者在试用期的工资不得低于本单位相同岗位最低档工资或者劳动合同约定工资的百分之八十，并不得低于用人单位所在地的最低工资标准。

第二十一条　在试用期中，除劳动者有本法第三十九条和第四十条第一项、第二项规定的情形外，用人单位不得解除劳动合同。用人单位在试用期解除劳动合同的，应当向劳动者说明理由。

第二十二条　用人单位为劳动者提供专项培训费用，对其进行专业技术培训的，可以与该劳动者订立协议，约定服务期。

劳动者违反服务期约定的，应当按照约定向用人单位支付违约金。违约金的数额不得超过用人单位提供的培训费用。用人单位要求劳动者支付的违约金不得超过服务期尚未履行部分所应分摊的培训费用。

用人单位与劳动者约定服务期的，不影响按照正常的工资调整机制提高劳动者在服务期期间的劳动报酬。

第二十三条 用人单位与劳动者可以在劳动合同中约定保守用人单位的商业秘密和与知识产权相关的保密事项。

对负有保密义务的劳动者，用人单位可以在劳动合同或者保密协议中与劳动者约定竞业限制条款，并约定在解除或者终止劳动合同后，在竞业限制期限内按月给予劳动者经济补偿。劳动者违反竞业限制约定的，应当按照约定向用人单位支付违约金。

第二十四条 竞业限制的人员限于用人单位的高级管理人员、高级技术人员和其他负有保密义务的人员。竞业限制的范围、地域、期限由用人单位与劳动者约定，竞业限制的约定不得违反法律、法规的规定。

在解除或者终止劳动合同后，前款规定的人员到与本单位生产或者经营同类产品、从事同类业务的有竞争关系的其他用人单位，或者自己开业生产或者经营同类产品、从事同类业务的竞业限制期限，不得超过二年。

第二十五条 除本法第二十二条和第二十三条规定的情形外，用人单位不得与劳动者约定由劳动者承担违约金。

第二十六条 下列劳动合同无效或者部分无效：

（一）以欺诈、胁迫的手段或者乘人之危，使对方在违背真实意思的情况下订立或者变更劳动合同的；

（二）用人单位免除自己的法定责任、排除劳动者权利的；

（三）违反法律、行政法规强制性规定的。

对劳动合同的无效或者部分无效有争议的，由劳动争议仲裁机构或者人民法院确认。

第二十七条 劳动合同部分无效，不影响其他部分效力的，其他部分仍然有效。

第二十八条 劳动合同被确认无效，劳动者已付出劳动的，用人单位应当向劳动者支付劳动报酬。劳动报酬的数额，参照本单位相同或者相近岗位劳动者的劳动报酬确定。

第三章 劳动合同的履行和变更

第二十九条 用人单位与劳动者应当按照劳动合同的约定，全面履行各自的义务。

第三十条 用人单位应当按照劳动合同约定和国家规定，向劳动者及时足额支付劳动报酬。

用人单位拖欠或者未足额支付劳动报酬的，劳动者可以依法向当地人民法院申请支付令，人民法院应当依法发出支付令。

第三十一条 用人单位应当严格执行劳动定额标准，不得强迫或者变相强迫劳动者加班。用人单位安排加班的，应当按照国家有关规定向劳动者支付加班费。

第三十二条 劳动者拒绝用人单位管理人员违章指挥、强令冒险作业的，不视为违反劳动合同。

劳动者对危害生命安全和身体健康的劳动条件，有权对用人单位提出批评、检举和控告。

第三十三条 用人单位变更名称、法定代表人、主要负责人或者投资人等事项,不影响劳动合同的履行。

第三十四条 用人单位发生合并或者分立等情况,原劳动合同继续有效,劳动合同由承继其权利和义务的用人单位继续履行。

第三十五条 用人单位与劳动者协商一致,可以变更劳动合同约定的内容。变更劳动合同,应当采用书面形式。

变更后的劳动合同文本由用人单位和劳动者各执一份。

第四章 劳动合同的解除和终止

第三十六条 用人单位与劳动者协商一致,可以解除劳动合同。

第三十七条 劳动者提前三十日以书面形式通知用人单位,可以解除劳动合同。劳动者在试用期内提前三日通知用人单位,可以解除劳动合同。

第三十八条 用人单位有下列情形之一的,劳动者可以解除劳动合同:

(一)未按照劳动合同约定提供劳动保护或者劳动条件的;

(二)未及时足额支付劳动报酬的;

(三)未依法为劳动者缴纳社会保险费的;

(四)用人单位的规章制度违反法律、法规的规定,损害劳动者权益的;

(五)因本法第二十六条第一款规定的情形致使劳动合同无效的;

(六)法律、行政法规规定劳动者可以解除劳动合同的其他情形。

用人单位以暴力、威胁或者非法限制人身自由的手段强迫劳动者劳动的,或者用人单位违章指挥、强令冒险作业危及劳动者人身安全的,劳动者可以立即解除劳动合同,不需事先告知用人单位。

第三十九条 劳动者有下列情形之一的,用人单位可以解除劳动合同:

(一)在试用期间被证明不符合录用条件的;

(二)严重违反用人单位的规章制度的;

(三)严重失职,营私舞弊,给用人单位造成重大损害的;

(四)劳动者同时与其他用人单位建立劳动关系,对完成本单位的工作任务造成严重影响,或者经用人单位提出,拒不改正的;

(五)因本法第二十六条第一款第一项规定的情形致使劳动合同无效的;

(六)被依法追究刑事责任的。

第四十条 有下列情形之一的,用人单位提前三十日以书面形式通知劳动者本人或者额外支付劳动者一个月工资后,可以解除劳动合同:

(一)劳动者患病或者非因工负伤,在规定的医疗期满后不能从事原工作,也不能从事由用人单位另行安排的工作的;

(二)劳动者不能胜任工作,经过培训或者调整工作岗位,仍不能胜任工作的;

（三）劳动合同订立时所依据的客观情况发生重大变化，致使劳动合同无法履行，经用人单位与劳动者协商，未能就变更劳动合同内容达成协议的。

第四十一条　有下列情形之一，需要裁减人员二十人以上或者裁减不足二十人但占企业职工总数百分之十以上的，用人单位提前三十日向工会或者全体职工说明情况，听取工会或者职工的意见后，裁减人员方案经向劳动行政部门报告，可以裁减人员：

（一）依照企业破产法规定进行重整的；

（二）生产经营发生严重困难的；

（三）企业转产、重大技术革新或者经营方式调整，经变更劳动合同后，仍需裁减人员的；

（四）其他因劳动合同订立时所依据的客观经济情况发生重大变化，致使劳动合同无法履行的。

裁减人员时，应当优先留用下列人员：

（一）与本单位订立较长期限的固定期限劳动合同的；

（二）与本单位订立无固定期限劳动合同的；

（三）家庭无其他就业人员，有需要扶养的老人或者未成年人的。

用人单位依照本条第一款规定裁减人员，在六个月内重新招用人员的，应当通知被裁减的人员，并在同等条件下优先招用被裁减的人员。

第四十二条　劳动者有下列情形之一的，用人单位不得依照本法第四十条、第四十一条的规定解除劳动合同：

（一）从事接触职业病危害作业的劳动者未进行离岗前职业健康检查，或者疑似职业病病人在诊断或者医学观察期间的；

（二）在本单位患职业病或者因工负伤并被确认丧失或者部分丧失劳动能力的；

（三）患病或者非因工负伤，在规定的医疗期内的；

（四）女职工在孕期、产期、哺乳期的；

（五）在本单位连续工作满十五年，且距法定退休年龄不足五年的；

（六）法律、行政法规规定的其他情形。

第四十三条　用人单位单方解除劳动合同，应当事先将理由通知工会。用人单位违反法律、行政法规规定或者劳动合同约定的，工会有权要求用人单位纠正。用人单位应当研究工会的意见，并将处理结果书面通知工会。

第四十四条　有下列情形之一的，劳动合同终止：

（一）劳动合同期满的；

（二）劳动者开始依法享受基本养老保险待遇的；

（三）劳动者死亡，或者被人民法院宣告死亡或者宣告失踪的；

（四）用人单位被依法宣告破产的；

（五）用人单位被吊销营业执照、责令关闭、撤销或者用人单位决定提前解散的；

（六）法律、行政法规规定的其他情形。

第四十五条 劳动合同期满，有本法第四十二条规定情形之一的，劳动合同应当续延至相应的情形消失时终止。但是，本法第四十二条第二项规定丧失或者部分丧失劳动能力劳动者的劳动合同的终止，按照国家有关工伤保险的规定执行。

第四十六条 有下列情形之一的，用人单位应当向劳动者支付经济补偿：

（一）劳动者依照本法第三十八条规定解除劳动合同的；

（二）用人单位依照本法第三十六条规定向劳动者提出解除劳动合同并与劳动者协商一致解除劳动合同的；

（三）用人单位依照本法第四十条规定解除劳动合同的；

（四）用人单位依照本法第四十一条第一款规定解除劳动合同的；

（五）除用人单位维持或者提高劳动合同约定条件续订劳动合同，劳动者不同意续订的情形外，依照本法第四十四条第一项规定终止固定期限劳动合同的；

（六）依照本法第四十四条第四项、第五项规定终止劳动合同的；

（七）法律、行政法规规定的其他情形。

第四十七条 经济补偿按劳动者在本单位工作的年限，每满一年支付一个月工资的标准向劳动者支付。六个月以上不满一年的，按一年计算；不满六个月的，向劳动者支付半个月工资的经济补偿。

劳动者月工资高于用人单位所在直辖市、设区的市级人民政府公布的本地区上年度职工月平均工资三倍的，向其支付经济补偿的标准按职工月平均工资三倍的数额支付，向其支付经济补偿的年限最高不超过十二年。

本条所称月工资是指劳动者在劳动合同解除或者终止前十二个月的平均工资。

第四十八条 用人单位违反本法规定解除或者终止劳动合同，劳动者要求继续履行劳动合同的，用人单位应当继续履行；劳动者不要求继续履行劳动合同或者劳动合同已经不能继续履行的，用人单位应当依照本法第八十七条规定支付赔偿金。

第四十九条 国家采取措施，建立健全劳动者社会保险关系跨地区转移接续制度。

第五十条 用人单位应当在解除或者终止劳动合同时出具解除或者终止劳动合同的证明，并在十五日内为劳动者办理档案和社会保险关系转移手续。

劳动者应当按照双方约定，办理工作交接。用人单位依照本法有关规定应当向劳动者支付经济补偿的，在办结工作交接时支付。

用人单位对已经解除或者终止的劳动合同的文本，至少保存二年备查。

第五章 特别规定

第一节 集体合同

第五十一条 企业职工一方与用人单位通过平等协商，可以就劳动报酬、工作时间、休息休假、劳动安全卫生、保险福利等事项订立集体合同。集体合同草案应当提交职工代表大会或者全体职工讨论通过。

集体合同由工会代表企业职工一方与用人单位订立；尚未建立工会的用人单位，由上级工会指导劳动者推举的代表与用人单位订立。

第五十二条 企业职工一方与用人单位可以订立劳动安全卫生、女职工权益保护、工资调整机制等专项集体合同。

第五十三条 在县级以下区域内，建筑业、采矿业、餐饮服务业等行业可以由工会与企业方面代表订立行业性集体合同，或者订立区域性集体合同。

第五十四条 集体合同订立后，应当报送劳动行政部门；劳动行政部门自收到集体合同文本之日起十五日内未提出异议的，集体合同即行生效。

依法订立的集体合同对用人单位和劳动者具有约束力。行业性、区域性集体合同对当地本行业、本区域的用人单位和劳动者具有约束力。

第五十五条 集体合同中劳动报酬和劳动条件等标准不得低于当地人民政府规定的最低标准；用人单位与劳动者订立的劳动合同中劳动报酬和劳动条件等标准不得低于集体合同规定的标准。

第五十六条 用人单位违反集体合同，侵犯职工劳动权益的，工会可以依法要求用人单位承担责任；因履行集体合同发生争议，经协商解决不成的，工会可以依法申请仲裁、提起诉讼。

第二节 劳务派遣

第五十七条 经营劳务派遣业务应当具备下列条件：

（一）注册资本不得少于人民币二百万元；

（二）有与开展业务相适应的固定的经营场所和设施；

（三）有符合法律、行政法规规定的劳务派遣管理制度；

（四）法律、行政法规规定的其他条件。

经营劳务派遣业务，应当向劳动行政部门依法申请行政许可；经许可的，依法办理相应的公司登记。未经许可，任何单位和个人不得经营劳务派遣业务。

第五十八条 劳务派遣单位是本法所称用人单位，应当履行用人单位对劳动者的义务。劳务派遣单位与被派遣劳动者订立的劳动合同，除应当载明本法第十七条规定的事项外，还应当载明被派遣劳动者的用工单位以及派遣期限、工作岗位等情况。

劳务派遣单位应当与被派遣劳动者订立二年以上的固定期限劳动合同，按月支付劳动报酬；被派遣劳动者在无工作期间，劳务派遣单位应当按照所在地人民政府规定的最低工资标准，向其按月支付报酬。

第五十九条 劳务派遣单位派遣劳动者应当与接受以劳务派遣形式用工的单位（以下称用工单位）订立劳务派遣协议。劳务派遣协议应当约定派遣岗位和人员数量、派遣期限、劳动报酬和社会保险费的数额与支付方式以及违反协议的责任。

用工单位应当根据工作岗位的实际需要与劳务派遣单位确定派遣期限，不得将连续用工期限分割订立数个短期劳务派遣协议。

第六十条 劳务派遣单位应当将劳务派遣协议的内容告知被派遣劳动者。

劳务派遣单位不得克扣用工单位按照劳务派遣协议支付给被派遣劳动者的劳动报酬。

劳务派遣单位和用工单位不得向被派遣劳动者收取费用。

第六十一条 劳务派遣单位跨地区派遣劳动者的，被派遣劳动者享有的劳动报酬和劳动条件，按照用工单位所在地的标准执行。

第六十二条 用工单位应当履行下列义务：

（一）执行国家劳动标准，提供相应的劳动条件和劳动保护；

（二）告知被派遣劳动者的工作要求和劳动报酬；

（三）支付加班费、绩效奖金，提供与工作岗位相关的福利待遇；

（四）对在岗被派遣劳动者进行工作岗位所必需的培训；

（五）连续用工的，实行正常的工资调整机制。

用工单位不得将被派遣劳动者再派遣到其他用人单位。

第六十三条 被派遣劳动者享有与用工单位的劳动者同工同酬的权利。用工单位应当按照同工同酬原则，对被派遣劳动者与本单位同类岗位的劳动者实行相同的劳动报酬分配办法。用工单位无同类岗位劳动者的，参照用工单位所在地相同或者相近岗位劳动者的劳动报酬确定。

劳务派遣单位与被派遣劳动者订立的劳动合同和与用工单位订立的劳务派遣协议，载明或者约定的向被派遣劳动者支付的劳动报酬应当符合前款规定。

第六十四条 被派遣劳动者有权在劳务派遣单位或者用工单位依法参加或者组织工会，维护自身的合法权益。

第六十五条 被派遣劳动者可以依照本法第三十六条、第三十八条的规定与劳务派遣单位解除劳动合同。

被派遣劳动者有本法第三十九条和第四十条第一项、第二项规定情形的，用工单位可以将劳动者退回劳务派遣单位，劳务派遣单位依照本法有关规定，可以与劳动者解除劳动合同。

第六十六条 劳动合同用工是我国的企业基本用工形式。劳务派遣用工是补充形式，只能在临时性、辅助性或者替代性的工作岗位上实施。

前款规定的临时性工作岗位是指存续时间不超过六个月的岗位；辅助性工作岗位是指为主营业务岗位提供服务的非主营业务岗位；替代性工作岗位是指用工单位的劳动者因脱产学习、休假等原因无法工作的一定期间内，可以由其他劳动者替代工作的岗位。

用工单位应当严格控制劳务派遣用工数量，不得超过其用工总量的一定比例，具体比例由国务院劳动行政部门规定。

第六十七条 用人单位不得设立劳务派遣单位向本单位或者所属单位派遣劳动者。

第三节　非全日制用工

第六十八条 非全日制用工，是指以小时计酬为主，劳动者在同一用人单位一般平均每日工作时间不超过四小时,每周工作时间累计不超过二十四小时的用工形式。

第六十九条 非全日制用工双方当事人可以订立口头协议。

从事非全日制用工的劳动者可以与一个或者一个以上用人单位订立劳动合同;但是,后订立的劳动合同不得影响先订立的劳动合同的履行。

第七十条 非全日制用工双方当事人不得约定试用期。

第七十一条 非全日制用工双方当事人任何一方都可以随时通知对方终止用工。终止用工,用人单位不向劳动者支付经济补偿。

第七十二条 非全日制用工小时计酬标准不得低于用人单位所在地人民政府规定的最低小时工资标准。

非全日制用工劳动报酬结算支付周期最长不得超过十五日。

第六章 监督检查

第七十三条 国务院劳动行政部门负责全国劳动合同制度实施的监督管理。

县级以上地方人民政府劳动行政部门负责本行政区域内劳动合同制度实施的监督管理。

县级以上各级人民政府劳动行政部门在劳动合同制度实施的监督管理工作中,应当听取工会、企业方面代表以及有关行业主管部门的意见。

第七十四条 县级以上地方人民政府劳动行政部门依法对下列实施劳动合同制度的情况进行监督检查:

(一)用人单位制定直接涉及劳动者切身利益的规章制度及其执行的情况;

(二)用人单位与劳动者订立和解除劳动合同的情况;

(三)劳务派遣单位和用工单位遵守劳务派遣有关规定的情况;

(四)用人单位遵守国家关于劳动者工作时间和休息休假规定的情况;

(五)用人单位支付劳动合同约定的劳动报酬和执行最低工资标准的情况;

(六)用人单位参加各项社会保险和缴纳社会保险费的情况;

(七)法律、法规规定的其他劳动监察事项。

第七十五条 县级以上地方人民政府劳动行政部门实施监督检查时,有权查阅与劳动合同、集体合同有关的材料,有权对劳动场所进行实地检查,用人单位和劳动者都应当如实提供有关情况和材料。

劳动行政部门的工作人员进行监督检查,应当出示证件,依法行使职权,文明执法。

第七十六条 县级以上人民政府建设、卫生、安全生产监督管理等有关主管部门在各自职责范围内,对用人单位执行劳动合同制度的情况进行监督管理。

第七十七条 劳动者合法权益受到侵害的,有权要求有关部门依法处理,或者依法申请仲裁、提起诉讼。

第七十八条 工会依法维护劳动者的合法权益,对用人单位履行劳动合同、集体合同的情况进行监督。用人单位违反劳动法律、法规和劳动合同、集体合同的,工会有权提出意见或者要求纠正;劳动者申请仲裁、提起诉讼的,工会依法给予支持和帮助。

第七十九条 任何组织或者个人对违反本法的行为都有权举报,县级以上人民政府劳动行政部门应当及时核实、处理,并对举报有功人员给予奖励。

第七章 法律责任

第八十条 用人单位直接涉及劳动者切身利益的规章制度违反法律、法规规定的,由劳动行政部门责令改正,给予警告;给劳动者造成损害的,应当承担赔偿责任。

第八十一条 用人单位提供的劳动合同文本未载明本法规定的劳动合同必备条款或者用人单位未将劳动合同文本交付劳动者的,由劳动行政部门责令改正;给劳动者造成损害的,应当承担赔偿责任。

第八十二条 用人单位自用工之日起超过一个月不满一年未与劳动者订立书面劳动合同的,应当向劳动者每月支付二倍的工资。

用人单位违反本法规定不与劳动者订立无固定期限劳动合同的,自应当订立无固定期限劳动合同之日起向劳动者每月支付二倍的工资。

第八十三条 用人单位违反本法规定与劳动者约定试用期的,由劳动行政部门责令改正;违法约定的试用期已经履行的,由用人单位以劳动者试用期满月工资为标准,按已经履行的超过法定试用期的期间向劳动者支付赔偿金。

第八十四条 用人单位违反本法规定,扣押劳动者居民身份证等证件的,由劳动行政部门责令限期退还劳动者本人,并依照有关法律规定给予处罚。

用人单位违反本法规定,以担保或者其他名义向劳动者收取财物的,由劳动行政部门责令限期退还劳动者本人,并以每人五百元以上二千元以下的标准处以罚款;给劳动者造成损害的,应当承担赔偿责任。

劳动者依法解除或者终止劳动合同,用人单位扣押劳动者档案或者其他物品的,依照前款规定处罚。

第八十五条 用人单位有下列情形之一的,由劳动行政部门责令限期支付劳动报酬、加班费或者经济补偿;劳动报酬低于当地最低工资标准的,应当支付其差额部分;逾期不支付的,责令用人单位按应付金额百分之五十以上百分之一百以下的标准向劳动者加付赔偿金:

(一)未按照劳动合同的约定或者国家规定及时足额支付劳动者劳动报酬的;

(二)低于当地最低工资标准支付劳动者工资的;

(三)安排加班不支付加班费的;

(四)解除或者终止劳动合同,未依照本法规定向劳动者支付经济补偿的。

第八十六条 劳动合同依照本法第二十六条规定被确认无效,给对方造成损害的,有过错的一方应当承担赔偿责任。

第八十七条 用人单位违反本法规定解除或者终止劳动合同的,应当依照本法第四十七条规定的经济补偿标准的二倍向劳动者支付赔偿金。

第八十八条 用人单位有下列情形之一的，依法给予行政处罚；构成犯罪的，依法追究刑事责任；给劳动者造成损害的，应当承担赔偿责任：

（一）以暴力、威胁或者非法限制人身自由的手段强迫劳动的；

（二）违章指挥或者强令冒险作业危及劳动者人身安全的；

（三）侮辱、体罚、殴打、非法搜查或者拘禁劳动者的；

（四）劳动条件恶劣、环境污染严重，给劳动者身心健康造成严重损害的。

第八十九条 用人单位违反本法规定未向劳动者出具解除或者终止劳动合同的书面证明，由劳动行政部门责令改正；给劳动者造成损害的，应当承担赔偿责任。

第九十条 劳动者违反本法规定解除劳动合同，或者违反劳动合同中约定的保密义务或者竞业限制，给用人单位造成损失的，应当承担赔偿责任。

第九十一条 用人单位招用与其他用人单位尚未解除或者终止劳动合同的劳动者，给其他用人单位造成损失的，应当承担连带赔偿责任。

第九十二条 违反本法规定，未经许可，擅自经营劳务派遣业务的，由劳动行政部门责令停止违法行为，没收违法所得，并处违法所得一倍以上五倍以下的罚款；没有违法所得的，可以处五万元以下的罚款。

劳务派遣单位、用工单位违反本法有关劳务派遣规定的，由劳动行政部门责令限期改正；逾期不改正的，以每人五千元以上一万元以下的标准处以罚款，对劳务派遣单位，吊销其劳务派遣业务经营许可证。用工单位给被派遣劳动者造成损害的，劳务派遣单位与用工单位承担连带赔偿责任。

第九十三条 对不具备合法经营资格的用人单位的违法犯罪行为，依法追究法律责任；劳动者已经付出劳动的，该单位或者其出资人应当依照本法有关规定向劳动者支付劳动报酬、经济补偿、赔偿金；给劳动者造成损害的，应当承担赔偿责任。

第九十四条 个人承包经营违反本法规定招用劳动者，给劳动者造成损害的，发包的组织与个人承包经营者承担连带赔偿责任。

第九十五条 劳动行政部门和其他有关主管部门及其工作人员玩忽职守、不履行法定职责，或者违法行使职权，给劳动者或者用人单位造成损害的，应当承担赔偿责任；对直接负责的主管人员和其他直接责任人员，依法给予行政处分；构成犯罪的，依法追究刑事责任。

第八章 附 则

第九十六条 事业单位与实行聘用制的工作人员订立、履行、变更、解除或者终止劳动合同，法律、行政法规或者国务院另有规定的，依照其规定；未作规定的，依照本法有关规定执行。

第九十七条 本法施行前已依法订立且在本法施行之日存续的劳动合同，继续履行；本法第十四条第二款第三项规定连续订立固定期限劳动合同的次数，自本法施行后续订固定期限劳动合同时开始计算。

本法施行前已建立劳动关系，尚未订立书面劳动合同的，应当自本法施行之日起一个月内订立。

本法施行之日存续的劳动合同在本法施行后解除或者终止，依照本法第四十六条规定应当支付经济补偿的，经济补偿年限自本法施行之日起计算；本法施行前按照当时有关规定，用人单位应当向劳动者支付经济补偿的，按照当时有关规定执行。

第九十八条 本法自2008年1月1日起施行。

中华人民共和国航道法

（2014 年 12 月 28 日第十二届全国人民代表大会常务委员会第 12 次会议通过，
中华人民共和国主席令　第 17 号）

第一章　总　　则

第一条　为了规范和加强航道的规划、建设、养护、保护，保障航道畅通和通航安全，促进水路运输发展，制定本法。

第二条　本法所称航道，是指中华人民共和国领域内的江河、湖泊等内陆水域中可以供船舶通航的通道，以及内海、领海中经建设、养护可以供船舶通航的通道。航道包括通航建筑物、航道整治建筑物和航标等航道设施。

第三条　规划、建设、养护、保护航道，应当根据经济社会发展和国防建设的需要，遵循综合利用和保护水资源、保护生态环境的原则，服从综合交通运输体系建设和防洪总体安排，统筹兼顾供水、灌溉、发电、渔业等需求，发挥水资源的综合效益。

第四条　国务院和有关县级以上地方人民政府应当加强对航道工作的领导，组织、协调、督促有关部门采取措施，保持和改善航道通航条件，保护航道安全，维护航道网络完整和畅通。

国务院和有关县级以上地方人民政府应当根据经济社会发展水平和航道建设、养护的需要，在财政预算中合理安排航道建设和养护资金。

第五条　国务院交通运输主管部门主管全国航道管理工作，并按照国务院的规定直接管理跨省、自治区、直辖市的重要干线航道和国际、国境河流航道等重要航道。

县级以上地方人民政府交通运输主管部门按照省、自治区、直辖市人民政府的规定主管所辖航道的管理工作。

国务院交通运输主管部门按照国务院规定设置的负责航道管理的机构和县级以上地方人民政府负责航道管理的部门或者机构（以下统称负责航道管理的部门），承担本法规定的航道管理工作。

第二章　航 道 规 划

第六条　航道规划分为全国航道规划、流域航道规划、区域航道规划和省、自治区、直辖市航道规划。

航道规划应当包括航道的功能定位、规划目标、发展规划技术等级、规划实施步骤以及保障措施等内容。

航道规划应当符合依法制定的流域、区域综合规划，符合水资源规划、防洪规划和海洋功能区划，并与涉及水资源综合利用的相关专业规划以及依法制定的城乡规划、环境保护规划等其他相关规划和军事设施保护区划相协调。

第七条 航道应当划分技术等级。航道技术等级包括现状技术等级和发展规划技术等级。航道发展规划技术等级根据相关自然条件以及防洪、供水、水资源保护、生态环境保护要求和航运发展需求等因素评定。

第八条 全国航道规划由国务院交通运输主管部门会同国务院发展改革部门、国务院水行政主管部门等部门编制，报国务院批准公布。流域航道规划、区域航道规划由国务院交通运输主管部门编制并公布。

省、自治区、直辖市航道规划由省、自治区、直辖市人民政府交通运输主管部门会同同级发展改革部门、水行政主管部门等部门编制，报省、自治区、直辖市人民政府会同国务院交通运输主管部门批准公布。

编制航道规划应当征求有关部门和有关军事机关的意见，并依法进行环境影响评价。涉及海域、重要渔业水域的，应当有同级海洋主管部门、渔业行政主管部门参加。编制全国航道规划和流域航道规划、区域航道规划应当征求相关省、自治区、直辖市人民政府的意见。

流域航道规划、区域航道规划和省、自治区、直辖市航道规划应当符合全国航道规划。

第九条 依法制定并公布的航道规划应当依照执行；航道规划确需修改的，依照规划编制程序办理。

第三章 航 道 建 设

第十条 新建航道以及为改善航道通航条件而进行的航道工程建设，应当遵守法律、行政法规关于建设工程质量管理、安全管理和生态环境保护的规定，符合航道规划，执行有关的国家标准、行业标准和技术规范，依法办理相关手续。

第十一条 航道建设单位应当根据航道建设工程的技术要求，依法通过招标等方式选择具有相应资质的勘察、设计、施工和监理单位进行工程建设，对工程质量和安全进行监督检查，并对工程质量和安全负责。

从事航道工程建设的勘察、设计、施工和监理单位，应当依照法律、行政法规的规定取得相应的资质，并在其资质等级许可的范围内从事航道工程建设活动，依法对勘察、设计、施工、监理的质量和安全负责。

第十二条 有关县级以上人民政府交通运输主管部门应当加强对航道建设工程质量和安全的监督检查，保障航道建设工程的质量和安全。

第十三条 航道建设工程竣工后，应当按照国家有关规定组织竣工验收，经验收合格方可正式投入使用。

航道建设单位应当自航道建设工程竣工验收合格之日起六十日内，将竣工测量图报送负责航道管理的部门。沿海航道的竣工测量图还应当报送海军航海保证部门。

第十四条 进行航道工程建设应当维护河势稳定，符合防洪要求，不得危及依法建设的其他工程或者设施的安全。因航道工程建设损坏依法建设的其他工程或者设施的，航道建设单位应当予以修复或者依法赔偿。

第四章 航道养护

第十五条 国务院交通运输主管部门应当制定航道养护技术规范。

负责航道管理的部门应当按照航道养护技术规范进行航道养护，保证航道处于良好通航技术状态。

第十六条 负责航道管理的部门应当根据航道现状技术等级或者航道自然条件确定并公布航道维护尺度和内河航道图。

航道维护尺度是指航道在不同水位期应当保持的水深、宽度、弯曲半径等技术要求。

第十七条 负责航道管理的部门应当按照国务院交通运输主管部门的规定对航道进行巡查，发现航道实际尺度达不到航道维护尺度或者有其他不符合保证船舶通航安全要求的情形，应当进行维护，及时发布航道通告并通报海事管理机构。

第十八条 海事管理机构发现航道损毁等危及通航安全的情形，应当及时通报负责航道管理的部门，并采取必要的安全保障措施。

其他单位和人员发现航道损毁等危及通航安全的情形，应当及时报告负责航道管理的部门或者海事管理机构。

第十九条 负责航道管理的部门应当合理安排航道养护作业，避免限制通航的集中作业和在通航高峰期作业。

负责航道管理的部门进行航道疏浚、清障等影响通航的航道养护活动，或者确需限制通航的养护作业的，应当设置明显的作业标志，采取必要的安全措施，并提前通报海事管理机构，保证过往船舶通行以及依法建设的工程设施的安全。养护作业结束后，应当及时清除影响航道通航条件的作业标志及其他残留物，恢复正常通航。

第二十条 进行航道养护作业可能造成航道堵塞的，有关负责航道管理的部门应当会同海事管理机构事先通报相关区域负责航道管理的部门和海事管理机构，共同制定船舶疏导方案，并向社会公告。

第二十一条 因自然灾害、事故灾难等突发事件造成航道损坏、阻塞的，负责航道管理的部门应当按照突发事件应急预案尽快修复抢通；必要时由县级以上人民政府组织尽快修复抢通。

船舶、设施或者其他物体在航道水域中沉没，影响航道畅通和通航安全的，其所有人或者经营人应当立即报告负责航道管理的部门和海事管理机构，按照规定自行或者委托负责航道管理的部门或者海事管理机构代为设置标志，并应当在海事管理机构限定的时间内打捞清除。

第二十二条 航标的设置、养护、保护和管理，依照有关法律、行政法规和国家标准或者行业标准的规定执行。

第二十三条 部队执行任务、战备训练需要使用航道的，负责航道管理的部门应当给予必要的支持和协助。

第五章 航道保护

第二十四条 新建、改建、扩建（以下统称建设）跨越、穿越航道的桥梁、隧道、管道、缆线等建筑物、构筑物，应当符合该航道发展规划技术等级对通航净高、净宽、埋设深度等航道通航条件的要求。

第二十五条 在通航河流上建设永久性拦河闸坝，建设单位应当按照航道发展规划技术等级建设通航建筑物。通航建筑物应当与主体工程同步规划、同步设计、同步建设、同步验收、同步投入使用。

闸坝建设期间难以维持航道原有通航能力的，建设单位应当采取修建临时航道、安排翻坝转运等补救措施，所需费用由建设单位承担。

在不通航河流上建设闸坝后可以通航的，闸坝建设单位应当同步建设通航建筑物或者预留通航建筑物位置，通航建筑物建设费用除国家另有规定外，由交通运输主管部门承担。

通航建筑物的运行应当适应船舶通行需要，运行方案应当经负责航道管理的部门同意并公布。通航建筑物的建设单位或者管理单位应当按照规定维护保养通航建筑物，保持其正常运行。

第二十六条 在航道保护范围内建设临河、临湖、临海建筑物或者构筑物，应当符合该航道通航条件的要求。

航道保护范围由县级以上地方人民政府交通运输主管部门会同水行政主管部门或者流域管理机构、国土资源主管部门根据航道发展规划技术等级和航道保护实际需要划定，报本级人民政府批准公布。国务院交通运输主管部门直接管理的航道的航道保护范围，由国务院交通运输主管部门会同国务院水行政主管部门、国务院国土资源主管部门和有关省、自治区、直辖市人民政府划定公布。航道保护范围涉及海域、重要渔业水域的，还应当分别会同同级海洋主管部门、渔业行政主管部门划定。

第二十七条 建设本法第二十四条、第二十五条第一款、第二十六条第一款规定的工程（以下统称与航道有关的工程），除依照法律、行政法规或者国务院规定进行的防洪、供水等特殊工程外，不得因工程建设降低航道通航条件。

第二十八条 建设与航道有关的工程，建设单位应当在工程可行性研究阶段就建设项目对航道通航条件的影响作出评价，并报送有审核权的交通运输主管部门或者航道管理机构审核，但下列工程除外：

（一）临河、临湖的中小河流治理工程；

（二）不通航河流上建设的水工程；

（三）现有水工程的水毁修复、除险加固、不涉及通航建筑物和不改变航道原通航条件的更新改造等不影响航道通航条件的工程。

建设单位报送的航道通航条件影响评价材料不符合本法规定的，可以进行补充或者修改，重新报送审核部门审核。

未进行航道通航条件影响评价或者经审核部门审核认为建设项目不符合本法规定的，负责建设项目审批或者核准的部门不予批准、核准，建设单位不得建设。

第二十九条 国务院或者国务院有关部门批准、核准的建设项目，以及与国务院交通运输主管部门直接管理的航道有关的建设项目的航道通航条件影响评价，由国务院交通运输主管部门审核；其他建设项目的航道通航条件影响评价，按照省、自治区、直辖市人民政府的规定由县级以上地方人民政府交通运输主管部门或者航道管理机构审核。

第三十条 航道上相邻拦河闸坝之间的航道通航水位衔接，应当符合国家规定的通航标准和技术要求。位于航道及其上游支流上的水工程，应当在设计、施工和调度运行中统筹考虑下游航道设计最低通航水位所需的下泄流量，但水文条件超出实际标准的除外。

保障下游航道通航所需的最小下泄流量以及满足航道通航条件允许的水位变化的确定，应当征求负责航道管理的部门的意见。

水工程需大幅度减流或者大流量泄水的，应当提前通报负责航道管理的部门和海事管理机构，给船舶避让留出合理的时间。

第三十一条 与航道有关的工程施工影响航道正常功能的，负责航道管理的部门、海事管理机构应当根据需要对航标或者航道的位置、走向进行临时调整；影响消除后应当及时恢复。所需费用由建设单位承担，但因防洪抢险工程引起调整的除外。

第三十二条 与航道有关的工程竣工验收前，建设单位应当及时清除影响航道通航条件的临时设施及其残留物。

第三十三条 与航道有关的工程建设活动不得危及航道安全。

与航道有关的工程建设活动损坏航道的，建设单位应当予以修复或者依法赔偿。

第三十四条 在通航水域上建设桥梁等建筑物，建设单位应当按照国家有关规定和技术要求设置航标等设施，并承担相应费用。

桥区水上航标由负责航道管理的部门、海事管理机构负责管理维护。

第三十五条 禁止下列危害航道通航安全的行为：

（一）在航道内设置渔具或者水产养殖设施的；

（二）在航道和航道保护范围内倾倒砂石、泥土、垃圾以及其他废弃物的；

（三）在通航建筑物及其引航道和船舶调度区内从事货物装卸、水上加油、船舶维修、捕鱼等，影响通航建筑物正常运行的；

（四）危害航道设施安全的；

（五）其他危害航道通航安全的行为。

第三十六条 在河道内采砂，应当依照有关法律、行政法规的规定进行。禁止在河道内依法划定的砂石禁采区采砂、无证采砂、未按批准的范围和作业方式采砂等非法采砂行为。

在航道和航道保护范围内采砂,不得损害航道通航条件。

第三十七条 本法施行前建设的拦河闸坝造成通航河流断航,需要恢复通航且具备建设通航建筑物条件的,由发展改革部门会同水行政主管部门、交通运输主管部门提出恢复通航方案,报本级人民政府决定。

第六章 法律责任

第三十八条 航道建设、勘察、设计、施工、监理单位在航道建设活动中违反本法规定的,由县级以上人民政府交通运输主管部门依照有关招标投标和工程建设管理的法律、行政法规的规定处罚。

第三十九条 建设单位未依法报送航道通航条件影响评价材料而开工建设的,由有审核权的交通运输主管部门或者航道管理机构责令停止建设,限期补办手续,处三万元以下的罚款;逾期不补办手续继续建设的,由有审核权的交通运输主管部门或者航道管理机构责令恢复原状,处二十万元以上五十万元以下的罚款。

报送的航道通航条件影响评价材料未通过审核,建设单位开工建设的,由有审核权的交通运输主管部门或者航道管理机构责令停止建设、恢复原状,处二十万元以上五十万元以下的罚款。

违反航道通航条件影响评价的规定建成的项目导致航道通航条件严重下降的,由前两款规定的交通运输主管部门或者航道管理机构责令限期采取补救措施或者拆除;逾期未采取补救措施或者拆除的,由交通运输主管部门或者航道管理机构代为采取补救措施或者依法组织拆除,所需费用由建设单位承担。

第四十条 与航道有关的工程的建设单位违反本法规定,未及时清除影响航道通航条件的临时设施及其残留物的,由负责航道管理的部门责令限期清除,处二万元以下的罚款;逾期仍未清除的,处三万元以上二十万元以下的罚款,并由负责航道管理的部门依法组织清除,所需费用由建设单位承担。

第四十一条 在通航水域上建设桥梁等建筑物,建设单位未按照规定设置航标等设施的,由负责航道管理的部门或者海事管理机构责令改正,处五万元以下罚款。

第四十二条 违反本法规定,有下列行为之一的,由负责航道管理的部门责令改正,对单位处五万元以下罚款,对个人处二千元以下罚款;造成损失的,依法承担赔偿责任:

(一)在航道内设置渔具或者水产养殖设施的;

(二)在航道和航道保护范围内倾倒砂石、泥土、垃圾以及其他废弃物的;

(三)在通航建筑物及其引航道和船舶调度区内从事货物装卸、水上加油、船舶维修、捕鱼等,影响通航建筑物正常运行的;

(四)危害航道设施安全的;

(五)其他危害航道通航安全的行为。

第四十三条 在河道内依法划定的砂石禁采区采砂、无证采砂、未按批准的范围和作业方式采砂等非法采砂的，依照有关法律、行政法规的规定处罚。

违反本法规定，在航道和航道保护范围内采砂，损害航道通航条件的，由负责航道管理的部门责令停止违法行为，没收违法所得，可以扣押或者没收非法采砂船舶，并处五万元以上三十万元以下罚款；造成损失的，依法承担赔偿责任。

第四十四条 违反法律规定，污染环境、破坏生态或者有其他环境违法行为的，依照《中华人民共和国环境保护法》等法律的规定处罚。

第四十五条 交通运输主管部门以及其他有关部门不依法履行本法规定的职责的，对直接负责的主管人员和其他直接责任人员依法给予处分。

负责航道管理的机构不依法履行本法规定的职责的，由其上级主管部门责令改正，对直接负责的主管人员和其他直接责任人员依法给予处分。

第四十六条 违反本法规定，构成违反治安管理行为的，依法给予治安管理处罚；构成犯罪的，依法追究刑事责任。

第七章 附 则

第四十七条 进出军事港口、渔业港口的专用航道不适用本法。专用航道由专用部门管理。

第四十八条 本法自2015年3月1日起施行。

中华人民共和国特种设备安全法

（2013 年 6 月 29 日第十二届全国人民代表大会常务委员会第 3 次会议通过，
中华人民共和国主席令　第 4 号）

第一章　总　　则

第一条　为了加强特种设备安全工作，预防特种设备事故，保障人身和财产安全，促进经济社会发展，制定本法。

第二条　特种设备的生产（包括设计、制造、安装、改造、修理）、经营、使用、检验、检测和特种设备安全的监督管理，适用本法。

本法所称特种设备，是指对人身和财产安全有较大危险性的锅炉、压力容器（含气瓶）、压力管道、电梯、起重机械、客运索道、大型游乐设施、场（厂）内专用机动车辆，以及法律、行政法规规定适用本法的其他特种设备。

国家对特种设备实行目录管理。特种设备目录由国务院负责特种设备安全监督管理的部门制定，报国务院批准后执行。

第三条　特种设备安全工作应当坚持安全第一、预防为主、节能环保、综合治理的原则。

第四条　国家对特种设备的生产、经营、使用，实施分类的、全过程的安全监督管理。

第五条　国务院负责特种设备安全监督管理的部门对全国特种设备安全实施监督管理。县级以上地方各级人民政府负责特种设备安全监督管理的部门对本行政区域内特种设备安全实施监督管理。

第六条　国务院和地方各级人民政府应当加强对特种设备安全工作的领导，督促各有关部门依法履行监督管理职责。

县级以上地方各级人民政府应当建立协调机制，及时协调、解决特种设备安全监督管理中存在的问题。

第七条　特种设备生产、经营、使用单位应当遵守本法和其他有关法律、法规，建立、健全特种设备安全和节能责任制度，加强特种设备安全和节能管理，确保特种设备生产、经营、使用安全，符合节能要求。

第八条　特种设备生产、经营、使用、检验、检测应当遵守有关特种设备安全技术规范及相关标准。

特种设备安全技术规范由国务院负责特种设备安全监督管理的部门制定。

第九条　特种设备行业协会应当加强行业自律，推进行业诚信体系建设，提高特种设备安全管理水平。

第十条 国家支持有关特种设备安全的科学技术研究,鼓励先进技术和先进管理方法的推广应用,对做出突出贡献的单位和个人给予奖励。

第十一条 负责特种设备安全监督管理的部门应当加强特种设备安全宣传教育,普及特种设备安全知识,增强社会公众的特种设备安全意识。

第十二条 任何单位和个人有权向负责特种设备安全监督管理的部门和有关部门举报涉及特种设备安全的违法行为,接到举报的部门应当及时处理。

第二章　生产、经营、使用

第一节　一般规定

第十三条 特种设备生产、经营、使用单位及其主要负责人对其生产、经营、使用的特种设备安全负责。

特种设备生产、经营、使用单位应当按照国家有关规定配备特种设备安全管理人员、检测人员和作业人员,并对其进行必要的安全教育和技能培训。

第十四条 特种设备安全管理人员、检测人员和作业人员应当按照国家有关规定取得相应资格,方可从事相关工作。特种设备安全管理人员、检测人员和作业人员应当严格执行安全技术规范和管理制度,保证特种设备安全。

第十五条 特种设备生产、经营、使用单位对其生产、经营、使用的特种设备应当进行自行检测和维护保养,对国家规定实行检验的特种设备应当及时申报并接受检验。

第十六条 特种设备采用新材料、新技术、新工艺,与安全技术规范的要求不一致,或者安全技术规范未作要求、可能对安全性能有重大影响的,应当向国务院负责特种设备安全监督管理的部门申报,由国务院负责特种设备安全监督管理的部门及时委托安全技术咨询机构或者相关专业机构进行技术评审,评审结果经国务院负责特种设备安全监督管理的部门批准,方可投入生产、使用。

国务院负责特种设备安全监督管理的部门应当将允许使用的新材料、新技术、新工艺的有关技术要求,及时纳入安全技术规范。

第十七条 国家鼓励投保特种设备安全责任保险。

第二节　生　　产

第十八条 国家按照分类监督管理的原则对特种设备生产实行许可制度。特种设备生产单位应当具备下列条件,并经负责特种设备安全监督管理的部门许可,方可从事生产活动:

(一)有与生产相适应的专业技术人员;

(二)有与生产相适应的设备、设施和工作场所;

(三)有健全的质量保证、安全管理和岗位责任等制度。

第十九条 特种设备生产单位应当保证特种设备生产符合安全技术规范及相关标准的要求,对其生产的特种设备的安全性能负责。不得生产不符合安全性能要求和能效指标以及国家明令淘汰的特种设备。

第二十条 锅炉、气瓶、氧舱、客运索道、大型游乐设施的设计文件，应当经负责特种设备安全监督管理的部门核准的检验机构鉴定，方可用于制造。

特种设备产品、部件或者试制的特种设备新产品、新部件以及特种设备采用的新材料，按照安全技术规范的要求需要通过型式试验进行安全性验证的，应当经负责特种设备安全监督管理的部门核准的检验机构进行型式试验。

第二十一条 特种设备出厂时，应当随附安全技术规范要求的设计文件、产品质量合格证明、安装及使用维护保养说明、监督检验证明等相关技术资料和文件，并在特种设备显著位置设置产品铭牌、安全警示标志及其说明。

第二十二条 电梯的安装、改造、修理，必须由电梯制造单位或者其委托的依照本法取得相应许可的单位进行。电梯制造单位委托其他单位进行电梯安装、改造、修理的，应当对其安装、改造、修理进行安全指导和监控，并按照安全技术规范的要求进行校验和调试。电梯制造单位对电梯安全性能负责。

第二十三条 特种设备安装、改造、修理的施工单位应当在施工前将拟进行的特种设备安装、改造、修理情况书面告知直辖市或者设区的市级人民政府负责特种设备安全监督管理的部门。

第二十四条 特种设备安装、改造、修理竣工后，安装、改造、修理的施工单位应当在验收后三十日内将相关技术资料和文件移交特种设备使用单位。特种设备使用单位应当将其存入该特种设备的安全技术档案。

第二十五条 锅炉、压力容器、压力管道元件等特种设备的制造过程和锅炉、压力容器、压力管道、电梯、起重机械、客运索道、大型游乐设施的安装、改造、重大修理过程，应当经特种设备检验机构按照安全技术规范的要求进行监督检验；未经监督检验或者监督检验不合格的，不得出厂或者交付使用。

第二十六条 国家建立缺陷特种设备召回制度。因生产原因造成特种设备存在危及安全的同一性缺陷的，特种设备生产单位应当立即停止生产，主动召回。

国务院负责特种设备安全监督管理的部门发现特种设备存在应当召回而未召回的情形时，应当责令特种设备生产单位召回。

第三节 经 营

第二十七条 特种设备销售单位销售的特种设备，应当符合安全技术规范及相关标准的要求，其设计文件、产品质量合格证明、安装及使用维护保养说明、监督检验证明等相关技术资料和文件应当齐全。

特种设备销售单位应当建立特种设备检查验收和销售记录制度。

禁止销售未取得许可生产的特种设备，未经检验和检验不合格的特种设备，或者国家明令淘汰和已经报废的特种设备。

第二十八条 特种设备出租单位不得出租未取得许可生产的特种设备或者国家明令淘

汰和已经报废的特种设备，以及未按照安全技术规范的要求进行维护保养和未经检验或者检验不合格的特种设备。

第二十九条 特种设备在出租期间的使用管理和维护保养义务由特种设备出租单位承担，法律另有规定或者当事人另有约定的除外。

第三十条 进口的特种设备应当符合我国安全技术规范的要求，并经检验合格；需要取得我国特种设备生产许可的，应当取得许可。

进口特种设备随附的技术资料和文件应当符合本法第二十一条的规定，其安装及使用维护保养说明、产品铭牌、安全警示标志及其说明应当采用中文。

特种设备的进出口检验，应当遵守有关进出口商品检验的法律、行政法规。

第三十一条 进口特种设备，应当向进口地负责特种设备安全监督管理的部门履行提前告知义务。

第四节 使 用

第三十二条 特种设备使用单位应当使用取得许可生产并经检验合格的特种设备。

禁止使用国家明令淘汰和已经报废的特种设备。

第三十三条 特种设备使用单位应当在特种设备投入使用前或者投入使用后三十日内，向负责特种设备安全监督管理的部门办理使用登记，取得使用登记证书。登记标志应当置于该特种设备的显著位置。

第三十四条 特种设备使用单位应当建立岗位责任、隐患治理、应急救援等安全管理制度，制定操作规程，保证特种设备安全运行。

第三十五条 特种设备使用单位应当建立特种设备安全技术档案。安全技术档案应当包括以下内容：

（一）特种设备的设计文件、产品质量合格证明、安装及使用维护保养说明、监督检验证明等相关技术资料和文件；

（二）特种设备的定期检验和定期自行检查记录；

（三）特种设备的日常使用状况记录；

（四）特种设备及其附属仪器仪表的维护保养记录；

（五）特种设备的运行故障和事故记录。

第三十六条 电梯、客运索道、大型游乐设施等为公众提供服务的特种设备的运营使用单位，应当对特种设备的使用安全负责，设置特种设备安全管理机构或者配备专职的特种设备安全管理人员；其他特种设备使用单位，应当根据情况设置特种设备安全管理机构或者配备专职、兼职的特种设备安全管理人员。

第三十七条 特种设备的使用应当具有规定的安全距离、安全防护措施。

与特种设备安全相关的建筑物、附属设施，应当符合有关法律、行政法规的规定。

第三十八条 特种设备属于共有的，共有人可以委托物业服务单位或者其他管理人管理特种设备，受托人履行本法规定的特种设备使用单位的义务，承担相应责任。共有人未委托的,由共有人或者实际管理人履行管理义务,承担相应责任。

第三十九条 特种设备使用单位应当对其使用的特种设备进行经常性维护保养和定期自行检查,并作出记录。

特种设备使用单位应当对其使用的特种设备的安全附件、安全保护装置进行定期校验、检修,并作出记录。

第四十条 特种设备使用单位应当按照安全技术规范的要求,在检验合格有效期届满前一个月向特种设备检验机构提出定期检验要求。

特种设备检验机构接到定期检验要求后,应当按照安全技术规范的要求及时进行安全性能检验。特种设备使用单位应当将定期检验标志置于该特种设备的显著位置。

未经定期检验或者检验不合格的特种设备,不得继续使用。

第四十一条 特种设备安全管理人员应当对特种设备使用状况进行经常性检查,发现问题应当立即处理;情况紧急时,可以决定停止使用特种设备并及时报告本单位有关负责人。

特种设备作业人员在作业过程中发现事故隐患或者其他不安全因素,应当立即向特种设备安全管理人员和单位有关负责人报告;特种设备运行不正常时,特种设备作业人员应当按照操作规程采取有效措施保证安全。

第四十二条 特种设备出现故障或者发生异常情况,特种设备使用单位应当对其进行全面检查,消除事故隐患,方可继续使用。

第四十三条 客运索道、大型游乐设施在每日投入使用前,其运营使用单位应当进行试运行和例行安全检查,并对安全附件和安全保护装置进行检查确认。

电梯、客运索道、大型游乐设施的运营使用单位应当将电梯、客运索道、大型游乐设施的安全使用说明、安全注意事项和警示标志置于易于为乘客注意的显著位置。

公众乘坐或者操作电梯、客运索道、大型游乐设施,应当遵守安全使用说明和安全注意事项的要求,服从有关工作人员的管理和指挥;遇有运行不正常时,应当按照安全指引,有序撤离。

第四十四条 锅炉使用单位应当按照安全技术规范的要求进行锅炉水(介)质处理,并接受特种设备检验机构的定期检验。

从事锅炉清洗,应当按照安全技术规范的要求进行,并接受特种设备检验机构的监督检验。

第四十五条 电梯的维护保养应当由电梯制造单位或者依照本法取得许可的安装、改造、修理单位进行。

电梯的维护保养单位应当在维护保养中严格执行安全技术规范的要求,保证其维护保养的电梯的安全性能,并负责落实现场安全防护措施,保证施工安全。

电梯的维护保养单位应当对其维护保养的电梯的安全性能负责;接到故障通知后,应当立即赶赴现场,并采取必要的应急救援措施。

第四十六条 电梯投入使用后，电梯制造单位应当对其制造的电梯的安全运行情况进行跟踪调查和了解，对电梯的维护保养单位或者使用单位在维护保养和安全运行方面存在的问题，提出改进建议，并提供必要的技术帮助；发现电梯存在严重事故隐患时，应当及时告知电梯使用单位，并向负责特种设备安全监督管理的部门报告。电梯制造单位对调查和了解的情况，应当作出记录。

第四十七条 特种设备进行改造、修理，按照规定需要变更使用登记的，应当办理变更登记，方可继续使用。

第四十八条 特种设备存在严重事故隐患，无改造、修理价值，或者达到安全技术规范规定的其他报废条件的，特种设备使用单位应当依法履行报废义务，采取必要措施消除该特种设备的使用功能，并向原登记的负责特种设备安全监督管理的部门办理使用登记证书注销手续。

前款规定报废条件以外的特种设备，达到设计使用年限可以继续使用的，应当按照安全技术规范的要求通过检验或者安全评估，并办理使用登记证书变更，方可继续使用。允许继续使用的，应当采取加强检验、检测和维护保养等措施，确保使用安全。

第四十九条 移动式压力容器、气瓶充装单位，应当具备下列条件，并经负责特种设备安全监督管理的部门许可，方可从事充装活动：

（一）有与充装和管理相适应的管理人员和技术人员；

（二）有与充装和管理相适应的充装设备、检测手段、场地厂房、器具、安全设施；

（三）有健全的充装管理制度、责任制度、处理措施。

充装单位应当建立充装前后的检查、记录制度，禁止对不符合安全技术规范要求的移动式压力容器和气瓶进行充装。

气瓶充装单位应当向气体使用者提供符合安全技术规范要求的气瓶，对气体使用者进行气瓶安全使用指导，并按照安全技术规范的要求办理气瓶使用登记，及时申报定期检验。

第三章　检验、检测

第五十条 从事本法规定的监督检验、定期检验的特种设备检验机构，以及为特种设备生产、经营、使用提供检测服务的特种设备检测机构，应当具备下列条件，并经负责特种设备安全监督管理的部门核准，方可从事检验、检测工作：

（一）有与检验、检测工作相适应的检验、检测人员；

（二）有与检验、检测工作相适应的检验、检测仪器和设备；

（三）有健全的检验、检测管理制度和责任制度。

第五十一条 特种设备检验、检测机构的检验、检测人员应当经考核，取得检验、检测人员资格，方可从事检验、检测工作。

特种设备检验、检测机构的检验、检测人员不得同时在两个以上检验、检测机构中执业；变更执业机构的，应当依法办理变更手续。

第五十二条 特种设备检验、检测工作应当遵守法律、行政法规的规定，并按照安全技术规范的要求进行。

特种设备检验、检测机构及其检验、检测人员应当依法为特种设备生产、经营、使用单位提供安全、可靠、便捷、诚信的检验、检测服务。

第五十三条 特种设备检验、检测机构及其检验、检测人员应当客观、公正、及时地出具检验、检测报告，并对检验、检测结果和鉴定结论负责。

特种设备检验、检测机构及其检验、检测人员在检验、检测中发现特种设备存在严重事故隐患时，应当及时告知相关单位，并立即向负责特种设备安全监督管理的部门报告。

负责特种设备安全监督管理的部门应当组织对特种设备检验、检测机构的检验、检测结果和鉴定结论进行监督抽查，但应当防止重复抽查。监督抽查结果应当向社会公布。

第五十四条 特种设备生产、经营、使用单位应当按照安全技术规范的要求向特种设备检验、检测机构及其检验、检测人员提供特种设备相关资料和必要的检验、检测条件，并对资料的真实性负责。

第五十五条 特种设备检验、检测机构及其检验、检测人员对检验、检测过程中知悉的商业秘密，负有保密义务。

特种设备检验、检测机构及其检验、检测人员不得从事有关特种设备的生产、经营活动，不得推荐或者监制、监销特种设备。

第五十六条 特种设备检验机构及其检验人员利用检验工作故意刁难特种设备生产、经营、使用单位的，特种设备生产、经营、使用单位有权向负责特种设备安全监督管理的部门投诉，接到投诉的部门应当及时进行调查处理。

第四章 监督管理

第五十七条 负责特种设备安全监督管理的部门依照本法规定，对特种设备生产、经营、使用单位和检验、检测机构实施监督检查。

负责特种设备安全监督管理的部门应当对学校、幼儿园以及医院、车站、客运码头、商场、体育场馆、展览馆、公园等公众聚集场所的特种设备，实施重点安全监督检查。

第五十八条 负责特种设备安全监督管理的部门实施本法规定的许可工作，应当依照本法和其他有关法律、行政法规规定的条件和程序以及安全技术规范的要求进行审查；不符合规定的，不得许可。

第五十九条 负责特种设备安全监督管理的部门在办理本法规定的许可时，其受理、审查、许可的程序必须公开，并应当自受理申请之日起三十日内，作出许可或者不予许可的决定；不予许可的，应当书面向申请人说明理由。

第六十条 负责特种设备安全监督管理的部门对依法办理使用登记的特种设备应当建立完整的监督管理档案和信息查询系统；对达到报废条件的特种设备，应当及时督促特种设备使用单位依法履行报废义务。

第六十一条 负责特种设备安全监督管理的部门在依法履行监督检查职责时，可以行使下列职权：

（一）进入现场进行检查，向特种设备生产、经营、使用单位和检验、检测机构的主要负责人和其他有关人员调查、了解有关情况；

（二）根据举报或者取得的涉嫌违法证据，查阅、复制特种设备生产、经营、使用单位和检验、检测机构的有关合同、发票、账簿以及其他有关资料；

（三）对有证据表明不符合安全技术规范要求或者存在严重事故隐患的特种设备实施查封、扣押；

（四）对流入市场的达到报废条件或者已经报废的特种设备实施查封、扣押；

（五）对违反本法规定的行为作出行政处罚决定。

第六十二条 负责特种设备安全监督管理的部门在依法履行职责过程中，发现违反本法规定和安全技术规范要求的行为或者特种设备存在事故隐患时，应当以书面形式发出特种设备安全监察指令，责令有关单位及时采取措施予以改正或者消除事故隐患。紧急情况下要求有关单位采取紧急处置措施的，应当随后补发特种设备安全监察指令。

第六十三条 负责特种设备安全监督管理的部门在依法履行职责过程中，发现重大违法行为或者特种设备存在严重事故隐患时，应当责令有关单位立即停止违法行为、采取措施消除事故隐患，并及时向上级负责特种设备安全监督管理的部门报告。接到报告的负责特种设备安全监督管理的部门应当采取必要措施，及时予以处理。

对违法行为、严重事故隐患的处理需要当地人民政府和有关部门的支持、配合时，负责特种设备安全监督管理的部门应当报告当地人民政府，并通知其他有关部门。当地人民政府和其他有关部门应当采取必要措施，及时予以处理。

第六十四条 地方各级人民政府负责特种设备安全监督管理的部门不得要求已经依照本法规定在其他地方取得许可的特种设备生产单位重复取得许可，不得要求对已经依照本法规定在其他地方检验合格的特种设备重复进行检验。

第六十五条 负责特种设备安全监督管理的部门的安全监察人员应当熟悉相关法律、法规，具有相应的专业知识和工作经验，取得特种设备安全行政执法证件。

特种设备安全监察人员应当忠于职守、坚持原则、秉公执法。

负责特种设备安全监督管理的部门实施安全监督检查时，应当有二名以上特种设备安全监察人员参加，并出示有效的特种设备安全行政执法证件。

第六十六条 负责特种设备安全监督管理的部门对特种设备生产、经营、使用单位和检验、检测机构实施监督检查，应当对每次监督检查的内容、发现的问题及处理情况作出记录，并由参加监督检查的特种设备安全监察人员和被检查单位的有关负责人签字后归档。被检查单位的有关负责人拒绝签字的，特种设备安全监察人员应当将情况记录在案。

第六十七条 负责特种设备安全监督管理的部门及其工作人员不得推荐或者监制、监销特种设备；对履行职责过程中知悉的商业秘密负有保密义务。

第六十八条 国务院负责特种设备安全监督管理的部门和省、自治区、直辖市人民政府负责特种设备安全监督管理的部门应当定期向社会公布特种设备安全总体状况。

第五章 事故应急救援与调查处理

第六十九条 国务院负责特种设备安全监督管理的部门应当依法组织制定特种设备重特大事故应急预案，报国务院批准后纳入国家突发事件应急预案体系。

县级以上地方各级人民政府及其负责特种设备安全监督管理的部门应当依法组织制定本行政区域内特种设备事故应急预案，建立或者纳入相应的应急处置与救援体系。

特种设备使用单位应当制定特种设备事故应急专项预案，并定期进行应急演练。

第七十条 特种设备发生事故后，事故发生单位应当按照应急预案采取措施，组织抢救，防止事故扩大，减少人员伤亡和财产损失，保护事故现场和有关证据，并及时向事故发生地县级以上人民政府负责特种设备安全监督管理的部门和有关部门报告。

县级以上人民政府负责特种设备安全监督管理的部门接到事故报告，应当尽快核实情况，立即向本级人民政府报告，并按照规定逐级上报。必要时，负责特种设备安全监督管理的部门可以越级上报事故情况。对特别重大事故、重大事故，国务院负责特种设备安全监督管理的部门应当立即报告国务院并通报国务院安全生产监督管理部门等有关部门。

与事故相关的单位和人员不得迟报、谎报或者瞒报事故情况，不得隐匿、毁灭有关证据或者故意破坏事故现场。

第七十一条 事故发生地人民政府接到事故报告，应当依法启动应急预案，采取应急处置措施，组织应急救援。

第七十二条 特种设备发生特别重大事故，由国务院或者国务院授权有关部门组织事故调查组进行调查。

发生重大事故，由国务院负责特种设备安全监督管理的部门会同有关部门组织事故调查组进行调查。

发生较大事故，由省、自治区、直辖市人民政府负责特种设备安全监督管理的部门会同有关部门组织事故调查组进行调查。

发生一般事故，由设区的市级人民政府负责特种设备安全监督管理的部门会同有关部门组织事故调查组进行调查。

事故调查组应当依法、独立、公正开展调查，提出事故调查报告。

第七十三条 组织事故调查的部门应当将事故调查报告报本级人民政府，并报上一级人民政府负责特种设备安全监督管理的部门备案。有关部门和单位应当依照法律、行政法规的规定，追究事故责任单位和人员的责任。

事故责任单位应当依法落实整改措施，预防同类事故发生。事故造成损害的，事故责任单位应当依法承担赔偿责任。

第六章 法律责任

第七十四条 违反本法规定，未经许可从事特种设备生产活动的，责令停止生产，没收违法制造的特种设备，处十万元以上五十万元以下罚款；有违法所得的，没收违法所得；已经实施安装、改造、修理的，责令恢复原状或者责令限期由取得许可的单位重新安装、改造、修理。

第七十五条 违反本法规定，特种设备的设计文件未经鉴定，擅自用于制造的，责令改正，没收违法制造的特种设备，处五万元以上五十万元以下罚款。

第七十六条 违反本法规定，未进行型式试验的，责令限期改正；逾期未改正的，处三万元以上三十万元以下罚款。

第七十七条 违反本法规定，特种设备出厂时，未按照安全技术规范的要求随附相关技术资料和文件的，责令限期改正；逾期未改正的，责令停止制造、销售，处二万元以上二十万元以下罚款；有违法所得的，没收违法所得。

第七十八条 违反本法规定，特种设备安装、改造、修理的施工单位在施工前未书面告知负责特种设备安全监督管理的部门即行施工的，或者在验收后三十日内未将相关技术资料和文件移交特种设备使用单位的，责令限期改正；逾期未改正的，处一万元以上十万元以下罚款。

第七十九条 违反本法规定，特种设备的制造、安装、改造、重大修理以及锅炉清洗过程，未经监督检验的，责令限期改正；逾期未改正的，处五万元以上二十万元以下罚款；有违法所得的，没收违法所得；情节严重的，吊销生产许可证。

第八十条 违反本法规定，电梯制造单位有下列情形之一的，责令限期改正；逾期未改正的，处一万元以上十万元以下罚款：

（一）未按照安全技术规范的要求对电梯进行校验、调试的；

（二）对电梯的安全运行情况进行跟踪调查和了解时，发现存在严重事故隐患，未及时告知电梯使用单位并向负责特种设备安全监督管理的部门报告的。

第八十一条 违反本法规定，特种设备生产单位有下列行为之一的，责令限期改正；逾期未改正的，责令停止生产，处五万元以上五十万元以下罚款；情节严重的，吊销生产许可证：

（一）不再具备生产条件、生产许可证已经过期或者超出许可范围生产的；

（二）明知特种设备存在同一性缺陷，未立即停止生产并召回的。

违反本法规定，特种设备生产单位生产、销售、交付国家明令淘汰的特种设备的，责令停止生产、销售，没收违法生产、销售、交付的特种设备，处三万元以上三十万元以下罚款；有违法所得的，没收违法所得。

特种设备生产单位涂改、倒卖、出租、出借生产许可证的，责令停止生产，处五万元以上五十万元以下罚款；情节严重的，吊销生产许可证。

第八十二条　违反本法规定，特种设备经营单位有下列行为之一的，责令停止经营，没收违法经营的特种设备，处三万元以上三十万元以下罚款；有违法所得的，没收违法所得：

（一）销售、出租未取得许可生产，未经检验或者检验不合格的特种设备的；

（二）销售、出租国家明令淘汰、已经报废的特种设备，或者未按照安全技术规范的要求进行维护保养的特种设备的。

违反本法规定，特种设备销售单位未建立检查验收和销售记录制度，或者进口特种设备未履行提前告知义务的，责令改正，处一万元以上十万元以下罚款。

特种设备生产单位销售、交付未经检验或者检验不合格的特种设备的，依照本条第一款规定处罚；情节严重的，吊销生产许可证。

第八十三条　违反本法规定，特种设备使用单位有下列行为之一的，责令限期改正；逾期未改正的，责令停止使用有关特种设备，处一万元以上十万元以下罚款：

（一）使用特种设备未按照规定办理使用登记的；

（二）未建立特种设备安全技术档案或者安全技术档案不符合规定要求，或者未依法设置使用登记标志、定期检验标志的；

（三）未对其使用的特种设备进行经常性维护保养和定期自行检查，或者未对其使用的特种设备的安全附件、安全保护装置进行定期校验、检修，并作出记录的；

（四）未按照安全技术规范的要求及时申报并接受检验的；

（五）未按照安全技术规范的要求进行锅炉水（介）质处理的；

（六）未制定特种设备事故应急专项预案的。

第八十四条　违反本法规定，特种设备使用单位有下列行为之一的，责令停止使用有关特种设备，处三万元以上三十万元以下罚款：

（一）使用未取得许可生产，未经检验或者检验不合格的特种设备，或者国家明令淘汰、已经报废的特种设备的；

（二）特种设备出现故障或者发生异常情况，未对其进行全面检查、消除事故隐患，继续使用的；

（三）特种设备存在严重事故隐患，无改造、修理价值，或者达到安全技术规范规定的其他报废条件，未依法履行报废义务，并办理使用登记证书注销手续的。

第八十五条　违反本法规定，移动式压力容器、气瓶充装单位有下列行为之一的，责令改正，处二万元以上二十万元以下罚款；情节严重的，吊销充装许可证：

（一）未按照规定实施充装前后的检查、记录制度的；

（二）对不符合安全技术规范要求的移动式压力容器和气瓶进行充装的。

违反本法规定，未经许可，擅自从事移动式压力容器或者气瓶充装活动的，予以取缔，没收违法充装的气瓶，处十万元以上五十万元以下罚款；有违法所得的，没收违法所得。

第八十六条　违反本法规定，特种设备生产、经营、使用单位有下列情形之一的，责令限期改正；逾期未改正的，责令停止使用有关特种设备或者停产停业整顿，处一万元以上五万元以下罚款：

（一）未配备具有相应资格的特种设备安全管理人员、检测人员和作业人员的；

（二）使用未取得相应资格的人员从事特种设备安全管理、检测和作业的；

（三）未对特种设备安全管理人员、检测人员和作业人员进行安全教育和技能培训的。

第八十七条 违反本法规定，电梯、客运索道、大型游乐设施的运营使用单位有下列情形之一的，责令限期改正；逾期未改正的，责令停止使用有关特种设备或者停产停业整顿，处二万元以上十万元以下罚款：

（一）未设置特种设备安全管理机构或者配备专职的特种设备安全管理人员的；

（二）客运索道、大型游乐设施每日投入使用前，未进行试运行和例行安全检查，未对安全附件和安全保护装置进行检查确认的；

（三）未将电梯、客运索道、大型游乐设施的安全使用说明、安全注意事项和警示标志置于易于为乘客注意的显著位置的。

第八十八条 违反本法规定，未经许可，擅自从事电梯维护保养的，责令停止违法行为，处一万元以上十万元以下罚款；有违法所得的，没收违法所得。

电梯的维护保养单位未按照本法规定以及安全技术规范的要求，进行电梯维护保养的，依照前款规定处罚。

第八十九条 发生特种设备事故，有下列情形之一的，对单位处五万元以上二十万元以下罚款；对主要负责人处一万元以上五万元以下罚款；主要负责人属于国家工作人员的，并依法给予处分：

（一）发生特种设备事故时，不立即组织抢救或者在事故调查处理期间擅离职守或者逃匿的；

（二）对特种设备事故迟报、谎报或者瞒报的。

第九十条 发生事故，对负有责任的单位除要求其依法承担相应的赔偿等责任外，依照下列规定处以罚款：

（一）发生一般事故，处十万元以上二十万元以下罚款；

（二）发生较大事故，处二十万元以上五十万元以下罚款；

（三）发生重大事故，处五十万元以上二百万元以下罚款。

第九十一条 对事故发生负有责任的单位的主要负责人未依法履行职责或者负有领导责任的，依照下列规定处以罚款；属于国家工作人员的，并依法给予处分：

（一）发生一般事故，处上一年年收入百分之三十的罚款；

（二）发生较大事故，处上一年年收入百分之四十的罚款；

（三）发生重大事故，处上一年年收入百分之六十的罚款。

第九十二条 违反本法规定，特种设备安全管理人员、检测人员和作业人员不履行岗位职责，违反操作规程和有关安全规章制度，造成事故的，吊销相关人员的资格。

第九十三条 违反本法规定，特种设备检验、检测机构及其检验、检测人员有下列行为之一的，责令改正，对机构处五万元以上二十万元以下罚款，对直接负责的主管人员和其他直接责任人员处五千元以上五万元以下罚款；情节严重的，吊销机构资质和有关人员的资格：

（一）未经核准或者超出核准范围、使用未取得相应资格的人员从事检验、检测的；

（二）未按照安全技术规范的要求进行检验、检测的；

（三）出具虚假的检验、检测结果和鉴定结论或者检验、检测结果和鉴定结论严重失实的；

（四）发现特种设备存在严重事故隐患，未及时告知相关单位，并立即向负责特种设备安全监督管理的部门报告的；

（五）泄露检验、检测过程中知悉的商业秘密的；

（六）从事有关特种设备的生产、经营活动的；

（七）推荐或者监制、监销特种设备的；

（八）利用检验工作故意刁难相关单位的。

违反本法规定，特种设备检验、检测机构的检验、检测人员同时在两个以上检验、检测机构中执业的，处五千元以上五万元以下罚款；情节严重的，吊销其资格。

第九十四条　违反本法规定，负责特种设备安全监督管理的部门及其工作人员有下列行为之一的，由上级机关责令改正；对直接负责的主管人员和其他直接责任人员，依法给予处分：

（一）未依照法律、行政法规规定的条件、程序实施许可的；

（二）发现未经许可擅自从事特种设备的生产、使用或者检验、检测活动不予取缔或者不依法予以处理的；

（三）发现特种设备生产单位不再具备本法规定的条件而不吊销其许可证，或者发现特种设备生产、经营、使用违法行为不予查处的；

（四）发现特种设备检验、检测机构不再具备本法规定的条件而不撤销其核准，或者对其出具虚假的检验、检测结果和鉴定结论或者检验、检测结果和鉴定结论严重失实的行为不予查处的；

（五）发现违反本法规定和安全技术规范要求的行为或者特种设备存在事故隐患，不立即处理的；

（六）发现重大违法行为或者特种设备存在严重事故隐患，未及时向上级负责特种设备安全监督管理的部门报告，或者接到报告的负责特种设备安全监督管理的部门不立即处理的；

（七）要求已经依照本法规定在其他地方取得许可的特种设备生产单位重复取得许可，或者要求对已经依照本法规定在其他地方检验合格的特种设备重复进行检验的；

（八）推荐或者监制、监销特种设备的；

（九）泄露履行职责过程中知悉的商业秘密的；

（十）接到特种设备事故报告未立即向本级人民政府报告，并按照规定上报的；

（十一）迟报、漏报、谎报或者瞒报事故的；

（十二）妨碍事故救援或者事故调查处理的；

（十三）其他滥用职权、玩忽职守、徇私舞弊的行为。

第九十五条 违反本法规定，特种设备生产、经营、使用单位或者检验、检测机构拒不接受负责特种设备安全监督管理的部门依法实施的监督检查的，责令限期改正；逾期未改正的，责令停产停业整顿，处二万元以上二十万元以下罚款。

特种设备生产、经营、使用单位擅自动用、调换、转移、损毁被查封、扣押的特种设备或者其主要部件的，责令改正，处五万元以上二十万元以下罚款；情节严重的，吊销生产许可证，注销特种设备使用登记证书。

第九十六条 违反本法规定，被依法吊销许可证的，自吊销许可证之日起三年内，负责特种设备安全监督管理的部门不予受理其新的许可申请。

第九十七条 违反本法规定，造成人身、财产损害的，依法承担民事责任。

违反本法规定，应当承担民事赔偿责任和缴纳罚款、罚金，其财产不足以同时支付时，先承担民事赔偿责任。

第九十八条 违反本法规定，构成违反治安管理行为的，依法给予治安管理处罚；构成犯罪的，依法追究刑事责任。

第七章 附 则

第九十九条 特种设备行政许可、检验的收费，依照法律、行政法规的规定执行。

第一百条 军事装备、核设施、航空航天器使用的特种设备安全的监督管理不适用本法。

铁路机车、海上设施和船舶、矿山井下使用的特种设备以及民用机场专用设备安全的监督管理，房屋建筑工地、市政工程工地用起重机械和场（厂）内专用机动车辆的安装、使用的监督管理，由有关部门依照本法和其他有关法律的规定实施。

第一百零一条 本法自2014年1月1日起施行。

二、国务院条例

中华人民共和国河道管理条例

（2011 年 1 月 8 日依据《国务院关于废止和修改部分行政法规的决定》修正，
中华人民共和国国务院令　第 588 号）

第一章　总　　则

第一条　为加强河道管理，保障防洪安全，发挥江河湖泊的综合效益，根据《中华人民共和国水法》，制定本条例。

第二条　本条例适用于中华人民共和国领域内的河道（包括湖泊、人工水道、行洪区、蓄洪区，滞洪区）。

河道内的航道，同时适用《中华人民共和国航道管理条例》。

第三条　开发利用江河湖泊水资源和防治水害，应当全面规划、统筹兼顾、综合利用、讲求效益，服从防洪的总体安排，促进各项事业的发展。

第四条　国务院水利行政主管部门是全国河道的主管机关。

各省、自治区、直辖市的水利行政主管部门是该行政区域的河道主管机关。

第五条　国家对河道实行按水系统一管理和分级管理相结合的原则。

长江、黄河、淮河、海河、珠江、松花江、辽河等大江大河的主要河段，跨省、自治区、直辖市的重要河段，省、自治区、直辖市之间的边界河道以及国境边界河道，由国家授权的江河流域管理机构实施管理，或者由上述江河所在省、自治区、直辖市的河道主管机关根据流域统一规划实施管理。其他河道由省、自治区、直辖市或者市、县的河道主管机关实施管理。

第六条　河道划分等级。河道等级标准由国务院水利行政主管部门制定。

第七条　河道防汛和清障工作实行地方人民政府行政首长负责制。

第八条　各级人民政府河道主管机关以及河道监理人员，必须按照国家法律、法规，加强河道管理，执行供水计划和防洪调度命令，维护水工程和人民生命财产安全。

第九条　一切单位和个人都有保护河道堤防安全和参加防汛抢险的义务。

第二章　河道整治与建设

第十条　河道的整治与建设，应当服从流域综合规划，符合国家规定的防洪标准、通航标准和其他有关技术要求，维护堤防安全，保持河势稳定和行洪、航运通畅。

第十一条　修建开发水利、防治水害、整治河道的各类工程和跨河、穿河、穿堤、临河的桥梁、码头、道路、渡口、管道、缆线等建筑物及设施，建设单位必须按照河道管理权限，将工程建设方案报送河道主管机关审查同意后，方可按照基本建设程序履行审批手续。

建设项目经批准后,建设单位应当将施工安排告知河道主管机关。

第十二条 修建桥梁、码头和其他设施,必须按照国家规定的防洪标准所确定的河宽进行,不得缩窄行洪通道。

桥梁和栈桥的梁底必须高于设计洪水位,并按照防洪和航运的要求,留有一定的超高。设计洪水位由河道主管机关根据防洪规划确定。

跨越河道的管道、线路的净空高度必须符合防洪和航运的要求。

第十三条 交通部门进行航道整治,应当符合防洪安全要求,并事先征求河道主管机关对有关设计和计划的意见。

水利部门进行河道整治,涉及航道的,应当兼顾航运的需要,并事先征求交通部门对有关设计和计划的意见。

在国家规定可以流放竹木的河流和重要的渔业水域进行河道、航道整治,建设单位应当兼顾竹木水运和渔业发展的需要,并事先将有关设计和计划送同级林业、渔业主管部门征求意见。

第十四条 堤防上已修建的涵闸、泵站和埋设的穿堤管道、缆线等建筑物及设施,河道主管机关应当定期检查,对不符合工程安全要求的,限期改建。

在堤防上新建前款所指建筑物及设施,必须经河道主管机关验收合格后方可启用,并服从河道主管机关的安全管理。

第十五条 确需利用堤顶或者戗台兼做公路的,必须经上级河道主管机关批准。堤身和堤顶公路的管理和维护办法,由河道主管机关商交通部门制定。

第十六条 城镇建设和发展不得占用河道滩地。城镇规划的临河界限,由河道主管机关会同城镇规划等有关部门确定。沿河城镇在编制和审查城镇规划时,应当事先征求河道主管机关的意见。

第十七条 河道岸线的利用和建设,应当服从河道整治规划和航道整治规划。计划部门在审批利用河道岸线的建设项目时,应当事先征求河道主管机关的意见。

河道岸线的界限,由河道主管机关会同交通等有关部门报县级以上地方人民政府划定。

第十八条 河道清淤和加固堤防取土以及按照防洪规划进行河道整治需要占用的土地,由当地人民政府调剂解决。

因修建水库、整治河道所增加的可利用土地,属于国家所有,可以由县级以上人民政府用于移民安置和河道整治工程。

第十九条 省、自治区、直辖市以河道为边界的,在河道两岸外侧各十公里之内,以及跨省、自治区、直辖市的河道,未经有关各方达成协议或者国务院水利行政主管部门批准,禁止单方面修建排水、阻水、引水、蓄水工程以及河道整治工程。

第三章 河道保护

第二十条 有堤防的河道,其管理范围为两岸堤防之间的水域、沙洲、滩地(包括可耕地)、行洪区，两岸堤防及护堤地。

无堤防的河道，其管理范围根据历史最高洪水位或者设计洪水位确定。

河道的具体管理范围，由县级以上地方人民政府负责划定。

第二十一条 在河道管理范围内，水域和土地的利用应当符合江河行洪、输水和航运的要求；滩地的利用，应当由河道主管机关会同土地管理等有关部门制定规划，报县级以上地方人民政府批准后实施。

第二十二条 禁止损毁堤防、护岸、闸坝等水工程建筑物和防汛设施、水文监测和测量设施、河岸地质监测设施以及通信照明等设施。

在防汛抢险期间，无关人员和车辆不得上堤。

因降雨雪等造成堤顶泥泞期间，禁止车辆通行，但防汛抢险车辆除外。

第二十三条 禁止非管理人员操作河道上的涵闸闸门，禁止任何组织和个人干扰河道管理单位的正常工作。

第二十四条 在河道管理范围内，禁止修建围堤、阻水渠道、阻水道路；种植高秆农作物、芦苇、杞柳、荻柴和树木(堤防防护林除外)；设置拦河渔具；弃置矿渣、石渣、煤灰、泥土、垃圾等。

在堤防和护堤地，禁止建房、放牧、开渠、打井、挖窖、葬坟、晒粮、存放物料、开采地下资源、进行考古发掘以及开展集市贸易活动。

第二十五条 在河道管理范围内进行下列活动，必须报经河道主管机关批准；涉及其他部门的，由河道主管机关会同有关部门批准：

(一)采砂、取土、淘金、弃置砂石或者淤泥；

(二)爆破、钻探、挖筑鱼塘；

(三)在河道滩地存放物料、修建厂房或者其他建筑设施；

(四)在河道滩地开采地下资源及进行考古发掘。

第二十六条 根据堤防的重要程度、堤基土质条件等，河道主管机关报经县级以上人民政府批准，可以在河道管理范围的相连地域划定堤防安全保护区。在堤防安全保护区内，禁止进行打井、钻探、爆破、挖筑鱼塘、采石、取土等危害堤防安全的活动。

第二十七条 禁止围湖造田。已经围垦的，应当按照国家规定的防洪标准进行治理，逐步退田还湖。湖泊的开发利用规划必须经河道主管机关审查同意。

禁止围垦河流，确需围垦的，必须经过科学论证，并经省级以上人民政府批准。

第二十八条 加强河道滩地、堤防和河岸的水土保持工作，防止水土流失、河道淤积。

第二十九条 江河的故道、旧堤、原有工程设施等，非经河道主管机关批准，不得填堵、占用或者拆毁。

第三十条 护堤护岸林木，由河道管理单位组织营造和管理，其他任何单位和个人不得侵占、砍伐或者破坏。

河道管理单位对护堤护岸林木进行抚育和更新性质的采伐及用于防汛抢险的采伐，根据国家有关规定免交育林基金。

第三十一条 在为保证堤岸安全需要限制航速的河段，河道主管机关应当会同交通部门设立限制航速的标志，通行的船舶不得超速行驶。

在汛期，船舶的行驶和停靠必须遵守防汛指挥部的规定。

第三十二条 山区河道有山体滑坡、崩岸、泥石流等自然灾害的河段，河道主管机关应当会同地质、交通等部门加强监测。在上述河段，禁止从事开山采石、采矿、开荒等危及山体稳定的活动。

第三十三条 在河道中流放竹木，不得影响行洪、航运和水工程安全，并服从当地河道主管机关的安全管理。

在汛期，河道主管机关有权对河道上的竹木和其他漂流物进行紧急处置。

第三十四条 向河道、湖泊排污的排污口的设置和扩大，排污单位在向环境保护部门申报之前，应当征得河道主管机关的同意。

第三十五条 在河道管理范围内，禁止堆放、倾倒、掩埋、排放污染水体的物体。禁止在河道内清洗装贮过油类或者有毒污染物的车辆、容器。

河道主管机关应当开展河道水质监测工作，协同环境保护部门对水污染防治实施监督管理。

第四章 河道清障

第三十六条 对河道管理范围内的阻水障碍物，按照“谁设障，谁清除”的原则，由河道主管机关提出清障计划和实施方案，由防汛指挥部责令设障者在规定的期限内清除。逾期不清除的，由防汛指挥部组织强行清除，并由设障者负担全部清障费用。

第三十七条 对壅水、阻水严重的桥梁、引道、码头和其他跨河工程设施，根据国家规定的防洪标准，由河道主管机关提出意见并报经人民政府批准，责成原建设单位在规定的期限内改建或者拆除。汛期影响防洪安全的，必须服从防汛指挥部的紧急处理决定。

第五章 经费

第三十八条 河道堤防的防汛岁修费，按照分级管理的原则，分别由中央财政和地方财政负担，列入中央和地方年度财政预算。

第三十九条 受益范围明确的堤防、护岸、水闸、圩垸、海塘和排涝工程设施，河道主管机关可以向受益的工商企业等单位和农户收取河道工程修建维护管理费，其标准应当根据工程修建和维护管理费用确定。收费的具体标准和计收办法由省、自治区、直辖市人民政府制定。

第四十条 在河道管理范围内采砂、取土、淘金，必须按照经批准的范围和作业方式进行，并向河道主管机关缴纳管理费。收费的标准和计收办法由国务院水利行政主管部门会同国务院财政主管部门制定。

第四十一条 任何单位和个人,凡对堤防、护岸和其他水工程设施造成损坏或者造成河道淤积的,由责任者负责修复、清淤或者承担维修费用。

第四十二条 河道主管机关收取的各项费用,用于河道堤防工程的建设、管理、维修和设施的更新改造。结余资金可以连年结转使用,任何部门不得截取或者挪用。

第四十三条 河道两岸的城镇和农村,当地县级以上人民政府可以在汛期组织堤防保护区域内的单位和个人义务出工,对河道堤防工程进行维修和加固。

第六章 罚 则

第四十四条 违反本条例规定,有下列行为之一的,县级以上地方人民政府河道主管机关除责令其纠正违法行为、采取补救措施外,可以并处警告、罚款、没收非法所得;对有关责任人员,由其所在单位或者上级主管机关给予行政处分;构成犯罪的,依法追究刑事责任:

(一)在河道管理范围内弃置、堆放阻碍行洪物体的;种植阻碍行洪的林木或者高秆植物的;修建围堤、阻水渠道、阻水道路的;

(二)在堤防、护堤地建房、放牧、开渠、打井、挖窖、葬坟、晒粮、存放物料、开采地下资源、进行考古发掘以及开展集市贸易活动的;

(三)未经批准或者不按照国家规定的防洪标准、工程安全标准整治河道或者修建水工程建筑物和其他设施的;

(四)未经批准或者不按照河道主管机关的规定在河道管理范围内采砂、取土、淘金、弃置砂石或者淤泥、爆破、钻探、挖筑鱼塘的;

(五)未经批准在河道滩地存放物料、修建厂房或者其他建筑设施,以及开采地下资源或者进行考古发掘的;

(六)违反本条例第二十七条的规定,围垦湖泊、河流的;

(七)擅自砍伐护堤护岸林木的;

(八)汛期违反防汛指挥部的规定或者指令的。

第四十五条 违反本条例规定,有下列行为之一的,县级以上地方人民政府河道主管机关除责令纠正违法行为、赔偿损失、采取补救措施外,可以并处警告、罚款;应当给予治安管理处罚的,按照《中华人民共和国治安管理处罚法》的规定处罚;构成犯罪的,依法追究刑事责任:

(一)损毁堤防、护岸、闸坝、水工程建筑物,损毁防汛设施、水文监测和测量设施、河岸地质监测设施以及通信照明等设施;

(二)在堤防安全保护区内进行打井、钻探、爆破、挖筑鱼塘、采石、取土等危害堤防安全的活动的;

(三)非管理人员操作河道上的涵闸闸门或者干扰河道管理单位正常工作的。

第四十六条 当事人对行政处罚决定不服的,可以在接到处罚通知之日起十五日内,向作出处罚决定的机关的上一级机关申请复议,对复议决定不服的,可以在接到复议决定之日起十五日内，向人民法院起诉。当事人也可以在接到处罚通知之日起十五日内，直接向人民法院起诉。当事人逾期不申请复议或者不向人民法院起诉又不履行处罚决定的，由作出处罚决定的机关申请人民法院强制执行。对治安管理处罚不服的，按照《中华人民共和国治安管理处罚法》的规定办理。

第四十七条 对违反本条例规定，造成国家、集体、个人经济损失的，受害方可以请求县级以上河道主管机关处理。受害方也可以直接向人民法院起诉。

当事人对河道主管机关的处理决定不服的，可以在接到通知之日起，十五日内向人民法院起诉。

第四十八条 河道主管机关的工作人员以及河道监理人员玩忽职守、滥用职权、徇私舞弊的，由其所在单位或者上级主管机关给予行政处分；对公共财产、国家和人民利益造成重大损失的，依法追究刑事责任。

第七章 附 则

第四十九条 各省、自治区、直辖市人民政府，可以根据本条例的规定，结合本地区的实际情况，制定实施办法。

第五十条 本条例由国务院水利行政主管部门负责解释。

第五十一条 本条例自发布之日起施行。

中华人民共和国内河交通安全管理条例

(2002年6月19日国务院第60次常务会议通过,中华人民共和国国务院令 第355号;
2011年1月8日依据《国务院关于废止和修改部分行政法规的决定》修正,
中华人民共和国国务院令 第588号)

第一章 总 则

第一条 为了加强内河交通安全管理,维护内河交通秩序,保障人民群众生命、财产安全,制定本条例。

第二条 在中华人民共和国内河通航水域从事航行、停泊和作业以及与内河交通安全有关的活动,必须遵守本条例。

第三条 内河交通安全管理遵循安全第一、预防为主、方便群众、依法管理的原则,保障内河交通安全、有序、畅通。

第四条 国务院交通主管部门主管全国内河交通安全管理工作。国家海事管理机构在国务院交通主管部门的领导下,负责全国内河交通安全监督管理工作。

国务院交通主管部门在中央管理水域设立的海事管理机构和省、自治区、直辖市人民政府在中央管理水域以外的其他水域设立的海事管理机构(以下统称海事管理机构)依据各自的职责权限,对所辖内河通航水域实施水上交通安全监督管理。

第五条 县级以上地方各级人民政府应当加强本行政区域内的内河交通安全管理工作,建立、健全内河交通安全管理责任制。

乡(镇)人民政府对本行政区域内的内河交通安全管理履行下列职责:

(一)建立、健全行政村和船主的船舶安全责任制;

(二)落实渡口船舶、船员、旅客定额的安全管理责任制;

(三)落实船舶水上交通安全管理的专门人员;

(四)督促船舶所有人、经营人和船员遵守有关内河交通安全的法律、法规和规章。

第二章 船舶、浮动设施和船员

第六条 船舶具备下列条件,方可航行:

(一)经海事管理机构认可的船舶检验机构依法检验并持有合格的船舶检验证书;

(二)经海事管理机构依法登记并持有船舶登记证书;

(三)配备符合国务院交通主管部门规定的船员;

(四)配备必要的航行资料。

第七条 浮动设施具备下列条件，方可从事有关活动：

（一）经海事管理机构认可的船舶检验机构依法检验并持有合格的检验证书；

（二）经海事管理机构依法登记并持有登记证书；

（三）配备符合国务院交通主管部门规定的掌握水上交通安全技能的船员。

第八条 船舶、浮动设施应当保持适于安全航行、停泊或者从事有关活动的状态。

船舶、浮动设施的配载和系固应当符合国家安全技术规范。

第九条 船员经水上交通安全专业培训，其中客船和载运危险货物船舶的船员还应当经相应的特殊培训，并经海事管理机构考试合格，取得相应的适任证书或者其他适任证件，方可担任船员职务。严禁未取得适任证书或者其他适任证件的船员上岗。

船员应当遵守职业道德，提高业务素质，严格依法履行职责。

第十条 船舶、浮动设施的所有人或者经营人，应当加强对船舶、浮动设施的安全管理，建立、健全相应的交通安全管理制度，并对船舶、浮动设施的交通安全负责；不得聘用无适任证书或者其他适任证件的人员担任船员；不得指使、强令船员违章操作。

第十一条 船舶、浮动设施的所有人或者经营人，应当根据船舶、浮动设施的技术性能、船员状况、水域和水文气象条件，合理调度船舶或者使用浮动设施。

第十二条 按照国家规定必须取得船舶污染损害责任、沉船打捞责任的保险文书或者财务保证书的船舶，其所有人或者经营人必须取得相应的保险文书或者财务担保证明，并随船携带其副本。

第十三条 禁止伪造、变造、买卖、租借、冒用船舶检验证书、船舶登记证书、船员适任证书或者其他适任证件。

第三章 航行、停泊和作业

第十四条 船舶在内河航行，应当悬挂国旗，标明船名、船籍港、载重线。

按照国家规定应当报废的船舶、浮动设施，不得航行或者作业。

第十五条 船舶在内河航行，应当保持了望，注意观察，并采用安全航速航行。船舶安全航速应当根据能见度、通航密度、船舶操纵性能和风、浪、水流、航路状况以及周围环境等主要因素决定。使用雷达的船舶，还应当考虑雷达设备的特性、效率和局限性。

船舶在限制航速的区域和汛期高水位期间，应当按照海事管理机构规定的航速航行。

第十六条 船舶在内河航行时，上行船舶应当沿缓流或者航路一侧航行，下行船舶应当沿主流或者航路中间航行；在潮流河段、湖泊、水库、平流区域，应当尽可能沿本船右舷一侧航路航行。

第十七条 船舶在内河航行时，应当谨慎驾驶，保障安全；对来船动态不明、声号不统一或者遇有紧迫情况时，应当减速、停车或者倒车，防止碰撞。

船舶相遇，各方应当注意避让。按照船舶航行规则应当让路的船舶，必须主动避让被让路船舶；被让路船舶应当注意让路船舶的行动，并适时采取措施，协助避让。

船舶避让时,各方避让意图经统一后,任何一方不得擅自改变避让行动。

船舶航行、避让和信号显示的具体规则,由国务院交通主管部门制定。

第十八条 船舶进出内河港口,应当向海事管理机构办理船舶进出港签证手续。

第十九条 下列船舶在内河航行,应当向引航机构申请引航:

(一)外国籍船舶;

(二)1000 总吨以上的海上机动船舶,但船长驾驶同一类型的海上机动船舶在同一内河通航水域航行与上一航次间隔 2 个月以内的除外;

(三)通航条件受限制的船舶;

(四)国务院交通主管部门规定应当申请引航的客船、载运危险货物的船舶。

第二十条 船舶进出港口和通过交通管制区、通航密集区或者航行条件受限制的区域,应当遵守海事管理机构发布的有关通航规定。

任何船舶不得擅自进入或者穿越海事管理机构公布的禁航区。

第二十一条 从事货物或者旅客运输的船舶,必须符合船舶强度、稳性、吃水、消防和救生等安全技术要求和国务院交通主管部门规定的载货或者载客条件。

任何船舶不得超载运输货物或者旅客。

第二十二条 船舶在内河通航水域载运或者拖带超重、超长、超高、超宽、半潜的物体,必须在装船或者拖带前 24 小时报海事管理机构核定拟航行的航路、时间,并采取必要的安全措施,保障船舶载运或者拖带安全。船舶需要护航的,应当向海事管理机构申请护航。

第二十三条 遇有下列情形之一时,海事管理机构可以根据情况采取限时航行、单航、封航等临时性限制、疏导交通的措施,并予公告:

(一)恶劣天气;

(二)大范围水上施工作业;

(三)影响航行的水上交通事故;

(四)水上大型群众性活动或者体育比赛;

(五)对航行安全影响较大的其他情形。

第二十四条 船舶应当在码头、泊位或者依法公布的锚地、停泊区、作业区停泊;遇有紧急情况,需要在其他水域停泊的,应当向海事管理机构报告。

船舶停泊,应当按照规定显示信号,不得妨碍或者危及其他船舶航行、停泊或者作业的安全。

船舶停泊,应当留有足以保证船舶安全的船员值班。

第二十五条 在内河通航水域或者岸线上进行下列可能影响通航安全的作业或者活动的,应当在进行作业或者活动前报海事管理机构批准:

(一)勘探、采掘、爆破;

(二)构筑、设置、维修、拆除水上水下构筑物或者设施;

(三)架设桥梁、索道;

(四)铺设、检修、拆除水上水下电缆或者管道;

（五）设置系船浮筒、浮趸、缆桩等设施；

（六）航道建设，航道、码头前沿水域疏浚；

（七）举行大型群众性活动、体育比赛。

进行前款所列作业或者活动，需要进行可行性研究的，在进行可行性研究时应当征求海事管理机构的意见；依照法律、行政法规的规定，需经其他有关部门审批的，还应当依法办理有关审批手续。

第二十六条 海事管理机构审批本条例第二十五条规定的作业或者活动，应当自收到申请之日起30日内作出批准或者不批准的决定，并书面通知申请人。

遇有紧急情况，需要对航道进行修复或者对航道、码头前沿水域进行疏浚的，作业人可以边申请边施工。

第二十七条 航道内不得养殖、种植植物、水生物和设置永久性固定设施。

划定航道，涉及水产养殖区的，航道主管部门应当征求渔业行政主管部门的意见；设置水产养殖区，涉及航道的，渔业行政主管部门应当征求航道主管部门和海事管理机构的意见。

第二十八条 在内河通航水域进行下列可能影响通航安全的作业，应当在进行作业前向海事管理机构备案：

（一）气象观测、测量、地质调查；

（二）航道日常养护；

（三）大面积清除水面垃圾；

（四）可能影响内河通航水域交通安全的其他行为。

第二十九条 进行本条例第二十五条、第二十八条规定的作业或者活动时，应当在作业或者活动区域设置标志和显示信号，并按照海事管理机构的规定，采取相应的安全措施，保障通航安全。

前款作业或者活动完成后，不得遗留任何妨碍航行的物体。

第四章 危险货物监管

第三十条 从事危险货物装卸的码头、泊位，必须符合国家有关安全规范要求，并征求海事管理机构的意见，经验收合格后，方可投入使用。

禁止在内河运输法律、行政法规以及国务院交通主管部门规定禁止运输的危险货物。

第三十一条 载运危险货物的船舶，必须持有经海事管理机构认可的船舶检验机构依法检验并颁发的危险货物适装证书，并按照国家有关危险货物运输的规定和安全技术规范进行配载和运输。

第三十二条 船舶装卸、过驳危险货物或者载运危险货物进出港口，应当将危险货物的名称、特性、包装、装卸或者过驳的时间、地点以及进出港时间等事项，事先报告海事管理机构和港口管理机构，经其同意后，方可进行装卸、过驳作业或者进出港口；但是，定船、定线、定货的船舶可以定期报告。

第三十三条 载运危险货物的船舶，在航行、装卸或者停泊时，应当按照规定显示信号；其他船舶应当避让。

第三十四条 从事危险货物装卸的码头、泊位和载运危险货物的船舶，必须编制危险货物事故应急预案，并配备相应的应急救援设备和器材。

第五章 渡口管理

第三十五条 设置或者撤销渡口，应当经渡口所在地的县级人民政府审批；县级人民政府审批前，应当征求当地海事管理机构的意见。

第三十六条 渡口的设置应当具备下列条件：

（一）选址应当在水流平缓、水深足够、坡岸稳定、视野开阔、适宜船舶停靠的地点，并远离危险物品生产、堆放场所；

（二）具备货物装卸、旅客上下的安全设施；

（三）配备必要的救生设备和专门管理人员。

第三十七条 渡口经营者应当在渡口设置明显的标志，维护渡运秩序，保障渡运安全。

渡口所在地县级人民政府应当建立、健全渡口安全管理责任制，指定有关部门负责对渡口和渡运安全实施监督检查。

第三十八条 渡口工作人员应当经培训、考试合格，并取得渡口所在地县级人民政府指定的部门颁发的合格证书。

渡口船舶应当持有合格的船舶检验证书和船舶登记证书。

第三十九条 渡口载客船舶应当有符合国家规定的识别标志，并在明显位置标明载客定额、安全注意事项。

渡口船舶应当按照渡口所在地的县级人民政府核定的路线渡运，并不得超载；渡运时，应当注意避让过往船舶，不得抢航或者强行横越。

遇有洪水或者大风、大雾、大雪等恶劣天气，渡口应当停止渡运。

第六章 通航保障

第四十条 内河通航水域的航道、航标和其他标志的规划、建设、设置、维护，应当符合国家规定的通航安全要求。

第四十一条 内河航道发生变迁，水深、宽度发生变化，或者航标发生位移、损坏、灭失，影响通航安全的，航道、航标主管部门必须及时采取措施，使航道、航标保持正常状态。

第四十二条 内河通航水域内可能影响航行安全的沉没物、漂流物、搁浅物，其所有人和经营人，必须按照国家有关规定设置标志，向海事管理机构报告，并在海事管理机构限定的时间内打捞清除；没有所有人或者经营人的，由海事管理机构打捞清除或者采取其他相应措施，保障通航安全。

第四十三条 在内河通航水域中拖放竹、木等物体，应当在拖放前24小时报经海事管理机构同意，按照核定的时间、路线拖放，并采取必要的安全措施，保障拖放安全。

第四十四条 任何单位和个人发现下列情况，应当迅速向海事管理机构报告：

（一）航道变迁，航道水深、宽度发生变化；

（二）妨碍通航安全的物体；

（三）航标发生位移、损坏、灭失；

（四）妨碍通航安全的其他情况。

海事管理机构接到报告后，应当根据情况发布航行通告或者航行警告，并通知航道、航标主管部门。

第四十五条 海事管理机构划定或者调整禁航区、交通管制区、港区外锚地、停泊区和安全作业区，以及对进行本条例第二十五条、第二十八条规定的作业或者活动，需要发布航行通告、航行警告的，应当及时发布。

第七章 救 助

第四十六条 船舶、浮动设施遇险，应当采取一切有效措施进行自救。

船舶、浮动设施发生碰撞等事故，任何一方应当在不危及自身安全的情况下，积极救助遇险的他方，不得逃逸。

船舶、浮动设施遇险，必须迅速将遇险的时间、地点、遇险状况、遇险原因、救助要求，向遇险地海事管理机构以及船舶、浮动设施所有人、经营人报告。

第四十七条 船员、浮动设施上的工作人员或者其他人员发现其他船舶、浮动设施遇险，或者收到求救信号后，必须尽力救助遇险人员，并将有关情况及时向遇险地海事管理机构报告。

第四十八条 海事管理机构收到船舶、浮动设施遇险求救信号或者报告后，必须立即组织力量救助遇险人员，同时向遇险地县级以上地方人民政府和上级海事管理机构报告。

遇险地县级以上地方人民政府收到海事管理机构的报告后，应当对救助工作进行领导和协调，动员各方力量积极参与救助。

第四十九条 船舶、浮动设施遇险时，有关部门和人员必须积极协助海事管理机构做好救助工作。

遇险现场和附近的船舶、人员，必须服从海事管理机构的统一调度和指挥。

第八章 事故调查处理

第五十条 船舶、浮动设施发生交通事故，其所有人或者经营人必须立即向交通事故发生地海事管理机构报告，并做好现场保护工作。

第五十一条 海事管理机构接到内河交通事故报告后，必须立即派员前往现场，进行调查和取证。

海事管理机构进行内河交通事故调查和取证，应当全面、客观、公正。

第五十二条　接受海事管理机构调查、取证的有关人员，应当如实提供有关情况和证据，不得谎报或者隐匿、毁灭证据。

第五十三条　海事管理机构应当在内河交通事故调查、取证结束后30日内，依据调查事实和证据作出调查结论，并书面告知内河交通事故当事人。

第五十四条　海事管理机构在调查处理内河交通事故过程中，应当采取有效措施，保证航路畅通，防止发生其他事故。

第五十五条　地方人民政府应当依照国家有关规定积极做好内河交通事故的善后工作。

第五十六条　特大内河交通事故的报告、调查和处理，按照国务院有关规定执行。

第九章　监督检查

第五十七条　在旅游、交通运输繁忙的湖泊、水库，在气候恶劣的季节，在法定或者传统节日、重大集会、集市、农忙、学生放学放假等交通高峰期间，县级以上地方各级人民政府应当加强对维护内河交通安全的组织、协调工作。

第五十八条　海事管理机构必须建立、健全内河交通安全监督检查制度，并组织落实。

第五十九条　海事管理机构必须依法履行职责，加强对船舶、浮动设施、船员和通航安全环境的监督检查。发现内河交通安全隐患时，应当责令有关单位和个人立即消除或者限期消除；有关单位和个人不立即消除或者逾期不消除的，海事管理机构必须采取责令其临时停航、停止作业，禁止进港、离港等强制性措施。

第六十条　对内河交通密集区域、多发事故水域以及货物装卸、乘客上下比较集中的港口，对客渡船、滚装客船、高速客轮、旅游船和载运危险货物的船舶，海事管理机构必须加强安全巡查。

第六十一条　海事管理机构依照本条例实施监督检查时，可以根据情况对违反本条例有关规定的船舶，采取责令临时停航、驶向指定地点，禁止进港、离港，强制卸载、拆除动力装置、暂扣船舶等保障通航安全的措施。

第六十二条　海事管理机构的工作人员依法在内河通航水域对船舶、浮动设施进行内河交通安全监督检查，任何单位和个人不得拒绝或者阻挠。

有关单位或者个人应当接受海事管理机构依法实施的安全监督检查，并为其提供方便。

海事管理机构的工作人员依照本条例实施监督检查时，应当出示执法证件，表明身份。

第十章　法律责任

第六十三条　违反本条例的规定，应当报废的船舶、浮动设施在内河航行或者作业的，由海事管理机构责令停航或者停止作业，并对船舶、浮动设施予以没收。

第六十四条　违反本条例的规定，船舶、浮动设施未持有合格的检验证书、登记证书或者船舶未持有必要的航行资料，擅自航行或者作业的，由海事管理机构责令停止航行或者作业；拒不停止的，暂扣船舶、浮动设施；情节严重的，予以没收。

第六十五条 违反本条例的规定，船舶未按照国务院交通主管部门的规定配备船员擅自航行，或者浮动设施未按照国务院交通主管部门的规定配备掌握水上交通安全技能的船员擅自作业的，由海事管理机构责令限期改正，对船舶、浮动设施所有人或者经营人处1万元以上10万元以下的罚款；逾期不改正的，责令停航或者停止作业。

第六十六条 违反本条例的规定，未经考试合格并取得适任证书或者其他适任证件的人员擅自从事船舶航行的，由海事管理机构责令其立即离岗，对直接责任人员处2000元以上2万元以下的罚款，并对聘用单位处1万元以上10万元以下的罚款。

第六十七条 违反本条例的规定，按照国家规定必须取得船舶污染损害责任、沉船打捞责任的保险文书或者财务保证书的船舶的所有人或者经营人，未取得船舶污染损害责任、沉船打捞责任保险文书或者财务担保证明的，由海事管理机构责令限期改正；逾期不改正的，责令停航，并处1万元以上10万元以下的罚款。

第六十八条 违反本条例的规定，船舶在内河航行时，有下列情形之一的，由海事管理机构责令改正，处5000元以上5万元以下的罚款；情节严重的，禁止船舶进出港口或者责令停航，并可以对责任船员给予暂扣适任证书或者其他适任证件3个月至6个月的处罚：

（一）未按照规定悬挂国旗，标明船名、船籍港、载重线的；

（二）未向海事管理机构办理船舶进出港签证手续的；

（三）未按照规定申请引航的；

（四）擅自进出内河港口，强行通过交通管制区、通航密集区、航行条件受限制区域或者禁航区的；

（五）载运或者拖带超重、超长、超高、超宽、半潜的物体，未申请或者未按照核定的航路、时间航行的。

第六十九条 违反本条例的规定，船舶未在码头、泊位或者依法公布的锚地、停泊区、作业区停泊的，由海事管理机构责令改正；拒不改正的，予以强行拖离，因拖离发生的费用由船舶所有人或者经营人承担。

第七十条 违反本条例的规定，在内河通航水域或者岸线上进行有关作业或者活动未经批准或者备案，或者未设置标志、显示信号的，由海事管理机构责令改正，处5000元以上5万元以下的罚款。

第七十一条 违反本条例的规定，从事危险货物作业，有下列情形之一的，由海事管理机构责令停止作业或者航行，对负有责任的主管人员或者其他直接责任人员处2万元以上10万元以下的罚款；属于船员的，并给予暂扣适任证书或者其他适任证件6个月以上直至吊销适任证书或者其他适任证件的处罚：

（一）从事危险货物运输的船舶，未编制危险货物事故应急预案或者未配备相应的应急救援设备和器材的；

（二）船舶装卸、过驳危险货物或者载运危险货物进出港口未经海事管理机构、港口管理机构同意的。

未持有危险货物适装证书擅自载运危险货物或者未按照安全技术规范进行配载和运输的，依照《危险化学品安全管理条例》的规定处罚。

第七十二条 违反本条例的规定，未经批准擅自设置或者撤销渡口的，由渡口所在地县级人民政府指定的部门责令限期改正；逾期不改正的，予以强制拆除或者恢复，因强制拆除或者恢复发生的费用分别由设置人、撤销人承担。

第七十三条 违反本条例的规定，渡口船舶未标明识别标志、载客定额、安全注意事项的，由渡口所在地县级人民政府指定的部门责令改正，处2000元以上1万元以下的罚款；逾期不改正的，责令停航。

第七十四条 违反本条例的规定，在内河通航水域的航道内养殖、种植植物、水生物或者设置永久性固定设施的，由海事管理机构责令限期改正；逾期不改正的，予以强制清除，因清除发生的费用由其所有人或者经营人承担。

第七十五条 违反本条例的规定，内河通航水域中的沉没物、漂流物、搁浅物的所有人或者经营人，未按照国家有关规定设置标志或者未在规定的时间内打捞清除的，由海事管理机构责令限期改正；逾期不改正的，海事管理机构强制设置标志或者组织打捞清除；需要立即组织打捞清除的，海事管理机构应当及时组织打捞清除。海事管理机构因设置标志或者打捞清除发生的费用，由沉没物、漂流物、搁浅物的所有人或者经营人承担。

第七十六条 违反本条例的规定，船舶、浮动设施遇险后未履行报告义务或者不积极施救的，由海事管理机构给予警告，并可以对责任船员给予暂扣适任证书或者其他适任证件3个月至6个月直至吊销适任证书或者其他适任证件的处罚。

第七十七条 违反本条例的规定，船舶、浮动设施发生内河交通事故的，除依法承担相应的法律责任外，由海事管理机构根据调查结论，对责任船员给予暂扣适任证书或者其他适任证件6个月以上直至吊销适任证书或者其他适任证件的处罚。

第七十八条 违反本条例的规定，遇险现场和附近的船舶、船员不服从海事管理机构的统一调度和指挥的，由海事管理机构给予警告，并可以对责任船员给予暂扣适任证书或者其他适任证件3个月至6个月直至吊销适任证书或者其他适任证件的处罚。

第七十九条 违反本条例的规定，伪造、变造、买卖、转借、冒用船舶检验证书、船舶登记证书、船员适任证书或者其他适任证件的，由海事管理机构没收有关的证书或者证件；有违法所得的，没收违法所得，并处违法所得2倍以上5倍以下的罚款；没有违法所得或者违法所得不足2万元的，处1万元以上5万元以下的罚款；触犯刑律的，依照刑法关于伪造、变造、买卖国家机关公文、证件罪或者其他罪的规定，依法追究刑事责任。

第八十条 违反本条例的规定，船舶、浮动设施的所有人或者经营人指使、强令船员违章操作的，由海事管理机构给予警告，处1万元以上5万元以下的罚款，并可以责令停航或者停止作业；造成重大伤亡事故或者严重后果的，依照刑法关于重大责任事故罪或者其他罪的规定，依法追究刑事责任。

第八十一条 违反本条例的规定，船舶在内河航行、停泊或者作业，不遵守航行、避让和信号显示规则的，由海事管理机构责令改正，处1000元以上1万元以下的罚款；情节严重的，对责任船员给予暂扣适任证书或者其他适任证件3个月至6个月直至吊销适任证书或者其他适任证件的处罚；造成重大内河交通事故的，依照刑法关于交通肇事罪或者其他罪的规定，依法追究刑事责任。

第八十二条 违反本条例的规定，船舶不具备安全技术条件从事货物、旅客运输，或者超载运输货物、旅客的，由海事管理机构责令改正，处2万元以上10万元以下的罚款，可以对责任船员给予暂扣适任证书或者其他适任证件6个月以上直至吊销适任证书或者其他适任证件的处罚，并对超载运输的船舶强制卸载，因卸载而发生的卸货费、存货费、旅客安置费和船舶监管费由船舶所有人或者经营人承担；发生重大伤亡事故或者造成其他严重后果的，依照刑法关于重大劳动安全事故罪或者其他罪的规定，依法追究刑事责任。

第八十三条 违反本条例的规定，船舶、浮动设施发生内河交通事故后逃逸的，由海事管理机构对责任船员给予吊销适任证书或者其他适任证件的处罚；证书或者证件吊销后，5年内不得重新从业；触犯刑律的，依照刑法关于交通肇事罪或者其他罪的规定，依法追究刑事责任。

第八十四条 违反本条例的规定，阻碍、妨碍内河交通事故调查取证，或者谎报、隐匿、毁灭证据的，由海事管理机构给予警告，并对直接责任人员处1000元以上1万元以下的罚款；属于船员的，并给予暂扣适任证书或者其他适任证件12个月以上直至吊销适任证书或者其他适任证件的处罚；以暴力、威胁方法阻碍内河交通事故调查取证的，依照刑法关于妨害公务罪的规定，依法追究刑事责任。

第八十五条 违反本条例的规定，海事管理机构不依据法定的安全条件进行审批、许可的，对负有责任的主管人员和其他直接责任人员根据不同情节，给予降级或者撤职的行政处分；造成重大内河交通事故或者致使公共财产、国家和人民利益遭受重大损失的，依照刑法关于滥用职权罪、玩忽职守罪或者其他罪的规定，依法追究刑事责任。

第八十六条 违反本条例的规定，海事管理机构对审批、许可的安全事项不实施监督检查的，对负有责任的主管人员和其他直接责任人员根据不同情节，给予记大过、降级或者撤职的行政处分；造成重大内河交通事故或者致使公共财产、国家和人民利益遭受重大损失的，依照刑法关于滥用职权罪、玩忽职守罪或者其他罪的规定，依法追究刑事责任。

第八十七条 违反本条例的规定，海事管理机构发现船舶、浮动设施不再具备安全航行、停泊、作业条件而不及时撤销批准或者许可并予以处理的，对负有责任的主管人员和其他直接责任人员根据不同情节，给予记大过、降级或者撤职的行政处分；造成重大内河交通事故或者致使公共财产、国家和人民利益遭受重大损失的，依照刑法关于滥用职权罪、玩忽职守罪或者其他罪的规定，依法追究刑事责任。

第八十八条 违反本条例的规定，海事管理机构对未经审批、许可擅自从事旅客、危险货物运输的船舶不实施监督检查，或者发现内河交通安全隐患不及时依法处理，或者对违法行为不依法予以处罚的，对负有责任的主管人员和其他直接责任人员根据不同情节，给予降级或者撤职的行政处分；造成重大内河交通事故或者致使公共财产、国家和人民利益遭受重大损失的，依照刑法关于滥用职权罪、玩忽职守罪或者其他罪的规定，依法追究刑事责任。

第八十九条 违反本条例的规定，渡口所在地县级人民政府指定的部门，有下列情形之一的，根据不同情节，对负有责任的主管人员和其他直接责任人员，给予降级或者撤职的行政处分；造成重大内河交通事故或者致使公共财产、国家和人民利益遭受重大损失的，依照刑法关于滥用职权罪、玩忽职守罪或者其他罪的规定，依法追究刑事责任：

（一）对县级人民政府批准的渡口不依法实施监督检查的；

（二）对未经县级人民政府批准擅自设立的渡口不予以查处的；

（三）对渡船超载、人与大牲畜混载、人与爆炸品、压缩气体和液化气体、易燃液体、易燃固体、自燃物品和遇湿易燃物品、氧化剂和有机过氧化物、有毒品和腐蚀品等危险品混载以及其他危及安全的行为不及时纠正并依法处理的。

第九十条 违反本条例的规定，触犯《中华人民共和国治安管理处罚法》，构成违反治安管理行为的，由公安机关给予治安管理处罚。

第十一章　附　　则

第九十一条 本条例下列用语的含义：

（一）内河通航水域，是指由海事管理机构认定的可供船舶航行的江、河、湖泊、水库、运河等水域。

（二）船舶，是指各类排水或者非排水的船、艇、筏、水上飞行器、潜水器、移动式平台以及其他水上移动装置。

（三）浮动设施，是指采用缆绳或者锚链等非刚性固定方式系固并漂浮或者潜于水中的建筑、装置。

（四）交通事故，是指船舶、浮动设施在内河通航水域发生的碰撞、触碰、触礁、浪损、搁浅、火灾、爆炸、沉没等引起人身伤亡和财产损失的事件。

第九十二条 军事船舶在内河通航水域航行，应当遵守内河航行、避让和信号显示规则。军事船舶的检验、登记和船员的考试、发证等管理办法，按照国家有关规定执行。

第九十三条 渔船的检验、登记以及进出渔港签证，渔船船员的考试、发证，渔船之间交通事故的调查处理，以及渔港水域内渔船的交通安全管理办法，由国务院渔业行政主管部门依据本条例另行规定。

第九十四条 城市园林水域水上交通安全管理的具体办法，由省、自治区、直辖市人民政府制定；但是，有关船舶检验、登记和船员管理，依照国家有关规定执行。

第九十五条 本条例自2002年8月1日起施行。1986年12月16日国务院发布的《中华人民共和国内河交通安全管理条例》同时废止。

生产安全事故报告和调查处理条例

（2007 年 3 月 28 日国务院第 172 次常务会议通过，
中华人民共和国国务院令　第 493 号）

第一章　总　　则

第一条　为了规范生产安全事故的报告和调查处理，落实生产安全事故责任追究制度，防止和减少生产安全事故，根据《中华人民共和国安全生产法》和有关法律，制定本条例。

第二条　生产经营活动中发生的造成人身伤亡或者直接经济损失的生产安全事故的报告和调查处理，适用本条例；环境污染事故、核设施事故、国防科研生产事故的报告和调查处理不适用本条例。

第三条　根据生产安全事故（以下简称事故）造成的人员伤亡或者直接经济损失，事故一般分为以下等级：

（一）特别重大事故，是指造成 30 人以上死亡，或者 100 人以上重伤（包括急性工业中毒，下同），或者 1 亿元以上直接经济损失的事故；

（二）重大事故，是指造成 10 人以上 30 人以下死亡，或者 50 人以上 100 人以下重伤，或者 5000 万元以上 1 亿元以下直接经济损失的事故；

（三）较大事故，是指造成 3 人以上 10 人以下死亡，或者 10 人以上 50 人以下重伤，或者 1000 万元以上 5000 万元以下直接经济损失的事故；

（四）一般事故，是指造成 3 人以下死亡，或者 10 人以下重伤，或者 1000 万元以下直接经济损失的事故。

国务院安全生产监督管理部门可以会同国务院有关部门，制定事故等级划分的补充性规定。

本条第一款所称的“以上”包括本数，所称的“以下”不包括本数。

第四条　事故报告应当及时、准确、完整，任何单位和个人对事故不得迟报、漏报、谎报或者瞒报。

事故调查处理应当坚持实事求是、尊重科学的原则，及时、准确地查清事故经过、事故原因和事故损失，查明事故性质，认定事故责任，总结事故教训，提出整改措施，并对事故责任者依法追究责任。

第五条　县级以上人民政府应当依照本条例的规定，严格履行职责，及时、准确地完成事故调查处理工作。

事故发生地有关地方人民政府应当支持、配合上级人民政府或者有关部门的事故调查处理工作，并提供必要的便利条件。

参加事故调查处理的部门和单位应当互相配合，提高事故调查处理工作的效率。

第六条 工会依法参加事故调查处理，有权向有关部门提出处理意见。

第七条 任何单位和个人不得阻挠和干涉对事故的报告和依法调查处理。

第八条 对事故报告和调查处理中的违法行为，任何单位和个人有权向安全生产监督管理部门、监察机关或者其他有关部门举报，接到举报的部门应当依法及时处理。

第二章 事故报告

第九条 事故发生后，事故现场有关人员应当立即向本单位负责人报告；单位负责人接到报告后，应当于1小时内向事故发生地县级以上人民政府安全生产监督管理部门和负有安全生产监督管理职责的有关部门报告。

情况紧急时，事故现场有关人员可以直接向事故发生地县级以上人民政府安全生产监督管理部门和负有安全生产监督管理职责的有关部门报告。

第十条 安全生产监督管理部门和负有安全生产监督管理职责的有关部门接到事故报告后，应当依照下列规定上报事故情况，并通知公安机关、劳动保障行政部门、工会和人民检察院：

（一）特别重大事故、重大事故逐级上报至国务院安全生产监督管理部门和负有安全生产监督管理职责的有关部门；

（二）较大事故逐级上报至省、自治区、直辖市人民政府安全生产监督管理部门和负有安全生产监督管理职责的有关部门；

（三）一般事故上报至设区的市级人民政府安全生产监督管理部门和负有安全生产监督管理职责的有关部门。

安全生产监督管理部门和负有安全生产监督管理职责的有关部门依照前款规定上报事故情况，应当同时报告本级人民政府。国务院安全生产监督管理部门和负有安全生产监督管理职责的有关部门以及省级人民政府接到发生特别重大事故、重大事故的报告后，应当立即报告国务院。

必要时，安全生产监督管理部门和负有安全生产监督管理职责的有关部门可以越级上报事故情况。

第十一条 安全生产监督管理部门和负有安全生产监督管理职责的有关部门逐级上报事故情况，每级上报的时间不得超过2小时。

第十二条 报告事故应当包括下列内容：

（一）事故发生单位概况；

（二）事故发生的时间、地点以及事故现场情况；

（三）事故的简要经过；

（四）事故已经造成或者可能造成的伤亡人数（包括下落不明的人数）和初步估计的直

接经济损失；

（五）已经采取的措施；

（六）其他应当报告的情况。

第十三条 事故报告后出现新情况的，应当及时补报。

自事故发生之日起30日内，事故造成的伤亡人数发生变化的，应当及时补报。道路交通事故、火灾事故自发生之日起7日内，事故造成的伤亡人数发生变化的，应当及时补报。

第十四条 事故发生单位负责人接到事故报告后，应当立即启动事故相应应急预案，或者采取有效措施，组织抢救，防止事故扩大，减少人员伤亡和财产损失。

第十五条 事故发生地有关地方人民政府、安全生产监督管理部门和负有安全生产监督管理职责的有关部门接到事故报告后，其负责人应当立即赶赴事故现场，组织事故救援。

第十六条 事故发生后，有关单位和人员应当妥善保护事故现场以及相关证据，任何单位和个人不得破坏事故现场、毁灭相关证据。

因抢救人员、防止事故扩大以及疏通交通等原因，需要移动事故现场物件的，应当做出标志，绘制现场简图并做出书面记录，妥善保存现场重要痕迹、物证。

第十七条 事故发生地公安机关根据事故的情况，对涉嫌犯罪的，应当依法立案侦查，采取强制措施和侦查措施。犯罪嫌疑人逃匿的，公安机关应当迅速追捕归案。

第十八条 安全生产监督管理部门和负有安全生产监督管理职责的有关部门应当建立值班制度，并向社会公布值班电话，受理事故报告和举报。

第三章 事故调查

第十九条 特别重大事故由国务院或者国务院授权有关部门组织事故调查组进行调查。

重大事故、较大事故、一般事故分别由事故发生地省级人民政府、设区的市级人民政府、县级人民政府负责调查。省级人民政府、设区的市级人民政府、县级人民政府可以直接组织事故调查组进行调查，也可以授权或者委托有关部门组织事故调查组进行调查。

未造成人员伤亡的一般事故，县级人民政府也可以委托事故发生单位组织事故调查组进行调查。

第二十条 上级人民政府认为必要时，可以调查由下级人民政府负责调查的事故。

自事故发生之日起30日内（道路交通事故、火灾事故自发生之日起7日内），因事故伤亡人数变化导致事故等级发生变化，依照本条例规定应当由上级人民政府负责调查的，上级人民政府可以另行组织事故调查组进行调查。

第二十一条 特别重大事故以下等级事故，事故发生地与事故发生单位不在同一个县级以上行政区域的，由事故发生地人民政府负责调查，事故发生单位所在地人民政府应当派人参加。

第二十二条 事故调查组的组成应当遵循精简、效能的原则。

根据事故的具体情况，事故调查组由有关人民政府、安全生产监督管理部门、负有安全生产监督管理职责的有关部门、监察机关、公安机关以及工会派人组成，并应当邀请人民检察院派人参加。

事故调查组可以聘请有关专家参与调查。

第二十三条 事故调查组成员应当具有事故调查所需要的知识和专长，并与所调查的事故没有直接利害关系。

第二十四条 事故调查组组长由负责事故调查的人民政府指定。事故调查组组长主持事故调查组的工作。

第二十五条 事故调查组履行下列职责：

（一）查明事故发生的经过、原因、人员伤亡情况及直接经济损失；

（二）认定事故的性质和事故责任；

（三）提出对事故责任者的处理建议；

（四）总结事故教训，提出防范和整改措施；

（五）提交事故调查报告。

第二十六条 事故调查组有权向有关单位和个人了解与事故有关的情况，并要求其提供相关文件、资料，有关单位和个人不得拒绝。

事故发生单位的负责人和有关人员在事故调查期间不得擅离职守，并应当随时接受事故调查组的询问，如实提供有关情况。

事故调查中发现涉嫌犯罪的，事故调查组应当及时将有关材料或者其复印件移交司法机关处理。

第二十七条 事故调查中需要进行技术鉴定的，事故调查组应当委托具有国家规定资质的单位进行技术鉴定。必要时，事故调查组可以直接组织专家进行技术鉴定。技术鉴定所需时间不计入事故调查期限。

第二十八条 事故调查组成员在事故调查工作中应当诚信公正、恪尽职守，遵守事故调查组的纪律，保守事故调查的秘密。

未经事故调查组组长允许，事故调查组成员不得擅自发布有关事故的信息。

第二十九条 事故调查组应当自事故发生之日起60日内提交事故调查报告；特殊情况下，经负责事故调查的人民政府批准，提交事故调查报告的期限可以适当延长，但延长的期限最长不超过60日。

第三十条 事故调查报告应当包括下列内容：

（一）事故发生单位概况；

（二）事故发生经过和事故救援情况；

（三）事故造成的人员伤亡和直接经济损失；

（四）事故发生的原因和事故性质；

（五）事故责任的认定以及对事故责任者的处理建议；

（六）事故防范和整改措施。

事故调查报告应当附具有关证据材料。事故调查组成员应当在事故调查报告上签名。

第三十一条 事故调查报告报送负责事故调查的人民政府后，事故调查工作即告结束。事故调查的有关资料应当归档保存。

第四章 事故处理

第三十二条 重大事故、较大事故、一般事故，负责事故调查的人民政府应当自收到事故调查报告之日起15日内做出批复；特别重大事故，30日内做出批复，特殊情况下，批复时间可以适当延长，但延长的时间最长不超过30日。

有关机关应当按照人民政府的批复，依照法律、行政法规规定的权限和程序，对事故发生单位和有关人员进行行政处罚，对负有事故责任的国家工作人员进行处分。

事故发生单位应当按照负责事故调查的人民政府的批复，对本单位负有事故责任的人员进行处理。

负有事故责任的人员涉嫌犯罪的，依法追究刑事责任。

第三十三条 事故发生单位应当认真吸取事故教训，落实防范和整改措施，防止事故再次发生。防范和整改措施的落实情况应当接受工会和职工的监督。

安全生产监督管理部门和负有安全生产监督管理职责的有关部门应当对事故发生单位落实防范和整改措施的情况进行监督检查。

第三十四条 事故处理的情况由负责事故调查的人民政府或者其授权的有关部门、机构向社会公布，依法应当保密的除外。

第五章 法律责任

第三十五条 事故发生单位主要负责人有下列行为之一的，处上一年年收入40%至80%的罚款；属于国家工作人员的，并依法给予处分；构成犯罪的，依法追究刑事责任：

（一）不立即组织事故抢救的；

（二）迟报或者漏报事故的；

（三）在事故调查处理期间擅离职守的。

第三十六条 事故发生单位及其有关人员有下列行为之一的，对事故发生单位处100万元以上500万元以下的罚款；对主要负责人、直接负责的主管人员和其他直接责任人员处上一年年收入60%至100%的罚款；属于国家工作人员的，并依法给予处分；构成违反治安管理行为的，由公安机关依法给予治安管理处罚；构成犯罪的，依法追究刑事责任：

（一）谎报或者瞒报事故的；

（二）伪造或者故意破坏事故现场的；

（三）转移、隐匿资金、财产，或者销毁有关证据、资料的；

（四）拒绝接受调查或者拒绝提供有关情况和资料的；

(五)在事故调查中作伪证或者指使他人作伪证的;

(六)事故发生后逃匿的。

第三十七条 事故发生单位对事故发生负有责任的,依照下列规定处以罚款:

(一)发生一般事故的,处10万元以上20万元以下的罚款;

(二)发生较大事故的,处20万元以上50万元以下的罚款;

(三)发生重大事故的,处50万元以上200万元以下的罚款;

(四)发生特别重大事故的,处200万元以上500万元以下的罚款。

第三十八条 事故发生单位主要负责人未依法履行安全生产管理职责,导致事故发生的,依照下列规定处以罚款;属于国家工作人员的,并依法给予处分;构成犯罪的,依法追究刑事责任:

(一)发生一般事故的,处上一年年收入30%的罚款;

(二)发生较大事故的,处上一年年收入40%的罚款;

(三)发生重大事故的,处上一年年收入60%的罚款;

(四)发生特别重大事故的,处上一年年收入80%的罚款。

第三十九条 有关地方人民政府、安全生产监督管理部门和负有安全生产监督管理职责的有关部门有下列行为之一的,对直接负责的主管人员和其他直接责任人员依法给予处分;构成犯罪的,依法追究刑事责任:

(一)不立即组织事故抢救的;

(二)迟报、漏报、谎报或者瞒报事故的;

(三)阻碍、干涉事故调查工作的;

(四)在事故调查中作伪证或者指使他人作伪证的。

第四十条 事故发生单位对事故发生负有责任的,由有关部门依法暂扣或者吊销其有关证照;对事故发生单位负有事故责任的有关人员,依法暂停或者撤销其与安全生产有关的执业资格、岗位证书;事故发生单位主要负责人受到刑事处罚或者撤职处分的,自刑罚执行完毕或者受处分之日起,5年内不得担任任何生产经营单位的主要负责人。

为发生事故的单位提供虚假证明的中介机构,由有关部门依法暂扣或者吊销其有关证照及其相关人员的执业资格;构成犯罪的,依法追究刑事责任。

第四十一条 参与事故调查的人员在事故调查中有下列行为之一的,依法给予处分;构成犯罪的,依法追究刑事责任:

(一)对事故调查工作不负责任,致使事故调查工作有重大疏漏的;

(二)包庇、袒护负有事故责任的人员或者借机打击报复的。

第四十二条 违反本条例规定,有关地方人民政府或者有关部门故意拖延或者拒绝落实经批复的对事故责任人的处理意见的,由监察机关对有关责任人员依法给予处分。

第四十三条 本条例规定的罚款的行政处罚,由安全生产监督管理部门决定。

法律、行政法规对行政处罚的种类、幅度和决定机关另有规定的,依照其规定。

第六章　附　　则

第四十四条　没有造成人员伤亡,但是社会影响恶劣的事故,国务院或者有关地方人民政府认为需要调查处理的,依照本条例的有关规定执行。

国家机关、事业单位、人民团体发生的事故的报告和调查处理,参照本条例的规定执行。

第四十五条　特别重大事故以下等级事故的报告和调查处理,有关法律、行政法规或者国务院另有规定的,依照其规定。

第四十六条　本条例自2007年6月1日起施行。国务院1989年3月29日公布的《特别重大事故调查程序暂行规定》和1991年2月22日公布的《企业职工伤亡事故报告和处理规定》同时废止。

中华人民共和国船员条例

（2007 年 3 月 28 日国务院第 172 次常务会议通过，中华人民共和国国务院令　第 494 号；
依据 2013 年 7 月 18 日《国务院关于废止和修改部分行政法规的决定》修订，
中华人民共和国国务院令　第 638 号；依据 2013 年 12 月 7 日《国务院关于
修改部分行政法规的决定》修订，中华人民共和国国务院令　第 645 号；
依据 2014 年 7 月 9 日国务院第 54 次常务会议《国务院关于修改部分行政
法规的决定》修订，中华人民共和国国务院令　第 653 号）

第一章　总　　则

第一条　为了加强船员管理，提高船员素质，维护船员的合法权益，保障水上交通安全，保护水域环境，制定本条例。

第二条　中华人民共和国境内的船员注册、任职、培训、职业保障以及提供船员服务等活动，适用本条例。

第三条　国务院交通主管部门主管全国船员管理工作。

国家海事管理机构依照本条例负责统一实施船员管理工作。

负责管理中央管辖水域的海事管理机构和负责管理其他水域的地方海事管理机构（以下统称海事管理机构），依照各自职责具体负责船员管理工作。

第二章　船员注册和任职资格

第四条　本条例所称船员，是指依照本条例的规定经船员注册取得船员服务簿的人员，包括船长、高级船员、普通船员。

本条例所称船长，是指依照本条例的规定取得船长任职资格，负责管理和指挥船舶的人员。

本条例所称高级船员，是指依照本条例的规定取得相应任职资格的大副、二副、三副、轮机长、大管轮、二管轮、三管轮、通信人员以及其他在船舶上任职的高级技术或者管理人员。

本条例所称普通船员，是指除船长、高级船员外的其他船员。

第五条　申请船员注册，应当具备下列条件：

（一）年满 18 周岁（在船实习、见习人员年满 16 周岁）但不超过 60 周岁；

（二）符合船员健康要求；

（三）经过船员基本安全培训，并经海事管理机构考试合格。

申请注册国际航行船舶船员的，还应当通过船员专业外语考试。

第六条 申请船员注册，可以由申请人或者其代理人向任何海事管理机构提出书面申请，并附送申请人符合本条例第五条规定条件的证明材料。

海事管理机构应当自受理船员注册申请之日起10日内做出注册或者不予注册的决定。对符合本条例第五条规定条件的，应当给予注册，发给船员服务簿，但是申请人被依法吊销船员服务簿未满5年的，不予注册。

第七条 船员服务簿是船员的职业身份证件，应当载明船员的姓名、住所、联系人、联系方式以及其他有关事项。

船员服务簿记载的事项发生变更的，船员应当向海事管理机构办理变更手续。

第八条 船员有下列情形之一的，海事管理机构应当注销船员注册，并予以公告：

（一）死亡或者被宣告失踪的；

（二）丧失民事行为能力的；

（三）被依法吊销船员服务簿的；

（四）本人申请注销注册的。

第九条 参加航行和轮机值班的船员，应当依照本条例的规定取得相应的船员适任证书。

申请船员适任证书，应当具备下列条件：

（一）已经取得船员服务簿；

（二）符合船员任职岗位健康要求；

（三）经过相应的船员适任培训、特殊培训；

（四）具备相应的船员任职资历，并且任职表现和安全记录良好。

第十条 申请船员适任证书，应当向海事管理机构提出书面申请，并附送申请人符合本条例第九条规定条件的证明材料。对符合规定条件并通过国家海事管理机构组织的船员任职考试的，海事管理机构应当发给相应的船员适任证书。

第十一条 船员适任证书应当注明船员适任的航区（线）、船舶类别和等级、职务以及有效期限等事项。

船员适任证书的有效期不超过5年。

第十二条 中国籍船舶的船长应当由中国籍船员担任。

第十三条 中国籍船舶在境外遇有不可抗力或者其他特殊情况，无法满足船舶最低安全配员要求，需要由本船下一级船员临时担任上一级职务时，应当向海事管理机构提出申请。海事管理机构根据拟担任上一级船员职务船员的任职资历、任职表现和安全记录，出具相应的证明文件。

第十四条 曾经在军用船舶、渔业船舶上工作的人员，或者持有其他国家、地区船员适任证书的船员，依照本条例的规定申请船员适任证书的，海事管理机构可以免除船员培训和考试的相应内容。具体办法由国务院交通主管部门另行规定。

第十五条 以海员身份出入国境和在国外船舶上从事工作的中国籍船员，应当向国家海事管理机构指定的海事管理机构申请中华人民共和国海员证。

申请中华人民共和国海员证，应当符合下列条件：

（一）是中华人民共和国公民；

（二）持有国际航行船舶船员适任证书或者有确定的船员出境任务；

（三）无法律、行政法规规定禁止出境的情形。

第十六条 海事管理机构应当自受理申请之日起7日内做出批准或者不予批准的决定。予以批准的，发给中华人民共和国海员证；不予批准的，应当书面通知申请人并说明理由。

第十七条 中华人民共和国海员证是中国籍船员在境外执行任务时表明其中华人民共和国公民身份的证件。中华人民共和国海员证遗失、被盗或者损毁的，应当向海事管理机构申请补发。船员在境外的，应当向中华人民共和国驻外使馆、领馆申请补发。

中华人民共和国海员证的有效期不超过5年。

第十八条 持有中华人民共和国海员证的船员，在其他国家、地区享有按照当地法律、有关国际条约以及中华人民共和国与有关国家签订的海运或者航运协定规定的权利和通行便利。

第十九条 在中国籍船舶上工作的外国籍船员，应当依照法律、行政法规和国家其他有关规定取得就业许可，并持有国务院交通主管部门规定的相应证书和其所属国政府签发的相关身份证件。

在中华人民共和国管辖水域航行、停泊、作业的外国籍船舶上任职的外国籍船员，应当持有中华人民共和国缔结或者加入的国际条约规定的相应证书和其所属国政府签发的相关身份证件。

第三章　船员职责

第二十条 船员在船工作期间，应当符合下列要求：

（一）携带本条例规定的有效证件；

（二）掌握船舶的适航状况和航线的通航保障情况，以及有关航区气象、海况等必要的信息；

（三）遵守船舶的管理制度和值班规定，按照水上交通安全和防治船舶污染的操作规则操纵、控制和管理船舶，如实填写有关船舶法定文书，不得隐匿、篡改或者销毁有关船舶法定证书、文书；

（四）参加船舶应急训练、演习，按照船舶应急部署的要求，落实各项应急预防措施；

（五）遵守船舶报告制度，发现或者发生险情、事故、保安事件或者影响航行安全的情况，应当及时报告；

（六）在不严重危及自身安全的情况下，尽力救助遇险人员；

（七）不得利用船舶私载旅客、货物，不得携带违禁物品。

第二十一条 船长在其职权范围内发布的命令，船舶上所有人员必须执行。

高级船员应当组织下属船员执行船长命令，督促下属船员履行职责。

第二十二条 船长管理和指挥船舶时，应当符合下列要求：

（一）保证船舶和船员携带符合法定要求的证书、文书以及有关航行资料；

（二）制订船舶应急计划并保证其有效实施；

（三）保证船舶和船员在开航时处于适航、适任状态，按照规定保障船舶的最低安全配员，保证船舶的正常值班；

（四）执行海事管理机构有关水上交通安全和防治船舶污染的指令，船舶发生水上交通事故或者污染事故的，向海事管理机构提交事故报告；

（五）对本船船员进行日常训练和考核，在本船船员的船员服务簿内如实记载船员的服务资历和任职表现；

（六）船舶进港、出港、靠泊、离泊，通过交通密集区、危险航区等区域，或者遇有恶劣天气和海况，或者发生水上交通事故、船舶污染事故、船舶保安事件以及其他紧急情况时，应当在驾驶台值班，必要时应当直接指挥船舶；

（七）保障船舶上人员和临时上船人员的安全；

（八）船舶发生事故，危及船舶上人员和财产安全时，应当组织船员和船舶上其他人员尽力施救；

（九）弃船时，应当采取一切措施，首先组织旅客安全离船，然后安排船员离船，船长应当最后离船，在离船前，船长应当指挥船员尽力抢救航海日志、机舱日志、油类记录簿、无线电台日志、本航次使用过的航行图和文件，以及贵重物品、邮件和现金。

第二十三条 船长、高级船员在航次中，不得擅自辞职、离职或者中止职务。

第二十四条 船长在保障水上人身与财产安全、船舶保安、防治船舶污染水域方面，具有独立决定权，并负有最终责任。

船长为履行职责，可以行使下列权力：

（一）决定船舶的航次计划，对不具备船舶安全航行条件的，可以拒绝开航或者续航；

（二）对船员用人单位或者船舶所有人下达的违法指令，或者可能危及有关人员、财产和船舶安全或者可能造成水域环境污染的指令，可以拒绝执行；

（三）发现引航员的操纵指令可能对船舶航行安全构成威胁或者可能造成水域环境污染时，应当及时纠正、制止，必要时可以要求更换引航员；

（四）当船舶遇险并严重危及船舶上人员的生命安全时，船长可以决定撤离船舶；

（五）在船舶的沉没、毁灭不可避免的情况下，船长可以决定弃船，但是，除紧急情况外，应当报经船舶所有人同意；

（六）对不称职的船员，可以责令其离岗。

船舶在海上航行时，船长为保障船舶上人员和船舶的安全，可以依照法律的规定对在船舶上进行违法、犯罪活动的人采取禁闭或者其他必要措施。

第四章　船员职业保障

第二十五条　船员用人单位和船员应当按照国家有关规定参加工伤保险、医疗保险、养老保险、失业保险以及其他社会保险,并依法按时足额缴纳各项保险费用。

船员用人单位应当为在驶往或者驶经战区、疫区或者运输有毒、有害物质的船舶上工作的船员,办理专门的人身、健康保险,并提供相应的防护措施。

第二十六条　船舶上船员生活和工作的场所,应当符合国家船舶检验规范中有关船员生活环境、作业安全和防护的要求。

船员用人单位应当为船员提供必要的生活用品、防护用品、医疗用品,建立船员健康档案,并为船员定期进行健康检查,防治职业疾病。

船员在船工作期间患病或者受伤的,船员用人单位应当及时给予救治;船员失踪或者死亡的,船员用人单位应当及时做好相应的善后工作。

第二十七条　船员用人单位应当依照有关劳动合同的法律、法规和中华人民共和国缔结或者加入的有关船员劳动与社会保障国际条约的规定,与船员订立劳动合同。

船员用人单位不得招用未取得本条例规定证件的人员上船工作。

第二十八条　船员工会组织应当加强对船员合法权益的保护,指导、帮助船员与船员用人单位订立劳动合同。

第二十九条　船员用人单位应当根据船员职业的风险性、艰苦性、流动性等因素,向船员支付合理的工资,并按时足额发放给船员。任何单位和个人不得克扣船员的工资。

船员用人单位应当向在劳动合同有效期内的待派船员,支付不低于船员用人单位所在地人民政府公布的最低工资。

第三十条　船员在船工作时间应当符合国务院交通主管部门规定的标准,不得疲劳值班。

船员除享有国家法定节假日的假期外,还享有在船舶上每工作 2 个月不少于 5 日的年休假。

船员用人单位应当在船员年休假期间,向其支付不低于该船员在船工作期间平均工资的报酬。

第三十一条　船员在船工作期间,有下列情形之一的,可以要求遣返:

(一)船员的劳动合同终止或者依法解除的;

(二)船员不具备履行船上岗位职责能力的;

(三)船舶灭失的;

(四)未经船员同意,船舶驶往战区、疫区的;

(五)由于破产、变卖船舶、改变船舶登记或者其他原因,船员用人单位、船舶所有人不能继续履行对船员的法定或者约定义务的。

第三十二条　船员可以从下列地点中选择遣返地点:

（一）船员接受招用的地点或者上船任职的地点；

（二）船员的居住地、户籍所在地或者船籍登记国；

（三）船员与船员用人单位或者船舶所有人约定的地点。

第三十三条　船员的遣返费用由船员用人单位支付。遣返费用包括船员乘坐交通工具的费用、旅途中合理的食宿及医疗费用和30公斤行李的运输费用。

第三十四条　船员的遣返权利受到侵害的，船员当时所在地民政部门或者中华人民共和国驻境外领事机构，应当向船员提供援助；必要时，可以直接安排船员遣返。民政部门或者中华人民共和国驻境外领事机构为船员遣返所垫付的费用，船员用人单位应当及时返还。

第五章　船员培训和船员服务

第三十五条　申请在船舶上工作的船员，应当按照国务院交通主管部门的规定，完成相应的船员基本安全培训、船员适任培训。

在危险品船、客船等特殊船舶上工作的船员，还应当完成相应的特殊培训。

第三十六条　依法设立的培训机构从事船员培训，应当符合下列条件：

（一）有符合船员培训要求的场地、设施和设备；

（二）有与船员培训相适应的教学人员、管理人员；

（三）有健全的船员培训管理制度、安全防护制度；

（四）有符合国务院交通主管部门规定的船员培训质量控制体系。

第三十七条　依法设立的培训机构从事船员培训业务，应当向国家海事管理机构提出申请，并附送符合本条例第三十六条规定条件的证明材料。

国家海事管理机构应当自受理申请之日起30日内，做出批准或者不予批准的决定。予以批准的，发给船员培训许可证；不予批准的，书面通知申请人并说明理由。

第三十八条　从事船员培训业务的机构，应当按照国务院交通主管部门规定的船员培训大纲和水上交通安全、防治船舶污染、船舶保安等要求，在核定的范围内开展船员培训，确保船员培训质量。

第三十九条　从事代理海洋船舶船员办理申请培训、考试、申领证书（包括外国海洋船舶船员证书）等有关手续，代理海洋船舶船员用人单位管理船员事务，提供海洋船舶配员等海洋船舶船员服务业务的机构，应当符合下列条件：

（一）在中华人民共和国境内依法设立的法人；

（二）有2名以上具有高级船员任职资历的管理人员；

（三）有符合国务院交通主管部门规定的船员服务管理制度；

（四）具有与所从事业务相适应的服务能力。

第四十条　从事船员服务业务的机构（以下简称船员服务机构），应当向海事管理机构提交书面申请，并附送符合本条例第三十九条规定条件的证明材料。

海事管理机构应当自受理申请之日起30日内做出批准或者不予批准的决定。予以批准的,发给相应的批准文件;不予批准的,书面通知申请人并说明理由。

第四十一条 从事内河船舶、海洋船舶船员服务业务的机构(以下简称船员服务机构)应当建立船员档案,加强船舶配员管理,掌握船员的培训、任职资历、安全记录、健康状况等情况,并将上述情况定期报海事管理机构备案。

船员用人单位直接招用船员的,应当遵守前款的规定。

第四十二条 船员服务机构应当向社会公布服务项目和收费标准。

第四十三条 船员服务机构为船员提供服务,应当诚实守信,不得提供虚假信息,不得损害船员的合法权益。

第四十四条 船员服务机构为船员用人单位提供船舶配员服务,应当督促船员用人单位与船员依法订立劳动合同。船员用人单位未与船员依法订立劳动合同的,船员服务机构应当终止向船员用人单位提供船员服务。

船员服务机构为船员用人单位提供的船员失踪或者死亡的,船员服务机构应当配合船员用人单位做好善后工作。

第六章 监督检查

第四十五条 海事管理机构应当建立健全船员管理的监督检查制度,重点加强对船员注册、任职资格、履行职责、安全记录,船员培训机构培训质量,船员服务机构诚实守信以及船员用人单位保护船员合法权益等情况的监督检查,督促船员用人单位、船舶所有人以及相关的机构建立健全船员在船舶上的人身安全、卫生、健康和劳动安全保障制度,落实相应的保障措施。

第四十六条 海事管理机构对船员实施监督检查时,应当查验船员必须携带的证件的有效性,检查船员履行职责的情况,必要时可以进行现场考核。

第四十七条 依照本条例的规定,取得船员服务簿、船员适任证书、中华人民共和国海员证的船员以及取得从事船员培训业务许可、海洋船舶船员服务业务许可的机构,不再具备规定条件的,由海事管理机构责令限期改正;拒不改正或者无法改正的,海事管理机构应当撤销相应的行政许可决定,并依法办理有关行政许可的注销手续。

第四十八条 海事管理机构对有违反水上交通安全和防治船舶污染水域法律、行政法规行为的船员,除依法给予行政处罚外,实行累计记分制度。海事管理机构对累计记分达到规定分值的船员,应当扣留船员适任证书,责令其参加水上交通安全、防治船舶污染等有关法律、行政法规的培训并进行相应的考试;考试合格的,发还其船员适任证书。

第四十九条 船舶违反本条例和有关法律、行政法规规定的,海事管理机构应当责令限期改正;在规定期限内未能改正的,海事管理机构可以禁止船舶离港或者限制船舶航行、停泊、作业。

第五十条 海事管理机构实施监督检查时,应当有 2 名以上执法人员参加,并出示有效的执法证件。

海事管理机构实施监督检查,可以询问当事人,向有关单位或者个人了解情况,查阅、复制有关资料,并保守被调查单位或者个人的商业秘密。

接受海事管理机构监督检查的有关单位或者个人,应当如实提供有关资料或者情况。

第五十一条 海事管理机构应当公开管理事项、办事程序、举报电话号码、通信地址、电子邮件信箱等信息,自觉接受社会的监督。

第五十二条 劳动保障行政部门应当加强对船员用人单位遵守劳动和社会保障的法律、法规和国家其他有关规定情况的监督检查。

第七章 法律责任

第五十三条 违反本条例的规定,以欺骗、贿赂等不正当手段取得船员服务簿、船员适任证书、船员培训合格证书、中华人民共和国海员证的,由海事管理机构吊销有关证件,并处2000元以上2万元以下罚款。

第五十四条 违反本条例的规定,伪造、变造或者买卖船员服务簿、船员适任证书、船员培训合格证书、中华人民共和国海员证的,由海事管理机构收缴有关证件,处2万元以上10万元以下罚款,有违法所得的,还应当没收违法所得。

第五十五条 违反本条例的规定,船员服务簿记载的事项发生变更,船员未办理变更手续的,由海事管理机构责令改正,可以处1000元以下罚款。

第五十六条 违反本条例的规定,船员在船工作期间未携带本条例规定的有效证件的,由海事管理机构责令改正,可以处2000元以下罚款。

第五十七条 违反本条例的规定,船员有下列情形之一的,由海事管理机构处1000元以上1万元以下罚款;情节严重的,并给予暂扣船员服务簿、船员适任证书6个月以上2年以下直至吊销船员服务簿、船员适任证书的处罚:

(一)未遵守值班规定擅自离开工作岗位的;

(二)未按照水上交通安全和防治船舶污染操作规则操纵、控制和管理船舶的;

(三)发现或者发生险情、事故、保安事件或者影响航行安全的情况未及时报告的;

(四)未如实填写或者记载有关船舶法定文书的;

(五)隐匿、篡改或者销毁有关船舶法定证书、文书的;

(六)不依法履行救助义务或者肇事逃逸的;

(七)利用船舶私载旅客、货物或者携带违禁物品的。

第五十八条 违反本条例的规定,船长有下列情形之一的,由海事管理机构处2000元以上2万元以下罚款;情节严重的,并给予暂扣船员适任证书6个月以上2年以下直至吊销船员适任证书的处罚:

(一)未保证船舶和船员携带符合法定要求的证书、文书以及有关航行资料的;

(二)未保证船舶和船员在开航时处于适航、适任状态,或者未按照规定保障船舶的最低安全配员,或者未保证船舶的正常值班的;

（三）未在船员服务簿内如实记载船员的服务资历和任职表现的；

（四）船舶进港、出港、靠泊、离泊，通过交通密集区、危险航区等区域，或者遇有恶劣天气和海况，或者发生水上交通事故、船舶污染事故、船舶保安事件以及其他紧急情况时，未在驾驶台值班的；

（五）在弃船或者撤离船舶时未最后离船的。

第五十九条 船员适任证书被吊销的，自被吊销之日起2年内，不得申请船员适任证书。

第六十条 违反本条例的规定，船员用人单位、船舶所有人有下列行为之一的，由海事管理机构责令改正，处3万元以上15万元以下罚款：

（一）招用未依照本条例规定取得相应有效证件的人员上船工作的；

（二）中国籍船舶擅自招用外国籍船员担任船长的；

（三）船员在船舶上生活和工作的场所不符合国家船舶检验规范中有关船员生活环境、作业安全和防护要求的；

（四）不履行遣返义务的；

（五）船员在船工作期间患病或者受伤，未及时给予救治的。

第六十一条 违反本条例的规定，未取得船员培训许可证擅自从事船员培训的，由海事管理机构责令改正，处5万元以上25万元以下罚款，有违法所得的，还应当没收违法所得。

第六十二条 违反本条例的规定，船员培训机构不按照国务院交通主管部门规定的培训大纲和水上交通安全、防治船舶污染等要求，进行培训的，由海事管理机构责令改正，可以处2万元以上10万元以下罚款；情节严重的，给予暂扣船员培训许可证6个月以上2年以下直至吊销船员培训许可证的处罚。

第六十三条 违反本条例的规定，未经批准擅自从事海洋船舶船员服务的，由海事管理机构责令改正，处5万元以上25万元以下罚款，有违法所得的，还应当没收违法所得。

第六十四条 违反本条例的规定，船员服务机构和船员用人单位未将其招用或者管理的船员的有关情况定期报海事管理机构备案的，由海事管理机构责令改正，处5000元以上2万元以下罚款。

第六十五条 违反本条例的规定，船员服务机构在提供船员服务时，提供虚假信息，欺诈船员的，由海事管理机构责令改正，处3万元以上15万元以下罚款；情节严重的，并给予暂停船员服务6个月以上2年以下直至吊销船员服务许可的处罚。

第六十六条 违反本条例的规定，船员服务机构在船员用人单位未与船员订立劳动合同的情况下，向船员用人单位提供船员的，由海事管理机构责令改正，处5万元以上25万元以下罚款；情节严重的，给予暂停船员服务6个月以上2年以下直至吊销船员服务许可的处罚。

第六十七条 海事管理机构工作人员有下列情形之一的，依法给予处分：

（一）违反规定签发船员服务簿、船员适任证书、中华人民共和国海员证，或者违反规定批准船员培训机构、海洋船舶船员服务机构从事相关活动的；

（二）不依法履行监督检查职责的；

（三）不依法实施行政强制或者行政处罚的；

（四）滥用职权、玩忽职守的其他行为。

第六十八条 违反本条例的规定，情节严重，构成犯罪的，依法追究刑事责任。

第八章 附 则

第六十九条 申请参加取得船员服务簿、船员适任证书考试，应当按照国家有关规定交纳考试费用。

第七十条 引航员的培训和任职资格依照本条例有关船员培训和任职资格的规定执行。具体办法由国务院交通主管部门制订。

第七十一条 军用船舶船员的管理，按照国家和军队有关规定执行。

渔业船员的管理由国务院渔业行政主管部门负责，具体管理办法由国务院渔业行政主管部门参照本条例另行规定。

第七十二条 除本条例对船员用人单位及船员的劳动和社会保障有特别规定外，船员用人单位及船员应当执行有关劳动和社会保障的法律、行政法规以及国家有关规定。

船员专业技术职称的取得和专业技术职务的聘任工作，按照国家有关规定实施。

第七十三条 本条例自2007年9月1日起施行。

中华人民共和国劳动合同法实施条例

(2008年9月3日国务院第25次常务会议通过,
中华人民共和国国务院令　第535号)

第一章　总　　则

第一条　为了贯彻实施《中华人民共和国劳动合同法》(以下简称劳动合同法),制定本条例。

第二条　各级人民政府和县级以上人民政府劳动行政等有关部门以及工会等组织,应当采取措施,推动劳动合同法的贯彻实施,促进劳动关系的和谐。

第三条　依法成立的会计师事务所、律师事务所等合伙组织和基金会,属于劳动合同法规定的用人单位。

第二章　劳动合同的订立

第四条　劳动合同法规定的用人单位设立的分支机构,依法取得营业执照或者登记证书的,可以作为用人单位与劳动者订立劳动合同;未依法取得营业执照或者登记证书的,受用人单位委托可以与劳动者订立劳动合同。

第五条　自用工之日起一个月内,经用人单位书面通知后,劳动者不与用人单位订立书面劳动合同的,用人单位应当书面通知劳动者终止劳动关系,无需向劳动者支付经济补偿,但是应当依法向劳动者支付其实际工作时间的劳动报酬。

第六条　用人单位自用工之日起超过一个月不满一年未与劳动者订立书面劳动合同的,应当依照劳动合同法第八十二条的规定向劳动者每月支付两倍的工资,并与劳动者补订书面劳动合同;劳动者不与用人单位订立书面劳动合同的,用人单位应当书面通知劳动者终止劳动关系,并依照劳动合同法第四十七条的规定支付经济补偿。

前款规定的用人单位向劳动者每月支付两倍工资的起算时间为用工之日起满一个月的次日,截止时间为补订书面劳动合同的前一日。

第七条　用人单位自用工之日起满一年未与劳动者订立书面劳动合同的,自用工之日起满一个月的次日至满一年的前一日应当依照劳动合同法第八十二条的规定向劳动者每月支付两倍的工资,并视为自用工之日起满一年的当日已经与劳动者订立无固定期限劳动合同,应当立即与劳动者补订书面劳动合同。

第八条　劳动合同法第七条规定的职工名册,应当包括劳动者姓名、性别、公民身份号码、户籍地址及现住址、联系方式、用工形式、用工起始时间、劳动合同期限等内容。

第九条 劳动合同法第十四条第二款规定的连续工作满 10 年的起始时间，应当自用人单位用工之日起计算，包括劳动合同法施行前的工作年限。

第十条 劳动者非因本人原因从原用人单位被安排到新用人单位工作的，劳动者在原用人单位的工作年限合并计算为新用人单位的工作年限。原用人单位已经向劳动者支付经济补偿的，新用人单位在依法解除、终止劳动合同计算支付经济补偿的工作年限时，不再计算劳动者在原用人单位的工作年限。

第十一条 除劳动者与用人单位协商一致的情形外，劳动者依照劳动合同法第十四条第二款的规定，提出订立无固定期限劳动合同的，用人单位应当与其订立无固定期限劳动合同。对劳动合同的内容，双方应当按照合法、公平、平等自愿、协商一致、诚实信用的原则协商确定；对协商不一致的内容，依照劳动合同法第十八条的规定执行。

第十二条 地方各级人民政府及县级以上地方人民政府有关部门为安置就业困难人员提供的给予岗位补贴和社会保险补贴的公益性岗位，其劳动合同不适用劳动合同法有关无固定期限劳动合同的规定以及支付经济补偿的规定。

第十三条 用人单位与劳动者不得在劳动合同法第四十四条规定的劳动合同终止情形之外约定其他的劳动合同终止条件。

第十四条 劳动合同履行地与用人单位注册地不一致的，有关劳动者的最低工资标准、劳动保护、劳动条件、职业危害防护和本地区上年度职工月平均工资标准等事项，按照劳动合同履行地的有关规定执行；用人单位注册地的有关标准高于劳动合同履行地的有关标准，且用人单位与劳动者约定按照用人单位注册地的有关规定执行的，从其约定。

第十五条 劳动者在试用期的工资不得低于本单位相同岗位最低档工资的 80% 或者不得低于劳动合同约定工资的 80%，并不得低于用人单位所在地的最低工资标准。

第十六条 劳动合同法第二十二条第二款规定的培训费用，包括用人单位为了对劳动者进行专业技术培训而支付的有凭证的培训费用、培训期间的差旅费用以及因培训产生的用于该劳动者的其他直接费用。

第十七条 劳动合同期满，但是用人单位与劳动者依照劳动合同法第二十二条的规定约定的服务期尚未到期的，劳动合同应当续延至服务期满；双方另有约定的，从其约定。

第三章　劳动合同的解除和终止

第十八条 有下列情形之一的，依照劳动合同法规定的条件、程序，劳动者可以与用人单位解除固定期限劳动合同、无固定期限劳动合同或者以完成一定工作任务为期限的劳动合同：

（一）劳动者与用人单位协商一致的；

（二）劳动者提前 30 日以书面形式通知用人单位的；

（三）劳动者在试用期内提前 3 日通知用人单位的；

（四）用人单位未按照劳动合同约定提供劳动保护或者劳动条件的；

（五）用人单位未及时足额支付劳动报酬的；

（六）用人单位未依法为劳动者缴纳社会保险费的；

（七）用人单位的规章制度违反法律、法规的规定，损害劳动者权益的；

（八）用人单位以欺诈、胁迫的手段或者乘人之危，使劳动者在违背真实意思的情况下订立或者变更劳动合同的；

（九）用人单位在劳动合同中免除自己的法定责任、排除劳动者权利的；

（十）用人单位违反法律、行政法规强制性规定的；

（十一）用人单位以暴力、威胁或者非法限制人身自由的手段强迫劳动者劳动的；

（十二）用人单位违章指挥、强令冒险作业危及劳动者人身安全的；

（十三）法律、行政法规规定劳动者可以解除劳动合同的其他情形。

第十九条 有下列情形之一的，依照劳动合同法规定的条件、程序，用人单位可以与劳动者解除固定期限劳动合同、无固定期限劳动合同或者以完成一定工作任务为期限的劳动合同：

（一）用人单位与劳动者协商一致的；

（二）劳动者在试用期间被证明不符合录用条件的；

（三）劳动者严重违反用人单位的规章制度的；

（四）劳动者严重失职，营私舞弊，给用人单位造成重大损害的；

（五）劳动者同时与其他用人单位建立劳动关系，对完成本单位的工作任务造成严重影响，或者经用人单位提出，拒不改正的；

（六）劳动者以欺诈、胁迫的手段或者乘人之危，使用人单位在违背真实意思的情况下订立或者变更劳动合同的；

（七）劳动者被依法追究刑事责任的；

（八）劳动者患病或者非因工负伤，在规定的医疗期满后不能从事原工作，也不能从事由用人单位另行安排的工作的；

（九）劳动者不能胜任工作，经过培训或者调整工作岗位，仍不能胜任工作的；

（十）劳动合同订立时所依据的客观情况发生重大变化，致使劳动合同无法履行，经用人单位与劳动者协商，未能就变更劳动合同内容达成协议的；

（十一）用人单位依照企业破产法规定进行重整的；

（十二）用人单位生产经营发生严重困难的；

（十三）企业转产、重大技术革新或者经营方式调整，经变更劳动合同后，仍需裁减人员的；

（十四）其他因劳动合同订立时所依据的客观经济情况发生重大变化，致使劳动合同无法履行的。

第二十条 用人单位依照劳动合同法第四十条的规定，选择额外支付劳动者一个月工资解除劳动合同的，其额外支付的工资应当按照该劳动者上一个月的工资标准确定。

第二十一条 劳动者达到法定退休年龄的,劳动合同终止。

第二十二条 以完成一定工作任务为期限的劳动合同因任务完成而终止的,用人单位应当依照劳动合同法第四十七条的规定向劳动者支付经济补偿。

第二十三条 用人单位依法终止工伤职工的劳动合同的,除依照劳动合同法第四十七条的规定支付经济补偿外,还应当依照国家有关工伤保险的规定支付一次性工伤医疗补助金和伤残就业补助金。

第二十四条 用人单位出具的解除、终止劳动合同的证明,应当写明劳动合同期限、解除或者终止劳动合同的日期、工作岗位、在本单位的工作年限。

第二十五条 用人单位违反劳动合同法的规定解除或者终止劳动合同,依照劳动合同法第八十七条的规定支付了赔偿金的,不再支付经济补偿。赔偿金的计算年限自用工之日起计算。

第二十六条 用人单位与劳动者约定了服务期,劳动者依照劳动合同法第三十八条的规定解除劳动合同的,不属于违反服务期的约定,用人单位不得要求劳动者支付违约金。

有下列情形之一,用人单位与劳动者解除约定服务期的劳动合同的,劳动者应当按照劳动合同的约定向用人单位支付违约金:

(一)劳动者严重违反用人单位的规章制度的;

(二)劳动者严重失职,营私舞弊,给用人单位造成重大损害的;

(三)劳动者同时与其他用人单位建立劳动关系,对完成本单位的工作任务造成严重影响,或者经用人单位提出,拒不改正的;

(四)劳动者以欺诈、胁迫的手段或者乘人之危,使用人单位在违背真实意思的情况下订立或者变更劳动合同的;

(五)劳动者被依法追究刑事责任的。

第二十七条 劳动合同法第四十七条规定的经济补偿的月工资按照劳动者应得工资计算,包括计时工资或者计件工资以及奖金、津贴和补贴等货币性收入。劳动者在劳动合同解除或者终止前12个月的平均工资低于当地最低工资标准的,按照当地最低工资标准计算。劳动者工作不满12个月的,按照实际工作的月数计算平均工资。

第四章 劳务派遣特别规定

第二十八条 用人单位或者其所属单位出资或者合伙设立的劳务派遣单位,向本单位或者所属单位派遣劳动者的,属于劳动合同法第六十七条规定的不得设立的劳务派遣单位。

第二十九条 用工单位应当履行劳动合同法第六十二条规定的义务,维护被派遣劳动者的合法权益。

第三十条 劳务派遣单位不得以非全日制用工形式招用被派遣劳动者。

第三十一条 劳务派遣单位或者被派遣劳动者依法解除、终止劳动合同的经济补偿,依照劳动合同法第四十六条、第四十七条的规定执行。

第三十二条 劳务派遣单位违法解除或者终止被派遣劳动者的劳动合同的，依照劳动合同法第四十八条的规定执行。

第五章 法律责任

第三十三条 用人单位违反劳动合同法有关建立职工名册规定的，由劳动行政部门责令限期改正；逾期不改正的，由劳动行政部门处2000元以上2万元以下的罚款。

第三十四条 用人单位依照劳动合同法的规定应当向劳动者每月支付两倍的工资或者应当向劳动者支付赔偿金而未支付的，劳动行政部门应当责令用人单位支付。

第三十五条 用工单位违反劳动合同法和本条例有关劳务派遣规定的，由劳动行政部门和其他有关主管部门责令改正；情节严重的，以每位被派遣劳动者1000元以上5000元以下的标准处以罚款；给被派遣劳动者造成损害的，劳务派遣单位和用工单位承担连带赔偿责任。

第六章 附 则

第三十六条 对违反劳动合同法和本条例的行为的投诉、举报，县级以上地方人民政府劳动行政部门依照《劳动保障监察条例》的规定处理。

第三十七条 劳动者与用人单位因订立、履行、变更、解除或者终止劳动合同发生争议的，依照《中华人民共和国劳动争议调解仲裁法》的规定处理。

第三十八条 本条例自公布之日起施行。

国内水路运输管理条例

（2012年9月26日国务院第218次常务会议通过，中华人民共和国国务院令　第625号；
根据2016年2月6日《国务院关于修改部分行政法规的决定》修订，
中华人民共和国国务院令　第666号）

第一章　总　　则

第一条　为了规范国内水路运输经营行为，维护国内水路运输市场秩序，保障国内水路运输安全，促进国内水路运输业健康发展，制定本条例。

第二条　经营国内水路运输以及水路运输辅助业务，应当遵守本条例。

本条例所称国内水路运输（以下简称水路运输），是指始发港、挂靠港和目的港均在中华人民共和国管辖的通航水域内的经营性旅客运输和货物运输。

本条例所称水路运输辅助业务，是指直接为水路运输提供服务的船舶管理、船舶代理、水路旅客运输代理和水路货物运输代理等经营活动。

第三条　国家鼓励和保护水路运输市场的公平竞争，禁止垄断和不正当竞争行为。

国家运用经济、技术政策等措施，支持和鼓励水路运输经营者实行规模化、集约化经营，促进水路运输行业结构调整；支持和鼓励水路运输经营者采用先进适用的水路运输设备和技术，保障运输安全，促进节约能源，减少污染物排放。

国家保护水路运输经营者、旅客和货主的合法权益。

第四条　国务院交通运输主管部门主管全国水路运输管理工作。

县级以上地方人民政府交通运输主管部门主管本行政区域的水路运输管理工作。县级以上地方人民政府负责水路运输管理的部门或者机构（以下统称负责水路运输管理的部门）承担本条例规定的水路运输管理工作。

第五条　经营水路运输及其辅助业务，应当遵守法律、法规，诚实守信。

国务院交通运输主管部门和负责水路运输管理的部门应当依法对水路运输市场实施监督管理，对水路运输及其辅助业务的违法经营活动实施处罚，并建立经营者诚信管理制度，及时向社会公告监督检查情况。

第二章　水路运输经营者

第六条　申请经营水路运输业务，除本条例第七条规定的情形外，申请人应当符合下列条件：

（一）取得企业法人资格；

（二）有符合本条例第十三条规定的船舶，并且自有船舶运力符合国务院交通运输主管部门的规定；

（三）有明确的经营范围，其中申请经营水路旅客班轮运输业务的，还应当有可行的航线营运计划；

（四）有与其申请的经营范围和船舶运力相适应的海务、机务管理人员；

（五）与其直接订立劳动合同的高级船员占全部船员的比例符合国务院交通运输主管部门的规定；

（六）有健全的安全管理制度；

（七）法律、行政法规规定的其他条件。

第七条 个人可以申请经营内河普通货物运输业务。

申请经营内河普通货物运输业务的个人，应当有符合本条例第十三条规定且船舶吨位不超过国务院交通运输主管部门规定的自有船舶，并应当符合本条例第六条第六项、第七项规定的条件。

第八条 经营水路运输业务，应当按照国务院交通运输主管部门的规定，经国务院交通运输主管部门或者设区的市级以上地方人民政府负责水路运输管理的部门批准。

申请经营水路运输业务，应当向前款规定的负责审批的部门提交申请书和证明申请人符合本条例第六条或者第七条规定条件的相关材料。

负责审批的部门应当自受理申请之日起30个工作日内审查完毕，作出准予许可或者不予许可的决定。予以许可的，发给水路运输业务经营许可证件，并为申请人投入运营的船舶配发船舶营运证件；不予许可的，应当书面通知申请人并说明理由。

第九条 各级交通运输主管部门应当做好水路运输市场统计和调查分析工作，定期向社会公布水路运输市场运力供需状况。

第十条 为保障水路运输安全，维护水路运输市场的公平竞争秩序，国务院交通运输主管部门可以根据水路运输市场监测情况，决定在特定的旅客班轮运输和散装液体危险货物运输航线、水域暂停新增运力许可。

采取前款规定的运力调控措施，应当符合公开、公平、公正的原则，在开始实施的60日前向社会公告，说明采取措施的理由以及采取措施的范围、期限等事项。

第十一条 外国的企业、其他经济组织和个人不得经营水路运输业务，也不得以租用中国籍船舶或者舱位等方式变相经营水路运输业务。

香港特别行政区、澳门特别行政区和台湾地区的企业、其他经济组织以及个人参照适用前款规定，国务院另有规定的除外。

第十二条 依照本条例取得许可的水路运输经营者终止经营的，应当自终止经营之日起15个工作日内向原许可机关办理注销许可手续，交回水路运输业务经营许可证件。

第十三条 水路运输经营者投入运营的船舶应当符合下列条件：

（一）与经营者的经营范围相适应；

（二）取得有效的船舶登记证书和检验证书；

（三）符合国务院交通运输主管部门关于船型技术标准和船龄的要求；

（四）法律、行政法规规定的其他条件。

第十四条 水路运输经营者新增船舶投入运营的，应当凭水路运输业务经营许可证件、船舶登记证书和检验证书向国务院交通运输主管部门或者设区的市级以上地方人民政府负责水路运输管理的部门领取船舶营运证件。

从事水路运输经营的船舶应当随船携带船舶营运证件。

海事管理机构办理船舶进出港签证，应当检查船舶的营运证件。对不能提供有效的船舶营运证件的，不得为其办理签证，并应当同时通知港口所在地人民政府负责水路运输管理的部门。港口所在地人民政府负责水路运输管理的部门收到上述通知后，应当在24小时内作出处理并将处理情况书面通知有关海事管理机构。

第十五条 国家根据保障运输安全、保护水环境、节约能源、提高航道和通航设施利用效率的需求，制定并实施新的船型技术标准时，对正在使用的不符合新标准但符合原有标准且未达到规定报废船龄的船舶，可以采取资金补贴等措施，引导、鼓励水路运输经营者进行更新、改造；需要强制提前报废的，应当对船舶所有人给予补偿。具体办法由国务院交通运输主管部门会同国务院财政部门制定。

第十六条 水路运输经营者不得使用外国籍船舶经营水路运输业务。但是，在国内没有能够满足所申请运输要求的中国籍船舶，并且船舶停靠的港口或者水域为对外开放的港口或者水域的情况下，经国务院交通运输主管部门许可，水路运输经营者可以在国务院交通运输主管部门规定的期限或者航次内，临时使用外国籍船舶运输。

在香港特别行政区、澳门特别行政区、台湾地区进行船籍登记的船舶，参照适用本条例关于外国籍船舶的规定，国务院另有规定的除外。

第三章 水路运输经营活动

第十七条 水路运输经营者应当在依法取得许可的经营范围内从事水路运输经营。

第十八条 水路运输经营者应当使用符合本条例规定条件、配备合格船员的船舶，并保证船舶处于适航状态。

水路运输经营者应当按照船舶核定载客定额或者载重量载运旅客、货物，不得超载或者使用货船载运旅客。

第十九条 水路运输经营者应当依照法律、行政法规和国务院交通运输主管部门关于水路旅客、货物运输的规定、质量标准以及合同的约定，为旅客、货主提供安全、便捷、优质的服务，保证旅客、货物运输安全。

水路旅客运输业务经营者应当为其客运船舶投保承运人责任保险或者取得相应的财务担保。

第二十条 水路运输经营者运输危险货物，应当遵守法律、行政法规以及国务院交通运输主管部门关于危险货物运输的规定，使用依法取得危险货物适装证书的船舶，按照规定的安全技术规范进行配载和运输，保证运输安全。

第二十一条 旅客班轮运输业务经营者应当自取得班轮航线经营许可之日起60日内开航，并在开航15日前公布所使用的船舶、班期、班次、运价等信息。

旅客班轮运输应当按照公布的班期、班次运行；变更班期、班次、运价的，应当在15日前向社会公布；停止经营部分或者全部班轮航线的，应当在30日前向社会公布并报原许可机关备案。

第二十二条 货物班轮运输业务经营者应当在班轮航线开航的7日前，公布所使用的船舶以及班期、班次和运价。

货物班轮运输应当按照公布的班期、班次运行；变更班期、班次、运价或者停止经营部分或者全部班轮航线的，应当在7日前向社会公布。

第二十三条 水路运输经营者应当依照法律、行政法规和国家有关规定，优先运送处置突发事件所需的物资、设备、工具、应急救援人员和受到突发事件危害的人员，重点保障紧急、重要的军事运输。

出现关系国计民生的紧急运输需求时，国务院交通运输主管部门按照国务院的部署，可以要求水路运输经营者优先运输需要紧急运输的物资。水路运输经营者应当按照要求及时运输。

第二十四条 水路运输经营者应当按照统计法律、行政法规的规定报送统计信息。

第四章 水路运输辅助业务

第二十五条 运输船舶的所有人、经营人可以委托船舶管理业务经营者为其提供船舶海务、机务管理等服务。

第二十六条 申请经营船舶管理业务，申请人应当符合下列条件：

（一）取得企业法人资格；

（二）有健全的安全管理制度；

（三）有与其申请管理的船舶运力相适应的海务、机务管理人员；

（四）法律、行政法规规定的其他条件。

第二十七条 经营船舶管理业务，应当经设区的市级以上地方人民政府负责水路运输管理的部门批准。

申请经营船舶管理业务，应当向前款规定的部门提交申请书和证明申请人符合本条例第二十六条规定条件的相关材料。

受理申请的部门应当自受理申请之日起30个工作日内审查完毕，作出准予许可或者不予许可的决定。予以许可的，发给船舶管理业务经营许可证件，并向国务院交通运输主管部门备案；不予许可的，应当书面通知申请人并说明理由。

第二十八条 船舶管理业务经营者接受委托提供船舶管理服务，应当与委托人订立书面合同，并将合同报所在地海事管理机构备案。

船舶管理业务经营者应当按照国家有关规定和合同约定履行有关船舶安全和防止污染的管理义务。

第二十九条 水路运输经营者可以委托船舶代理、水路旅客运输代理、水路货物运输代理业务的经营者，代办船舶进出港手续等港口业务，代为签订运输合同，代办旅客、货物承揽业务以及其他水路运输代理业务。

第三十条 船舶代理、水路旅客运输代理业务的经营者应当自企业设立登记之日起15个工作日内，向所在地设区的市级人民政府负责水路运输管理的部门备案。

第三十一条 船舶代理、水路旅客运输代理、水路货物运输代理业务的经营者接受委托提供代理服务，应当与委托人订立书面合同，按照国家有关规定和合同约定办理代理业务，不得强行代理，不得为未依法取得水路运输业务经营许可或者超越许可范围的经营者办理代理业务。

第三十二条 本条例第十二条、第十七条的规定适用于船舶管理业务经营者。本条例第十一条、第二十四条的规定适用于船舶管理、船舶代理、水路旅客运输代理和水路货物运输代理业务经营活动。

国务院交通运输主管部门应当依照本条例的规定制定水路运输辅助业务的具体管理办法。

第五章 法律责任

第三十三条 未经许可擅自经营或者超越许可范围经营水路运输业务或者国内船舶管理业务的，由负责水路运输管理的部门责令停止经营，没收违法所得，并处违法所得1倍以上5倍以下的罚款；没有违法所得或者违法所得不足3万元的，处3万元以上15万元以下的罚款。

第三十四条 水路运输经营者使用未取得船舶营运证件的船舶从事水路运输的，由负责水路运输管理的部门责令该船停止经营，没收违法所得，并处违法所得1倍以上5倍以下的罚款；没有违法所得或者违法所得不足2万元的，处2万元以上10万元以下的罚款。

从事水路运输经营的船舶未随船携带船舶营运证件的，责令改正，可以处1000元以下的罚款。

第三十五条 水路运输经营者未经国务院交通运输主管部门许可或者超越许可范围使用外国籍船舶经营水路运输业务，或者外国的企业、其他经济组织和个人经营或者以租用中国籍船舶或者舱位等方式变相经营水路运输业务的，由负责水路运输管理的部门责令停止经营，没收违法所得，并处违法所得1倍以上5倍以下的罚款；没有违法所得或者违法所得不足20万元的，处20万元以上100万元以下的罚款。

第三十六条 以欺骗或者贿赂等不正当手段取得本条例规定的行政许可的，由原许可机关撤销许可，处2万元以上20万元以下的罚款；有违法所得的，没收违法所得；国务院交通运输主管部门或者负责水路运输管理的部门自撤销许可之日起3年内不受理其对该项许可的申请。

第三十七条 出租、出借、倒卖本条例规定的行政许可证件或者以其他方式非法转让本条例规定的行政许可的，由负责水路运输管理的部门责令改正，没收违法所得，并处违法所得1倍以上5倍以下的罚款；没有违法所得或者违法所得不足3万元的，处3万元以上15万元以下的罚款；情节严重的，由原许可机关吊销相应的许可证件。

伪造、变造、涂改本条例规定的行政许可证件的，由负责水路运输管理的部门没收伪造、变造、涂改的许可证件，处3万元以上15万元以下的罚款；有违法所得的，没收违法所得。

第三十八条 水路运输经营者有下列情形之一的，由海事管理机构依法予以处罚：

(一)未按照规定配备船员或者未使船舶处于适航状态；

(二)超越船舶核定载客定额或者核定载重量载运旅客或者货物；

(三)使用货船载运旅客；

(四)使用未取得危险货物适装证书的船舶运输危险货物。

第三十九条 水路旅客运输业务经营者未为其经营的客运船舶投保承运人责任保险或者取得相应的财务担保的，由负责水路运输管理的部门责令限期改正，处2万元以上10万元以下的罚款；逾期不改正的，由原许可机关吊销该客运船舶的船舶营运许可证件。

第四十条 班轮运输业务经营者未提前向社会公布所使用的船舶、班期、班次和运价或者其变更信息的，由负责水路运输管理的部门责令改正，处2000元以上2万元以下的罚款。

第四十一条 旅客班轮运输业务经营者自取得班轮航线经营许可之日起60日内未开航的，由负责水路运输管理的部门责令改正；拒不改正的，由原许可机关撤销该项经营许可。

第四十二条 水路运输、船舶管理业务经营者取得许可后，不再具备本条例规定的许可条件的，由负责水路运输管理的部门责令限期整改；在规定期限内整改仍不合格的，由原许可机关撤销其经营许可。

第四十三条 负责水路运输管理的国家工作人员在水路运输管理活动中滥用职权、玩忽职守、徇私舞弊，不依法履行职责的，依法给予处分。

第四十四条 违反本条例规定，构成违反治安管理行为的，依法给予治安管理处罚；构成犯罪的，依法追究刑事责任。

第六章 附 则

第四十五条 载客12人以下的客运船舶以及乡、镇客运渡船运输的管理办法，由省、自治区、直辖市人民政府另行制定。

第四十六条 本条例自2013年1月1日起施行。1987年5月12日国务院发布的《中华人民共和国水路运输管理条例》同时废止。

中华人民共和国航道管理条例

（2008 年 12 月 27 日依据《国务院关于修改〈中华人民共和国航道管理条例〉的决定》修订，
中华人民共和国国务院令　第 545 号）

第一章　总　　则

第一条　为加强航道管理，改善通航条件，保证航道畅通和航行安全，充分发挥水上交通在国民经济和国防建设中的作用，特制定本条例。

第二条　本条例适用于中华人民共和国沿海和内河的航道、航道设施以及与通航有关的设施。

第三条　国家鼓励和保护在统筹兼顾、综合利用水资源的原则下，开发利用航道，发展水运事业。

第四条　中华人民共和国交通部主管全国航道事业。

第五条　航道分为国家航道、地方航道和专用航道。

第六条　国家航道及其航道设施按海区和内河水系，由交通部或者交通部授权的省、自治区、直辖市交通主管部门管理。

地方航道及其航道设施由省、自治区、直辖市交通主管部门管理。

专用航道及其航道设施由专用部门管理。

国家航道和地方航道上的过船建筑物，按照国务院规定管理。

第二章　航道的规划和建设

第七条　航道发展规划应当依据统筹兼顾、综合利用的原则，结合水利水电、城市建设以及铁路、公路、水运发展规划和国家批准的水资源综合规划制定。

第八条　国家航道发展规划由交通部编制，报国务院审查批准后实施。

地方航道发展规划由省、自治区、直辖市交通主管部门编制，报省、自治区、直辖市人民政府审查批准后实施，并抄报交通部备案。

跨省、自治区、直辖市的地方航道的发展规划，由有关省、自治区、直辖市交通主管部门共同编制，报有关省、自治区、直辖市人民政府联合审查批准后实施，并抄报交通部备案；必要时报交通部审查批准后实施。

专用航道发展规划由专用航道管理部门会同同级交通主管部门编制，报同级人民政府批准后实施。

第九条　各级水利电力主管部门编制河流流域规划和与航运有关的水利、水电工程规划以及进行上述工程设计时，必须有同级交通主管部门参加。

各级交通主管部门编制渠化河流和人工运河航道发展规划和进行与水利水电有关的工程设计时，必须有同级水利电力主管部门参加。

各级水利电力主管部门、交通主管部门编制上述规划，涉及运送木材的河流和重要的渔业水域时，必须有同级林业、渔业主管部门参加。

第十条 航道应当划分技术等级。航道技术等级的划分，由省、自治区、直辖市交通主管部门或交通部派驻水系的管理机构根据通航标准提出方案。一至四级航道由交通部会同水利电力部及其他有关部门研究批准，报国务院备案；四级以下的航道，由省、自治区、直辖市人民政府批准，报交通部备案。

第十一条 建设航道及其设施，必须遵守国家基本建设程序的规定。工程竣工经验收合格后，方能交付使用。

第十二条 建设航道及其设施，不得危及水利水电工程、跨河建筑物和其他设施的安全。

因建设航道及其设施损坏水利水电工程、跨河建筑物和其他设施的，建设单位应当给予赔偿或者修复。

在行洪河道上建设航道，必须符合行洪安全的要求。

第三章 航道的保护

第十三条 航道和航道设施受国家保护，任何单位和个人均不得侵占或者破坏。交通部门应当加强对航道的养护，保证航道畅通。

第十四条 修建与通航有关的设施或者治理河道、引水灌溉，必须符合国家规定的通航标准和技术要求，并应当事先征求交通主管部门的意见。

违反前款规定，中断或者恶化通航条件的，由建设单位或者个人赔偿损失，并在规定期限内负责恢复通航。

第十五条 在通航河流上建设永久性拦河闸坝，建设单位必须按照设计和施工方案，同时建设适当规模的过船、过木、过鱼建筑物，并解决施工期间的船舶、排筏通航问题。过船、过木、过鱼建筑物的建设费用，由建设单位承担。

在不通航河流或者人工渠道上建设闸坝后可以通航的，建设单位应当同时建设适当规模的过船建筑物；不能同时建设的，应当预留建设过船建筑物的位置。过船建筑物的建设费用，除国家另有规定外，应当由交通部门承担。

过船、过木、过鱼建筑物的设计任务书、设计文件和施工方案，必须取得交通、林业、渔业主管部门的同意。

第十六条 因紧急抗旱需要，在通航河流上建临时闸坝，必须经县级以上人民政府批准。旱情解除后，建闸坝单位必须及时拆除闸坝，恢复通航条件。

第十七条 对通航河流上碍航的闸坝、桥梁和其他建筑物以及由建筑物所造成的航道淤积，由地方人民政府按照“谁造成碍航谁恢复通航”的原则，责成有关部门改建碍航建筑物或者限期补建过船、过木、过鱼建筑物，清除淤积，恢复通航。

第十八条 在通航河段或其上游兴建水利工程控制或引走水源，建设单位应当保证航道和船闸所需要的通航流量。在特殊情况下，由于控制水源或大量引水影响通航时，建设单位应当采取相应的工程措施，地方人民政府应当组织有关部门协商，合理分配水量。

第十九条 水利水电工程设施管理部门制定调度运行方案，涉及通航流量、水位和航行安全时，应当事先与交通主管部门协商。协商不一致时，由县级以上人民政府决定。

第二十条 在防洪、排涝、抗旱时，综合利用水利枢纽过船建筑物应当服从防汛抗旱指挥机构统一安排。

第二十一条 沿海和通航河流上设置的助航标志必须符合国家规定的标准。

在沿海和通航河流上设置专用标志必须经交通主管部门同意；设置渔标和军用标，必须报交通主管部门备案。

第二十二条 禁止向河道倾倒沙石泥土和废弃物。

在通航河道内挖取沙石泥土、堆存材料，不得恶化通航条件。

第二十三条 在航道内施工工程完成后，施工单位应当及时清除遗留物。

第四章　航道养护经费

第二十四条 经国家批准计征港务费的沿海和内河港口，进出港航道的维护费用由港务费开支。

第二十五条 专用航道的维护费用，由专用部门自行解决。

第二十六条 对中央、地方财政拨给的航道维护费用，必须坚持专款专用的原则。

第五章　罚　　则

第二十七条 对违反本条例规定的单位和个人，县以上交通主管部门可以视情节轻重给予警告、罚款的处罚。

第二十八条 当事人对交通主管部门的处罚不服的，可以向上级交通主管部门提出申诉；对上级交通主管部门的处理不服的，可以在接到处理决定书之日起 15 日内向人民法院起诉。逾期不起诉又不履行的，交通主管部门可以申请人民法院强制执行。

第二十九条 违反本条例的规定，应当受治安管理处罚的，由公安机关处理；构成犯罪的，由司法机关依法追究刑事责任。

第六章　附　　则

第三十条 本条例下列用语的含义是：

“航道”是指中华人民共和国沿海、江河、湖泊、运河内船舶、排筏可以通航的水域。

“国家航道”是指：(一)构成国家航道网、可以通航五百吨级以上船舶的内河干线航道；

(二)跨省、自治区、直辖市,可以常年通航三百吨级以上船舶的内河干线航道;(三)沿海干线航道和主要海港航道;(四)国家指定的重要航道。

“专用航道”是指由军事、水利电力、林业、水产等部门以及其他企业事业单位自行建设、使用的航道。

“地方航道”是指国家航道和专用航道以外的航道。

“航道设施”是指航道的助航导航设施、整治建筑物、航运梯级、过船建筑物(包括过船闸坝)和其他航道工程设施。

“与通航有关的设施”是指对航道的通航条件有影响的闸坝、桥梁、码头、架空电线、水下电缆、管道等拦河、跨河、临河建筑物和其他工程设施。

第三十一条 本条例由交通部负责解释。交通部可以根据本条例制定实施细则。

第三十二条 本条例自 1987 年 10 月 1 日起施行。

防治船舶污染海洋环境管理条例

（2009年9月2日国务院第79次常务会议通过，中华人民共和国国务院令　第561号；依据2013年7月18日《国务院关于废止和修改部分行政法规的决定》修订，中华人民共和国国务院令　第638号；依据2013年12月7日《国务院关于修改部分行政法规的决定》修订，中华人民共和国国务院令　第645号；依据2014年7月9日国务院第54次常务会议《国务院关于修改部分行政法规的决定》修订，中华人民共和国国务院令　第653号；依据2016年1月13日国务院第119次常务会议《国务院关于修改部分行政法规的决定》修订，中华人民共和国国务院令　第666号）

第一章　总　　则

第一条　为了防治船舶及其有关作业活动污染海洋环境，根据《中华人民共和国海洋环境保护法》，制定本条例。

第二条　防治船舶及其有关作业活动污染中华人民共和国管辖海域适用本条例。

第三条　防治船舶及其有关作业活动污染海洋环境，实行预防为主、防治结合的原则。

第四条　国务院交通运输主管部门主管所辖港区水域内非军事船舶和港区水域外非渔业、非军事船舶污染海洋环境的防治工作。

海事管理机构依照本条例规定具体负责防治船舶及其有关作业活动污染海洋环境的监督管理。

第五条　国务院交通运输主管部门应当根据防治船舶及其有关作业活动污染海洋环境的需要，组织编制防治船舶及其有关作业活动污染海洋环境应急能力建设规划，报国务院批准后公布实施。

沿海设区的市级以上地方人民政府应当按照国务院批准的防治船舶及其有关作业活动污染海洋环境应急能力建设规划，并根据本地区的实际情况，组织编制相应的防治船舶及其有关作业活动污染海洋环境应急能力建设规划。

第六条　国务院交通运输主管部门、沿海设区的市级以上地方人民政府应当建立健全防治船舶及其有关作业活动污染海洋环境应急反应机制，并制定防治船舶及其有关作业活动污染海洋环境应急预案。

第七条　海事管理机构应当根据防治船舶及其有关作业活动污染海洋环境的需要，会同海洋主管部门建立健全船舶及其有关作业活动污染海洋环境的监测、监视机制，加强对船舶及其有关作业活动污染海洋环境的监测、监视。

第八条 国务院交通运输主管部门、沿海设区的市级以上地方人民政府应当按照防治船舶及其有关作业活动污染海洋环境应急能力建设规划，建立专业应急队伍和应急设备库，配备专用的设施、设备和器材。

第九条 任何单位和个人发现船舶及其有关作业活动造成或者可能造成海洋环境污染的，应当立即就近向海事管理机构报告。

第二章 防治船舶及其有关作业活动污染海洋环境的一般规定

第十条 船舶的结构、设备、器材应当符合国家有关防治船舶污染海洋环境的技术规范以及中华人民共和国缔结或者参加的国际条约的要求。

船舶应当依照法律、行政法规、国务院交通运输主管部门的规定以及中华人民共和国缔结或者参加的国际条约的要求，取得并随船携带相应的防治船舶污染海洋环境的证书、文书。

第十一条 中国籍船舶的所有人、经营人或者管理人应当按照国务院交通运输主管部门的规定，建立健全安全营运和防治船舶污染管理体系。

海事管理机构应当对安全营运和防治船舶污染管理体系进行审核，审核合格的，发给符合证明和相应的船舶安全管理证书。

第十二条 港口、码头、装卸站以及从事船舶修造的单位应当配备与其装卸货物种类和吞吐能力或者修造船舶能力相适应的污染监视设施和污染物接收设施，并使其处于良好状态。

第十三条 港口、码头、装卸站以及从事船舶修造、打捞、拆解等作业活动的单位应当制定有关安全营运和防治污染的管理制度，按照国家有关防治船舶及其有关作业活动污染海洋环境的规范和标准，配备相应的防治污染设备和器材。

港口、码头、装卸站以及从事船舶修造、打捞、拆解等作业活动的单位，应当定期检查、维护配备的防治污染设备和器材，确保防治污染设备和器材符合防治船舶及其有关作业活动污染海洋环境的要求。

第十四条 船舶所有人、经营人或者管理人应当制定防治船舶及其有关作业活动污染海洋环境的应急预案，并报海事管理机构批准。

港口、码头、装卸站的经营人以及有关作业单位应当制定防治船舶及其有关作业活动污染海洋环境的应急预案，并报海事管理机构和环境保护主管部门备案。

船舶、港口、码头、装卸站以及其他有关作业单位应当按照应急预案，定期组织演练，并做好相应记录。

第三章 船舶污染物的排放和接收

第十五条 船舶在中华人民共和国管辖海域向海洋排放的船舶垃圾、生活污水、含油污水、含有毒有害物质污水、废气等污染物以及压载水，应当符合法律、行政法规、中华人民共和国缔结或者参加的国际条约以及相关标准的要求。

船舶应当将不符合前款规定的排放要求的污染物排入港口接收设施或者由船舶污染物接收单位接收。

船舶不得向依法划定的海洋自然保护区、海滨风景名胜区、重要渔业水域以及其他需要特别保护的海域排放船舶污染物。

第十六条 船舶处置污染物，应当在相应的记录簿内如实记录。

船舶应当将使用完毕的船舶垃圾记录簿在船舶上保留 2 年；将使用完毕的含油污水、含有毒有害物质污水记录簿在船舶上保留 3 年。

第十七条 船舶污染物接收单位从事船舶垃圾、残油、含油污水、含有毒有害物质污水接收作业，应当依法经海事管理机构批准。

第十八条 船舶污染物接收单位接收船舶污染物，应当向船舶出具污染物接收单证，并由船长签字确认。

船舶凭污染物接收单证向海事管理机构办理污染物接收证明，并将污染物接收证明保存在相应的记录簿中。

第十九条 船舶污染物接收单位应当按照国家有关污染物处理的规定处理接收的船舶污染物，并每月将船舶污染物的接收和处理情况报海事管理机构备案。

第四章　船舶有关作业活动的污染防治

第二十条 从事船舶清舱、洗舱、油料供受、装卸、过驳、修造、打捞、拆解，污染危害性货物装箱、充罐，污染清除作业以及利用船舶进行水上水下施工等作业活动的，应当遵守相关操作规程，并采取必要的安全和防治污染的措施。

从事前款规定的作业活动的人员，应当具备相关安全和防治污染的专业知识和技能。

第二十一条 船舶不符合污染危害性货物适载要求的，不得载运污染危害性货物，码头、装卸站不得为其进行装载作业。

污染危害性货物的名录由国家海事管理机构公布。

第二十二条 载运污染危害性货物进出港口的船舶，其承运人、货物所有人或者代理人，应当向海事管理机构提出申请，经批准方可进出港口、过境停留或者进行装卸作业。

第二十三条 载运污染危害性货物的船舶，应当在海事管理机构公布的具有相应安全装卸和污染物处理能力的码头、装卸站进行装卸作业。

第二十四条 货物所有人或者代理人交付船舶载运污染危害性货物，应当确保货物的包装与标志等符合有关安全和防治污染的规定，并在运输单证上准确注明货物的技术名称、编号、类别（性质）、数量、注意事项和应急措施等内容。

货物所有人或者代理人交付船舶载运污染危害性不明的货物，应当委托有关技术机构进行危害性评估，明确货物的危害性质以及有关安全和防治污染要求，方可交付船舶载运。

第二十五条 海事管理机构认为交付船舶载运的污染危害性货物应当申报而未申报，

或者申报的内容不符合实际情况的，可以按照国务院交通运输主管部门的规定采取开箱等方式查验。

海事管理机构查验污染危害性货物，货物所有人或者代理人应当到场，并负责搬移货物，开拆和重封货物的包装。海事管理机构认为必要的，可以径行查验、复验或者提取货样，有关单位和个人应当配合。

第二十六条 进行散装液体污染危害性货物过驳作业的船舶，其承运人、货物所有人或者代理人应当向海事管理机构提出申请，告知作业地点，并附送过驳作业方案、作业程序、防治污染措施等材料。

海事管理机构应当自受理申请之日起 2 个工作日内作出许可或者不予许可的决定。2 个工作日内无法作出决定的，经海事管理机构负责人批准，可以延长 5 个工作日。

第二十七条 依法获得船舶油料供受作业资质的单位，应当向海事管理机构备案。海事管理机构应当对船舶油料供受作业进行监督检查，发现不符合安全和防治污染要求的，应当予以制止。

第二十八条 船舶燃油供给单位应当如实填写燃油供受单证，并向船舶提供船舶燃油供受单证和燃油样品。

船舶和船舶燃油供给单位应当将燃油供受单证保存 3 年，并将燃油样品妥善保存 1 年。

第二十九条 船舶修造、水上拆解的地点应当符合环境功能区划和海洋功能区划。

第三十条 从事船舶拆解的单位在船舶拆解作业前，应当对船舶上的残余物和废弃物进行处置，将油舱（柜）中的存油驳出，进行船舶清舱、洗舱、测爆等工作，并经海事管理机构检查合格，方可进行船舶拆解作业。

从事船舶拆解的单位应当及时清理船舶拆解现场，并按照国家有关规定处理船舶拆解产生的污染物。

禁止采取冲滩方式进行船舶拆解作业。

第三十一条 禁止船舶经过中华人民共和国内水、领海转移危险废物。

经过中华人民共和国管辖的其他海域转移危险废物的，应当事先取得国务院环境保护主管部门的书面同意，并按照海事管理机构指定的航线航行，定时报告船舶所处的位置。

第三十二条 使用船舶向海洋倾倒废弃物的，应当向驶出港所在地的海事管理机构提交海洋主管部门的批准文件，经核实方可办理船舶出港签证。

船舶向海洋倾倒废弃物，应当如实记录倾倒情况。返港后，应当向驶出港所在地的海事管理机构提交书面报告。

第三十三条 载运散装液体污染危害性货物的船舶和 1 万总吨以上的其他船舶，其经营人应当在作业前或者进出港口前与符合国家有关技术规范的污染清除作业单位签订污染清除作业协议，明确双方在发生船舶污染事故后污染清除的权利和义务。

与船舶经营人签订污染清除作业协议的污染清除作业单位应当在发生船舶污染事故后，按照污染清除作业协议及时进行污染清除作业。

第五章　船舶污染事故应急处置

第三十四条　本条例所称船舶污染事故，是指船舶及其有关作业活动发生油类、油性混合物和其他有毒有害物质泄漏造成的海洋环境污染事故。

第三十五条　船舶污染事故分为以下等级：

（一）特别重大船舶污染事故，是指船舶溢油1000吨以上，或者造成直接经济损失2亿元以上的船舶污染事故；

（二）重大船舶污染事故，是指船舶溢油500吨以上不足1000吨，或者造成直接经济损失1亿元以上不足2亿元的船舶污染事故；

（三）较大船舶污染事故，是指船舶溢油100吨以上不足500吨，或者造成直接经济损失5000万元以上不足1亿元的船舶污染事故；

（四）一般船舶污染事故，是指船舶溢油不足100吨，或者造成直接经济损失不足5000万元的船舶污染事故。

第三十六条　船舶在中华人民共和国管辖海域发生污染事故，或者在中华人民共和国管辖海域外发生污染事故造成或者可能造成中华人民共和国管辖海域污染的，应当立即启动相应的应急预案，采取措施控制和消除污染，并就近向有关海事管理机构报告。

发现船舶及其有关作业活动可能对海洋环境造成污染的，船舶、码头、装卸站应当立即采取相应的应急处置措施，并就近向有关海事管理机构报告。

接到报告的海事管理机构应当立即核实有关情况，并向上级海事管理机构或者国务院交通运输主管部门报告，同时报告有关沿海设区的市级以上地方人民政府。

第三十七条　船舶污染事故报告应当包括下列内容：

（一）船舶的名称、国籍、呼号或者编号；

（二）船舶所有人、经营人或者管理人的名称、地址；

（三）发生事故的时间、地点以及相关气象和水文情况；

（四）事故原因或者事故原因的初步判断；

（五）船舶上污染物的种类、数量、装载位置等概况；

（六）污染程度；

（七）已经采取或者准备采取的污染控制、清除措施和污染控制情况以及救助要求；

（八）国务院交通运输主管部门规定应当报告的其他事项。

作出船舶污染事故报告后出现新情况的，船舶、有关单位应当及时补报。

第三十八条　发生特别重大船舶污染事故，国务院或者国务院授权国务院交通运输主管部门成立事故应急指挥机构。

发生重大船舶污染事故，有关省、自治区、直辖市人民政府应当会同海事管理机构成立事故应急指挥机构。

发生较大船舶污染事故和一般船舶污染事故，有关设区的市级人民政府应当会同海事管理机构成立事故应急指挥机构。

有关部门、单位应当在事故应急指挥机构统一组织和指挥下，按照应急预案的分工，开展相应的应急处置工作。

第三十九条 船舶发生事故有沉没危险，船员离船前，应当尽可能关闭所有货舱（柜）、油舱（柜）管系的阀门，堵塞货舱（柜）、油舱（柜）通气孔。

船舶沉没的，船舶所有人、经营人或者管理人应当及时向海事管理机构报告船舶燃油、污染危害性货物以及其他污染物的性质、数量、种类、装载位置等情况，并及时采取措施予以清除。

第四十条 发生船舶污染事故或者船舶沉没，可能造成中华人民共和国管辖海域污染的，有关沿海设区的市级以上地方人民政府、海事管理机构根据应急处置的需要，可以征用有关单位或者个人的船舶和防治污染设施、设备、器材以及其他物资，有关单位和个人应当予以配合。

被征用的船舶和防治污染设施、设备、器材以及其他物资使用完毕或者应急处置工作结束，应当及时返还。船舶和防治污染设施、设备、器材以及其他物资被征用或者征用后毁损、灭失的，应当给予补偿。

第四十一条 发生船舶污染事故，海事管理机构可以采取清除、打捞、拖航、引航、过驳等必要措施，减轻污染损害。相关费用由造成海洋环境污染的船舶、有关作业单位承担。

需要承担前款规定费用的船舶，应当在开航前缴清相关费用或者提供相应的财务担保。

第四十二条 处置船舶污染事故使用的消油剂，应当符合国家有关标准。

海事管理机构应当及时将符合国家有关标准的消油剂名录向社会公布。

船舶、有关单位使用消油剂处置船舶污染事故的，应当依照《中华人民共和国海洋环境保护法》有关规定执行。

第六章 船舶污染事故调查处理

第四十三条 船舶污染事故的调查处理依照下列规定进行：

（一）特别重大船舶污染事故由国务院或者国务院授权国务院交通运输主管部门等部门组织事故调查处理；

（二）重大船舶污染事故由国家海事管理机构组织事故调查处理；

（三）较大船舶污染事故和一般船舶污染事故由事故发生地的海事管理机构组织事故调查处理。

船舶污染事故给渔业造成损害的，应当吸收渔业主管部门参与调查处理；给军事港口水域造成损害的，应当吸收军队有关主管部门参与调查处理。

第四十四条 发生船舶污染事故，组织事故调查处理的机关或者海事管理机构应当及时、客观、公正地开展事故调查，勘验事故现场，检查相关船舶，询问相关人员，收集证据，查明事故原因。

第四十五条 组织事故调查处理的机关或者海事管理机构根据事故调查处理的需要，可以暂扣相应的证书、文书、资料；必要时，可以禁止船舶驶离港口或者责令停航、改航、停止作业直至暂扣船舶。

第四十六条 组织事故调查处理的机关或者海事管理机构开展事故调查时，船舶污染事故的当事人和其他有关人员应当如实反映情况和提供资料，不得伪造、隐匿、毁灭证据或者以其他方式妨碍调查取证。

第四十七条 组织事故调查处理的机关或者海事管理机构应当自事故调查结束之日起20个工作日内制作事故认定书，并送达当事人。

事故认定书应当载明事故基本情况、事故原因和事故责任。

第七章　船舶污染事故损害赔偿

第四十八条 造成海洋环境污染损害的责任者，应当排除危害，并赔偿损失；完全由于第三者的故意或者过失，造成海洋环境污染损害的，由第三者排除危害，并承担赔偿责任。

第四十九条 完全属于下列情形之一，经过及时采取合理措施，仍然不能避免对海洋环境造成污染损害的，免予承担责任：

（一）战争；

（二）不可抗拒的自然灾害；

（三）负责灯塔或者其他助航设备的主管部门，在执行职责时的疏忽，或者其他过失行为。

第五十条 船舶污染事故的赔偿限额依照《中华人民共和国海商法》关于海事赔偿责任限制的规定执行。但是，船舶载运的散装持久性油类物质造成中华人民共和国管辖海域污染的，赔偿限额依照中华人民共和国缔结或者参加的有关国际条约的规定执行。

前款所称持久性油类物质，是指任何持久性烃类矿物油。

第五十一条 在中华人民共和国管辖海域内航行的船舶，其所有人应当按照国务院交通运输主管部门的规定，投保船舶油污损害民事责任保险或者取得相应的财务担保。但是，1000总吨以下载运非油类物质的船舶除外。

船舶所有人投保船舶油污损害民事责任保险或者取得的财务担保的额度应当不低于《中华人民共和国海商法》、中华人民共和国缔结或者参加的有关国际条约规定的油污赔偿限额。

第五十二条 已依照本条例第五十三条的规定投保船舶油污损害民事责任保险或者取得财务担保的中国籍船舶，其所有人应当持船舶国籍证书、船舶油污损害民事责任保险合同或者财务担保证明，向船籍港的海事管理机构申请办理船舶油污损害民事责任保险证书或者财务保证证书。

第五十三条 发生船舶油污事故，国家组织有关单位进行应急处置、清除污染所发生的必要费用，应当在船舶油污损害赔偿中优先受偿。

第五十四条 在中华人民共和国管辖水域接收海上运输的持久性油类物质货物的货物所有人或者代理人应当缴纳船舶油污损害赔偿基金。

船舶油污损害赔偿基金征收、使用和管理的具体办法由国务院财政部门会同国务院交通运输主管部门制定。

国家设立船舶油污损害赔偿基金管理委员会，负责处理船舶油污损害赔偿基金的赔偿等事务。船舶油污损害赔偿基金管理委员会由有关行政机关和缴纳船舶油污损害赔偿基金的主要货主组成。

第五十五条 对船舶污染事故损害赔偿的争议，当事人可以请求海事管理机构调解，也可以向仲裁机构申请仲裁或者向人民法院提起民事诉讼。

第八章 法律责任

第五十六条 船舶、有关作业单位违反本条例规定的，海事管理机构应当责令改正；拒不改正的，海事管理机构可以责令停止作业、强制卸载，禁止船舶进出港口、靠泊、过境停留，或者责令停航、改航、离境、驶向指定地点。

第五十七条 违反本条例的规定，船舶的结构不符合国家有关防治船舶污染海洋环境的技术规范或者有关国际条约要求的，由海事管理机构处10万元以上30万元以下的罚款。

第五十八条 违反本条例的规定，有下列情形之一的，由海事管理机构依照《中华人民共和国海洋环境保护法》有关规定予以处罚：

（一）船舶未取得并随船携带防治船舶污染海洋环境的证书、文书的；

（二）船舶、港口、码头、装卸站未配备防治污染设备、器材的；

（三）船舶向海域排放本条例禁止排放的污染物的；

（四）船舶未如实记录污染物处置情况的；

（五）船舶超过标准向海域排放污染物的；

（六）从事船舶水上拆解作业，造成海洋环境污染损害的。

第五十九条 违反本条例的规定，船舶未按照规定在船舶上留存船舶污染物处置记录，或者船舶污染物处置记录与船舶运行过程中产生的污染物数量不符合的，由海事管理机构处2万元以上10万元以下的罚款。

第六十条 违反本条例的规定，船舶污染物接收单位未经海事管理机构批准，擅自从事船舶垃圾、残油、含油污水、含有毒有害物质污水接收作业的，由海事管理机构处1万元以上5万元以下的罚款；造成海洋环境污染的，处5万元以上25万元以下的罚款。

第六十一条 违反本条例的规定，船舶未按照规定办理污染物接收证明，或者船舶污染物接收单位未按照规定将船舶污染物的接收和处理情况报海事管理机构备案的，由海事管理机构处2万元以下的罚款。

第六十二条 违反本条例的规定，有下列情形之一的，由海事管理机构处2000元以上1万元以下的罚款：

（一）船舶未按照规定保存污染物接收证明的；

（二）船舶燃油供给单位未如实填写燃油供受单证的；

（三）船舶燃油供给单位未按照规定向船舶提供燃油供受单证和燃油样品的；

（四）船舶和船舶燃油供给单位未按照规定保存燃油供受单证和燃油样品的。

第六十三条 违反本条例的规定，有下列情形之一的，由海事管理机构处 2 万元以上 10 万元以下的罚款：

（一）载运污染危害性货物的船舶不符合污染危害性货物适载要求的；

（二）载运污染危害性货物的船舶未在具有相应安全装卸和污染物处理能力的码头、装卸站进行装卸作业的；

（三）货物所有人或者代理人未按照规定对污染危害性不明的货物进行危害性评估的。

第六十四条 违反本条例的规定，未经海事管理机构批准，船舶载运污染危害性货物进出港口、过境停留、进行装卸或者过驳作业的，由海事管理机构处 1 万元以上 5 万元以下的罚款。

第六十五条 违反本条例的规定，有下列情形之一的，由海事管理机构处 2 万元以上 10 万元以下的罚款：

（一）船舶发生事故沉没，船舶所有人或者经营人未及时向海事管理机构报告船舶燃油、污染危害性货物以及其他污染物的性质、数量、种类、装载位置等情况的；

（二）船舶发生事故沉没，船舶所有人或者经营人未及时采取措施清除船舶燃油、污染危害性货物以及其他污染物的。

第六十六条 违反本条例的规定，有下列情形之一的，由海事管理机构处 1 万元以上 5 万元以下的罚款：

（一）载运散装液体污染危害性货物的船舶和 1 万总吨以上的其他船舶，其经营人未按照规定签订污染清除作业协议的；

（二）污染清除作业单位不符合国家有关技术规范从事污染清除作业的。

第六十七条 违反本条例的规定，发生船舶污染事故，船舶、有关作业单位未立即启动应急预案的，对船舶、有关作业单位，由海事管理机构处 2 万元以上 10 万元以下的罚款；对直接负责的主管人员和其他直接责任人员，由海事管理机构处 1 万元以上 2 万元以下的罚款。直接负责的主管人员和其他直接责任人员属于船员的，并处给予暂扣适任证书或者其他有关证件 1 个月至 3 个月的处罚。

第六十八条 违反本条例的规定，发生船舶污染事故，船舶、有关作业单位迟报、漏报事故的，对船舶、有关作业单位，由海事管理机构处 5 万元以上 25 万元以下的罚款；对直接负责的主管人员和其他直接责任人员，由海事管理机构处 1 万元以上 5 万元以下的罚款。直接负责的主管人员和其他直接责任人员属于船员的，并处给予暂扣适任证书或者其他有关证件 3 个月至 6 个月的处罚。瞒报、谎报事故的，对船舶、有关作业单位，由海事管理机构处 25 万元以上 50 万元以下的罚款；对直接负责的主管人员和其他直接责任人员，由海事管理机构处5万元以上10万元以下的罚款。直接负责的主管人员和其他直接责任人员属于船员的,并处给予吊销适任证书或者其他有关证件的处罚。

第六十九条 违反本条例的规定,未经海事管理机构批准使用消油剂的,由海事管理机构对船舶或者使用单位处1万元以上5万元以下的罚款。

第七十条 违反本条例的规定,船舶污染事故的当事人和其他有关人员,未如实向组织事故调查处理的机关或者海事管理机构反映情况和提供资料,伪造、隐匿、毁灭证据或者以其他方式妨碍调查取证的,由海事管理机构处1万元以上5万元以下的罚款。

第七十一条 违反本条例的规定,船舶所有人有下列情形之一的,由海事管理机构责令改正,可以处5万元以下的罚款;拒不改正的,处5万元以上25万元以下的罚款:

(一)在中华人民共和国管辖海域内航行的船舶,其所有人未按照规定投保船舶油污损害民事责任保险或者取得相应的财务担保的;

(二)船舶所有人投保船舶油污损害民事责任保险或者取得的财务担保的额度低于《中华人民共和国海商法》、中华人民共和国缔结或者参加的有关国际条约规定的油污赔偿限额的。

第七十二条 违反本条例的规定,在中华人民共和国管辖水域接收海上运输的持久性油类物质货物的货物所有人或者代理人,未按照规定缴纳船舶油污损害赔偿基金的,由海事管理机构责令改正;拒不改正的,可以停止其接收的持久性油类物质货物在中华人民共和国管辖水域进行装卸、过驳作业。

货物所有人或者代理人逾期未缴纳船舶油污损害赔偿基金的,应当自应缴之日起按日加缴未缴额的万分之五的滞纳金。

第九章　附　　则

第七十三条 中华人民共和国缔结或者参加的国际条约对防治船舶及其有关作业活动污染海洋环境有规定的,适用国际条约的规定。但是,中华人民共和国声明保留的条款除外。

第七十四条 县级以上人民政府渔业主管部门负责渔港水域内非军事船舶和渔港水域外渔业船舶污染海洋环境的监督管理,负责保护渔业水域生态环境工作,负责调查处理《中华人民共和国海洋环境保护法》第五条第四款规定的渔业污染事故。

第七十五条 军队环境保护部门负责军事船舶污染海洋环境的监督管理及污染事故的调查处理。

第七十六条 本条例自2010年3月1日起施行。1983年12月29日国务院发布的《中华人民共和国防止船舶污染海域管理条例》同时废止。

放射性物品运输安全管理条例

（2009 年 9 月 7 日国务院第 80 次常务会议通过，中华人民共和国国务院令　第 562 号）

第一章　总　　则

第一条　为了加强对放射性物品运输的安全管理，保障人体健康，保护环境，促进核能、核技术的开发与和平利用，根据《中华人民共和国放射性污染防治法》，制定本条例。

第二条　放射性物品的运输和放射性物品运输容器的设计、制造等活动，适用本条例。

本条例所称放射性物品，是指含有放射性核素，并且其活度和比活度均高于国家规定的豁免值的物品。

第三条　根据放射性物品的特性及其对人体健康和环境的潜在危害程度，将放射性物品分为一类、二类和三类。

一类放射性物品，是指Ⅰ类放射源、高水平放射性废物、乏燃料等释放到环境后对人体健康和环境产生重大辐射影响的放射性物品。

二类放射性物品，是指Ⅱ类和Ⅲ类放射源、中等水平放射性废物等释放到环境后对人体健康和环境产生一般辐射影响的放射性物品。

三类放射性物品，是指Ⅳ类和Ⅴ类放射源、低水平放射性废物、放射性药品等释放到环境后对人体健康和环境产生较小辐射影响的放射性物品。

放射性物品的具体分类和名录，由国务院核安全监管部门会同国务院公安、卫生、海关、交通运输、铁路、民航、核工业行业主管部门制定。

第四条　国务院核安全监管部门对放射性物品运输的核与辐射安全实施监督管理。国务院公安、交通运输、铁路、民航等有关主管部门依照本条例规定和各自的职责，负责放射性物品运输安全的有关监督管理工作。

县级以上地方人民政府环境保护主管部门和公安、交通运输等有关主管部门，依照本条例规定和各自的职责，负责本行政区域放射性物品运输安全的有关监督管理工作。

第五条　运输放射性物品，应当使用专用的放射性物品运输包装容器（以下简称运输容器）。

放射性物品的运输和放射性物品运输容器的设计、制造，应当符合国家放射性物品运输安全标准。

国家放射性物品运输安全标准，由国务院核安全监管部门制定，由国务院核安全监管部门和国务院标准化主管部门联合发布。国务院核安全监管部门制定国家放射性物品运输安全标准，应当征求国务院公安、卫生、交通运输、铁路、民航、核工业行业主管部门的意见。

第六条　放射性物品运输容器的设计、制造单位应当建立健全责任制度，加强质量管理，并对所从事的放射性物品运输容器的设计、制造活动负责。

放射性物品的托运人（以下简称托运人）应当制定核与辐射事故应急方案，在放射性物品运输中采取有效的辐射防护和安全保卫措施，并对放射性物品运输中的核与辐射安全负责。

第七条 任何单位和个人对违反本条例规定的行为，有权向国务院核安全监管部门或者其他依法履行放射性物品运输安全监督管理职责的部门举报。

接到举报的部门应当依法调查处理，并为举报人保密。

第二章 放射性物品运输容器的设计

第八条 放射性物品运输容器设计单位应当建立健全和有效实施质量保证体系，按照国家放射性物品运输安全标准进行设计，并通过试验验证或者分析论证等方式，对设计的放射性物品运输容器的安全性能进行评价。

第九条 放射性物品运输容器设计单位应当建立健全档案制度，按照质量保证体系的要求，如实记录放射性物品运输容器的设计和安全性能评价过程。

进行一类放射性物品运输容器设计，应当编制设计安全评价报告书；进行二类放射性物品运输容器设计，应当编制设计安全评价报告表。

第十条 一类放射性物品运输容器的设计，应当在首次用于制造前报国务院核安全监管部门审查批准。

申请批准一类放射性物品运输容器的设计，设计单位应当向国务院核安全监管部门提出书面申请，并提交下列材料：

（一）设计总图及其设计说明书；

（二）设计安全评价报告书；

（三）质量保证大纲。

第十一条 国务院核安全监管部门应当自受理申请之日起45个工作日内完成审查，对符合国家放射性物品运输安全标准的，颁发一类放射性物品运输容器设计批准书，并公告批准文号；对不符合国家放射性物品运输安全标准的，书面通知申请单位并说明理由。

第十二条 设计单位修改已批准的一类放射性物品运输容器设计中有关安全内容的，应当按照原申请程序向国务院核安全监管部门重新申请领取一类放射性物品运输容器设计批准书。

第十三条 二类放射性物品运输容器的设计，设计单位应当在首次用于制造前，将设计总图及其设计说明书、设计安全评价报告表报国务院核安全监管部门备案。

第十四条 三类放射性物品运输容器的设计，设计单位应当编制设计符合国家放射性物品运输安全标准的证明文件并存档备查。

第三章 放射性物品运输容器的制造与使用

第十五条 放射性物品运输容器制造单位，应当按照设计要求和国家放射性物品运输安全标准,对制造的放射性物品运输容器进行质量检验,编制质量检验报告。

未经质量检验或者经检验不合格的放射性物品运输容器,不得交付使用。

第十六条 从事一类放射性物品运输容器制造活动的单位,应当具备下列条件:

(一)有与所从事的制造活动相适应的专业技术人员;

(二)有与所从事的制造活动相适应的生产条件和检测手段;

(三)有健全的管理制度和完善的质量保证体系。

第十七条 从事一类放射性物品运输容器制造活动的单位,应当申请领取一类放射性物品运输容器制造许可证(以下简称制造许可证)。

申请领取制造许可证的单位,应当向国务院核安全监管部门提出书面申请,并提交其符合本条例第十六条规定条件的证明材料和申请制造的运输容器型号。

禁止无制造许可证或者超出制造许可证规定的范围从事一类放射性物品运输容器的制造活动。

第十八条 国务院核安全监管部门应当自受理申请之日起 45 个工作日内完成审查,对符合条件的,颁发制造许可证,并予以公告;对不符合条件的,书面通知申请单位并说明理由。

第十九条 制造许可证应当载明下列内容:

(一)制造单位名称、住所和法定代表人;

(二)许可制造的运输容器的型号;

(三)有效期限;

(四)发证机关、发证日期和证书编号。

第二十条 一类放射性物品运输容器制造单位变更单位名称、住所或者法定代表人的,应当自工商变更登记之日起 20 日内,向国务院核安全监管部门办理制造许可证变更手续。

一类放射性物品运输容器制造单位变更制造的运输容器型号的,应当按照原申请程序向国务院核安全监管部门重新申请领取制造许可证。

第二十一条 制造许可证有效期为 5 年。

制造许可证有效期届满,需要延续的,一类放射性物品运输容器制造单位应当于制造许可证有效期届满 6 个月前,向国务院核安全监管部门提出延续申请。

国务院核安全监管部门应当在制造许可证有效期届满前作出是否准予延续的决定。

第二十二条 从事二类放射性物品运输容器制造活动的单位,应当在首次制造活动开始 30 日前,将其具备与所从事的制造活动相适应的专业技术人员、生产条件、检测手段,以及具有健全的管理制度和完善的质量保证体系的证明材料,报国务院核安全监管部门备案。

第二十三条 一类、二类放射性物品运输容器制造单位,应当按照国务院核安全监管部门制定的编码规则,对其制造的一类、二类放射性物品运输容器统一编码,并于每年 1 月 31 日前将上一年度的运输容器编码清单报国务院核安全监管部门备案。

第二十四条 从事三类放射性物品运输容器制造活动的单位,应当于每年 1 月 31 日前将上一年度制造的运输容器的型号和数量报国务院核安全监管部门备案。

第二十五条 放射性物品运输容器使用单位应当对其使用的放射性物品运输容器定期进行保养和维护,并建立保养和维护档案;放射性物品运输容器达到设计使用年限,或者发现放射性物品运输容器存在安全隐患的,应当停止使用,进行处理。

一类放射性物品运输容器使用单位还应当对其使用的一类放射性物品运输容器每两年进行一次安全性能评价,并将评价结果报国务院核安全监管部门备案。

第二十六条 使用境外单位制造的一类放射性物品运输容器的,应当在首次使用前报国务院核安全监管部门审查批准。

申请使用境外单位制造的一类放射性物品运输容器的单位,应当向国务院核安全监管部门提出书面申请,并提交下列材料:

(一)设计单位所在国核安全监管部门颁发的设计批准文件的复印件;

(二)设计安全评价报告书;

(三)制造单位相关业绩的证明材料;

(四)质量合格证明;

(五)符合中华人民共和国法律、行政法规规定,以及国家放射性物品运输安全标准或者经国务院核安全监管部门认可的标准的说明材料。

国务院核安全监管部门应当自受理申请之日起45个工作日内完成审查,对符合国家放射性物品运输安全标准的,颁发使用批准书;对不符合国家放射性物品运输安全标准的,书面通知申请单位并说明理由。

第二十七条 使用境外单位制造的二类放射性物品运输容器的,应当在首次使用前将运输容器质量合格证明和符合中华人民共和国法律、行政法规规定,以及国家放射性物品运输安全标准或者经国务院核安全监管部门认可的标准的说明材料,报国务院核安全监管部门备案。

第二十八条 国务院核安全监管部门办理使用境外单位制造的一类、二类放射性物品运输容器审查批准和备案手续,应当同时为运输容器确定编码。

第四章 放射性物品的运输

第二十九条 托运放射性物品的,托运人应当持有生产、销售、使用或者处置放射性物品的有效证明,使用与所托运的放射性物品类别相适应的运输容器进行包装,配备必要的辐射监测设备、防护用品和防盗、防破坏设备,并编制运输说明书、核与辐射事故应急响应指南、装卸作业方法、安全防护指南。

运输说明书应当包括放射性物品的品名、数量、物理化学形态、危害风险等内容。

第三十条 托运一类放射性物品的,托运人应当委托有资质的辐射监测机构对其表面污染和辐射水平实施监测,辐射监测机构应当出具辐射监测报告。

托运二类、三类放射性物品的,托运人应当对其表面污染和辐射水平实施监测,并编制辐射监测报告。

监测结果不符合国家放射性物品运输安全标准的,不得托运。

第三十一条 承运放射性物品应当取得国家规定的运输资质。承运人的资质管理,依照有关法律、行政法规和国务院交通运输、铁路、民航、邮政主管部门的规定执行。

第三十二条 托运人和承运人应当对直接从事放射性物品运输的工作人员进行运输安全和应急响应知识的培训,并进行考核;考核不合格的,不得从事相关工作。

托运人和承运人应当按照国家放射性物品运输安全标准和国家有关规定,在放射性物品运输容器和运输工具上设置警示标志。

国家利用卫星定位系统对一类、二类放射性物品运输工具的运输过程实行在线监控。具体办法由国务院核安全监管部门会同国务院有关部门制定。

第三十三条 托运人和承运人应当按照国家职业病防治的有关规定,对直接从事放射性物品运输的工作人员进行个人剂量监测,建立个人剂量档案和职业健康监护档案。

第三十四条 托运人应当向承运人提交运输说明书、辐射监测报告、核与辐射事故应急响应指南、装卸作业方法、安全防护指南,承运人应当查验、收存。托运人提交文件不齐全的,承运人不得承运。

第三十五条 托运一类放射性物品的,托运人应当编制放射性物品运输的核与辐射安全分析报告书,报国务院核安全监管部门审查批准。

放射性物品运输的核与辐射安全分析报告书应当包括放射性物品的品名、数量、运输容器型号、运输方式、辐射防护措施、应急措施等内容。

国务院核安全监管部门应当自受理申请之日起45个工作日内完成审查,对符合国家放射性物品运输安全标准的,颁发核与辐射安全分析报告批准书;对不符合国家放射性物品运输安全标准的,书面通知申请单位并说明理由。

第三十六条 放射性物品运输的核与辐射安全分析报告批准书应当载明下列主要内容:

(一)托运人的名称、地址、法定代表人;

(二)运输放射性物品的品名、数量;

(三)运输放射性物品的运输容器型号和运输方式;

(四)批准日期和有效期限。

第三十七条 一类放射性物品启运前,托运人应当将放射性物品运输的核与辐射安全分析报告批准书、辐射监测报告,报启运地的省、自治区、直辖市人民政府环境保护主管部门备案。

收到备案材料的环境保护主管部门应当及时将有关情况通报放射性物品运输的途经地和抵达地的省、自治区、直辖市人民政府环境保护主管部门。

第三十八条 通过道路运输放射性物品的,应当经公安机关批准,按照指定的时间、路线、速度行驶,并悬挂警示标志,配备押运人员,使放射性物品处于押运人员的监管之下。

通过道路运输核反应堆乏燃料的，托运人应当报国务院公安部门批准。通过道路运输其他放射性物品的，托运人应当报启运地县级以上人民政府公安机关批准。具体办法由国务院公安部门商国务院核安全监管部门制定。

第三十九条　通过水路运输放射性物品的，按照水路危险货物运输的法律、行政法规和规章的有关规定执行。

通过铁路、航空运输放射性物品的，按照国务院铁路、民航主管部门的有关规定执行。

禁止邮寄一类、二类放射性物品。邮寄三类放射性物品的，按照国务院邮政管理部门的有关规定执行。

第四十条　生产、销售、使用或者处置放射性物品的单位，可以依照《中华人民共和国道路运输条例》的规定，向设区的市级人民政府道路运输管理机构申请非营业性道路危险货物运输资质，运输本单位的放射性物品，并承担本条例规定的托运人和承运人的义务。

申请放射性物品非营业性道路危险货物运输资质的单位，应当具备下列条件：

（一）持有生产、销售、使用或者处置放射性物品的有效证明；

（二）有符合本条例规定要求的放射性物品运输容器；

（三）有具备辐射防护与安全防护知识的专业技术人员和经考试合格的驾驶人员；

（四）有符合放射性物品运输安全防护要求，并经检测合格的运输工具、设施和设备；

（五）配备必要的防护用品和依法经定期检定合格的监测仪器；

（六）有运输安全和辐射防护管理规章制度以及核与辐射事故应急措施。

放射性物品非营业性道路危险货物运输资质的具体条件，由国务院交通运输主管部门会同国务院核安全监管部门制定。

第四十一条　一类放射性物品从境外运抵中华人民共和国境内，或者途经中华人民共和国境内运输的，托运人应当编制放射性物品运输的核与辐射安全分析报告书，报国务院核安全监管部门审查批准。审查批准程序依照本条例第三十五条第三款的规定执行。

二类、三类放射性物品从境外运抵中华人民共和国境内，或者途经中华人民共和国境内运输的，托运人应当编制放射性物品运输的辐射监测报告，报国务院核安全监管部门备案。

托运人、承运人或者其代理人向海关办理有关手续，应当提交国务院核安全监管部门颁发的放射性物品运输的核与辐射安全分析报告批准书或者放射性物品运输的辐射监测报告备案证明。

第四十二条　县级以上人民政府组织编制的突发环境事件应急预案，应当包括放射性物品运输中可能发生的核与辐射事故应急响应的内容。

第四十三条　放射性物品运输中发生核与辐射事故的，承运人、托运人应当按照核与辐射事故应急响应指南的要求，做好事故应急工作，并立即报告事故发生地的县级以上人民政府环境保护主管部门。接到报告的环境保护主管部门应当立即派人赶赴现场，进行现场调查，采取有效措施控制事故影响，并及时向本级人民政府报告，通报同级公安、卫生、交通运输等有关主管部门。

接到报告的县级以上人民政府及其有关主管部门应当按照应急预案做好应急工作，并按照国家突发事件分级报告的规定及时上报核与辐射事故信息。

核反应堆乏燃料运输的核事故应急准备与响应，还应当遵守国家核应急的有关规定。

第五章　监 督 检 查

第四十四条　国务院核安全监管部门和其他依法履行放射性物品运输安全监督管理职责的部门，应当依据各自职责对放射性物品运输安全实施监督检查。

国务院核安全监管部门应当将其已批准或者备案的一类、二类、三类放射性物品运输容器的设计、制造情况和放射性物品运输情况通报设计、制造单位所在地和运输途经地的省、自治区、直辖市人民政府环境保护主管部门。省、自治区、直辖市人民政府环境保护主管部门应当加强对本行政区域放射性物品运输安全的监督检查和监督性监测。

被检查单位应当予以配合，如实反映情况，提供必要的资料，不得拒绝和阻碍。

第四十五条　国务院核安全监管部门和省、自治区、直辖市人民政府环境保护主管部门以及其他依法履行放射性物品运输安全监督管理职责的部门进行监督检查，监督检查人员不得少于 2 人，并应当出示有效的行政执法证件。

国务院核安全监管部门和省、自治区、直辖市人民政府环境保护主管部门以及其他依法履行放射性物品运输安全监督管理职责的部门的工作人员，对监督检查中知悉的商业秘密负有保密义务。

第四十六条　监督检查中发现经批准的一类放射性物品运输容器设计确有重大设计安全缺陷的，由国务院核安全监管部门责令停止该型号运输容器的制造或者使用，撤销一类放射性物品运输容器设计批准书。

第四十七条　监督检查中发现放射性物品运输活动有不符合国家放射性物品运输安全标准情形的，或者一类放射性物品运输容器制造单位有不符合制造许可证规定条件情形的，应当责令限期整改；发现放射性物品运输活动可能对人体健康和环境造成核与辐射危害的，应当责令停止运输。

第四十八条　国务院核安全监管部门和省、自治区、直辖市人民政府环境保护主管部门以及其他依法履行放射性物品运输安全监督管理职责的部门，对放射性物品运输活动实施监测，不得收取监测费用。

国务院核安全监管部门和省、自治区、直辖市人民政府环境保护主管部门以及其他依法履行放射性物品运输安全监督管理职责的部门，应当加强对监督管理人员辐射防护与安全防护知识的培训。

第六章　法 律 责 任

第四十九条　国务院核安全监管部门和省、自治区、直辖市人民政府环境保护主管部门或者其他依法履行放射性物品运输安全监督管理职责的部门有下列行为之一的，对直接负责的主管人员和其他直接责任人员依法给予处分；直接负责的主管人员和其他直接责任人员构成犯罪的，依法追究刑事责任：

（一）未依照本条例规定作出行政许可或者办理批准文件的；

（二）发现违反本条例规定的行为不予查处，或者接到举报不依法处理的；

（三）未依法履行放射性物品运输核与辐射事故应急职责的；

（四）对放射性物品运输活动实施监测收取监测费用的；

（五）其他不依法履行监督管理职责的行为。

第五十条 放射性物品运输容器设计、制造单位有下列行为之一的，由国务院核安全监管部门责令停止违法行为，处50万元以上100万元以下的罚款；有违法所得的，没收违法所得：

（一）将未取得设计批准书的一类放射性物品运输容器设计用于制造的；

（二）修改已批准的一类放射性物品运输容器设计中有关安全内容，未重新取得设计批准书即用于制造的。

第五十一条 放射性物品运输容器设计、制造单位有下列行为之一的，由国务院核安全监管部门责令停止违法行为，处5万元以上10万元以下的罚款；有违法所得的，没收违法所得：

（一）将不符合国家放射性物品运输安全标准的二类、三类放射性物品运输容器设计用于制造的；

（二）将未备案的二类放射性物品运输容器设计用于制造的。

第五十二条 放射性物品运输容器设计单位有下列行为之一的，由国务院核安全监管部门责令限期改正；逾期不改正的，处1万元以上5万元以下的罚款：

（一）未对二类、三类放射性物品运输容器的设计进行安全性能评价的；

（二）未如实记录二类、三类放射性物品运输容器设计和安全性能评价过程的；

（三）未编制三类放射性物品运输容器设计符合国家放射性物品运输安全标准的证明文件并存档备查的。

第五十三条 放射性物品运输容器制造单位有下列行为之一的，由国务院核安全监管部门责令停止违法行为，处50万元以上100万元以下的罚款；有违法所得的，没收违法所得：

（一）未取得制造许可证从事一类放射性物品运输容器制造活动的；

（二）制造许可证有效期届满，未按照规定办理延续手续，继续从事一类放射性物品运输容器制造活动的；

（三）超出制造许可证规定的范围从事一类放射性物品运输容器制造活动的；

（四）变更制造的一类放射性物品运输容器型号，未按照规定重新领取制造许可证的；

（五）将未经质量检验或者经检验不合格的一类放射性物品运输容器交付使用的。

有前款第（三）项、第（四）项和第（五）项行为之一，情节严重的，吊销制造许可证。

第五十四条 一类放射性物品运输容器制造单位变更单位名称、住所或者法定代表人，未依法办理制造许可证变更手续的，由国务院核安全监管部门责令限期改正；逾期不改正的，处2万元的罚款。

第五十五条 放射性物品运输容器制造单位有下列行为之一的，由国务院核安全监管部门责令停止违法行为，处5万元以上10万元以下的罚款；有违法所得的，没收违法所得：

（一）在二类放射性物品运输容器首次制造活动开始前，未按照规定将有关证明材料报国务院核安全监管部门备案的；

（二）将未经质量检验或者经检验不合格的二类、三类放射性物品运输容器交付使用的。

第五十六条 放射性物品运输容器制造单位有下列行为之一的，由国务院核安全监管部门责令限期改正；逾期不改正的，处1万元以上5万元以下的罚款：

（一）未按照规定对制造的一类、二类放射性物品运输容器统一编码的；

（二）未按照规定将制造的一类、二类放射性物品运输容器编码清单报国务院核安全监管部门备案的；

（三）未按照规定将制造的三类放射性物品运输容器的型号和数量报国务院核安全监管部门备案的。

第五十七条 放射性物品运输容器使用单位未按照规定对使用的一类放射性物品运输容器进行安全性能评价，或者未将评价结果报国务院核安全监管部门备案的，由国务院核安全监管部门责令限期改正；逾期不改正的，处1万元以上5万元以下的罚款。

第五十八条 未按照规定取得使用批准书使用境外单位制造的一类放射性物品运输容器的，由国务院核安全监管部门责令停止违法行为，处50万元以上100万元以下的罚款。

未按照规定办理备案手续使用境外单位制造的二类放射性物品运输容器的，由国务院核安全监管部门责令停止违法行为，处5万元以上10万元以下的罚款。

第五十九条 托运人未按照规定编制放射性物品运输说明书、核与辐射事故应急响应指南、装卸作业方法、安全防护指南的，由国务院核安全监管部门责令限期改正；逾期不改正的，处1万元以上5万元以下的罚款。

托运人未按照规定将放射性物品运输的核与辐射安全分析报告批准书、辐射监测报告备案的，由启运地的省、自治区、直辖市人民政府环境保护主管部门责令限期改正；逾期不改正的，处1万元以上5万元以下的罚款。

第六十条 托运人或者承运人在放射性物品运输活动中，有违反有关法律、行政法规关于危险货物运输管理规定行为的，由交通运输、铁路、民航等有关主管部门依法予以处罚。

违反有关法律、行政法规规定邮寄放射性物品的，由公安机关和邮政管理部门依法予以处罚。在邮寄进境物品中发现放射性物品的，由海关依照有关法律、行政法规的规定处理。

第六十一条 托运人未取得放射性物品运输的核与辐射安全分析报告批准书托运一类放射性物品的，由国务院核安全监管部门责令停止违法行为，处50万元以上100万元以下的罚款。

第六十二条 通过道路运输放射性物品，有下列行为之一的，由公安机关责令限期改正，处2万元以上10万元以下的罚款；构成犯罪的，依法追究刑事责任：

（一）未经公安机关批准通过道路运输放射性物品的；

（二）运输车辆未按照指定的时间、路线、速度行驶或者未悬挂警示标志的；

（三）未配备押运人员或者放射性物品脱离押运人员监管的。

第六十三条 托运人有下列行为之一的，由启运地的省、自治区、直辖市人民政府环境保护主管部门责令停止违法行为，处5万元以上20万元以下的罚款：

（一）未按照规定对托运的放射性物品表面污染和辐射水平实施监测的；

（二）将经监测不符合国家放射性物品运输安全标准的放射性物品交付托运的；

（三）出具虚假辐射监测报告的。

第六十四条 未取得放射性物品运输的核与辐射安全分析报告批准书或者放射性物品运输的辐射监测报告备案证明，将境外的放射性物品运抵中华人民共和国境内，或者途经中华人民共和国境内运输的，由海关责令托运人退运该放射性物品，并依照海关法律、行政法规给予处罚；构成犯罪的，依法追究刑事责任。托运人不明的，由承运人承担退运该放射性物品的责任，或者承担该放射性物品的处置费用。

第六十五条 违反本条例规定，在放射性物品运输中造成核与辐射事故的，由县级以上地方人民政府环境保护主管部门处以罚款，罚款数额按照核与辐射事故造成的直接损失的20%计算；构成犯罪的，依法追究刑事责任。

托运人、承运人未按照核与辐射事故应急响应指南的要求，做好事故应急工作并报告事故的，由县级以上地方人民政府环境保护主管部门处5万元以上20万元以下的罚款。

因核与辐射事故造成他人损害的，依法承担民事责任。

第六十六条 拒绝、阻碍国务院核安全监管部门或者其他依法履行放射性物品运输安全监督管理职责的部门进行监督检查，或者在接受监督检查时弄虚作假的，由监督检查部门责令改正，处1万元以上2万元以下的罚款；构成违反治安管理行为的，由公安机关依法给予治安管理处罚；构成犯罪的，依法追究刑事责任。

第七章　附　　则

第六十七条 军用放射性物品运输安全的监督管理，依照《中华人民共和国放射性污染防治法》第六十条的规定执行。

第六十八条 本条例自2010年1月1日起施行。

工伤保险条例

（2010年12月20日国务院第136次常务会议修正，
中华人民共和国国务院令　第586号）

第一章　总　　则

第一条　为了保障因工作遭受事故伤害或者患职业病的职工获得医疗救治和经济补偿，促进工伤预防和职业康复，分散用人单位的工伤风险，制定本条例。

第二条　中华人民共和国境内的企业、事业单位、社会团体、民办非企业单位、基金会、律师事务所、会计师事务所等组织和有雇工的个体工商户（以下称用人单位）应当依照本条例规定参加工伤保险，为本单位全部职工或者雇工（以下称职工）缴纳工伤保险费。

中华人民共和国境内的企业、事业单位、社会团体、民办非企业单位、基金会、律师事务所、会计师事务所等组织的职工和个体工商户的雇工，均有依照本条例的规定享受工伤保险待遇的权利。

第三条　工伤保险费的征缴按照《社会保险费征缴暂行条例》关于基本养老保险费、基本医疗保险费、失业保险费的征缴规定执行。

第四条　用人单位应当将参加工伤保险的有关情况在本单位内公示。

用人单位和职工应当遵守有关安全生产和职业病防治的法律法规，执行安全卫生规程和标准，预防工伤事故发生，避免和减少职业病危害。

职工发生工伤时，用人单位应当采取措施使工伤职工得到及时救治。

第五条　国务院社会保险行政部门负责全国的工伤保险工作。

县级以上地方各级人民政府社会保险行政部门负责本行政区域内的工伤保险工作。

社会保险行政部门按照国务院有关规定设立的社会保险经办机构（以下称经办机构）具体承办工伤保险事务。

第六条　社会保险行政部门等部门制定工伤保险的政策、标准，应当征求工会组织、用人单位代表的意见。

第二章　工伤保险基金

第七条　工伤保险基金由用人单位缴纳的工伤保险费、工伤保险基金的利息和依法纳入工伤保险基金的其他资金构成。

第八条　工伤保险费根据以支定收、收支平衡的原则，确定费率。

国家根据不同行业的工伤风险程度确定行业的差别费率，并根据工伤保险费使用、工伤发生率等情况在每个行业内确定若干费率档次。行业差别费率及行业内费率档次由国务院社会保险行政部门制定,报国务院批准后公布施行。

统筹地区经办机构根据用人单位工伤保险费使用、工伤发生率等情况,适用所属行业内相应的费率档次确定单位缴费费率。

第九条 国务院社会保险行政部门应当定期了解全国各统筹地区工伤保险基金收支情况,及时提出调整行业差别费率及行业内费率档次的方案,报国务院批准后公布施行。

第十条 用人单位应当按时缴纳工伤保险费。职工个人不缴纳工伤保险费。

用人单位缴纳工伤保险费的数额为本单位职工工资总额乘以单位缴费费率之积。

对难以按照工资总额缴纳工伤保险费的行业,其缴纳工伤保险费的具体方式,由国务院社会保险行政部门规定。

第十一条 工伤保险基金逐步实行省级统筹。

跨地区、生产流动性较大的行业,可以采取相对集中的方式异地参加统筹地区的工伤保险。具体办法由国务院社会保险行政部门会同有关行业的主管部门制定。

第十二条 工伤保险基金存入社会保障基金财政专户,用于本条例规定的工伤保险待遇,劳动能力鉴定,工伤预防的宣传、培训等费用,以及法律、法规规定的用于工伤保险的其他费用的支付。

工伤预防费用的提取比例、使用和管理的具体办法,由国务院社会保险行政部门会同国务院财政、卫生行政、安全生产监督管理等部门规定。

任何单位或者个人不得将工伤保险基金用于投资运营、兴建或者改建办公场所、发放奖金,或者挪作其他用途。

第十三条 工伤保险基金应当留有一定比例的储备金,用于统筹地区重大事故的工伤保险待遇支付;储备金不足支付的,由统筹地区的人民政府垫付。储备金占基金总额的具体比例和储备金的使用办法,由省、自治区、直辖市人民政府规定。

第三章　工 伤 认 定

第十四条 职工有下列情形之一的,应当认定为工伤:

(一)在工作时间和工作场所内,因工作原因受到事故伤害的;

(二)工作时间前后在工作场所内,从事与工作有关的预备性或者收尾性工作受到事故伤害的;

(三)在工作时间和工作场所内,因履行工作职责受到暴力等意外伤害的;

(四)患职业病的;

(五)因工外出期间,由于工作原因受到伤害或者发生事故下落不明的;

(六)在上下班途中,受到非本人主要责任的交通事故或者城市轨道交通、客运轮渡、火车事故伤害的;

(七)法律、行政法规规定应当认定为工伤的其他情形。

第十五条 职工有下列情形之一的,视同工伤:

(一)在工作时间和工作岗位,突发疾病死亡或者在48小时之内经抢救无效死亡的;

(二)在抢险救灾等维护国家利益、公共利益活动中受到伤害的;

(三)职工原在军队服役,因战、因公负伤致残,已取得革命伤残军人证,到用人单位后旧伤复发的。

职工有前款第(一)项、第(二)项情形的,按照本条例的有关规定享受工伤保险待遇;职工有前款第(三)项情形的,按照本条例的有关规定享受除一次性伤残补助金以外的工伤保险待遇。

第十六条 职工符合本条例第十四条、第十五条的规定,但是有下列情形之一的,不得认定为工伤或者视同工伤:

(一)故意犯罪的;

(二)醉酒或者吸毒的;

(三)自残或者自杀的。

第十七条 职工发生事故伤害或者按照职业病防治法规定被诊断、鉴定为职业病,所在单位应当自事故伤害发生之日或者被诊断、鉴定为职业病之日起30日内,向统筹地区社会保险行政部门提出工伤认定申请。遇有特殊情况,经报社会保险行政部门同意,申请时限可以适当延长。

用人单位未按前款规定提出工伤认定申请的,工伤职工或者其近亲属、工会组织在事故伤害发生之日或者被诊断、鉴定为职业病之日起1年内,可以直接向用人单位所在地统筹地区社会保险行政部门提出工伤认定申请。

按照本条第一款规定应当由省级社会保险行政部门进行工伤认定的事项,根据属地原则由用人单位所在地的设区的市级社会保险行政部门办理。

用人单位未在本条第一款规定的时限内提交工伤认定申请,在此期间发生符合本条例规定的工伤待遇等有关费用由该用人单位负担。

第十八条 提出工伤认定申请应当提交下列材料:

(一)工伤认定申请表;

(二)与用人单位存在劳动关系(包括事实劳动关系)的证明材料;

(三)医疗诊断证明或者职业病诊断证明书(或者职业病诊断鉴定书)。

工伤认定申请表应当包括事故发生的时间、地点、原因以及职工伤害程度等基本情况。

工伤认定申请人提供材料不完整的,社会保险行政部门应当一次性书面告知工伤认定申请人需要补正的全部材料。申请人按照书面告知要求补正材料后,社会保险行政部门应当受理。

第十九条 社会保险行政部门受理工伤认定申请后,根据审核需要可以对事故伤害进行调查核实,用人单位、职工、工会组织、医疗机构以及有关部门应当予以协助。职业病诊断和诊断争议的鉴定,依照职业病防治法的有关规定执行。对依法取得职业病诊断证明书或者职业病诊断鉴定书的，社会保险行政部门不再进行调查核实。

职工或者其近亲属认为是工伤，用人单位不认为是工伤的，由用人单位承担举证责任。

第二十条 社会保险行政部门应当自受理工伤认定申请之日起60日内作出工伤认定的决定，并书面通知申请工伤认定的职工或者其近亲属和该职工所在单位。

社会保险行政部门对受理的事实清楚、权利义务明确的工伤认定申请，应当在15日内作出工伤认定的决定。

作出工伤认定决定需要以司法机关或者有关行政主管部门的结论为依据的，在司法机关或者有关行政主管部门尚未作出结论期间，作出工伤认定决定的时限中止。

社会保险行政部门工作人员与工伤认定申请人有利害关系的，应当回避。

第四章 劳动能力鉴定

第二十一条 职工发生工伤，经治疗伤情相对稳定后存在残疾、影响劳动能力的，应当进行劳动能力鉴定。

第二十二条 劳动能力鉴定是指劳动功能障碍程度和生活自理障碍程度的等级鉴定。

劳动功能障碍分为十个伤残等级，最重的为一级，最轻的为十级。

生活自理障碍分为三个等级：生活完全不能自理、生活大部分不能自理和生活部分不能自理。

劳动能力鉴定标准由国务院社会保险行政部门会同国务院卫生行政部门等部门制定。

第二十三条 劳动能力鉴定由用人单位、工伤职工或者其近亲属向设区的市级劳动能力鉴定委员会提出申请，并提供工伤认定决定和职工工伤医疗的有关资料。

第二十四条 省、自治区、直辖市劳动能力鉴定委员会和设区的市级劳动能力鉴定委员会分别由省、自治区、直辖市和设区的市级社会保险行政部门、卫生行政部门、工会组织、经办机构代表以及用人单位代表组成。

劳动能力鉴定委员会建立医疗卫生专家库。列入专家库的医疗卫生专业技术人员应当具备下列条件：

（一）具有医疗卫生高级专业技术职务任职资格；

（二）掌握劳动能力鉴定的相关知识；

（三）具有良好的职业品德。

第二十五条 设区的市级劳动能力鉴定委员会收到劳动能力鉴定申请后，应当从其建立的医疗卫生专家库中随机抽取3名或者5名相关专家组成专家组，由专家组提出鉴定意见。设区的市级劳动能力鉴定委员会根据专家组的鉴定意见作出工伤职工劳动能力鉴定结论；必要时，可以委托具备资格的医疗机构协助进行有关的诊断。

设区的市级劳动能力鉴定委员会应当自收到劳动能力鉴定申请之日起60日内作出劳动能力鉴定结论，必要时，作出劳动能力鉴定结论的期限可以延长30日。劳动能力鉴定结论应当及时送达申请鉴定的单位和个人。

第二十六条 申请鉴定的单位或者个人对设区的市级劳动能力鉴定委员会作出的鉴定结论不服的，可以在收到该鉴定结论之日起15日内向省、自治区、直辖市劳动能力鉴定委员会提出再次鉴定申请。省、自治区、直辖市劳动能力鉴定委员会作出的劳动能力鉴定结论为最终结论。

第二十七条 劳动能力鉴定工作应当客观、公正。劳动能力鉴定委员会组成人员或者参加鉴定的专家与当事人有利害关系的，应当回避。

第二十八条 自劳动能力鉴定结论作出之日起1年后，工伤职工或者其近亲属、所在单位或者经办机构认为伤残情况发生变化的，可以申请劳动能力复查鉴定。

第二十九条 劳动能力鉴定委员会依照本条例第二十六条和第二十八条的规定进行再次鉴定和复查鉴定的期限，依照本条例第二十五条第二款的规定执行。

第五章　工伤保险待遇

第三十条 职工因工作遭受事故伤害或者患职业病进行治疗，享受工伤医疗待遇。

职工治疗工伤应当在签订服务协议的医疗机构就医，情况紧急时可以先到就近的医疗机构急救。

治疗工伤所需费用符合工伤保险诊疗项目目录、工伤保险药品目录、工伤保险住院服务标准的，从工伤保险基金支付。工伤保险诊疗项目目录、工伤保险药品目录、工伤保险住院服务标准，由国务院社会保险行政部门会同国务院卫生行政部门、食品药品监督管理部门等部门规定。

职工住院治疗工伤的伙食补助费，以及经医疗机构出具证明，报经办机构同意，工伤职工到统筹地区以外就医所需的交通、食宿费用从工伤保险基金支付，基金支付的具体标准由统筹地区人民政府规定。

工伤职工治疗非工伤引发的疾病，不享受工伤医疗待遇，按照基本医疗保险办法处理。

工伤职工到签订服务协议的医疗机构进行工伤康复的费用，符合规定的，从工伤保险基金支付。

第三十一条 社会保险行政部门作出认定为工伤的决定后发生行政复议、行政诉讼的，行政复议和行政诉讼期间不停止支付工伤职工治疗工伤的医疗费用。

第三十二条 工伤职工因日常生活或者就业需要，经劳动能力鉴定委员会确认，可以安装假肢、矫形器、假眼、假牙和配置轮椅等辅助器具，所需费用按照国家规定的标准从工伤保险基金支付。

第三十三条 职工因工作遭受事故伤害或者患职业病需要暂停工作接受工伤医疗的，在停工留薪期内，原工资福利待遇不变，由所在单位按月支付。

停工留薪期一般不超过12个月。伤情严重或者情况特殊，经设区的市级劳动能力鉴定委员会确认，可以适当延长，但延长不得超过12个月。工伤职工评定伤残等级后，停发原待遇，按照本章的有关规定享受伤残待遇。工伤职工在停工留薪期满后仍需治疗的，继续享受工伤医疗待遇。

生活不能自理的工伤职工在停工留薪期需要护理的，由所在单位负责。

第三十四条 工伤职工已经评定伤残等级并经劳动能力鉴定委员会确认需要生活护理的，从工伤保险基金按月支付生活护理费。

生活护理费按照生活完全不能自理、生活大部分不能自理或者生活部分不能自理3个不同等级支付，其标准分别为统筹地区上年度职工月平均工资的50%、40%或者30%。

第三十五条 职工因工致残被鉴定为一级至四级伤残的，保留劳动关系，退出工作岗位，享受以下待遇：

（一）从工伤保险基金按伤残等级支付一次性伤残补助金，标准为：一级伤残为27个月的本人工资，二级伤残为25个月的本人工资，三级伤残为23个月的本人工资，四级伤残为21个月的本人工资；

（二）从工伤保险基金按月支付伤残津贴，标准为：一级伤残为本人工资的90%，二级伤残为本人工资的85%，三级伤残为本人工资的80%，四级伤残为本人工资的75%。伤残津贴实际金额低于当地最低工资标准的，由工伤保险基金补足差额；

（三）工伤职工达到退休年龄并办理退休手续后，停发伤残津贴，按照国家有关规定享受基本养老保险待遇。基本养老保险待遇低于伤残津贴的，由工伤保险基金补足差额。

职工因工致残被鉴定为一级至四级伤残的，由用人单位和职工个人以伤残津贴为基数，缴纳基本医疗保险费。

第三十六条 职工因工致残被鉴定为五级、六级伤残的，享受以下待遇：

（一）从工伤保险基金按伤残等级支付一次性伤残补助金，标准为：五级伤残为18个月的本人工资，六级伤残为16个月的本人工资；

（二）保留与用人单位的劳动关系，由用人单位安排适当工作。难以安排工作的，由用人单位按月发给伤残津贴，标准为：五级伤残为本人工资的70%，六级伤残为本人工资的60%，并由用人单位按照规定为其缴纳应缴纳的各项社会保险费。伤残津贴实际金额低于当地最低工资标准的，由用人单位补足差额。

经工伤职工本人提出，该职工可以与用人单位解除或者终止劳动关系，由工伤保险基金支付一次性工伤医疗补助金，由用人单位支付一次性伤残就业补助金。一次性工伤医疗补助金和一次性伤残就业补助金的具体标准由省、自治区、直辖市人民政府规定。

第三十七条 职工因工致残被鉴定为七级至十级伤残的，享受以下待遇：

（一）从工伤保险基金按伤残等级支付一次性伤残补助金，标准为：七级伤残为13个月的本人工资，八级伤残为11个月的本人工资，九级伤残为9个月的本人工资，十级伤残为7个月的本人工资；

（二）劳动、聘用合同期满终止，或者职工本人提出解除劳动、聘用合同的，由工伤保险基金支付一次性工伤医疗补助金，由用人单位支付一次性伤残就业补助金。一次性工伤医疗补助金和一次性伤残就业补助金的具体标准由省、自治区、直辖市人民政府规定。

第三十八条 工伤职工工伤复发,确认需要治疗的,享受本条例第三十条、第三十二条和第三十三条规定的工伤待遇。

第三十九条 职工因工死亡,其近亲属按照下列规定从工伤保险基金领取丧葬补助金、供养亲属抚恤金和一次性工亡补助金:

(一)丧葬补助金为6个月的统筹地区上年度职工月平均工资;

(二)供养亲属抚恤金按照职工本人工资的一定比例发给由因工死亡职工生前提供主要生活来源、无劳动能力的亲属。标准为:配偶每月40%,其他亲属每人每月30%,孤寡老人或者孤儿每人每月在上述标准的基础上增加10%。核定的各供养亲属的抚恤金之和不应高于因工死亡职工生前的工资。供养亲属的具体范围由国务院社会保险行政部门规定;

(三)一次性工亡补助金标准为上一年度全国城镇居民人均可支配收入的20倍。

伤残职工在停工留薪期内因工伤导致死亡的,其近亲属享受本条第一款规定的待遇。

一级至四级伤残职工在停工留薪期满后死亡的,其近亲属可以享受本条第一款第(一)项、第(二)项规定的待遇。

第四十条 伤残津贴、供养亲属抚恤金、生活护理费由统筹地区社会保险行政部门根据职工平均工资和生活费用变化等情况适时调整。调整办法由省、自治区、直辖市人民政府规定。

第四十一条 职工因工外出期间发生事故或者在抢险救灾中下落不明的,从事故发生当月起3个月内照发工资,从第4个月起停发工资,由工伤保险基金向其供养亲属按月支付供养亲属抚恤金。生活有困难的,可以预支一次性工亡补助金的50%。职工被人民法院宣告死亡的,按照本条例第三十九条职工因工死亡的规定处理。

第四十二条 工伤职工有下列情形之一的,停止享受工伤保险待遇:

(一)丧失享受待遇条件的;

(二)拒不接受劳动能力鉴定的;

(三)拒绝治疗的。

第四十三条 用人单位分立、合并、转让的,承继单位应当承担原用人单位的工伤保险责任;原用人单位已经参加工伤保险的,承继单位应当到当地经办机构办理工伤保险变更登记。

用人单位实行承包经营的,工伤保险责任由职工劳动关系所在单位承担。

职工被借调期间受到工伤事故伤害的,由原用人单位承担工伤保险责任,但原用人单位与借调单位可以约定补偿办法。

企业破产的,在破产清算时依法拨付应当由单位支付的工伤保险待遇费用。

第四十四条 职工被派遣出境工作,依据前往国家或者地区的法律应当参加当地工伤保险的,参加当地工伤保险,其国内工伤保险关系中止;不能参加当地工伤保险的,其国内工伤保险关系不中止。

第四十五条 职工再次发生工伤,根据规定应当享受伤残津贴的,按照新认定的伤残等级享受伤残津贴待遇。

第六章　监督管理

第四十六条　经办机构具体承办工伤保险事务,履行下列职责:

(一)根据省、自治区、直辖市人民政府规定,征收工伤保险费;

(二)核查用人单位的工资总额和职工人数,办理工伤保险登记,并负责保存用人单位缴费和职工享受工伤保险待遇情况的记录;

(三)进行工伤保险的调查、统计;

(四)按照规定管理工伤保险基金的支出;

(五)按照规定核定工伤保险待遇;

(六)为工伤职工或者其近亲属免费提供咨询服务。

第四十七条　经办机构与医疗机构、辅助器具配置机构在平等协商的基础上签订服务协议,并公布签订服务协议的医疗机构、辅助器具配置机构的名单。具体办法由国务院社会保险行政部门分别会同国务院卫生行政部门、民政部门等部门制定。

第四十八条　经办机构按照协议和国家有关目录、标准对工伤职工医疗费用、康复费用、辅助器具费用的使用情况进行核查,并按时足额结算费用。

第四十九条　经办机构应当定期公布工伤保险基金的收支情况,及时向社会保险行政部门提出调整费率的建议。

第五十条　社会保险行政部门、经办机构应当定期听取工伤职工、医疗机构、辅助器具配置机构以及社会各界对改进工伤保险工作的意见。

第五十一条　社会保险行政部门依法对工伤保险费的征缴和工伤保险基金的支付情况进行监督检查。

财政部门和审计机关依法对工伤保险基金的收支、管理情况进行监督。

第五十二条　任何组织和个人对有关工伤保险的违法行为,有权举报。社会保险行政部门对举报应当及时调查,按照规定处理,并为举报人保密。

第五十三条　工会组织依法维护工伤职工的合法权益,对用人单位的工伤保险工作实行监督。

第五十四条　职工与用人单位发生工伤待遇方面的争议,按照处理劳动争议的有关规定处理。

第五十五条　有下列情形之一的,有关单位或者个人可以依法申请行政复议,也可以依法向人民法院提起行政诉讼:

(一)申请工伤认定的职工或者其近亲属、该职工所在单位对工伤认定申请不予受理的决定不服的;

(二)申请工伤认定的职工或者其近亲属、该职工所在单位对工伤认定结论不服的;

(三)用人单位对经办机构确定的单位缴费费率不服的;

（四）签订服务协议的医疗机构、辅助器具配置机构认为经办机构未履行有关协议或者规定的；

（五）工伤职工或者其近亲属对经办机构核定的工伤保险待遇有异议的。

第七章　法 律 责 任

第五十六条　单位或者个人违反本条例第十二条规定挪用工伤保险基金，构成犯罪的，依法追究刑事责任；尚不构成犯罪的，依法给予处分或者纪律处分。被挪用的基金由社会保险行政部门追回，并入工伤保险基金；没收的违法所得依法上缴国库。

第五十七条　社会保险行政部门工作人员有下列情形之一的，依法给予处分；情节严重，构成犯罪的，依法追究刑事责任：

（一）无正当理由不受理工伤认定申请，或者弄虚作假将不符合工伤条件的人员认定为工伤职工的；

（二）未妥善保管申请工伤认定的证据材料，致使有关证据灭失的；

（三）收受当事人财物的。

第五十八条　经办机构有下列行为之一的，由社会保险行政部门责令改正，对直接负责的主管人员和其他责任人员依法给予纪律处分；情节严重，构成犯罪的，依法追究刑事责任；造成当事人经济损失的，由经办机构依法承担赔偿责任：

（一）未按规定保存用人单位缴费和职工享受工伤保险待遇情况记录的；

（二）不按规定核定工伤保险待遇的；

（三）收受当事人财物的。

第五十九条　医疗机构、辅助器具配置机构不按服务协议提供服务的，经办机构可以解除服务协议。

经办机构不按时足额结算费用的，由社会保险行政部门责令改正；医疗机构、辅助器具配置机构可以解除服务协议。

第六十条　用人单位、工伤职工或者其近亲属骗取工伤保险待遇，医疗机构、辅助器具配置机构骗取工伤保险基金支出的，由社会保险行政部门责令退还，处骗取金额 2 倍以上 5 倍以下的罚款；情节严重，构成犯罪的，依法追究刑事责任。

第六十一条　从事劳动能力鉴定的组织或者个人有下列情形之一的，由社会保险行政部门责令改正，处 2000 元以上 1 万元以下的罚款；情节严重，构成犯罪的，依法追究刑事责任：

（一）提供虚假鉴定意见的；

（二）提供虚假诊断证明的；

（三）收受当事人财物的。

第六十二条　用人单位依照本条例规定应当参加工伤保险而未参加的，由社会保险行政部门责令限期参加，补缴应当缴纳的工伤保险费，并自欠缴之日起，按日加收万分之五的滞纳金；逾期仍不缴纳的，处欠缴数额1倍以上3倍以下的罚款。

依照本条例规定应当参加工伤保险而未参加工伤保险的用人单位职工发生工伤的，由该用人单位按照本条例规定的工伤保险待遇项目和标准支付费用。

用人单位参加工伤保险并补缴应当缴纳的工伤保险费、滞纳金后，由工伤保险基金和用人单位依照本条例的规定支付新发生的费用。

第六十三条 用人单位违反本条例第十九条的规定，拒不协助社会保险行政部门对事故进行调查核实的，由社会保险行政部门责令改正，处2000元以上2万元以下的罚款。

第八章 附 则

第六十四条 本条例所称工资总额，是指用人单位直接支付给本单位全部职工的劳动报酬总额。

本条例所称本人工资，是指工伤职工因工作遭受事故伤害或者患职业病前12个月平均月缴费工资。本人工资高于统筹地区职工平均工资300%的，按照统筹地区职工平均工资的300%计算；本人工资低于统筹地区职工平均工资60%的，按照统筹地区职工平均工资的60%计算。

第六十五条 公务员和参照公务员法管理的事业单位、社会团体的工作人员因工作遭受事故伤害或者患职业病的，由所在单位支付费用。具体办法由国务院社会保险行政部门会同国务院财政部门规定。

第六十六条 无营业执照或者未经依法登记、备案的单位以及被依法吊销营业执照或者撤销登记、备案的单位的职工受到事故伤害或者患职业病的，由该单位向伤残职工或者死亡职工的近亲属给予一次性赔偿，赔偿标准不得低于本条例规定的工伤保险待遇；用人单位不得使用童工，用人单位使用童工造成童工伤残、死亡的，由该单位向童工或者童工的近亲属给予一次性赔偿，赔偿标准不得低于本条例规定的工伤保险待遇。具体办法由国务院社会保险行政部门规定。

前款规定的伤残职工或者死亡职工的近亲属就赔偿数额与单位发生争议的，以及前款规定的童工或者童工的近亲属就赔偿数额与单位发生争议的，按照处理劳动争议的有关规定处理。

第六十七条 本条例自2004年1月1日起施行。本条例施行前已受到事故伤害或者患职业病的职工尚未完成工伤认定的，按照本条例的规定执行。

危险化学品安全管理条例

（2002年1月26日中华人民共和国国务院令　第344号公布；2011年2月16日国务院第144次常务会议修订通过，中华人民共和国国务院令　第591号；2013年12月4日国务院第32次常务会议修订通过，中华人民共和国国务院令　第645号）

第一章　总　　则

第一条　为了加强危险化学品的安全管理，预防和减少危险化学品事故，保障人民群众生命财产安全，保护环境，制定本条例。

第二条　危险化学品生产、储存、使用、经营和运输的安全管理，适用本条例。

废弃危险化学品的处置，依照有关环境保护的法律、行政法规和国家有关规定执行。

第三条　本条例所称危险化学品，是指具有毒害、腐蚀、爆炸、燃烧、助燃等性质，对人体、设施、环境具有危害的剧毒化学品和其他化学品。

危险化学品目录，由国务院安全生产监督管理部门会同国务院工业和信息化、公安、环境保护、卫生、质量监督检验检疫、交通运输、铁路、民用航空、农业主管部门，根据化学品危险特性的鉴别和分类标准确定、公布，并适时调整。

第四条　危险化学品安全管理，应当坚持安全第一、预防为主、综合治理的方针，强化和落实企业的主体责任。

生产、储存、使用、经营、运输危险化学品的单位（以下统称危险化学品单位）的主要负责人对本单位的危险化学品安全管理工作全面负责。

危险化学品单位应当具备法律、行政法规规定和国家标准、行业标准要求的安全条件，建立、健全安全管理规章制度和岗位安全责任制度，对从业人员进行安全教育、法制教育和岗位技术培训。从业人员应当接受教育和培训，考核合格后上岗作业；对有资格要求的岗位，应当配备依法取得相应资格的人员。

第五条　任何单位和个人不得生产、经营、使用国家禁止生产、经营、使用的危险化学品。

国家对危险化学品的使用有限制性规定的，任何单位和个人不得违反限制性规定使用危险化学品。

第六条　对危险化学品的生产、储存、使用、经营、运输实施安全监督管理的有关部门（以下统称负有危险化学品安全监督管理职责的部门），依照下列规定履行职责：

（一）安全生产监督管理部门负责危险化学品安全监督管理综合工作，组织确定、公布、调整危险化学品目录，对新建、改建、扩建生产、储存危险化学品（包括使用长输管道输送危险化学品，下同）的建设项目进行安全条件审查，核发危险化学品安全生产许可证、危险化学品安全使用许可证和危险化学品经营许可证，并负责危险化学品登记工作。

（二）公安机关负责危险化学品的公共安全管理，核发剧毒化学品购买许可证、剧毒化学品道路运输通行证，并负责危险化学品运输车辆的道路交通安全管理。

（三）质量监督检验检疫部门负责核发危险化学品及其包装物、容器（不包括储存危险化学品的固定式大型储罐，下同）生产企业的工业产品生产许可证，并依法对其产品质量实施监督，负责对进出口危险化学品及其包装实施检验。

（四）环境保护主管部门负责废弃危险化学品处置的监督管理，组织危险化学品的环境危害性鉴定和环境风险程度评估，确定实施重点环境管理的危险化学品，负责危险化学品环境管理登记和新化学物质环境管理登记；依照职责分工调查相关危险化学品环境污染事故和生态破坏事件，负责危险化学品事故现场的应急环境监测。

（五）交通运输主管部门负责危险化学品道路运输、水路运输的许可以及运输工具的安全管理，对危险化学品水路运输安全实施监督，负责危险化学品道路运输企业、水路运输企业驾驶人员、船员、装卸管理人员、押运人员、申报人员、集装箱装箱现场检查员的资格认定。铁路监管部门负责危险化学品铁路运输及其运输工具的安全管理，负责危险化学品铁路运输承运人、托运人的资质审批及其运输工具的安全管理。民用航空主管部门负责危险化学品航空运输以及航空运输企业及其运输工具的安全管理。

（六）卫生主管部门负责危险化学品毒性鉴定的管理，负责组织、协调危险化学品事故受伤人员的医疗卫生救援工作。

（七）工商行政管理部门依据有关部门的许可证件，核发危险化学品生产、储存、经营、运输企业营业执照，查处危险化学品经营企业违法采购危险化学品的行为。

（八）邮政管理部门负责依法查处寄递危险化学品的行为。

第七条　负有危险化学品安全监督管理职责的部门依法进行监督检查，可以采取下列措施：

（一）进入危险化学品作业场所实施现场检查，向有关单位和人员了解情况，查阅、复制有关文件、资料；

（二）发现危险化学品事故隐患，责令立即消除或者限期消除；

（三）对不符合法律、行政法规、规章规定或者国家标准、行业标准要求的设施、设备、装置、器材、运输工具，责令立即停止使用；

（四）经本部门主要负责人批准，查封违法生产、储存、使用、经营危险化学品的场所，扣押违法生产、储存、使用、经营、运输的危险化学品以及用于违法生产、使用、运输危险化学品的原材料、设备、运输工具；

（五）发现影响危险化学品安全的违法行为，当场予以纠正或者责令限期改正。

负有危险化学品安全监督管理职责的部门依法进行监督检查，监督检查人员不得少于 2 人，并应当出示执法证件；有关单位和个人对依法进行的监督检查应当予以配合，不得拒绝、阻碍。

第八条 县级以上人民政府应当建立危险化学品安全监督管理工作协调机制，支持、督促负有危险化学品安全监督管理职责的部门依法履行职责，协调、解决危险化学品安全监督管理工作中的重大问题。

负有危险化学品安全监督管理职责的部门应当相互配合、密切协作，依法加强对危险化学品的安全监督管理。

第九条 任何单位和个人对违反本条例规定的行为，有权向负有危险化学品安全监督管理职责的部门举报。负有危险化学品安全监督管理职责的部门接到举报，应当及时依法处理；对不属于本部门职责的，应当及时移送有关部门处理。

第十条 国家鼓励危险化学品生产企业和使用危险化学品从事生产的企业采用有利于提高安全保障水平的先进技术、工艺、设备以及自动控制系统，鼓励对危险化学品实行专门储存、统一配送、集中销售。

第二章 生产、储存安全

第十一条 国家对危险化学品的生产、储存实行统筹规划、合理布局。

国务院工业和信息化主管部门以及国务院其他有关部门依据各自职责，负责危险化学品生产、储存的行业规划和布局。

地方人民政府组织编制城乡规划，应当根据本地区的实际情况，按照确保安全的原则，规划适当区域专门用于危险化学品的生产、储存。

第十二条 新建、改建、扩建生产、储存危险化学品的建设项目（以下简称建设项目），应当由安全生产监督管理部门进行安全条件审查。

建设单位应当对建设项目进行安全条件论证，委托具备国家规定的资质条件的机构对建设项目进行安全评价，并将安全条件论证和安全评价的情况报告报建设项目所在地设区的市级以上人民政府安全生产监督管理部门；安全生产监督管理部门应当自收到报告之日起45日内作出审查决定，并书面通知建设单位。具体办法由国务院安全生产监督管理部门制定。

新建、改建、扩建储存、装卸危险化学品的港口建设项目，由港口行政管理部门按照国务院交通运输主管部门的规定进行安全条件审查。

第十三条 生产、储存危险化学品的单位，应当对其铺设的危险化学品管道设置明显标志，并对危险化学品管道定期检查、检测。

进行可能危及危险化学品管道安全的施工作业，施工单位应当在开工的7日前书面通知管道所属单位，并与管道所属单位共同制定应急预案，采取相应的安全防护措施。管道所属单位应当指派专门人员到现场进行管道安全保护指导。

第十四条 危险化学品生产企业进行生产前，应当依照《安全生产许可证条例》的规定，取得危险化学品安全生产许可证。

生产列入国家实行生产许可证制度的工业产品目录的危险化学品的企业，应当依照《中华人民共和国工业产品生产许可证管理条例》的规定，取得工业产品生产许可证。

负责颁发危险化学品安全生产许可证、工业产品生产许可证的部门，应当将其颁发许可证的情况及时向同级工业和信息化主管部门、环境保护主管部门和公安机关通报。

第十五条　危险化学品生产企业应当提供与其生产的危险化学品相符的化学品安全技术说明书，并在危险化学品包装（包括外包装件）上粘贴或者拴挂与包装内危险化学品相符的化学品安全标签。化学品安全技术说明书和化学品安全标签所载明的内容应当符合国家标准的要求。

危险化学品生产企业发现其生产的危险化学品有新的危险特性的，应当立即公告，并及时修订其化学品安全技术说明书和化学品安全标签。

第十六条　生产实施重点环境管理的危险化学品的企业，应当按照国务院环境保护主管部门的规定，将该危险化学品向环境中释放等相关信息向环境保护主管部门报告。环境保护主管部门可以根据情况采取相应的环境风险控制措施。

第十七条　危险化学品的包装应当符合法律、行政法规、规章的规定以及国家标准、行业标准的要求。

危险化学品包装物、容器的材质以及危险化学品包装的型式、规格、方法和单件质量（重量），应当与所包装的危险化学品的性质和用途相适应。

第十八条　生产列入国家实行生产许可证制度的工业产品目录的危险化学品包装物、容器的企业，应当依照《中华人民共和国工业产品生产许可证管理条例》的规定，取得工业产品生产许可证；其生产的危险化学品包装物、容器经国务院质量监督检验检疫部门认定的检验机构检验合格，方可出厂销售。

运输危险化学品的船舶及其配载的容器，应当按照国家船舶检验规范进行生产，并经海事管理机构认定的船舶检验机构检验合格，方可投入使用。

对重复使用的危险化学品包装物、容器，使用单位在重复使用前应当进行检查；发现存在安全隐患的，应当维修或者更换。使用单位应当对检查情况作出记录，记录的保存期限不得少于2年。

第十九条　危险化学品生产装置或者储存数量构成重大危险源的危险化学品储存设施（运输工具加油站、加气站除外），与下列场所、设施、区域的距离应当符合国家有关规定：

（一）居住区以及商业中心、公园等人员密集场所；

（二）学校、医院、影剧院、体育场（馆）等公共设施；

（三）饮用水源、水厂以及水源保护区；

（四）车站、码头（依法经许可从事危险化学品装卸作业的除外）、机场以及通信干线、通信枢纽、铁路线路、道路交通干线、水路交通干线、地铁风亭以及地铁站出入口；

（五）基本农田保护区、基本草原、畜禽遗传资源保护区、畜禽规模化养殖场（养殖小区）、渔业水域以及种子、种畜禽、水产苗种生产基地；

（六）河流、湖泊、风景名胜区、自然保护区；

（七）军事禁区、军事管理区；

（八）法律、行政法规规定的其他场所、设施、区域。

已建的危险化学品生产装置或者储存数量构成重大危险源的危险化学品储存设施不符合前款规定的，由所在地设区的市级人民政府安全生产监督管理部门会同有关部门监督其所属单位在规定期限内进行整改；需要转产、停产、搬迁、关闭的，由本级人民政府决定并组织实施。

储存数量构成重大危险源的危险化学品储存设施的选址，应当避开地震活动断层和容易发生洪灾、地质灾害的区域。

本条例所称重大危险源，是指生产、储存、使用或者搬运危险化学品，且危险化学品的数量等于或者超过临界量的单元（包括场所和设施）。

第二十条 生产、储存危险化学品的单位，应当根据其生产、储存的危险化学品的种类和危险特性，在作业场所设置相应的监测、监控、通风、防晒、调温、防火、灭火、防爆、泄压、防毒、中和、防潮、防雷、防静电、防腐、防泄漏以及防护围堤或者隔离操作等安全设施、设备，并按照国家标准、行业标准或者国家有关规定对安全设施、设备进行经常性维护、保养，保证安全设施、设备的正常使用。

生产、储存危险化学品的单位，应当在其作业场所和安全设施、设备上设置明显的安全警示标志。

第二十一条 生产、储存危险化学品的单位，应当在其作业场所设置通信、报警装置，并保证处于适用状态。

第二十二条 生产、储存危险化学品的企业，应当委托具备国家规定的资质条件的机构，对本企业的安全生产条件每3年进行一次安全评价，提出安全评价报告。安全评价报告的内容应当包括对安全生产条件存在的问题进行整改的方案。

生产、储存危险化学品的企业，应当将安全评价报告以及整改方案的落实情况报所在地县级人民政府安全生产监督管理部门备案。在港区内储存危险化学品的企业，应当将安全评价报告以及整改方案的落实情况报港口行政管理部门备案。

第二十三条 生产、储存剧毒化学品或者国务院公安部门规定的可用于制造爆炸物品的危险化学品（以下简称易制爆危险化学品）的单位，应当如实记录其生产、储存的剧毒化学品、易制爆危险化学品的数量、流向，并采取必要的安全防范措施，防止剧毒化学品、易制爆危险化学品丢失或者被盗；发现剧毒化学品、易制爆危险化学品丢失或者被盗的，应当立即向当地公安机关报告。

生产、储存剧毒化学品、易制爆危险化学品的单位，应当设置治安保卫机构，配备专职治安保卫人员。

第二十四条 危险化学品应当储存在专用仓库、专用场地或者专用储存室（以下统称专用仓库）内，并由专人负责管理；剧毒化学品以及储存数量构成重大危险源的其他危险化学品，应当在专用仓库内单独存放，并实行双人收发、双人保管制度。

危险化学品的储存方式、方法以及储存数量应当符合国家标准或者国家有关规定。

第二十五条 储存危险化学品的单位应当建立危险化学品出入库核查、登记制度。

对剧毒化学品以及储存数量构成重大危险源的其他危险化学品，储存单位应当将其储存数量、储存地点以及管理人员的情况，报所在地县级人民政府安全生产监督管理部门（在港区内储存的，报港口行政管理部门）和公安机关备案。

第二十六条 危险化学品专用仓库应当符合国家标准、行业标准的要求，并设置明显的标志。储存剧毒化学品、易制爆危险化学品的专用仓库，应当按照国家有关规定设置相应的技术防范设施。

储存危险化学品的单位应当对其危险化学品专用仓库的安全设施、设备定期进行检测、检验。

第二十七条 生产、储存危险化学品的单位转产、停产、停业或者解散的，应当采取有效措施，及时、妥善处置其危险化学品生产装置、储存设施以及库存的危险化学品，不得丢弃危险化学品；处置方案应当报所在地县级人民政府安全生产监督管理部门、工业和信息化主管部门、环境保护主管部门和公安机关备案。安全生产监督管理部门应当会同环境保护主管部门和公安机关对处置情况进行监督检查，发现未依照规定处置的，应当责令其立即处置。

第三章 使用安全

第二十八条 使用危险化学品的单位，其使用条件（包括工艺）应当符合法律、行政法规的规定和国家标准、行业标准的要求，并根据所使用的危险化学品的种类、危险特性以及使用量和使用方式，建立、健全使用危险化学品的安全管理规章制度和安全操作规程，保证危险化学品的安全使用。

第二十九条 使用危险化学品从事生产并且使用量达到规定数量的化工企业（属于危险化学品生产企业的除外，下同），应当依照本条例的规定取得危险化学品安全使用许可证。

前款规定的危险化学品使用量的数量标准，由国务院安全生产监督管理部门会同国务院公安部门、农业主管部门确定并公布。

第三十条 申请危险化学品安全使用许可证的化工企业，除应当符合本条例第二十八条的规定外，还应当具备下列条件：

（一）有与所使用的危险化学品相适应的专业技术人员；

（二）有安全管理机构和专职安全管理人员；

（三）有符合国家规定的危险化学品事故应急预案和必要的应急救援器材、设备；

（四）依法进行了安全评价。

第三十一条 申请危险化学品安全使用许可证的化工企业，应当向所在地设区的市级人民政府安全生产监督管理部门提出申请，并提交其符合本条例第三十条规定条件的证明材料。设区的市级人民政府安全生产监督管理部门应当依法进行审查，自收到证明材料之日起45日内作出批准或者不予批准的决定。予以批准的，颁发危险化学品安全使用许可证；不予批准的，书面通知申请人并说明理由。

安全生产监督管理部门应当将其颁发危险化学品安全使用许可证的情况及时向同级环境保护主管部门和公安机关通报。

第三十二条 本条例第十六条关于生产实施重点环境管理的危险化学品的企业的规定，适用于使用实施重点环境管理的危险化学品从事生产的企业；第二十条、第二十一条、第二十三条第一款、第二十七条关于生产、储存危险化学品的单位的规定，适用于使用危险化学品的单位；第二十二条关于生产、储存危险化学品的企业的规定，适用于使用危险化学品从事生产的企业。

第四章 经营安全

第三十三条 国家对危险化学品经营（包括仓储经营，下同）实行许可制度。未经许可，任何单位和个人不得经营危险化学品。

依法设立的危险化学品生产企业在其厂区范围内销售本企业生产的危险化学品，不需要取得危险化学品经营许可。

依照《中华人民共和国港口法》的规定取得港口经营许可证的港口经营人，在港区内从事危险化学品仓储经营，不需要取得危险化学品经营许可。

第三十四条 从事危险化学品经营的企业应当具备下列条件：

（一）有符合国家标准、行业标准的经营场所，储存危险化学品的，还应当有符合国家标准、行业标准的储存设施；

（二）从业人员经过专业技术培训并经考核合格；

（三）有健全的安全管理规章制度；

（四）有专职安全管理人员；

（五）有符合国家规定的危险化学品事故应急预案和必要的应急救援器材、设备；

（六）法律、法规规定的其他条件。

第三十五条 从事剧毒化学品、易制爆危险化学品经营的企业，应当向所在地设区的市级人民政府安全生产监督管理部门提出申请，从事其他危险化学品经营的企业，应当向所在地县级人民政府安全生产监督管理部门提出申请（有储存设施的，应当向所在地设区的市级人民政府安全生产监督管理部门提出申请）。申请人应当提交其符合本条例第三十四条规定条件的证明材料。设区的市级人民政府安全生产监督管理部门或者县级人民政府安全生产监督管理部门应当依法进行审查，并对申请人的经营场所、储存设施进行现场核查，自收到证明材料之日起30日内作出批准或者不予批准的决定。予以批准的，颁发危险化学品经营许可证；不予批准的，书面通知申请人并说明理由。

设区的市级人民政府安全生产监督管理部门和县级人民政府安全生产监督管理部门应当将其颁发危险化学品经营许可证的情况及时向同级环境保护主管部门和公安机关通报。

申请人持危险化学品经营许可证向工商行政管理部门办理登记手续后，方可从事危险化学品经营活动。法律、行政法规或者国务院规定经营危险化学品还需要经其他有关部门许可的，申请人向工商行政管理部门办理登记手续时还应当持相应的许可证件。

第三十六条 危险化学品经营企业储存危险化学品的，应当遵守本条例第二章关于储存危险化学品的规定。危险化学品商店内只能存放民用小包装的危险化学品。

第三十七条 危险化学品经营企业不得向未经许可从事危险化学品生产、经营活动的企业采购危险化学品，不得经营没有化学品安全技术说明书或者化学品安全标签的危险化学品。

第三十八条 依法取得危险化学品安全生产许可证、危险化学品安全使用许可证、危险化学品经营许可证的企业，凭相应的许可证件购买剧毒化学品、易制爆危险化学品。民用爆炸物品生产企业凭民用爆炸物品生产许可证购买易制爆危险化学品。

前款规定以外的单位购买剧毒化学品的，应当向所在地县级人民政府公安机关申请取得剧毒化学品购买许可证；购买易制爆危险化学品的，应当持本单位出具的合法用途说明。

个人不得购买剧毒化学品（属于剧毒化学品的农药除外）和易制爆危险化学品。

第三十九条 申请取得剧毒化学品购买许可证，申请人应当向所在地县级人民政府公安机关提交下列材料：

（一）营业执照或者法人证书（登记证书）的复印件；

（二）拟购买的剧毒化学品品种、数量的说明；

（三）购买剧毒化学品用途的说明；

（四）经办人的身份证明。

县级人民政府公安机关应当自收到前款规定的材料之日起 3 日内，作出批准或者不予批准的决定。予以批准的，颁发剧毒化学品购买许可证；不予批准的，书面通知申请人并说明理由。

剧毒化学品购买许可证管理办法由国务院公安部门制定。

第四十条 危险化学品生产企业、经营企业销售剧毒化学品、易制爆危险化学品，应当查验本条例第三十八条第一款、第二款规定的相关许可证件或者证明文件，不得向不具有相关许可证件或者证明文件的单位销售剧毒化学品、易制爆危险化学品。对持剧毒化学品购买许可证购买剧毒化学品的，应当按照许可证载明的品种、数量销售。

禁止向个人销售剧毒化学品（属于剧毒化学品的农药除外）和易制爆危险化学品。

第四十一条 危险化学品生产企业、经营企业销售剧毒化学品、易制爆危险化学品，应当如实记录购买单位的名称、地址、经办人的姓名、身份证号码以及所购买的剧毒化学品、易制爆危险化学品的品种、数量、用途。销售记录以及经办人的身份证明复印件、相关许可证件复印件或者证明文件的保存期限不得少于 1 年。

剧毒化学品、易制爆危险化学品的销售企业、购买单位应当在销售、购买后 5 日内，将所销售、购买的剧毒化学品、易制爆危险化学品的品种、数量以及流向信息报所在地县级人民政府公安机关备案,并输入计算机系统。

第四十二条 使用剧毒化学品、易制爆危险化学品的单位不得出借、转让其购买的剧毒化学品、易制爆危险化学品;因转产、停产、搬迁、关闭等确需转让的,应当向具有本条例第三十八条第一款、第二款规定的相关许可证件或者证明文件的单位转让,并在转让后将有关情况及时向所在地县级人民政府公安机关报告。

第五章 运输安全

第四十三条 从事危险化学品道路运输、水路运输的,应当分别依照有关道路运输、水路运输的法律、行政法规的规定,取得危险货物道路运输许可、危险货物水路运输许可,并向工商行政管理部门办理登记手续。

危险化学品道路运输企业、水路运输企业应当配备专职安全管理人员。

第四十四条 危险化学品道路运输企业、水路运输企业的驾驶人员、船员、装卸管理人员、押运人员、申报人员、集装箱装箱现场检查员应当经交通运输主管部门考核合格,取得从业资格。具体办法由国务院交通运输主管部门制定。

危险化学品的装卸作业应当遵守安全作业标准、规程和制度,并在装卸管理人员的现场指挥或者监控下进行。水路运输危险化学品的集装箱装箱作业应当在集装箱装箱现场检查员的指挥或者监控下进行,并符合积载、隔离的规范和要求;装箱作业完毕后,集装箱装箱现场检查员应当签署装箱证明书。

第四十五条 运输危险化学品,应当根据危险化学品的危险特性采取相应的安全防护措施,并配备必要的防护用品和应急救援器材。

用于运输危险化学品的槽罐以及其他容器应当封口严密,能够防止危险化学品在运输过程中因温度、湿度或者压力的变化发生渗漏、洒漏;槽罐以及其他容器的溢流和泄压装置应当设置准确、起闭灵活。

运输危险化学品的驾驶人员、船员、装卸管理人员、押运人员、申报人员、集装箱装箱现场检查员,应当了解所运输的危险化学品的危险特性及其包装物、容器的使用要求和出现危险情况时的应急处置方法。

第四十六条 通过道路运输危险化学品的,托运人应当委托依法取得危险货物道路运输许可的企业承运。

第四十七条 通过道路运输危险化学品的,应当按照运输车辆的核定载质量装载危险化学品,不得超载。

危险化学品运输车辆应当符合国家标准要求的安全技术条件,并按照国家有关规定定期进行安全技术检验。

危险化学品运输车辆应当悬挂或者喷涂符合国家标准要求的警示标志。

第四十八条 通过道路运输危险化学品的,应当配备押运人员,并保证所运输的危险化学品处于押运人员的监控之下。

运输危险化学品途中因住宿或者发生影响正常运输的情况，需要较长时间停车的，驾驶人员、押运人员应当采取相应的安全防范措施；运输剧毒化学品或者易制爆危险化学品的，还应当向当地公安机关报告。

第四十九条 未经公安机关批准，运输危险化学品的车辆不得进入危险化学品运输车辆限制通行的区域。危险化学品运输车辆限制通行的区域由县级人民政府公安机关划定，并设置明显的标志。

第五十条 通过道路运输剧毒化学品的，托运人应当向运输始发地或者目的地县级人民政府公安机关申请剧毒化学品道路运输通行证。

申请剧毒化学品道路运输通行证，托运人应当向县级人民政府公安机关提交下列材料：

（一）拟运输的剧毒化学品品种、数量的说明；

（二）运输始发地、目的地、运输时间和运输路线的说明；

（三）承运人取得危险货物道路运输许可、运输车辆取得营运证以及驾驶人员、押运人员取得上岗资格的证明文件；

（四）本条例第三十八条第一款、第二款规定的购买剧毒化学品的相关许可证件，或者海关出具的进出口证明文件。

县级人民政府公安机关应当自收到前款规定的材料之日起 7 日内，作出批准或者不予批准的决定。予以批准的，颁发剧毒化学品道路运输通行证；不予批准的，书面通知申请人并说明理由。

剧毒化学品道路运输通行证管理办法由国务院公安部门制定。

第五十一条 剧毒化学品、易制爆危险化学品在道路运输途中丢失、被盗、被抢或者出现流散、泄漏等情况的，驾驶人员、押运人员应当立即采取相应的警示措施和安全措施，并向当地公安机关报告。公安机关接到报告后，应当根据实际情况立即向安全生产监督管理部门、环境保护主管部门、卫生主管部门通报。有关部门应当采取必要的应急处置措施。

第五十二条 通过水路运输危险化学品的，应当遵守法律、行政法规以及国务院交通运输主管部门关于危险货物水路运输安全的规定。

第五十三条 海事管理机构应当根据危险化学品的种类和危险特性，确定船舶运输危险化学品的相关安全运输条件。

拟交付船舶运输的化学品的相关安全运输条件不明确的，货物所有人或者代理人应当委托相关技术机构进行评估，明确相关安全运输条件并经海事管理机构确认后，方可交付船舶运输。

第五十四条 禁止通过内河封闭水域运输剧毒化学品以及国家规定禁止通过内河运输的其他危险化学品。

前款规定以外的内河水域，禁止运输国家规定禁止通过内河运输的剧毒化学品以及其他危险化学品。

禁止通过内河运输的剧毒化学品以及其他危险化学品的范围，由国务院交通运输主管部门会同国务院环境保护主管部门、工业和信息化主管部门、安全生产监督管理部门，根据危险化学品的危险特性、危险化学品对人体和水环境的危害程度以及消除危害后果的难易程度等因素规定并公布。

第五十五条 国务院交通运输主管部门应当根据危险化学品的危险特性，对通过内河运输本条例第五十四条规定以外的危险化学品（以下简称通过内河运输危险化学品）实行分类管理，对各类危险化学品的运输方式、包装规范和安全防护措施等分别作出规定并监督实施。

第五十六条 通过内河运输危险化学品，应当由依法取得危险货物水路运输许可的水路运输企业承运，其他单位和个人不得承运。托运人应当委托依法取得危险货物水路运输许可的水路运输企业承运，不得委托其他单位和个人承运。

第五十七条 通过内河运输危险化学品，应当使用依法取得危险货物适装证书的运输船舶。水路运输企业应当针对所运输的危险化学品的危险特性，制定运输船舶危险化学品事故应急救援预案，并为运输船舶配备充足、有效的应急救援器材和设备。

通过内河运输危险化学品的船舶，其所有人或者经营人应当取得船舶污染损害责任保险证书或者财务担保证明。船舶污染损害责任保险证书或者财务担保证明的副本应当随船携带。

第五十八条 通过内河运输危险化学品，危险化学品包装物的材质、型式、强度以及包装方法应当符合水路运输危险化学品包装规范的要求。国务院交通运输主管部门对单船运输的危险化学品数量有限制性规定的，承运人应当按照规定安排运输数量。

第五十九条 用于危险化学品运输作业的内河码头、泊位应当符合国家有关安全规范，与饮用水取水口保持国家规定的距离。有关管理单位应当制定码头、泊位危险化学品事故应急预案，并为码头、泊位配备充足、有效的应急救援器材和设备。

用于危险化学品运输作业的内河码头、泊位，经交通运输主管部门按照国家有关规定验收合格后方可投入使用。

第六十条 船舶载运危险化学品进出内河港口，应当将危险化学品的名称、危险特性、包装以及进出港时间等事项，事先报告海事管理机构。海事管理机构接到报告后，应当在国务院交通运输主管部门规定的时间内作出是否同意的决定，通知报告人，同时通报港口行政管理部门。定船舶、定航线、定货种的船舶可以定期报告。

在内河港口内进行危险化学品的装卸、过驳作业，应当将危险化学品的名称、危险特性、包装和作业的时间、地点等事项报告港口行政管理部门。港口行政管理部门接到报告后，应当在国务院交通运输主管部门规定的时间内作出是否同意的决定，通知报告人，同时通报海事管理机构。

载运危险化学品的船舶在内河航行，通过过船建筑物的，应当提前向交通运输主管部门申报，并接受交通运输主管部门的管理。

第六十一条 载运危险化学品的船舶在内河航行、装卸或者停泊，应当悬挂专用的警示标志,按照规定显示专用信号。

载运危险化学品的船舶在内河航行,按照国务院交通运输主管部门的规定需要引航的,应当申请引航。

第六十二条 载运危险化学品的船舶在内河航行,应当遵守法律、行政法规和国家其他有关饮用水水源保护的规定。内河航道发展规划应当与依法经批准的饮用水水源保护区划定方案相协调。

第六十三条 托运危险化学品的,托运人应当向承运人说明所托运的危险化学品的种类、数量、危险特性以及发生危险情况的应急处置措施,并按照国家有关规定对所托运的危险化学品妥善包装,在外包装上设置相应的标志。

运输危险化学品需要添加抑制剂或者稳定剂的,托运人应当添加,并将有关情况告知承运人。

第六十四条 托运人不得在托运的普通货物中夹带危险化学品,不得将危险化学品匿报或者谎报为普通货物托运。

任何单位和个人不得交寄危险化学品或者在邮件、快件内夹带危险化学品,不得将危险化学品匿报或者谎报为普通物品交寄。邮政企业、快递企业不得收寄危险化学品。

对涉嫌违反本条第一款、第二款规定的,交通运输主管部门、邮政管理部门可以依法开拆查验。

第六十五条 通过铁路、航空运输危险化学品的安全管理,依照有关铁路、航空运输的法律、行政法规、规章的规定执行。

第六章 危险化学品登记与事故应急救援

第六十六条 国家实行危险化学品登记制度,为危险化学品安全管理以及危险化学品事故预防和应急救援提供技术、信息支持。

第六十七条 危险化学品生产企业、进口企业,应当向国务院安全生产监督管理部门负责危险化学品登记的机构(以下简称危险化学品登记机构)办理危险化学品登记。

危险化学品登记包括下列内容:

(一)分类和标签信息;

(二)物理、化学性质;

(三)主要用途;

(四)危险特性;

(五)储存、使用、运输的安全要求;

(六)出现危险情况的应急处置措施。

对同一企业生产、进口的同一品种的危险化学品,不进行重复登记。危险化学品生产企业、进口企业发现其生产、进口的危险化学品有新的危险特性的,应当及时向危险化学品登记机构办理登记内容变更手续。

危险化学品登记的具体办法由国务院安全生产监督管理部门制定。

第六十八条 危险化学品登记机构应当定期向工业和信息化、环境保护、公安、卫生、交通运输、铁路、质量监督检验检疫等部门提供危险化学品登记的有关信息和资料。

第六十九条 县级以上地方人民政府安全生产监督管理部门应当会同工业和信息化、环境保护、公安、卫生、交通运输、铁路、质量监督检验检疫等部门，根据本地区实际情况，制定危险化学品事故应急预案，报本级人民政府批准。

第七十条 危险化学品单位应当制定本单位危险化学品事故应急预案，配备应急救援人员和必要的应急救援器材、设备，并定期组织应急救援演练。

危险化学品单位应当将其危险化学品事故应急预案报所在地设区的市级人民政府安全生产监督管理部门备案。

第七十一条 发生危险化学品事故，事故单位主要负责人应当立即按照本单位危险化学品应急预案组织救援，并向当地安全生产监督管理部门和环境保护、公安、卫生主管部门报告；道路运输、水路运输过程中发生危险化学品事故的，驾驶人员、船员或者押运人员还应当向事故发生地交通运输主管部门报告。

第七十二条 发生危险化学品事故，有关地方人民政府应当立即组织安全生产监督管理、环境保护、公安、卫生、交通运输等有关部门，按照本地区危险化学品事故应急预案组织实施救援，不得拖延、推诿。

有关地方人民政府及其有关部门应当按照下列规定，采取必要的应急处置措施，减少事故损失，防止事故蔓延、扩大：

（一）立即组织营救和救治受害人员，疏散、撤离或者采取其他措施保护危害区域内的其他人员；

（二）迅速控制危害源，测定危险化学品的性质、事故的危害区域及危害程度；

（三）针对事故对人体、动植物、土壤、水源、大气造成的现实危害和可能产生的危害，迅速采取封闭、隔离、洗消等措施；

（四）对危险化学品事故造成的环境污染和生态破坏状况进行监测、评估，并采取相应的环境污染治理和生态修复措施。

第七十三条 有关危险化学品单位应当为危险化学品事故应急救援提供技术指导和必要的协助。

第七十四条 危险化学品事故造成环境污染的，由设区的市级以上人民政府环境保护主管部门统一发布有关信息。

第七章 法律责任

第七十五条 生产、经营、使用国家禁止生产、经营、使用的危险化学品的，由安全生产监督管理部门责令停止生产、经营、使用活动，处20万元以上50万元以下的罚款，有违法所得的，没收违法所得；构成犯罪的，依法追究刑事责任。

有前款规定行为的，安全生产监督管理部门还应当责令其对所生产、经营、使用的危险化学品进行无害化处理。

违反国家关于危险化学品使用的限制性规定使用危险化学品的，依照本条第一款的规定处理。

第七十六条 未经安全条件审查，新建、改建、扩建生产、储存危险化学品的建设项目的，由安全生产监督管理部门责令停止建设，限期改正；逾期不改正的，处50万元以上100万元以下的罚款；构成犯罪的，依法追究刑事责任。

未经安全条件审查，新建、改建、扩建储存、装卸危险化学品的港口建设项目的，由港口行政管理部门依照前款规定予以处罚。

第七十七条 未依法取得危险化学品安全生产许可证从事危险化学品生产，或者未依法取得工业产品生产许可证从事危险化学品及其包装物、容器生产的，分别依照《安全生产许可证条例》、《中华人民共和国工业产品生产许可证管理条例》的规定处罚。

违反本条例规定，化工企业未取得危险化学品安全使用许可证，使用危险化学品从事生产的，由安全生产监督管理部门责令限期改正，处10万元以上20万元以下的罚款；逾期不改正的，责令停产整顿。

违反本条例规定，未取得危险化学品经营许可证从事危险化学品经营的，由安全生产监督管理部门责令停止经营活动，没收违法经营的危险化学品以及违法所得，并处10万元以上20万元以下的罚款；构成犯罪的，依法追究刑事责任。

第七十八条 有下列情形之一的，由安全生产监督管理部门责令改正，可以处5万元以下的罚款；拒不改正的，处5万元以上10万元以下的罚款；情节严重的，责令停产停业整顿：

（一）生产、储存危险化学品的单位未对其铺设的危险化学品管道设置明显的标志，或者未对危险化学品管道定期检查、检测的；

（二）进行可能危及危险化学品管道安全的施工作业，施工单位未按照规定书面通知管道所属单位，或者未与管道所属单位共同制定应急预案、采取相应的安全防护措施，或者管道所属单位未指派专门人员到现场进行管道安全保护指导的；

（三）危险化学品生产企业未提供化学品安全技术说明书，或者未在包装（包括外包装件）上粘贴、拴挂化学品安全标签的；

（四）危险化学品生产企业提供的化学品安全技术说明书与其生产的危险化学品不相符，或者在包装（包括外包装件）粘贴、拴挂的化学品安全标签与包装内危险化学品不相符，或者化学品安全技术说明书、化学品安全标签所载明的内容不符合国家标准要求的；

（五）危险化学品生产企业发现其生产的危险化学品有新的危险特性不立即公告，或者不及时修订其化学品安全技术说明书和化学品安全标签的；

（六）危险化学品经营企业经营没有化学品安全技术说明书和化学品安全标签的危险化学品的；

（七）危险化学品包装物、容器的材质以及包装的型式、规格、方法和单件质量（重量）与所包装的危险化学品的性质和用途不相适应的；

（八）生产、储存危险化学品的单位未在作业场所和安全设施、设备上设置明显的安全警示标志，或者未在作业场所设置通信、报警装置的；

（九）危险化学品专用仓库未设专人负责管理，或者对储存的剧毒化学品以及储存数量构成重大危险源的其他危险化学品未实行双人收发、双人保管制度的；

（十）储存危险化学品的单位未建立危险化学品出入库核查、登记制度的；

（十一）危险化学品专用仓库未设置明显标志的；

（十二）危险化学品生产企业、进口企业不办理危险化学品登记，或者发现其生产、进口的危险化学品有新的危险特性不办理危险化学品登记内容变更手续的。

从事危险化学品仓储经营的港口经营人有前款规定情形的，由港口行政管理部门依照前款规定予以处罚。储存剧毒化学品、易制爆危险化学品的专用仓库未按照国家有关规定设置相应的技术防范设施的，由公安机关依照前款规定予以处罚。

生产、储存剧毒化学品、易制爆危险化学品的单位未设置治安保卫机构、配备专职治安保卫人员的，依照《企业事业单位内部治安保卫条例》的规定处罚。

第七十九条 危险化学品包装物、容器生产企业销售未经检验或者经检验不合格的危险化学品包装物、容器的，由质量监督检验检疫部门责令改正，处10万元以上20万元以下的罚款，有违法所得的，没收违法所得；拒不改正的，责令停产停业整顿；构成犯罪的，依法追究刑事责任。

将未经检验合格的运输危险化学品的船舶及其配载的容器投入使用的，由海事管理机构依照前款规定予以处罚。

第八十条 生产、储存、使用危险化学品的单位有下列情形之一的，由安全生产监督管理部门责令改正，处5万元以上10万元以下的罚款；拒不改正的，责令停产停业整顿直至由原发证机关吊销其相关许可证件，并由工商行政管理部门责令其办理经营范围变更登记或者吊销其营业执照；有关责任人员构成犯罪的，依法追究刑事责任：

（一）对重复使用的危险化学品包装物、容器，在重复使用前不进行检查的；

（二）未根据其生产、储存的危险化学品的种类和危险特性，在作业场所设置相关安全设施、设备，或者未按照国家标准、行业标准或者国家有关规定对安全设施、设备进行经常性维护、保养的；

（三）未依照本条例规定对其安全生产条件定期进行安全评价的；

（四）未将危险化学品储存在专用仓库内，或者未将剧毒化学品以及储存数量构成重大危险源的其他危险化学品在专用仓库内单独存放的；

（五）危险化学品的储存方式、方法或者储存数量不符合国家标准或者国家有关规定的；

（六）危险化学品专用仓库不符合国家标准、行业标准的要求的；

（七）未对危险化学品专用仓库的安全设施、设备定期进行检测、检验的。

从事危险化学品仓储经营的港口经营人有前款规定情形的，由港口行政管理部门依照前款规定予以处罚。

第八十一条 有下列情形之一的，由公安机关责令改正，可以处1万元以下的罚款；拒不改正的，处1万元以上5万元以下的罚款：

（一）生产、储存、使用剧毒化学品、易制爆危险化学品的单位不如实记录生产、储存、使用的剧毒化学品、易制爆危险化学品的数量、流向的；

（二）生产、储存、使用剧毒化学品、易制爆危险化学品的单位发现剧毒化学品、易制爆危险化学品丢失或者被盗，不立即向公安机关报告的；

（三）储存剧毒化学品的单位未将剧毒化学品的储存数量、储存地点以及管理人员的情况报所在地县级人民政府公安机关备案的；

（四）危险化学品生产企业、经营企业不如实记录剧毒化学品、易制爆危险化学品购买单位的名称、地址、经办人的姓名、身份证号码以及所购买的剧毒化学品、易制爆危险化学品的品种、数量、用途，或者保存销售记录和相关材料的时间少于1年的；

（五）剧毒化学品、易制爆危险化学品的销售企业、购买单位未在规定的时限内将所销售、购买的剧毒化学品、易制爆危险化学品的品种、数量以及流向信息报所在地县级人民政府公安机关备案的；

（六）使用剧毒化学品、易制爆危险化学品的单位依照本条例规定转让其购买的剧毒化学品、易制爆危险化学品，未将有关情况向所在地县级人民政府公安机关报告的。

生产、储存危险化学品的企业或者使用危险化学品从事生产的企业未按照本条例规定将安全评价报告以及整改方案的落实情况报安全生产监督管理部门或者港口行政管理部门备案，或者储存危险化学品的单位未将其剧毒化学品以及储存数量构成重大危险源的其他危险化学品的储存数量、储存地点以及管理人员的情况报安全生产监督管理部门或者港口行政管理部门备案的，分别由安全生产监督管理部门或者港口行政管理部门依照前款规定予以处罚。

生产实施重点环境管理的危险化学品的企业或者使用实施重点环境管理的危险化学品从事生产的企业未按照规定将相关信息向环境保护主管部门报告的，由环境保护主管部门依照本条第一款的规定予以处罚。

第八十二条 生产、储存、使用危险化学品的单位转产、停产、停业或者解散，未采取有效措施及时、妥善处置其危险化学品生产装置、储存设施以及库存的危险化学品，或者丢弃危险化学品的，由安全生产监督管理部门责令改正，处5万元以上10万元以下的罚款；构成犯罪的，依法追究刑事责任。

生产、储存、使用危险化学品的单位转产、停产、停业或者解散，未依照本条例规定将其危险化学品生产装置、储存设施以及库存危险化学品的处置方案报有关部门备案的，分别由有关部门责令改正，可以处1万元以下的罚款；拒不改正的，处1万元以上5万元以下的罚款。

第八十三条 危险化学品经营企业向未经许可违法从事危险化学品生产、经营活动的企业采购危险化学品的，由工商行政管理部门责令改正，处10万元以上20万元以下的罚款；拒不改正的，责令停业整顿直至由原发证机关吊销其危险化学品经营许可证，并由工商行政管理部门责令其办理经营范围变更登记或者吊销其营业执照。

第八十四条 危险化学品生产企业、经营企业有下列情形之一的，由安全生产监督管理部门责令改正，没收违法所得，并处10万元以上20万元以下的罚款；拒不改正的，责令停产停业整顿直至吊销其危险化学品安全生产许可证、危险化学品经营许可证，并由工商行政管理部门责令其办理经营范围变更登记或者吊销其营业执照：

（一）向不具有本条例第三十八条第一款、第二款规定的相关许可证件或者证明文件的单位销售剧毒化学品、易制爆危险化学品的；

（二）不按照剧毒化学品购买许可证载明的品种、数量销售剧毒化学品的；

（三）向个人销售剧毒化学品（属于剧毒化学品的农药除外）、易制爆危险化学品的。

不具有本条例第三十八条第一款、第二款规定的相关许可证件或者证明文件的单位购买剧毒化学品、易制爆危险化学品，或者个人购买剧毒化学品（属于剧毒化学品的农药除外）、易制爆危险化学品的，由公安机关没收所购买的剧毒化学品、易制爆危险化学品，可以并处5000元以下的罚款。

使用剧毒化学品、易制爆危险化学品的单位出借或者向不具有本条例第三十八条第一款、第二款规定的相关许可证件的单位转让其购买的剧毒化学品、易制爆危险化学品，或者向个人转让其购买的剧毒化学品（属于剧毒化学品的农药除外）、易制爆危险化学品的，由公安机关责令改正，处10万元以上20万元以下的罚款；拒不改正的，责令停产停业整顿。

第八十五条 未依法取得危险货物道路运输许可、危险货物水路运输许可，从事危险化学品道路运输、水路运输的，分别依照有关道路运输、水路运输的法律、行政法规的规定处罚。

第八十六条 有下列情形之一的，由交通运输主管部门责令改正，处5万元以上10万元以下的罚款；拒不改正的，责令停产停业整顿；构成犯罪的，依法追究刑事责任：

（一）危险化学品道路运输企业、水路运输企业的驾驶人员、船员、装卸管理人员、押运人员、申报人员、集装箱装箱现场检查员未取得从业资格上岗作业的；

（二）运输危险化学品，未根据危险化学品的危险特性采取相应的安全防护措施，或者未配备必要的防护用品和应急救援器材的；

（三）使用未依法取得危险货物适装证书的船舶，通过内河运输危险化学品的；

（四）通过内河运输危险化学品的承运人违反国务院交通运输主管部门对单船运输的危险化学品数量的限制性规定运输危险化学品的；

（五）用于危险化学品运输作业的内河码头、泊位不符合国家有关安全规范，或者未与饮用水取水口保持国家规定的安全距离，或者未经交通运输主管部门验收合格投入使用的；

（六）托运人不向承运人说明所托运的危险化学品的种类、数量、危险特性以及发生危险情况的应急处置措施，或者未按照国家有关规定对所托运的危险化学品妥善包装并在外包装上设置相应标志的；

（七）运输危险化学品需要添加抑制剂或者稳定剂，托运人未添加或者未将有关情况告知承运人的。

第八十七条 有下列情形之一的，由交通运输主管部门责令改正，处10万元以上20万元以下的罚款，有违法所得的，没收违法所得；拒不改正的，责令停产停业整顿；构成犯罪的，依法追究刑事责任：

（一）委托未依法取得危险货物道路运输许可、危险货物水路运输许可的企业承运危险化学品的；

（二）通过内河封闭水域运输剧毒化学品以及国家规定禁止通过内河运输的其他危险化学品的；

（三）通过内河运输国家规定禁止通过内河运输的剧毒化学品以及其他危险化学品的；

（四）在托运的普通货物中夹带危险化学品，或者将危险化学品谎报或者匿报为普通货物托运的。

在邮件、快件内夹带危险化学品，或者将危险化学品谎报为普通物品交寄的，依法给予治安管理处罚；构成犯罪的，依法追究刑事责任。

邮政企业、快递企业收寄危险化学品的，依照《中华人民共和国邮政法》的规定处罚。

第八十八条 有下列情形之一的，由公安机关责令改正，处5万元以上10万元以下的罚款；构成违反治安管理行为的，依法给予治安管理处罚；构成犯罪的，依法追究刑事责任：

（一）超过运输车辆的核定载质量装载危险化学品的；

（二）使用安全技术条件不符合国家标准要求的车辆运输危险化学品的；

（三）运输危险化学品的车辆未经公安机关批准进入危险化学品运输车辆限制通行的区域的；

（四）未取得剧毒化学品道路运输通行证，通过道路运输剧毒化学品的。

第八十九条 有下列情形之一的，由公安机关责令改正，处1万元以上5万元以下的罚款；构成违反治安管理行为的，依法给予治安管理处罚：

（一）危险化学品运输车辆未悬挂或者喷涂警示标志，或者悬挂或者喷涂的警示标志不符合国家标准要求的；

（二）通过道路运输危险化学品，不配备押运人员的；

（三）运输剧毒化学品或者易制爆危险化学品途中需要较长时间停车，驾驶人员、押运人员不向当地公安机关报告的；

（四）剧毒化学品、易制爆危险化学品在道路运输途中丢失、被盗、被抢或者发生流散、泄露等情况，驾驶人员、押运人员不采取必要的警示措施和安全措施，或者不向当地公安机关报告的。

第九十条 对发生交通事故负有全部责任或者主要责任的危险化学品道路运输企业，由公安机关责令消除安全隐患，未消除安全隐患的危险化学品运输车辆，禁止上道路行驶。

第九十一条 有下列情形之一的，由交通运输主管部门责令改正，可以处1万元以下的罚款；拒不改正的，处1万元以上5万元以下的罚款：

（一）危险化学品道路运输企业、水路运输企业未配备专职安全管理人员的；

（二）用于危险化学品运输作业的内河码头、泊位的管理单位未制定码头、泊位危险化学品事故应急救援预案，或者未为码头、泊位配备充足、有效的应急救援器材和设备的。

第九十二条 有下列情形之一的，依照《中华人民共和国内河交通安全管理条例》的规定处罚：

（一）通过内河运输危险化学品的水路运输企业未制定运输船舶危险化学品事故应急救援预案，或者未为运输船舶配备充足、有效的应急救援器材和设备的；

（二）通过内河运输危险化学品的船舶的所有人或者经营人未取得船舶污染损害责任保险证书或者财务担保证明的；

（三）船舶载运危险化学品进出内河港口，未将有关事项事先报告海事管理机构并经其同意的；

（四）载运危险化学品的船舶在内河航行、装卸或者停泊，未悬挂专用的警示标志，或者未按照规定显示专用信号，或者未按照规定申请引航的。

未向港口行政管理部门报告并经其同意，在港口内进行危险化学品的装卸、过驳作业的，依照《中华人民共和国港口法》的规定处罚。

第九十三条 伪造、变造或者出租、出借、转让危险化学品安全生产许可证、工业产品生产许可证，或者使用伪造、变造的危险化学品安全生产许可证、工业产品生产许可证的，分别依照《安全生产许可证条例》、《中华人民共和国工业产品生产许可证管理条例》的规定处罚。

伪造、变造或者出租、出借、转让本条例规定的其他许可证，或者使用伪造、变造的本条例规定的其他许可证的，分别由相关许可证的颁发管理机关处10万元以上20万元以下的罚款，有违法所得的，没收违法所得；构成违反治安管理行为的，依法给予治安管理处罚；构成犯罪的，依法追究刑事责任。

第九十四条 危险化学品单位发生危险化学品事故，其主要负责人不立即组织救援或者不立即向有关部门报告的，依照《生产安全事故报告和调查处理条例》的规定处罚。

危险化学品单位发生危险化学品事故，造成他人人身伤害或者财产损失的，依法承担赔偿责任。

第九十五条 发生危险化学品事故，有关地方人民政府及其有关部门不立即组织实施救援，或者不采取必要的应急处置措施减少事故损失，防止事故蔓延、扩大的，对直接负责的主管人员和其他直接责任人员依法给予处分；构成犯罪的，依法追究刑事责任。

第九十六条 负有危险化学品安全监督管理职责的部门的工作人员，在危险化学品安全监督管理工作中滥用职权、玩忽职守、徇私舞弊，构成犯罪的，依法追究刑事责任；尚不构成犯罪的，依法给予处分。

第八章　附　　则

第九十七条　监控化学品、属于危险化学品的药品和农药的安全管理，依照本条例的规定执行；法律、行政法规另有规定的，依照其规定。

民用爆炸物品、烟花爆竹、放射性物品、核能物质以及用于国防科研生产的危险化学品的安全管理，不适用本条例。

法律、行政法规对燃气的安全管理另有规定的，依照其规定。

危险化学品容器属于特种设备的，其安全管理依照有关特种设备安全的法律、行政法规的规定执行。

第九十八条　危险化学品的进出口管理，依照有关对外贸易的法律、行政法规、规章的规定执行；进口的危险化学品的储存、使用、经营、运输的安全管理，依照本条例的规定执行。

危险化学品环境管理登记和新化学物质环境管理登记，依照有关环境保护的法律、行政法规、规章的规定执行。危险化学品环境管理登记，按照国家有关规定收取费用。

第九十九条　公众发现、捡拾的无主危险化学品，由公安机关接收。公安机关接收或者有关部门依法没收的危险化学品，需要进行无害化处理的，交由环境保护主管部门组织其认定的专业单位进行处理，或者交由有关危险化学品生产企业进行处理。处理所需费用由国家财政负担。

第一百条　化学品的危险特性尚未确定的，由国务院安全生产监督管理部门、国务院环境保护主管部门、国务院卫生主管部门分别负责组织对该化学品的物理危险性、环境危害性、毒理特性进行鉴定。根据鉴定结果，需要调整危险化学品目录的，依照本条例第三条第二款的规定办理。

第一百零一条　本条例施行前已经使用危险化学品从事生产的化工企业，依照本条例规定需要取得危险化学品安全使用许可证的，应当在国务院安全生产监督管理部门规定的期限内，申请取得危险化学品安全使用许可证。

第一百零二条　本条例自 2011 年 12 月 1 日起施行。

中华人民共和国车船税法实施条例

（2011年11月23日国务院第182次常务会议通过，
中华人民共和国国务院令　第611号）

第一条　根据《中华人民共和国车船税法》（以下简称车船税法）的规定，制定本条例。

第二条　车船税法第一条所称车辆、船舶，是指：

（一）依法应当在车船登记管理部门登记的机动车辆和船舶；

（二）依法不需要在车船登记管理部门登记的在单位内部场所行驶或者作业的机动车辆和船舶。

第三条　省、自治区、直辖市人民政府根据车船税法所附《车船税税目税额表》确定车辆具体适用税额，应当遵循以下原则：

（一）乘用车依排气量从小到大递增税额；

（二）客车按照核定载客人数20人以下和20人（含）以上两档划分，递增税额。

省、自治区、直辖市人民政府确定的车辆具体适用税额，应当报国务院备案。

第四条　机动船舶具体适用税额为：

（一）净吨位不超过200吨的，每吨3元；

（二）净吨位超过200吨但不超过2000吨的，每吨4元；

（三）净吨位超过2000吨但不超过10000吨的，每吨5元；

（四）净吨位超过10000吨的，每吨6元。

拖船按照发动机功率每1千瓦折合净吨位0.67吨计算征收车船税。

第五条　游艇具体适用税额为：

（一）艇身长度不超过10米的，每米600元；

（二）艇身长度超过10米但不超过18米的，每米900元；

（三）艇身长度超过18米但不超过30米的，每米1300元；

（四）艇身长度超过30米的，每米2000元；

（五）辅助动力帆艇，每米600元。

第六条　车船税法和本条例所涉及的排气量、整备质量、核定载客人数、净吨位、千瓦、艇身长度，以车船登记管理部门核发的车船登记证书或者行驶证所载数据为准。

依法不需要办理登记的车船和依法应当登记而未办理登记或者不能提供车船登记证书、行驶证的车船，以车船出厂合格证明或者进口凭证标注的技术参数、数据为准；不能提供车船出厂合格证明或者进口凭证的，由主管税务机关参照国家相关标准核定，没有国家相关标准的参照同类车船核定。

第七条 车船税法第三条第一项所称的捕捞、养殖渔船，是指在渔业船舶登记管理部门登记为捕捞船或者养殖船的船舶。

第八条 车船税法第三条第二项所称的军队、武装警察部队专用的车船，是指按照规定在军队、武装警察部队车船登记管理部门登记，并领取军队、武警牌照的车船。

第九条 车船税法第三条第三项所称的警用车船，是指公安机关、国家安全机关、监狱、劳动教养管理机关和人民法院、人民检察院领取警用牌照的车辆和执行警务的专用船舶。

第十条 节约能源、使用新能源的车船可以免征或者减半征收车船税。免征或者减半征收车船税的车船的范围，由国务院财政、税务主管部门商国务院有关部门制订，报国务院批准。

对受地震、洪涝等严重自然灾害影响纳税困难以及其他特殊原因确需减免税的车船，可以在一定期限内减征或者免征车船税。具体减免期限和数额由省、自治区、直辖市人民政府确定，报国务院备案。

第十一条 车船税由地方税务机关负责征收。

第十二条 机动车车船税扣缴义务人在代收车船税时，应当在机动车交通事故责任强制保险的保险单以及保费发票上注明已收税款的信息，作为代收税款凭证。

第十三条 已完税或者依法减免税的车辆，纳税人应当向扣缴义务人提供登记地的主管税务机关出具的完税凭证或者减免税证明。

第十四条 纳税人没有按照规定期限缴纳车船税的，扣缴义务人在代收代缴税款时，可以一并代收代缴欠缴税款的滞纳金。

第十五条 扣缴义务人已代收代缴车船税的，纳税人不再向车辆登记地的主管税务机关申报缴纳车船税。

没有扣缴义务人的，纳税人应当向主管税务机关自行申报缴纳车船税。

第十六条 纳税人缴纳车船税时，应当提供反映排气量、整备质量、核定载客人数、净吨位、千瓦、艇身长度等与纳税相关信息的相应凭证以及税务机关根据实际需要要求提供的其他资料。

纳税人以前年度已经提供前款所列资料信息的，可以不再提供。

第十七条 车辆车船税的纳税人按照纳税地点所在的省、自治区、直辖市人民政府确定的具体适用税额缴纳车船税。

第十八条 扣缴义务人应当及时解缴代收代缴的税款和滞纳金，并向主管税务机关申报。扣缴义务人向税务机关解缴税款和滞纳金时，应当同时报送明细的税款和滞纳金扣缴报告。扣缴义务人解缴税款和滞纳金的具体期限，由省、自治区、直辖市地方税务机关依照法律、行政法规的规定确定。

第十九条 购置的新车船，购置当年的应纳税额自纳税义务发生的当月起按月计算。应纳税额为年应纳税额除以 12 再乘以应纳税月份数。

在一个纳税年度内，已完税的车船被盗抢、报废、灭失的，纳税人可以凭有关管理机关出具的证明和完税凭证，向纳税所在地的主管税务机关申请退还自被盗抢、报废、灭失月份起至该纳税年度终了期间的税款。

已办理退税的被盗抢车船失而复得的，纳税人应当从公安机关出具相关证明的当月起计算缴纳车船税。

第二十条 已缴纳车船税的车船在同一纳税年度内办理转让过户的，不另纳税，也不退税。

第二十一条 车船税法第八条所称取得车船所有权或者管理权的当月，应当以购买车船的发票或者其他证明文件所载日期的当月为准。

第二十二条 税务机关可以在车船登记管理部门、车船检验机构的办公场所集中办理车船税征收事宜。

公安机关交通管理部门在办理车辆相关登记和定期检验手续时，经核查，对没有提供依法纳税或者免税证明的，不予办理相关手续。

第二十三条 车船税按年申报，分月计算，一次性缴纳。纳税年度为公历1月1日至12月31日。

第二十四条 临时入境的外国车船和香港特别行政区、澳门特别行政区、台湾地区的车船，不征收车船税。

第二十五条 按照规定缴纳船舶吨税的机动船舶，自车船税法实施之日起5年内免征车船税。

依法不需要在车船登记管理部门登记的机场、港口、铁路站场内部行驶或者作业的车船，自车船税法实施之日起5年内免征车船税。

第二十六条 车船税法所附《车船税税目税额表》中车辆、船舶的含义如下：

乘用车，是指在设计和技术特性上主要用于载运乘客及随身行李，核定载客人数包括驾驶员在内不超过9人的汽车。

商用车，是指除乘用车外，在设计和技术特性上用于载运乘客、货物的汽车，划分为客车和货车。

半挂牵引车，是指装备有特殊装置用于牵引半挂车的商用车。

三轮汽车，是指最高设计车速不超过每小时50公里，具有三个车轮的货车。

低速载货汽车，是指以柴油机为动力，最高设计车速不超过每小时70公里，具有四个车轮的货车。

挂车，是指就其设计和技术特性需由汽车或者拖拉机牵引，才能正常使用的一种无动力的道路车辆。

专用作业车，是指在其设计和技术特性上用于特殊工作的车辆。

轮式专用机械车，是指有特殊结构和专门功能，装有橡胶车轮可以自行行驶，最高设计车速大于每小时20公里的轮式工程机械车。

摩托车，是指无论采用何种驱动方式，最高设计车速大于每小时50公里，或者使用内燃机，其排量大于50毫升的两轮或者三轮车辆。

船舶，是指各类机动、非机动船舶以及其他水上移动装置，但是船舶上装备的救生艇筏和长度小于5米的艇筏除外。其中，机动船舶是指用机器推进的船舶；拖船是指专门用于拖(推)动运输船舶的专业作业船舶；非机动驳船，是指在船舶登记管理部门登记为驳船的非机动船舶；游艇是指具备内置机械推进动力装置，长度在90米以下，主要用于游览观光、休闲娱乐、水上体育运动等活动，并应当具有船舶检验证书和适航证书的船舶。

第二十七条 本条例自2012年1月1日起施行。

三、相关部门规章

港口建设管理规定

（交通部令　2007 年第 5 号）

第一章　总　　则

第一条　为加强港口建设管理，规范港口建设市场秩序，保证港口工程质量，根据《中华人民共和国港口法》、《建设工程质量管理条例》、《建设工程勘察设计管理条例》等法律、行政法规，制定本规定。

第二条　本规定适用于在中华人民共和国境内新建、扩建、改建港口建设项目（包括与其他建设项目配套建设的港口建设项目）及其配套设施的建设活动。

军事和渔业港口的建设活动不适用本规定。

第三条　交通部负责全国港口建设的行业管理工作，并具体负责经国家发展和改革委员会审批、核准和经交通部审批的港口建设项目的建设管理工作。

省级交通主管部门负责本行政区域内港口建设的行业管理工作，并具体负责经省级人民政府有关部门审批、核准的港口建设项目的建设管理工作。

其余港口建设项目的建设管理工作由港口所在地港口行政管理部门负责。

以上负责港口建设管理的各级交通主管部门和港口所在地港口行政管理部门统称为港口行政管理部门。

第四条　港口建设应当符合港口布局规划和港口总体规划，执行有关建设法律、法规、规章和技术标准。

第五条　港口建设项目应当按照国家有关规定实行项目法人责任制度、招标投标制度、工程监理制度和合同管理制度。

第二章　港口建设程序管理

第六条　港口建设应当按照国家规定的建设程序和有关规定进行。除国家另有规定外，不得擅自简化建设程序。

第七条　政府投资的港口建设项目的项目建议书和可行性研究报告实行审批制，企业投资的港口建设项目的项目申请报告、备案文件分别实行核准制、备案制。

第八条　政府投资的港口建设项目，按照以下建设程序执行：

（一）开展工程预可行性研究，编制项目建议书；

（二）根据批准的项目建议书，进行工程可行性研究，编制可行性研究报告；

（三）根据批准的可行性研究报告，编制初步设计文件；

（四）根据批准的初步设计，编制施工图设计文件；

（五）根据批准的施工图设计，组织项目监理、施工招标；

（六）根据国家有关规定，进行施工前准备工作，并向港口行政管理部门办理开工备案手续；

（七）备案后组织工程实施；

（八）工程完工后，编制竣工材料，进行工程竣工验收的各项准备工作；

（九）港口行政管理部门按权限组织竣工验收。

第九条 企业投资的港口建设项目，按照以下建设程序执行：

（一）开展工程可行性研究，编制工程可行性研究报告；

（二）根据工程可行性研究报告，编制项目申请报告或者备案文件，履行核准或者备案手续；

（三）根据核准或者备案的项目申请报告或者备案文件，编制初步设计文件；

（四）根据批准的初步设计，编制施工图设计文件；

（五）根据批准的施工图设计，组织项目监理、施工招标；

（六）根据国家有关规定，进行施工前准备工作，并向港口行政管理部门办理开工备案手续；

（七）备案后组织工程实施；

（八）工程完工后，编制竣工验收材料，进行工程竣工验收的各项准备工作；

（九）港口行政管理部门按权限组织竣工验收。

第十条 实行审批制的港口建设项目的项目建议书应当符合以下基本要求：

（一）开展了港口建设项目工程预可行性研究；

（二）建设方案符合港口规划；

（三）符合有关编制水运工程预可行性研究、项目建议书的深度要求；

（四）符合国家和行业的有关规定。

第十一条 申请港口建设项目的项目建议书审批，应当提供以下材料：

（一）申请文件一式 2 份；

（二）项目建议书一式 5 份和相应的电子版本 1 份；

（三）工程预可行性研究报告一式 5 份和相应的电子版本 1 份；

（四）审批部门根据项目需要要求提供的其他材料。

第十二条 实行审批制的港口建设项目可行性研究报告应当符合以下基本要求：

（一）符合港口规划；

（二）符合经批准的项目建议书；

（三）符合有关编制水运工程可行性研究报告的深度要求；

（四）符合国家和行业的有关规定和技术标准、规范。

第十三条 申请港口建设项目可行性研究报告审批，应当提供以下材料：

(一)申请文件一式2份(含可行性研究报告);

(二)工程可行性研究报告一式5份和相应的电子版本1份;

(三)有关规定所要求的相关单位的许可、承诺、证明或者评估意见;

(四)根据项目需要要求提供的其他材料。

第十四条 实行核准制的港口建设项目的项目申请报告应包括以下内容:

(一)项目申报单位情况;

(二)拟建项目情况;

(三)相关规划与建设用地;

(四)资源利用和能源耗用分析;

(五)生态环境影响分析;

(六)经济和社会效果分析。

第十五条 申请港口建设项目的项目申请报告核准,应当提供以下材料:

(一)项目申请报告一式5份和相应的电子版本1份;

(二)建设项目工程可行性研究报告一式5份和相应的电子版本1份;

(三)城市规划行政主管部门出具的城市规划意见;

(四)国土资源行政主管部门出具的项目用地预审意见;

(五)环境保护行政主管部门出具的环境影响评价文件的审批意见;

(六)根据有关法律法规应提交的其他文件。

第十六条 实行备案制的港口建设项目,项目单位应按省级人民政府制定的建设项目备案管理办法的要求,履行备案手续。

第十七条 港口岸线实行行政许可制度。港口深水岸线由交通部会同国家发展和改革委员会批准;港口非深水岸线由港口行政管理部门批准。国家发展和改革委员会批准建设的港口建设项目使用港口岸线,不再另行办理使用港口岸线的审批手续。

港口岸线审批的具体程序和要求另行制定。

第十八条 港口工程设计实行行政许可制度。港口工程设计分为初步设计和施工图设计两个阶段。港口工程初步设计按照第三条规定的权限由相应的港口行政管理部门审批,施工图设计由港口所在地港口行政管理部门审批。

第十九条 港口工程初步设计应当符合以下基本要求:

(一)建设方案符合经审批机关批准的港口总体规划;

(二)项目建设主要内容、规模及标准等符合经审批机关批准的可行性研究报告或者经核准、备案的项目申请报告或者备案文件;

(三)符合国家和行业现行的有关技术标准;

(四)符合港口工程初步设计文件编制规定的要求。

第二十条 项目法人报批初步设计时应当提供以下材料:

(一)申请文件一式2份;

（二）初步设计文件一式2份和相应的电子版本1份；

（三）港口建设项目批准或者核准、备案文件（包括工程可行性研究报告）的复印件1份。

第二十一条 由港口所在地港口行政管理部门负责审批的初步设计文件，项目法人直接向港口所在地港口行政管理部门提出申请，报送相关材料。

由省级交通主管部门负责审批的初步设计文件，项目法人向港口所在地港口行政管理部门报送相关材料，由港口所在地港口行政管理部门向省级交通主管部门转报相关材料。

由交通部负责审批的初步设计文件，项目法人向港口所在地港口行政管理部门报送相关材料，港口所在地港口行政管理部门向省级交通主管部门报送，省级交通主管部门再向交通部转报相关材料。

转报机关收到初步设计的申请材料后，应当在5个工作日内完成转报工作。

第二十二条 港口行政管理部门在审批初步设计时，应当按照规定委托不低于原初步设计文件编制单位资质等级的另一设计单位对初步设计文件进行技术审查咨询。审查咨询单位在完成审查咨询工作后，出具审查咨询报告报港口行政管理部门。

港口行政管理部门应当根据审查咨询报告、其他相关文件和有关部门的意见在法定期限内批复初步设计文件。

第二十三条 初步设计审查咨询工作的主要内容：

（一）对于政府投资的建设项目，应当进行全面的技术（包括概算）审查，并提出设计方案的优化措施；

（二）对于企业投资的建设项目，主要对涉及公共利益、公众安全、工程强制性标准、主体结构安全稳定性等内容及工程概算的编制依据和方法进行复核审查，并提出合理化建议。

第二十四条 港口工程施工图设计应当符合以下基本要求：

（一）符合经审批机关批准的初步设计；

（二）符合国家和行业现行的有关技术标准及规范；

（三）工程主体结构和地基基础稳定性计算正确；

（四）指导性施工方案合理；

（五）图纸、施工说明表述清晰、完整。

第二十五条 项目法人报批施工图设计文件时应当提供以下材料：

（一）申请文件一式2份；

（二）施工图设计文件一式2份；

（三）经批准的初步设计文件1份。

第二十六条 审批部门对符合要求的施工图设计文件，应当作出予以批准的决定；对不符合要求的施工图设计文件，应当作出不予批准的决定并说明理由。

在审批前，审批部门应当委托不低于原施工图编制单位资质等级的另一设计单位，对施工图设计文件中关于结构安全、稳定、耐久性的内容进行审查。

第二十七条 港口工程设计经批准后,应当严格遵照执行,不得擅自修改、变更。如确有必要对已批准的建设规模、标准、内容、工程概算及设计方案、主体结构、主要工艺流程或者主要设备等进行重大调整的,应当报原审批机关批准后方可实施。

第二十八条 港口行政管理部门依法对港口建设项目的招标投标工作进行监督管理。港口项目的项目法人应当按项目管理权限将招标文件、资格预审结果、评标结果报港口行政管理部门备案。

第二十九条 港口建设项目开工应当具备以下条件:

(一)施工图设计文件已经完成并经审查批准;

(二)建设资金已经落实;

(三)征地手续已办理,拆迁基本完成;

(四)施工、监理单位已确定;

(五)已办理质量监督手续。

第三十条 项目法人在开工前应当按照项目管理权限向港口行政管理部门提交以下材料予以备案:

(一)施工图设计批复文件复印件1份;

(二)控制性用地的批复复印件1份;

(三)与施工单位和监理单位签订的合同复印件1份;

(四)质量监督手续材料复印件1份。

第三十一条 开工备案文件存在不符合法律、行政法规以及规章规定内容的,港口行政管理部门应当在收到备案文件之日起7日内提出处理意见,及时行使监督管理职权。

第三十二条 港口建设项目完工后,应当按照交通部《港口工程竣工验收办法》的有关规定进行竣工验收。

港口建设项目经竣工验收合格后,方可交付使用。

第三章 港口建设市场管理

第三十三条 港口工程实行政府监督、法人管理、社会监理、企业自检的质量保证体系。

第三十四条 参加港口建设的勘察、设计、施工、监理等从业单位应当诚实守信,依法取得相应资质后,方可进入港口建设市场。

第三十五条 港口工程实行项目法人责任制度。项目法人对建设项目的策划、资金筹措、建设实施、生产经营、债务偿还和资产保值增值负责,依照国家有关规定对工程建设项目实行全过程管理。

第三十六条 港口工程实行招标投标制度。项目法人应当按照公开、公平、公正、诚实信用的原则,按照《中华人民共和国招标投标法》和交通部颁布的有关勘察设计、施工、施工监理招标投标管理工作的规定,依法对建设项目勘察、设计、施工、监理以及重要设备、材料的采购等进行招标。

任何单位和个人不得将依法必须进行招标的建设项目化整为零或者以其他任何方式规避招标、虚假招标。

第三十七条 港口工程实行合同管理制度。项目法人应当按照招标文件和中标人的投标文件与中标人订立书面合同。项目法人和中标人不得再行订立背离合同实质性内容的其他协议。

按规定应当签订廉政合同的,项目法人应当与施工、监理单位签订廉政合同,并将廉政合同执行情况纳入建设考核范围。

第三十八条 港口工程实行工程监理制度。监理单位应当依照法律、法规及有关技术标准、规范和文件,代表建设单位对工程质量、安全、进度和工程投资进行监控,对合同、信息与资料进行管理,协调有关单位间的关系。

第三十九条 港口工程勘察必须由具备相应资质的单位承担。执行国家和交通部的有关规定,符合国家和行业有关强制性标准、规范,满足不同阶段工程设计和施工需要。勘察单位对勘察成果的质量负责,所提供的地质、测量、水文等勘察成果必须真实、准确、完整。

第四十条 港口工程设计必须由具备相应资质的单位承担,设计单位对设计成果的质量负责。设计文件应当符合国家规定的设计深度要求,注明工程合理使用年限。

第四十一条 设计单位应当做好设计交底工作,并按要求在施工现场派驻设计代表,及时提供设计后续服务。

第四十二条 施工单位对工程的施工质量负责。施工单位应当建立质量责任制,确定项目经理、技术负责人和施工管理负责人。施工单位的有关人员应根据国家有关规定持证上岗。

第四十三条 施工单位必须按照设计要求、技术标准和合同约定,精心组织施工,不得擅自修改工程设计,不得偷工减料。

第四十四条 施工单位应当建立健全各项质量检验制度,检验应当有书面记录和专人签字。

第四十五条 监理单位和监理人员应当依据科学、公正、独立的原则,全面履行监理的权利和义务。监理单位对施工质量承担监理责任。未经施工监理人员签认,不得进行下一道工序施工。

第四十六条 监理工作实行总监理工程师负责制。监理单位应当选派具备相应执业资格的总监理工程师,并根据工作需要,配备总监理工程师代表、专业监理工程师、监理员、测量和试验专业人员等。监理人员应当按照监理规范要求,采取旁站、巡视和平行检验等形式对工程实施监理。

第四十七条 港口工程项目法人、勘察单位、设计单位、施工单位、监理单位及与建设工程安全生产有关的单位,必须坚持安全第一、预防为主的方针,严格执行国家安全生产法律、法规,建立健全安全生产规章制度,项目法人、施工单位、监理单位应当制定安全应急预案,加强职工安全生产教育,落实安全生产责任人,并依法承担建设工程安全生产责任。

第四十八条 港口工程实行质量、安全监督管理制度。港口行政管理部门及其委托的质量监督机构应当依据有关法律、法规、规章、技术标准和规范，遵循科学、客观、公开、公平、公正的原则，实行质量、安全生产监督管理。

第四十九条 项目法人应当在施工前向交通质量监督机构办理质量监督手续。

港口建设从业单位和人员应当接受、配合港口行政管理部门及质量监督机构依法开展的质量、安全生产监督活动，提供的有关资料应当真实、完整。

第五十条 港口行政管理部门应当加强对港口工程从业单位和从业人员市场行为的动态监督管理，逐步建立港口工程建设市场的信用管理体系，将从业单位和主要从业人员在港口建设活动中的信用情况进行记录并公布。

第五十一条 港口行政管理部门应当建立质量投诉举报制度，接受社会监督，并认真落实各类投诉和举报。

第四章 信 息 报 送

第五十二条 港口工程实行建设项目信息报送制度。

第五十三条 项目法人应当指定信息员将工程进展情况及时进行收集、统计和整理，形成书面材料及电子文本，报港口所在地港口行政管理部门。

第五十四条 项目法人应当自工程开工建设之日起将工程建设信息报送港口所在地港口行政管理部门，报送日期为每月的20日之前。

第五十五条 港口所在地港口行政管理部门负责汇总所辖区域内港口工程建设项目信息，并于每月23日前报省级交通主管部门。省级交通主管部门负责汇总本省区域内港口工程建设信息，每季度向交通部报告，报送日期为本季度最后一个月的25日之前。

第五十六条 当发生工程质量事故和安全事故时，事故发生单位应当按照国家的有关规定及时上报有关部门。

第五章 法 律 责 任

第五十七条 项目法人违反港口规划建设港口工程和未经依法批准使用港口岸线的，由港口行政管理部门责令限期改正；逾期不改正的，由港口行政管理部门申请人民法院强制拆除违法建设的设施，并可处5万元以下罚款。

第五十八条 项目法人应当办理设计审批、施工备案手续而未办理的，港口行政管理部门可处1万元以上3万元以下罚款，并责令其限期补办手续。

第五十九条 勘察单位、设计单位、施工单位、监理单位及与建设工程安全生产有关的单位违反本规定的，按照《建设工程质量管理条例》、《建设工程勘察设计管理条例》和交通部有关规定予以处罚。

第六十条 在招标投标活动中违反本规定的，按《中华人民共和国招标投标法》和交通部有关规定予以处罚。

第六十一条 港口工程未经验收合格,擅自投入使用的,由港口所在地港口行政管理部门责令其停止使用,限期改正,可处5万元以下罚款。

第六十二条 质量监督机构不按规定履行质量监督职责,发生重大质量事故的,责令整改,给予通报批评。

第六十三条 未按规定按时报送项目建设信息的,由港口行政管理部门责令项目法人或者上一级港口行政管理部门责令下级港口行政管理部门限期改正。发生质量事故或安全事故后,隐瞒不报、谎报或故意拖延报告的,由其所在单位或者上级主管部门按有关规定给予行政处分;构成犯罪的,由司法机关依法追究刑事责任。

第六十四条 港口行政管理部门或者质量监督机构工作人员滥用职权、玩忽职守、徇私舞弊的,由有关行政主管部门给予行政处分;构成犯罪的,由司法机关依法追究刑事责任。

第六章 附 则

第六十五条 本规定自2007年6月1日起施行。《水运工程建设市场管理办法》(交通部令1997年第1号)同时废止。

中华人民共和国港口设施保安规则

（交通部令　2007 年第 10 号）

第一章　总　　则

第一条　为加强港口设施保安工作，根据经修订的《1974 年国际海上人命安全公约》（以下简称 SOLAS 公约）、《国际船舶和港口设施保安规则》（以下简称 ISPS 规则）和《国际海运危险品规则》，制定本规则。

第二条　为航行国际航线的客船、500 总吨及以上的货船、500 总吨及以上的特种用途船和移动式海上钻井平台服务的港口设施保安工作，适用本规则。

第三条　本规则下列用语的含义是：

（一）船港界面活动，是指船舶与港口之间人员往来、货物装卸或者接受其他港口服务时发生的交互活动；

（二）港口设施，是指在港口发生船港界面活动的场所，包括码头及其相应设施和航道、锚地等港口公用基础设施；

（三）船到船活动，是指从一船向另一船转移物品或者人员的行为；

（四）保安事件，是指威胁船舶、港口设施、船港界面活动和船到船活动安全的任何可疑行为或者情况；

（五）保安等级，是指可能发生保安事件的风险级别划分；

（六）港口设施保安评估，是指港口所在地港口行政管理部门通过对港口设施保安状况进行分析并提出相关保安措施建议的活动；

（七）港口设施保安计划，是指港口设施经营人或者管理人根据保安评估报告为确保采取旨在保护港口设施和港口设施内的船舶、人员、货物、货物运输单元和船上物料免受保安事件威胁的措施而制订的计划；

（八）港口设施保安主管，又称港口设施保安员，是指被港口设施经营人或者管理人指定负责制定、实施、调整《港口设施保安计划》，并与船舶保安员和船公司保安员进行保安联络的人员；

（九）保安声明，是指发生船港界面活动时，港口设施与船舶为协调各自采取的保安措施签署的书面协议（式样见附件 1）；

（十）经指定的保安组织，是指具备相关能力，经交通部指定可以受委托从事港口设施保安评估、编写《港口设施保安评估报告》、制订《港口设施保安计划》、提供港口设施保安咨询服务的组织；

（十一）替代保安协议，是指我国政府与其他SOLAS公约缔约国政府就相互间固定短程航线上的港口设施签署的双边或者多边保安协议；

（十二）港口设施保安训练，是指对经批准的《港口设施保安计划》规定内容的部分或者全部保安措施和应急反应程序进行的练习；

（十三）港口设施保安演习，是指为了验证、评价和提高各级保安组织、相关部门、港口设施及人员的综合反应和协调配合能力，通过模拟保安事件，根据经批准的《港口设施保安计划》进行的多单位参与、协同进行的练习；

（十四）港口设施管理人，是指航道、锚地等港口公用基础设施的管理主体。

第四条 交通部主管全国港口设施保安工作，履行下列职责：

（一）制定并发布全国港口设施保安工作制度和技术标准；

（二）确定并发布港口设施保安等级和各保安等级的基本保安措施（内容见附件2）及3级保安状态下的保安指令；

（三）审查《港口设施保安评估报告》，提出修改意见和建议；

（四）批准《港口设施保安计划》；

（五）建立全国港口设施保安管理信息系统，收集、整理、分析港口设施保安信息并按规定向相关单位提供，视情向国际海事组织、相关缔约国政府以及国内其他相关部门通报；

（六）颁发《港口设施保安符合证书》（式样见附件3），监督和检查《港口设施保安符合证书》年度核验工作；

（七）签署替代保安协议；

（八）指定可以受委托从事港口设施保安评估、编写《港口设施保安评估报告》、制订《港口设施保安计划》、提供港口设施保安咨询服务的组织；

（九）组织全国性的港口设施保安演习。

第五条 省级交通（港口）管理部门负责本行政区域内的港口设施保安工作，具体履行下列职责：

（一）负责《港口设施保安符合证书》年度核验工作；

（二）收集、整理、分析并向相关单位提供港口设施保安信息；

（三）组织区域性港口设施保安演习。

第六条 港口所在地港口行政管理部门履行下列职责：

（一）负责组织港口设施保安评估和评估报告的后续修订；

（二）监督检查《港口设施保安计划》的实施；

（三）收集、整理、分析并向有关单位提供港口设施保安信息；

（四）组织本港港口设施保安演习；

（五）对其管理的港口公用基础设施进行保安评估，编写《港口设施保安评估报告》；

（六）受交通部委托，对申请《港口设施保安符合证书》的港口设施实施经批准的《港口设施保安计划》情况进行检查并提交检查报告；

(七)受省级交通(港口)管理部门委托,对申请《港口设施保安符合证书》年度核验的港口设施上一年度的保安工作进行核查并提交核查报告;

(八)监督检查港口设施保安费的征收和使用。

第七条 港口设施经营人或者管理人履行下列职责:

(一)负责制订《港口设施保安计划》和已批准计划的后续修订;

(二)实施经批准的《港口设施保安计划》;

(三)为港口设施保安主管履行职责提供必要的条件;

(四)在3级保安状态下,实施交通部发出的保安指令;

(五)收集、整理、分析并向有关部门提供港口设施保安信息;

(六)进行港口设施保安训练,参加港口设施保安演习。

港口设施经营人按照规定收取港口设施保安费。

第八条 港口设施保安是港口安全管理的重要内容,应当与港口生产经营统筹考虑,遵循节约、环保、资源共享的原则。

第九条 港口设施的保安评估和保安计划的制定及实施的有关费用由港口设施保安费支出。

第二章 保安等级

第十条 交通部应当根据相关情报信息,国内外形势以及影响社会政治稳定的因素,威胁信息的可信程度、威胁信息得到印证的程度、威胁信息的具体或者紧迫程度和保安事件的潜在后果,确定港口设施的保安等级。

地方各级交通(港口)管理部门可以向交通部提出变更港口设施保安等级的建议。

第十一条 港口设施的保安等级从低到高分为三级,分别是保安等级1、保安等级2和保安等级3。

保安等级1是指应当始终保持的最低防范性保安措施的等级。

保安等级2是指由于保安事件危险性升高而应在一段时间内保持适当的附加保护性保安措施的等级。

保安等级3是指当保安事件可能或者即将发生(尽管可能尚无法确定具体目标)时应当在一段有限时间内保持进一步的特殊保护性保安措施的等级。

第十二条 交通部确定港口设施保安等级为2级或者3级的依据消失时,应当及时调整港口设施的保安等级。

交通部确定实施3级保安时,在必要的情况下应当发出适当的保安指令,并向可能受到影响的港口设施提供与保安有关的信息。

第十三条 港口设施经营人或者管理人应当根据保安等级的变化,按照经批准的《港口设施保安计划》及时调整保安措施。

在3级保安状态下,港口设施的经营人或者管理人应当执行交通部发出的保安指令,省、自治区交通(港口)管理部门和港口所在地港口行政管理部门应当监督保安指令的执行。

第十四条 交通部变更港口设施保安等级,应当根据具体情况及时以适当的方式通知有关的交通(港口)管理部门、海事管理机构、港口设施经营人或者管理人。

第十五条 各级交通(港口)管理部门、海事管理机构、港口设施经营人或者管理人收到港口设施保安等级变更的决定后,应当予以确认,并报告所采取的相应措施。

第十六条 计划入港或者在港的船舶保安等级高于港口设施的保安等级时,港口设施保安主管应当与船舶保安员或者船公司保安员协商,对有关情况做出评估,确定适当的保安措施,签署《保安声明》;计划入港或者在港的船舶保安等级不得低于该港口设施保安等级。

第十七条 港口设施经营人或者管理人应当将港口设施保安等级变更过程中的有关情况予以记录,作为进行港口设施保安评估、编写《港口设施保安评估报告》、制(修)订《港口设施保安计划》、实施经批准的《港口设施保安计划》的参考依据。

第三章 保 安 评 估

第十八条 港口所在地港口行政管理部门负责港口设施保安评估,也可以委托经指定的保安组织进行保安评估。

第十九条 港口设施保安评估应当符合交通部制定的港口设施保安评估规范。

港口设施保安评估应当进行现场保安检验。现场保安检验包括检查和评估港口的现有保安措施、程序和操作。

第二十条 对港口设施进行保安评估应当评估下列事项:

(一)设施的保安状况;

(二)设施的结构、布局情况;

(三)对人员进行保护的安全体系;

(四)保安工作程序;

(五)无线电和电信系统,包括计算机系统和网络;

(六)如被损害或者被用于非法窥测,会对人员、财产或者港口作业构成危险的其他区域。

第二十一条 港口设施保安评估应当进行以下工作:

(一)确定和评估重点保护的财产和基础设施;

(二)对可能威胁财产和基础设施的因素及其发生的可能性进行识别,并确定相应的保安要求;

(三)根据可能威胁财产和基础设施的因素及其发生可能性的识别结果,以及相应的保安要求,对采取的保安措施进行鉴别、选择和优化;

(四)分析港口设施和人员的安全保护体系、运营流程等,确定其中可能导致保安事件的薄弱环节,提出消除薄弱环节或者降低薄弱环节影响的措施。

第二十二条 港口设施保安评估完成后应当编写评估报告。

《港口设施保安评估报告》应当结合港口设施实际情况，全面反映评估的开展情况，内容主要包括：

（一）港口设施的基本情况，包括设施种类、位置、经营人、所有人等情况；

（二）港口设施的保安现状调查及分析；

（三）保安事件预测及风险控制评估；

（四）风险评估方法及应用；

（五）可能导致保安事件的薄弱环节及说明；

（六）消除薄弱环节或者降低薄弱环节影响的措施建议；

（七）评估结论。

第二十三条 《港口设施保安评估报告》完成后应当送交通部征求意见。

第二十四条 交通部应当在收到材料后二十个工作日内对《港口设施保安评估报告》提出修改意见和建议。

交通部可以根据需要，建立全国港口设施保安专家库，组织专家开展本条第一款规定的工作。

参加上述工作的人员应当由保安、风险分析、港口行政管理、港口经营、港口设计与工程、船舶经营与管理和海事方面的专家组成。

第二十五条 港口设施的保安评估每五年进行一次。

港口设施发生重大变化时，应当重新进行保安评估。重新进行保安评估及相关程序按照本章规定办理。

前款所称重大变化包括港口主要设施或者其功能发生重大变化，港口设施保安组织、通信系统、保安工作的协调与配合程序发生重大改变，港口设施发生了重大保安事件等。

第二十六条 如果同一经营人所经营的多个港口设施位置、运营方式、设备和设计相类似，可以共同评估并制作一份《港口设施保安评估报告》。

第二十七条 《港口设施保安评估报告》应当保密，港口设施和承担港口设施保安评估的机构应当制定并落实防止擅自接触、泄露的措施。

第四章 保安计划

第二十八条 港口设施经营人或者管理人负责制订《港口设施保安计划》，也可以委托经指定的保安组织制订。

制订《港口设施保安计划》应当根据《港口设施保安评估报告》、交通部提出的修改意见和建议进行。

第二十九条 《港口设施保安计划》应当包含下列内容：

（一）港口设施经营人或者管理人所确定的负责实施《港口设施保安计划》的机构或者部门；

（二）负责实施《港口设施保安计划》的组织与其他有关单位的联系和必要的通信系统；

（三）港口设施保安主管及二十四小时联系方式；

（四）1级保安状态下的保安措施和保安等级提高时的全部附加措施和特殊的保安措施；

（五）根据经验和实际情况对《港口设施保安计划》进行经常性评价，并不断完善的安排；

（六）《港口设施保安计划》保密措施；

（七）向交通（港口）管理部门报告的程序；

（八）港口设施内部报告保安事件的程序；

（九）便利船上人员登岸或者人员变动以及来访者上船的程序和措施；

（十）对保安状况受到的威胁或者破坏做出反应的程序，包括维护港口设施或者船港界面的关键操作的规定；

（十一）对交通部在3级保安状态下发出的保安指令的反应程序；

（十二）在保安状况受到威胁或者破坏的情况下撤离人员的程序；

（十三）负有保安责任的港口设施人员和设施内参与保安事务的其他人员的职责；

（十四）与船舶保安活动进行配合的程序，特别是港口设施的保安等级低于船舶的保安等级时港口设施应当采取的程序和保安措施；

（十五）港口设施内船舶的保安报警系统被启动后做出反应的程序；

（十六）针对与曾靠泊过非缔约国港口的船舶、不适用ISPS规则的船舶以及固定（浮动）平台或者移动式海上钻井平台进行船港界面活动的程序和保安措施。

第三十条 对港口设施重新进行保安评估时，港口设施经营人或者管理人应当按照本规则规定重新制订《港口设施保安计划》。

当港口设施发生本规则第二十五条以外的情况变化时，港口设施经营人或者管理人可以对《港口设施保安计划》进行必要的调整，但交通部声明未经其同意不得改变的内容除外。

第三十一条 《港口设施保安计划》完成后应当报交通部审查批准。

第三十二条 交通部应当在受理后二十个工作日内对《港口设施保安计划》审查完毕，必要时可以组织对港口设施的现场检查。

第三十三条 《港口设施保安计划》应当保密。港口设施经营人或者管理人、审查批准计划的机构应当制定并落实防止擅自接触、泄露的措施。未经交通部同意，任何人不得泄露其内容。

在下列条件下，执法人员可以查看《港口设施保安计划》：

（一）各级港口行政管理部门进行港口设施保安现场检查时；

（二）《港口设施保安符合证书》年度核验过程中需要对《港口设施保安计划》内容实施情况进行核实时。

第三十四条 港口设施经营人或者管理人应当全面落实批准后的《港口设施保安计划》，包括配备必要的保安人员，安装使用保安设备设施，制定并执行各项保安制度、措施和程序。

第三十五条 港口设施经营人或者管理人应当按照交通部规定的保安标准配备保安、交通、通信装备，按照规定设置港口设施内的标志。

第三十六条 新建或者改扩建的港口设施的保安设备设施应当与港口设施主体工程同时设计、同时建设、同时验收、同时投入使用。

第三十七条 港口设施经营人或者管理人在执行保安措施时，应当最大限度地减少对乘客、船舶、船上人员和来访者、货物以及相关服务的干扰或者延误。

第三十八条 各级交通（港口）管理部门应当对港口设施经营人或者管理人在执行《港口设施保安计划》过程中涉及海事、海关、公安（边防）、检验检疫等部门的相关事宜给予必要的协调。

第三十九条 非经常性地为国际航行船舶提供服务的港口设施和处于试生产阶段的港口设施，经港口所在地港口行政管理部门同意，可以不制订《港口设施保安计划》，但应当采取适当的保安措施来达到保安要求。

港口所在地港口行政管理部门应当对港口设施采取的保安措施是否适当进行现场监管。

第五章　港口设施保安符合证书

第四十条 《港口设施保安计划》实施后，港口设施经营人或者管理人应当向交通部申请《港口设施保安符合证书》，并将申请书抄送港口所在地交通（港口）管理部门。

第四十一条 交通部受理申请后应当委托港口所在地港口行政管理部门对《港口设施保安计划》落实情况进行检查并提出检查意见，必要时也可以组织直接检查。对检查合格的，交通部颁发《港口设施保安符合证书》。对检查不合格的，不予颁发证书，并说明理由。

《港口设施保安符合证书》应当自受理之日起二十个工作日内完成颁发工作。二十个工作日内不能作出决定的，经本机关负责人批准，可以延长十个工作日，并应将延长期限的理由告知申请人。

《港口设施保安符合证书》由交通部指定的负责人签发，并在签发后通知相关交通（港口）管理部门。

第四十二条 《港口设施保安符合证书》的有效期为五年。在有效期内每年由省级交通（港口）管理部门核验一次。

《港口设施保安符合证书》年度核验期限为签发之日起每周年的前三个月和后三个月。

第四十三条 港口设施经营人或者管理人应当于《港口设施保安符合证书》签发之日起每周年的前三个月内，向省级交通（港口）管理部门提出年度核验申请，并提交如下材料：

（一）《港口设施保安符合证书》年度核验申请表；

（二）《港口设施保安符合证书》正、副本；

（三）港口设施保安年度工作报告；

（四）港口设施保安主管及相关人员具备履行其职责的知识和能力的证明；

（五）港口设施保安自评表；

（六）其他需要提交的文件。

前款所称港口设施保安年度工作报告由港口设施保安主管负责编写，港口设施经营人或者管理人应当盖章确认。港口设施保安年度工作报告应当全面反映《港口设施保安计划》的落实情况、接受相关培训情况、保安训练、演习情况及记录、保安事件发生的情况及记录、《港口设施保安计划》修改记录等内容。

第四十四条 省级交通（港口）管理部门应当自受理之日起二十个工作日内完成《港口设施保安符合证书》年度核验。二十个工作日内不能完成的，经本机关负责人批准，可以延长十个工作日，并应将延长期限的理由告知申请人。年度核验内容包括：

（一）港口设施保安组织结构；

（二）港口设施保安主管及相关人员是否具备履行其职责的知识和能力；

（三）港口设施保安设备状况及运行情况；

（四）港口设施保安通信状况；

（五）港口设施保安规章制度及实施情况；

（六）港口设施保安训练、演习情况；

（七）《港口设施保安计划》所确定保安措施及程序的落实情况；

（八）港口设施保安事件发生及应对情况；

（九）《港口设施保安计划》的年度调整情况；

（十）其他与港口设施保安工作有关的事项。

除前款规定外，港口设施于上一次核验后发生过本规则第二十五条第三款规定的重大变化的，年度核验主管部门应当审查港口设施是否已重新进行保安评估并重新制订《港口设施保安计划》。

年度核验时，省级交通（港口）管理部门可以对港口设施上一年度的保安工作进行核查，也可以委托港口所在地港口行政管理部门核查并接受其提交的核查报告。

第四十五条 下列情况年度核验不得通过：

（一）保安设备设施状况不符合《港口设施保安计划》规定；

（二）港口设施保安主管、港口设施其他保安人员不具备履行其职责的知识和能力；

（三）未按照规定进行或者参加保安训练、演习；

（四）未按照规定收取和使用港口设施保安费。

第四十六条 通过年度核验的港口设施，由省级交通（港口）管理部门主管领导或者其授权的人员（仅限授权1名）在《港口设施保安符合证书》正、副本上签字并加盖专用章。

前款所指的主管领导或者其授权的人员应当向交通部备案。

第四十七条 未通过年度核验的港口设施，由省级交通（港口）管理部门主管领导或者其授权的人员在年度核验申请书上签署意见并退还申请人，责令其限期改正。港口设施经营人或者管理人在期限内改正完毕,可以重新申请《港口设施保安符合证书》年度核验。

第四十八条 省级交通(港口)管理部门应及时将下列情况报交通部备案:

(一)通过年度核验的港口设施;

(二)未通过年度核验的港口设施;

(三)未按本规则第四十二条规定时间申请年度核验的港口设施;

(四)在年度核验过程中隐瞒有关情况或者提供虚假材料的港口设施;

(五)连续两个年度未申请年度核验的港口设施;

(六)发生过本规则第二十五条第三款规定的重大变化但未重新进行保安评估并重新制订《港口设施保安计划》的港口设施。

第四十九条 交通部应当将全国《港口设施保安符合证书》年度核验情况予以公布。

第五十条 《港口设施保安符合证书》记载的内容发生变化或者证书丢失、毁损时,应当向交通部书面申请换发或者补办,并附相关证明材料。

交通部核发新证书时,应当公告原证书作废。

第六章 港口设施保安主管

第五十一条 港口设施经营人或者管理人应当指定具备履行其职责的知识和能力的人员担任港口设施保安主管。

第五十二条 港口设施保安主管应当由专人担任。

一人只能担任一个港口设施的港口设施保安主管。

第五十三条 港口设施保安主管履行下列职责:

(一)配合港口设施保安评估对港口设施进行初次全面保安检查;

(二)确保港口设施按本规则的规定制订《港口设施保安计划》;

(三)对港口设施进行定期保安检查,保证《港口设施保安计划》有效实施;

(四)对《港口设施保安计划》所载内容进行经常性评价和必要的调整;

(五)进行港口设施相关人员保安意识和警惕性的教育;

(六)确保港口设施保安工作人员获得充分的培训;

(七)与相关机构和人员保持信息沟通,向有关部门报告危及港口设施保安的事件并保存事件记录;

(八)与船公司和船舶保安员协调实施《港口设施保安计划》;

(九)签署《保安声明》;

(十)与提供保安服务的机构协调保安工作;

(十一)确保港口设施保安人员符合相关要求;

(十二)确保正确操作、测试、校准和保养保安设施设备;

(十三)在接到船舶保安员请求时,协助其确认登船人员的身份。

第五十四条 当港口设施保安主管被告知船舶在履行 SOLAS 公约第Ⅺ-2 章和 ISPS

规则的要求或者在实施《船舶保安计划》所列的措施和程序遇到困难时，以及在港口设施处于3级保安的情况下，港口设施的经营人或者管理人执行交通部发出的保安指令遇到困难时，港口设施保安主管和船舶保安员应进行联络并协调适当的行动。

第五十五条 港口设施保安主管在船舶入港之前和船舶在港口期间，应当履行下列义务：

（一）了解船舶履行SOLAS公约和ISPS规则的情况；

（二）与船舶保安员或者船公司保安员联系，了解该船舶的保安等级，并掌握有关船舶保安等级的任何变化；

（三）在与船舶建立联系后，港口设施保安主管应当将港口设施保安等级及其任何后续变化通知港内靠泊船舶和将要靠泊的船舶，并向船舶提供必要的保安信息。

第五十六条 当港口设施的保安等级确定为2级或者3级后，港口设施保安主管应及时确认《港口设施保安计划》所列的对应保安措施和程序得到执行，并应当立即与相关船公司和船舶保安员取得联系并协调适当的行动。

第五十七条 当港口设施保安主管得知船舶所处的保安等级高于港口设施的保安等级时，应当及时报告港口所在地港口行政管理部门，并与船舶保安员取得联系并协调适当的行动，包括按照各自的《保安计划》操作，并可视情填写或者签署《保安声明》。

第七章 保安声明

第五十八条 在下列情况下，应船舶的要求，港口设施经营人或者管理人应当与船舶签署《保安声明》：

（一）该船所处的保安等级高于与之发生界面活动的港口设施的保安等级；

（二）中国政府与其他缔约国政府之间有涉及某些国际航线或者这些航线上的特定船舶关于《保安声明》的协议；

（三）曾经有过涉及该船或者涉及该港口设施的保安威胁或者保安事件。

第五十九条 在港口设施保安评估所确定的需要引起特别注意的船港界面活动开始前，应港口设施经营人或者管理人的要求，船舶应当与港口设施经营人或者管理人签署《保安声明》。

前款所称需要引起特别注意的船港界面活动，包括在人口密集或者经济上重要的作业场所或者在其附近的设施进行的作业，以及旅客上下船舶、危险货物或者有害物质的过驳或者装卸作业、船舶曾经靠泊过本规则第二条规定以外的港口设施等。

第六十条 港口设施所在地港口行政管理部门可以根据船港界面活动对人员、财产、环境可能造成危险程度的判断，要求船、港双方签署《保安声明》。

第六十一条 《保安声明》由港口设施保安主管与船长或者船舶保安员签署。

第六十二条 《保安声明》应当根据保安等级变化做相应的改变或者重新签署。

第六十三条 《保安声明》应当由港口设施保安主管保存三年。

第八章　港口设施保安培训、训练和演习

第六十四条　港口设施保安主管及下列从事港口设施保安工作的人员，应当按照 ISPS 规则的有关要求，完成交通部规定的港口设施保安培训，具备履行其职责的知识和能力：

（一）从事港口设施保安行政管理工作的人员；

（二）从事港口设施保安评估的人员；

（三）制订《港口设施保安计划》的人员；

（四）参加《港口设施保安评估报告》、《港口设施保安计划》审查批准和预审工作的人员；

（五）港口设施经营人中主管安全、生产的副总经理。

其他从事与港口设施保安有关工作的人员，应当按照 ISPS 规则的有关要求，经过相应的培训，具备履行其担任职责方面的知识和能力。

第六十五条　万吨级以上的港口设施应有六人以上具备履行保安职责方面的知识和能力，万吨级以下的港口设施应有三人以上具备履行保安职责方面的知识和能力。

第六十六条　港口设施经营人或者管理人应当对其员工进行相关保安基础知识和岗位保安要求的教育或者培训，使其有针对性地了解并掌握《港口设施保安计划》中与其职责相关的内容，并保证其具备如下知识：

（一）各保安等级的含义和本岗位保安要求；

（二）辨认和探察武器、危险物质和装置；

（三）辨认可能威胁保安者的特点和行为模式；

（四）紧急撤离、简单救护等自我保护技术。

第六十七条　港口设施应当进行保安训练和演习，确保港口设施人员熟练履行其在各保安等级所承担的保安职责，发现并及时改进任何保安缺陷。

第六十八条　港口设施的经营人或者管理人应当保证至少每三个月进行一次港口设施保安训练。

训练应当根据《港口设施保安计划》进行，目的是对经批准的《港口设施保安计划》全部或部分内容进行测试。

第六十九条　各级交通（港口）管理部门应当组织保安演习。保安演习至少每年进行一次，两次演习间隔不得超过十八个月。

演习应当结合经批准的《港口设施保安计划》，通过模拟一定保安事件情景，根据船港界面活动所涉及的各项保安要求，由多单位参与、协同进行，验证、评价和提高港口设施保安人员的综合反应能力，加强各级保安组织、各相关部门的整体反应和协调配合能力。

演习应当编制演习方案，并报送上级交通（港口）管理部门备案。

第七十条　港口设施的经营人或者管理人应当参加包括有关部门、船舶保安员共同进行的保安演习。

第七十一条 港口设施保安训练、演习可以采用实地或者模拟的形式,也可以与相关训练、演习结合进行。

第七十二条 训练、演习完成后,应当进行评估并记录存档。

第九章 保安信息与联络

第七十三条 中国海上搜救中心总值班室是全国港口设施保安总联络点,负责全国港口设施的保安报警接收和保安信息联络工作。

各地方港口行政管理部门值班室是所在地港口设施保安联络点,负责下列事项的全天候联系工作:

(一)接收港口设施保安信息,向相关海事管理机构了解船舶保安信息,针对接收到的保安报警及时按照应急反应程序采取保安行动,并视情通报有关部门;

(二)将港口设施保安信息及时通报海事管理机构,并为相关船舶提供保安建议或者援助;

(三)向中国海上搜救中心总值班室报告保安信息。

第七十四条 港口设施保安主管收到保安报警后,应立即与港口所在地港口行政管理部门联系,报告港口设施名称、位置,经营人或者管理人名称,设施内相关船舶、人员和货物,受到的保安威胁等情况。

港口设施保安主管应当随时保持通信联络畅通。

第七十五条 港口所在地港口行政管理部门收到相关船舶保安事件和其他船舶保安信息,应当按照应急反应程序,通知相关的港口设施,协调港口设施和船舶的保安行动。

第七十六条 交通部根据国际公约规定和工作需要,向国际海事组织报送港口设施保安信息,并负责接收和向国内相关部门、机构传送相关信息。

第七十七条 港口设施保安相关信息发生变化后港口设施经营人或者管理人应当向原报送单位及时发出更正信息。

第七十八条 各级交通(港口)管理部门应当建立信息系统,保证港口设施保安信息的及时报送、接收、分析和转发。

第十章 监督检查与法律责任

第七十九条 各级交通(港口)管理部门依法对港口设施保安活动实施的监督检查,任何单位或者个人不得拒绝、妨碍或者阻挠。

有关单位或者个人应当接受港口行政管理部门依法实施的监督检查,并为其提供必要的方便。

港口行政管理部门的工作人员实施监督检查时,应当出示执法证件,表明身份。

第八十条 港口所在地港口行政管理部门应当对港口设施的下列保安事项进行监督检查:

(一)《港口设施保安符合证书》的有效性;

(二)《港口设施保安计划》的实施效果,包括保安措施实施过程中的协调性;

(三)港口设施保安主管和相关人员对保安知识的掌握情况。

第八十一条 交通部应当对《港口设施保安符合证书》年度核验工作进行监督检查,发现不符合规定的,应当要求省级交通(港口)管理部门予以纠正。

第八十二条 未按规定取得有效《港口设施保安符合证书》且不符合本规则第三十九条规定的港口设施,不得为航行国际航线船舶提供服务。

对于违反前款规定,擅自为航行国际航线船舶提供服务的港口设施,由港口所在地港口行政管理部门予以警告并责令停止违法行为,并可处以3万元以下罚款。

第八十三条 对于违反本规则规定,港口设施保安主管和相关人员未经必要的培训,港口行政管理部门可以责令更换;港口设施保安主管和相关人员未能履行本规则规定的职责,港口行政管理部门可以责令其参加保安培训,情节严重的,可以责令暂停或者撤销其港口设施保安主管资格。

第十一章　附　　则

第八十四条 交通部通过“中国港口设施保安网”公布与港口设施保安相关的公开信息。

第八十五条 本规则自2008年3月1日起施行。但为500总吨及以上特种用途船服务的港口设施自2008年7月1日起适用本规则。交通部于2003年11月14日发布的《港口设施保安规则》(交水发〔2003〕500号)同时废止。

中华人民共和国高速客船安全管理规则

（交通部令　2006 年第 4 号）

第一章　总　　则

第一条　为加强对高速客船的安全监督管理，维护水上交通秩序，保障人命财产安全，依据《中华人民共和国海上交通安全法》、《中华人民共和国内河交通安全管理条例》等有关法律和行政法规，制定本规则。

第二条　本规则适用于在中华人民共和国通航水域航行、停泊和从事相关活动的高速客船及船舶所有人、经营人和相关人员。

第三条　中华人民共和国海事局是实施本规则的主管机关。

各海事管理机构负责在本辖区内实施本规则。

第二章　船　公　司

第四条　经营高速客船的船公司应满足《国内船舶运输经营资质管理规定》的要求，取得相应的经营资质。

第五条　船公司从境外购置或光租的二手外国籍高速客船应满足《老旧运输船舶管理规定》的要求。

第六条　船公司在高速客船开始营运前，应以手册形式编制下列资料和指南：

（一）航线运行手册；

（二）船舶操作手册；

（三）船舶维修及保养手册；

（四）培训手册。

上述各项手册所应包含的内容由主管机关确定。

第七条　经营高速客船的船公司应当建立适合高速客船营运特点的安全管理制度，包括为防止船员疲劳的船员休息制度。

第三章　船　　舶

第八条　高速客船须经船舶检验合格，并办理船舶登记手续，持有有效的船舶证书。

第九条　高速客船投入营运前，应向主要营运地的海事管理机构申请办理《高速客船操作安全证书》。

申请办理《高速客船操作安全证书》，应提交下列资料：

(一)船舶检验证书;

(二)船舶所有权证书和船舶国籍证书;

(三)船员适任证书和特殊培训合格证;

(四)航线运行手册;

(五)船舶操作手册;

(六)船舶维修及保养手册;

(七)培训手册;

(八)法律、法规规定的其他资料。

海事管理机构对经审核符合要求的,予以签发《高速客船操作安全证书》。高速客船取得该证书后方可投入营运。

高速客船应随船携带最新的适合于本船的航线运行手册、船舶操作手册、船舶维修及保养手册和培训手册。

第十条 高速客船必须按规定要求配备号灯、号型、声响信号、无线电通信设备、消防设备、救生设备和应急设备等。高速客船上所有的设备和设施均应处于完好备用状态。

第四章 船 员

第十一条 在高速客船任职的船员应符合下列要求:

(一)经主管机关认可的基本安全培训并取得培训合格证,其中船长、驾驶员、轮机长、轮机员以及被指定为负有安全操作和旅客安全职责的普通船员还必须通过主管机关认可的特殊培训并取得特殊培训合格证。

(二)船长、驾驶员、轮机长、轮机员按规定持有相应的职务适任证书。

(三)取得高速客船船员职务适任证书者,在正式任职前见习航行时间不少于10小时和20个单航次。

(四)男性船长、驾驶员的年龄不超过60周岁,女性船长、驾驶员的年龄不超过55周岁。

在非高速客船上任职的船员申请高速客船船长、大副、轮机长职务适任证书时的年龄不超过45周岁。

(五)船长、驾驶员的健康状况,尤其是视力、听力和口语表达能力应符合相应的要求。

第十二条 主管机关授权的海事管理机构负责高速客船船员的培训管理和考试、发证工作。有关培训、考试、发证的规定由主管机关颁布实施。

第十三条 高速客船应向办理船舶登记手续的海事管理机构申领最低安全配员证书。高速客船的最低配员标准应满足本规则附录的要求。

第十四条 高速客船驾驶人员连续驾驶值班时间不得超过两个小时,两次驾驶值班之间应有足够的间隔休息时间,具体由当地海事管理机构确定。

第五章 航行安全

第十五条 高速客船航行时应使用安全航速,以防止发生碰撞和浪损。高速客船进出港口及航经特殊航段时，应遵守当地海事管理机构有关航速的规定。

高速客船在航时，须显示黄色闪光灯。

第十六条 高速客船在航时，值班船员必须在各自岗位上严格按职责要求做好安全航行工作。驾驶台负责瞭望的人员必须保持正规的瞭望。无关人员禁止进入驾驶台。

第十七条 高速客船在港口及内河通航水域航行时，应主动让清所有非高速船舶。高速客船在海上航行及高速客船与其他高速船舶之间避让时，应按避碰规则的规定采取措施。高速客船在特殊航段航行时，应遵守海事管理机构公布的特别航行规定。

第十八条 海事管理机构认为必要时可为高速客船推荐或指定航路。高速客船必须遵守海事管理机构有关航路的规定。

第十九条 遇有恶劣天气或能见度不良时，海事管理机构可建议高速客船停航。

第二十条 高速客船应按规定的乘客定额载客，禁止超载。高速客船禁止在未经批准的站、点上下旅客。

第六章　安 全 保 障

第二十一条 高速客船应在专用的码头上下旅客，如需使用非专用码头时，应经海事管理机构审核同意。

第二十二条 高速客船应靠泊符合下列条件的码头：

（一）满足船舶安全靠泊的基本要求；

（二）高速客船靠泊时不易对他船造成浪损；

（三）避开港口通航密集区和狭窄航段；

（四）上下旅客设施符合安全条件；

（五）夜间有足够的照明；

（六）冬季有采取防冻防滑的安全保护措施。

第二十三条 高速客船对旅客携带物品应有尺度和数量限制，旅客的行李物品不得堵塞通道。严禁高速客船载运或旅客携带危险物品。

第二十四条 高速客船应每周进行一次应急消防演习和应急撤离演习，并做好演习记录；每次开航前，应向旅客讲解有关安全须知。

第二十五条 高速客船应建立开航前安全自查制度，制定开航前安全自查表并进行对照检查，海事管理机构可对开航前安全自查表进行监督抽查。

第二十六条 高速客船应按规定办理进出港口手续，并缴纳规费。国内航行的高速客船每天至少应办理一次船舶签证手续，国际航行的高速客船可申请不超过 7 天的定期进出口岸许可证。

高速客船不得夜航。但航行特殊水域的高速客船确需夜航的，应当向当地海事管理机构申请船舶进出港口许可，经批准后方可夜航。

第二十七条 高速客船发生交通事故、遇险或人员落水，应采取措施积极自救，并立即向就近海事管理机构报告。

第七章　法律责任

第二十八条　违反本规定的，由海事管理机构依照有关法律、行政法规以及交通部的有关规定进行处罚。

第二十九条　高速客船违反本规则经海事管理机构处罚仍不改正的，海事管理机构可责令其停航。

第三十条　海事管理机构工作人员违反规定，滥用职权，玩忽职守，给人民生命财产造成损失的，由所在单位或上级主管机关给予行政处分；构成犯罪的，依法追究其刑事责任。

第八章　附　　则

第三十一条　本规则所述"高速客船"系指载客12人以上，最大航速（米/秒）等于或大于以下数值的船舶：$3.7\nabla^{0.1667}$，式中"∇"系指对应设计水线的排水体积（$米^3$）。但不包括在非排水状态下船体由地效应产生的气动升力完全支承在水面上的船舶。

本规则所述"船公司"系指船舶所有人、经营人或者管理人以及其他已从船舶所有人处接受船舶的营运责任并承担船舶安全与防污染管理的所有义务和责任的组织。

第三十二条　外国籍高速客船不适用本规则第二、三、四章的规定，但应满足船旗国主管当局的要求。

第三十三条　本规则未尽事宜，按国家其他有关法规和我国加入的国际公约执行。

第三十四条　本规则由交通部负责解释。

第三十五条　本规则自2006年6月1日起施行。交通部1996年12月24日发布的《中华人民共和国高速客船安全管理规则》（交通部令1996年第13号）同时废止。

公路水运工程安全生产监督管理办法

（交通部令 2007 年第 1 号）

第一章 总 则

第一条 为加强公路水运工程安全生产监督管理工作，保障人身及财产安全，根据《中华人民共和国安全生产法》、《建设工程安全生产管理条例》、《安全生产许可证条例》，制定本办法。

第二条 公路水运工程建设活动的安全生产行为及对其实施监督管理，应当遵守本办法。

第三条 本办法所称公路水运工程，是指列入国家和地方基本建设计划的公路、水运基础设施新建、改建、扩建以及拆除、加固等建设项目。

本办法所称从业单位，是指从事公路水运工程建设、勘察、设计、监理、施工、检验检测、安全评价等工作的单位。

第四条 公路水运工程安全生产监督管理应当坚持安全第一、预防为主、综合治理的方针。

第五条 公路水运工程安全生产监督管理实行统一监管、分级负责。

交通部负责全国公路水运工程安全生产的监督管理工作。

县级以上地方人民政府交通主管部门负责本行政区域内的公路水运工程安全生产监督管理工作，但长江干流航道工程安全生产监督管理工作由交通部设在长江干流的航务管理机构负责。

交通部和县级以上地方人民政府交通主管部门，可以委托其设置的安全监督机构负责具体工作，法律、行政法规规定不能委托的事项除外。

依照本条规定承担公路水运工程安全生产监督管理职能的部门或者机构，统称为公路水运工程安全生产监督管理部门。

第六条 公路水运工程安全生产监督管理部门的主要职责：

（一）宣传、贯彻、执行有关安全生产的法律、法规，按照法定权限制定公路水运工程安全生产管理规章和技术标准；

（二）依法对公路水运工程从业单位安全生产条件实施监督管理，组织施工单位的主要负责人、项目负责人、专职安全生产管理人员的考核管理工作；

（三）建立公路水运工程安全生产应急管理机制，制定重大生产安全事故应急预案；

（四）建立公路水运工程从业单位安全生产信用体系，作为交通行业信用体系建设的一部分，对从业单位和人员实施安全生产动态管理；

(五)受理公路水运工程安全生产方面的举报和投诉，依法对公路水运工程安全生产实施监督检查和相应的行政处罚；

(六)依法组织或者参与调查处理生产安全事故，按照职责权限对公路水运工程生产安全事故进行统计分析，发布公路水运工程安全生产动态信息。省级交通主管部门负责向交通部和国务院其他有关部门报送事故信息；

(七)指导下级交通主管部门开展公路水运工程安全生产监督管理工作；

(八)组织公路水运工程安全生产技术研究和先进技术推广应用；

(九)开展公路水运工程安全生产经验交流，普及安全生产知识；

(十)法律、法规规定的其他职责。

第二章　安全生产条件

第七条　从业单位从事公路水运工程建设活动，应当具备法律、行政法规规定的安全生产条件。任何单位和个人不得降低安全生产条件。

第八条　施工单位应当取得安全生产许可证，施工单位的主要负责人、项目负责人、专项安全生产管理人员(以下简称安全生产三类人员)必须取得考核合格证书，方可参加公路水运工程投标及施工。

施工单位主要负责人，是指对本企业日常生产经营活动和安全生产工作全面负责、有生产经营决策权的人员，包括企业法定代表人、企业安全生产工作的负责人等。

项目负责人，是指由企业法定代表人授权，负责公路水运工程项目施工管理的负责人。包括项目经理、项目副经理和项目总工。

专职安全生产管理人员，是指在企业专职从事安全生产管理工作的人员，包括企业安全生产管理机构的负责人及其工作人员和施工现场专职安全员。

第九条　交通部负责组织公路水运工程一级及以上资质施工单位安全生产三类人员的考核发证工作。

省级交通主管部门负责组织公路水运工程二级及以下资质施工单位安全生产三类人员的考核发证工作。

第十条　施工单位安全生产三类人员考核分为安全生产知识考试和安全管理能力考核两部分。考核合格的，由交通部或省级交通主管部门颁发《安全生产考核合格证书》。

第十一条　施工单位的垂直运输机械作业人员、施工船舶作业人员、爆破作业人员、安装拆卸工、起重信号工、电工、焊工等国家规定的特种作业人员，必须按照国家规定经过专门的安全作业培训，并取得特种作业操作资格证书后，方可上岗作业。

第十二条　施工单位在工程中使用施工起重机械和整体提升式脚手架、滑模爬模、架桥机等自行式架设设施前，应当组织有关单位进行验收，或者委托具有相应资质的检验检测机构进行验收，使用承租的机械设备和施工机具及配件的，由承租单位、出租单位和安装单位共同进行验收,验收合格的方可使用。验收合格后 30 日内,应向当地交通主管部门登记。

第十三条 从业单位应当对从业人员进行安全生产教育和培训,保证从业人员具备必要的安全生产知识,熟悉有关的安全生产规章制度和安全操作规程,掌握本岗位的安全操作技能。未经安全生产教育和培训合格的从业人员,不得上岗作业。

第三章 安全责任

第十四条 建设单位在编制工程招标文件时,应当确定公路水运工程项目安全作业环境及安全施工措施所需的安全生产费用。

安全生产费用由建设单位根据监理工程师对工程安全生产情况的签字确认进行支付。

第十五条 建设单位在公路水运工程施工招标文件中应当按照法律、法规的规定对施工单位的安全生产条件、安全生产信用情况、安全生产的保障措施等提出明确要求。

建设单位不得对咨询、勘察、设计、监理、施工、设备租赁、材料供应、检测等单位提出不符合工程安全生产法律、法规和工程建设强制性标准规定的要求。不得随意压缩合同规定的工期。

第十六条 勘察单位应当按照法律、法规和工程建设强制性标准进行勘察,重视地质环境对安全的影响,提交的勘察文件应当真实、准确,满足公路水运工程安全生产的需要。

勘察单位应当对有可能引发公路水运工程安全隐患的地质灾害提出防治建议。

勘察单位及勘察人员对勘察结论负责。

第十七条 设计单位应当按照法律、法规和工程建设强制性标准进行设计,防止因设计不合理导致安全生产隐患或者生产安全事故的发生。

采用新结构、新材料、新工艺的工程和特殊结构的工程,设计单位应当在设计文件中提出保障施工作业人员安全和预防生产安全事故的措施建议。

设计单位和设计人员应当对其设计负责。

第十八条 监理单位应当按照法律、法规和工程建设强制性标准进行监理,对工程安全生产承担监理责任。应当编制安全生产监理计划,明确监理人员的岗位职责、监理内容和方法等。对危险性较大的工程作业应当加强巡视检查。

监理单位应当审查施工组织设计中的安全技术措施或者专项施工方案是否符合工程建设强制性标准。监理单位在实施监理过程中,发现存在安全事故隐患的,应当要求施工单位整改,必要时,可下达施工暂停指令并向建设单位和有关部门报告。

监理单位应当填报安全监理日志和监理月报。

第十九条 为公路水运工程提供施工机械设备、设施和产品的单位,应确保配备齐全有效的保险、限位等安全装置,提供有关安全操作的说明,保证其提供的机械设备和设施等产品的质量和安全性能达到国家有关标准。所提供的机械设备、设施和产品应当具有生产(制造)许可证、产品合格证或者法定检验检测合格证明。对于尚无相关国家标准或者行业标准的设备和设施,应当保障其质量和安全性能。

第二十条 施工单位应当对施工安全生产承担责任。

施工单位主要负责人依法对本单位的安全生产工作全面负责。施工单位应当建立健全安全生产责任制度和安全生产教育培训制度及安全生产技术交底制度，制定安全生产规章制度和操作规程，保证本单位安全生产条件所需资金的投入，对所承担的公路水运工程进行定期和专项安全检查，并做好安全检查记录。

施工单位的项目负责人依法对项目的安全施工负责，落实安全生产各项制度，确保安全生产费用的有效使用，并根据工程特点组织制定安全施工措施，消除安全事故隐患，及时、如实报告生产安全事故。

本条所称安全生产技术交底制度，是指公路水运工程每项工程实施前，施工单位负责项目管理的技术人员对有关安全施工的技术要求向施工作业班组、作业人员详细说明，并由双方签字确认的制度。

第二十一条 施工单位应当设立安全生产管理机构，配备专职安全生产管理人员。施工现场应当按照每5000万元施工合同额配备一名的比例配备专职安全生产管理人员，不足5000万元的至少配备一名。

专职安全生产管理人员负责对安全生产进行现场监督检查，并做好检查记录，发现生产安全事故隐患，应当及时向项目负责人和安全生产管理机构报告；对违章指挥、违章操作和违反劳动纪律的，应当立即制止。

第二十二条 施工单位在工程报价中应当包含安全生产费用，一般不得低于投标价的1%，且不得作为竞争性报价。

安全生产费用，应当用于施工安全防护用具及设施的采购和更新、安全施工措施的落实、安全生产条件的改善，不得挪作他用。

第二十三条 施工单位应当在施工组织设计中编制安全技术措施和施工现场临时用电方案，对下列危险性较大的工程应当编制专项施工方案，并附安全验算结果，经施工单位技术负责人、监理工程师审查同意签字后实施，由专职安全生产管理人员进行现场监督：

（一）不良地质条件下有潜在危险性的土方、石方开挖；

（二）滑坡和高边坡处理；

（三）桩基础、挡墙基础、深水基础及围堰工程；

（四）桥梁工程中的梁、拱、柱等构件施工等；

（五）隧道工程中的不良地质隧道、高瓦斯隧道、水底海底隧道等；

（六）水上工程中的打桩船作业、施工船作业、外海孤岛作业、边通航边施工作业等；

（七）水下工程中的水下焊接、混凝土浇注、爆破工程等；

（八）爆破工程；

（九）大型临时工程中的大型支架、模板、便桥的架设与拆除；桥梁、码头的加固与拆除；

（十）其他危险性较大的工程。

必要时，施工单位对前款所列工程的专项施工方案，还应当组织专家进行论证、审查。

第二十四条 施工单位应当在施工现场出入口或者沿线各交叉口、施工起重机械、拌和场、临时用电设施、爆破物及有害危险气体和液体存放处以及孔洞口、隧道口、基坑边沿、脚手架、码头边沿、桥梁边沿等危险部位，设置明显的安全警示标志或者必要的安全防护设施。

施工单位应当根据不同施工阶段和周围环境及季节、气候的变化，在施工现场采取相应的安全施工措施。施工现场暂时停止施工的，施工单位应当做好现场防护。因施工单位安全生产隐患原因造成工程停工的，所需费用由施工单位承担，其他原因按照合同约定执行。

第二十五条 施工单位应当将施工现场的办公、生活区与作业区分开设置，并保持安全距离；办公、生活区的选址应当符合安全性要求。职工的膳食、饮水、休息场所、医疗救助设施等应当符合卫生标准。

施工现场临时搭建的建筑物应当符合安全使用要求。施工现场使用的装配式活动房屋应当具有生产（制造）许可证、产品合格证。

第二十六条 施工单位应当在施工现场建立消防安全责任制度，确定消防安全责任人，制定用火、用电、使用易燃易爆材料等各项消防管理制度和操作规程，设置消防通道，配备相应的消防设施和灭火器材。

第二十七条 施工单位应当向作业人员提供必需的安全防护用具和安全防护服装，书面告知危险岗位的操作规程并确保其熟悉和掌握有关内容和违章操作的危害。

作业人员有权对施工现场的作业条件、作业程序和作业方式中存在的安全问题提出批评、检举和控告，有权拒绝违章指挥和强令冒险作业。

在施工中发生可能危及人身安全的紧急情况时，作业人员有权立即停止作业或者在采取必要的应急措施后撤离危险区域。

第二十八条 作业人员应当遵守安全施工的工程建设强制性标准、规章制度，正确使用安全防护用具、机械设备等。

第二十九条 施工单位采购、租赁的安全防护用具、机械设备、施工机具及配件，应当具有生产（制造）许可证、产品合格证，并在进入施工现场前由专职安全管理人员进行查验。

施工现场的安全防护用具、机械设备、施工机具及配件必须由专人管理，定期进行检查、维修和保养，建立相应的资料档案，并按照国家有关规定及时报废。

第三十条 施工单位应当对管理人员和作业人员进行每年不少于两次的安全生产教育培训，其教育培训情况记入个人工作档案。

施工单位在采用新技术、新工艺、新设备、新材料时，应当对作业人员进行相应的安全生产教育培训。

新进人员和作业人员进入新的施工现场或者转入新的岗位前，施工单位应当对其进行安全生产培训考核。

未经安全生产教育培训考核或者培训考核不合格的人员，不得上岗作业。

第三十一条 施工单位应当为施工现场的人员办理意外伤害保险，意外伤害保险费应由施工单位支付。实行施工总承包的，由总承包单位支付意外伤害保险费。

第三十二条　建设工程实行施工总承包的，由总承包单位对施工现场的安全生产负总责。总承包单位依法将建设工程分包给其他单位的，分包合同中应当明确各自的安全生产方面的权利、义务。总承包单位对分包工程的安全生产承担连带责任。

分包单位应当服从总承包单位的安全生产管理，分包单位不服从管理导致生产安全事故的，由分包单位承担主要责任。

第三十三条　建设单位、施工单位应当针对本工程项目特点制定生产安全事故应急预案，定期组织演练。发生生产安全事故，施工单位应当立即向建设单位、监理单位和事故发生地的公路水运工程安全生产监督管理部门以及地方安全监督部门报告。建设单位、施工单位应当立即启动事故应急预案，组织力量抢救，保护好事故现场。

第四章　监督检查

第三十四条　公路水运工程安全生产监督管理部门在职责范围内履行安全生产监督检查职责时，有权采取下列措施：

（一）要求被检查单位提供有关安全生产的文件和资料；

（二）进入被检查单位施工现场进行检查；

（三）纠正施工中违反安全生产要求的行为，依法实施行政处罚。

第三十五条　公路水运工程安全生产监督管理部门对从业单位安全生产监督检查的内容主要有：

（一）从业单位安全生产条件的符合情况；

（二）施工单位安全生产三类人员和特种作业人员具备上岗资格情况；

（三）从业单位执行安全生产法律、法规、规章和工程建设强制性标准的情况；

（四）从业单位对安全生产管理制度、安全责任制度和各项应急预案的建立和落实情况；

（五）安全生产管理机构或者专职安全生产管理人员的设置和履行职责情况；

（六）员工的安全教育培训情况；

（七）其他应当监督检查的情况。

第三十六条　公路水运工程安全生产监督管理部门应当对公路水运工程下列施工现场的安全生产情况进行监督检查：

（一）现场驻地；

（二）施工作业点（面）；

（三）危险品存放地；

（四）预制厂、半成品加工厂；

（五）非标施工设备组装厂。

公路水运工程安全生产监督管理部门对易发生生产安全事故的危险工程及施工作业环节应当进行重点监督检查。

第三十七条　公路水运工程安全生产监督管理部门对监督检查中发现的安全问题，应当作出如下处理：

（一）从业单位存在安全管理问题需要整改的，以书面方式通知存在问题单位限期整改；

（二）从业单位存在严重安全事故隐患的，责令立即排除；

（三）重大安全事故隐患在排除前或者在排除过程中无法保证安全的，责令其从危险区域内撤出作业人员或者暂时停止施工；

（四）建设单位违反安全管理规定造成重大生产安全事故的，对全部或者部分使用国有资金的建设项目，暂停资金拨付；

（五）建设单位未列建设工程安全生产费用的，责令其限期改正并不得办理监督手续；逾期未改正的，责令该建设工程停止施工并通报批评。

被检查单位应当立即落实处理决定，并将整改结果书面报检查单位。责令停工的，应当经复查合格后，方可复工。

第三十八条 公路水运工程安全生产监督管理部门应当建立从业单位信用档案，并将监督检查情况和处理结果及时登录在安全生产信用管理系统中。

第三十九条 从业单位整改不力，多次整改仍然存在安全问题的，公路水运工程安全生产监督管理部门将其列入安全监督检查重点名单，登录在安全生产信用管理系统中，并向有关部门通报。

对存在重大安全事故隐患但拒绝整改或者整改效果不明显或者发生重特大安全事故等不再具备安全生产条件的，公路水运工程安全生产监督管理部门应当向安全生产许可证颁发部门通报，建议暂扣或者吊销安全生产许可证，同时向有关资质证书颁发部门建议降低资质等级。

第四十条 公路水运工程安全生产监督管理部门可委托具备国家规定资质条件的机构对容易发生重特大生产安全事故的工程项目和危险性较大的工程施工进行安全评价和监测。

第四十一条 公路水运工程安全生产监督管理部门应当健全内部管理制度，加强对监督管理人员的教育培训，提高执法水平。监督管理人员应当忠于职守，秉公办事，坚持原则，清正廉洁。与监督检查对象有利害关系的监督人员，应当回避。

第四十二条 公路水运工程安全生产监督管理部门应当建立举报制度，及时受理对公路水运工程生产安全事故或者事故隐患以及监督检查人员违法行为的检举、控告和投诉。

第五章 附　　则

第四十三条 违反本办法规定，按照《中华人民共和国安全生产法》、《建设工程安全生产管理条例》、《安全生产许可证条例》的相关规定，给予行政处罚。

第四十四条 本办法自 2007 年 3 月 1 日起施行。

航道建设管理规定

（交通部令　2007年第3号）

第一章　总　　则

第一条　为促进航道事业持续、健康发展，加强航道建设监督管理，维护航道建设市场秩序，根据《中华人民共和国航道管理条例》、《建设工程质量管理条例》和《建设工程勘察设计管理条例》，制定本规定。

第二条　在中华人民共和国境内从事航道建设活动适用本规定。

本规定所称航道建设活动包括航道整治、航道疏浚和航运枢纽、过船建筑物等航道设施及其他航道附属设施的新建、扩建和改建活动。

第三条　航道建设实行统一领导，分级管理制度。

交通部负责全国航道建设的行业管理。具体负责由国家发展改革委批准或核准航道建设项目的项目建议书和可行性研究报告的审核工作，按权限批准项目建议书、可行性研究报告；具体负责国家发展改革委批准或核准以及交通部批准可行性研究报告的航道建设项目的设计文件审批、开工备案、竣工验收以及招标投标等项目实施过程中的监督管理工作。

省级交通主管部门负责本行政区域内航道建设的监督管理。具体负责经省级人民政府有关部门批准的航道建设项目的前期工作和设计文件审批、招标投标、开工备案、竣工验收等项目实施过程中的监督管理工作；负责经省级人民政府核准的航道建设项目的设计文件审批、开工备案和竣工验收工作。

设区的市和县级交通主管部门按照省级人民政府的有关规定负责本行政区域内航道建设项目的监督管理。

第四条　航道建设监督管理的职责包括：

（一）监督国家有关航道建设工作方针、政策和法律、法规、规章、技术标准的执行；

（二）监督航道建设项目建设程序的实施；

（三）监督航道建设市场秩序；

（四）监督航道工程质量和工程安全；

（五）监督航道建设资金的使用；

（六）监督廉政建设情况；

（七）指导、检查下级管理部门的监督管理工作；

（八）依法查处航道建设违法行为；

（九）法律、行政法规规定的其他职责。

第五条 县级以上交通主管部门应当依照有关法律、法规以及本规定对航道建设实施监督管理。

有关单位和个人应当接受县级以上交通主管部门依法进行的航道建设监督检查，并给予支持及配合，不得拒绝或者阻碍。

第六条 航道建设项目应当按照国家有关规定实行招标投标制度、工程监理制度、合同管理制度和廉政监察制度。

第七条 航道建设应当符合航道规划，并考虑行洪安全、水上交通安全和环境保护的要求。

航道建设项目单位应当依法选择勘察、设计、施工、咨询、监理单位，依法采购与工程建设有关的重要设备和材料，办理开工备案，组织项目实施，组织项目交工验收，准备项目竣工验收工作。

第二章 建设程序管理

第八条 航道建设应当按照国家有关建设程序的规定进行。政府投资航道建设项目实行审批制，企业投资航道建设项目实行核准制和备案制。

第九条 政府投资的航道建设项目，按照以下建设程序执行：

（一）根据规划，开展预可行性研究，编制项目建议书；

（二）根据批准的项目建议书，进行工程可行性研究，编制可行性研究报告；

（三）根据批准的可行性研究报告，编制初步设计文件；

（四）根据批准的初步设计文件，编制施工图设计文件；

（五）根据批准的设计文件，组织项目监理、施工招标；

（六）根据国家有关规定，进行施工前准备工作，并向交通主管部门办理开工备案；

（七）开工备案后组织工程实施；

（八）工程完工后，编制竣工资料，办理工程竣工前的各项工作；

（九）交通主管部门组织竣工验收，办理固定资产移交手续。

第十条 企业投资的航道建设项目，按照以下建设程序执行：

（一）依法确定建设项目投资人；

（二）根据规划与需要，编制工程可行性研究报告；

（三）投资人组织编制项目申请报告，按照规定履行核准或者备案手续；

（四）根据核准、备案的项目申请报告，编制初步设计文件；

（五）根据批准的初步设计文件，编制施工图设计文件；

（六）根据批准的设计文件，组织项目监理、施工招标；

（七）根据国家有关规定，进行施工前准备工作，并向交通主管部门办理开工备案；

（八）开工备案后组织工程实施；

（九）工程完工后，编制竣工资料，办理工程竣工前的各项工作；

（十）交通主管部门组织竣工验收，办理固定资产移交手续。

第十一条 县级以上交通主管部门应当按照职责权限负责组织和监督航道建设项目的实施，除国家另有规定外，不得擅自简化建设程序。

县级以上交通主管部门发现开工备案文件存在不符合法律、行政法规以及规章规定内容的，应当在收到备案文件7日内提出处理意见，及时行使监督管理职责。

第十二条 编制航道建设项目建议书，应当符合以下基本要求：

（一）开展航道建设项目工程预可行性研究；

（二）建设方案应符合航道规划；

（三）符合有关编制水运工程预可行性研究和项目建议书的深度要求；

（四）符合国家和行业的有关规定。

第十三条 申请航道建设项目建议书审批，应当提供以下材料：

（一）行政许可申请书；

（二）项目建议书一式5份及其电子文件；

（三）工程预可行性研究报告一式5份及其电子文件；

（四）审批部门根据项目需要要求提供的其他材料。

第十四条 编制航道建设项目可行性研究报告，应当符合以下基本要求：

（一）符合航道规划；

（二）符合经批准的项目建议书；

（三）符合有关编制水运工程可行性研究报告的深度要求；

（四）符合国家和行业的有关规定和技术标准、规范。

第十五条 申请航道建设项目可行性研究报告审批，应当提供以下材料：

（一）行政许可申请书；

（二）工程可行性研究报告一式5份及其电子文件；

（三）有关规定所要求的相关单位的许可、承诺、证明或者评估意见；

（四）根据项目需要要求提供的其他材料。

第十六条 编制项目申请报告，应当包括以下内容：

（一）项目申报单位情况；

（二）拟建设项目情况；

（三）建设用地与相关规划；

（四）资源利用和能源耗用分析；

（五）生态环境影响分析；

（六）经济和社会效果分析。

第十七条 申请航道建设项目核准，应当提供以下材料：

（一）项目申请报告一式5份及其电子文件；

（二）城市规划行政主管部门出具的城市规划意见；

（三）国土资源行政主管部门出具的项目用地预审意见；

（四）环境保护行政主管部门出具的环境影响评价文件的审批意见；

（五）法律法规要求提交的其他材料。

申请航道建设项目备案，应当按照省级人民政府制定的建设项目备案管理实施办法履行备案手续。

第十八条 编制航道建设项目初步设计文件，应当符合以下基本要求：

（一）建设方案符合航道规划要求；

（二）建设规模、标准及内容等符合经批准的可行性研究报告或者经核准的项目申请报告；

（三）符合国家和行业的有关技术标准；

（四）符合有关编制水运工程初步设计文件的要求。

第十九条 申请航道建设项目初步设计文件审批，应当提供以下材料：

（一）行政许可申请书；

（二）初步设计文件一式5份及其电子文件；

（三）经批准的可行性研究报告或者经核准的项目申请报告复印件；

（四）审批部门根据项目需要要求提供的其他材料。

第二十条 由交通部负责审批的初步设计文件，应当向航道建设项目所在地省级交通主管部门提出申请，但是位于长江干线的航道建设项目应当向长江航务管理局或者长江口航道管理局提出申请，并报送相关材料。

省级交通主管部门、长江航务管理局、长江口航道管理局应当在收到上述申请材料后进行符合性审查，提出初步意见，并在收到申请材料之日起7日内将有关材料和处理意见报送交通部。

由省级交通主管部门负责审批的初步设计文件，应当向省级交通主管部门提出申请，并报送相关材料。

列入国家高等级航道且总投资在1亿元（含1亿元）以上的航道建设项目，省级交通主管部门在审批前应当征求交通部意见。

省级交通主管部门批准的初步设计文件，应当在批准后30日内报交通部备案。

第二十一条 审批部门对符合要求的初步设计文件，应当作出予以批准的决定；对不符合要求的初步设计文件，应当作出不予批准的决定，并说明理由，提出对设计方案的优化建议。

审批部门在审批前，应当委托不低于原初步设计单位资质等级的另一设计单位，对初步设计文件进行技术审查咨询。

第二十二条 编制航道建设项目施工图设计文件，应当符合以下基本要求：

（一）符合经批准的初步设计文件；

（二）符合国家和行业有关技术标准；

（三）符合编制有关水运工程施工图设计文件的深度要求；

（四）施工图预算不得突破已批准的初步设计概算。

第二十三条 申请航道建设项目施工图设计文件审批，应当提交以下材料：

（一）行政许可申请书；

（二）施工图设计文件一式5份及其电子文件；

（三）经批准的初步设计文件复印件；

（四）审批部门根据项目需要要求提供的其他材料。

航道建设项目的施工图设计文件应当集中报审。对于工期长、涉及专业多、需分期实施的航道工程项目，可以分期报审。但一个单位工程的施工图设计必须一次报审。

第二十四条 省级交通主管部门负责其管辖区域内航道建设项目的施工图审批工作；但是位于长江干线的航道建设项目施工图审批工作由交通部负责。

审批部门对符合要求的施工图设计文件，应当作出予以批准的决定；对不符合要求的施工图设计文件，应当作出不予批准的决定并说明理由。

审批部门在审批前应当委托不低于原施工图编制单位资质等级的另一设计单位，对施工图设计文件中关于结构安全、稳定、耐久性的内容进行审查。

第二十五条 航道建设项目初步设计文件和施工图设计文件一经批准，应当严格遵照执行，不得擅自修改、变更，不得以肢解设计变更内容的方式规避设计变更审批。

如确有必要对已批准的设计文件作如下重大变更的，应当经原审批部门批准后方可修改：

（一）改变主体工程建设位置；

（二）改变工程总平面布置；

（三）改变主要建筑物结构型式；

（四）改变主要工艺及设备配置；

（五）工程造价超过已批准的概算。

第二十六条 航道建设项目设计变更文件应当由原设计单位编制。经原设计单位书面同意，也可以由其他具有相应资质的设计单位编制。由编制单位对设计变更文件承担相应责任。

第二十七条 申请航道建设项目设计变更审批，应当向审批部门提交以下材料：

（一）行政许可申请书；

（二）设计变更说明书，内容包括该航道建设工程的基本情况、拟变更的主要内容以及设计变更的合理性论证等；

（三）设计变更前后相应的勘察、设计图纸；

（四）工程量、造价变化对照清单和分项概（预）算；

（五）审批部门根据项目需要要求提供的其他材料。

第二十八条 对因紧急抢险造成的航道建设项目设计变更，项目单位可以先行处理，事后按照本规定办理设计变更审批手续,并附相关证明材料。

第二十九条 航道建设项目完工后,应当按照交通部颁布的有关航运建设项目竣工验收的规定进行竣工验收。

航道建设项目经竣工验收合格后,方可交付使用。

第三章 建设市场管理

第三十条 县级以上交通主管部门依据职责,负责对航道建设市场的监督管理,查处航道建设市场中的违法行为,对航道建设投资人、从业单位和从业人员逐步建立信用管理体系,记录航道建设市场信用情况,并向社会公布。

第三十一条 航道建设市场依法实行准入管理。航道建设工程咨询、评估、勘察、设计、施工、监理等从业单位和从业人员应当依法取得有关部门许可的相应资质后,方可进入航道建设市场。航道建设项目单位以及其委托的项目建设管理单位、项目建设管理机构、主要负责人员,应当具备满足拟建项目管理需要的技术和管理能力,符合交通部有关规定的要求。

航道建设市场应当开放,任何单位和个人不得对航道建设市场实行地方保护,不得限制符合市场准入条件的从业单位和从业人员依法进入航道建设市场。

第三十二条 航道建设项目单位必须按照《中华人民共和国招标投标法》和交通部颁布的有关勘察、设计、施工、施工监理招标投标管理工作的规定,依法对建设项目勘察、设计、施工、监理以及重要设备、材料的采购等进行招标。

第三十三条 航道建设项目评标专家应当从交通部和省级交通主管部门两级专家库的相关专业名单中确定。

第三十四条 航道建设项目评标结果应当在与发布招标公告相同的媒介上至少公示7天。公示的主要内容包括评标结果、举报受理方式等。

第三十五条 航道建设从业单位应当在其核定业务范围内承揽工程,禁止无证或者越级承揽工程。

航道建设从业单位必须按照合同规定履行其义务,不得随意压缩建设工期,禁止转包和违法分包。

航道建设从业单位从事航道建设活动,必须遵守有关法律、法规、规章和技术标准,不得损害社会公共利益和他人合法权益。

第四章 工程质量和安全管理

第三十六条 县级以上交通主管部门应当加强对航道建设工程质量和安全的监督管理,对航道建设从业单位的质量与安全生产管理机构的建立、规章制度的落实情况进行监督检查。

第三十七条 航道建设工程实行政府监督、法人负责、社会监理、企业自检的质量管理制度。

航道建设从业单位应当建立健全质量管理的各项规章制度，严格执行有关航道建设质量管理的法律、法规、规章和标准。

第三十八条 航道建设从业单位应当严格执行有关安全生产的法律、法规、规章和标准，建立健全安全生产的制度，明确安全责任，落实安全措施，履行安全管理的职责。

第三十九条 航道建设项目在实施过程中，监理单位应当依照法律、法规、规章、技术标准、设计文件、合同文件和监理规范的要求，采用旁站、巡视和平行检验形式对工程实施监理，对不符合工程质量与安全要求的工程应当责令施工单位返工。

第四十条 工程质量和安全监督管理机构应当认真履行职责，加强对工程质量和安全的监督检查。任何单位和个人不得非法干预或者阻挠监督管理机构的监督检查工作。

第四十一条 航道建设从业单位应当对工程质量和安全负责。工程实施中应当加强对职工的教育与培训，落实质量和安全责任制，保证工程质量和工程安全。

第四十二条 县级以上交通主管部门应当建立工程质量和安全事故举报制度。任何单位和个人发现工程质量事故、质量缺陷和影响工程质量的行为以及安全事故和安全隐患，应当向有关主管部门或者工程质量、安全监督管理机构举报。

第四十三条 航道建设项目发生工程质量事故，项目单位和从业单位应当在 24 小时内按照项目隶属关系向交通主管部门和有关质量监督管理机构报告，不得拖延和隐瞒。

第四十四条 工程质量事故的调查处理以及生产安全事故的报告、应急救援和调查处理按照国家有关规定执行。

第五章 政府投资项目的建设资金管理

第四十五条 对于使用政府投资的航道建设项目，县级以上交通主管部门应当加强对航道建设资金筹集、使用和管理工作的监督检查。

航道建设项目单位必须按照有关法律、法规、规章的规定，合理安排和使用航道建设资金。

第四十六条 县级以上交通主管部门根据权限履行下列航道建设资金管理的有关职责：

（一）制定航道建设资金管理制度；

（二）按规定审核、汇总、编报、批复年度航道建设资金使用计划；

（三）监督建设项目资金筹集和到位情况，以及工程概（预）算、年度投资计划执行情况，及时纠正违法问题，对重大问题提出意见并报上级交通主管部门；

（四）收集、汇总、报送航道建设资金管理信息，加强航道建设项目投资效益的分析工作；

（五）督促项目单位及时编报工程竣工决算，并及时按规定办理固定资产交付使用手续，规范资产管理。

第四十七条 对政府投资的航道建设项目，需要动用工程预留费的，按照水运建设工程概（预）算编制的有关规定执行。

第六章　工程信息及档案管理

第四十八条　航道建设实行建设项目信息报告制度。

航道建设项目单位应当每月向省级交通主管部门报送工程建设信息。

省级交通主管部门应当按照其管辖范围，每季度汇总工程建设信息，并于每季度结束后10日内报送交通部。

第四十九条　工程信息应当包括以下内容：

（一）项目概况，包括项目审批情况、建设规模、主要建设内容、资金构成、总体实施计划及其他情况；

（二）招投标工作情况；

（三）建设动态状况，包括工程进度、资金到位及投资完成情况、工程质量情况、安全生产情况及其他情况；

（四）其他需要报送的情况。

第五十条　项目单位应及时做好航道建设项目档案资料的搜集、整理、归档工作，并按照有关规定办理工程竣工档案专项预验收。

第七章　法 律 责 任

第五十一条　违反本规定，越权审批、核准或者擅自简化建设程序的，责令其限期改正，并予以警告；造成严重后果的，对全部或者部分使用政府投资的航道建设项目，可暂停项目执行或者暂缓资金拨付，对直接责任人依法给予行政处分。

第五十二条　违反本规定，对全部或者部分使用政府投资的航道建设项目，项目单位侵占、挪用航道建设资金或者非法扩大建设成本的，责令其限期整改，可给予警告处罚；情节严重的，可暂停项目执行或者暂缓资金拨付，对直接责任人依法给予行政处分。

第五十三条　违反本规定，项目单位对工程质量事故、生产安全事故隐瞒不报、谎报或者拖延报告期限的，给予警告处罚，对直接责任人依法给予行政处分。

第五十四条　违反本规定，航道建设从业单位不遵守航道建设基本程序要求的，应当按照《中华人民共和国航道管理条例》、《建设工程勘察设计管理条例》、《建设工程质量管理条例》的有关规定予以处罚。

第五十五条　违反本规定，航道建设从业单位忽视工程质量和安全管理，造成质量或者安全事故的，应当按照《安全生产法》、《建设工程安全管理条例》的有关规定予以处罚。

第五十六条　违反本规定，拒绝或者阻碍航道建设监督检查工作的，责令其改正；构成犯罪的，依法追究刑事责任。

第五十七条　航道建设从业单位有关人员，具有行贿、索贿、受贿行为，损害国家、单位合法权益，构成犯罪的，依法追究刑事责任。

第五十八条　交通主管部门工作人员玩忽职守、滥用职权、徇私舞弊的，依法给予行政处分;构成犯罪的,依法追究刑事责任。

第八章　附　　则

第五十九条　本规定所称“航运枢纽”是指以航运开发为主,兼有防洪、发电、灌溉等其他功能的拦河通航建筑物。

第六十条　在国际、国界河流上从事航道建设活动适用本规定,但本规定与我国缔结的政府间协议不一致的,按照有关协议执行。

第六十一条　本规定自 2007 年 5 月 1 日起施行。

中华人民共和国航运公司安全与防污染管理规定

（交通部令 2007年第6号）

第一章 总 则

第一条 为提高航运公司安全与防污染管理水平，保障水上交通安全，防止船舶污染水域环境，根据《中华人民共和国海上交通安全法》、《中华人民共和国内河交通安全管理条例》、《国务院对确需保留的行政审批项目设定行政许可的决定》等法律、行政法规以及我国缔结或者加入的相关国际公约，制定本规定。

第二条 本规定适用于航运公司安全与防污染管理体系（以下简称安全管理体系）的建立、实施、保持及其相关活动的监督管理。

第三条 交通部主管全国航运公司安全与防污染工作。

中华人民共和国海事局依照本规定对航运公司安全与防污染活动实施监督管理。

有关海事管理机构依照中华人民共和国海事局确定的职责权限，具体负责本辖区航运公司安全与防污染活动的监督管理。

第二章 航运公司安全与防污染责任

第四条 航运公司应当建立、健全安全与防污染管理制度，完善安全与防污染条件，保障船舶安全，防止船舶污染水域环境。

第五条 航运公司应当确保向船舶提供足够的资源和岸基支持，并对安全与防污染工作进行监控，保持船岸之间的有效联系。

第六条 航运公司应当确定安全与防污染管理的方针和目标，并指定本公司主要负责人为安全与防污染工作的第一责任人。

第七条 航运公司应当具有适任的安全与防污染管理人员，并明确其岗位职责。

航运公司的主要安全与防污染管理人员不得在船上兼职或者跨航运公司兼职。

第八条 航运公司应当为船舶配备满足最低安全配员要求的适任船员。

第九条 航运公司应当确定船长在船舶安全与防污染管理方面的最终决定权。

第十条 航运公司应当建立教育培训制度，加强和规范安全与防污染知识的教育和培训，确保相关人员熟悉安全与防污染的有关规定和操作规程，掌握相应的操作技能，并提高对船舶安全与防污染的应急反应能力。

第十一条 航运公司应当建立船舶安全与防污染监督检查制度，确保对船舶及其设备进行有效的维护和保养。

第十二条 航运公司应当根据船舶的种类、航区等因素制定相应的岸基、船岸和船舶应急预案，并定期组织训练演习。

第十三条 中国籍船舶发生事故、重大险情或者被滞留时，航运公司应当尽快向船籍港所在地的交通部直属海事管理机构或者省级交通主管部门所属的海事管理机构报告。

第十四条 船舶所有人、经营人、光船承租人可以将其所属船舶的安全与防污染管理委托其他航运公司。

航运公司在接受安全与防污染管理委托时，应当与委托方签订安全与防污染管理协议，协议内容应当包括：

（一）当安全与防污染同生产、经营、效益发生矛盾时，应当坚持安全第一和保护环境优先的原则；

（二）本规定所有有关安全与防污染的责任和义务由受托方独立承担；

（三）在不妨碍船长履行其职责并独立行使其权力的前提下，受托方对处理涉及安全与防污染的事务具有最终决定权；

（四）委托方应当向受托方提供足够的资源，确保受托方有效开展船舶安全与防污染管理工作；

（五）委托方船舶的船员配备和调动、船舶及设备维护、应急反应等方面应当服从受托方的指令。

委托方、受托方应当将双方及其船舶的详细情况及船舶管理协议报受托方所在地和船籍港所在地的交通部直属海事管理机构或者省级交通主管部门所属的海事管理机构备案。

第十五条 需要建立安全管理体系的航运公司，应当建立安全管理体系并保持体系的有效性。

需要建立安全管理体系的航运公司的范围，由交通部公布。

第十六条 需要建立安全管理体系的航运公司，除应当符合本章第四条至第十四条规定外，还应当满足以下要求：

（一）制定安全与防污染操作规程；

（二）确保当发生事故、险情和不符合规定情况时得到报告、调查、分析和纠正；

（三）有效控制与安全管理体系有关的所有文件和资料；

（四）对安全管理体系进行内部审核、有效性评价和管理复查。

第十七条 建立安全管理体系的航运公司，应当及时向公司所在地的交通部直属海事管理机构或者省级交通主管部门所属的海事管理机构报告安全管理体系运行过程中发生的重大事项。

第十八条 鼓励第十五条规定范围外的航运公司按照相关要求，建立、实施并保持安全管理体系。

第三章 航运公司安全与防污染管理体系的审核、发证

第十九条 安全管理体系经过审核，由中华人民共和国海事局及其指定的海事管理机

构对符合条件的航运公司签发相应的安全与防污染能力符合证明(以下简称符合证明)或者临时符合证明,对符合条件的船舶签发相应的安全管理证书或者临时安全管理证书。

审核、发证应当符合《中华人民共和国海事行政许可条件规定》规定的条件,并按照《交通行政许可实施程序规定》及中华人民共和国海事局制定的审核发证规则和审核发证程序执行。

第二十条 经过初次审核,对符合安全管理体系要求的航运公司,海事管理机构应当签发有效期为5年的符合证明。

第二十一条 船舶应当保存一份符合证明的副本,船舶所持符合证明副本中载明的船舶种类应当覆盖该船舶。

第二十二条 经过初次审核,船上的管理及操作符合安全管理体系要求的,海事管理机构应当向船舶签发有效期为5年的安全管理证书。

第二十三条 航运公司应当在符合证明的周年日前3个月内申请年度审核,船舶应当在安全管理证书第二和第三个周年日期内申请中间审核。海事管理机构根据年度审核、中间审核的结论决定符合证明、安全管理证书是否继续有效。

第二十四条 新成立的航运公司或者对原符合证明增加船种的航运公司应当申请临时审核。经过海事管理机构审核合格的,发给有效期为12个月的临时符合证明。

新建造船舶投入营运前或者航运公司新承担对某一船舶的安全与防污染管理责任或者船舶更换国籍的,航运公司应当为船舶申请临时审核,经过海事管理机构审核合格的,发给有效期为6个月的临时安全管理证书。

特殊情况下,海事管理机构可以对临时安全管理证书的有效期展期6个月。

航运公司应当在临时符合证明、临时安全管理证书有效期届满前2个月申请初次审核。

第二十五条 航运公司应当在符合证明、安全管理证书有效期届满前3个月申请换证审核;通过审核的,签发新的符合证明、安全管理证书。新签发的符合证明或者安全管理证书自原证书的届满之日起算,有效期为5年。

第二十六条 在年度审核或者换证审核中,发现安全管理体系运行存在严重不符合规定的情况,或者有大量不符合规定的情况并且已经严重影响到安全管理体系运行的有效性时,海事管理机构应当对其在相应审核的6个月后实施跟踪审核。

航运公司所管理的船舶出现发生重大事故、连续发生事故、多次被滞留等情况时,海事管理机构应当对其实施附加审核。

第二十七条 海事管理机构在安全管理体系审核中发现不符合规定情况的,应当要求航运公司限期改正,并按时指派审核人员验证航运公司在规定期限内所采取的纠正措施。

第二十八条 符合证明、临时符合证明、安全管理证书和临时安全管理证书,由中华人民共和国海事局确定格式并统一制作。

第四章 监督检查

第二十九条 海事管理机构应当建立、健全航运公司安全与防污染的监督检查制度,对航运公司的安全与防污染管理活动实施监督检查。监督检查的情况和处理结果应当记录，由监督检查人员签字后归档。

海事管理机构实施监督检查时，有关单位和个人应当予以协助和配合，不得拒绝、妨碍或者阻挠。

第三十条 航运公司所在地海事管理机构发现航运公司在安全与防污染管理方面存在安全隐患时，应当责令其立即消除或者限期消除。

第三十一条 航运公司所在地海事管理机构发现航运公司应当办理符合证明而未办理的，或者航运公司、船舶不再符合签发符合证明、安全管理证书条件的，应当责令航运公司、船舶立即改正。船舶不按照要求改正的，对船舶可以采取责令停航、改航、停止作业、禁止进出港口等行政强制措施。

第三十二条 作出许可决定的海事管理机构发现航运公司未按照第二十三条、第二十四条、第二十五条的要求申请审核，或者审核发现有重大不符合规定情况的，应当注销符合证明、临时符合证明、安全管理证书或者临时安全管理证书；如果注销符合证明或者临时符合证明，所有相关安全管理证书或者临时安全管理证书也应当注销。

第三十三条 作出许可决定的海事管理机构发现航运公司未按照第二十七条的要求对安全管理体系审核中出现的不符合规定情况采取纠正措施的，应当注销符合证明或者安全管理证书。

第三十四条 有关海事管理机构应当建立、健全监督检查制度，对审核、发证及相关活动实施监督。

第五章 法 律 责 任

第三十五条 违反本规定第七条、第九条、第十五条、第十七条规定，由海事管理机构责令改正，并可以对航运公司处以5000元以上3万元以下罚款。

第三十六条 违反本规定第十四条规定，受托航运公司未履行安全与防污染管理责任的，由海事管理机构责令改正，并可以对受托航运公司处以5000元以上3万元以下罚款。

第三十七条 有关审核人员违反本规定以及相应的审核发证规则和程序的，由有关海事管理机构责令改正；情节严重的，追究有关审核人员的行政责任。

第三十八条 违反本规定的其他规定应当进行处罚的，按照《海上海事行政处罚规定》和《内河海事行政处罚规定》执行。

第六章 附 则

第三十九条 本规定下列用语的定义：

（一）航运公司：是指承担安全与防污染管理责任和义务的航运企业，包括船舶所有人、经营人、管理人和光船承租人。

（二）安全管理体系：是指能使航运公司人员有效执行航运公司安全和防污染方针的结

构化和文件化的体系。

（三）符合证明:是指签发给航运公司,表明该航运公司安全管理体系符合要求的证明文件。

（四）安全管理证书:是指签发给船舶,表明其航运公司和船上管理已经按照安全管理体系运作的证明文件。

（五）安全管理体系运行的重大事项:是指建立安全管理体系的航运公司发生体系文件改版,体系内重大人事及机构变动,体系内船舶数量和种类变动,航运公司内部审核、有效性评价和管理复查发现体系运行出现重大问题等情况。

（六）不符合规定的情况:是指客观证据表明不满足某一具体规定要求的情况。

（七）重大不符合规定的情况:是指对人员或者船舶安全构成严重威胁或者对环境构成严重危险,并需要立即采取纠正措施的事项或者情况,包括未能有效和系统地实施本规则的有关要求。

（八）周年日:是指符合证明和安全管理证书有效截止日期的每年的该月该日。

第四十条 本规定自2008年1月1日起施行。

交通运输突发事件应急管理规定

（交通运输部令　2011 年第 9 号）

第一章　总　　则

第一条　为规范交通运输突发事件应对活动，控制、减轻和消除突发事件引起的危害，根据《中华人民共和国突发事件应对法》和有关法律、行政法规，制定本规定。

第二条　交通运输突发事件的应急准备、监测与预警、应急处置、终止与善后等活动，适用本规定。

本规定所称交通运输突发事件，是指突然发生，造成或者可能造成交通运输设施毁损，交通运输中断、阻塞，重大船舶污染及海上溢油应急处置等，需要采取应急处置措施，疏散或者救援人员，提供应急运输保障的自然灾害、事故灾难、公共卫生事件和社会安全事件。

第三条　国务院交通运输主管部门主管全国交通运输突发事件应急管理工作。

县级以上各级交通运输主管部门按照职责分工负责本辖区内交通运输突发事件应急管理工作。

第四条　交通运输突发事件应对活动应当遵循属地管理原则，在各级地方人民政府的统一领导下，建立分级负责、分类管理、协调联动的交通运输应急管理体制。

第五条　县级以上各级交通运输主管部门应当会同有关部门建立应急联动协作机制，共同加强交通运输突发事件应急管理工作。

第二章　应 急 准 备

第六条　国务院交通运输主管部门负责编制并发布国家交通运输应急保障体系建设规划，统筹规划、建设国家级交通运输突发事件应急队伍、应急装备和应急物资保障基地，储备应急运力，相关内容纳入国家应急保障体系规划。

各省、自治区、直辖市交通运输主管部门负责编制并发布地方交通运输应急保障体系建设规划，统筹规划、建设本辖区应急队伍、应急装备和应急物资保障基地，储备应急运力，相关内容纳入地方应急保障体系规划。

第七条　国务院交通运输主管部门应当根据国家突发事件总体应急预案和相关专项应急预案，制定交通运输突发事件部门应急预案。

县级以上各级交通运输主管部门应当根据本级地方人民政府和上级交通运输主管部门制定的相关突发事件应急预案，制定本部门交通运输突发事件应急预案。

交通运输企业应当按照所在地交通运输主管部门制定的交通运输突发事件应急预案，

制定本单位交通运输突发事件应急预案。

第八条 应急预案应当根据有关法律、法规的规定,针对交通运输突发事件的性质、特点、社会危害程度以及可能需要提供的交通运输应急保障措施,明确应急管理的组织指挥体系与职责、监测与预警、处置程序、应急保障措施、恢复与重建、培训与演练等具体内容。

第九条 应急预案的制定、修订程序应当符合国家相关规定。应急预案涉及其他相关部门职能的,在制定过程中应当征求各相关部门的意见。

第十条 交通运输主管部门制定的应急预案应当与本级人民政府及上级交通运输主管部门制定的相关应急预案衔接一致。

第十一条 交通运输主管部门制定的应急预案应当报上级交通运输主管部门和本级人民政府备案。

公共交通工具、重点港口和场站的经营单位以及储运易燃易爆物品、危险化学品、放射性物品等危险物品的交通运输企业所制定的应急预案,应当向所属地交通运输主管部门备案。

第十二条 应急预案应当根据实际需要、情势变化和演练验证,适时修订。

第十三条 交通运输主管部门、交通运输企业应当按照有关规划和应急预案的要求,根据应急工作的实际需要,建立健全应急装备和应急物资储备、维护、管理和调拨制度,储备必需的应急物资和运力,配备必要的专用应急指挥交通工具和应急通信装备,并确保应急物资装备处于正常使用状态。

第十四条 交通运输主管部门可以根据交通运输突发事件应急处置的实际需要,统筹规划、建设交通运输专业应急队伍。

交通运输企业应当根据实际需要,建立由本单位职工组成的专职或者兼职应急队伍。

第十五条 交通运输主管部门应当加强应急队伍应急能力和人员素质建设,加强专业应急队伍与非专业应急队伍的合作、联合培训及演练,提高协同应急能力。

交通运输主管部门可以根据应急处置的需要,与其他应急力量提供单位建立必要的应急合作关系。

第十六条 交通运输主管部门应当将本辖区内应急装备、应急物资、运力储备和应急队伍的实时情况及时报上级交通运输主管部门和本级人民政府备案。

交通运输企业应当将本单位应急装备、应急物资、运力储备和应急队伍的实时情况及时报所在地交通运输主管部门备案。

第十七条 所有列入应急队伍的交通运输应急人员,其所属单位应当为其购买人身意外伤害保险,配备必要的防护装备和器材,减少应急人员的人身风险。

第十八条 交通运输主管部门可以根据应急处置实际需要鼓励志愿者参与交通运输突发事件应对活动。

第十九条 交通运输主管部门可以建立专家咨询制度,聘请专家或者专业机构,为交通运输突发事件应对活动提供相关意见和支持。

第二十条 交通运输主管部门应当建立健全交通运输突发事件应急培训制度，并结合交通运输的实际情况和需要，组织开展交通运输应急知识的宣传普及活动。

交通运输企业应当按照交通运输主管部门制定的应急预案的有关要求，制订年度应急培训计划，组织开展应急培训工作。

第二十一条 交通运输主管部门、交通运输企业应当根据本地区、本单位交通运输突发事件的类型和特点，制订应急演练计划，定期组织开展交通运输突发事件应急演练。

第二十二条 交通运输主管部门应当鼓励、扶持研究开发用于交通运输突发事件预防、监测、预警、应急处置和救援的新技术、新设备和新工具。

第二十三条 交通运输主管部门应当根据本级人民政府财政预算情况，编列应急资金年度预算，设立突发事件应急工作专项资金。

交通运输企业应当安排应急专项经费，保障交通运输突发事件应急工作的需要。

应急专项资金和经费主要用于应急预案编制及修订、应急培训演练、应急装备和队伍建设、日常应急管理、应急宣传以及应急处置措施等。

第三章　监测与预警

第二十四条 交通运输主管部门应当建立并完善交通运输突发事件信息管理制度，及时收集、统计、分析、报告交通运输突发事件信息。

交通运输主管部门应当与各有关部门建立信息共享机制，及时获取与交通运输有关的突发事件信息。

第二十五条 交通运输主管部门应当建立交通运输突发事件风险评估机制，对影响或者可能影响交通运输的相关信息及时进行汇总分析，必要时同相关部门进行会商，评估突发事件发生的可能性及可能造成的损害，研究确定应对措施，制定应对方案。对可能发生重大或者特别重大突发事件的，应当立即向本级人民政府及上一级交通运输主管部门报告相关信息。

第二十六条 交通运输主管部门负责本辖区内交通运输突发事件危险源管理工作。对危险源、危险区域进行调查、登记、风险评估，组织检查、监控，并责令有关单位采取安全防范措施。

交通运输企业应当组织开展企业内交通运输突发事件危险源辨识、评估工作，采取相应安全防范措施，加强危险源监控与管理，并按规定及时向交通运输主管部门报告。

第二十七条 交通运输主管部门应当根据自然灾害、事故灾难、公共卫生事件和社会安全事件的种类和特点，建立健全交通运输突发事件基础信息数据库，配备必要的监测设备、设施和人员，对突发事件易发区域加强监测。

第二十八条 交通运输主管部门应当建立交通运输突发事件应急指挥通信系统。

第二十九条 交通运输主管部门、交通运输企业应当建立应急值班制度，根据交通运输突发事件的种类、特点和实际需要，配备必要值班设施和人员。

第三十条 县级以上地方人民政府宣布进入预警期后，交通运输主管部门应当根据预警级别和可能发生的交通运输突发事件的特点，采取下列措施：

（一）启动相应的交通运输突发事件应急预案；

（二）根据需要启动应急协作机制，加强与相关部门的协调沟通；

（三）按照所属地方人民政府和上级交通运输主管部门的要求，指导交通运输企业采取相关预防措施；

（四）加强对突发事件发生、发展情况的跟踪监测，加强值班和信息报告；

（五）按照地方人民政府的授权，发布相关信息，宣传避免、减轻危害的常识，提出采取特定措施避免或者减轻危害的建议、劝告；

（六）组织应急救援队伍和相关人员进入待命状态，调集应急处置所需的运力和装备，检测用于疏运转移的交通运输工具和应急通信设备，确保其处于良好状态；

（七）加强对交通运输枢纽、重点通航建筑物、重点场站、重点港口、码头、重点运输线路及航道的巡查维护；

（八）法律、法规或者所属地方人民政府提出的其他应急措施。

第三十一条 交通运输主管部门应当根据事态发展以及所属地方人民政府的决定，相应调整或者停止所采取的措施。

第四章 应急处置

第三十二条 交通运输突发事件的应急处置应当在各级人民政府的统一领导下进行。

第三十三条 交通运输突发事件发生后，发生地交通运输主管部门应当立即启动相应的应急预案，在本级人民政府的领导下，组织、部署交通运输突发事件的应急处置工作。

第三十四条 交通运输突发事件发生后，负责或者参与应急处置的交通运输主管部门应当根据有关规定和实际需要，采取以下措施：

（一）组织运力疏散、撤离受困人员，组织搜救突发事件中的遇险人员，组织应急物资运输；

（二）调集人员、物资、设备、工具，对受损的交通基础设施进行抢修、抢通或搭建临时性设施；

（三）对危险源和危险区域进行控制，设立警示标志；

（四）采取必要措施，防止次生、衍生灾害发生；

（五）必要时请求本级人民政府和上级交通运输主管部门协调有关部门，启动联合机制，开展联合应急行动；

（六）按照应急预案规定的程序报告突发事件信息以及应急处置的进展情况；

（七）建立新闻发言人制度，按照本级人民政府的委托或者授权及相关规定，统一、及时、准确地向社会和媒体发布应急处置信息；

（八）其他有利于控制、减轻和消除危害的必要措施。

第三十五条 交通运输突发事件超出本级交通运输主管部门处置能力或管辖范围的，交通运输主管部门可以采取以下措施：

（一）根据应急处置需要请求上级交通运输主管部门在资金、物资、设备设施、应急队伍等方面给予支持；

（二）请求上级交通运输主管部门协调突发事件发生地周边交通运输主管部门给予支持；

（三）请求上级交通运输主管部门派出现场工作组及有关专业技术人员给予指导；

（四）按照建立的应急协作机制，协调有关部门参与应急处置。

第三十六条 在需要组织开展大规模人员疏散、物资疏运的情况下，交通运输主管部门应当根据本级人民政府或者上级交通运输主管部门的指令，及时组织运力参与应急运输。

第三十七条 交通运输企业应当加强对本单位应急设备、设施、队伍的日常管理，保证应急处置工作及时、有效开展。

交通运输突发事件应急处置过程中，交通运输企业应当接受交通运输主管部门的组织、调度和指挥。

第三十八条 交通运输主管部门根据应急处置工作的需要，可以征用有关单位和个人的交通运输工具、相关设备和其他物资。有关单位和个人应当予以配合。

第五章 终止与善后

第三十九条 交通运输突发事件的威胁和危害得到控制或者消除后，负责应急处置的交通运输主管部门应当按照相关人民政府的决定停止执行应急处置措施，并按照有关要求采取必要措施，防止发生次生、衍生事件。

第四十条 交通运输突发事件应急处置结束后，负责应急处置工作的交通运输主管部门应当对应急处置工作进行评估，并向上级交通运输主管部门和本级人民政府报告。

第四十一条 交通运输突发事件应急处置结束后，交通运输主管部门应当根据国家有关扶持遭受突发事件影响行业和地区发展的政策规定以及本级人民政府的恢复重建规划，制定相应的交通运输恢复重建计划并组织实施，重建受损的交通基础设施，消除突发事件造成的破坏及影响。

第四十二条 因应急处置工作需要被征用的交通运输工具、装备和物资在使用完毕应当及时返还。交通运输工具、装备、物资被征用或者征用后毁损、灭失的，应当按照相关法律法规予以补偿。

第六章 监督检查

第四十三条 交通运输主管部门应当建立健全交通运输突发事件应急管理监督检查和考核机制。

监督检查应当包含以下内容：

（一）应急组织机构建立情况；

（二）应急预案制订及实施情况；

（三）应急物资储备情况；

（四）应急队伍建设情况；

（五）危险源监测情况；

（六）信息管理、报送、发布及宣传情况；

（七）应急培训及演练情况；

（八）应急专项资金和经费落实情况；

（九）突发事件应急处置评估情况。

第四十四条 交通运输主管部门应当加强对辖区内交通运输企业等单位应急工作的指导和监督。

第四十五条 违反本规定影响交通运输突发事件应对活动有效进行的，由其上级交通运输主管部门责令改正、通报批评；情节严重的，对直接负责的主管人员和其他直接责任人员按照有关规定给予相应处分；造成严重后果的，由有关部门依法给予处罚或追究相应责任。

第七章 附 则

第四十六条 海事管理机构及各级地方人民政府交通运输主管部门对水上交通安全和防治船舶污染等突发事件的应对活动，依照有关法律法规执行。

一般生产安全事故的应急处置，依照国家有关法律法规执行。

第四十七条 本规定自2012年1月1日起实施。

中华人民共和国内河交通事故调查处理规定

（交通运输部令　2012年第3号）

第一章　总　　则

第一条　为加强内河交通安全管理，规范内河交通事故调查处理行为，根据《中华人民共和国内河交通安全管理条例》，制定本规定。

第二条　本规定适用于船舶、浮动设施在中华人民共和国内河通航水域内发生的交通事故的调查处理。但是渔船之间、军事船舶之间发生的交通事故以及渔船、军事船舶单方交通事故的调查处理不适用本规定。

第三条　本规定所称内河交通事故是指船舶、浮动设施在内河通航水域内航行、停泊、作业过程中发生的下列事件：

（一）碰撞、触碰或者浪损；

（二）触礁或者搁浅；

（三）火灾或者爆炸；

（四）沉没（包括自沉）；

（五）影响适航性能的机件或者重要属具的损坏或者灭失；

（六）其他引起财产损失或者人身伤亡的交通事件。

第四条　内河交通事故的调查处理由各级海事管理机构负责实施。

第五条　内河交通事故按照人员伤亡和直接经济损失情况，分为小事故、一般事故、大事故、重大事故和特大事故。小事故、一般事故、大事故、重大事故的具体标准按照交通部颁布的《水上交通事故统计办法》的有关规定执行。

第六条　内河交通事故的调查处理，应当遵守相关法律、行政法规的规定。特大事故的具体标准和调查处理按照国务院有关规定执行。

第二章　报　　告

第七条　船舶、浮动设施发生内河交通事故，必须立即采取一切有效手段向事故发生地的海事管理机构报告。报告的主要内容包括：船舶、浮动设施的名称，事故发生的时间和地点，事故发生时水域的水文、气象、通航环境情况，船舶、浮动设施的损害情况，船员、旅客的伤亡情况，水域环境的污染情况以及事故简要经过等内容。

海事管理机构接到事故报告后，应当做好记录。接到事故报告的海事管理机构不是事故发生地的，应当及时通知事故发生地的海事管理机构，并告知当事人。

第八条 船舶、浮动设施发生内河交通事故,除应当按第七条规定进行报告外,还必须在事故发生后24小时内向事故发生地的海事管理机构提交《内河交通事故报告书》和必要的证书、文书资料。

引航员在引领船舶的过程中发生内河交通事故的,引航员也必须按前款规定提交有关材料。

特殊情况下,不能按上述规定的时间提交材料的,经海事管理机构同意,可以适当延迟。

第九条 《内河交通事故报告书》应当包括下列内容:

(一)船舶、浮动设施概况(包括其名称、主要技术数据、证书、船员及所载旅客、货物等);

(二)船舶、浮动设施所属公司情况(包括其所有人、经营人或者管理人的名称、地址、联系电话等);

(三)事故发生的时间和地点;

(四)事故发生时水域的水文、气象、通航环境情况;

(五)船舶、浮动设施的损害情况;

(六)船员、旅客的伤亡情况;

(七)水域环境的污染情况;

(八)事故发生的详细经过(碰撞事故应当附相对运动示意图);

(九)船舶、浮动设施沉没的,其沉没概位;

(十)与事故有关的其他情况。

第十条 《内河交通事故报告书》内容必须真实,不得隐瞒事实或者提供虚假情况。

第三章 管 辖

第十一条 内河交通事故由事故发生地的海事管理机构负责调查处理。

船舶、浮动设施发生事故后驶往事故发生地以外水域的,该水域海事管理机构应当协助事故发生地海事管理机构进行调查处理。

不影响船舶适航性能的小事故,经事故发生地的海事管理机构同意,可由船舶第一到达地的海事管理机构进行调查处理。

第十二条 内河交通事故管辖权限不明的,由最先接到事故报告的海事管理机构负责调查处理,并在管辖权限确定后向有管辖权的海事管理机构移送,同时通知当事人。

第十三条 对内河交通事故管辖权有争议的,由各方共同的上级海事管理机构指定管辖。

第十四条 一次死亡和失踪10人及以上的内河交通事故由中华人民共和国海事局负责组织调查处理。其他内河交通事故的调查权限由各直属海事管理机构或者省级地方海事管理机构确定,报中华人民共和国海事局备案。

根据调查的需要,上级海事管理机构可以直接调查处理由下级海事管理机构管辖的事故。

第四章 调　　查

第十五条 船舶、浮动设施发生内河交通事故,有关船舶、浮动设施、单位和人员必须严格保护事故现场。除因抢险等紧急原因外,未经海事管理机构调查人员的现场勘查,任何人不得移动现场物件。

第十六条 海事管理机构接到内河交通事故报告后,应当立即派员前往现场调查、取证,并对事故进行审查,认为确属内河交通事故的,应当立案。

对于经审查尚不能确定是否属于内河交通事故的,海事管理机构应当先予立案调查。经调查确认不属于内河交通事故的,应当予以撤销。

第十七条 调查人员执行调查任务时,应当出示证明其身份的行政执法证件。

执行调查任务的人员不得少于两人。

第十八条 海事管理机构进行调查和取证,应当全面、客观、公正。

当事人有权依法申请与本次交通事故有利害关系或者有其他关系、可能影响事故调查处理客观、公正的调查人员回避。

第十九条 发生内河交通事故的船舶、浮动设施及相关单位和人员应当接受和配合海事管理机构的调查、取证。有关人员应当如实陈述事故的有关情况和提供有关证据,不得谎报情况或者隐匿、毁灭证据。

其他知道事故情况的人也应当主动向海事管理机构提供有关情况和证据。

调查和取证工作需要其他海事管理机构协助、配合的,有关海事管理机构应当予以协助、配合。

第二十条 根据事故调查的需要,海事管理机构可以责令事故所涉及的船舶到指定地点接受调查。当事船舶在不危及自身安全的情况下,未经海事管理机构批准,不得驶离指定地点。

海事管理机构应当尽量避免对船舶造成不适当延误。船舶到指定地点接受调查的期限自船舶到达指定地点后起算,不得超过 72 小时;因特殊情况,期限届满不能结束调查的,经上一级海事管理机构批准可以适当延期,但延期不得超过 72 小时。

第二十一条 根据调查工作的需要,海事管理机构可以行使下列权力:

(一)勘查事故现场,搜集有关证据;

(二)询问当事人及其他有关人员并要求其提供书面材料和证明;

(三)要求当事人提供各种原始文书、航行资料、技术资料或者其影印件;

(四)检查船舶、浮动设施及有关设备、人员的证书,核实事故发生前船舶的适航状况、浮动设施及有关设备的技术状态、船舶的配员情况以及船员的适任状况等;

(五)对事故当事船舶、浮动设施、有关设备以及人员的各类证书、文书、日志、记录簿等相关违法证据可以依法先行登记保存;

(六)核查事故所导致的财产损失和人身伤亡情况。

海事管理机构在进行调查取证时,可以采用录音、录像、照相等法律、法规允许的调查手段。

第二十二条 调查人员勘查事故现场,应当制作现场勘查笔录。

勘查笔录制作完毕,应当由当事人在勘查笔录上签名。

当事人不在现场或者无能力签名的,应当由见证人签名。

无见证人或者当事人、见证人拒绝签名的,调查人员应当在勘查笔录上注明。

第二十三条 调查人员进行询问调查时,应当如实记录询问人的问话和被询问人的陈述。询问笔录上所列项目,应当按规定填写齐全。

询问笔录制作完毕,应当由被询问人核对或者向其宣读,如记录有差错或者遗漏,应当允许被询问人更正或者补充。

询问笔录经被询问人核对无误后,应当由其签名,拒绝签名的,调查人员应当在询问笔录上注明。

调查人员、翻译人员应当在询问笔录上签名。

第二十四条 调查人员进行询问调查,有权禁止他人旁听。

第二十五条 海事管理机构根据调查工作需要,可依法对事故当事船舶、浮动设施及有关设备进行检验、鉴定或者对有关人员进行测试,并取得书面检验、鉴定或者测试报告作为调查取得的证据。

对事故当事船舶、浮动设施及有关设备进行过检验或者鉴定的人员,不得在本次事故中作为检验、鉴定人员予以聘用。

第二十六条 有关单位、人员对事故所导致的财产损失应当如实向海事管理机构备案登记。

海事管理机构认为损失结果可能失实的,可以聘请有关专业机构进行认定。

第二十七条 海事管理机构应当在立案之日起3个月内完成事故调查、取证;期限届满不能完成的,经上一级海事管理机构批准可以延长3个月。事故调查必须经过沉船、沉物打捞、探摸,或者需要等待有关当事人员核实情况的,应当从有关工作完成之日起3个月内完成事故调查、取证。

第二十八条 事故调查、取证结束,应当通知当事人,并及时返还或者启封所扣留、封存的各类证书、文书、日志、记录簿等。

第二十九条 事故调查、取证结束后,海事管理机构应当制作《内河交通事故调查报告》。

《内河交通事故调查报告》应当包括下列内容:

(一)船舶、浮动设施概况(包括其名称、主要技术数据、证书、船员及所载旅客、货物等);

(二)船舶、浮动设施所属公司情况(包括其所有人、经营人或者管理人的名称、地址等);

(三)事故发生的时间和地点;

(四)事故发生时水域的水文、气象、通航环境情况;

(五)事故搜救情况;

（六）事故损失情况；

（七）事故经过；

（八）事故原因分析；

（九）事故当事人责任认定；

（十）安全管理建议；

（十一）其他有关情况。

经海事管理机构认定的案情简单、事实清楚、因果关系明确的小事故，海事管理机构可以简化调查程序。简化调查程序的具体规定由中华人民共和国海事局另行制定。

第三十条 为使有关各方吸取事故教训，避免类似事故的再次发生，海事管理机构应当依照规定的程序将查明的事故情况和原因向社会公开。

第三十一条 任何与事故有关的新证据被提出或者发现时，海事管理机构应当予以充分评估。该证据可能对事故原因和结论产生实质性影响的，应当对事故进行重新调查。

上级海事管理机构有权对原因不清、责任不明的已结案事故要求原调查的海事管理机构重新调查。重新调查适用本章规定的有关程序。

第三十二条 任何单位和个人不得干涉、阻挠海事管理机构依法对内河交通事故进行调查。

第五章 处　　理

第三十三条 海事管理机构应当在内河交通事故调查、取证结束后30日内作出《事故调查结论》，并书面告知当事船舶、浮动设施的所有人或者经营人。

第三十四条 《事故调查结论》应当包括以下内容：

（一）事故概况（包括事故简要经过、损失情况等）；

（二）事故原因（事实与分析）；

（三）事故当事人责任认定；

（四）安全管理建议；

（五）其他有关情况。

第三十五条 对内河交通事故发生负有责任的单位和人员，有关主管机关应当依据有关法律、法规和规章给予行政处罚。涉嫌构成犯罪的，移送司法机关处理。

行政处罚涉及外国籍船员的，应当将其违法行为通报外国有关主管机关。

第三十六条 根据内河交通事故发生的原因，海事管理机构可责令有关船舶、浮动设施的所有人、经营人或者管理人对其所属船舶、浮动设施加强安全管理。有关船舶、浮动设施的所有人、经营人或者管理人应当积极配合，认真落实。对拒不加强管理或者在期限内达不到安全要求的，海事管理机构有权采取责令其停航、停止作业等强制措施。

第三十七条 海事管理机构工作人员违反本规定，玩忽职守、滥用职权、徇私舞弊的，由其所在单位依法给予行政处分；构成犯罪的，由司法机关依法追究刑事责任。

第六章　附　　则

第三十八条　因内河交通事故造成水域环境污染事故的，对水域环境污染事故的调查、处理按照我国有关环境保护的法律、法规和有关规定执行。

第三十九条　本规定自2007年1月1日起施行。交通部1993年3月24日发布的《中华人民共和国内河交通事故调查处理规则》（交通部令1993年第1号）同时废止。

船舶载运危险货物安全监督管理规定

（交通运输部令　2012 年第 4 号）

第一章　总　　则

第一条　为加强船舶载运危险货物监督管理，保障水上人命、财产安全，防止船舶污染环境，依据《中华人民共和国海上交通安全法》、《中华人民共和国海洋环境保护法》、《中华人民共和国港口法》、《中华人民共和国内河交通安全管理条例》、《中华人民共和国危险化学品安全管理条例》和有关国际公约的规定，制定本规定。

第二条　本规定适用于船舶在中华人民共和国管辖水域载运危险货物的活动。

第三条　交通部主管全国船舶载运危险货物的安全管理工作。中华人民共和国海事局负责船舶载运危险货物的安全监督管理工作。

交通部直属和地方人民政府交通主管部门所属的各级海事管理机构依照有关法律、法规和本规定，具体负责本辖区船舶载运危险货物的安全监督管理工作。

第四条　船舶载运危险货物，必须符合国家安全生产、水上交通安全、防治船舶污染的规定，保证船舶人员和财产的安全，防止对环境、资源以及其他船舶和设施造成损害。

第五条　禁止利用内河以及其他封闭水域等航运渠道运输剧毒化学品以及交通部规定禁止运输的其他危险化学品。

禁止在普通货物中夹带危险货物，不得将危险货物匿报或者报为普通货物。

禁止未取得危险货物适装证书的船舶以及超过交通部规定船龄的船舶载运危险货物。

第二章　通航安全和防污染管理

第六条　载运危险货物的船舶在中国管辖水域航行、停泊、作业，应当遵守交通部公布的以及海事管理机构在其职权范围内依法公布的水上交通安全和防治船舶污染的规定。

对在中国管辖水域航行、停泊、作业的载运危险货物的船舶，海事管理机构应当进行监督。

第七条　载运危险货物的船舶应当选择符合安全要求的通航环境航行、停泊、作业，并顾及在附近航行、停泊、作业的其他船舶以及港口和近岸设施的安全，防止污染环境。海事管理机构规定危险货物船舶专用航道、航路的，载运危险货物的船舶应当遵守规定航行。

载运危险货物的船舶通过狭窄或者拥挤的航道、航路，或者在气候、风浪比较恶劣的条件下航行、停泊、作业，应当加强瞭望，谨慎操作，采取相应的安全、防污措施。必要时，还应当落实辅助船舶待命防护等应急预防措施，或者向海事管理机构请求导航或者护航。

载运爆炸品、放射性物品、有机过氧化物、闪点28℃以下易燃液体和液化气的船，不得与其他驳船混合编队拖带。

对操作能力受限制的载运危险货物的船舶，海事管理机构应当疏导交通，必要时可实行相应的交通管制。

第八条 载运危险货物的船舶在航行、停泊、作业时应当按规定显示信号。

其他船舶与载运危险货物的船舶相遇，应当注意按照航行和避碰规则的规定，尽早采取相应的行动。

第九条 在船舶交通管理（VTS）中心控制的水域，船舶应当按照规定向交通管理（VTS）中心报告，并接受该中心海事执法人员的指令。

对报告进入船舶交通管理（VTS）中心控制水域的载运危险货物的船舶，海事管理机构应当进行标注和跟踪，发现违规航行、停泊、作业的，或者认为可能影响其他船舶安全的，海事管理机构应当及时发出警告，必要时依法采取相应的措施。

船舶交通管理（VTS）中心应当为向其报告的载运危险货物的船舶提供相应的水上交通安全信息服务。

第十条 在实行船舶定线制的水域，载运危险货物的船舶应当遵守船舶定线制规定，并使用规定的通航分道航行。

在实行船位报告制的水域，载运危险货物的船舶应当按照海事管理机构的规定，加入船位报告系统。

第十一条 载运危险货物的船舶从事水上过驳作业，应当符合国家水上交通安全和防止船舶污染环境的管理规定和技术规范，选择缓流、避风、水深、底质等条件较好的水域，尽量远离人口密集区、船舶通航密集区、航道、重要的民用目标或者设施、军用水域，制定安全和防治污染的措施和应急计划并保证有效实施。

第十二条 载运危险货物的船舶在港口水域内从事危险货物过驳作业，应当根据交通部有关规定向港口行政管理部门提出申请。港口行政管理部门在审批时，应当就船舶过驳作业的水域征得海事管理机构的同意。

载运散装液体危险性货物的船舶在港口水域外从事海上危险货物过驳作业，应当由船舶或者其所有人、经营人或者管理人依法向海事管理机构申请批准。

船舶从事水上危险货物过驳作业的水域，由海事管理机构发布航行警告或者航行通告予以公布。

第十三条 申请从事港口水域外海上危险货物单航次过驳作业的，申请人应当提前24小时向海事管理机构提出申请；申请在港口水域外特定海域从事多航次危险货物过驳作业的，申请人应当提前7日向海事管理机构提出书面申请。

船舶提交上述申请，应当申明船舶的名称、国籍、吨位，船舶所有人或者其经营人或者管理人、船员名单，危险货物的名称、编号、数量，过驳的时间、地点等，并附表明其业已符合本规定第十一条规定的相应材料。

海事管理机构收到齐备、合格的申请材料后,对单航次作业的船舶,应当在24小时内做出批准或者不批准的决定;对在特定水域多航次作业的船舶,应当在7日内做出批准或者不批准的决定。海事管理机构经审核,对申请材料显示船舶及其设备、船员、作业活动及安全和环保措施、作业水域等符合国家水上交通安全和防治船舶污染环境的管理规定和技术规范的,应当予以批准并及时通知申请人。对未予批准的,应当说明理由。

第十四条 载运危险货物的船舶排放压载水、洗舱水,排放其他残余物或者残余物与水的混合物,应当按照国家有关规定进行排放。

禁止船舶在海事管理机构依法设定并公告的禁止排放水域内,向水体排放任何禁排物品。

第十五条 载运危险货物的船舶发生水上险情、交通事故、非法排放事件,应当按照规定向海事管理机构报告,并及时启动应急计划和采取应急措施,防止损害、危害的扩大。

海事管理机构接到报告后,应当启动相应的应急救助计划,支援当事船舶尽量控制并消除损害、危害的态势和影响。

第三章 船舶管理

第十六条 从事危险货物运输的船舶所有人或者其经营人或者管理人,应当根据国家水上交通安全和防治船舶污染环境的管理规定,建立和实施船舶安全营运和防污染管理体系。

第十七条 载运危险货物的船舶,其船体、构造、设备、性能和布置等方面应当符合国家船舶检验的法律、行政法规、规章和技术规范的规定,国际航行船舶还应当符合有关国际公约的规定,具备相应的适航、适装条件,经中华人民共和国海事局认可的船舶检验机构检验合格,取得相应的检验证书和文书,并保持良好状态。

载运危险货物的船用集装箱、船用刚性中型散装容器和船用可移动罐柜,应当经中华人民共和国海事局认可的船舶检验机构检验合格后,方可在船上使用。

第十八条 曾装运过危险货物的未清洁的船用载货空容器,应当作为盛装有危险货物的容器处理,但经采取足够措施消除了危险性的除外。

第十九条 载运危险货物的船舶应当制定保证水上人命、财产安全和防治船舶污染环境的措施,编制应对水上交通事故、危险货物泄漏事故的应急预案以及船舶溢油应急计划,配备相应的应急救护、消防和人员防护等设备及器材,并保证落实和有效实施。

第二十条 载运危险货物的船舶应当按照国家有关船舶安全、防污染的强制保险规定,参加相应的保险,并取得规定的保险文书或者财务担保证明。

载运危险货物的国际航行船舶,按照有关国际公约的规定,凭相应的保险文书或者财务担保证明,由海事管理机构出具表明其业已办理符合国际公约规定的船舶保险的证明文件。

第二十一条 船舶载运危险货物,应当符合有关危险货物积载、隔离和运输的安全技术规范,并只能承运船舶检验机构签发的适装证书中所载明的货种。

国际航行船舶应当按照《国际海运危险货物规定》，国内航行船舶应当按照《水路危险货物运输规定》，对承载的危险货物进行正确分类和积载，保障危险货物在船上装载期间的安全。

对不符合国际、国内有关危险货物包装和安全积载规定的，船舶应当拒绝受载、承运。

第二十二条 船舶进行洗（清）舱、驱气或者置换，应当选择安全水域，远离通航密集区、船舶定线制区、禁航区、航道、渡口、客轮码头、危险货物码头、军用码头、船闸、大型桥梁、水下通道以及重要的沿岸保护目标，并在作业之前报海事管理机构核准，核准程序和手续按本规定第十三条关于单航次海上危险货物过驳作业的规定执行。

船舶从事本条第一款所述作业活动期间，不得检修和使用雷达、无线电发报机、卫星船站；不得进行明火、拷铲及其他易产生火花的作业；不得使用供应船、车进行加油、加水作业。

第四章　申报管理

第二十三条 船舶载运危险货物进、出港口，或者在港口过境停留，应当在进、出港口之前提前24小时，直接或者通过代理人向海事管理机构办理申报手续，经海事管理机构批准后，方可进、出港口。国际航行船舶，还应当按照国务院颁布的《国际航行船舶进出中华人民共和国口岸检查办法》第六条规定的时间提前预报告。

定船舶、定航线、定货种的船舶可以办理定期申报手续。定期申报期限不超过一个月。

船舶载运尚未在《危险货物品名表》（国家标准GB 12268）或者国际海事组织制定的《国际海运危险货物规则》内列明但具有危险物质性质的货物，应当按照载运危险货物的管理规定办理进、出港口申报。海事管理机构接到报告后，应当及时将上述信息通报港口所在地的港口行政管理部门。

办理申报手续可以采用电子数据处理（EDP）或者电子数据交换（EDI）的方式。

第二十四条 载运危险货物的船舶办理进、出港口申报手续，申报内容应至少包括：船名、预计进出港口的时间以及所载危险货物的正确名称、编号、类别、数量、特性、包装、装载位置等，并提供船舶持有安全适航、适装、适运、防污染证书或者文书的情况。

对于装有危险货物的集装箱，船舶需提供集装箱装箱检查员签名确认的《集装箱装箱证明书》。

对于易燃、易爆、易腐蚀、剧毒、放射性、感染性、污染危害性等危险品，船舶应当在申报时附具相应的危险货物安全技术说明书、安全作业注意事项、人员防护、应急急救和泄漏处置措施等资料。

第二十五条 海事管理机构收到船舶载运危险货物进、出港口的申报后，应当在24小时内做出批准或者不批准船舶进、出港口的决定。

对于申报资料明确显示船舶处于安全适航、适装状态以及所载危险货物属于安全状态的，海事管理机构应当批准船舶进、出港口。对有下列情形之一的，海事管理机构应当禁止船舶进、出港口：

（一）船舶未按规定办理申报手续；

（二）申报显示船舶未持有有效的安全适航、适装证书和防污染证书，或者货物未达到安全适运要求或者单证不全；

（三）按规定尚需国家有关主管部门或者进出口国家的主管机关同意后方能载运进、出口的货物，在未办理完有关手续之前；

（四）船舶所载危险货物系国家法律、行政法规禁止通过水路运输的；

（五）本港尚不具备相应的安全航行、停泊、作业条件或者相应的应急、防污染、保安等措施的；

（六）交通部规定不允许船舶进出港口的其他情形。

第二十六条 船舶载运需经国家其他有关主管部门批准的危险货物，或者载运需经两国或者多国有关主管部门批准的危险货物，应在装货前取得相应的批准文书并向海事管理机构备案。

第二十七条 船舶从境外载运有害废料进口，国内收货单位应事先向预定抵达港的海事管理机构提交书面报告并附送出口国政府准许其迁移以及我国政府有关部门批准其进口的书面材料，提供承运的单位、船名、船舶国籍和呼号以及航行计划和预计抵达时间等情况。

船舶出口有害废弃物，托运人应提交我国政府有关部门批准其出口，以及最终目的地国家政府准许其进口的书面材料。

第二十八条 核动力船舶、载运放射性危险货物的船舶以及5万总吨以上的油轮、散装化学品船、散装液化气船从境外驶向我国领海的，不论其是否挂靠中国港口，均应当在驶入中国领海之前，向中国船位报告中心通报：船名、危险货物的名称、装载数量、预计驶入的时间和概位、挂靠中国的第一个港口或者声明过境。挂靠中国港口的，还应当按照本规定第二十三条的规定申报。

第五章　人 员 管 理

第二十九条 载运危险货物船舶的船员，应当持有海事管理机构颁发的适任证书和相应的培训合格证，熟悉所在船舶载运危险货物安全知识和操作规程。

第三十条 载运危险货物船舶的船员应当事先了解所运危险货物的危险性和危害性及安全预防措施，掌握安全载运的相关知识。发生事故时，应遵循应急预案，采取相应的行动。

第三十一条 从事原油洗舱作业的指挥人员，应当按照规定参加原油洗舱的特殊培训，具备船舶安全与防污染知识和专业操作技能，经海事管理机构考试、评估，取得合格证书后，方可上岗作业。

第三十二条 按照本规定办理船舶申报手续的人员，应当熟悉船舶载运危险货物的申报程序和相关要求。

第六章　法 律 责 任

第三十三条 海事管理机构依法对载运危险货物的船舶实施监督检查，对违法的船舶、船员依法采取相应的措施。

海事管理机构发现载运危险货物的船舶存在安全或者污染隐患的，应当责令立即消除或者限期消除隐患；有关单位和个人不立即消除或者逾期不消除的，海事管理机构可以采取责令其临时停航、停止作业，禁止进港、离港，责令驶往指定水域，强制卸载，滞留船舶等强制性措施。

对有下列情形之一的，海事管理机构应当责令当事船舶立即纠正或者限期改正：

（一）经核实申报内容与实际情况不符的；

（二）擅自在非指定泊位或者水域装卸危险货物的；

（三）船舶或者其设备不符合安全、防污染要求的；

（四）危险货物的积载和隔离不符合规定的；

（五）船舶的安全、防污染措施和应急计划不符合规定的；

（六）船员不符合载运危险货物的船舶的适任资格的。

本规定第二十八条所述船舶违反国家水上交通安全和防治船舶污染环境的法律、行政法规以及《联合国海洋法公约》有关规定的，海事管理机构有权禁止其进入中国领海、内水、港口，或者责令其离开或者驶向指定地点。

第三十四条 载运危险货物的船舶违反本规定以及国家水上交通安全、防治船舶污染环境的规定，应当予以行政处罚的，由海事管理机构按照有关法律、行政法规和交通部公布的有关海事行政处罚的规定给予相应的处罚。

涉嫌构成犯罪的，由海事管理机构依法移送国家司法机关。

第三十五条 海事管理机构的工作人员有滥用职权、徇私舞弊、玩忽职守等严重失职行为的，由其所在单位或者上级机关给予行政处分；情节严重构成犯罪的，由司法机关依法追究刑事责任。

第七章 附 则

第三十六条 本规定所称“危险货物”，系指具有爆炸、易燃、毒害、腐蚀、放射性、污染危害性等特性，在船舶载运过程中，容易造成人身伤害、财产损失或者环境污染而需要特别防护的物品。

第三十七条 本规定自2004年1月1日生效。1981年交通部颁布的《船舶装载危险货物监督管理规定》（〔81〕交港监字2060号）同时废止。

中华人民共和国海船船员值班规则

（交通运输部令　2012年第10号）

第一章　总　　则

第一条　为了规范海船船员值班，保障海上人命与财产安全，保护海洋环境，加强船舶保安管理，根据《中华人民共和国海上交通安全法》、《中华人民共和国海洋环境保护法》和《中华人民共和国船员条例》，以及我国缔结或加入的有关国际公约要求，制定本规则。

第二条　100总吨及以上中国籍海船的船员值班适用本规则，下列船舶除外：

（一）军用船舶；

（二）渔业船舶；

（三）游艇；

（四）构造简单的木质船。

第三条　国家海事管理机构是实施本规则的主管机关。

各级海事管理机构按照职责具体负责海船船员值班的监督管理工作。

第四条　航运公司应当根据本规则以及有关国际公约的要求编制《驾驶台规则》、《机舱值班规则》等船舶值班规则，张贴在船舶各部门的易见之处，要求全体船员遵守执行，以保证船舶航行安全。

第五条　航运公司应当确保指派到船上任职的值班船员熟悉船上相关设备、船舶特性、本人职责和值班要求，能有效履行安全、防污染和保安等职责。

第六条　船长及全体船员在值班时，应当遵守法律、行政法规、相关国际公约以及当地有关防治船舶造成海洋污染的要求，采取一切可能采取的预防措施，防止因操作不当或者发生事故等原因造成船舶对海洋环境的污染。

第二章　航次计划及值班一般要求

第一节　航 次 计 划

第七条　船长应当根据航次任务，组织驾驶员研究有关资料，制定航次计划，及时通知各部门做好开航准备工作，保证船舶和船员处于适航、适任状态。

制定航次计划应当满足以下要求：

（一）与大副、轮机长协商后，预先确定并落实本航次所需各种燃润料、物料、淡水以及备品的数量；

（二）保证各种船舶证书和船员证件齐全、有效；

（三）保证本航次涉及的航海图书资料和其他航海出版物准确、完整、及时更新；

（四）保证运输单证及港口文件齐全。

第八条　航次计划包括以下内容：

（一）航线的总里程和预计航行的总时间；

（二）计划航线上的气象情况和海况；

（三）各转向点的经纬度；

（四）各段航线的航程和预计到达各转向点的时间；

（五）复杂航段的航法以及航线附近的危险物的避险手段；

（六）特殊航区的注意事项。

第九条　开航前，船长应当恰当地使用航海图书资料和其他航海出版物，计划好从出发港到下一停靠港的预定航线，清楚标绘在海图上，并对预定航线进行核实。

驾驶员在航行期间应当认真核实预定航线上每一个拟采取的航向。

第十条　船舶航行中，计划航线的下一停靠港发生改变或者船舶需要大幅度偏离计划航线的，船长应当及早计划好修正航线，并在海图上重新标绘。

第二节　值班一般要求

第十一条　航运公司和船长应当为船舶配备足够的适任船员，以保持安全值班。

第十二条　船长应当安排合格的船员值班，明确值班船员职责。值班的安排应当符合保证船舶、货物安全及保护海洋环境的要求，并保证值班船员得到充分休息，防止疲劳值班。

在船长统一指挥下，值班的驾驶员对船舶安全负责。

轮机长应当经船长同意，合理安排轮机值班，保证机舱运行安全。

船长应当根据保安等级的要求，安排并保持适当和有效的保安值班。

第十三条　值班应当遵守下列驾驶台和机舱资源管理要求：

（一）根据情况合理地安排值班船员；

（二）考虑值班船员资格和适任的局限性；

（三）值班船员应当熟悉其岗位职责和部门职责；

（四）值班船员对值班时所接收到的与航行有关的信息应当能够正确领会、正确处置，并与其他部门适当共享；

（五）值班船员应当保持各部门之间的适当沟通；

（六）对为保证安全所采取的行动，值班船员如果产生任何怀疑，应当立即告知船长、轮机长、负责值班的高级船员。

第十四条　值班的高级船员认为接班的高级船员明显不能有效履行值班职责时，不得交班，并立即向船长或者轮机长报告。

第十五条　值班的高级船员在交班前正在进行重要操作的，应当在确认操作完成后再交班，船长或者轮机长另有指令的除外。

第十六条　接班的高级船员应当在确认本班人员完全能有效地履行各自职责后，方可接班。

第十七条 不得安排船员在值班期间承担影响值班的工作。

第十八条 值班船员应当将值班期间发生的重要事件按照要求做好记录。

第三章 驾驶值班

第一节 值班安排

第十九条 确定驾驶台值班人员组成时,应当考虑下列因素,保证安全航行需要:

(一)保证驾驶台24小时值守;

(二)天气及能见度情况、白天及夜间的驾驶要求差异;

(三)临近航行危险时需要值班驾驶员额外执行的航行职责;

(四)电子海图显示与信息系统(ECDIS)、雷达或者电子定位仪等助航仪器及任何其他影响船舶安全航行的设备的使用和工作状态;

(五)船上是否装有自动操舵装置;

(六)是否需要履行无线电职责;

(七)驾驶台上的无人机舱控制装置、警报和指示器及其使用程序和局限性;

(八)特殊的操作环境对航行值班的特别要求。

第二节 了望

第二十条 船长应当合理安排航行值班船员,以保持连续正规的了望。船长安排值班时应当考虑的因素包括:

(一)能见度、天气和海况;

(二)航行所在区域的通航密度和所发生的其他活动;

(三)在分道通航区域内及其附近水域时所必须注意的情况;

(四)由船舶特性、即时操纵要求和预期操纵可能引起的额外工作量;

(五)指定的值班船员适于值班的状况;

(六)值班船员的专业适任能力及经验;

(七)值班驾驶员对船舶设备、装置和程序的熟悉程度及操船能力;

(八)必要时召唤待命人员立即到驾驶台协助的可能性;

(九)驾驶台仪器和操纵装置(包括报警系统)的工作状况;

(十)舵和推进器的控制以及船舶操纵特性;

(十一)船舶尺度和指挥位置的视野;

(十二)驾驶台的结构对值班人员了望的影响;

(十三)其他涉及值班安排、适于值班的标准、程序和指南。

第二十一条 值班驾驶员应当始终保持正规了望,并应当符合下列要求:

(一)利用视觉、听觉等一切可用的方法和手段对当时环境和情况保持连续观察、观测;

(二)充分估计到碰撞、搁浅和其他可能危害航行安全的局面和危险;

(三)及时发现遇难的船舶和飞机、船舶遇难人员,及时发现沉船残骸等危害航行安全的物体。

第二十二条 在驾驶台和海图室分设的船上,值班驾驶员为了履行其必要的职责,在确信航行安全情况下,可以短时间进入海图室。

第二十三条 了望人员和舵工的职责应当分开,舵工在操舵时不应当同时担当了望人员职责。

在操舵位置四周的视野未被遮挡且没有夜视障碍,不妨碍保持正规了望的情况下,舵工可同时担当了望人员职责。

第二十四条 在满足下列所有要求的情况下,值班驾驶员可以是唯一的了望人员:

(一)白天;

(二)能在需要时立即召唤其他合适人员到驾驶台协助;

(三)下列因素条件能够确保安全:

1. 天气及能见度情况;

2. 通航密度;

3. 邻近的航行危险物;

4. 在分道通航制或者其附近水域内航行时所必须注意的情况;

5. 其他影响航行安全的因素。

第二十五条 夜间航行时应当至少有一名值班水手协助驾驶员了望。

第三节 值班交接

第二十六条 接班驾驶员在接班前,应当对本船的推算船位或者实际船位进行核实,确认计划航线、航向和航速以及无人机舱控制装置的工作状况,并应当考虑值班期间可能遇到的任何航行危险。

第二十七条 接班驾驶员在视力未完全调节到适应环境条件以前,不应当接班。

第二十八条 交、接班驾驶员应当清楚地交接下列情况:

(一)船长对船舶航行有关的常规命令和其他特别指示;

(二)船位、航向、航速和吃水;

(三)当时的和预报的潮汐、海流、气象、能见度等因素及其对航向和航速的影响;

(四)在驾驶台控制主机时的主机操作程序和方法;

(五)航行环境。航行环境应当至少包括:

1. 正在使用或者在值班期间可能使用的所有航行设备和安全设备的工作状况;

2. 电罗经和磁罗经的误差;

3. 附近船舶的位置及动态;

4. 在值班期间可能遇到的情况和危险;

5. 船舶的横倾、纵倾、水的密度变化及船体下坐对富余水深可能造成的影响。

第四节 值班职责

第二十九条 负责航行的值班驾驶员负责船舶的安全航行,并按照经过修正的《1972

年国际海上避碰规则》和其他安全航行规定进行操纵和避让。

第三十条 值班驾驶员应当做到：

（一）在驾驶台保持值班，不得离开驾驶台；

（二）船长在驾驶台时，值班驾驶员仍然应当对船舶安全航行负责，除非被明确告知船长已承担责任；

（三）给予全体值班人员一切适当的指示和信息，以保持安全值班。

第三十一条 值班驾驶员应当使用安全航速。需要时，应当立即采取转舵、主机变速和使用声响信号等措施。在情况允许时，应当及时通知机舱拟进行主机变速，或者按照适用的程序有效地使用驾驶台的无人机舱主机控制装置。

第三十二条 值班驾驶员必须充分掌握在任何吃水情况下本船的冲程等操纵特性，并应当考虑船舶可能具有的其他不同操纵特性。

第三十三条 值班驾驶员应当充分了解本船所有安全和航行设备的放置地点和操作方法，熟练掌握电子助航仪器的使用方法，了解这些设备性能及操作上的局限性。

第三十四条 值班驾驶员在值班期间，应当有效使用船上的助航仪器，以恰当的时间间隔对所驶的航向、船位和航速进行核对，确保本船沿着计划航线行驶，并注意在适当的时候使用测深仪。

第三十五条 值班驾驶员应当经常和精确地测定驶近船舶的罗经方位和距离，及早判断有无碰撞危险。必要时使用甚高频无线电话，与他船协调避让措施。

第三十六条 在下列情况下，值班驾驶员应当对航行设备进行操作性测试：

（一）到港前和出港前；

（二）可预见的影响航行安全的危险情况发生之前。

情况允许时，在海上航行期间值班驾驶员应当尽可能地对航行设备进行操作性测试。

上述测试应当做好记录。

第三十七条 值班驾驶员应当定期检查下列内容：

（一）确保手动操舵或者自动舵使船舶保持在正确的航向上；

（二）每班应当至少测定一次标准罗经的误差，如可能，在大幅度改变航向后也应当测定；应当经常进行标准罗经和陀螺罗经核对；复示仪与主罗经应当同步；如发现误差变化较大，应当及时报告船长；

（三）每班至少测试一次自动舵的手动操作；

（四）确保航行灯和信号灯及其他航行设备正常工作；

（五）确保无线电设备正常工作并且按照要求值守；

（六）确保在驾驶台的无人机舱控制装置、警报和指示器工作正常。

第三十八条 在使用自动舵时，值班驾驶员应当考虑：

（一）为了应对随时可能出现的潜在危险局面，及时使舵工就位并改为手动操舵的可能性；

（二）在无人协助的情况下因采取紧急措施而中断了望的危险性。

手动操舵和自动操舵的转换应当由值班驾驶员决定。

第三十九条 值班驾驶员应当能熟练地使用雷达,并应当做到:

(一)遇到或者预料到能见度不良或者在通航密集水域航行时,应当使用雷达,并注意其局限性。使用雷达时应当遵守经过修正的《1972年国际海上避碰规则》中使用雷达的规定;

(二)应当确保所使用的雷达量程以足够频繁的时间间隔进行转换,以便能及早地发现物标。应当考虑微弱或者反射力差的物标可能被漏掉;

(三)使用雷达时,应当选择合适的量程,仔细观察显示器,并确保及早进行雷达标绘或者系统的分析;

(四)天气良好时,如可能,值班驾驶员应当进行雷达使用方面的操练。

第四十条 发生下列情况时,值班驾驶员应当立即报告船长,船长接到报告后应当尽快上驾驶台,必要时由船长直接指挥:

(一)遇到或者预料到能见度不良;

(二)对通航条件或者他船的动态产生疑虑;

(三)对保持航向感到困难;

(四)在预计的时间未能看到陆地、航行标志或测量不到水深;

(五)意外地看到陆地、航行标志或者水深突然发生变化;

(六)主机、推进装置遥控系统、舵机等主要的航行设备、警报或者指示仪发生故障;

(七)无线电设备发生故障;

(八)恶劣天气怀疑可能有气象危害;

(九)发现遇险人员或船舶以及他船求救;

(十)遇到其他紧急情况或者感到疑虑的情况。

当情况紧急时,为了船舶的安全,值班驾驶员除立即报告船长外,还应当果断采取行动。

第五节 特殊环境下的驾驶值班

第四十一条 遇到或者预料能见度不良时,值班驾驶员应当做到:

(一)鸣放雾号;

(二)以安全航速行驶;

(三)使主机处于立即可操纵的准备状态;

(四)通知船长;

(五)安排正规的了望;

(六)显示航行灯;

(七)操作和使用雷达。

第四十二条 在夜航期间航行值班时,船长和值班驾驶员安排了望应当特别考虑驾驶台设备和助航仪器及其局限性、当时航区的环境和情况以及所实施的程序和安全措施。

船长应当将航行指示和注意事项或者其他重要安排明确记入《船长夜航命令簿》,值班驾驶员应当遵照执行。

第四十三条 在沿岸和通航密集水域航行时，应当使用船上适合于该水域并依照最新资料改正过的最大比例尺的海图。在确认没有碰撞危险的情况下，应当勤测船位，环境许可时还应当使用多种方法定位。

使用电子海图显示与信息系统(ECDIS)的，应选择适当显示比例的电子海图，并以适当的时间间隔通过其他的定位方法对船位进行核查。

值班驾驶员应当确切地辨认沿岸陆标及所有有关的航行标志。

第四十四条 船舶由引航员引航时并不解除船长管理和驾驶船舶的责任。船长和引航员应当交换有关航行方法、当地情况和船舶性能等信息。船长、值班驾驶员应当与引航员紧密合作，保持对船位和船舶动态进行核对。船长对引航员的错误操作应当及时指出，必要时即行纠正。

第四十五条 船长在非危险航段暂离驾驶台时应当告知引航员，并指定驾驶员负责。值班驾驶员对引航员的行动或意图有所怀疑时，应当要求引航员予以澄清，如仍有怀疑，应当立即报告船长，并可在船长到达之前采取必要的行动。

第四十六条 船舶在锚泊时，值班驾驶员应当：

(一)锚抛下时应当立即测定船位，并在海图上标出锚位和回旋范围，对锚地的潮汐、流向、水深、底质、周围情况及当地气象记入航海日志；

(二)情况许可时，应当经常利用固定航标或者岸上容易辨认的物标，校核船舶是否保持在锚位上；

(三)保持正规的了望，并注意以下情形，并做到：

1. 周围锚泊船的情况，尤其是位于上风或者上流方向锚泊船的动态，以防他船走锚危及本船安全；

2. 来泊船的锚位是否与本船有足够的安全距离，如过近，应当设法通知对方，并报告船长；

3. 过往船舶或者邻近锚泊船起锚离泊时距本船过近，应当密切关注其动态，若判断对本船有威胁时，应当以各种信号警告对方。

(四)以适当的时间间隔巡视全船，注意吃水、龙骨下富余水深以及船舶的状态；

(五)注意观测气象、潮汐和海况变化，注意锚位、锚链受力和船首偏荡；在转流时，还应当注意船身回转及周围船舶动向，必要时采取紧急措施，防止因本船或者他船走锚造成紧迫局面或者发生事故；

(六)本船或者他船走锚，或者过往船舶距离过近造成危险局面时，应当果断地采取一切有效措施，以避免或者减少损失，并立即通知船长；

(七)在急流区锚泊或者遇大风浪天气，除执行船长指示外，还应当勤测锚位，定时巡视甲板，检查锚链和制链器是否正常，并且应当认真督促值班水手每小时检查锚链、锚链制和锚设备一次；

(八)督促值班水手按时升降旗及锚球，开关锚灯、甲板照明，按照规定显示或者悬挂相应的号灯号型，鸣放相应的声号；

（九）能见度不良时，应当认真执行经过修正的《1972 年国际海上避碰规则》的有关规定，加强了望，鸣放雾号，打开锚灯和各层甲板的照明灯，并通知船长；

（十）锚泊中进行装卸作业，除应当执行停泊值班中有关装卸业务方面的职责外，还应当注意旁靠船、驳的系缆、碰垫和绳梯以及其他各种安全措施；

（十一）根据锚地情况及相关规定，用甚高频无线电话在规定的频道上保持守听；

（十二）严格遵守防污染规定，采取有效措施，防治船舶对水域环境造成污染。

船长认为必要时，船舶在锚泊情况下可保持连续的航行值班。

第四章　轮机部航行值班

第一节　值 班 安 排

第四十七条　轮机值班的组成应当适合当时的环境和条件，以确保影响船舶安全操作的所有机械设备在自动操作方式、手动操作方式模式下均能安全运行。

第四十八条　确定轮机值班组成时，应当考虑下列因素：

（一）保持船舶的正常运行。

（二）船舶类型、机械设备类型和状况；

（三）对船舶安全运行关系重大的机械设备进行重点监控的值班需求；

（四）由于天气、冰区、污染水域、浅水水域、各种紧急情况、船损控制或者污染处置等情况的变化而采用的特殊操作方式；

（五）值班人员的资格和经验；

（六）人命、船舶、货物和港口的安全及环境保护的要求；

（七）有关国际公约、国家法规和当地规定。

第二节　值 班 交 接

第四十九条　交、接班轮机员应当清楚下列交接事项：

（一）轮机长关于船舶系统和机械设备运行的常规命令和特别指示；

（二）对机械设备及系统进行的所有操作及目的、参与人员以及潜在的危险；

（三）污水舱、压载舱、污油舱、备用舱、淡水柜、粪便柜、滑油柜等使用状况和液位以及对其中贮存物的使用或者处理的特殊要求；

（四）备用燃油舱、沉淀柜、日用油柜和其他燃油贮存设备中的燃油液位和使用状况；

（五）有关卫生系统处理的特殊要求；

（六）主机、辅机系统（包括配电系统）的操作方式和运行状况；

（七）监控设备和手动操作设备的状况；

（八）自动锅炉控制装置和其他与蒸汽锅炉操作有关设备的状况和操作模式；

（九）恶劣天气、冰冻、被污染的水域或者浅水引起的潜在威胁；

（十）在设备故障或危及船舶安全的情况下而采取的特殊操作方式和应急措施；

（十一）机舱普通船员的任务分派；

（十二）消防设备的可用性；

（十三）轮机日志的填写情况。

第五十条 接班轮机员对接班事项不满意或者观察到的情况与轮机日志记录不相符时，不得接班。

第三节 值班职责

第五十一条 值班轮机员是轮机长的代表，主要负责对与船舶安全有关的机械设备进行安全有效的操作和保养，并根据要求，负责轮机值班责任范围内的一切机械设备的检查、操作和测试，保证安全值班。

第五十二条 值班轮机员应当维持既定的正常值班安排。机舱值班的普通船员应当协助值班轮机员使主机、辅机系统安全和有效运行。

第五十三条 轮机长在机舱时，值班轮机员仍应当继续对机舱工作全权负责，除非被明确告知轮机长已承担责任。

第五十四条 轮机值班的所有成员都应当熟悉被指派的值班职责，并掌握本船下列情况：

（一）内部通信系统的适当使用；

（二）机舱逃生途径；

（三）机舱报警系统和辨别各种警报的能力；

（四）机舱的消防设备和破损控制装置的数量、位置和种类，以及它们的使用方法和应当遵守的各种安全预防措施。

第五十五条 轮机值班开始时，应当对所有机械设备的工作情况、工况参数加以验证、分析，以保持在正常范围值。

第五十六条 在值班期间值班轮机员应当定期巡回检查机舱和舵机房，及时发现机械设备的故障和损坏情况，并采取相应措施。

第五十七条 值班轮机员应当对运转失常、可能发生故障或者需要特殊处理的机械设备，以及已经采取的措施作详细记录。需要时，应当对拟采取的措施作出安排。

第五十八条 在机舱值守的值班轮机员应当能够随时操纵推进装置，以应对换向和变速的需要。

机舱无人值守的，值班轮机员在获知报警、呼叫时，应当立即到达机舱。

第五十九条 值班轮机员应当执行驾驶台的命令。

对主推进动力装置进行换向和变速操作的，应当做好记录。当人工操作时，值班轮机员应当确保主推进动力装置的操纵装置有人不间断地值守，并随时处于准备和操作状态。

第六十条 值班轮机员应当掌握正在维护保养的机械设备（包括机械、电气、电子、液压和空气系统）及其控制装置和与此相关的安全设备、所有舱室服务系统设备的维护保养情况，并注意其物料和备品的使用记录。

第六十一条 轮机长应当将值班时拟进行的预防性保养、破损控制或者修理工作等情况通知值班轮机员。

值班轮机员应当负责值班责任内的拟处理的所有机械设备的隔离、旁通和调整，并将已进行的全部工作做好记录。

第六十二条 机舱处于备车状态时，值班轮机员应当保证一切在操纵时可能用到的机械设备处于随时可用状态，并使电力有充足的储备，以满足舵机和其他设备的需要。

第六十三条 值班轮机员应当指导本班值班人员，告知其可能对机械设备造成不利影响或者危及人命、船舶安全的潜在危险情况。

第六十四条 值班轮机员应当对机舱保持不间断监控。在值班人员丧失值班能力时，应当安排替代人员。

第六十五条 值班轮机员应当采取必要的措施，以减轻因设备损坏、失火、进水、破裂、碰撞、搁浅和其他原因所造成损害。

第六十六条 进行预防性保养、破损控制或者维修工作时，值班轮机员应当与负责维修工作的轮机员配合，做好下列工作：

（一）对要进行处理的机械设备加以隔离，并保留值班所需的通道；

（二）在维修期间，将其他的设备调节至充分和安全地发挥功能的状态；

（三）在轮机日志或者其他适当的文件上详细记录维修保养过的设备、参加人员以及采取的安全措施；

（四）必要时将已修理过的机器和设备进行测试、调整，投入使用。

第六十七条 值班轮机员应当确保，在自动设备失灵时履行维修职责的轮机部普通船员能够立即协助其对机器进行手动操作。

第六十八条 值班轮机员应当了解失去舵效或者因机械故障导致失速会危及船舶和海上人命的安全，当发生机舱失火或者机舱中即将采取的行动会导致船速下降、瞬间失去舵效、船舶推进系统停止运转或者电站发生故障或者类似威胁安全的情况，应当立即通知驾驶台。如可能，应当在采取行动之前通知，以便驾驶台有最充分的时间采取一切可能的措施来避免发生海上事故。

第六十九条 出现下列情况，值班轮机员应当立即通知轮机长，并根据情况采取措施：

（一）机器发生故障或者损坏，可能危及船舶的安全运行；

（二）发生可能引起推进机械、辅机、监视系统、调节系统的损坏失常的现象；

（三）遇到其他紧急情况或感到疑虑时。

第七十条 值班轮机员应当给予其他机舱值班人员适当的指示和信息，以保持安全值班。

常规的机械设备保养应当纳入值班工作。

全船的机械、电子与电气、液压、气动等设备的维修工作，应当在轮机长和值班轮机员知情下进行，并做好记录。

第四节　特殊环境下的轮机值班

第七十一条 值班轮机员应当保证提供鸣放声号用的空气或蒸汽压力，并随时执行驾驶台变速、换向的命令，还应当备妥用于操纵的一切辅助机械。

第七十二条 值班轮机员接到船舶进入通航密集水域航行的通知时，应当确保涉及船舶操纵的机械设备能够随时置于手动操作模式、舵和其他设备的操作有足够备用动力、应急舵和其他辅助设备处于随时可用状态。

第七十三条 船舶在开敞的港外锚地或者开敞的海域锚泊时，值班轮机员应当做到下列内容：

（一）保持有效的轮机值班；

（二）定时检查所有正在运行和处于准备状态的机械设备是否正常；

（三）执行驾驶台发布的使主机和辅机保持准备状态的命令；

（四）遵守适用的防治污染规则，防治船舶污染海洋环境；

（五）保持破损控制和消防系统处于准备状态。

在开敞锚地，轮机长应当与船长商定是否仍保持与在航时同样的轮机值班。

第五章　无线电值班

第一节　无线电操作员

第七十四条 航运公司、船长、履行无线电值班职责的无线电操作员和在按照要求配备全球海上遇险与安全系统（GMDSS）设备的船舶上工作的无线电操作员应当遵守本章规定。

第七十五条 船舶无线电设备由持有相应适任证书的无线电操作员管理和操作。遇险报警应当经过船长批准后发送。

第二节　值班安排

第七十六条 船长在安排无线电值班时，应当注意下列内容：

（一）保证无线电值班符合《无线电规则》和经过修正的《1974 年国际海上人命安全公约》的规定；

（二）避免与船舶安全航行无关的无线电通信影响无线电值班；

（三）船上安装的无线电设备及其工作状态。

第三节　无线电值班职责

第七十七条 无线电操作员在值班时应当做到下列内容：

（一）在《无线电规则》和经过修正的《1974 年国际海上人命安全公约》指定的频率上保持值班；

（二）定时检查无线电设备的电源及工作状态，发现设备故障时及时报告船长；

（三）每天用标准时间信号校对无线电时钟不少于一次；

（四）当港口国规定不能在港界内开启发信机，或者装卸、清洗易挥发的易燃易爆货物时，根据船长或者值班驾驶员的指示不得开启和修理一切发信设备。

第七十八条 离港前,被指定为在遇险时负有无线电通信职责的无线电操作员应当确保符合下列要求:

(一)所有遇险和安全通信的无线电设备、备用电源均处于有效工作状态,并记入无线电台日志;

(二)备妥所有国际公约规定的文件、航行通告和国家海事管理机构要求的附加文件,并根据最新收到的资料进行修改,有不符之处立即报告船长;

(三)按照标准时间信号正确设定无线电时钟;

(四)天线无损坏,并连接正确;

(五)尽可能地更新船舶将要航行的区域及船长要求的其他区域的最新气象报告和航行警告,并将这些信息送交船长。

第七十九条 在离港并启用无线电设备时,值班的无线电操作员应当在适当的遇险频率上值守,并根据船长指示向船舶报告系统发送报告。

第八十条 在海上时,被指定为在遇险事件中负有无线电通信主要责任的无线电操作员应当按照要求定期对无线电设备检查、测试,以保证设备工作正常。检查、测试结果应当记入无线电台日志。

第八十一条 被指定为进行一般通信业务的无线电操作员,应当考虑本船船位与可能要进行通信业务的海岸电台和海岸地球站的相互位置,并在可能通信的频率上保持有效值守。在通信时,无线电操作员应当遵守国际电信联盟的有关规定。

第八十二条 到达港口关闭无线电设备时,值班的无线电操作员应当确保天线接地,并检查备用电源是否安全、电量是否充满。

第八十三条 遇险报警或者遇险呼叫优先于其他通信。当无线电设备收到遇险报警时,应当立即停止干扰遇险通信的任何发射。

第八十四条 值班的无线电操作员收到遇险报警时,应当立即报告船长。

第八十五条 本船遇险或者收到遇险报警时,被指定为在遇险事件中负有无线电通信主要责任的无线电操作员,应当根据《无线电规则》的程序规定采取相应措施。

第八十六条 值班的无线电操作员应当按照《无线电规则》及经过修正的《1974 年国际海上人命安全公约》有关无线电台日志的要求做好下列事项的记录:

(一)遇险、紧急和安全的无线电通信摘要;

(二)与无线电服务有关的重要事件;

(三)无线电设备的状况,包括电源状况的摘要。

在条件允许时,可以每天记录一次船位。

第八十七条 无线电台日志存放应当满足下列要求:

(一)便于遇险通信操作记录;

(二)便于船长查阅;

(三)便于国家海事管理机构或缔约国授权官员检查时查阅。

第六章　港内值班

第一节　港内值班应当遵守的一般要求

第八十八条　船舶在港内停泊时，船长应当安排适当而有效的值班。对于具有特种形式的推进系统或者辅助设备，以及装载有危害、危险、有毒、易燃物品或者其他特殊货物的船舶，还应当按照有关规定的特殊要求值班。

第八十九条　船长应当根据停泊情况、船舶类型和值班特点，配备足够具有熟练操作能力的值班船员，并安排好必要的设备。

第九十条　船舶在港内停泊期间的值班安排应当满足下列要求：

（一）确保人命、船舶、货物、港口和环境的安全；

（二）确保与货物作业相关机械的安全操作；

（三）遵守有关国际公约、国家法规和当地规定；

（四）保持船舶工作正常。

第九十一条　停泊时，甲板值班人员应当至少包括一名值班驾驶员和一名值班水手。

第九十二条　轮机长应当与船长协商确定轮机值班安排。

决定轮机值班人员组成时，应当考虑下列内容：

（一）至少有一名值班轮机员；

（二）推进功率750千瓦及以上的船舶，至少安排一名值班机工协助值班轮机员。

轮机员在值班期间，不应当承担妨碍其监控船上机械系统的其他任务。

第二节　驾驶值班

第九十三条　在港内值班时，值班驾驶员应当做到下列内容：

（一）掌握全船人员动态，经常巡查船的四周、装卸现场及工作场所，关注从事高空、舷外及封闭舱室内工作的人员安全，督促值班人员坚守岗位，保持部门间联系畅通；

（二）督促值班水手按时升降国旗、开关灯，显示或者悬挂有关号灯号型；

（三）经常检查舷梯、锚链、跳板及安全网，及时调整系泊缆绳，在有较大潮差的泊位上，应当加强巡查，必要时应当采取措施以确保系泊设备处于安全工作状态；

（四）注意吃水、龙骨下的富余水深和船舶的总体状态；

（五）根据船舶种类特点，按照积载计划的要求，负责船港联系和协作，监督装卸操作安全和质量，掌握装卸进度，解决装卸中发生的问题，制止违章作业，注意天气变化及海况，及时开关舱；装卸一级危险品、重大件、贵重货时到现场监督指导；

（六）注意及时收听天气预报，当收到恶劣气象警报时，采取必要的措施以保护人员、船舶和货物的安全；

（七）按照船长、大副的指示或者根据情况需要，通知机舱注入、排出或者调整压舱水，并注意船体平衡；注意检查污水井、压载舱及淡水舱的测量记录；监收加装淡水和物料，加油船来时通知机舱并且注意防火安全；

（八）发生危及船舶安全的紧急情况时，鸣放警报，通知船长，采取措施以防止对船上人员、船舶和货物造成损害；必要时，请求附近船舶或者岸上给予援助；

（九）掌握船舶稳性情况，能够在失火时向消防部门提供可喷洒在船上且不致危及本船的水的大致数量；

（十）在船上进行明火作业及修理工作时，采取必要的预防措施；

（十一）不得在系泊区域内排放污油水、垃圾及杂物，并采取措施，防止本船对周围环境造成其他形式的污染；

（十二）注意过往船舶，有他船系靠本船或者前后泊位时应当在现场守望，并采取相应安全措施；发生事故时，应当立即记下该船船名、国籍、船籍港及事故经过，并向船长报告；

（十三）对遇难船舶和人员提供援助；

（十四）主机试车应当在确认推进器附近无障碍物，不致碍及他船，不损坏舷梯、跳板、缆绳、装卸属具及港口设施等情况后方可进行，并采取必要的预防措施。

第三节　轮 机 值 班

第九十四条　在港内值班时，值班轮机员应当做到下列内容：

（一）遵守有关防范危险情况的特殊操作命令、程序和规定；

（二）监测运行中的所有机械设备及系统的仪表和控制系统；

（三）遵守当地有关防污染规定，按照规定采用必要的技术、方法和程序，防止船舶对周围环境造成污染；

（四）查看污水井中污水的变化情况；

（五）出现紧急情况并且需要时，发出警报并且采取一切可能的措施避免船上人员、船舶及其货物遭受损害；

（六）了解驾驶员对装卸货物时所需设备的要求，以及对压载和船舶稳性控制系统的附加要求；

（七）经常巡查以判断可能发生的设备故障或者损坏情况，发现设备故障或者损坏情况的，应当采取补救措施以确保船舶、货物作业、港口及其周围环境的安全；

（八）在职责范围内采取必要措施，避免船上电气、电子、液压、气动以及机械系统发生事故或者损坏；

（九）对影响船上机械运转、调节或修理的重要事项做好记录。

第四节　驾驶值班的交接班

第九十五条　交、接班的驾驶员应当在交接前巡视检查全船和周围，认真做好交接工作。

第九十六条　交班驾驶员应当告知接班驾驶员下列事项：

（一）航海日志和停泊值班记录簿所记载的有关内容、航运公司指示和船长命令，有关人员来船联系及对外联系事项；

（二）气象、潮汐、泊位水深、船舶吃水、系缆情况、锚位和所出锚链的情况、转流时船舶回转，主机状态和其应急使用的可能性，以及与船舶安全停泊有关的其他情况；

（三）船上拟进行的所有工作，包括积载计划、大副的要求、装卸进度、开工舱口及工班数、货物的分隔衬垫、装卸质量、装卸属具情况、危险品和重大件及应采取的预防及应急措施、贵重货、水手值班情况及与港方联系事项等；

（四）舱底水、压舱水、淡水的水位情况及加装燃油、淡水情况；

（五）消防设备的情况；

（六）港口及本船悬挂的信号、显示的号灯号型和鸣放的声号，港口特殊规定，发生紧急情况或需要援助时船方与港方的联系方式；

（七）要求在船船员的人数和全船人员的动态情况；

（八）检修工作的项目、质量、进度和采取的安全措施；

（九）旁靠船、驳情况，周围锚泊船的动态；

（十）港口的特殊要求；

（十一）有关船员、船舶、货物的安全和防治水域污染的其他重要情况，以及由于船舶行为造成环境污染时向相关机关报告的程序。

第九十七条 接班驾驶员在负责甲板值班之前应当核实下列内容：

（一）系泊缆绳或者锚链是否恰当；

（二）正在装卸的有害或者危险货物的性质，以及发生溢漏或者失火后应当采取的相应措施；

（三）本船悬挂的信号、显示的号灯号型以及鸣放的声号是否正确；

（四）各项安全措施和防火规定是否有效遵守；

（五）是否存在危及本船的情况，以及本船是否危及其他船舶。

第九十八条 交接班人员对交接事项产生疑问时，应当及时向大副或者船长报告。

第五节 轮机值班的交接班

第九十九条 交、接班轮机员应当清楚交接下列事项：

（一）当日的常规命令，有关船舶操作、保养工作、船舶机械或者控制设备修理的特殊命令；

（二）所有机械和系统进行检修工作的性质、涉及的人员以及潜在的危险；

（三）舱底、残渣柜、压载水舱、污油舱、粪便柜、备用柜的液位及状态，以及对其中贮存物的使用或者处理的特殊要求；

（四）有关卫生系统处理的特殊要求；

（五）灭火设备以及烟火探测系统的状况和备用情况；

（六）获准从事或者协助机器修理的人员及其工作地点和修理项目，以及其他获准上船的人员；

（七）港口有关船舶排出物、消防要求及船舶防备工作等方面的特殊规定；

（八）发生紧急情况或者需要援助时，船上与岸上人员、相关机关可使用的通信方式；

（九）其他有关船员、船舶、货物的安全以及防治环境污染等重要情况；

（十）轮机部的活动造成环境污染时，向相关机关报告的程序。

第一百条 接班轮机员在承担值班任务前还应当做到以下内容：

（一）熟悉现有的和可用的电、热、水源和照明来源及其分配情况；

（二）了解船上的燃油、润滑油及淡水供给的可用程度；

（三）备妥机器以应对紧急状况。

第六节 货物作业值班

第一百零一条 航运公司应当制定保证货物作业安全的规定。

负责计划和实施货物作业的高级船员应当通过对特定风险的控制，确保作业的安全实施。

第一百零二条 船舶载运危险货物、污染危害性货物时，船长应当作出保持货物安全的值班安排。

载运散装危险货物的船舶，安全值班应当由甲板部和轮机部各至少一名高级船员和普通船员组成。

载运非散装危险货物的船舶，船长在作出值班安排时应当考虑危险品的性质、数量、包装和积载以及船上、水上和岸上的所有特殊情况。

第七章 驾驶、轮机联系制度

第一节 开 航 前

第一百零三条 船长应当提前24小时将预计开航时间通知轮机长，如停港不足24小时，应当在抵港后立即将预计离港时间通知轮机长；轮机长应当向船长报告主要机电设备情况、燃油、润滑油和炉水存量；如开航时间变更，应当及时更正。

第一百零四条 开航前1小时，值班驾驶员应当会同值班轮机员核对船钟、车钟、试舵等，并分别将情况记入航海日志、轮机日志及车钟记录簿内。

第一百零五条 主机试车前，值班轮机员应当征得值班驾驶员同意。待主机备妥后，机舱应当通知驾驶台。

第二节 航 行 中

第一百零六条 每班交班前，值班轮机员应当将主机平均转数和海水温度等参数告知值班驾驶员，值班驾驶员应当回告本班平均航速和风向风力，双方分别记入航海日志和轮机日志；每天中午，驾驶台和机舱校对时钟并互换正午报告。

第一百零七条 船舶进出港口，通过狭水道、浅滩、危险水域或抛锚等情况下需备车航行时，驾驶台应当提前通知机舱准备。如遇雾或暴雨等突发情况，值班轮机员接到通知后应当尽快备妥主机。

判断将有恶劣天气来临时，船长应当及时通知轮机长做好各种准备。

第一百零八条 因等引航员、候潮、等泊等原因须短时间抛锚时，值班驾驶员应当将情况及时通知值班轮机员。

第一百零九条 因机械故障不能执行航行命令时，轮机长应当组织抢修，通知驾驶台报告船长，并将故障发生和排除时间及情况记入航海日志和轮机日志。

停车应当先征得船长同意。但情况危急，不立即停车会威胁人身安全或者主机安全时，轮机长可以立即停车并及时通知驾驶台。

第一百一十条 因调换发电机、并车等需要暂时停电时，值班轮机员应当事先通知驾驶台。

第一百一十一条 在应变情况下，值班轮机员应当立即执行驾驶台发出的信号，及时提供所要求的水、气、汽、电等。

第一百一十二条 值班驾驶员和值班轮机员应当执行船长和轮机长共同商定的主机各种车速，另有指示的除外。

第一百一十三条 船舶在到港前，应当对主机进行停、倒车试验，当无人值守的机舱因情况需要改为有人值守时，驾驶台应当及时通知轮机员。

第一百一十四条 抵港前，轮机长应当将本船存油情况告知船长。

第三节 停 泊 中

第一百一十五条 抵港后，船长应当告知轮机长本船的预计动态，以便安排工作，动态如有变化应当及时更正；机舱若需检修影响动车的设备，轮机长应当事先将工作内容和所需时间报告船长，取得同意后方可进行。

第一百一十六条 值班驾驶员应当将装卸货情况随时通知值班轮机员，以保证安全供电。在装卸重大件、特种危险品或者使用重吊之前，大副应当通知轮机长派人检查起货机，必要时应当派人值守。

第一百一十七条 因装卸作业造成船舶过度倾斜，影响机舱正常工作的，轮机长应当通知大副或者值班驾驶员采取有效措施予以纠正。

第一百一十八条 驾驶和轮机部门应当对船舶压载的调整，以及可能涉及海洋污染的各种操作，建立起有效的联系制度，包括书面通知和相应的记录。

第一百一十九条 添装燃油前，轮机长应当将本船的存油情况和计划添装的油舱以及各舱添装数量告知大副，以便计算稳性、水尺和调整吃水差。

第八章 值 班 保 障

第一百二十条 航运公司及船长应当采取有效措施防止船员疲劳操作。

除紧急或者超常工作情况外，负责值班的船员以及被指定承担安全、防污染和保安职责的船员休息时间应当满足以下要求：

（一）任何24小时内不少于10小时；

（二）任何7天内不少于77小时；

（三）任何24小时内的休息时间可以分为不超过2个时间段，其中一个时间段至少要有6小时，连续休息时间段之间的间隔不应当超过14小时。

船长按照第（二）、（三）项中规定安排休息时间时可以有例外，但是任何7天内的休息时间不得少于70小时。

对第（二）项规定的每周休息时间的例外，不应当超过连续两周。在船上连续两次例外时间的间隔不应当少于该例外持续时间的两倍。

对第（三）项规定的例外，可以分成为不超过3个时间段，其中一个时间段至少要有6个小时，另外两个时间段不应当少于1个小时。连续休息时间间隔不得超过14个小时。例外在任何7天时间内不得超过两个24小时时间段。

第一百二十一条 紧急集合演习、消防和救生演习，以及国内法律、法规、国际公约规定的其他演习，应当以对休息时间的干扰最小且不导致船员疲劳的形式进行。

船员处于待命情况下，因被派去工作而中断了正常休息时间的，应当给予补休。

第一百二十二条 因船舶、船上人员或者货物出现紧急安全需要，或者为了帮助海上遇险的其他船舶或者人员，船长可以暂停执行休息时间制度，直至情况恢复正常。

情况恢复正常后，船长应当根据实际情况尽快安排船员获得充足的补休时间。

第一百二十三条 船舶应当将船上工作安排表张贴在易见之处。

船舶应当对船员每天休息时间进行记录，并制作由船长或者船长授权的人员和船员本人签注的休息时间记录表发放给船员本人。

船上工作安排表和休息时间记录表应当参照《国际劳工组织（ILO）和国际海事组织（IMO）编制船员船上工作安排表和船员工作时间或休息时间记录格式指南》，并使用船上工作语言和英语制定。

第一百二十四条 船长在安排船员值班时，应当充分考虑女性船员的生理特点和国家的有关规定。

第一百二十五条 船员不得酗酒。值班人员在值班前四小时内禁止饮酒，且值班期间血液酒精浓度（BAC）不高于0.05%或呼吸中酒精浓度不高于0.25mg/L。

第一百二十六条 船员不得服用可能导致不能安全值班的药物。

第一百二十七条 航运公司应当制定相应的措施防止船员酗酒和滥用药物。船员履行值班职责或者有关安全、防污染和保安值班职责的能力受到药物或酒精的影响时，不得安排其值班。

第九章 法律责任

第一百二十八条 船员有下列情形之一的，由海事管理机构处1000元以上1万元以下罚款；情节严重的，并给予暂扣船员服务簿、船员适任证书6个月以上2年以下直至吊销船员服务簿、船员适任证书的处罚：

（一）未按照要求保持正规了望；

(二)未按照要求履行值班职责;

(三)未按照要求值班交接;

(四)不采用安全航速航行;

(五)不按照规定守听航行通信;

(六)不按照规定测试、检修船舶设备;

(七)发现或者发生险情、事故、保安事件或者影响航行安全的情况未及时报告;

(八)未按照要求填写或者记载有关船舶法定文书;

(九)在船上值班期间,体内酒精含量超过规定标准;

(十)在船上履行船员职务,服食影响安全值班的违禁药物;

(十一)不遵守本规则规定的其他情形。

第一百二十九条 船长有下列情形之一的,由海事管理机构处2000元以上2万元以下罚款;情节严重的,并给予暂扣船员适任证书6个月以上2年以下直至吊销船员适任证书的处罚:

(一)未确保按照规定为船舶配备足额的适任船员;

(二)未按照要求安排值班;

(三)未保证船舶和船员携带符合法定要求的证书、文书以及有关航行资料;

(四)未保证船舶和船员在开航时处于适航、适任状态;

(五)未保证船舶安全值班;

(六)未按照规定在驾驶台值班;

(七)不遵守本规则规定的其他情形。

第十章 附 则

第一百三十条 本规则下列用语和缩写的含义:

(一)“海船”,系指航行于海上以及江海直达的一切类型的机动和非机动船只。

(二)“游艇”,系指《游艇安全管理规定》定义的船舶。

(三)“航运公司”,系指承担安全与防污染管理责任和义务的航运企业,包括船舶所有人、经营人、管理人和光船承租人。

(四)“驾驶员”,系指大副、二副、三副的统称。

(五)“轮机员”,系指大管轮、二管轮、三管轮的统称。

(六)“无线电操作员”,系指GMDSS一级无线电电子员、GMDSS二级无线电电子员、GMDSS通用操作员、GMDSS限用操作员的统称。

(七)“轮机值班”,系指一个人或组成值班的一组人履行其职责,包括一个高级船员亲临机舱或不亲临机舱履行其高级船员的职责。

(八)“《无线电规则》”,系指经过修正的国际电信联盟的《无线电规则》。

(九)“工作时间”,系指要求船员为船舶工作的时间。

(十)“休息时间”,系指工作时间以外的时间,但不包括暂短的休息。

第一百三十一条 本规则的值班规定系海船船员的最低值班要求。航运公司或船舶可以根据不同的航线、船舶种类或等级制定相应值班程序和要求，但是不得低于本规则的值班规定。

第一百三十二条 未满100总吨的海船参照本规则制定相应的船员值班程序和要求，在合理和可行的范围内符合本规则的要求，并充分考虑保护海洋环境和保证此类船舶以及同一海域中其他船舶的安全。

第一百三十三条 进入中华人民共和国内水、领海和管辖水域的外国籍船舶的船员值班，应当符合中华人民共和国政府缔结或者参加的有关国际公约的相应规定。

第一百三十四条 本规则自2013年2月1日起施行，1997年10月20日交通部颁布的《中华人民共和国海船船员值班规则》（中华人民共和国交通部令1997年第11号）同时废止。

中华人民共和国船员服务管理规定

（交通运输部令　2013年第10号）

第一章　总　　则

第一条　为加强船员服务管理，规范船员服务行为，维护船员和船员服务机构的合法权益，根据《中华人民共和国劳动合同法》《中华人民共和国船员条例》等法律、行政法规，制定本规定。

第二条　在中华人民共和国境内提供船员服务，适用本规定。

本规定所称船员服务，是指代理船员办理申请培训、考试、申领证书（包括外国船员证书）等有关手续，代理船员用人单位管理船员事务，为船舶提供配员等相关活动。

第三条　交通运输部主管船员服务工作。

中华人民共和国海事局负责统一实施船员服务管理工作。

海船船员服务管理工作由交通运输部直属海事管理机构具体负责；内河船舶船员服务管理工作由交通运输部直属海事管理机构、地方海事管理机构具体负责。

第四条　国家鼓励成立船员服务行业协会，规范行业行为，提高行业服务水平，增强行业自律能力。

第二章　船员服务机构资质

第五条　船员服务机构分为内河船舶船员服务机构和海船船员服务机构；海船船员服务机构分为甲级、乙级两类。

内河船舶船员服务机构，是指为内河船舶船员提供船员服务的机构。

甲级海船船员服务机构，是指为国际航行和国内航行海船船员提供各项船员服务的机构。

乙级海船船员服务机构，是指为国内航行海船船员提供船员服务的机构。

第六条　从事内河船舶船员服务业务的机构，应当符合下列条件：

（一）在中华人民共和国境内依法设立的法人；

（二）有不少于100平方米的固定办公场所；

（三）有2名以上具有内河一等、二等船舶高级船员任职资历的专职管理人员和2名以上专职业务人员；

（四）按照中华人民共和国海事局的规定，建立船员服务质量管理制度、人员和资源保障制度、教育培训制度、应急处理制度和服务业务报告制度等内河船舶船员服务管理制度。

从事内河船舶船员服务业务的服务机构，应当自开业之日起 15 日内，持企业法人营业执照复印件、场地证明、人员资质证明和相应的管理制度向该机构工商注册地的交通运输部直属海事管理机构或者地方海事管理机构备案。

第七条 从事甲级海船船员服务业务的机构，应当符合下列条件：

（一）在中华人民共和国境内依法设立的法人；

（二）有不少于 300 平方米的固定办公场所；

（三）有 2 名以上具有海船甲类一等高级船员任职资历的专职管理人员和 5 名以上专职业务人员；

（四）从事乙级海船船员服务业务 3 年以上，并且最近 3 年来为国内沿海船舶提供配员 500 人以上；

（五）按照中华人民共和国海事局的规定，建立船员服务质量管理制度、人员和资源保障制度、教育培训制度、应急处理制度和服务业务报告制度等海船船员服务管理制度。

第八条 从事乙级海船船员服务业务的机构，应当符合下列条件：

（一）在中华人民共和国境内依法设立的法人；

（二）有不少于 150 平方米的固定办公场所；

（三）有 2 名以上具有海船甲类、乙类和丙类一等高级船员任职资历的专职管理人员和 2 名以上专职业务人员；

（四）按照中华人民共和国海事局的规定，建立船员服务质量管理制度、人员和资源保障制度、教育培训制度、应急处理制度和服务业务报告制度等海船船员服务管理制度。

第九条 申请从事海船船员服务业务的机构，应当提交下列材料：

（一）设立海船船员服务机构的申请文书；

（二）企业法人营业执照复印件；

（三）专职管理人员的船员适任证书复印件或者相关证明材料；

（四）拟设立机构的人员组成、职责等情况的说明材料；

（五）船员服务相关管理制度文件；

（六）为国内沿海船舶提供配员的证明材料（仅适用甲级海船船员服务机构申请人）；

（七）其他相关证明材料。

申请人在提供企业法人营业执照和专职管理人员的船员适任证书复印件时，应当向海事管理机构出示原件。

第十条 海船船员服务机构的申请和受理工作应当按照《交通行政许可实施程序规定》的有关要求办理。

第十一条 申请甲级海船船员服务业务，应当向中华人民共和国海事局提出。

申请乙级海船船员服务业务，应当向该机构工商注册地的交通运输部直属海事管理机构提出，该机构工商注册地没有交通运输部直属海事管理机构的，应当向中华人民共和国海事局指定的交通运输部直属海事管理机构提出。

海事管理机构应当自受理申请之日起 30 日内作出批准或者不予批准的决定。予以批准的，发给《海船船员服务机构许可证》；不予批准的，书面通知申请人并说明理由。

第十二条 《海船船员服务机构许可证》上应当载明船员服务机构编号、名称、法定代表人姓名、地址、服务范围、有效期以及其他有关事项。

《海船船员服务机构许可证》的有效期为 5 年。

第十三条 《海船船员服务机构许可证》记载的事项发生变更的，船员服务机构应当到发证机构办理变更手续。变更服务范围的，应当重新提出申请。

第十四条 《海船船员服务机构许可证》实施中期核查制度。

中期核查应当自《海船船员服务机构许可证》发证之日起第 2 周年至第 3 周年之间进行。

申请《海船船员服务机构许可证》中期核查，船员服务机构应当提交下列材料：

（一）中期核查申请文书；

（二）船员服务机构的资质符合情况说明材料；

（三）开展船员服务业务的情况说明；

（四）其他证明材料。

中期核查合格的，海事管理机构应当在《海船船员服务机构许可证》上进行签注；中期核查不合格的，海事管理机构应当责令限期改正。

第十五条 船员服务机构应当在《海船船员服务机构许可证》届满之日 30 日以前申请办理《海船船员服务机构许可证》延续手续。

申请办理《海船船员服务机构许可证》延续手续，应当提交下列材料：

（一）《海船船员服务机构许可证》延续申请；

（二）本规定第九条第一款第（二）项至第（五）项、第二款规定的材料。

第十六条 有下列情形之一的，海事管理机构应当办理《海船船员服务机构许可证》注销手续：

（一）申请注销；

（二）法人依法终止；

（三）《海船船员服务机构许可证》被依法撤销或者吊销。

第三章 船员服务机构的权利与义务

第十七条 依法与船员签订劳动合同的单位，为船员用人单位。使用未与船员用人单位解除劳动合同船员的单位，为船员用工单位。

船员服务机构向船员用人单位或者船员用工单位提供船员服务，应当签订船舶配员服务协议或者劳务派遣协议。船舶配员服务协议应当明确船员的劳动报酬、工作时间和休息休假、遣返方式和费用、意外伤亡保险和社会保险、违反协议的责任等，并将船舶配员服务协议的内容告知有关船员。劳务派遣协议应当约定被派遣船员岗位和人员数量、派遣期限、劳动报酬、意外伤亡保险和社会保险费以及违反协议的责任等，并将船员劳务派遣协议的内容告知被派遣船员。

船员服务机构为已经与航运公司或者其他单位签订劳动合同的船员提供船舶配员服务的，应当事先经过船员用人单位同意。

船员服务机构提供船舶配员服务，应当督促船员用人单位与船员依法订立劳动合同。船员用人单位未与船员签订劳动合同的，船员服务机构应当终止向船员用人单位提供船员服务。

第十八条 船员服务机构向船员提供船员服务业务，应当与船员签订船员服务协议。

船员服务机构不得为未经船员注册的人员提供船舶配员服务。

船员服务机构不得克扣船员用人单位、船员用工单位按照船舶配员服务协议支付给船员的劳动报酬。

为与船员服务机构签订劳动合同的船员提供船舶配员服务的，船员服务机构为船员用人单位，船员服务机构应当同时履行船员用人单位的责任和义务。

第十九条 船员服务机构提供船员服务，应当遵守国家船员管理、劳动和社会保障的有关规定，履行诚实守信义务。

船员服务机构应当向社会公布服务内容和收费标准，不得重复或者超过标准收取费用。

船员服务机构在提供船舶配员服务时，应当向船员用人单位或者船员用工单位以及有关船员提供全面、真实的信息。不得提供虚假信息，不得损害船员的合法权益。

第二十条 船员服务机构应当为其服务的船员取得法定和约定的劳动和社会保障权利提供相应的支持。

船员发生失踪、死亡或者其他意外伤害的，船员服务机构应当配合船员用人单位做好相应的善后工作。

第二十一条 船员服务机构不得有下列行为：

（一）以欺骗、贿赂、提供虚假材料等非法手段取得《海船船员服务机构许可证》；

（二）伪造、变造、倒卖、出租、出借《海船船员服务机构许可证》，或者以其他形式非法转让《海船船员服务机构许可证》；

（三）超出《海船船员服务机构许可证》服务范围提供船员服务；

（四）以虚假资历、虚假证明等手段向海事管理机构申请办理船员培训、考试、申领证书等有关业务；

（五）为未取得船员服务机构资质而从事船员服务的机构代办各类船员服务业务；

（六）严重侵害船员的合法权益，或者当所服务船员的合法权益受到严重侵害时不履行法定义务。

第二十二条 境外船员用人单位不得在中华人民共和国境内直接招用中国籍船员，应当通过符合本规定资质条件的船员服务机构办理。

第二十三条 船员服务机构应当建立船员服务信息档案，记载服务船员在船员服务期间发生的下列事宜，并保持船员服务信息记载的真实、连续和完整：

（一）船上任职资历；

（二）基本安全培训、适任培训和特殊培训情况；

（三）适任状况、安全记录和违章记录；

（四）劳动合同、船员服务协议、船舶配员服务协议。

船员服务机构应当建立船员名册，记载服务船员的姓名、所服务的船公司和船舶的名称、船籍港、所属国家等情况，并定期以书面或者电子方式向海事管理机构备案。

第四章　监督检查

第二十四条　海事管理机构应当建立健全船员服务机构监督检查制度，加强对船员服务机构诚实守信以及保护船员合法权益等情况的监督检查。

第二十五条　海事管理机构应当建立船员服务机构管理档案，记载船员服务机构的名称、地址、法定代表人、服务范围、业务开展情况和遵纪守法情况等。

第二十六条　海事管理机构应当建立船员服务机构名单公布制度，对不依法履行相应职责和承担法律义务、侵害船员合法权益或者不诚实守信的船员服务机构，定期向社会公布。

第二十七条　船员服务机构不再具备规定条件的，由海事管理机构责令限期改正；逾期不改正的，海事管理机构应当撤销相应的船员服务机构许可决定，并依法办理《海船船员服务机构许可证》的注销手续。

第五章　法律责任

第二十八条　违反本规定，未经批准擅自从事海船船员服务的，由海事管理机构责令改正，处5万元以上25万元以下罚款；有违法所得的，还应当没收违法所得。

本规定所称“未经批准擅自从事海船船员服务”，是指下列行为：

（一）未取得《海船船员服务机构许可证》擅自从事船员服务业务的；

（二）以欺骗、贿赂、提供虚假材料等非法手段取得《海船船员服务机构许可证》的；

（三）超出《海船船员服务机构许可证》服务范围提供海船船员服务的。

第二十九条　违反本规定，船员服务机构未将其机构信息、招用或者管理的船员的姓名、所服务的船公司和船舶的名称、所属国家等情况定期向海事管理机构备案的，由海事管理机构责令改正，处5000元以上2万元以下罚款。

第三十条　违反本规定，船员服务机构在提供船员服务时，提供虚假信息，欺诈船员的，由海事管理机构责令改正，处3万元以上15万元以下罚款；情节严重的，并给予暂停《海船船员服务机构许可证》6个月以上2年以下直至吊销《海船船员服务机构许可证》的处罚。

本规定所称“提供虚假信息，欺诈船员”，是指船员服务机构的下列行为：

（一）未向社会公布服务内容、收费项目和标准的；

（二）重复或者超过标准收取费用，或者在公布的收费项目之外收取费用；

（三）未将船舶配员服务协议的相关内容告知有关船员的；

（四）克扣按照船舶配员服务协议应当支付给船员的劳动报酬的；

（五）有其他欺诈船员行为的。

第三十一条 违反本规定的规定，船员服务机构在船员用人单位未与船员订立劳动合同的情况下，向船员用人单位提供船员的，由海事管理机构责令改正，处 5 万元以上 25 万元以下罚款；情节严重的，给予暂停《海船船员服务机构许可证》6 个月以上 2 年以下直至吊销《海船船员服务机构许可证》的处罚。

第三十二条 违反本规定的规定，船员服务机构有下列行为之一的，由海事管理机构责令改正，处 1 万元以上 3 万元以下罚款：

（一）为未经船员注册的人员提供船舶配员服务，或者未经船员用人单位同意，为尚未解除劳动合同关系的船员提供船舶配员服务；

（二）伪造、变造、倒卖、出租、出借《海船船员服务机构许可证》，或者以其他形式非法转让《海船船员服务机构许可证》；

（三）以虚假资历、虚假证明等手段向海事管理机构申请办理船员培训、考试、申领证书等有关业务；

（四）严重侵害船员的合法权益，或者当所服务船员的合法权益受到严重侵害时不履行法定义务。

第三十三条 海事管理机构工作人员有下列情形之一的，依法给予行政处分：

（一）违反规定给予船员服务机构许可；

（二）不依法履行监督检查职责；

（三）不依法实施行政强制或者行政处罚；

（四）滥用职权、玩忽职守的其他行为。

第六章 附　　则

第三十四条 为航行于香港特别行政区、澳门特别行政区和台湾地区的船舶提供船员服务的，按照为国际航行船舶提供船员服务管理，应当取得《甲级海船船员服务机构许可证》。

第三十五条 本规定施行前已开展船员服务的机构，符合本规定第七条第（一）至第（三）项、第（五）项规定，并且最近 3 年来为外国籍船舶提供配员 300 人以上的，可以按照本规定申请甲级海船船员服务机构资质。

第三十六条 本规定自 2008 年 10 月 1 日起施行。

中华人民共和国船员培训管理规则

（交通运输部令　2013 年第 15 号）

第一章　总　　则

第一条　为加强船员培训管理，保证船员培训质量，提高船员素质，依据《中华人民共和国船员条例》以及中华人民共和国缔结或者加入的有关国际公约，制定本规则。

第二条　在中华人民共和国境内从事船员培训业务的，适用本规则。

第三条　船员培训实行社会化，从事船员培训业务应当依法经营，诚实信用，公平竞争。

船员培训管理应当公平、公正、公开和便民。

第四条　交通运输部主管全国船员培训工作。

中华人民共和国海事局负责统一实施船员培训管理工作。

各级海事管理机构依照各自职责具体负责船员培训的监督管理工作。

第五条　交通运输部应当按照国家有关法律、行政法规和我国缔结或者加入的有关国际公约的规定，确定船员培训的具体项目，制定相应的培训大纲，并向社会公布。

第六条　航运公司及相关机构应当为船员参加船员培训提供便利，组织开展船员船上培训和知识更新培训。

第二章　船员培训的种类和项目

第七条　船员培训按照培训内容分为船员基本安全培训、船员适任培训和特殊培训三类。

船员培训按照培训对象分为海船船员培训和内河船舶船员培训两类。

第八条　船员基本安全培训，指船员在上船任职前接受的个人求生技能、消防、基本急救以及个人安全和社会责任等方面的培训，包含以下培训项目：

（一）海船船员基本安全；

（二）内河船舶船员基本安全。

第九条　船员适任培训，指船员在取得适任证书前接受的使船员适应拟任岗位所需的专业技术知识和专业技能的培训，包括船员岗位适任培训和船员专业技能适任培训。

船员岗位适任培训分为海船船员岗位适任培训和内河船舶船员岗位适任培训。其中，海船船员岗位适任培训包含以下培训项目：

（一）船长；

（二）轮机长；

（三）大副；

（四）大管轮；

（五）三副；

（六）三管轮；

（七）电子电气员；

（八）高级值班水手；

（九）高级值班机工；

（十）普通值班机工；

（十一）普通值班水手；

（十二）电子技工；

（十三）全球海上遇险和安全系统（GMDSS）操作员；

（十四）引航员；

（十五）非自航船舶船员；

（十六）水上飞机驾驶员；

（十七）地效翼船船员；

（十八）游艇操作人员；

（十九）摩托艇驾驶员。

内河船舶船员岗位适任培训包含以下培训项目：

（一）驾驶岗位；

（二）轮机岗位。

船员专业技能适任培训仅针对海船船员，包含以下培训项目：

（一）精通救生艇筏和救助艇；

（二）精通快速救助艇；

（三）高级消防；

（四）精通急救；

（五）船上医护；

（六）保安意识；

（七）负有指定保安职责船员；

（八）船舶保安员。

第十条　特殊培训，指针对在危险品船、客船、大型船舶等特殊船舶上工作的船员所进行的培训，分为海船船员特殊培训和内河船舶船员特殊培训。其中，海船船员特殊培训包含以下培训项目：

（一）油船和化学品船货物操作基本培训；

（二）油船货物操作高级培训；

（三）化学品船货物操作高级培训；

(四)液化气船货物操作基本培训;

(五)液化气船货物操作高级培训;

(六)客船船员特殊培训;

(七)大型船舶操纵特殊培训;

(八)高速船船员特殊培训;

(九)船舶装载散装固体危险和有害物质作业特殊培训;

(十)船舶装载包装危险和有害物质作业特殊培训。

内河船舶船员特殊培训包含以下培训项目:

(一)油船;

(二)散装化学品船;

(三)液化气船;

(四)客船;

(五)高速船;

(六)滚装船;

(七)载运包装危险货物船舶;

(八)液化气燃料动力装置船。

第三章　船员培训的许可

第十一条　船员培训实行许可制度。

培训机构应当按照本规则的规定,针对不同的船员培训项目,申请并取得特定的船员培训许可,方可开展相应的船员培训业务。

前款培训机构指依法成立的院校、企事业单位或者社会团体。

任何国家机关以及船员培训和考试的主管部门均不得举办或者参与举办船员培训。

第十二条　培训机构从事船员培训业务,根据其开展培训的类别和项目,应当符合下列许可条件:

(一)有符合交通运输部按照国际公约规定的与培训类别和项目相匹配的具体技术要求的场地、设施和设备。

(二)有符合交通运输部按照国际公约规定的与培训类别和项目相匹配的具体技术要求的教学人员,教学人员的80%应当通过中华人民共和国海事局组织的考试,并取得相应证明。

(三)有与船员培训项目相适应的管理人员:

1.配备专职教学管理人员、教学设施设备管理人员、培训发证管理人员和档案管理人员;

2.教学管理人员至少2人,具有航海类中专以上学历或者其他专业大专以上学历,熟悉相关法规,熟悉所管理的培训项目;

3. 教学设施设备管理人员至少 1 人，具有中专以上学历，能够熟练操作所管理的设施、设备。

（四）有健全的船员培训管理制度，具体包括学员管理制度、教学人员管理制度、培训课程设置制度、培训证明发放制度、教学设施设备管理制度和档案管理制度。

（五）有健全的安全防护制度，具体包括人身安全防护制度和突发事件应急制度等。

（六）有符合交通运输部规定的船员培训质量控制体系。

第十三条 培训机构申请从事船员培训业务，应当向中华人民共和国海事局提出申请，并提交下列申请材料：

（一）开展船员培训申请；

（二）培训机构的法人代码证；

（三）培训场地、设施、设备的情况说明；

（四）教学人员的情况说明及证明材料；

（五）管理人员的情况说明及证明材料；

（六）法规、技术资料的配备情况说明；

（七）船员培训管理制度和安全防护制度文本；

（八）船员培训质量控制体系文件。

培训机构申请从事海船船员培训业务的，还应当同时将申请材料抄送注册地交通运输部直属海事管理机构。

培训机构申请从事内河船舶船员培训业务的，还应当同时将申请材料抄送注册地交通运输部直属海事管理机构或者省级地方海事管理机构。

第十四条 船员培训申请的受理工作应当按照《交通行政许可实施程序规定》的有关要求办理。

第十五条 中华人民共和国海事局应当自受理申请之日起 30 日内，做出批准或者不予批准的决定。予以批准的，发给《中华人民共和国船员培训许可证》（以下简称《船员培训许可证》）；不予批准的，书面通知申请人并说明理由。

中华人民共和国海事局在受理船员培训申请之后，可以委托交通运输部直属海事管理机构或者省级地方海事管理机构对培训机构进行现场核验。

现场核验是对培训机构是否具备许可条件所进行的全面、客观评价。现场核验的工作时间应当计入许可期限。

第十六条 《船员培训许可证》应当载明培训机构的名称、地址、法定代表人、准予开展的船员培训项目、地点、有效期及其他有关事项。

《船员培训许可证》的有效期为 5 年。

第十七条 《船员培训许可证》记载事项发生变更的，培训机构应当向中华人民共和国海事局申请办理变更手续。

增加培训项目的，应当按照本规则的规定重新提出申请。

第十八条 《船员培训许可证》实施中期核查制度。

中华人民共和国海事局应当自《船员培训许可证》发证之日起第二周年至第三周年之间对船员培训机构开展中期核查。

第十九条 中华人民共和国海事局在中期核查过程中，可以要求船员培训机构提交下列材料：

（一）船员培训机构符合培训许可条件的说明材料；

（二）开展船员培训活动的情况说明；

（三）其他相关材料。

中期核查合格的，中华人民共和国海事局应当在《船员培训许可证》上进行签注；中期核查不合格的，中华人民共和国海事局应当责令限期改正。培训机构在规定期限内未能改正的，中华人民共和国海事局应当依法撤销相应的《船员培训许可证》。

第二十条 船员培训机构应当在《船员培训许可证》有效期届满之日30日以前，向中华人民共和国海事局申请办理《船员培训许可证》延续手续。中华人民共和国海事局应当自受理延续申请之日起30日内，做出批准或者不予批准的决定。

申请办理《船员培训许可证》延续手续，应当提交下列材料：

（一）《船员培训许可证》延续申请；

（二）本规则第十三条第一款第（二）项至第（八）项规定的材料。

第二十一条 有下列情形之一的，中华人民共和国海事局应当办理《船员培训许可证》注销手续：

（一）培训机构自行申请注销的；

（二）法人依法终止的；

（三）《船员培训许可证》被依法撤销或者吊销的。

第四章 船员培训的实施

第二十二条 培训机构应当按照《船员培训许可证》载明的培训项目、地点和海事管理机构确定的培训规模开展船员培训。

船员应当在取得《船员培训许可证》的培训机构，完成规定项目的船员培训。

第二十三条 培训机构应当按照交通运输部规定的船员培训大纲和水上交通安全、防治船舶污染等要求设置培训课程、制定培训计划并开展培训。

培训机构开展培训的课程应当经过海事管理机构确认。

第二十四条 培训机构所有的培训场地、设施、设备应当处于良好的使用状态，并应当具备足够的备用品，培训的易耗品应当得到及时补充，以保障培训的正常进行。

第二十五条 从事船员培训的教员不得在两个以上的培训机构担任自有教员。

前款所称“自有教员”指与培训机构所订立劳动合同的期限在1年以上的教员。

第二十六条 培训机构应当将《船员培训许可证》悬挂在经营场所的醒目位置，公示其培训项目、收费项目、收费标准以及师资等情况。

培训机构不得采取欺骗学员等不正当竞争手段开展培训、经营活动。

第二十七条 培训机构在招生时应当向学员告知中华人民共和国海事局规定的有关培训项目中对船员年龄、持证情况、船上服务资历、见习资历、安全任职记录、身体健康状况等方面的要求。

第二十八条 培训机构应当按照中华人民共和国海事局的规定对培训活动如实做好记录。

第二十九条 培训机构应当在每期培训班开班3日前以书面或者电子方式将培训计划报海事管理机构备案,备案内容应当包括培训规模、教学计划和日程安排、承担本期培训教学的教员情况及培训设施、设备、教材等准备情况。

培训机构应当在每期培训班开班之日起3日内将学员名册向海事管理机构备案。

第三十条 培训机构应当保持船员培训质量控制体系的有效运行。

第三十一条 培训机构应当为在本机构参加培训的学员建立培训档案,并在培训结束后出具相应的《船员培训证明》。

对培训出勤率低于规定培训课时90%的学员,培训机构不得出具培训证明。

第三十二条 学员完成培训并取得培训证明后,可以向海事管理机构申请相应培训项目的考试、评估。

第三十三条 对已按照规定完成培训并且考试、评估合格的学员,由海事管理机构依据相关规定签发相应的考试、评估合格证明。

第三十四条 培训机构使用模拟器进行培训的,所使用的模拟器应当符合经修正的《1978年海员培训、发证和值班标准国际公约》以及模拟器功能和性能标准的要求。模拟器模拟功能和性能标准由中华人民共和国海事局制定。

使用模拟器培训前,培训机构应当充分进行测试以确保其与培训目标相适应。

第五章 监督检查

第三十五条 海事管理机构应当建立健全船员培训监督检查制度,督促培训机构落实船员培训管理制度和安全防护制度。

第三十六条 海事管理机构应当配备中华人民共和国海事局规定的符合培训管理、考试、评估、发证要求的设备、资料,建立辖区内培训机构档案,对培训机构实施日常监督管理和业务指导。

第三十七条 海事管理机构应当对每期培训至少进行一次检查,但对经评估确认质量体系运行、培训质量和社会声誉良好的培训机构,可以定期检查。检查应当包括以下重点内容:

(一)教学计划的执行情况;

(二)承担本期培训教学任务的教员情况和授课情况;

(三)培训设施、设备、教材的使用、补充情况;

（四）培训规模与师资配备要求的符合情况；

（五）学员的出勤情况。

第三十八条 海事管理机构实施监督检查时，应当有2名以上执法人员参加，并出示有效的执法证件。

第三十九条 海事管理机构实施监督检查，可以询问当事人，向有关培训机构或者个人了解情况，查阅、复制有关资料，并保守被调查培训机构的商业秘密或者个人隐私。

海事管理机构实施监督检查应当做好相关记录并予以保存。

第四十条 接受海事管理机构监督检查的培训机构或者个人，应当如实反映情况和提供资料。

第四十一条 海事管理机构实施监督检查发现培训机构不再具备许可条件的，由海事管理机构责令限期改正。

培训机构在规定期限内未能改正的，中华人民共和国海事局应当依法撤销相应的《船员培训许可证》。

第四十二条 海事管理机构应当公开船员培训的管理事项、办事程序、举报电话、通信地址、电子邮件信箱等信息，自觉接受社会监督。

第六章 法律责任

第四十三条 违反本规则的规定，未取得《船员培训许可证》擅自从事船员培训的，由海事管理机构处5万元以上25万元以下罚款，有违法所得的，还应当没收违法所得。

前款“未取得《船员培训许可证》擅自从事船员培训”包括下列情形：

（一）无《船员培训许可证》擅自从事船员培训的；

（二）以欺骗、贿赂等非法手段取得《船员培训许可证》的；

（三）未按照《船员培训许可证》载明的事项从事船员培训的。

第四十四条 违反本规则的规定，船员培训机构未按照交通运输部规定的培训大纲和水上交通安全、防治船舶污染等要求进行培训的，由海事管理机构责令改正，可以处2万元以上10万元以下罚款；情节严重的，给予暂扣《船员培训许可证》6个月以上2年以下直至吊销《船员培训许可证》的处罚。

第四十五条 海事管理机构工作人员有下列情形之一的，依法给予行政处分：

（一）违反规定给予船员培训许可；

（二）不依法履行监督检查职责；

（三）不依法实施行政强制或者行政处罚；

（四）滥用职权、玩忽职守的其他行为。

第四十六条 违反本规则的规定，情节严重，构成犯罪的，依法追究刑事责任。

第七章 附 则

第四十七条 具有开展全日制航海中专、专科及以上学历教育资格的院校，经中华人民共和国海事局同意后，招收的全日制航海专业学生完成学校规定的教程并取得毕业证书，等同完成本规则规定的三副、三管轮岗位适任培训。

中华人民共和国海事局应当定期公布前款所述的院校名单。

第四十八条 持有经修正的《1978 年海员培训、发证和值班标准国际公约》其他缔约国签发的船员培训合格证的中国籍船员，经中华人民共和国海事局确认符合《1978 年海员培训、发证和值班标准国际公约》规定的有关最低适任标准后，可按规定申请换发相应的合格证明。

第四十九条 《船员培训许可证》由中华人民共和国海事局统一印制。

第五十条 本规则自 2009 年 10 月 1 日起施行。1997 年颁布的《中华人民共和国船员培训管理规则》（交通部 1997 年第 13 号令）同时废止。

中华人民共和国海上船舶污染事故调查处理规定

（交通运输部令　2013年第16号）

第一章　总　　则

第一条　为了规范船舶污染事故调查处理工作，依据《中华人民共和国海洋环境保护法》、《中华人民共和国防治船舶污染海洋环境管理条例》等规定，制定本规定。

第二条　本规定适用于造成中华人民共和国管辖海域污染的船舶污染事故的调查处理。

第三条　国务院交通运输主管部门主管船舶污染事故调查处理工作。

国家海事管理机构负责指导、管理和实施船舶污染事故调查处理工作。

各级海事管理机构依照各自职责负责具体开展船舶污染事故调查处理工作。

第四条　船舶污染事故调查处理应当遵循及时、客观、公平、公正的原则，查明事故原因，认定事故责任。

第二章　事 故 报 告

第五条　发现船舶及其有关水上交通事故、作业活动造成或者可能造成海洋环境污染的单位和个人，应当立即将有关情况向就近的海事管理机构报告。海事管理机构接到报告后，应当按照应急预案的要求进行报告和通报。

第六条　发生污染事故的船舶、有关作业单位，应当在采取应急措施的同时及时、妥善地保存相关事故信息，立即向就近的海事管理机构报告以下事项：

（一）船舶的名称、国籍、呼号、识别号或者编号；

（二）船舶所有人、经营人或者管理人、污染损害赔偿责任保险人的名称、地址和联系方式；

（三）相关水文和气象情况；

（四）污染物的种类、基本特性、数量、装载位置等情况；

（五）事故原因或者事故原因的初步判断；

（六）事故污染情况；

（七）已经采取或者准备采取的污染控制、清除措施以及救助要求；

（八）签订了船舶污染清除协议的，还应当报告船舶污染清除单位的名称和联系方式；

（九）船舶、有关作业单位认为需要报告的其他事项。

船舶、有关作业单位向海事管理机构报告后，经核实发现报告内容与事实情况不符的，应当立即对报告内容予以更正。

第七条 发生污染事故的船舶、有关作业单位，应当在事故发生后24小时内向就近的海事管理机构提交《船舶污染事故报告书》。因特殊情况不能在规定时间内提交《船舶污染事故报告书》的，经海事管理机构同意后可予适当延迟，但最长不得超过48小时。

《船舶污染事故报告书》至少应当包括以下内容：

（一）船舶及船舶所有人、经营人或者管理人的有关情况；

（二）污染事故概况；

（三）应急处置情况；

（四）污染损害赔偿责任保险情况；

（五）其他与事故有关的事项。

第八条 中国籍船舶在中华人民共和国管辖海域外发生的船舶污染事故，其所有人或经营人应当立即向船籍港所在地直属海事管理机构报告，并在48小时内提交《船舶污染事故报告书》；船舶应当在到达国内第一港口之前提前24小时向船籍港直属海事管理机构报告，并接受调查处理。

第九条 船舶污染事故报告后出现的新情况及污染事故的处置进展情况，船舶、有关单位应当及时补充报告。

第三章　事 故 调 查

第十条 船舶污染事故调查处理依照下列规定组织实施：

（一）特别重大船舶污染事故由国务院或者国务院授权国务院交通运输主管部门等部门组织事故调查处理；

（二）重大船舶污染事故由国家海事管理机构组织事故调查处理；

（三）较大船舶污染事故由事故发生地直属海事管理机构负责调查处理；

（四）一般船舶污染事故由事故发生地海事管理机构负责事故调查处理。

船舶污染事故发生地不明的，由事故发现地海事管理机构负责调查处理。事故发生地或者事故发现地跨管辖区域或者相关海事管理机构对管辖权有争议的，由共同的上级海事管理机构确定调查处理机构。

在中华人民共和国管辖海域外发生的船舶污染事故，造成中华人民共和国管辖海域污染的，调查处理机构由国家海事管理机构指定。

中国籍船舶在中华人民共和国管辖海域外发生重大及以上船舶污染事故造成或者可能造成严重影响的，国家海事管理机构可派员开展事故调查。

船舶污染事故给渔业造成损害的，应当吸收渔业主管部门参与调查处理；给军事港口水域造成损害的，应当吸收军队有关主管部门参与调查处理。

第十一条 船舶因发生海上交通事故造成海洋环境污染的，海事管理机构对船舶污染事故的调查应当与船舶交通事故的调查同时进行。

第十二条 海事管理机构接到船舶污染事故报告后，应当及时进行核查取证，开展现场调查工作。

经核实不属于船舶污染事故的,及时通报相关部门处理。

第十三条 船舶污染事故调查应当由至少两名船舶污染事故调查人员实施。

船舶污染事故调查人员应当经过国家海事管理机构组织的培训,具有相应的船舶污染事故调查处理能力。

第十四条 发生下列情况时,船舶污染事故调查处理机构可以组织开展国际、国内船舶污染事故协查:

(一)污染事故肇事船舶逃逸的;

(二)污染事故嫌疑船舶已经开航离港的;

(三)辖区发生污染事故但暂时无法确认污染来源,经分析可能为过往船舶所为的;

(四)其他需要组织协查的情况。

国际间的船舶污染事故协查,由国家海事管理机构统一组织协调。

第十五条 船舶污染事故调查处理机构调查船舶污染事故,应当勘验事故现场,检查相关船舶,询问相关人员,收集证据,查明事故原因。

第十六条 下列材料可以作为船舶污染事故调查的证据:

(一)书证、物证、视听资料;

(二)证人证言;

(三)当事人陈述;

(四)鉴定结论;

(五)勘验笔录、调查笔录、现场笔录;

(六)其他可以证明事实的证据。

第十七条 船舶污染事故的当事人和其他有关人员应当配合调查,如实反映情况和提供资料,不得伪造、隐匿、毁灭证据或者以其他方式妨碍调查取证。

船舶污染事故的当事人和其他有关人员提供的书证、物证、视听资料应当是原件原物,提供抄录件、复印件、照片等非原件原物的,应当签字确认;拒绝确认的,事故调查人员应当注明有关情况。

第十八条 船舶污染事故调查处理机构根据调查处理工作的需要可以行使以下职权:

(一)责令船舶污染事故当事人提供相关技术鉴定或者检验、检测报告;

(二)暂扣相应的证书、文书、资料;

(三)禁止船舶驶离港口或者责令停航、改航、驶往指定地点、停止作业、暂扣船舶。

第四章 事故处理

第十九条 船舶污染事故调查处理机构应当根据船舶污染事故现场勘验、检查、调查情况和有关的技术鉴定、检验、检测报告,完成船舶污染事故调查。

第二十条 船舶污染事故调查处理机构应当自事故调查结束之日起20个工作日内制

作《船舶污染事故认定书》，并送达当事人。

《船舶污染事故认定书》应当载明事故基本情况、事故原因和事故责任。

海事管理机构在接到船舶污染事故报告或者发现船舶污染事故之日起 6 个月内无法查明污染源或者无法找到造成污染船舶的，经船舶污染事故调查处理机构负责人批准可以终止事故调查，并在《船舶污染事故认定书》中注明终止调查的原因。

第二十一条 船舶污染事故当事人对事故认定不服的，可以在收到《船舶污染事故认定书》之日起 15 日内，向船舶污染事故调查处理机构或者其上级机构申请一次重新认定。

第二十二条 造成海洋环境污染的船舶应当在开航前缴清海事管理机构为减轻污染损害而采取的清除、打捞、拖航、引航过驳等应急处置措施的相关费用或者提供相应的财务担保。

财务担保应当是现金担保、由境内银行或者境内保险机构提供的信用担保。

第二十三条 重大以上船舶污染事故的调查处理报告应当向国务院交通运输主管部门备案。其中重大以上船舶海上溢油事故的调查处理情况，国务院交通运输主管部门应当向国家海上溢油应急处置部际联席会议通报。

第二十四条 海上船舶污染事故调查处理的信息发布应当及时、准确。

海上船舶污染事故调查处理信息，由负责组织调查处理工作的机构审核后按照新闻发布的相关规定发布。参与事故调查处理的单位或者个人不得擅自发布相关信息。

第二十五条 船舶污染事故引起的污染损害赔偿争议，当事人可以向海事管理机构申请调解，海事管理机构也可以主动调解。

当事人一方拒绝调解的，海事管理机构不得调解。

征得所有当事人同意后，调解可以邀请其他利害关系人参加。

第二十六条 调解人员应当按照有关法律、法规的规定，对船舶污染损害赔偿争议进行调解。调解成功的，由各方当事人共同签署《船舶污染事故民事纠纷调解协议书》。

《船舶污染事故民事纠纷调解协议书》由当事人各执一份，调查处理机构留存一份。

第二十七条 在调解过程中，当事人向人民法院提起诉讼或者申请仲裁的，应当及时通知海事管理机构，调解自动终止。

当事人中途退出调解的，应当向海事管理机构提交退出调解的书面申请，海事管理机构应当终止调解，并及时通知其他当事人。

海事管理机构调解不成，或者在 3 个月内未达成调解协议的，应当终止调解。

第五章 法律责任

第二十八条 船舶、有关作业单位违反本规定的，海事管理机构应当责令改正；拒不改正的，海事管理机构可以责令停止作业、强制卸载，禁止船舶进出港口、靠泊、过境停留，或者责令停航、改航、离境、驶向指定地点。

第二十九条 违反本规定，船舶污染事故的当事人和其他有关人员有下列行为之一的，由海事管理机构处以 1 万元以上 5 万元以下的罚款：

（一）未如实向组织事故调查处理的机关或者海事管理机构反映情况的；

（二）伪造、隐匿、毁灭证据或者以其他方式妨碍调查取证的。

第三十条 发生船舶污染事故，船舶、有关作业单位迟报、漏报事故的，对船舶、有关作业单位，由海事管理机构处 5 万元以上 25 万元以下的罚款；对直接负责的主管人员和其他直接责任人员，由海事管理机构处 1 万元以上 5 万元以下的罚款。直接负责的主管人员和其他直接责任人员属于船员的，并处给予暂扣适任证书或者其他有关证件 3 个月至 6 个月的处罚。

本条所称迟报、漏报包括下列情形：

（一）发生船舶污染事故后，未立即向就近的海事管理机构报告的，因不可抗力无法报告的除外；

（二）船舶污染事故报告的内容与事实情况不符，未及时对报告内容予以更正的；

（三）未在规定时限内向海事管理机构提交《船舶污染事故报告书》的；

（四）提交的《船舶污染事故报告书》内容不完整。

第三十一条 发生船舶污染事故，船舶、有关作业单位瞒报、谎报事故的，对船舶、有关作业单位，由海事管理机构处 25 万元以上 50 万元以下的罚款；对直接负责的主管人员和其他直接责任人员，由海事管理机构处 5 万元以上 10 万元以下的罚款。直接负责的主管人员和其他直接责任人员属于船员的，并处给予吊销适任证书或者其他有关证件的处罚。

本条所称瞒报、谎报包括下列情形：

（一）发生船舶污染事故后，故意不向海事管理机构报告的；

（二）发现船舶污染事故报告的内容与事实情况不符，故意不对报告内容予以更正的；

（三）发生船舶污染事故后，编造虚假信息或者伪造、变造证据，不如实向海事管理机构报告的；

（四）提交《船舶污染事故报告书》弄虚作假的。

第三十二条 在事故调查结束后，海事管理机构对造成船舶污染事故的责任船舶、有关作业单位按照污染事故直接损失的百分之三十处以罚款，但最高不得超过 30 万元。负有直接责任的主管人员和其他直接责任人员属于国家工作人员的，依法给予行政处分。

直接经济损失是指与船舶污染事故有直接因果关系而造成的财产毁损、减少的实际价值。包括：

（一）为防止或者减轻船舶污染损害采取预防措施所发生的费用，以及预防措施造成的进一步灭失或者损害；

（二）船舶污染事故造成该船舶之外的财产损害；

（三）对受污染的环境已采取或将要采取合理恢复措施的费用。

第三十三条 船舶污染事故造成珊瑚礁、红树林等海洋生态系统及海洋水产资源、海洋保护区破坏的，海事管理机构应当责令相关责任船舶、作业单位限期改正和采取补救措施，并处 1 万元以上 10 万元以下的罚款;有违法所得的,没收其违法所得。

第六章　附　　则

第三十四条　国务院交通运输主管部门所辖港区水域内军事船舶和港区水域外渔业船舶、军事船舶污染事故的调查处理,国家法律、行政法规另有规定的,从其规定。

第三十五条　《船舶污染事故报告书》、《船舶污染事故认定书》、《船舶污染事故民事纠纷调解协议书》及《船舶污染事故民事纠纷调解终止通知书》的格式由国家海事管理机构规定。

第三十六条　本规定自 2012 年 2 月 1 日起施行。

国内水路运输管理规定

（交通运输部令　2015年第5号）

第一章　总　　则

第一条　为规范国内水路运输市场管理，维护水路运输经营活动各方当事人的合法权益，促进水路运输事业健康发展，依据《国内水路运输管理条例》制定本规定。

第二条　国内水路运输管理适用本规定。

本规定所称水路运输，是指始发港、挂靠港和目的港均在中华人民共和国管辖的通航水域内使用船舶从事的经营性旅客运输和货物运输。

第三条　水路运输按照经营区域分为沿海运输和内河运输，按照业务种类分为货物运输和旅客运输。

货物运输分为普通货物运输和危险货物运输。危险货物运输分为包装、散装固体和散装液体危险货物运输。散装液体危险货物运输包括液化气体船运输、化学品船运输、成品油船运输和原油船运输。普通货物运输包含拖航。

旅客运输包括普通客船运输、客货船运输和滚装客船运输。

第四条　交通运输部主管全国水路运输管理工作，并按照本规定具体实施有关水路运输管理工作。

县级以上地方人民政府交通运输主管部门主管本行政区域的水路运输管理工作。县级以上地方人民政府负责水路运输管理的部门或者机构（以下统称水路运输管理部门）具体实施水路运输管理工作。

第二章　水路运输经营者

第五条　申请经营水路运输业务，除个人申请经营内河普通货物运输业务外，申请人应当符合下列条件：

（一）具备企业法人资格。

（二）有明确的经营范围，包括经营区域和业务种类。经营水路旅客班轮运输业务的，还应当有班期、班次以及拟停靠的码头安排等可行的航线营运计划。

（三）有符合本规定要求的船舶，且自有船舶运力应当符合附件1的要求。

（四）有符合本规定要求的海务、机务管理人员。

（五）有符合本规定要求的与其直接订立劳动合同的高级船员。

（六）有健全的安全管理机构及安全管理人员设置制度、安全管理责任制度、安全监督检查制度、事故应急处置制度、岗位安全操作规程等安全管理制度。

第六条 个人只能申请经营内河普通货物运输业务，并应当符合下列条件：

（一）经工商行政管理部门登记的个体工商户；

（二）有符合本规定要求的船舶，且自有船舶运力不超过600总吨；

（三）有安全管理责任制度、安全监督检查制度、事故应急处置制度、岗位安全操作规程等安全管理制度。

第七条 水路运输经营者投入运营的船舶应当符合下列条件：

（一）与水路运输经营者的经营范围相适应。从事旅客运输的，应当使用普通客船、客货船和滚装客船（统称为客船）运输；从事散装液体危险货物运输的，应当使用液化气体船、化学品船、成品油船和原油船（统称为危险品船）运输；从事普通货物运输、包装危险货物运输和散装固体危险货物运输的，可以使用普通货船运输。

（二）持有有效的船舶所有权登记证书、船舶国籍证书、船舶检验证书以及按照相关法律、行政法规规定证明船舶符合安全与防污染和入级检验要求的其他证书。

（三）符合交通运输部关于船型技术标准、船龄以及节能减排的要求。

第八条 除个体工商户外，水路运输经营者应当配备满足下列要求的专职海务、机务管理人员：

（一）海务、机务管理人员数量满足附件2的要求；

（二）海务、机务管理人员的从业资历与其经营范围相适应：

1. 经营普通货船运输的，应当具有不低于大副、大管轮的从业资历；

2. 经营客船、危险品船运输的，应当具有船长、轮机长的从业资历。

（三）海务、机务管理人员所具备的业务知识和管理能力与其经营范围相适应，身体条件与其职责要求相适应。

第九条 除个体工商户外，水路运输经营者按照有关规定应当配备的高级船员中，与其直接订立一年以上劳动合同的高级船员的比例应当满足下列要求：

（一）经营普通货船运输的，高级船员的比例不低于25%；

（二）经营客船、危险品船运输的，高级船员的比例不低于50%。

第十条 交通运输部具体实施下列水路运输经营许可：

（一）省际客船运输、省际危险品船运输的经营许可；

（二）国务院国有资产监督管理机构履行出资人职责的水路运输企业及其控股公司的经营许可。

省级人民政府水路运输管理部门具体实施省际普通货船运输的经营许可。省内水路运输经营许可的具体权限由省级人民政府交通运输主管部门决定，向社会公布。但个人从事内河省际、省内普通货物运输的经营许可由设区的市级人民政府水路运输管理部门具体实施。

第十一条 申请经营水路运输业务或者变更水路运输经营范围，应当向其所在地设区的市级人民政府水路运输管理部门提交申请书和证明申请人符合本规定要求的相关材料。

第十二条 受理申请的水路运输管理部门不具有许可权限的，当场核实申请材料中的原件与复印件的内容一致后，在5个工作日内提出初步审查意见并将全部申请材料转报至具有许可权限的部门。

第十三条 具有许可权限的部门，对符合条件的，应当在20个工作日内作出许可决定，向申请人颁发《国内水路运输经营许可证》，并向其投入运营的船舶配发《船舶营业运输证》。申请经营水路旅客班轮运输业务的，还应当向申请人颁发该班轮航线运营许可证件。不符合条件的，不予许可，并书面通知申请人不予许可的理由。

《国内水路运输经营许可证》和《船舶营业运输证》应当通过全国水路运政管理信息系统核发，并逐步实现行政许可网上办理。

第十四条 除购置或者光租已取得相应水路运输经营资格的船舶外，水路运输经营者新增客船、危险品船运力，应当经其所在地设区的市级人民政府水路运输管理部门向具有许可权限的部门提出申请。

具有许可权限的部门根据运力运量供求情况对新增运力申请予以审查。根据运力供求情况需要对新增运力予以数量限制时，依据经营者的经营规模、管理水平、安全记录、诚信经营记录等情况，公开竞争择优作出许可决定。

水路运输经营者新增普通货船运力，应当在船舶开工建造后15个工作日内向所在地设区的市级人民政府水路运输管理部门备案。

第十五条 交通运输部在特定的旅客班轮运输和散装液体危险货物运输航线、水域出现运力供大于求状况，可能影响公平竞争和水路运输安全的情形下，可以决定暂停对特定航线、水域的旅客班轮运输和散装液体危险货物运输新增运力许可。

暂停新增运力许可期间，对暂停范围内的新增运力申请不予许可，对申请投入运营的船舶，不予配发《船舶营业运输证》，但暂停决定生效前已取得新增运力批准且已开工建造、购置或者光租的船舶除外。

第十六条 交通运输部对水路运输市场进行监测，分析水路运输市场运力状况，定期公布监测结果。

对特定的旅客班轮运输和散装液体危险货物运输航线、水域暂停新增运力许可的决定，应当依据水路运输市场监测分析结果作出。

采取暂停新增运力许可的运力调控措施，应当符合公开、公平、公正的原则，在开始实施的60日前向社会公告，说明采取措施的理由以及采取措施的范围、期限等事项。

第十七条 《国内水路运输经营许可证》的有效期为5年。《船舶营业运输证》的有效期按照交通运输部的有关规定确定。水路运输经营者应当在证件有效期届满前的30日内向原许可机关提出换证申请。原许可机关应当依照本规定进行审查，符合条件的，予以换发。

第十八条 发生下列情况后，水路运输经营者应当在15个工作日内以书面形式向原许

可机关备案,并提供相关证明材料:

(一)法定代表人或者主要股东发生变化;

(二)固定的办公场所发生变化;

(三)海务、机务管理人员发生变化;

(四)与其直接订立一年以上劳动合同的高级船员的比例发生变化;

(五)经营的船舶发生重大以上安全责任事故;

(六)委托的船舶管理企业发生变更或者委托管理协议发生变化。

第十九条 水路运输经营者终止经营的,应当自终止经营之日起 15 个工作日内向原许可机关办理注销手续,交回许可证件。

已取得《船舶营业运输证》的船舶报废、转让或者变更经营者,应当自发生上述情况之日起 15 个工作日内向原许可机关办理《船舶营业运输证》注销、变更手续。

第三章 水路运输经营行为

第二十条 水路运输经营者应当保持相应的经营资质条件,按照《国内水路运输经营许可证》核定的经营范围从事水路运输经营活动。

已取得省际水路运输经营资格的水路运输经营者和船舶,可凭省际水路运输经营资格从事相应种类的省内水路运输,但旅客班轮运输除外。

已取得沿海水路运输经营资格的水路运输经营者和船舶,可在满足航行条件的情况下,凭沿海水路运输经营资格从事相应种类的内河运输。

第二十一条 水路运输经营者不得出租、出借水路运输经营许可证件,或者以其他形式非法转让水路运输经营资格。

第二十二条 从事水路运输的船舶应当随船携带《船舶营业运输证》,不得转让、出租、出借或者涂改。《船舶营业运输证》遗失或者损毁的,应当及时向原配发机关申请补发。

第二十三条 水路运输经营者应该按照《船舶营业运输证》标定的载客定额、载货定额和经营范围从事旅客和货物运输,不得超载。

水路运输经营者使用客货船或者滚装客船载运危险货物时,不得载运旅客,但按照相关规定随船押运货物的人员和滚装车辆的司机除外。

第二十四条 水路运输经营者不得擅自改装客船、危险品船增加载客定额、载货定额或者变更从事散装液体危险货物运输的种类。

第二十五条 水路运输经营者应当使用规范的、符合有关法律法规和交通运输部规定的客票和运输单证。

第二十六条 水路旅客运输业务经营者应当拒绝携带国家规定的危险物品及其他禁止携带的物品的旅客乘船。船舶开航后发现旅客随船携带有危险物品及其他禁止携带的物品的,应当妥善处理,旅客应当予以配合。

第二十七条 水路旅客班轮运输业务经营者应当自取得班轮航线经营许可之日起 60

日内开航，并在开航的15日前通过媒体并在该航线停靠的各客运站点的明显位置向社会公布所使用的船舶、班期、班次、票价等信息，同时报原许可机关备案。

旅客班轮应当按照公布的班期、班次运行。变更班期、班次、票价的，水路旅客班轮运输业务经营者应当在变更的15日前向社会公布，并报原许可机关备案。停止经营部分或者全部班轮航线的，经营者应当在停止经营的30日前向社会公布，并报原许可机关备案。

第二十八条　水路货物班轮运输业务经营者应当在班轮航线开航的7日前，向社会公布所使用的船舶以及班期、班次和运价，并报原许可机关备案。

货物班轮运输应当按照公布的班期、班次运行；变更班期、班次、运价或者停止经营部分或者全部班轮航线的，水路货物班轮运输业务经营者应当在变更或者停止经营的7日前向社会公布，并报原许可机关备案。

第二十九条　水路旅客运输业务经营者应当以公布的票价销售客票，不得对相同条件的旅客实施不同的票价，不得以搭售、现金返还、加价等不正当方式变相变更公布的票价并获取不正当利益，不得低于客票载明的舱室或者席位等级安排旅客。

第三十条　水路运输经营者从事水路运输经营活动，应当依法经营，诚实守信，禁止以不合理的运价或者其他不正当方式、不规范行为争抢客源、货源及提供运输服务。

水路旅客运输业务经营者为招揽旅客发布信息，必须真实、准确，不得进行虚假宣传，误导旅客，对其在经营活动中知悉的旅客个人信息，应当予以保密。

第三十一条　水路旅客运输业务经营者应当就运输服务中的下列事项，以明示的方式向旅客作出说明或者警示：

（一）不适宜乘坐客船的群体；

（二）正确使用相关设施、设备的方法；

（三）必要的安全防范和应急措施；

（四）未向旅客开放的经营、服务场所和设施、设备；

（五）可能危及旅客人身、财产安全的其他情形。

第三十二条　水路运输经营者应当依照法律、行政法规和国家有关规定，优先运送处置突发事件所需物资、设备、工具、应急救援人员和受到突发事件危害的人员，重点保障紧急、重要的军事运输。

水路运输经营者应当服从交通运输主管部门对关系国计民生物资紧急运输的统一组织协调，按照要求优先、及时运输。

水路运输经营者应当按照交通运输主管部门的要求建立运输保障预案，并建立应急运输、军事运输和紧急运输的运力储备。

第三十三条　水路运输经营者应当按照国家统计规定报送运输经营统计信息。

第四章　外商投资企业和外国籍船舶的特别规定

第三十四条　外商投资企业申请从事水路运输，除满足本规定第五条规定的经营资质条件外，还应当符合下列条件：

（一）拟经营的范围内，国内水路运输经营者无法满足需求；

（二）应当具有经营水路运输业务的良好业绩和运营记录。

第三十五条 具有许可权限的部门可以根据国内水路运输实际情况，决定是否准许外商投资企业经营国内水路运输。

经批准取得水路运输经营许可的外商投资企业外方投资者或者外方投资股比等事项发生变化的，应当报原许可机关批准。原许可机关发现外商投资企业不再符合本规定要求的，应当撤销其水路运输经营资质。

第三十六条 符合下列情形并经交通运输部批准，水路运输经营者可以租用外国籍船舶在中华人民共和国港口之间从事不超过两个连续航次或者期限为30日的临时运输：

（一）没有满足所申请的运输要求的中国籍船舶；

（二）停靠的港口或者水域为对外开放的港口或者水域。

第三十七条 租用外国籍船舶从事临时运输的水路运输经营者，应当向交通运输部提交申请书、运输合同、拟使用的外籍船舶及船舶登记证书、船舶检验证书等相关证书和能够证明符合本规定规定情形的相关材料。申请书应当说明申请事由、承运的货物、运输航次或者期限、停靠港口。

交通运输部应当自受理申请之日起20个工作日内，对申请事项进行审核。对符合规定条件的，作出许可决定并且颁发许可文件；对不符合条件的，不予许可，并书面通知申请人不予许可的理由。

第三十八条 临时从事水路运输的外国籍船舶，应当遵守水路运输管理的有关规定，按照批准的范围和期限进行运输。

第五章 监督检查

第三十九条 交通运输部和水路运输管理部门依照有关法律、法规和本规定对水路运输市场实施监督检查。

第四十条 对水路运输市场实施监督检查，可以采取下列措施：

（一）向水路运输经营者了解情况，要求其提供有关凭证、文件及其他相关材料。

（二）对涉嫌违法的合同、票据、账簿以及其他资料进行查阅、复制。

（三）进入水路运输经营者从事经营活动的场所、船舶实地了解情况。

水路运输经营者应当配合监督检查，如实提供有关凭证、文件及其他相关资料。

第四十一条 水路运输管理部门对水路运输市场依法实施监督检查中知悉的被检查单位的商业秘密和个人信息应当依法保密。

第四十二条 实施现场监督检查的，应当当场记录监督检查的时间、内容、结果，并与被检查单位或者个人共同签署名章。被检查单位或者个人不签署名章的，监督检查人员对不签署的情形及理由应当予以注明。

第四十三条 水路运输管理部门在监督检查中发现水路运输经营者不符合本规定要求的经营资质条件的，应当责令其限期整改，并在整改期限结束后对该经营者整改情况进行复查，并作出整改是否合格的结论。

对运力规模达不到经营资质条件的整改期限最长不超过6个月，其他情形的整改期限最长不超过3个月。水路运输经营者在整改期间已开工建造但尚未竣工的船舶可以计入自有船舶运力。

第四十四条 水路运输管理部门应当建立健全水路运输市场诚信监督管理机制和服务质量评价体系，建立水路运输经营者诚信档案，记录水路运输经营者及从业人员的诚信信息，定期向社会公布监督检查结果和经营者的诚信档案。

水路运输管理部门应当建立水路运输违法经营行为社会监督机制，公布投诉举报电话、邮箱等，及时处理投诉举报信息。

水路运输管理部门应当将监督检查中发现或者受理投诉举报的经营者违法违规行为及处理情况、安全责任事故情况等记入诚信档案。违法违规情节严重可能影响经营资质条件的，对经营者给予提示性警告。不符合经营资质条件的，按照本规定第四十三条的规定处理。

第四十五条 水路运输管理部门应当与当地海事管理机构建立联系机制，按照《国内水路运输管理条例》的要求，做好《船舶营业运输证》查验处理衔接工作，及时将本行政区域内水路运输经营者的经营资质保持情况通报当地海事管理机构。

海事管理机构应当将有关水路运输船舶重大以上安全事故情况及结论意见及时书面通知该船舶经营者所在地设区的市级人民政府水路运输管理部门。水路运输管理部门应当将其纳入水路运输经营者诚信档案。

第六章 法律责任

第四十六条 水路运输经营者未按照本规定要求配备海务、机务管理人员的，由其所在地县级以上人民政府水路运输管理部门责令改正，处1万元以上3万元以下的罚款。

第四十七条 水路运输经营者或其船舶在规定期限内，经整改仍不符合本规定要求的经营资质条件的，由其所在地县级以上人民政府水路运输管理部门报原许可机关撤销其经营许可或者船舶营运证件。

第四十八条 从事水路运输经营的船舶超出《船舶营业运输证》核定的经营范围，或者擅自改装客船、危险品船增加《船舶营业运输证》核定的载客定额、载货定额或者变更从事散装液体危险货物运输种类的，按照《国内水路运输管理条例》第三十四条第一款的规定予以处罚。

第四十九条 水路运输经营者违反本规定，有下列行为之一的，由其所在地县级以上人民政府水路运输管理部门责令改正，处2000元以上1万元以下的罚款；一年内累计三次以上违反的，处1万元以上3万元以下的罚款：

（一）未履行备案义务；

（二）未以公布的票价或者变相变更公布的票价销售客票；

（三）进行虚假宣传，误导旅客或者托运人；

（四）以不正当方式或者不规范行为争抢客源、货源及提供运输服务扰乱市场秩序；

（五）使用的运输单证不符合有关规定。

第五十条 水路运输经营者拒绝管理部门根据本规定进行的监督检查或者隐匿有关资料或瞒报、谎报有关情况的，由其所在地县级以上人民政府水路运输管理部门予以警告，并处2000元以上1万元以下的罚款。

第五十一条 违反本规定的其他规定应当进行处罚的，按照《国内水路运输管理条例》执行。

第七章 附 则

第五十二条 本规定下列用语的定义：

（一）自有船舶，是指水路运输经营者将船舶所有权登记为该经营者且归属该经营者的所有权份额不低于51%的船舶。

（二）班轮运输，是指在固定港口之间按照预定的船期向公众提供旅客、货物运输服务的经营活动。

第五十三条 依法设立的水路运输行业组织可以依照法律、行政法规和章程的规定，制定行业经营规范和服务标准，组织开展职业道德教育和业务培训，对其会员的经营行为和服务质量进行自律性管理。

水路运输行业组织可以建立行业诚信监督、约束机制，提高行业诚信水平。对守法经营、诚实信用的会员以及从业人员，可以给予表彰、奖励。

第五十四条 经营内地与香港特别行政区、澳门特别行政区，以及大陆地区与台湾地区之间的水路运输，不适用于本规定。

在香港特别行政区、澳门特别行政区进行船籍登记的船舶临时从事内地港口之间的运输，在台湾地区进行船籍登记的船舶临时从事大陆港口之间的运输，参照适用本规定关于外国籍船舶的有关规定。

第五十五条 载客12人以下的客船运输、乡镇客运渡船运输以及与外界不通航的公园、封闭性风景区内的水上旅客运输不适用本规定。

第五十六条 本规定自2014年3月1日起施行。2008年5月26日交通运输部以交通运输部令2008年第2号公布的《国内水路运输经营资质管理规定》、1987年9月22日交通部以〔87〕交河字680号文公布、1998年3月6日以交水发〔1998〕107号文修改、2009年6月4日交通运输部以交通运输部令2009年第6号修改的《水路运输管理条例实施细则》、1990年9月28日交通部以交通部令1990年第22号公布、2009年交通运输部令2009年第7号修改的《水路运输违章处罚规定》同时废止。

国内水路运输辅助业管理规定

（交通运输部令　2014 年第 3 号）

第一章　总　　则

第一条　为规范国内水路运输辅助业务经营行为，维护水路运输市场秩序，促进水路运输事业健康发展，依据《国内水路运输管理条例》制定本规定。

第二条　国内水路运输辅助业务管理适用本规定。

本规定所称水路运输辅助业务，包括船舶管理、船舶代理、水路旅客运输代理、水路货物运输代理等水路运输辅助性业务经营活动。

第三条　交通运输部主管全国水路运输辅助业务管理工作。

县级以上人民政府交通运输主管部门主管本行政区域内的水路运输辅助业务管理工作。县级以上人民政府负责水路运输管理的部门或者机构（以下统称水路运输管理部门）具体实施水路运输辅助业务管理工作。

第四条　经营水路运输辅助业务，应当守法经营、公平竞争、诚实守信。

第二章　水路运输辅助业务经营者

第五条　申请经营船舶管理业务，申请人应当符合下列条件：

（一）具备企业法人资格；

（二）有符合本规定要求的海务、机务管理人员；

（三）有健全的安全管理机构和安全管理人员设置制度、安全管理责任制度、安全监督检查制度、事故应急处置制度、岗位安全操作规程等安全管理制度，以及与其申请管理的船舶种类相适应的船舶安全与防污染管理体系；

（四）法律、行政法规规定的其他条件。

第六条　船舶管理业务经营者应当配备满足下列要求的专职海务、机务管理人员：

（一）船舶管理业务经营者应当至少配备海务、机务管理人员各 1 人，配备的具体数量应当符合附件规定的要求；

（二）海务、机务管理人员的从业资历与其经营范围相适应，具有与管理的船舶种类和航区相对应的船长、轮机长的从业资历；

（三）海务、机务管理人员所具备的船舶安全管理、船舶设备管理、航海保障、应急处置等业务知识和管理能力与其经营范围相适应，身体条件与其职责要求相适应。

第七条　申请经营船舶管理业务或者变更船舶管理业务经营范围，应当向其所在地设区的市级人民政府水路运输管理部门提交申请书和证明申请人符合本规定要求的相关材料。

第八条 设区的市级人民政府水路运输管理部门收到申请后，应当依法核实或者要求申请人补正材料。并在受理申请之日起5个工作日内提出初步审查意见并将全部申请材料转报至省级人民政府水路运输管理部门。

省级人民政府水路运输管理部门应当依法对申请者的经营资质条件进行审查。符合条件的，应当在20个工作日内作出许可决定，向申请人颁发《国内船舶管理业务经营许可证》；不符合条件的，不予许可，并书面通知申请人不予许可的理由。

《国内船舶管理业务经营许可证》应当通过全国水路运政管理信息系统核发，并逐步实现行政许可网上办理。

第九条 《国内船舶管理业务经营许可证》的有效期为5年。船舶管理业务经营者应当在证件有效期届满前的30日内向原许可机关提出换证申请。原许可机关应当依照本规定进行审查，符合条件的，予以换发。

第十条 发生下列情况后，船舶管理业务经营者应当在15个工作日内以书面形式向原许可机关备案，并提供相关证明材料：

（一）法定代表人或者主要股东发生变化；

（二）固定的办公场所发生变化；

（三）海务、机务管理人员发生变化；

（四）管理的船舶发生重大以上安全责任事故；

（五）接受管理的船舶或者委托管理协议发生变化。

第十一条 船舶管理业务经营者终止经营的，应当自终止经营之日起15个工作日内向原许可机关办理注销手续，交回许可证件。

第十二条 从事船舶代理、水路旅客运输代理、水路货物运输代理业务，应当自工商行政管理部门准予设立登记之日起15个工作日内，向其所在地设区的市级人民政府水路运输管理部门办理备案手续，并递交下列材料：

（一）备案申请表；

（二）《企业法人营业执照》复印件；

（三）法定代表人身份证明材料。

设区的市级人民政府水路运输管理部门应当建立档案，及时向社会公布备案情况。

第十三条 从事船舶代理、水路旅客运输代理、水路货物运输代理业务经营者的名称、固定办公场所及联系方式、法定代表人、经营范围等事项发生变更或者终止经营的，应当在变更或者终止经营之日起15个工作日内办理变更备案。

第三章 水路运输辅助业务经营活动

第十四条 船舶管理业务经营者应当保持相应的经营资质条件，按照《国内船舶管理业务经营许可证》核定的经营范围从事船舶管理业务。

第十五条 船舶管理业务经营者不得出租、出借船舶管理业务经营许可证件，或者以其他形式非法转让船舶管理业务经营资格。

第十六条 船舶管理业务经营者接受委托提供船舶管理服务，应当与委托人订立书面协议，载明委托双方当事人的权利义务。

船舶管理业务经营者应当将船舶管理协议报其所在地和船籍港所在地县级以上人民政府水路运输管理部门备案。

第十七条 船舶管理业务经营者应当按照国家有关规定和船舶管理协议约定，负责船舶的海务、机务和安全与防污染管理。

船舶管理业务经营者应当保持安全和防污染管理体系的有效性，履行有关船舶安全与防污染管理义务。

船舶管理经营业务经营者，应当委派其海务、机务管理人员定期登船检查船舶的安全技术性能、船员操作技能等情况，并在航海日志上作相应记录。普通货船的检查间隔不长于6个月，客船和危险品船的检查间隔不长于3个月。

第十八条 船舶管理业务经营者应当在船舶发生安全和污染责任事故的3个工作日内，将事故情况向其所在地县级以上人民政府水路运输管理部门报告。在事故调查部门查明事故原因后的5个工作日内，将事故调查的结论性意见向其所在地县级以上人民政府水路运输管理部门书面报告。

第十九条 船舶代理、水路旅客运输代理、水路货物运输代理业务经营者接受委托提供代理服务，应当与委托人订立书面合同，按照国家有关规定和合同约定办理代理业务。

第二十条 港口经营人不得为船舶所有人、经营人以及货物托运人、收货人指定水路运输辅助业务经营者，提供船舶、水路货物运输代理等服务。

第二十一条 港口经营人应当接受船舶所有人、经营人以及货物托运人、收货人自行办理船舶或者货物进出港口手续，并给予便利。

第二十二条 水路运输辅助业务经营者不得有以下行为：

（一）以承运人的身份从事水路运输经营活动；

（二）为未依法取得水路运输业务经营许可或者超越许可范围的经营者提供水路运输辅助服务；

（三）未订立书面合同、强行代理或者代办业务；

（四）滥用优势地位，限制委托人选择其他代理或者船舶管理服务提供者；

（五）发布虚假信息招揽业务；

（六）以不正当方式或者不规范行为提供其他水路运输辅助服务，扰乱市场秩序；

（七）法律、行政法规禁止的其他行为。

第二十三条 水路旅客运输代理业务经营者应当在售票场所和售票网站的明显位置公布船舶、班期、班次、票价等信息。

水路旅客运输代理业务经营者应当以水路旅客运输业务经营者公布的票价销售客票，不得对相同条件的旅客实施不同的票价，不得以搭售、现金返还、加价等不正当方式变相变更公布的票价并获取不正当利益。

第二十四条 水路运输辅助业务经营者应当使用规范的、符合有关法律法规和交通运输部规定的客票和运输单证。

第二十五条 水路运输辅助业务经营者开展业务活动应当建立业务记录和管理台账，按照规定报送统计信息。

第二十六条 水路运输辅助业务经营者对其在经营活动中知悉的商业秘密和个人信息，应当予以保密。

第四章　监督管理

第二十七条 交通运输部和水路运输管理部门应当依照有关法律、法规和本规定对水路运输辅助业务经营活动和经营资质实施监督管理。

第二十八条 对水路运输辅助业实施监督检查，可以采取下列措施：

（一）向水路运输辅助业务经营者了解情况，要求提供有关凭证、文件及其他相关材料；

（二）对涉嫌违法的合同、票据、账簿以及其他资料进行查阅、复制；

（三）进入水路运输辅助业务经营者从事经营活动的场所实地了解情况。

水路运输辅助业务经营者应当配合监督检查，如实提供有关凭证、文件及其他相关资料。

第二十九条 水路运输管理部门在监督检查中，对知悉的被检查单位的商业秘密和个人信息应当依法保密。

第三十条 实施现场监督检查的，应当当场记录监督检查的时间、内容、结果，并与被检查单位或者个人共同签署名章。被检查单位或者个人不签署名章的，监督检查人员对不签署的情形及理由应当予以注明。

第三十一条 水路运输管理部门在监督检查中发现船舶管理业务经营者不符合本规定要求的经营资质条件的，应当责令其限期整改，整改期限最长不超过3个月，并在整改期限结束后对该经营者整改情况进行复查，并作出整改是否合格的结论。

第三十二条 水路运输管理部门应当建立健全水路运输辅助业务经营者诚信监督管理机制和服务质量评价体系，建立水路运输辅助业务经营者诚信档案，记录水路运输辅助业务经营者及从业人员的诚信信息，定期向社会公布监督检查结果和经营者的诚信档案。

水路运输管理部门应当建立水路运输辅助业违法经营行为社会监督机制，公布投诉举报电话、邮箱等，及时处理投诉举报信息。

水路运输管理部门应当将监督检查中发现或者受理投诉举报的经营者违法违规行为及处理情况、安全责任事故情况等记入诚信档案。违法违规情节严重的，对经营者给予提示性警告。船舶管理业务经营者不符合经营资质条件的，按照本规定第三十一条的规定处理。

第三十三条 水路运输管理部门应当与当地海事管理机构建立联系机制，及时将本行政区域内船舶管理业务经营者的经营资质保持情况通报当地海事管理机构。

海事管理机构应当将有关船舶管理业务经营者管理的船舶发生重大以上安全事故情况及结论意见、重大违法违规、未履行或者未完全履行安全管理责任等安全管理相关情况及时书面通知该船舶管理经营者所在地设区的市级人民政府水路运输管理部门。所在地水路运输管理部门应当将其纳入船舶管理业务经营者诚信档案。

第五章 法律责任

第三十四条 船舶管理业务经营者未按照本规定要求配备相应海务、机务管理人员的，由其所在地县级以上人民政府水路运输管理部门责令改正，处1万元以上3万元以下的罚款。

第三十五条 船舶管理业务经营者与委托人订立虚假协议或者名义上接受委托实际不承担船舶海务、机务管理责任的，由经营者所在地县级以上人民政府水路运输管理部门责令改正，并按《国内水路运输管理条例》第三十七条关于非法转让船舶管理业务经营资格的有关规定进行处罚。

第三十六条 水路运输辅助业务经营者违反本规定，有下列行为之一的，由其所在地县级以上人民政府水路运输管理部门责令改正，处2000元以上1万元以下的罚款；一年内累计三次以上违反本规定的，处1万元以上3万元以下的罚款：

（一）未履行备案或者报告义务；

（二）为未依法取得水路运输业务经营许可或者超越许可范围的经营者提供水路运输辅助服务；

（三）与船舶所有人、经营人、承租人未订立船舶管理协议或者协议未对船舶海务、机务管理责任做出明确规定；

（四）未订立书面合同、强行代理或者代办业务；

（五）滥用优势地位，限制委托人选择其他代理或者船舶管理服务提供者；

（六）进行虚假宣传，误导旅客或者委托人；

（七）以不正当方式或者不规范行为争抢客源、货源及提供其他水路运输辅助服务，扰乱市场秩序；

（八）未在售票场所和售票网站的明显位置公布船舶、班期、班次、票价等信息；

（九）未以公布的票价或者变相变更公布的票价销售客票；

（十）使用的运输单证不符合有关规定；

（十一）未建立业务记录和管理台账。

第三十七条 水路运输辅助业务经营者拒绝管理部门根据本规定进行的监督检查、隐匿有关资料或者瞒报、谎报有关情况的，由其所在地县级以上人民政府水路运输管理部门责令改正，拒不改正的处2000元以上1万元以下的罚款。

第三十八条 港口经营人为船舶所有人、经营人以及货物托运人、收货人指定水路运输辅助业务经营者，提供船舶、水路货物运输代理等服务的，由其所在地县级以上人民政府水路运输管理部门责令改正，拒不改正的处1万元以上3万元以下的罚款。

第三十九条 违反本规定的其他规定应当进行处罚的，按照《国内水路运输管理条例》执行。

第六章 附 则

第四十条 依法设立的水路运输辅助业务行业组织可以依照法律、行政法规和章程的规定，制定水路运输辅助业经营规范和服务标准，组织开展职业道德教育和业务培训，对其会员的经营行为和服务质量进行自律性管理。

水路运输辅助业务行业组织可以建立行业诚信监督、约束机制，提高行业诚信水平。对守法经营、诚实信用的会员以及从业人员，可以给予表彰、奖励。

第四十一条 本规定自2014年3月1日起施行。2009年4月20日交通运输部以交通运输部令2009年第5号发布的《中华人民共和国水路运输服务业管理规定》和2009年1月5日交通运输部以交通运输部令2009年第1号发布的《国内船舶管理业规定》同时废止。

内河渡口渡船安全管理规定

（交通运输部令　2014 年第 9 号）

第一章　总　　则

第一条　为加强内河渡口渡船安全管理，维护渡运秩序，保障人民群众生命、财产安全，根据《中华人民共和国内河交通安全管理条例》，制定本规定。

第二条　中华人民共和国内河水域的渡口渡船相关活动及安全监督管理适用本规定。

第三条　交通运输部主管全国内河交通安全管理工作。

县级地方人民政府依据《中华人民共和国内河交通安全管理条例》，负责设置和撤销渡口的审批，建立、健全渡口安全管理责任制，指定负责渡口和渡运安全管理的部门。乡镇人民政府依据《中华人民共和国内河交通安全管理条例》和国务院相关规定履行乡镇渡口渡船的安全管理职责。

县级人民政府指定的部门在职责范围内负责对渡口和渡运实施安全管理。

各级海事管理机构依据各自职责对所辖内河水域内渡船的水上交通安全实施监督管理。

第四条　县级以上地方人民政府应当加强对内河渡口渡船安全管理工作的组织领导。

渡口渡船安全管理坚持安全第一、预防为主、各负其责、服务民生的原则。

第二章　渡　　口

第五条　县级人民政府在审批渡口的设置和撤销时应当充分考虑安全因素，明确渡运水域范围、渡运路线、渡运时段、渡口位置等主要内容。审批前应当征求渡口所在地海事管理机构的意见，涉及公路管理职责的，还应当征求公路管理机构的意见。

渡运水域涉及两个或者两个以上县级行政区域的，由渡口相关的人民政府协调处理，并征求相应的海事管理机构意见。

严禁非法设置渡口。

第六条　渡口的设置应当具备下列安全条件：

（一）选址应当在水流平缓、水深足够、坡岸稳定、视野开阔、适宜船舶停靠的地点，并且与危险物品生产、堆放场所之间的距离符合危险品管理相关规定；

（二）具备货物装卸、旅客上下的安全设施；

（三）配备必要的救生设备和专门管理人员。

新建、改建国道、省道，原则上不设置渡口。县道、乡道设置和撤销渡口应当征求公路管理机构的意见。

在通航密集区内有可供人、车通行桥梁、隧道的，应当避免在桥梁、隧道临近范围内设置渡口，但市区河道两岸供市民出行、上下班的渡口除外。

第七条 渡口应当根据其渡运对象的种类、数量、水域情况和过渡要求，合理设置码头、引道，配置必要的指示标志、船岸通讯和船舶助航、消防、安全救生等设施。渡口引道的宽度、纵坡和码头的设置应当满足相应的技术标准。

以渡运乘客为主的渡口应当有可供乘客安全上下的坡道，客运量较大的且具有相应陆域条件的渡口应当建有乘客候船亭等设施。

以渡运货车为主的渡口，应当安装、使用地磅等称重设备，如实记录称重情况。有条件的渡口，应当设置电子监控设施。

经批准运输超长、超宽、超高物品的车辆或者重型车辆过渡，应当采取有效保护措施后方可过渡，但超过渡船限载、限高、限宽、限长标准的车辆，不得渡运。渡运危险货物车辆的，渡口应当设置危险货物车辆专用通道。

第八条 设置和使用缆渡，不得影响他船航行。

第九条 渡口运营人应当在渡口明显位置设置公告牌，标明渡口名称、渡口区域、渡运路线、渡口守则、渡运安全注意事项以及安全责任单位和责任人、监督电话等内容。

梯级河段、库区下游以及水位变化较大的渡口水域，渡口应当标识警戒水位线和停航封渡水位线。

第十条 渡口运营人应当加强对渡口安全设施和渡船渡运的安全管理，根据国家有关规定建立渡口、渡船安全管理制度，落实安全管理责任制。

第十一条 在法定或者传统节日、重大集会、集市、农忙、学生放学放假等渡运高峰期间，县级人民政府应当加强组织协调。渡口运营人应当根据乘客、车辆的流量和渡运安全管理的需要，安排相应专门人员现场维持渡口渡运秩序与安全。

第十二条 渡口运营人应当结合船舶条件、气象条件和通航状况合理调度和使用渡船，不得指挥渡船违章作业、冒险航行。

第十三条 县级人民政府指定的部门应当加强对渡口运营人的安全教育和培训，并负责渡口工作人员的培训、考试、合格证书颁发。

渡口运营人应当对渡口工作人员、渡船船员、渡工定期开展安全教育培训。

第十四条 渡口运营人应当督促渡船清点并如实记录每航次渡船载客数量及车辆驾驶员等随船过渡人员，并开展定期或者不定期核查。

第十五条 日渡运量超过300人次渡口的运营人及载客定额超过12人的渡船应当编制渡口渡船安全应急预案，每月至少组织一次船岸应急演习。

日渡运量较少的渡口及载客定额12人以下的渡船，应当制定应急措施，每季度至少组织一次演练。

第三章 渡船和渡船船员、渡工

第十六条 海事管理机构负责渡船的登记、检验、发证工作。

渡船应当按照相关规定取得船舶检验证书和船舶登记证书。渡船检验证书应当标明船舶抗风等级。20 米以上的渡船,应当持有船舶检验机构签发的载客定额证书;20 米以下的渡船应当在相关证书中签注载客定额。船长小于 15 米的渡船按照省级交通运输主管部门制定的检验规则进行检验。省级交通运输主管部门未规定检验规则的,参照海事管理机构制定的《内河小型船舶法定检验技术规则》检验发证。

第十七条 渡船应当悬挂符合国家规定的渡船识别标志,并在明显位置标明载客(车)定额、抗风等级以及旅客乘船安全须知等有关安全注意事项。

第十八条 渡船夜航应当按照《内河船舶法定检验技术规则》、《内河小型船舶法定检验技术规则》配备夜间航行设备和信号设备。高速客船从事渡运服务以及不具备夜航技术条件的渡船,不得夜航。

第十九条 新建、改建渡船应当满足交通运输部或者省级交通运输主管部门公布的标准船型要求。

第二十条 渡船应当定期维护保养,确保处于适航状态,并按期申请检验。逾期未检验或者检验不合格的,不得从事渡运。

对船体或者车辆甲板出现局部严重变形的渡船,应当申请船舶检验机构按照实际装载情况进行强度复核。船龄十年以上未达到特别定期检验船龄要求的渡船应当在定期检验时着重加强对船体强度、稳性等方面的检验。

第二十一条 渡船载运危险货物或者载运装载危险货物的车辆的,应当持有船舶载运危险货物适装证书。

第二十二条 渡船应当按照规定配备消防救生设备,放置在易取处,保持其随时可用,并在规定的场所明显标识存放位置,张贴消防救生演示图和标示应急通道。

第二十三条 禁止水泥船、排筏、农用船舶、渔业船舶或者报废船舶从事渡运。

第二十四条 渡船船员应当按照相关规定具备船员资格,持有相应船员证书。

载客 12 人以下的渡船可仅配备渡工。渡工应当经过驾驶技术和安全培训,考核合格后取得海事管理机构颁发的渡工证书,方可驾驶渡船。

渡船船员、渡工每年应当参加由渡口运营人、乡镇人民政府或者相关主管部门组织的至少 4 小时的安全培训。

第二十五条 渡运时,船员、渡工应当遵守下列规定:

(一)遵守渡口、渡船管理制度和值班规定,按照水上交通安全操作规则操纵、控制和管理渡船;

(二)掌握渡船的适航状况,了解渡运水域的通航环境,以及有关水文、气象等必要的信息;

(三)不得酒后驾驶,不得疲劳值班;

(四)发现或者发生影响渡运安全的突发事件,应当及时报告并尽力救助遇险人员。

第四章　渡 运 安 全

第二十六条 渡船应当在渡运水域内按照核定的渡运路线航行。

在渡运水域内不得从事水上过驳、采砂、捕捞、养殖、设置永久性固定设施等可能危及渡船航行安全的作业或者活动。

第二十七条 渡船航行,应当以安全航速行驶,加强了望,谨慎操作,使用有效方式发布船舶动态和表明避让意图,主动避让过往船舶,不得抢航或者强行横越。

顺航道行驶的船舶驶近渡运水域时,应当加强了望,谨慎驾驶,采取有效措施协助避让。

第二十八条 渡船载客、载货应当符合乘客定额、装载技术要求及载重线规定,不得超载。渡运水域的水位超过警戒水位线但未达到停航封渡水位线的,渡船载客、载货数量不得超过核定的乘客定额和载重量的80%。

渡船应当按照规定控制荷载分布,保证装载平衡和稳性,采取安全措施防止车辆及货物移位。

第二十九条 渡船载客应当设置载客处所,实行车客分离。按照上船时先车后人、下船时先人后车的顺序上下船舶。

车辆渡运时除驾驶员外车内禁止留有人员。

乘客与大型牲畜不得混载。

第三十条 乘客、车辆过渡,应当遵守渡口渡船安全管理规定,听从渡口渡船工作人员指挥。

车辆在渡口区域内应当低速行驶,在指定的地点候渡,不得争道抢渡。制动、转向系统不良和有其他故障影响安全行车的车辆,不得驶上渡船。

第三十一条 装载危险货物的车辆过渡时,车辆驾驶员或者押运人员应当向渡口运营人主动告知所装载危险货物的种类和危害特征,以及需要采取的安全措施。

渡船载运装载危险货物车辆,应当检查车辆是否持有与运输的危险货物类别、项别或者品名相符的《道路运输证》。车辆所载货物应当与船舶适装证书相符。渡船应当按照有关规定对危险货物积载隔离。

渡船不得同时渡运旅客和危险货物。渡船载运装载危险货物的车辆时,除船员以外,随车人员总数不得超过12人。

严禁任何人隐瞒、伪装、偷运各种危险品、污染危害性货物过渡。

渡船不得运输法律、法规以及交通运输部规定禁止运输的货物,不得载运装载有危险货物而未持有相应《道路运输证》的车辆。

第三十二条 有下列情形之一的,渡船不得开航:

(一)风力超过渡船抗风等级、能见度不良、水位超过停航封渡水位线等可能危及渡运安全的恶劣天气、水文条件的;

(二)渡船超载或者积载不当可能危及渡运安全的;

(三)渡船存在可能影响航行安全的缺陷,且未按规定纠正的;

(四)发现易燃、易爆等危险品和乘客同船混载,或者装运危险品的车辆和客运车辆同船混载的;

（五）发生乘客打架斗殴、寻衅滋事等可能危及渡运安全的；

（六）渡船船员、渡工配备不符合规定要求的。

第三十三条 渡船发生水上险情的，应当立即进行自救，并报告当地人民政府或者海事管理机构。当地人民政府和海事管理机构接到报告后，应当依照职责，组织搜寻救助。

渡口渡船应当服从指挥，在不危及自身安全的情况下，积极参与水上搜寻救助。

第三十四条 水电站、水库等管理单位因蓄放水作业可能导致渡口水位急剧变化影响渡运安全的，应当事先向当地海事管理机构通报水情信息。当地海事管理机构接到水情信息后应当及时通报相关渡口运营人。

第五章 监督检查

第三十五条 县级以上地方人民政府及其指定的有关部门、乡镇渡口所在地乡镇人民政府应当建立渡口渡运安全检查制度，并组织落实。在监督检查中发现渡口存在安全隐患的，应当责令立即消除安全隐患或者限期整改。

第三十六条 县级人民政府指定的有关部门应当督促指导渡运量较大且具备一定条件的乡镇渡口所在地乡镇人民政府建立乡镇渡口渡船签单发航制度，真实、准确地记录乘员数量及核查人、车、畜积载和开航条件等内容。

签单人员应当如实记录渡运情况，不得弄虚作假；发现渡运安全隐患或者违法行为，可能危及渡运安全时，应当报告乡镇人民政府。

乡镇人民政府应当定期对签单发航制度的实施情况进行检查。

第三十七条 渡口运营人应当建立渡口渡船安全渡运的安全管理制度，并组织开展内部安全检查。

第三十八条 海事管理机构应当建立渡船安全监督管理制度。

在监督管理中发现渡船存在重大安全隐患的，应当责令立即消除安全隐患或者限期整改，并及时通报当地县级以上人民政府及其相关部门。

第三十九条 鼓励运用视频监控等先进技术手段对渡运安全进行安全管理和监督检查。

第四十条 渡口运营人和渡船船员、渡工应当主动协助配合监督检查，不得拒绝、妨碍和阻挠。

第六章 法律责任

第四十一条 违反第五条规定未经批准擅自设置或者撤销渡口的，由渡口所在地县级人民政府指定的部门责令限期改正；逾期不改正的，予以强制拆除或者恢复，因强制拆除或者恢复发生的费用分别由设置人、撤销人承担。

第四十二条 违反第二十五条规定，渡船船员、渡工酒后驾船的，由海事管理机构对船员予以警告，情节严重的处500元以下罚款，并对渡船所有人或者经营人处2000元以下罚款。

第四十三条 违反第二十一条、第三十一条规定，有以下违法行为的，由海事管理机构责令改正，并对渡船所有人或者经营人处2000元以下的罚款：

（一）渡船未持有相应的危险货物适装证书载运危险货物的；

（二）渡船未持有相应的危险货物适装证书载运装载危险货物车辆的；

（三）渡船载运应当持有而未持有《道路运输证》的车辆的；

（四）渡船同时载运旅客和危险货物过渡的。

第四十四条 违反第十八条规定，渡船不具备夜航条件擅自夜航的，由海事管理机构责令改正，并可对渡船所有人或者经营人处以2000元以下罚款。

第四十五条 违反第二十九条规定，渡船混载乘客与大型牲畜的，由海事管理机构对渡船所有人或者经营人予以警告，情节严重的，处1000元以下罚款。

第四十六条 违反第三十二条第（一）项规定擅自开航的，由海事管理机构责令改正，并根据情节轻重对渡船所有人或者经营人处10000元以下罚款。

第四十七条 违反第三十二条第（五）项规定，发生乘客打架斗殴、寻衅滋事等可能危及渡运安全的情形，渡船擅自开航的，由海事管理机构对渡船所有人或者经营人处以500元以下罚款。

第四十八条 对违反本规定的其他违法行为，本规定未作规定的，按照相关法规、规章予以处罚。

第四十九条 主管机关工作人员滥用职权、玩忽职守导致严重失职的，由所在单位或者上级机关给予行政处分；构成犯罪的，依法追究刑事责任。

第七章 附 则

第五十条 本规定下列用语的含义：

（一）渡口，是指在中华人民共和国江河、湖泊、水库、运河等内河水域设在两岸专供渡船渡运人员、车辆、货物的场所和设施，包括渡运所需的码头、水域及为渡运服务的其他设施。

（二）乡镇渡口，是指设于农村或者集镇，由乡镇、村集体或者个人运营，为当地群众生产生活服务的渡口。

（三）渡船，是指往返于内河渡口之间，按照核定的航线渡运乘客、车辆和货物的船舶。

（四）缆渡，是指利用横跨两岸的缆索将渡船固定在渡运水域，依靠人力或者其他动力牵引、推动渡船过渡的方式。

（五）渡口运营人是指负责渡口营运和安全管理的经营人或者管理人。

第五十一条 本规定自2014年8月1日起施行。《公路渡口管理规定》（交通部令〔1990〕11号）自本规定施行之日起同时废止。

中华人民共和国船舶最低安全配员规则

（交通运输部令 2014年第10号）

第一章 总 则

第一条 为确保船舶的船员配备，足以保证船舶安全航行、停泊和作业，防治船舶污染环境，依据《中华人民共和国海上交通安全法》、《中华人民共和国内河交通安全管理条例》和中华人民共和国缔结或者参加的有关国际条约，制定本规则。

第二条 中华人民共和国国籍的机动船舶的船员配备和管理，适用本规则。

本规则对外国籍船舶作出规定的，从其规定。

军用船舶、渔船、体育运动船艇以及非营业的游艇，不适用本规则。

第三条 中华人民共和国海事局是船舶安全配员管理的主管机关。各级海事管理机构依照职责负责本辖区内的船舶安全配员的监督管理工作。

第四条 本规则所要求的船舶安全配员标准是船舶配备船员的最低要求。

第五条 船舶所有人（或者其船舶经营人、船舶管理人，下同）应当按照本规则的要求，为所属船舶配备合格的船员，但是并不免除船舶所有人为保证船舶安全航行和作业增加必要船员的责任。

第二章 最低安全配员原则

第六条 确定船舶最低安全配员标准应综合考虑船舶的种类、吨位、技术状况、主推进动力装置功率、航区、航程、航行时间、通航环境和船员值班、休息制度等因素。

第七条 船舶在航行期间，应配备不低于按本规则附录一、附录二、附录三所确定的船员构成及数量。高速客船的船员最低安全配备应符合交通部颁布的《高速客船安全管理规则》（交通部令1996年第13号）的要求。

第八条 本规则附录一、附录二、附录三列明的减免规定是根据各类船舶在一般情况下制定的，海事管理机构在核定具体船舶的最低安全配员数额时，如认为配员减免后无法保证船舶安全时，可不予减免或者不予足额减免。

第九条 船舶所有人可以根据需要增配船员，但船上总人数不得超过经中华人民共和国海事局认可的船舶检验机构核定的救生设备定员标准。

第三章 最低安全配员管理

第十条 中国籍船舶配备外国籍船员应当符合以下规定：

（一）在中国籍船舶上工作的外国籍船员，应当依照法律、行政法规和国家其他有关规定取得就业许可；

（二）外国籍船员持有合格的船员证书，且所持船员证书的签发国与我国签订了船员证书认可协议；

（三）雇佣外国籍船员的航运公司已承诺承担船员权益维护的责任。

第十一条 中国籍船舶应当按照本规则的规定，持有海事管理机构颁发的《船舶最低安全配员证书》。

在中华人民共和国内水、领海及管辖海域的外国籍船舶，应当按照中华人民共和国缔结或者参加的有关国际条约的规定，持有其船旗国政府主管机关签发的《船舶最低安全配员证书》或者等效文件。

第十二条 船舶所有人应当在申请船舶国籍登记时，按照本规则的规定，对其船舶的最低安全配员如何适用本规则附录相应标准予以陈述，并可以包括对减免配员的特殊说明。

海事管理机构应当在依法对船舶国籍登记进行审核时，核定船舶的最低安全配员，并在核发船舶国籍证书时，向当事船舶配发《船舶最低安全配员证书》。

第十三条 在境外建造或者购买并交接的船舶，船舶所有人应持船舶买卖合同或者建造合同及交接文件、船舶技术和其他相关资料的副本（复印件）到所辖的海事管理机构办理《船舶最低安全配员证书》。

第十四条 海事管理机构核定船舶最低安全配员时，除查验有关船舶证书、文书外，可以就本规则第六条所述的要素对船舶的实际状况进行现场核查。

第十五条 船舶在航行、停泊、作业时，必须将《船舶最低安全配员证书》妥善存放在船备查。

船舶不得使用涂改、伪造以及采用非法途径或者舞弊手段取得的《船舶最低安全配员证书》。

第十六条 船舶所有人应当按照本规则的规定和《船舶最低安全配员证书》载明的船员配备要求，为船舶配备合格的船员。

第十七条 船舶所有人应当在《船舶最低安全配员证书》有效期截止前 1 年以内，或者在船舶国籍证书重新核发或者相关内容发生变化时，凭原证书到船籍港的海事管理机构办理换发证书手续。

第十八条 证书污损不能辨认的，视为无效，船舶所有人应当向所辖的海事管理机构申请换发。证书遗失的，船舶所有人应当书面说明理由，附具有关证明文件，到船籍港的海事管理机构办理补发证书手续。

换发或者补发的《船舶最低安全配员证书》的有效期，不超过原发的《船舶最低安全配员证书》的有效期。

第十九条 船舶状况发生变化需改变证书所载内容时，船舶所有人应当到船籍港的海事管理机构重新办理《船舶最低安全配员证书》。

第二十条 在特殊情况下，船舶需要在船籍港以外换发或者补发《船舶最低安全配员证书》,经船籍港海事管理机构同意,船舶当时所在港口的海事管理机构可以按照本规定予以办理并通报船籍港海事管理机构。

第四章　监 督 检 查

第二十一条　中国籍、外国籍船舶在办理进、出港口或者口岸手续时,应当交验《船舶最低安全配员证书》。

第二十二条　中国籍、外国籍船舶在停泊期间,均应配备足够的掌握相应安全知识并具有熟练操作能力能够保持对船舶及设备进行安全操纵的船员。

无论何时,500 总吨及以上(或者 750 千瓦及以上)海船、600 总吨及以上(或者 441 千瓦及以上)内河船舶的船长和大副,轮机长和大管轮不得同时离船。

第二十三条　船舶未持有《船舶最低安全配员证书》或者实际配员低于《船舶最低安全配员证书》要求的,对中国籍船舶,海事管理机构应当禁止其离港直至船舶满足本规则要求;对外国籍船舶,海事管理机构应当禁止其离港,直至船舶按照《船舶最低安全配员证书》的要求配齐人员,或者向海事管理机构提交由其船旗国主管当局对其实际配员作出的书面认可。

第二十四条　对违反本规则的船舶和人员,依法应当给予行政处罚的,由海事管理机构依据有关法律、行政法规和规章的规定给予相应的处罚。

第二十五条　海事管理机构的工作人员滥用职权、徇私舞弊、玩忽职守的,由所在单位或者上级机关给予行政处分;构成犯罪的,依法追究刑事责任。

第五章　附　　则

第二十六条　《船舶最低安全配员证书》由中华人民共和国海事局统一印制。

《船舶最低安全配员证书》的编号应与船舶国籍证书的编号一致。《船舶最低安全配员证书》有效期的截止日期与船舶国籍证书有效期的截止日期相同。

第二十七条　本规则附录一、附录二、附录三的内容,可由中华人民共和国海事局根据有关法律、行政法规和相关国际公约进行修改。

第二十八条　本规则自 2004 年 8 月 1 日起施行。

港口工程竣工验收办法

（交通运输部令　2016 年第 44 号）

第一条　为规范港口工程竣工验收工作，保证港口工程质量，保护人民生命和财产安全，根据《中华人民共和国港口法》，制定本办法。

第二条　本办法适用于新建和改建的港口工程竣工验收活动。

本办法所称港口工程竣工验收，是指港口工程完工后、正式投入使用前，对港口工程质量、执行国家和行业强制性标准情况、投资使用情况等事项的全面检查验收，以及对港口工程建设、设计、施工、监理等工作的综合评价。

第三条　港口工程竣工后，经验收合格方可正式投入使用。

第四条　港口工程竣工验收，应当遵循公开、公正、真实、科学的原则。

第五条　港口工程项目法人、设计、施工、监理等单位应当接受、配合竣工验收工作，提供的有关资料应当真实、有效。

第六条　港口工程竣工验收，实行统一管理、分级负责制度。

交通运输部统一管理全国港口竣工验收工作。国务院投资主管部门、省级人民政府投资主管部门审批、核准和省级交通运输主管部门审批的港口工程竣工验收，由省级交通运输主管部门负责。

其余港口工程由港口所在地港口行政管理部门负责竣工验收。

以上负责港口工程竣工验收的部门统称为竣工验收部门。

第七条　港口工程进行竣工验收应当具备以下条件：

（一）港口工程有关合同约定的各项内容已基本完成，申请竣工验收的建设项目有尾留工程的，尾留工程不得影响建设项目的投产使用，尾留工程投资额可根据实际测算投资额或按照工程概算所列的投资额列入竣工决算报告，但不得超过工程总投资的 5%。施工单位对工程质量自检合格，监理工程师对工程质量评定合格，项目法人组织设计、施工、监理、工程质量监督等单位进行的交工验收合格；

（二）主要工艺设备或设施通过调试具备生产条件；

（三）港口工程需要试运行的，经试运行符合设计要求；

（四）环境保护设施、安全设施、职业病防护设施、消防设施已按照有关部门规定通过专项验收或者备案；航标设施以及其他辅助性设施已按照《港口法》的规定，与港口同时建设，并保证按期投入使用；

（五）竣工档案资料齐全，并通过专项验收；

（六）竣工决算报告编制完成，并通过审计；

（七）廉政建设合同已履行。

第八条 需要试运行经营的港口设施，应当符合《港口经营管理规定》规定的试运行经营条件，并取得试运行经营期的港口经营许可。试运行经营期内符合竣工验收条件的港口工程，应当及时办理港口工程竣工验收手续。

第九条 港口工程符合竣工验收条件的，项目法人应当向港口所在地港口行政管理部门提出竣工验收申请。

对于一次设计、分期建成的港口工程，项目法人可以对已建成并符合竣工验收条件的部分港口工程提出分期竣工验收申请。

第十条 省级交通运输主管部门负责竣工验收的港口工程，由该港口所在地港口行政管理部门组织初步验收。初步验收合格后，由港口行政管理部门向省级交通运输主管部门提出竣工验收申请。

第十一条 港口工程竣工验收部门应当自收到竣工验收申请之日起5个工作日内对申请材料进行审查，对于不符合竣工验收条件的，应当及时退回并告知理由；对于符合竣工验收条件的，应当受理竣工验收申请。

港口工程竣工验收或者初步验收应当自受理之日起20个工作日内完成。20个工作日内不能完成的，经竣工验收部门负责人批准，可以延长10个工作日。

第十二条 港口工程竣工验收由竣工验收部门组织质量监督机构、当地海事管理机构、有关行政主管部门、有关专家组成竣工验收委员会实施。

港口工程项目法人、设计单位、监理单位、施工单位等应当参加竣工验收工作。

第十三条 港口工程竣工验收的主要依据是：

（一）按照国家有关规定应当具备的港口工程建设项目的审批、核准、备案文件；

（二）初步设计、施工图设计、变更设计及概算调整等文件；

（三）招标文件及合同文本；

（四）主要设备技术规格或说明书等；

（五）国家和交通运输部颁布的技术规范和标准及法律、法规、规章的相关规定。

第十四条 港口工程竣工验收的内容是：

（一）审查港口工程是否具备国家规定的审批文件及相关手续；

（二）检查港口工程实体质量；

（三）检查港口工程合同履约情况，审查有关竣工档案资料；

（四）检查国家和行业强制性标准执行情况；

（五）核定码头靠泊等级、吞吐能力以及进出港口的航道等级；

（六）检查环境保护、劳动安全卫生、消防、档案等专项验收情况；

（七）检查对港口工程竣工决算报告的审计情况；

（八）检查廉政建设合同执行情况；

（九）确定工程质量等级；

(十)对存在问题和尾留工程提出处理意见;

(十一)形成、通过并签署《港口工程竣工验收鉴定书》。

第十五条 对竣工验收合格的,港口工程竣工验收部门应当自《港口工程竣工验收鉴定书》签署之日起10个工作日内,签发《港口工程竣工验收证书》。

第十六条 竣工验收不合格的,项目法人应当按照竣工验收委员会提出的处理意见进行限期整改。

整改期满后,项目法人应当重新提出港口工程竣工验收申请。

第十七条 港口工程竣工验收完成后,应当在国家规定的时间内办理固定资产移交等相关手续。

第十八条 由省级交通运输主管部门和港口所在地港口行政管理部门负责竣工验收的,在竣工验收完成后,省级交通运输主管部门和港口所在地港口行政管理部门应当将竣工验收的有关情况向交通运输部备案。

第十九条 港口工程未经竣工验收或者竣工验收不合格的,不得正式投入使用。

第二十条 项目法人违反本办法规定进行试运行经营的,由港口所在地港口行政管理部门责令停止试运行。

第二十一条 港口工程未经验收合格,擅自投入使用的,由港口所在地港口行政管理部门责令停止使用,限期改正,可以处5万元以下罚款。

第二十二条 竣工验收部门工作人员在竣工验收中滥用职权、徇私舞弊、索贿受贿的,依法给予行政处分;构成犯罪的,依法追究刑事责任。

第二十三条 竣工验收委员会成员在竣工验收中玩忽职守、徇私舞弊造成重大损失构成犯罪的,依法追究刑事责任。

第二十四条 利用世界银行、亚洲开发银行等国际金融组织或外国政府贷款、援助资金的港口工程,贷款方、资金提供方对工程竣工验收另有规定的,可以适用其规定,但不得违背中华人民共和国的法律、法规规定和社会公共利益。

第二十五条 《港口工程竣工验收鉴定书》和《港口工程竣工验收证书》应当按照交通运输部规定的统一格式印制。

第二十六条 本办法自2005年6月1日起施行,《交通部港口建设项目(工程)竣工验收办法》(交基发〔1995〕155号)同时废止。本办法施行前公布的有关规定与本办法有抵触的,自本办法施行之日起停止执行。

航道工程竣工验收管理办法

（交通运输部令　2014 年第 13 号）

第一条　为加强航道工程建设管理，规范航道工程竣工验收工作，保证工程质量，根据《中华人民共和国航道管理条例》，制定本办法。

第二条　本办法适用于航道工程竣工验收工作。

本办法所称航道工程竣工验收工作是指航道工程完工后、正式交付使用前，对航道工程质量、国家和行业强制性标准执行情况、资金使用情况等事项的全面检查验收，以及对航道工程建设、设计、施工、监理等工作的综合评价。

第三条　航道工程经竣工验收合格后方可正式交付使用。

第四条　航道工程竣工验收工作，应当做到公正、科学、规范。

第五条　航道工程竣工验收工作，实行统一管理、分级负责。

交通运输部负责全国航道工程竣工验收工作的监督管理。

省级交通运输主管部门负责本行政区域内航道工程竣工验收工作的监督管理，具体负责由国务院投资主管部门、省级人民政府有关部门批准或者核准的航道工程的竣工验收工作。

设区的市和县级交通运输主管部门按照省级人民政府的有关规定负责本行政区域内航道工程竣工验收活动的监督管理。

以上负责航道工程竣工验收工作的部门统称为竣工验收部门。

第六条　航道工程竣工验收的主要依据是：

（一）国家和交通运输部颁布的相关法律、法规、规章；

（二）国家和交通运输部颁布的相关技术标准、规范；

（三）建设项目的批准、核准、备案文件；

（四）建设项目的初步设计文件、施工图设计文件、设计变更文件以及概算调整等文件；

（五）主要设备技术规格或者说明书；

（六）招标文件以及合同文本。

第七条　航道工程竣工验收应当具备以下条件：

（一）已按批准的建设规模、标准和内容建成，满足生产使用要求；申请竣工验收的航道建设工程有尾留工程的，尾留工程不得是主体工程，不得影响工程效果和工程正常运行，投资额不能超过工程总概算的 5%；

（二）各单位工程和项目经工程质量监督机构检验合格；

（三）各单位工程交工验收合格；

（四）主要工艺设备或者设施调试以及联动测试均已完成，主要技术参数达到设计要求；

（五）航运枢纽工程阶段验收合格；

（六）需要实船适航检验的，已选用设计船型进行了实船适航检验，各项检验指标满足设计要求；

（七）工程试运行期满一年，运行情况正常；

（八）竣工档案资料齐全，通过有关专项验收；

（九）竣工决算报告已编制完成，并取得国家审计机构或者具有审计资格的中介机构出具的审计报告，且审计报告无保留意见；

（十）工程运行管理部门已落实；

（十一）竣工验收工作报告编制完成；

（十二）航运枢纽工程以及技术复杂的其他航道工程，已经竣工验收部门委托的有关单位初步验收合格。

第八条 航道工程应当在工程试运行期满后一年内申请竣工验收。对不能按期申请竣工验收的，应当向竣工验收部门提出延期申请，延长期限一般不得超过二年。

对延期后仍不能按期申请竣工验收的，竣工验收部门应当予以通报或者警告。

第九条 由省级交通运输主管部门负责竣工验收的航道工程，项目单位可以向省级交通运输主管部门提出竣工验收申请，也可以向省级交通运输主管部门委托的部门提出竣工验收申请。

接受委托的部门应当在收到申请材料之日起 5 个工作日内，对航道工程是否符合竣工验收条件进行初审，提出初审意见，并应当在初审结束之日起 5 个工作日内将申请材料和初审意见报送省级交通运输主管部门。

第十条 竣工验收部门应当按照《交通行政许可实施程序规定》规范的程序和时限完成航道工程竣工验收工作。

第十一条 竣工验收部门应当根据航道工程项目的具体情况，邀请相关部门组成竣工验收委员会开展竣工验收工作。航运枢纽工程以及技术复杂的其他航道工程，应当邀请有关专家参加。

项目单位以及设计、施工、监理和运行管理等单位应当参加竣工验收工作。竣工验收部门还可以邀请有关地方政府部门、单位参加竣工验收工作。

第十二条 竣工验收委员会负责对工程实体质量以及建设情况进行全面检查，对建设项目进行综合评价，形成、通过并签署《航道工程竣工验收鉴定书》。

项目单位负责提交竣工报告、工程试运行报告、工程竣工财务决算和审计报告以及验收所需的其他资料，协助竣工验收委员会开展工作。

工程质量监督机构负责提交工程质量监督工作报告以及工程质量检验意见，配合竣工验收工作。设计、施工、监理单位负责提交各自的工作报告，提供相关资料，配合竣工验收工作。

第十三条 航道工程项目单位、质量监督机构、设计单位、施工单位、监理单位应当对所提交资料的完整性、真实性和有效性负责。

第十四条 航道工程竣工验收主要内容是：

（一）检查工程的批准、核准、备案等文件是否齐全；

（二）检查工程是否按批准的规模、标准、内容全部建成；

（三）检查国家和行业强制性标准的执行情况；

（四）检查工程招投标以及合同履约情况；

（五）检查工程交工验收情况；

（六）检查工程实体质量以及工程效果；

（七）检查航运枢纽工程的阶段验收情况；

（八）检查工程试运行情况；

（九）检查专项验收情况；

（十）检查工程竣工决算报告的审计情况；

（十一）对存在的问题和尾留工程提出处理意见。

第十五条 航道工程竣工验收合格的，竣工验收部门应当自《航道工程竣工验收鉴定书》签署之日起10个工作日内，签发《航道工程竣工验收证书》。

由省级交通运输主管部门负责竣工验收的航道工程，省级交通运输主管部门应当自《航道工程竣工验收证书》签发之日起20个工作日内将有关验收资料报交通运输部备案。

第十六条 航道工程竣工验收不合格的，项目单位应当按照竣工验收委员会提出的处理意见进行限期整改。整改期满后，项目单位应当重新提出竣工验收申请。

第十七条 航道工程竣工验收完成后，应当按国家有关规定办理档案、固定资产交付使用等相关手续。

第十八条 航道工程未经竣工验收合格，擅自投入使用的，由县级以上交通运输主管部门责令限期改正，可以处3万元以下罚款。

第十九条 竣工验收部门的工作人员在竣工验收工作中滥用职权、徇私舞弊、索贿受贿的，依法给予行政处分；构成犯罪的，依法追究刑事责任。

第二十条 县级以上交通运输主管部门应当建立工程竣工验收举报制度。任何单位和个人发现工程竣工验收中有违法行为的，应当向上级交通运输主管部门举报。

第二十一条 本办法下列用语的含义是：

（一）航道工程是指航道整治、航道疏浚和航运枢纽、过船建筑物等航道设施以及其他航道附属设施的新建、扩建和改建工程。

（二）阶段验收是指航运枢纽工程建设进入截流、水库蓄水、通航、机组启动等关键阶段前进行的验收。

（三）工程试运行期是指航道主体工程交工验收合格后，至竣工验收之前，检验工程效果和运行能力的阶段。工程试运行期自航道主体工程最后一个单位工程交工验收合格之日起算。

第二十二条 利用世界银行、亚洲开发银行等国际金融组织或者外国政府贷款、援助资金的航道工程，贷款方、资金提供方对工程竣工验收另有规定的，可以适用其规定，但不得违背中华人民共和国法律、法规的规定和社会公共利益。

在国际、国界河流上从事航道工程竣工验收活动适用本办法，但我国缔结的政府间协议另有规定的，按照有关协议执行。

第二十三条 《航道工程竣工验收证书》、《航道工程竣工验收鉴定书》应当按照交通运输部规范的统一格式印制。

第二十四条 本办法自 2008 年 3 月 1 日起施行。

老旧运输船舶管理规定

（交通运输部令 2014 年第 14 号）

第一章 总 则

第一条 为加强老旧运输船舶管理，优化水路运力结构，提高船舶技术水平，保障水路运输安全，促进水路运输事业健康发展，根据《国内水路运输管理条例》，制定本规定。

第二条 本规定适用于拥有中华人民共和国国籍，从事水路运输的海船和河船。

第三条 本规定中下列用语的含义是：

（一）船龄，是指船舶自建造完工之日起至现今的年限；

（二）购置、光租外国籍船船龄，是指船舶自建造完工之日起至国务院商务主管部门或其授权的部门和机构签发的《机电产品进口许可证》或《自动进口许可证》签发之日的年限；

（三）老旧运输船舶，是指船龄在本规定第四条、第五条规定的最低船龄以上的运输船舶；

（四）报废船舶，是指永久不能从事水路运输的船舶；

（五）废钢船，是指永久不能从事水路运输的钢质船舶；

（六）单壳油船，是指未设有符合国内船舶检验规范规定的双层底舱和双层边舱的油船（含油驳）。

第四条 老旧海船分为以下类型：

（一）船龄在 10 年以上的高速客船，为一类老旧海船；

（二）船龄在 10 年以上的客滚船、客货船、客渡船、客货渡船（包括旅客列车轮渡）、旅游船、客船，为二类老旧海船；

（三）船龄在 12 年以上的油船（包括沥青船）、散装化学品船、液化气船，为三类老旧海船；

（四）船龄在 18 年以上的散货船、矿砂船，为四类老旧海船；

（五）船龄在 20 年以上的货滚船、散装水泥船、冷藏船、杂货船、多用途船、集装箱船、木材船、拖轮、推轮、驳船等，为五类老旧海船。

第五条 老旧河船分为以下类型：

（一）船龄在 10 年以上的高速客船，为一类老旧河船；

（二）船龄在 10 年以上的客滚船、客货船、客渡船、客货渡船（包括旅客列车轮渡）、旅游船、客船，为二类老旧河船；

（三）船龄在 16 年以上的油船（包括沥青船）、散装化学品船、液化气船，为三类老旧河船；

（四）船龄在18年以上的散货船、矿砂船，为四类老旧河船；

（五）船龄在20年以上的货滚船、散装水泥船、冷藏船、杂货船、多用途船、集装箱船、木材船、拖轮、推轮、驳船（包括油驳）等，为五类老旧河船。

第六条 国家对老旧运输船舶实行分类技术监督管理制度，对已达到强制报废船龄的运输船舶实施强制报废制度。

第七条 根据本规定和其他有关规定，交通运输部对全国老旧运输船舶的市场准入和营运进行管理，县级以上地方人民政府交通运输主管部门或者负责水路运输管理的机构（以下统称水路运输管理部门）实施本行政区域的老旧运输船舶的市场准入和营运管理工作。

海事管理机构根据有关法律、行政法规和本规定对老旧运输船舶实施安全监督管理。

第二章 船舶购置、光租、改建管理

第八条 购置外国籍船舶或者以光船租赁条件租赁外国籍船舶从事水路运输，船舶必须符合本规定附录规定的购置、光租外国籍船舶的船龄要求，其船体、主要机电设备和安全、防污染设备等应当符合船舶法定检验技术规则。

购置、光租外国籍油船，其船体应当符合《经1978年议定书修订的1973年国际防止船舶造成污染公约》附则Ⅰ《防止油类污染规则》规定的要求。

第九条 本规定所称购置外国籍船舶、以光船租赁条件租赁外国籍船舶，包括已经从国外购置或者以光船租赁条件租赁，但尚未在中国取得合法船舶检验证书、船舶国籍证书的外国籍船舶，以及通过拍卖方式购置的外国籍船舶。

第十条 任何组织和个人不得购置外国籍废钢船从事水路运输，也不得以光船租赁条件租赁外国籍废钢船从事水路运输。

第十一条 超过本规定报废船龄的外国籍船舶不得从事国内水路运输。

第十二条 根据运力供求情况和保障运输安全的需要，交通运输部可以决定在特定的旅客运输航线和散装液体危险货物运输航线、水域暂停购置或者光租外国籍一、二、三类船舶从事水路运输。

第十三条 购置外国籍船舶或者以光船租赁条件租赁外国籍船舶改为中国籍船舶经营水路运输，购置人、承租人应当了解船舶的船龄和技术状况，并按下列程序办理有关手续：

（一）购置或者光租外国籍一、二、三类船舶前，应当按照国家有关规定向设区的市级人民政府水路运输管理部门提出增加运力的申请，并报经具有许可权限的部门批准；购置或者光租外国籍四、五类船舶，应当按有关规定在签订购置或者光租意向后15个工作日内向所在地设区的市级人民政府水路运输管理部门备案；

（二）购置外国籍船舶或者以光船租赁条件租赁外国籍船舶后，应依法向海事管理机构认可的船舶检验机构申请初次检验，取得其签发的船舶检验证书；

（三）购置外国籍船舶或者以光船租赁条件租赁外国籍船舶取得船舶检验证书后，应依法向海事管理机构申请船舶登记、光船租赁登记，取得其签发的船舶所有权登记证书、船舶国籍证书或者光船租赁登记证明书及临时船舶国籍证书；

（四）购置外国籍船舶或者以光船租赁条件租赁外国籍船舶取得船舶国籍证书或者光船租赁登记证明书及临时船舶国籍证书后，经营国内水路运输的，应当按有关规定申领并取得船舶营运证；经营国际运输的，于投入运营前15日向交通运输部备案。交通运输部应当自收到备案材料之日起3日内出具备案证明书。

第十四条 船舶检验机构应当严格按照有关船舶法定检验技术规则和本规定对购置的外国籍船舶或者以光船租赁条件租赁的外国籍船舶进行检验。

第十五条 船舶登记机关应当严格按照有关船舶登记规定和本规定对购置的外国籍船舶或者以光船租赁条件租赁的外国籍船舶进行登记。

第十六条 交通运输部和水路运输管理部门应当按国家有关水路运输经营管理规定和本规定对经营水路运输的申请进行审核，符合条件的，发给船舶营运证或者国际船舶备案证明书。

第十七条 四类、五类船舶不得改为一类、二类、三类船舶从事水路运输，三类船舶之间不得相互改建从事水路运输。

第十八条 改建一、二、三类老旧运输船舶，应当按运力变更的规定报原许可机关批准。

改建老旧运输船舶，必须向海事管理机构认可的船舶检验机构申请建造检验。

船舶检验机构对改建的老旧运输船舶签发船舶检验证书，应当注明改建日期，但不得改变船舶建造日期。

第十九条 老旧运输船舶经过改建，与改建前不属本规定的同一船舶类型的，其特别定期检验船龄、强制报废船龄适用于改建后老旧运输船舶类型的规定。

第三章 船舶营运管理

第二十条 船舶所有人或者经营人应采取有效措施，加强老旧运输船舶的跟踪管理，适当缩短船舶设备检修、养护检查周期和各种电气装置的绝缘电阻测量周期，严禁失修失养。

第二十一条 船舶所有人或者经营人改变老旧运输船舶的用途或航区，必须向海事管理机构认可的船舶检验机构申请临时检验，核定载重线和乘客定额、船舶构造及设备的安全性能，必要时重新丈量总吨位和净吨位。

第二十二条 从事国内运输的老旧运输船舶办理进出港口签证，除应当向海事管理机构交验有关安全证书外，还应当交验船舶营运证。

对未按国家规定交验有效船舶证件的老旧运输船舶，海事管理机构不得为其办理进出港口签证；对未交验船舶营运证的，还应将有关情况通知所在地水路运输管理部门。

第二十三条 海事管理机构应当对从事国际运输的中国籍老旧运输船舶和进出我国港口的达到本规定老旧船舶年限的外国籍运输船舶加强监督检查。

第二十四条 对处于不适航状态或者有其他妨碍、可能妨碍水上交通安全的老旧运输船舶，海事管理机构依照有关法律、行政法规的规定禁止其进港、离港，或责令其停航、改航、驶向指定地点。

第二十五条 船舶所有人或者经营人应当按照国家有关规定,向海事管理机构认可的船舶检验机构申请对营运中的老旧运输船舶定期检验。经检验不合格的,不得经营水路运输。

第二十六条 老旧运输船舶达到本规定附录规定的特别定期检验的船龄,继续经营水路运输的,船舶所有人或经营人应当在达到特别定期检验船龄的前后半年内向海事管理机构认可的船舶检验机构申请特别定期检验,取得相应的船舶检验证书,并报船舶营运证或者国际船舶备案证明书的发证机关备案。

第二十七条 经特别定期检验合格、继续经营水路运输的老旧运输船舶,船舶所有人或者经营人应当自首次特别定期检验届满一年后每年申请一次特别定期检验,取得相应的船舶检验证书,并报船舶营运证或者国际船舶备案证明书的发证机关备案。

交通运输部和水路运输管理部门发现老旧运输船舶的技术状况可能影响航行安全的,应当通知海事管理机构。

老旧运输船舶的技术状况可能影响航行安全的,海事管理机构应当责成船舶所有人或经营人向船舶检验机构申请临时检验。

第二十八条 未按本规定第二十六条、第二十七条的规定申请特别定期检验或者经特别定期检验不合格的老旧运输船舶,应予以报废。

第二十九条 达到本规定附录规定的强制报废船龄的船舶,应予以报废。

船舶检验证书、船舶营运证的有效期最长不得超过本规定附录规定的船舶强制报废船龄的日期。

第三十条 船舶报废后,其船舶营运证或者国际船舶备案证明书自报废之日起失效,船舶所有人或者经营人应在船舶报废之日起十五日内将船舶营运证或者国际船舶备案证明书交回原发证机关予以注销。其船舶检验证书由原发证机关加注“不得从事水路运输”字样。

第三十一条 禁止使用已经报废的船舶从事水路运输。

禁止使用报废船舶的设备及其他零部件拼装运输船舶从事水路运输。

第三十二条 报废船舶改作趸船、水上娱乐设施以及其他非运输设施,应符合国家有关规定。

第四章 监督和处罚

第三十三条 交通运输部和水路运输管理部门、海事管理机构应当按照有关法律、行政法规、规章的规定,对老旧运输船舶进行监督检查。

老旧运输船舶所有人或者经营人应当接受交通运输部和水路运输管理部门、海事管理机构依法进行的监督检查,如实提交有关证书、资料或者情况,不得拒绝、隐匿或者弄虚作假。

第三十四条 老旧运输船舶所有人或者经营人违反本规定第十三条第(四)项的规定,使用未取得船舶营运证的船舶从事水路运输的,按《国内水路运输管理条例》第三十四条第一款的规定给予行政处罚。

第三十五条 违反本规定第三十条的规定,未将报废船舶的船舶营运证或者国际船舶备案证明书交回原发证机关的,责令改正,可以处1000元以下的罚款。

第三十六条 船舶所有人或者经营人违反本规定有关船舶登记、检验规定的,由海事管理机构按有关法律、行政法规、规章规定给予行政处罚。

第三十七条 交通运输部和水路运输管理部门、海事管理机构的工作人员玩忽职守、徇私舞弊、滥用职权的,依法给予行政处分。

第五章 附 则

第三十八条 为满足保护国家利益和加强安全管理的需要,交通运输部可以对本规定的有关船龄进行临时调整。

第三十九条 为保护水域环境,对已投入营运但未达到强制报废船龄的单壳油船实行限期淘汰。具体时间和实施范围由交通运输部另行公布。

第四十条 仅从事水上工程作业的船舶,以及仅从事港区内作业的拖船、工作船等船舶,不适用本规定。

以上船舶和其他非营运船舶从事水路运输时,适用本规定。

第四十一条 对从事中国港口至外国港口间运输的一、二类船舶,需要对船龄作出限制规定的,由双边商定。

第四十二条 本规定由交通运输部负责解释。

第四十三条 本规定自2006年8月1日起施行。2001年4月9日交通部公布的《老旧运输船舶管理规定》(交通部令2001年第2号)同时废止。

水上交通事故统计办法

（交通运输部令　2014 年第 15 号）

第一条　为保障水上交通事故统计资料准确、及时，提高水上交通安全管理水平，依据《中华人民共和国统计法》、《中华人民共和国海上交通安全法》、《中华人民共和国水污染防治法》、《防治船舶污染海洋环境管理条例》和《中华人民共和国内河交通安全管理条例》等法律法规，制定本办法。

第二条　中华人民共和国管辖水域内发生的水上交通事故及中国籍船舶在中华人民共和国管辖水域以外发生的水上交通事故的统计和上报，适用本办法。

本办法所称水上交通事故，是指船舶在航行、停泊、作业过程中发生的造成人员伤亡、财产损失、水域环境污染损害的意外事件。

第三条　交通运输部主管全国水上交通事故的统计管理工作。

县级以上地方人民政府交通运输主管部门主管本行政区域内登记注册的水路运输经营者所属船舶发生的水上交通事故的统计工作。

交通运输部在中央管理水域设立的直属海事管理机构和省、自治区、直辖市人民政府在中央管理水域以外的其他水域设立的海事管理机构依照职责分工负责辖区内发生的水上交通事故的统计工作。直属海事管理机构负责中国籍船舶在中华人民共和国管辖水域以外发生的水上交通事故的统计工作。

第四条　县级以上地方人民政府交通运输主管部门、海事管理机构及航运企业、船舶应当遵守统计法律、行政法规和本办法，健全和落实水上交通事故统计工作责任制度，如实提供水上交通事故统计资料，准确、及时地完成水上交通事故统计工作。

第五条　水上交通事故按照下列分类进行统计：

（一）碰撞事故；

（二）搁浅事故；

（三）触礁事故；

（四）触碰事故；

（五）浪损事故；

（六）火灾、爆炸事故；

（七）风灾事故；

（八）自沉事故；

（九）操作性污染事故；

（十）其他引起人员伤亡、直接经济损失或者水域环境污染的水上交通事故。

第六条 水上交通事故按照人员伤亡、直接经济损失或者水域环境污染情况等要素，分为以下等级：

（一）特别重大事故，指造成30人以上死亡（含失踪）的，或者100人以上重伤的，或者船舶溢油1000吨以上致水域污染的，或者1亿元以上直接经济损失的事故；

（二）重大事故，指造成10人以上30人以下死亡（含失踪）的，或者50人以上100人以下重伤的，或者船舶溢油500吨以上1000吨以下致水域污染的，或者5000万元以上1亿元以下直接经济损失的事故；

（三）较大事故，指造成3人以上10人以下死亡（含失踪）的，或者10人以上50人以下重伤的，或者船舶溢油100吨以上500吨以下致水域污染的，或者1000万元以上5000万元以下直接经济损失的事故；

（四）一般事故，指造成1人以上3人以下死亡（含失踪）的，或者1人以上10人以下重伤的，或者船舶溢油1吨以上100吨以下致水域污染的，或者100万元以上1000万元以下直接经济损失的事故；

（五）小事故，指未达到一般事故等级的事故。

第七条 统计水上交通事故，应当符合以下基本计算方法：

（一）重伤人数参照国家有关人体伤害鉴定标准确定；

（二）死亡（含失踪）人数按事故发生后7日内的死亡（含失踪）人数进行统计；

（三）船舶溢油数量按实际流入水体的数量进行统计；

（四）除原油、成品油以外的其他污染危害性物质泄漏按直接经济损失划分事故等级；

（五）船舶沉没或者全损按发生沉没或者全损的船舶价值进行统计；

（六）直接经济损失按水上交通事故对船舶和其他财产造成的直接损失进行统计，包括船舶救助费、打捞费、清污费、污染造成的财产损失、货损、修理费、检（查勘）验费等；船舶全损时，直接经济损失还应包括船舶价值；

（七）一件事故造成的人员死亡失踪、重伤、水域环境污染和直接经济损失如同时符合2个以上等级划分标准的，按最高事故等级进行统计。

第八条 两艘以上船舶之间发生撞击造成损害的，按碰撞事故统计，计算方法如下：

（一）事故件数统计为一件；每艘当事船舶的事故件数按照占本次事故当事船舶总数的比例进行统计；

（二）伤亡人数、沉船艘数、船舶溢油数量、直接经济损失按发生伤亡、沉船、溢油及受损失的船舶方进行统计；

（三）事故等级按照所有当事船舶的人员伤亡、船舶溢油数量或者直接经济损失确定。

船舶发生碰撞事故，一方当事船舶逃逸，事故件数按照另一方单方事故进行统计，事故等级暂按另一方船舶的人员伤亡、船舶溢油数或者直接经济损失确定。查获逃逸船舶的，每艘当事船舶的事故件数应当重新计算；事故等级及统计要素有变化的，事故统计数据应当予以更正。

第九条 船舶搁置在浅滩上，造成停航或者损害的，按搁浅事故统计。搁浅造成船舶停航7日以上，但造成损害未达到一般事故等级标准的，按一般等级事故统计；造成损害在一般事故等级标准以上的，按第六条的规定进行统计。

船舶发生事故后为减少损失主动抢滩的，事故种类按照搁浅前的事故种类、损失按最终造成的损失进行统计。

第十条 船舶触碰礁石，或者搁置在礁石上，造成损害的，按触礁事故统计。触礁事故等级的计算方法参照搁浅事故等级的计算方法。

第十一条 船舶触碰岸壁、码头、航标、桥墩、浮动设施、钻井平台等水上水下建筑物或者沉船、沉物、木桩、鱼栅等碍航物并造成损害，按触损事故统计。船舶本身和岸壁、码头、航标、桥墩、钻井平台、浮动设施、鱼栅等水上水下建筑物的人员伤亡和损失，均应当列入触碰事故的伤亡和直接经济损失。

第十二条 船舶因其他船舶兴波冲击造成损害，按浪损事故统计，其事故等级的计算方法参照船舶碰撞事故等级的计算方法。

第十三条 船舶因自然或者人为因素致使船舶失火或者爆炸造成损害，按火灾、爆炸事故统计。

第十四条 船舶遭受较强风暴袭击造成损失，按风灾事故统计，一艘船舶计为一件事故。

第十五条 船舶因超载、积载或者装载不当、操作不当、船体进水等原因或者不明原因造成船舶沉没、倾覆、全损，按自沉事故统计，但其他事故造成的船舶沉没除外。

第十六条 船舶因发生碰撞、搁浅、触礁、触碰、浪损、火灾、爆炸、风灾及自沉事故造成水域环境污染的，按照造成水域污染的事故种类统计。

船舶造成的前款规定情形之外的水域环境污染，按照操作性污染事故统计。

第十七条 影响适航性能的机件或者重要属具的损坏或者灭失，以及在船人员工伤、意外落水等事故，按照“其他引起人员伤亡、直接经济损失、水域环境污染的水上交通事故”统计。

第十八条 船舶因外来原因使舱内进水、失去浮力，导致货舱或者驳船的甲板、机动船最高一层连续甲板浸没二分之一以上，按沉没统计。

船舶因外来原因造成严重损害，推定为船舶全损的，按沉船统计。

十米以下的船舶发生沉没或者推定全损，不计入沉船或者全损艘数和吨位。

第十九条 船舶附属艇、筏发生的水上交通事故按其所属船舶事故统计。

第二十条 船舶因发生交通事故需要在国外进行修理的，实际修船费用按照中国人民银行公布的同期人民币与外汇比价折合人民币计算。

第二十一条 水上交通事故应当按月度、年度进行统计，并按下列时间报送：

（一）月度统计期为每月1日至月末，于次月5日前上报；

（二）年度统计期为每年1月1日至12月31日，于次年1月15日前上报。

第二十二条 在统计期内发生但尚未调查处理完毕的水上交通事故，统计时难以确定船舶溢油数量、直接经济损失的，先按初步核定值统计，待水上交通事故调查处理完毕后再按确定的数据予以更正。

第二十三条 省、自治区、直辖市人民政府交通主管部门、海事管理机构应当按照统计报表制度对水上交通事故进行分类统计，其中“一般事故”等级以上的统计报表按照统计报表制度逐级上报至交通运输部海事局。

第二十四条 船舶在中国管辖水域内发生水上交通事故，应当按有关规定及时向事故发生地海事管理机构报告。同时，中国籍船舶的所有人、经营人或者管理人应当向登记注册地人民政府交通运输主管部门报告。

中国籍船舶在中国管辖水域以外发生水上交通事故，中国籍船舶所有人、经营人或者管理人应当在事故发生后24小时内向船籍港海事管理机构报告。

第二十五条 相关单位应当使用计算机信息系统等现代化手段进行水上交通事故信息采集、统计和上报工作。

第二十六条 水上交通事故统计资料，应当按照信息公开的相关规定予以公布。

交通运输主管部门、海事管理机构的工作人员违反本办法，虚报、瞒报、伪造、拒报、屡次迟报水上交通事故统计资料，根据情节轻重，依法给予行政处分。

第二十七条 船舶在船厂修造期间发生的事故不作为水上交通事故统计。

在船人员自杀或者他杀事件，不作为水上交通事故。

第二十八条 本办法中所称的“以上”包含本数，“以下”不含本数。

第二十九条 本办法自2015年1月1日起施行。2002年8月26日交通部第5号令发布的《水上交通事故统计办法》同时废止。

内河运输船舶标准化管理规定

（交通运输部令　2014 年第 23 号）

第一条　为加强内河运输船舶标准化管理，提高内河运输船舶技术水平，优化内河运输船舶结构，防止船舶污染环境，提高运输效能，促进水路运输事业的发展，根据《国内水路运输管理条例》，制定本规定。

第二条　本规定适用于中华人民共和国境内江河、湖泊、水库及其他内河通航水域从事运输的船舶，但在与外界不通航的封闭性水域内从事运输的船舶除外。

第三条　交通运输部主管全国内河运输船舶标准化管理工作。

县级以上地方人民政府交通运输主管部门主管本行政区域的内河运输船舶标准化管理工作。县级以上地方人民政府交通运输主管部门或者负责水路运输管理的机构（以下统称负责水路运输管理的部门）具体实施内河运输船舶标准化管理工作。

海事管理机构根据有关法律、行政法规和本规定对内河运输船舶检验、交通安全及防止污染水域实行监督管理。

第四条　交通运输部运用经济、技术政策等措施，支持和鼓励采用先进适用的水路运输船舶和技术；对正在使用的不符合新标准的船舶、不符合安全环保新规范的船舶、限制过闸船舶和限制在特定通航水域航行的船舶，可以采取资金补贴等措施，引导和鼓励进行更新、改建；需要采取限期淘汰等措施的，应当对船舶所有人给予补偿。

第五条　禁止水泥质船舶、木质船舶、挂桨机船在京杭运河、川江和三峡库区水域从事内河运输。

任何组织和个人不得新建、改建挂桨机船在长江干线、珠江干线、黑龙江干线及太湖水域从事内河运输。

任何组织和个人不得新建、改建水泥质船舶、总长 5 米以上的木质船舶、总长 20 米以上的挂桨机船舶从事内河运输。

第六条　新建、改建内河运输船舶，应当符合交通运输部制定的内河运输船舶标准船型指标体系中的强制性要求。

第七条　新建、改建内河客船、危险品船增加运力的，应当按交通运输部有关规定向设区的市级人民政府水路运输管理部门提出申请，并报具有许可权限的部门批准。

新建、改建内河普通货船增加运力的，应当在船舶开工建造 15 个工作日内向所在地设区的市级人民政府水路运输管理部门备案。

对符合条件的内河运输船舶，由规定的发证机关配发《船舶营业运输证》，并注明船舶营运区域和船舶符合交通运输部制定的内河运输船舶标准船型指标体系中的强制性要求。

第八条 新建、改建内河运输船舶，应当按国家有关规定向海事管理机构认可的船舶检验机构申请建造检验，取得船舶检验证书。

船舶检验机构应当按照交通运输部制定的内河运输船舶标准船型指标体系和国家其他有关规定进行建造检验，对符合有关规定的，签发船舶检验证书。不符合内河运输船舶标准船型指标体系中强制性要求的，不予签发船舶检验证书。

第九条 新建、改建内河运输船舶取得船舶检验证书后，应当按国家有关规定向海事管理机构申请船舶登记，取得法定的船舶登记证书。不符合内河运输船舶标准船型指标体系中强制性要求、未取得船舶检验证书的，应当不予登记。

第十条 对按照国家规定要求应当改建而未改建的内河运输船舶，其《船舶营业运输证》的配发机关应当对其配发的《船舶营业运输证》予以收回。

第十一条 对不符合内河运输船舶标准船型指标体系中的强制性要求的新建、改建内河运输船舶，航道管理机构应当不予办理通过船闸、升船机等通航设施的手续，海事管理机构应当依据有关规定加强对船舶的现场监管。

第十二条 内河运输船舶所有人、船舶经营人应当按照国家有关规定，向海事管理机构认可的船舶检验机构对营运中的水泥质船舶、木质船舶和挂桨机船舶申请定期检验。经检验不合格的，不得从事内河运输。

第十三条 对已经投入营运的水泥质船舶、木质船舶、挂桨机船舶实行限期淘汰制度，具体时间、航区另行公布。

任何组织和个人不得使用交通运输部明文规定已经淘汰的水泥质船舶、木质船舶、挂桨机船舶从事内河运输。

第十四条 交通运输部和负责水路运输管理的部门应当依照有关法规、规章的规定，对内河运输船舶标准化进行监督检查。

第十五条 内河运输船舶所有人、船舶经营人、船舶管理人应当接受交通运输部和负责水路运输管理的部门依法进行的监督检查，如实提交有关证书、资料或者情况，不得拒绝、隐匿或者弄虚作假。

第十六条 违反本规定，由负责水路运输管理的部门按照《国内水路运输管理条例》的相关规定给予行政处罚。

违反有关内河船舶检验管理和安全监督管理的规定，由海事管理机构按有关法规、规章给予行政处罚。

第十七条 交通运输部和负责水路运输管理的部门、海事管理机构的工作人员玩忽职守、徇私舞弊、滥用职权的，由所在单位或者上级机关依法依规追究法律责任。

第十八条 本规定自 2015 年 4 月 1 日起施行。2001 年 10 月 11 日以交通部令 2001 年第 8 号公布的《内河运输船舶标准化管理规定》同时废止。

中华人民共和国海上海事行政处罚规定

（交通运输部令　2015 年第 8 号）

第一章　总　　则

第一条　为规范海上海事行政处罚行为，保护当事人的合法权益，保障和监督海上海事行政管理，维护海上交通秩序，防止船舶污染水域，根据《海上交通安全法》、《海洋环境保护法》、《行政处罚法》及其他有关法律、行政法规，制定本规定。

第二条　对在中华人民共和国（简称中国）管辖沿海水域及相关陆域发生的，或者在中国管辖沿海水域及相关陆域外但属于中国籍的海船发生的违反海事行政管理秩序的行为实施海事行政处罚，适用本规定。

中国籍船员在中国管辖沿海水域及相关陆域外违反海事行政管理秩序，并且按照中国有关法律、行政法规应当处以行政处罚的行为实施海事行政处罚，适用本规定。

第三条　实施海事行政处罚，应当遵循合法、公开、公正，处罚与教育相结合的原则。

第四条　海事行政处罚，由海事管理机构依法实施。

第二章　海事行政处罚的适用

第五条　海事管理机构实施海事行政处罚时，应当责令当事人改正或者限期改正海事行政违法行为。

第六条　对有两个或者两个以上海事行政违法行为的同一当事人，应当分别处以海事行政处罚，合并执行。

对有共同海事行政违法行为的当事人，应当分别处以海事行政处罚。

第七条　实施海事行政处罚，应当与海事行政违法行为的事实、性质、情节以及社会危害程度相适应。

第八条　海事行政违法行为的当事人有下列情形之一的，应当依照《行政处罚法》第二十七条的规定，从轻或者减轻给予海事行政处罚：

（一）主动消除或者减轻海事行政违法行为危害后果的；

（二）受他人胁迫实施海事行政违法行为的；

（三）配合海事管理机构查处海事行政违法行为有立功表现的；

（四）法律、行政法规规定应当依法从轻或者减轻行政处罚的情形。

海事行政违法行为轻微并及时得到纠正，没有造成危害后果的，不予海事行政处罚。

本条第一款所称依法从轻给予海事行政处罚，是指在法定的海事行政处罚种类、幅度范围内给予较轻的海事行政处罚。

本条第一款所称依法减轻给予海事行政处罚，是指在法定的海事行政处罚种类、幅度最低限以下给予海事行政处罚。

有海事行政违法行为的中国籍船舶和船员在境外已经受到处罚的，不得重复给予海事行政处罚。

第九条 海事行政违法行为的当事人有下列情形之一的，应当从重处以海事行政处罚：

（一）造成较为严重后果或者情节恶劣；

（二）一年内因同一海事行政违法行为受过海事行政处罚；

（三）胁迫、诱骗他人实施海事行政违法行为；

（四）伪造、隐匿、销毁海事行政违法行为证据；

（五）拒绝接受或者阻挠海事管理机构实施监督管理；

（六）法律、行政法规规定应当从重处以海事行政处罚的其他情形。

本条第一款所称从重给予海事行政处罚，是指在法定的海事行政处罚种类、幅度范围内给予较重的海事行政处罚。

本条第一款第（二）项所称的一年内是指自该违法行为发生日之前12个月内。

第十条 对当事人的同一个海事行政违法行为，不得给予两次以上海事行政处罚。

当事人未按照海事管理机构规定的期限和要求改正海事行政违法行为的，属于新的海事行政违法行为。

第三章　海事行政违法行为和行政处罚

第一节　违反安全营运管理秩序

第十一条 违反船舶安全营运管理秩序，有下列行为之一的，对船舶所有人或者船舶经营人处以5000元以上3万元以下罚款：

（一）未按规定取得安全营运与防污染管理体系符合证明或者临时符合证明从事航行或者其他有关活动；

（二）隐瞒事实真相或者提供虚假材料或者以其他不正当手段骗取安全营运与防污染管理体系符合证明或者临时符合证明；

（三）伪造、变造安全营运与防污染管理体系审核的符合证明或者临时符合证明；

（四）转让、买卖、租借、冒用安全营运与防污染管理体系审核的符合证明或者临时符合证明。

第十二条 违反船舶安全营运管理秩序，有下列行为之一的，对船舶所有人或者船舶经营人处以5000元以上3万元以下罚款；对船长处以2000元以上2万元以下的罚款，情节严重的，并给予扣留船员适任证书6个月至24个月直至吊销船员适任证书的处罚：

（一）未按规定取得船舶安全管理证书或者临时船舶安全管理证书从事航行或者其他有关活动；

（二）隐瞒事实真相或者提供虚假材料或者以其他不正当手段骗取船舶安全管理证书或者临时船舶安全管理证书；

（三）伪造、变造船舶安全管理证书或者临时船舶安全管理证书；

（四）转让、买卖、租借、冒用船舶安全管理证书或者临时船舶安全管理证书。

第十三条 违反安全营运管理秩序，有下列情形之一，造成严重后果的，对船舶所有人或者船舶经营人吊销安全营运与防污染管理体系（临时）符合证明：

（一）不掌控船舶安全配员；

（二）不掌握船舶动态；

（三）不掌握船舶装载情况；

（四）船舶管理人不实际履行安全管理义务；

（五）安全管理体系运行存在重大问题。

第二节 违反船舶、海上设施检验和登记管理秩序

第十四条 违反《海上交通安全法》第四条的规定，船舶和船舶上有关航行安全、防治污染等重要设备无相应的有效的检验证书的，依照《海上交通安全法》第四十四条的规定，对船舶所有人或者船舶经营人处以2000元以上3万元以下罚款。

本条前款所称船舶和船舶上有关重要设备无相应的有效的检验证书，包括下列情形：

（一）没有取得相应的检验证书；

（二）持有的检验证书属于伪造、变造、转让、买卖或者租借的；

（三）持有的检验证书失效；

（四）检验证书损毁、遗失但不按照规定补办。

第十五条 违反《海上交通安全法》第十六条规定，大型设施和移动式平台的海上拖带，未经船舶检验机构进行拖航检验，并报海事管理机构核准，依照《海上交通安全法》第四十四条的规定，对船舶、设施所有人或者经营人处以2000元以上2万元以下罚款，对船长处以1000元以上1万元以下罚款，并扣留船员适任证书6个月至12个月，对设施主要负责人处以1000元以上1万元以下罚款。

第十六条 违反《海上交通安全法》第十七条规定，船舶的实际状况同船舶检验证书所载不相符合，船舶未按照海事管理机构的要求申请重新检验或者采取有效的安全措施，依照《海上交通安全法》第四十四条的规定，对船舶所有人或者船舶经营人处以2000元以上3万元以下罚款；对船长处以1000元以上1万元以下罚款，并扣留船员适任证书6个月至12个月。

第十七条 船舶检验机构的检验人员违反《船舶和海上设施检验条例》的规定，有下列行为之一的，依照《船舶和海上设施检验条例》第二十八条的规定，按其情节给予警告、吊销验船人员注册证书的处罚：

（一）超越职权范围进行船舶、设施检验；

（二）未按照规定的检验规范进行船舶、设施检验；

（三）未按照规定的检验项目进行船舶、设施检验；

（四）未按照规定的检验程序进行船舶、设施检验；

（五）所签发的船舶检验证书或者检验报告与船舶、设施的实际情况不符。

第十八条 违反《海上交通安全法》第五条的规定，船舶未持有有效的船舶国籍证书航行的，依照《海上交通安全法》第四十四条的规定，对船舶所有人或者船舶经营人处以3000元以上2万元以下罚款；对船长处以2000元以上2万元以下的罚款，情节严重的，并给予扣留船员适任证书6个月至24个月直至吊销船员适任证书的处罚。

第三节 违反船员管理秩序

第十九条 违反《海上交通安全法》第七条的规定，未取得合格的船员职务证书或者未通过船员培训，擅自上船服务的，依照《海上交通安全法》第四十四条和《船员条例》第六十条的规定，责令其立即离岗，处以2000元以上2万元以下罚款，并对聘用单位处以3万元以上15万元以下罚款。

前款所称未取得合格的船员职务证书，包括下列情形：

（一）未经水上交通安全培训并取得相应合格证明；

（二）未持有船员适任证书或者其他适任证件；

（三）持采取弄虚作假的方式取得的船员职务证书；

（四）持伪造、变造的船员职务证书；

（五）持转让、买卖或者租借的船员职务证书；

（六）所服务的船舶的航区、种类和等级或者所任职务超越所持船员职务证书限定的范围；

（七）持已经超过有效期限的船员职务证书；

（八）未按照规定持有船员服务簿。

对本条第二款第（三）项、第（五）项规定的违法行为，除处以罚款外，并处吊销船员职务证书。对本条第二款第（五）项规定的持租借船员职务证书的情形，还应对船员职务证书出借人处以2000元以上2万元以下罚款。

对本条第二款第（四）项规定的违法行为，除处以罚款外，并收缴相关证书。

对本条第二款第（六）项规定的违法行为，除处以罚款外，并处扣留船员职务证书3个月至12个月。

第二十条 船员用人单位、船舶所有人有下列未按照规定招用外国籍船员在中国籍船舶上任职情形的，依照《船员条例》第六十条的规定，责令改正，并处以3万元以上15万元以下罚款：

（一）未依照法律、行政法规和国家其他有关规定取得就业许可；

（二）未持有合格的且签发国与我国签订了船员证书认可协议的船员证书；

（三）雇佣外国籍船员的航运公司未承诺承担船员权益维护的责任。

第二十一条 船员服务机构和船员用人单位未将其招用或者管理的船员的有关情况定

期向海事管理机构备案的，按照《船员条例》第六十四条的规定，对责任单位处以5000元以上2万元以下罚款。

前款所称船员服务机构包括海员外派机构。

本条第一款所称船员服务机构和船员用人单位未定期向海事管理机构备案，包括下列情形：

（一）未按规定进行备案，或者备案内容不全面、不真实；

（二）未按照规定时间备案；

（三）未按照规定的形式备案。

第二十二条 违反《海上交通安全法》第八条的规定，设施未按照国家规定配备掌握避碰、信号、通信、消防、救生等专业技能的人员，依照《海上交通安全法》第四十四条的规定，对设施所有人或者设施经营人处以1000元以上1万元以下罚款；对设施主要负责人和直接责任人员处以1000元以上8000元以下罚款。

第四节 违反航行、停泊和作业管理秩序

第二十三条 违反《海上交通安全法》第六条的规定，船舶未按照标准定额配备足以保证船舶安全的合格船员，依照《海上交通安全法》第四十四条的规定，对船舶所有人或者船舶经营人处以3000元以上2万元以下罚款；对船长处以2000元以上2万元以下罚款；情节严重的，并给予扣留船员适任证书3个月至12个月的处罚。

本条第一款所称未按照标准定额配备足以保证船舶安全的合格船员，包括下列情形：

（一）船舶所配船员的数量低于船舶最低安全配员证书规定的定额要求；

（二）船舶未持有有效的船舶最低安全配员证书。

第二十四条 违反《海上交通安全法》第九条的规定，船舶、设施上的人员不遵守有关海上交通安全的规章制度和操作规程，依照《海上交通安全法》第四十四条和《船员条例》第五十七条的规定，处以1000元以上1万元以下罚款；情节严重的，并给予扣留船员适任证书6个月至24个月直至吊销船员适任证书的处罚。发生事故的，按照第二十五条的规定给予扣留或者吊销船员适任证书的处罚。

本条前款所称不遵守有关海上交通安全的规章制度，包括下列情形：

（一）在船上履行船员职务，未按照船员值班规则实施值班；

（二）未获得必要的休息上岗操作；

（三）在船上值班期间，体内酒精含量超过规定标准；

（四）在船上履行船员职务，服食影响安全值班的违禁药物；

（五）不采用安全速度航行；

（六）不按照规定的航路航行；

（七）未按照要求保持正规了望；

（八）不遵守避碰规则；

（九）不按照规定停泊、倒车、调头、追越；

（十）不按照规定显示信号；

（十一）不按照规定守听航行通信；

（十二）不按照规定保持船舶自动识别系统处于正常工作状态，或者不按照规定在船舶自动识别设备中输入准确信息，或者船舶自动识别系统发生故障未及时向海事管理机构报告；

（十三）不按照规定进行试车、试航、测速、辨校方向；

（十四）不按照规定测试、检修船舶设备；

（十五）不按照规定保持船舱良好通风或者清洁；

（十六）不按照规定使用明火；

（十七）不按照规定填写航海日志；

（十八）不按照规定采取保障人员上、下船舶、设施安全的措施；

（十九）不按照规定载运易流态化货物，或者不按照规定向海事管理机构备案。

第二十五条　违反《海上交通安全法》第九条的规定，船舶、设施上的人员不遵守有关海上交通安全的规章制度和操作规程，造成海上交通事故的，还应当按照下列规定给予处罚：

（一）造成特别重大事故的，对负有全部责任、主要责任的船员吊销适任证书或者其他适任证件，对负有次要责任的船员扣留适任证书或者其他适任证件 12 个月直至吊销适任证书或者其他适任证件；责任相当的，对责任船员扣留适任证书或者其他适任证件 24 个月或者吊销适任证书或者其他适任证件。

（二）造成重大事故的，对负有全部责任、主要责任的船员吊销适任证书或者其他适任证件；对负有次要责任的船员扣留适任证书或者其他适任证件 12 个月至 24 个月；责任相当的，对责任船员扣留适任证书或者其他适任证件 18 个月或者吊销适任证书或者其他适任证件。

（三）造成较大事故的，对负有全部责任、主要责任的船员扣留船员适任证书 12 个月至 24 个月或者吊销船员适任证书，对负有次要责任的船员扣留船员适任证书 6 个月；责任相当的，对责任船员扣留船员适任证书 12 个月。

（四）造成一般事故的，对负有全部责任、主要责任的船员扣留船员适任证书 9 个月至 12 个月，对负有次要责任的船员扣留船员适任证书 6 个月至 9 个月；责任相当的，对责任船员扣留船员适任证书 9 个月。

第二十六条　违反《海上交通安全法》第十条的规定，船舶、设施不遵守有关法律、行政法规和规章，依照《海上交通安全法》第四十四条的规定，对船舶、设施所有人或经营人处以 3000 元以上 1 万元以下罚款；对船长或设施主要负责人 2000 元以上 1 万元以下罚款并对其他直接责任人员处以 1000 元以上 1 万元以下罚款；情节严重的，并给予扣留船员适任证书 6 个月至 24 个月直至吊销船员适任证书的处罚：

本条前款所称船舶、设施不遵守有关法律、行政法规和规章，包括下列情形：

（一）不按照规定检修、检测影响船舶适航性能的设备；

（二）不按照规定检修、检测通信设备和消防设备；

（三）不按照规定载运旅客、车辆；

（四）超过核定载重线载运货物；

（五）不符合安全航行条件而开航；

（六）不符合安全作业条件而作业；

（七）未按照规定进行夜航；

（八）强令船员违规操作；

（九）强令船员疲劳上岗操作；

（十）未按照船员值班规则安排船员值班；

（十一）超过核定航区航行；

（十二）未按照规定的航路行驶；

（十三）不遵守避碰规则；

（十四）不采用安全速度航行；

（十五）不按照规定停泊、倒车、调头、追越；

（十六）不按照规定进行试车、试航、测速、辨校方向；

（十七）不遵守航行、停泊和作业信号规定；

（十八）不遵守强制引航规定；

（十九）不遵守航行通信和无线电通信管理规定；

（二十）不按照规定保持船舱良好通风或者清洁；

（二十一）不按照规定采取保障人员上、下船舶、设施安全的措施；

（二十二）不遵守有关明火作业安全操作规程；

（二十三）未按照规定拖带或者非拖带船从事拖带作业；

（二十四）违反船舶并靠或者过驳有关规定；

（二十五）不按照规定填写航海日志；

（二十六）未按照规定报告船位、船舶动态；

（二十七）未按照规定标记船名、船舶识别号；

（二十八）未按照规定配备航海图书资料。

第二十七条 违反《海上交通安全法》第十一条规定，外国籍非军用船舶未经中国海事管理机构批准进入中国的内水和港口或者未按规定办理进出口岸手续，依照《海上交通安全法》第四十四条的规定，对船舶所有人或者船舶经营人处以 3 万元罚款，对船长处以 1 万元罚款。

第二十八条 违反《海上交通安全法》第十一条规定，外国籍非军用船舶进入中国的内水和港口不听从海事管理机构指挥，依照《海上交通安全法》第四十四条的规定，对船舶所有人或者船舶经营人处以警告或者2000 元以上 2 万元以下罚款，对船长处以警告或者 1000 元以上 1 万元以下罚款。

第二十九条 违反《海上交通安全法》第十三条规定，外国籍船舶进出中国港口或者在港内航行、移泊以及靠离港外系泊点、装卸站等，不按照规定申请指派引航员引航，或者不使用按照规定指派的引航员引航的，依照《海上交通安全法》第四十四条的规定，对船舶所有人或者船舶经营人处以警告或者2000元以上1万元以下罚款，对船长处以警告或者1000元以上1万元以下罚款。

第三十条 违反《海上交通安全法》第十四条规定，船舶进出港口或者通过交通管制区、通航密集区和航行条件受到限制的区域时，不遵守中国政府或者海事管理机构公布的特别规定的，依照《海上交通安全法》第四十四条的规定，对船舶所有人或者船舶经营人处以警告或者1000元以上1万元以下罚款，对船长处以警告或者500元以上1万元以下罚款，并可扣留船员适任证书3个月至12个月。

第三十一条 违反《海上交通安全法》第十五条规定，船舶无正当理由进入或者穿越禁航区，依照《海上交通安全法》第四十四条的规定，对船舶所有人或者船舶经营人处以警告或者2000元以上1万元以下罚款，对船长处以警告或者1000元以上1万元以下罚款，并扣留船员适任证书3个月至12个月。

第三十二条 违反《海上交通安全法》第十二条规定，国际航行船舶进出中国港口，拒不接受海事管理机构的检查，依照《海上交通安全法》第四十四条的规定，对船舶所有人或者船舶经营人处以1000元以上1万元以下的罚款；情节严重的，处以1万元以上3万元以下的罚款。对船长或者其他责任人员处以100元以上1000元以下的罚款；情节严重的，处以1000元以上3000元以下的罚款，并可扣留船员适任证书6个月至12个月：

本条前款所称拒不接受海事管理机构的检查，包括下列情形：

（一）拒绝或者阻挠海事管理机构实施安全检查；

（二）中国籍船舶接受海事管理机构实施安全检查时不提交《船旗国安全检查记录簿》；

（三）在接受海事管理机构实施安全检查时弄虚作假；

（四）未按照海事管理机构的安全检查处理意见进行整改。

第三十三条 违反《海上交通安全法》第十二条的规定，中国籍国内航行船舶进出港口不按照规定办理进出港签证的，依照《海上交通安全法》第四十四条的规定，对船舶所有人或者船舶经营人处以2000元以上1万元以下罚款；对船长处以1000元以上1万元以下罚款，并可扣留船员适任证书6个月至24个月。

第三十四条 违反《港口建设费征收使用管理办法》，不按规定缴纳或少缴纳港口建设费的，依照《财政违法行为处罚处分条例》第十三条规定，责令改正，并处未缴纳或者少缴纳的港口建设费的10%以上30%以下的罚款；对直接负责的主管人员和其他责任人处以3000元以上5万元以下罚款。

对于未缴清港口建设费的国内外进出口货物，港口经营人、船舶代理公司或者货物承运人违规办理了装船或者提离港口手续的，禁止船舶离港、责令停航、改航、责令停止作业，并可对直接负责的主管人员和其他责任人处以3000元以上3万元以下罚款。

第三十五条 违反船舶港务费征收管理秩序，不按照规定及时足额缴纳船舶港务费的，由海事管理机构责令限期缴纳，并从结算的次日起，按日核收应缴船舶港务费5‰的滞纳金；对偷缴、抗缴船舶港务费的，可以禁止船舶离港，或者责令其停航、改航、停止作业，并处以欠缴船舶港务费的1倍以上3倍以下、最高不超过3万元的罚款。

第三十六条 违反《海上航行警告和航行通告管理规定》第八条规定，海上航行警告、航行通告发布后，申请人未在国家主管机关或者区域主管机关核准的时间和区域内进行活动，或者需要变更活动时间或者改换活动区域的，未按规定重新申请发布海上航行警告、航行通告，依照《海上航行警告和航行通告管理规定》第十七条的规定，责令其停止活动，并可以处2000元以下罚款。

第三十七条 违反《海上航行警告和航行通告管理规定》，造成海上交通事故的，依照《海上航行警告和航行通告管理规定》第二十条，对船舶、设施所有人或者经营人处以3000元以上1万元以下罚款；对船长或者设施主要负责人处以2000元以上1万元以下罚款并对其他直接责任人员处以1000元以上1万元以下罚款；情节严重的，并给予扣留船员适任证书6个月至24个月直至吊销船员适任证书的处罚。

第五节　违反危险货物载运安全监督管理秩序

第三十八条 违反《危险化学品安全管理条例》第四十四条的规定，有下列情形之一的，依照《危险化学品安全管理条例》第八十六条的规定，由海事管理机构责令改正，处5万元以上10万元以下的罚款；拒不改正的，责令停航、停业整顿。

（一）从事危险化学品运输的船员未取得相应的船员适任证书和培训合格证明；

（二）危险化学品运输申报人员、集装箱装箱现场检查员未取得从业资格。

第三十九条 违反《危险化学品安全管理条例》第十八条的规定，运输危险化学品的船舶及其配载的容器未经检验合格而投入使用的，依照《危险化学品安全管理条例》第七十九条的规定，由海事管理机构责令改正，对船舶所有人或者经营人处以10万元以上20万元以下的罚款；有违法所得的，没收违法所得；拒不改正的，责令停航整顿。

第四十条 违反《危险化学品安全管理条例》第四十五条的规定，船舶运输危险化学品，未根据危险化学品的危险特性采取相应的安全防护措施，或者未配备必要的防护用品和应急救援器材的，依照《危险化学品安全管理条例》第八十六条的规定，由海事管理机构责令改正，对船舶所有人或者经营人处以5万元以上10万元以下的罚款；拒不改正的，责令停航整顿。

本条前款所称未根据危险化学品的危险特性采取相应的安全防护措施，或者未配备必要的防护用品和应急救援器材，包括下列情形：

（一）拟交付船舶运输的化学品的相关安全运输条件不明确，货物所有人或者代理人不委托相关技术机构进行评估，或者未经海事管理机构确认，交付船舶运输的；

（二）装运危险化学品的船舶未按照有关规定编制应急预案和配备相应防护用品、应急救援器材；

（三）船舶装运危险化学品，不按照规定进行积载或者隔离；

（四）装运危险化学品的船舶擅自在非停泊危险化学品船舶的锚地、码头或者其他水域停泊；

（五）船舶所装运的危险化学品的包装标志不符合有关规定；

（六）船舶装运危险化学品发生泄漏或者意外事故，不及时采取措施或者不向海事管理机构报告。

第四十一条　装运危险化学品的船舶进出港口，不依法向海事管理机构办理申报手续的，对船舶所有人或者经营人处1万元以上3万元以下的罚款。

第四十二条　违反《危险化学品安全管理条例》第五十三条、第六十三条的规定，通过船舶载运危险化学品，托运人不向承运人说明所托运的危险化学品的种类、数量、危险特性以及发生危险情况的应急处置措施，或者未按照国家有关规定对所托运的危险化学品妥善包装并在外包装上设置相应标志的，依照《危险化学品安全管理条例》第八十六条的规定，由海事管理机构责令改正，对托运人处5万元以上10万元以下的罚款；拒不改正的，责令停航整顿。

第四十三条　违反《危险化学品安全管理条例》第六十四条的规定，通过船舶载运危险化学品，在托运的普通货物中夹带危险化学品，或者将危险化学品谎报或者匿报为普通货物托运的，依照《危险化学品安全管理条例》第八十七条的规定，由海事管理机构责令改正，对托运人处以10万元以上20万元以下的罚款，有违法所得的，没收违法所得；拒不改正的，责令停航整顿。

第四十四条　违反《海上交通安全法》第三十二条规定，船舶、浮动设施储存、装卸、运输危险化学品以外的危险货物，不具备安全可靠的设备和条件，或者不遵守国家关于危险化学品以外的危险货物管理和运输的规定的，依照《海上交通安全法》第四十四条　的规定，对船舶、设施所有人或者经营人处以1万元以上2万元以下罚款；对船长或者设施主要负责人和其他直接责任人员处以2000元以上1万元以下罚款，并扣留船员适任证书6个月至24个月。

本条款所称不具备安全可靠的设备和条件，包括下列情形：

（一）装运危险化学品以外的危险货物的船舶未按有关规定编制应急预案和配备相应防护用品、应急救援器材的；

（二）装运危险化学品以外的危险货物的船舶及其配载的容器，未按照国家有关规范进行检验合格；

（三）船舶装运危险化学品以外的危险货物，所使用包装的材质、型式、规格、方法和单件质量（重量）与所包装的危险货物的性质和用途不相适应；

（四）船舶装运危险化学品以外的危险货物的包装标志不符合有关规定；

（五）装运危险化学品以外的危险货物的船舶，未按规定配备足够的取得相应的特殊培训合格证书的船员。

本条款所称不遵守国家关于危险化学品以外的危险货物管理和运输的规定,包括下列行为:

(一)使用未经检验合格的包装物、容器包装、盛装、运输;

(二)重复使用的包装物、容器在使用前,不进行检查;

(三)未按照规定显示装载危险货物的信号;

(四)未按照危险货物的特性采取必要安全防护措施;

(五)未按照有关规定对载运中的危险货物进行检查;

(六)装运危险货物的船舶擅自在非停泊危险货物船舶的锚地、码头或者其他水域停泊;

(七)船舶装运危险货物发生泄漏或者意外事故,不及时采取措施或者不向海事管理机构报告。

第四十五条 违反《海上交通安全法》第三十三条规定,船舶装运危险化学品以外的危险货物进出港口,不向海事管理机构办理申报手续,依照《海上交通安全法》第四十四条的规定,对船舶、设施所有人或者经营人处以300元以上1万元以下罚款;对船长或者设施主要负责人和其他直接责任人员处以200元以上1万元以下罚款,并扣留船员适任证书6个月至24个月。

第六节 违反海难救助管理秩序

第四十六条 违反《海上交通安全法》第三十四条规定,船舶、设施或者飞机遇难时,不及时向海事管理机构报告出事时间、地点、受损情况、救助要求以及发生事故的原因的,依照《海上交通安全法》第四十四条规定,对船舶、设施所有人或者经营人处以2000元以上1万元以下罚款;对船长、设施主要负责人处以1000元以上8000元以下罚款,并可扣留船员适任证书6个月至12个月。

第四十七条 违反《海上交通安全法》第三十六条规定,事故现场附近的船舶、设施,收到求救信号或者发现有人遭遇生命危险时,在不严重危及自身安全的情况下,不救助遇难人员,或者不迅速向海事管理机构报告现场情况和本船舶、设施的名称、呼号和位置,依照《海上交通安全法》第四十四条规定,对船舶、设施所有人或者经营人处以200元以上1万元以下罚款;对船长、设施主要负责人处以1000元以上1万元以下罚款,情节严重的,并扣留船员适任证书6个月至24个月直至吊销船员适任证书。

第四十八条 违反《海上交通安全法》第三十七条规定,发生海上交通事故的船舶、设施有下列行为之一,依照《海上交通安全法》第四十四条规定,对船舶、设施所有人或者经营人处以200元以上1万元以下罚款;对船长、设施主要负责人处以1000元以上1万元以下罚款,情节严重的,并扣留船员适任证书6个月至24个月直至吊销船员适任证书:

(一)不互通名称、国籍和登记港;

(二)不救助遇难人员;

(三)在不严重危及自身安全的情况下,擅自离开事故现场或者逃逸。

第四十九条 违反《海上交通安全法》第三十八条规定,有关单位和在事故现场附近的船舶、设施，不听从海事管理机构统一指挥实施救助，依照《海上交通安全法》第四十四条规定，对船舶、设施所有人或者经营人处以200元以上1万元以下罚款；对船长、设施主要负责人处以100元以上8000元以下罚款，并可扣留船员适任证书6个月至12个月。

第七节　违反海上打捞管理秩序

第五十条　违反《海上交通安全法》第四十条规定，对影响安全航行、航道整治以及有潜在爆炸危险的沉没物、漂浮物，其所有人、经营人不按照海事管理机构限定期限打捞清除，依照《海上交通安全法》第四十四条规定，对法人或者其他组织处以1万元罚款；对自然人处以5000元罚款。

第五十一条　违反《海上交通安全法》第四十一条规定，未经海事管理机构批准，擅自打捞或者拆除沿海水域内的沉船沉物，依照《海上交通安全法》第四十四条规定，处以5000元以上3万元以下罚款。

第八节　违反海上船舶污染沿海水域环境管理秩序

第五十二条　本节所称水上拆船、海港、船舶，其含义分别与《防止拆船污染环境管理条例》使用的同一用语的含义相同。

本节所称内水、海洋环境污染损害、排放、倾倒，其含义分别与《海洋环境保护法》使用的同一用语的含义相同。

第五十三条　违反《防止拆船污染环境管理条例》规定，有下列情形之一的，依照《防止拆船污染环境管理条例》第十七条的规定，除责令其限期纠正外，还可以根据不同情节，处以1万元以上10万元以下的罚款：

（一）未持有经批准的环境影响报告书（表），擅自设置拆船厂进行拆船的；

（二）发生污染损害事故，不向监督拆船污染的海事管理机构报告也不采取消除或控制污染措施的；

（三）废油船未经洗舱、排污、清舱和测爆即行拆解的；

（四）任意排放或者丢弃污染物造成严重污染的。

第五十四条　违反《防止拆船污染环境管理条例》规定，有下列情形之一的，依照《防止拆船污染环境管理条例》第十八条的规定，除责令其限期纠正外，还可以根据不同情节，处以警告或者处以1万元以下的罚款：

（一）拒绝或阻挠海事管理机构进行现场检查或在被检查时弄虚作假的；

（二）未按规定要求配备和使用防污设施、设备和器材，造成环境污染的；

（三）发生污染损害事故，虽采取消除或控制污染措施，但不向监督拆船污染的海事管理机构报告的；

（四）拆船单位关闭、搬迁后，原厂址的现场清理不合格的。

第五十五条　违反《海洋环境保护法》有关规定，船舶有下列行为之一的，依照《海洋环境保护法》第七十三条的规定，责令限期改正，并对船舶所有人或者经营人处以罚款：

（一）向沿海水域排放《海洋环境保护法》禁止排放的污染物或其他物质的；

（二）不按照《海洋环境保护法》规定向海洋排放污染物，或超过标准排放污染物的；

（三）未取得海洋倾倒许可证，向海洋倾倒废弃物的；

（四）因发生事故或其他突发性事件，造成海洋环境污染事故，不立即采取处理措施的。

有前款第（一）项、第（三）项行为之一的，处以3万元以上20万元以下的罚款；有前款第（二）项、第（四）项行为之一的，处以2万元以上10万元以下的罚款。

第五十六条 违反《海洋环境保护法》规定，船舶在港口区域内造成珊瑚礁、红树林等海洋生态系统及海洋水产资源、海洋保护区破坏的，依照《海洋环境保护法》第七十六条的规定，责令限期改正和采取补救措施，并对船舶所有人或者经营人以处1万元以上10万元以下的罚款；有违法所得的，没收其违法所得。

第五十七条 违反《海洋环境保护法》规定，有下列行为之一的，依照《海洋环境保护法》第八十八条的规定，予以警告，或者处以罚款：

（一）船舶、港口、码头、装卸站未按规定配备防污设施、器材的；

（二）船舶未取得并随船携带防污证书、防污文书的；

（三）船舶未如实记录污染物处置情况；

（四）从事水上和港区水域拆船、旧船改装、打捞和其他水上、水下施工作业，造成海洋环境污染损害的；

（五）船舶载运的货物不具备防污适运条件的。

有前款第（一）项、第（五）项行为之一的，处以2万元以上10万元以下的罚款；有前款第（二）项、第（三）项行为的，处以2万元以下的罚款；有前款第（四）项行为的，处以5万元以上20万元以下的罚款。

第五十八条 违反《海洋环境保护法》规定，船舶不编制溢油应急计划的，依照《海洋环境保护法》第八十九条的规定，对船舶所有人或者经营人予以警告，并责令限期改正。

第五十九条 船舶不遵守防污染的法律、法规和规章以及操作规程，存在下列情形的，由海事管理机构对船舶所有人或者经营人予以警告，或者处以1000元以上1万元以下罚款：

（一）不按照规定在港区水域内使用焚烧炉的；

（二）不按照规定在港区水域内洗舱、清舱、驱气、舷外拷铲及油漆作业或者排放压载水；

（三）不按照经批准的要求使用化学消油剂；

（四）不按照规定冲洗沾有污染物、有毒有害物质的甲板。

第九节 违反交通事故调查处理秩序

第六十条 本规定所称海上交通事故，其含义与《海上交通事故调查处理条例》使用的同一用语的含义相同。

第六十一条 违反《海上交通事故调查处理条例》规定，有下列行为之一的，依照《海上交通事故调查处理条例》第二十九条和《船员条例》第五十七条的规定予以处罚：

（一）发生海上交通事故，未按规定的时间向海事管理机构报告或提交《海上交通事故报告书》；

（二）中国籍船舶在中华人民共和国管辖水域以外发生海上交通事故，船舶所有人或经营人未按《海上交通事故调查处理条例》第三十二条规定向船籍港海事管理机构报告，或者将判决书、裁决书或调解书的副本或影印件报船籍港的海事管理机构备案；

（三）发生海上交通事故，未按海事管理机构的要求驶往指定地点，或者在未发现危及船舶安全的情况下未经海事管理机构同意擅自驶离指定地点；

（四）发生海上交通事故，报告的内容或《海上交通事故报告书》的内容不符合《海上交通事故调查处理条例》第五条、第七条规定的要求，或者不真实，影响事故调查或者给有关部门造成损失；

（五）发生海上交通事故，不按《海上交通事故调查处理条例》第九条的规定，向当地或者船舶第一到达港的船舶检验机构、公安消防监督机关申请检验、鉴定，并将检验报告副本送交海事管理机构备案，影响事故调查；

（六）拒绝接受事故调查或无理阻挠、干扰海事管理机构进行事故调查的；

（七）在接受事故调查时故意隐瞒事实或者提供虚假证明。

存在前款第（一）项行为的，对船员处以警告或者1000元以上1万元以下罚款，情节严重的，并给予扣留船员服务簿、船员适任证书6个月至24个月直至吊销船员服务簿、船员适任证书的处罚；对船舶所有人或者经营人处以警告或者5000元以下罚款。存在前款第（二）项至第（七）项情形的，对船员处以警告或者200元以下罚款；对船舶所有人或者经营人处以警告或者5000元以下罚款。

第六十二条　违反《海上交通事故调查处理条例》第三十三条，派往外国籍船舶任职的持有中华人民共和国船员适任证书的中国籍船员对海上交通事故的发生负有责任，其外派服务机构未按照规定报告事故的，依照《海上交通安全法》第四十四条规定，对船员外派服务机构处以1000元以上1万元以下罚款。

第四章　海事行政处罚程序

第一节　管　　辖

第六十三条　海事行政处罚案件由海事行政违法行为发生地的海事管理机构管辖，法律、行政法规和本规定另有规定的除外。

本条前款所称海事行政违法行为发生地，包括海事行政违法行为的初始发生地、过程经过地、结果发生地。

第六十四条　各级海事局所属的海事处管辖本辖区内的下列海事行政处罚案件：

（一）对自然人处以警告、1万元以下罚款、扣留船员适任证书3个月至6个月的海事行政处罚；

（二）对法人或者其他组织处以警告、3万元以下罚款的海事行政处罚。

各级海事局管辖本辖区内的所有海事行政处罚案件。

第六十五条　对海事行政处罚案件管辖发生争议的，报请共同的上一级海事管理机构指定管辖。

下级海事管理机构对其管辖的海事行政处罚案件，认为需要由上级海事管理机构办理的，可以报请上级海事管理机构决定。

第六十六条 海事管理机构对不属其管辖的海事行政处罚案件，应当移送有管辖权的海事管理机构；受移送的海事管理机构如果认为移送不当，应当报请共同的上一级海事管理机构指定管辖。

第六十七条 上级海事管理机构自收到解决海事行政处罚案件管辖争议或者报请移送海事行政处罚案件管辖的请示之日起7日内作出管辖决定。

第六十八条 受移送的海事管理机构应当将接受案件或者明确案件由其管辖之日作为第七十三条规定的违法行为发现之日，并按照本章第三节的规定实施行政处罚。移送案件的海事管理机构所取得的证据，经受移送的海事管理机构审查合格的，可以直接作为受移送的海事管理机构实施行政处罚的证据。

第二节 简易程序

第六十九条 海事行政违法事实确凿，并有法定依据的，对自然人处以警告或者处以50元以下罚款，对法人或其他组织处以警告或者1000元以下罚款的海事行政处罚的，可以当场作出海事行政处罚决定。

第七十条 海事行政执法人员依法当场作出海事行政处罚决定，应当遵守下列程序：

（一）向当事人出示海事行政执法证件；

（二）告知当事人作出海事行政处罚决定的事实、理由和依据以及当事人依法享有的权利；

（三）听取当事人的意见；

（四）复核当事人提出的事实、理由和证据；

（五）填写预定格式、统一编号的海事行政处罚决定书；

（六）将海事行政处罚决定书当场交付当事人；

（七）当事人在海事行政处罚决定书副本上签字。

第七十一条 海事行政执法人员依法当场作出海事行政处罚决定的，应当在3日内将海事行政处罚决定书副本报所属海事管理机构备案。

第三节 一般程序

第七十二条 实施海事行政处罚，除适用简易程序的，应当适用一般程序。

第七十三条 除依法可以当场作出的海事行政处罚外，海事管理机构发现自然人、法人或者其他组织有依法应当处以海事行政处罚的海事行政违法行为，应当自发现之日起7日内填写海事行政处罚立案审批表，报本海事管理机构负责人批准。

发生水上交通事故应当处以海事行政处罚的，应当自水上交通事故调查结束之日起7日内填写海事行政处罚立案审批表，报本海事管理机构负责人批准。

第七十四条 海事管理机构发现自然人、法人或者其他组织涉嫌海事行政违法行为的，应当立即依法进行调查，收集相关证据。

海事管理机构对海事行政处罚案件，应当全面、客观、公正地进行调查并收集证据。

第七十五条 能够证明海事行政处罚案件真实情况的事实，都是证据。

海事行政处罚案件的证据种类如下：

（一）书证；

（二）物证；

（三）视听资料；

（四）电子数据；

（五）证人证言；

（六）当事人的陈述；

（七）鉴定意见；

（八）勘验笔录、现场笔录。

第七十六条 进行海事行政处罚案件的调查或者检查，应当由2名以上海事行政执法人员担任调查人员。

调查人员与本案有直接利害关系的，应当回避。

第七十七条 调查人员询问或者检查，应当出示海事行政执法证件，并制作询问笔录、现场笔录或者勘验笔录。

询问笔录、现场笔录或者勘验笔录经被询问人、被检查人确认无误后，由被询问人、被检查人签名或者盖章。拒绝签名或者盖章的，调查人员应当在笔录上注明情况。

对涉及国家机密、商业秘密和个人隐私的，海事管理机构和调查人员、检查人员应当为其保守秘密。

第七十八条 收集海事行政处罚案件的书证、物证和视听资料，应当是原件、原物。收集原件、原物确有困难的，可由提交证据的自然人、法人或者其他组织在复制品、照片等物件上签名或者盖章，并注明“与原件一致”字样。

海事管理机构可以使用照相、录音、录像以及法律允许的其他调查手段。

第七十九条 调查人员、检查人员查阅、调取与海事行政处罚案件有关资料，可以对有关内容进行摘录或者复制，并注明来源。

第八十条 调查人员、检查人员对与案件有关物品或者场所进行勘验或者检查，应当通知当事人到场，制作勘验笔录或者现场笔录。当事人不到场或者暂时难以确定当事人的，可以请在场的其他人作证。

勘验笔录或者现场笔录应当由当事人或者见证人签名或者盖章；拒绝签名或者盖章的，调查人员应当在勘验笔录或者检查笔录上注明情况。

第八十一条 对需要抽样取证的，应当通知当事人到场，并制作抽样取证清单。当事人不到场或者暂时难以确定当事人的，可以请在场的其他人作证。

抽样取证清单，应当由调查人员、当事人或者证人签名或者盖章。

海事管理机构应当妥善保管抽样取证物品；需要退还的，应当及时退还。

第八十二条 为查明海事行政处罚案件事实需要进行技术鉴定的专门性问题，海事管理机构应当请有关技术鉴定机构或者具有专门技术的人员进行鉴定，并制作鉴定意见，由技术鉴定机构和人员签名或者盖章。

第八十三条 海事行政处罚案件的证据可能灭失或者以后难以取得的，经海事管理机构负责人批准，可以通知当事人或者有关人员到场，先行登记保存证据，并制作证据登记保存清单。当事人或者有关人员不到场或者暂时难以确定当事人、有关人员的，可以请在场的其他人作证。

证据登记保存清单，应当由调查人员、检查人员、当事人或者有关人员、证人签名或者盖章。拒绝签名、盖章的，调查人员应当在证据登记保存清单上注明情况。

海事管理机构对登记保存的物品，应当在7日内作出下列处理决定：

（一）需要进行技术鉴定的，依照本规定第八十二条的规定送交鉴定；

（二）对不应当处以海事行政处罚的，应当解除先行登记保存，并将先行登记保存的物品及时退还；

（三）法律、法规、规章规定应当作其他处理的，依法作其他处理。

第八十四条 海事行政处罚案件调查结束后，应当制作海事行政处罚案件调查报告，连同证据材料和经批准的海事行政违法案件立案审批表，移送本海事管理机构负责法制工作的内设机构进行预审。

第八十五条 海事管理机构负责法制工作的内设机构预审海事行政处罚案件采取书面形式进行，主要内容包括：

（一）案件是否属于本海事管理机构管辖；

（二）当事人的基本情况是否清楚；

（三）案件事实是否清楚，证据是否确实、充分；

（四）定性是否准确；

（五）适用法律、法规、规章是否准确；

（六）行政处罚是否适当；

（七）办案程序是否合法。

第八十六条 海事管理机构负责法制工作的内设机构预审完毕后，应当根据下列规定提出书面意见，报本海事管理机构负责人审查：

（一）违法事实清楚，证据确实、充分，行政处罚适当、办案程序合法，按规定不需要听证或者当事人放弃听证的，同意负责行政执法调查的内设机构的意见，建议报批后告知当事人；

（二）违法事实清楚，证据确实、充分，行政处罚适当、办案程序合法，按照规定应当听证的，同意调查人员意见，建议报批后举行听证，并告知当事人；

（三）违法事实清楚，证据确实、充分，但定性不准、适用法律不当、行政处罚不当的，建议调查人员修改；

（四）违法事实不清，证据不足的，建议调查人员补正；

（五）办案程序不合法的，建议调查人员纠正；

（六）不属于本海事管理机构管辖的，建议移送其他有管辖权的机关处理。

第八十七条 海事管理机构负责人审查完毕后，应当根据《行政处罚法》第三十八条的规定作出行政处罚决定、不予行政处罚决定、移送其他有关机关处理的决定。

对自然人罚款或者没收非法所得数额超过1万元，对法人或者其他组织罚款或者没收非法所得数额超过3万元，以及撤销船舶检验资格、没收船舶、没收或者吊销船舶登记证书、吊销船员职务证书、吊销海员证的海事行政处罚，海事管理机构的负责人应当集体讨论决定。

第八十八条 海事管理机构负责人对海事违法行为调查报告审查后，认为应当处以行政处罚的，海事管理机构应当制作海事违法行为通知书送达当事人，告知拟处以的行政处罚的事实、理由和证据，并告知当事人有权在收到该通知书之日起3日内进行陈述和申辩，对依法应当听证的告知当事人有权在收到该通知书之日起3日内提出听证要求。

当事人不在场的，应当依法采取其他送达方式将海事违法行为通知书送达当事人。

第八十九条 当事人提出陈述和申辩的，海事管理机构应当充分听取，并对当事人提出的事实、理由和证据进行复核；当事人提出的事实、理由或者证据成立的，海事管理机构应当采纳。

当事人要求组织听证的，海事管理机构应当按照本章第四节的规定组织听证。

当事人逾期未提出陈述、申辩或者逾期未要求组织听证的，视为放弃有关权利。

第九十条 海事管理机构作出海事行政处罚决定，应当制作海事行政处罚决定书，并加盖本海事管理机构的印章。

第九十一条 海事行政处罚决定书应当在海事管理机构宣告后当场交付当事人，并将告知情况记入送达回证，由当事人在送达回证上签名或者盖章；当事人不在场的，应当在7日内依法采取其他送达方式送达当事人 。

第九十二条 海事行政处罚案件应当自立案之日起2个月内办理完毕。因特殊需要，经海事管理机构负责人批准可以延长办案期至3个月。如3个月内仍不能办理完毕，经上一级海事管理机构批准可再延长办案期间，但最长不得超过6个月。

第四节 听证程序

第九十三条 在作出较大数额罚款、吊销证书的海事行政处罚决定之前，海事管理机构应当告知当事人有要求举行听证的权利；当事人要求听证的，海事管理机构应当组织听证。

本条前款所称“较大数额罚款”，是指对自然人处以1万元以上罚款，对法人或者其他组织处以10万元以上罚款。

第九十四条 海事行政处罚听证依照《行政处罚法》第四十二条的规定组织。

第九十五条 海事管理机构的听证人员包括听证主持人、听证员和书记员。

听证主持人由海事管理机构负责人指定本海事管理机构负责法制工作的机构的非本案调查人员担任。

听证员由海事管理机构负责人指定 1 至 2 名本海事管理机构的非本案调查人员担任，协助听证主持人组织听证。

书记员由海事管理机构负责人指定 1 名非本案调查人员担任，负责听证笔录的制作和其他事务。

第九十六条 当事人委托代理人参加听证会的，应当向海事管理机构提交当事人签署的授权委托书。

第九十七条 当事人有正当理由要求延期举行听证的，经海事管理机构批准，可以延期一次。

第九十八条 海事行政处罚听证，按照以下程序进行：

（一）宣布案由和听证纪律；

（二）核对当事人或者其代理人、本案调查人员、证人及其他有关人员是否到场，并核实听证参加人的身份；

（三）宣读并出示海事管理机构负责人签署的听证决定，宣布听证人员名单，告知当事人有申请主持人回避、申辩和质证的权利；

（四）宣布听证开始；

（五）案件调查人员提出当事人违法的事实、证据，说明拟作出行政处罚的建议和法律依据；

（六）当事人或者其委托代理人对案件的事实、证据，适用法律，行政处罚裁量等进行申辩和质证；

（七）主持人就案件的有关问题向当事人或者其委托代理人、案件调查人员、证人询问；

（八）经主持人允许，当事人、调查人员就案件的有关问题可以向到场的证人发问；

（九）本案调查人员、当事人或者其委托代理人按顺序就案件所涉及的事实、各自出示的证据的合法性、真实性及有关的问题进行辩论；

（十）辩论终结，听证主持人可以再就本案的事实、证据及有关问题向当事人或者其代理人、本案调查人员征求意见；

（十一）中止听证的，主持人应当时宣布再次进行听证的有关事宜；

（十二）当事人或者其委托代理人做最后陈述；

（十三）主持人宣布听证结束，听证笔录交当事人或者其委托代理人核对无误后签字或者盖章。认为有错误的，有权要求补充或者改正。当事人拒绝的，由听证主持人在听证笔录上说明情况。

第九十九条 有下列情形之一的，主持人可以决定延期举行听证：

（一）当事人因不可抗拒的事由无法到场的；

（二）当事人临时申请回避的；

（三）其他应当延期的情形。

第一百条 有下列情形之一的，主持人可以宣布中止听证：

（一）证据需要重新鉴定、勘验的；

（二）当事人或者其代理人提出新的事实、理由和证据，需要由本案调查人员调查核实的；

（三）作为听证申请人的法人或者其他组织突然解散，尚未确定权利、义务承受人的；

（四）当事人因不可抗拒的事由，不能继续参加听证的；

（五）听证过程中，当事人或者其代理人违反听证纪律致使听证无法进行的；

（六）其他应当中止听证的情形。

中止听证，应当在听证笔录中写明情况，由主持人签名。

第一百零一条 延期、中止听证的情形消失后，由主持人决定恢复听证并将听证的时间、地点通知听证参加人。

第一百零二条 有下列情形之一的，应当终止听证：

（一）当事人或者其代理人撤回听证要求的；

（二）当事人或者其代理人接到参加听证的通知，无正当理由不参加听证的；

（三）当事人或者其代理人未经听证主持人允许，中途退出听证的；

（四）其他应当终止听证的情形。

听证终止，应当在听证笔录中写明情况，由主持人签名。

第一百零三条 听证结束后，主持人应当依据听证情况制作海事行政处罚听证报告书，连同听证笔录报海事管理机构负责人审查后，依照本规定第八十七条的规定作出决定。

第五节　执行程序

第一百零四条 有《行政处罚法》第四十七条规定第（一）项、第（二）项规定情形之一，或者有《行政处罚法》第四十八条规定的情形的，海事管理机构及其海事行政执法人员可以当场收缴罚款。

罚款以人民币计算，并向当事人出具符合法定要求的罚款收据。

当事人无正当理由逾期不缴纳罚款的，海事管理机构依法每日按罚款数额的3%加处罚款。

第一百零五条 被处以扣留证书的，当事人应当及时将被扣留证书送交作出处罚决定的海事管理机构。扣留证书期满后，海事管理机构应当将所扣证书发还当事人，也可以通知当事人领取被扣证书。

被处以扣留、吊销证书，当事人拒不送交被扣留、被吊销的证书的，海事管理机构应当公告该证书作废，并通知核发证书的海事管理机构注销。

第一百零六条 海事管理机构对船员处以海事行政处罚后，应当予以记载。

第一百零七条 对当事人处以没收船舶处罚的，海事管理机构应当依法处理所没收的船舶。

第一百零八条 当事人在法定期限内不申请复议或提起诉讼,又不履行海事行政处罚决定的,海事管理机构依法申请人民法院强制执行。

第一百零九条 海事行政处罚案件执行完毕后,应当填写海事行政处罚结案表,将全部案件材料立卷后交海事管理机构负责法制工作的内设机构进行登记,并按档案管理要求进行归档。

第六节 监督程序

第一百一十条 自然人、法人或者其他组织对海事管理机构作出的行政处罚有权申诉或者检举。

自然人、法人或者其他组织的申诉或检举,由海事管理机构负责法制工作的内设机构受理和审查,认为海事行政处罚有下列情形之一的,经海事管理机构负责人同意后,予以改正:

(一)主要事实不清、证据不足的;

(二)适用依据错误的;

(三)违反法定程序的;

(四)超越或滥用职权的;

(五)具体行政行为明显不当的。

第一百一十一条 海事管理机构负责法制工作的内设机构发现本海事管理机构作出的海事行政处罚有第一百一十条第二款规定的情形之一的,应当向海事管理机构负责人提出建议,予以改正。

第一百一十二条 上级海事管理机构发现下级海事管理机构作出的海事行政处罚有第一百一十条第二款规定的情形之一的,应当责令其改正。

第一百一十三条 海事管理机构和海事行政执法人员违法实施行政处罚的,按照《行政处罚法》有关规定追究法律责任。

第五章 附 则

第一百一十四条 本规定所称沿海水域、船舶、设施、作业,其含义与《海上交通安全法》使用的同一用语的含义相同,但有关法律、行政法规和本规定另有规定的除外。

本规定所称船舶经营人,包括船舶管理人。

本规定所称设施经营人,包括设施管理人。

本规定所称当事人,包括自然人和法人以及其他组织,可以与有海事行政违法行为的船舶所有人、经营人互相替换。

本规定所称船员职务证书,包括船员培训合格证、船员服务簿、船员适任证书及其他适任证件。

本规定所称的船舶登记证书,包括船舶国籍证书、船舶所有权登记证书、船舶抵押权登记证书、光船租赁登记证书。

本规定所称船员,包括船长、轮机长、驾驶员、轮机员、无线电人员、引航员和水上飞机、潜水器的相应人员以及其他船员。

本规定所称“危险货物”，系指具有爆炸、易燃、毒害、腐蚀、放射性、污染危害性等特性，在船舶载运过程中，容易造成人身伤害、财产损失或者环境污染而需要特别防护的物品，包括危险化学品。

第一百一十五条 本规定所称的以上、以内包括本数，所称的以下不包括本数，本规定另有规定的除外。

第一百一十六条 本规定所称日，是指工作日。

本规定所称月，按自然月计算。

本规定所称其他送达方式，是指委托送达、邮寄送达、留置送达、公告送达等《民事诉讼法》规定的方式。

第一百一十七条 海事管理机构办理海事行政处罚案件，应当使用交通运输部制订的统一格式的海事行政处罚文书。

第一百一十八条 本规定自 2015 年 7 月 1 日起施行。2003 年 7 月 10 日以交通部令 2003 年第 8 号公布的《中华人民共和国海上海事行政处罚规定》同时废止。

中华人民共和国内河海事行政处罚规定

（交通运输部令　2015 年第 9 号）

第一章　总　　则

第一条　为规范海事行政处罚行为，保护当事人的合法权益，保障和监督水上海事行政管理，维护水上交通秩序，防止船舶污染水域，根据《内河交通安全管理条例》《行政处罚法》及其他有关法律、行政法规，制定本规定。

第二条　对在中华人民共和国（简称中国）内河水域及相关陆域发生的违反海事行政管理秩序的行为实施海事行政处罚，适用本规定。

第三条　实施海事行政处罚，应当遵循合法、公开、公正，处罚与教育相结合的原则。

第四条　海事行政处罚，由海事管理机构依法实施。

第二章　内河海事违法行为和行政处罚

第一节　违反船舶、浮动设施所有人、经营人安全管理秩序

第五条　违反船舶所有人、经营人安全营运管理秩序，有下列行为之一的，对船舶所有人或者船舶经营人处以 5000 元以上 3 万元以下罚款：

（一）未按规定取得安全营运与防污染管理体系符合证明或者临时符合证明从事航行或者其他有关活动；

（二）隐瞒事实真相或者提供虚假材料或者以其他不正当手段骗取安全营运与防污染管理体系符合证明或者临时符合证明；

（三）伪造、变造安全营运与防污染管理体系审核的符合证明或者临时符合证明；

（四）转让、买卖、租借、冒用安全营运与防污染管理体系审核的符合证明或者临时符合证明。

第六条　违反船舶安全营运管理秩序，有下列行为之一的，对船舶所有人或者船舶经营人处以 5000 元以上 3 万元以下罚款；对船长处以 2000 元以上 2 万元以下的罚款，情节严重的，并给予扣留船员适任证书 6 个月至 24 个月直至吊销船员适任证书的处罚。

（一）未按规定取得船舶安全管理证书或者临时船舶安全管理证书从事航行或者其他有关活动；

（二）隐瞒事实真相或者提供虚假材料或以其他不正当手段骗取船舶安全管理证书或者临时船舶安全管理证书；

（三）伪造、变造船舶安全管理证书或者临时船舶安全管理证书；

（四）转让、买卖、租借、冒用船舶安全管理证书或者临时船舶安全管理证书。

第七条 违反安全营运管理秩序，有下列情形之一，造成严重后果的，按以欺骗手段取得安全营运与防污染管理体系符合证明或者临时符合证明，对船舶所有人或者船舶经营人取得的安全营运与防污染管理体系符合证明或者临时符合证明予以撤销：

（一）不掌控船舶安全配员；

（二）不掌握船舶动态；

（三）不掌握船舶装载情况；

（四）船舶管理人不实际履行安全管理义务；

（五）安全管理体系运行存在其他重大问题。

第二节 违反船舶、浮动设施检验和登记管理秩序

第八条 违反《内河交通安全管理条例》第六条第（一）项、第七条第（一）项的规定，船舶、浮动设施未持有合格的检验证书擅自航行或者作业的，依照《内河交通安全管理条例》第六十四条的规定，责令停止航行或者作业；拒不停止航行或者作业的，暂扣船舶、浮动设施；情节严重的，予以没收。

本条前款所称未持有合格的检验证书，包括下列情形：

（一）没有取得相应的检验证书；

（二）持有的检验证书属于伪造、变造、转让、买卖或者租借的；

（三）持失效的检验证书；

（四）检验证书损毁、遗失但不按照规定补办；

（五）其他不符合法律、行政法规和规章规定情形的检验证书。

第九条 船舶检验机构的检验人员违反《船舶和海上设施检验条例》的规定，滥用职权、徇私舞弊、玩忽职守、严重失职，有下列行为之一的，依照《船舶和海上设施检验条例》第二十八条的规定，按其情节给予警告、暂停检验资格或者注销验船人员注册证书的处罚：

（一）超越职权范围进行船舶、设施检验；

（二）擅自降低规范要求进行船舶、设施检验；

（三）未按照规定的检验项目进行船舶、设施检验；

（四）未按照规定的检验程序进行船舶、设施检验；

（五）所签发的船舶检验证书或者检验报告与船舶、设施的实际情况不符。

第三节 违反内河船员管理秩序

第十条 违反《内河交通安全管理条例》第九条的规定，未经考试合格并取得适任证书或者其他适任证件的人员擅自从事船舶航行或者操作的，依照《内河交通安全管理条例》第六十六条和《船员条例》第六十条的规定，责令其立即离岗，对直接责任人员处以2000元以上2万元以下罚款，并对聘用单位处以3万元以上15万元以下罚款。

本条前款所称未经考试合格并取得适任证书或者其他适任证件，包括下列情形：

（一）未经水上交通安全培训并取得相应合格证明；

（二）未持有船员适任证书或者其他适任证件；

（三）持采取弄虚作假的方式取得的船员职务证书；

（四）持伪造、变造的船员职务证书；

（五）持转让、买卖或租借的船员职务证书；

（六）所服务的船舶的航区、种类和等级或者所任职务超越所持船员职务证书限定的范围；

（七）持已经超过有效期限的船员职务证书；

（八）未按照规定持有船员服务簿。

第十一条 违反《船员条例》第二十条的规定，船员有下列情形之一的，依照《船员条例》第五十七条的规定，处以1000元以上1万元以下罚款；情节严重的，并给予扣留船员服务簿、船员适任证书6个月至24个月直至吊销船员服务簿、船员适任证书的处罚：

（一）在船在岗期间饮酒，体内酒精含量超过规定标准；

（二）在船在岗期间，服用国家管制的麻醉药品或者精神药品。

第十二条 违反《船员条例》第十二条、第十九条、第二十七条的规定，船员用人单位、船舶所有人有下列未按照规定招用外国籍船员在中国籍船舶上任职情形的，依照《船员条例》第六十条的规定，责令改正，处以3万元以上15万元以下罚款：

（一）未依照法律、行政法规和国家其他规定取得就业许可；

（二）未持有合格的且签发国与我国签订了船员证书认可协议的船员证书；

（三）雇佣外国籍船员的航运公司未承诺承担船员权益维护的责任。

第十三条 船员服务机构和船员用人单位未将其招用或者管理的船员的有关情况定期向海事管理机构备案的，按照《船员条例》第六十四条的规定，对责任单位处以5000元以上2万元以下罚款。

前款所称船员服务机构包括海员外派机构。

本条第一款所称船员服务机构和船员用人单位未定期向海事管理机构备案，包括下列情形：

（一）未按规定进行备案，或者备案内容不全面、不真实；

（二）未按照规定时间备案；

（三）未按照规定的形式备案。

第四节 违反航行、停泊和作业管理秩序

第十四条 船舶、浮动设施的所有人或者经营人违反《内河交通安全管理条例》第六条第（三）项、第七条第（三）项的规定，船舶未按照国务院交通运输主管部门的规定配备船员擅自航行的，或者浮动设施未按照国务院交通运输主管部门的规定配备掌握水上交通安全技能的船员擅自作业的，依照《内河交通安全管理条例》第六十五条的规定，责令限期改正，并处以1万元以上10万元以下罚款；逾期不改正的，责令停航或者停止作业。

本条前款所称船舶未按照国务院交通运输主管部门的规定配备船员擅自航行，包括下

列情形：

（一）船舶所配船员的数量低于船舶最低安全配员证书规定的定额要求；

（二）船舶未持有有效的船舶最低安全配员证书。

第十五条 违反《内河交通安全管理条例》第十四条的规定，应当报废的船舶、浮动设施在内河航行或者作业的，依照《内河交通安全管理条例》第六十三条的规定，责令停航或者停止作业，并予以没收。

本条前款所称应当报废的船舶，是指达到国家强制报废年限或者以废钢船名义购买的船舶。

第十六条 违反《内河交通安全管理条例》第十四条、第十八条、第十九条、第二十条、第二十二条的规定，船舶在内河航行有下列行为之一的，依照《内河交通安全管理条例》第六十八条的规定，责令改正，处以5000元以上5万元以下罚款；情节严重的，禁止船舶进出港口或者责令停航，并可以对责任船员给予扣留船员适任证书或者其他适任证件3个月至6个月的处罚：

（一）未按照规定悬挂国旗；

（二）未按照规定标明船名、船籍港、载重线，或者遮挡船名、船籍港、载重线；

（三）国内航行船舶进出港口未按照规定办理进出港签证，国际航行船舶未按照规定办理进出口岸手续；

（四）未按照规定申请引航；

（五）船舶进出港口和通过交通管制区、通航密集区、航行条件受到限制区域，未遵守海事管理机构发布的特别规定；

（六）船舶无正当理由进入或者穿越禁航区；

（七）载运或者拖带超重、超长、超高、超宽、半潜的物体，未申请核定航路、航行时间或者未按照核定的航路、时间航行。

第十七条 违反《内河交通安全管理条例》的有关规定，船舶在内河航行、停泊或者作业，不遵守航行、避让和信号显示规则，依照《内河交通安全管理条例》第八十一条的规定，处以1000元以上1万元以下罚款；情节严重的，还应当对责任船员给予扣留船员适任证书或者其他适任证件3个月至6个月直至吊销船员适任证书或者其他适任证件的处罚。

本条前款所称不遵守航行、避让和信号显示规则，包括以下情形：

（一）未采用安全航速航行；

（二）未按照要求保持正规了望；

（三）未按照规定的航路或者航行规则航行；

（四）未按照规定倒车、调头、追越；

（五）未按照规定显示号灯、号型或者鸣放声号；

（六）未按照规定擅自夜航；

（七）在规定必须报告船位的地点，未报告船位；

（八）在禁止横穿航道的航段，穿越航道；

（九）在限制航速的区域和汛期高水位期间未按照海事管理机构规定的航速航行；

（十）不遵守海事管理机构发布的在能见度不良时的航行规定；

（十一）不遵守海事管理机构发布的有关航行、避让和信号规则规定；

（十二）不遵守海事管理机构发布的航行通告、航行警告规定；

（十三）船舶装卸、载运危险货物或者空舱内有可燃气体时，未按照规定悬挂或者显示信号；

（十四）不按照规定保持船舶自动识别系统处于正常工作状态，或者不按照规定在船舶自动识别设备中输入准确信息，或者船舶自动识别系统发生故障未及时向海事机构报告；

（十五）未在规定的甚高频通信频道上守听；

（十六）未按照规定进行无线电遇险设备测试；

（十七）船舶停泊未按照规定留足值班人员；

（十八）未按照规定采取保障人员上、下船舶、设施安全的措施；

（十九）不遵守航行、避让和信号显示规则的其他情形。

第十八条　违反《内河交通安全管理条例》第八条、第二十一条的规定，船舶不具备安全技术条件从事货物、旅客运输，或者超载运输货物、超定额运输旅客，依照《内河交通安全管理条例》第八十二条的规定，责令改正，处以 2 万元以上 10 万元以下罚款，并可以对责任船员给予扣留船员适任证书或者其他适任证件 6 个月以上直至吊销船员适任证书或者其他适任证件的处罚，并对超载运输的船舶强制卸载，因卸载而发生的卸货费、存货费、旅客安置费和船舶监管费由船舶所有人或者经营人承担。

本条前款所称船舶不具备安全技术条件从事货物、旅客运输，包括以下情形：

（一）不遵守船舶、设施的配载和系固安全技术规范；

（二）不按照规定载运易流态化货物，或者不按照规定向海事管理机构备案；

（三）遇有不符合安全开航条件的情况而冒险开航；

（四）超过核定航区航行；

（五）船舶违规使用低闪点燃油；

（六）未按照规定拖带或者非拖船从事拖带作业；

（七）未经核准从事大型设施或者移动式平台的水上拖带；

（八）未持有《乘客定额证书》；

（九）未按照规定配备救生设施；

（十）船舶不具备安全技术条件从事货物、旅客运输的其他情形。

本条第一款所称超载运输货物、超定额运输旅客，包括以下情形：

（一）超核定载重线载运货物；

（二）集装箱船装载超过核定箱数；

（三）集装箱载运货物超过集装箱装载限额；

（四）滚装船装载超出检验证书核定的车辆数量；

（五）未经核准乘客定额载客航行；

（六）超乘客定额载运旅客。

第十九条 违反《内河交通安全管理条例》第二十八条的规定，在内河通航水域进行有关作业，不按照规定备案的，依照《内河交通安全管理条例》第七十条的规定，责令改正，处以5000元以上5万元以下罚款。

本条前款所称有关作业，包括以下作业：

（一）气象观测、测量、地质调查；

（二）大面积清除水面垃圾；

（三）可能影响内河通航水域交通安全的其他行为。

本条第二款第（三）项所称可能影响内河通航水域交通安全的其他行为，包括下列行为：

（一）检修影响船舶适航性能设备；

（二）检修通信设备和消防、救生设备；

（三）船舶烧焊或者明火作业；

（四）在非锚地、非停泊区进行编、解队作业；

（五）船舶试航、试车；

（六）船舶悬挂彩灯；

（七）船舶放艇（筏）进行救生演习。

第二十条 违反《港口建设费征收使用管理办法》，不按规定缴纳或者少缴纳港口建设费的，依照《财政违法行为处罚处分条例》第十三条规定，责令改正，并处未缴纳或者少缴纳的港口建设费的10%以上30%以下的罚款；对直接负责的主管人员和其他责任人处以3000元以上5万元以下罚款。

对于未缴清港口建设费的国内外进出口货物，港口经营人、船舶代理公司或者货物承运人违规办理了装船或者提离港口手续的，禁止船舶离港、责令停航、改航、责令停止作业，并可对直接负责的主管人员和其他责任人处以3000元以上3万元以下罚款。

第二十一条 违反船舶港务费征收管理秩序，不按照规定及时足额缴纳船舶港务费的，由海事管理机构责令限期缴纳，并从结算的次日起，按日核收应缴船舶港务费5‰的滞纳金；对逃缴、抗缴船舶港务费的，可以禁止船舶离港，或者责令其停航、改航、停止作业，并处以欠缴船舶港务费的1倍以上3倍以下罚款。

第五节 违反危险货物载运安全监督管理秩序

第二十二条 违反《内河交通安全管理条例》第三十条第二款和《危险化学品安全管理条例》第五十四条的规定，有下列情形之一的，依照《危险化学品安全管理条例》第八十七条规定，责令改正，对船舶所有人或者经营人处以10万元以上20万元以下的罚款，有违法所得的，没收违法所得；拒不改正的，责令停航整顿：

（一）通过内河封闭水域运输剧毒化学品以及国家规定禁止通过内河运输的其他危险化学品的；

（二）通过内河运输国家规定禁止通过内河运输的剧毒化学品以及其他危险化学品的。

第二十三条 违反《内河交通安全管理条例》第三十二条、第三十四条的规定，从事危险货物作业，有下列情形之一的，依照《内河交通安全管理条例》第七十一条的规定，责令停止作业或者航行，对负有责任的主管人员或者其他直接责任人员处以 2 万元以上 10 万元以下的罚款；属于船员的，并给予扣留船员适任证书或者其他适任证件 6 个月以上直至吊销船员适任证书或者其他适任证件的处罚：

（一）从事危险货物运输的船舶，未编制危险货物事故应急预案或者未配备相应的应急救援设备和器材的；

（二）船舶载运危险货物进出港或者在港口外装卸、过驳危险货物未经海事管理机构同意的。

第二十四条 违反《危险化学品安全管理条例》第四十四条的规定，有下列情形之一的，依照《危险化学品安全管理条例》第八十六条的规定，由海事管理机构责令改正，处以 5 万元以上 10 万元以下的罚款；拒不改正的，责令停航、停业整顿。

（一）从事危险化学品运输的船员未取得相应的船员适任证书和培训合格证明；

（二）危险化学品运输申报人员、集装箱装箱现场检查员未取得从业资格。

第二十五条 违反《内河交通安全管理条例》第三十一条、《危险化学品安全管理条例》第十八条的规定，运输危险化学品的船舶及其配载的容器未经检验合格而投入使用的，依照《危险化学品安全管理条例》第七十九条的规定，责令改正，对船舶所有人或者经营人处以 10 万元以上 20 万元以下的罚款，有违法所得的，没收违法所得；拒不改正的，责令停航整顿。

第二十六条 违反《内河交通安全管理条例》和《危险化学品安全管理条例》第四十五条的规定，船舶配载和运输危险货物不符合国家有关法律、法规、规章的规定和国家标准，或者未按照危险化学品的特性采取必要安全防护措施的，依照《危险化学品安全管理条例》第八十六条的规定，责令改正，对船舶所有人或者经营人处以 5 万元以上 10 万元以下的罚款；拒不改正的，责令停航整顿。

本条前款所称不符合国家有关法律、法规、规章的规定和国家标准，并按照危险化学品的特性采取必要安全防护措施的，包括下列情形：

（一）船舶未按照规定进行积载和隔离；

（二）船舶载运不符合规定的集装箱危险货物；

（三）装载危险货物的集装箱进出口或者中转未持有《集装箱装箱证明书》或者等效的证明文件；

（四）船舶装载危险货物违反限量、衬垫、紧固规定；

（五）船舶擅自装运未经评估核定危害性的新化学品；

（六）使用不符合要求的船舶装卸设备、机具装卸危险货物，或者违反安全操作规程进行作业，或者影响装卸作业安全的设备出现故障、存在缺陷，不及时纠正而继续进行装卸作业；

（七）船舶装卸危险货物时，未经批准，在装卸作业现场进行明火作业；

(八)船舶在装卸爆炸品、闪点23°C以下的易燃液体,或者散化、液化气体船在装卸易燃易爆货物过程中,检修或者使用雷达、无线电发射机和易产生火花的工(机)具拷铲,或者进行加油、允许他船并靠加水作业;

(九)装载易燃液体、挥发性易燃易爆散装化学品和液化气体的船舶在修理前不按照规定通风测爆;

(十)液货船未按照规定进行驱气或者洗舱作业;

(十一)液货船在装卸作业时不按照规定采取安全措施;

(十二)在液货船上随身携带易燃物品或者在甲板上放置、使用聚焦物品;

(十三)在禁止吸烟、明火的船舶处所吸烟或者使用明火;

(十四)在装卸、载运易燃易爆货物或者空舱内仍有可燃气体的船舶作业现场穿带钉的鞋靴或者穿着、更换化纤服装;

(十五)在海事管理机构公布的水域以外擅自从事过驳作业;

(十六)在进行液货船水上过驳作业时违反安全与防污染管理规定,或者违反安全操作规程;

(十七)船舶进行供油作业时,不按照规定填写《供受油作业安全检查表》,或者不按照《供受油作业安全检查表》采取安全和防污染措施;

(十八)船舶载运危险货物,向海事管理机构申报时隐瞒、谎报危险货物性质或者提交涂改、伪造、变造的危险货物单证;

(十九)在航行、装卸或者停泊时,未按照规定显示信号。

第二十七条 违反《危险化学品安全管理条例》第六十三条的规定,通过船舶载运危险化学品,托运人不向承运人说明所托运的危险化学品的种类、数量、危险特性以及发生危险情况的应急处置措施,或者未按照国家有关规定对所托运的危险化学品妥善包装并在外包装上设置相应标志的,依照《危险化学品安全管理条例》第八十六条的规定,由海事管理机构责令改正,对托运人处以5万元以上10万元以下的罚款;拒不改正的,责令停航整顿。

第二十八条 违反《危险化学品安全管理条例》第六十四条的规定,通过船舶载运危险化学品,在托运的普通货物中夹带危险化学品,或者将危险化学品谎报或者匿报为普通货物托运的,依照《危险化学品安全管理条例》第八十七条的规定,由海事管理机构责令改正,对托运人处以10万元以上20万元以下的罚款,有违法所得的,没收违法所得;拒不改正的,责令停航整顿。

第六节 违反通航安全保障管理秩序

第二十九条 违反《内河交通安全管理条例》第四十五条,有下列行为或者情形之一的,责令改正,并可以处以2000元以下的罚款;拒不改正的,责令施工作业单位、施工作业的船舶和设施停止作业:

(一)未按照有关规定申请发布航行警告、航行通告即行实施水上水下活动的;

(二)水上水下活动与航行警告、航行通告中公告的内容不符的。

第三十条 违反《内河交通安全管理条例》第二十九条的规定，在内河通航水域进行可能影响通航安全的作业或者活动，未按照规定设置标志、显示信号的，依照《内河交通安全管理条例》第七十条的规定，处以5000元以上5万元以下罚款。

本条前款所称可能影响通航安全的作业或者活动，包括《内河交通安全管理条例》第二十五条、第二十八条规定的作业或者活动。

第七节 违反船舶、浮动设施遇险救助管理秩序

第三十一条 违反《内河交通安全管理条例》第四十六条、第四十七条的规定，遇险后未履行报告义务，或者不积极施救的，依照《内河交通安全管理条例》第七十六条的规定，对船舶、浮动设施或者责任人员给予警告，并对责任船员给予扣留船员适任证书或者其他适任证件3个月至6个月直至吊销船员适任证书或者其他适任证件的处罚。

本条前款所称遇险后未履行报告义务，包括下列情形：

（一）船舶、浮动设施遇险后，未按照规定迅速向遇险地海事管理机构以及船舶、浮动设施所有人、经营人报告；

（二）船舶、浮动设施遇险后，未按照规定报告遇险的时间、地点、遇险状况、遇险原因、救助要求；

（三）发现其他船舶、浮动设施遇险，或者收到求救信号，船舶、浮动设施上的船员或者其他人员未将有关情况及时向遇险地海事管理机构报告。

本条第一款所称不积极施救，包括下列情形：

（一）船舶、浮动设施遇险后，不积极采取有效措施进行自救；

（二）船舶、浮动设施发生碰撞等事故后，在不严重危及自身安全的情况下，不积极救助遇险他方；

（三）附近船舶、浮动设施遇险，或者收到求救信号后，船舶、浮动设施上的船员或者其他人员未尽力救助遇险人员。

第三十二条 违反《内河交通安全管理条例》第四十九条第二款的规定，遇险现场和附近的船舶、船员不服从海事管理机构的统一调度和指挥的，依照《内河交通安全管理条例》第七十八条的规定，对船舶、浮动设施或者责任人员给予警告，并对责任船员给予扣留船员适任证书或者其他适任证件3个月至6个月直至吊销船员适任证书或者其他适任证件的处罚。

第八节 违反内河交通事故调查处理秩序

第三十三条 违反《内河交通安全管理条例》第五十条、第五十二条的规定，船舶、浮动设施发生水上交通事故，阻碍、妨碍内河交通事故调查取证，或者谎报、匿报、毁灭证据的，依照《内河交通安全管理条例》第八十四条的规定，给予警告，并对直接责任人员处以1000元以上1万元以下的罚款；属于船员的，并给予扣留船员适任证书或者其他适任证件12个月以上直至吊销船员适任证书或者其他适任证件的处罚。

本条前款所称阻碍、妨碍内河交通事故调查取证，包括下列情形：

（一）未按照规定立即报告事故；

（二）事故报告内容不真实，不符合规定要求；

（三）事故发生后，未做好现场保护，影响事故调查进行；

（四）在未出现危及船舶安全的情况下，未经海事管理机构的同意擅自驶离指定地点；

（五）未按照海事管理机构的要求驶往指定地点影响事故调查工作；

（六）拒绝接受事故调查或者阻碍、妨碍进行事故调查取证；

（七）因水上交通事故致使船舶、设施发生损害，未按照规定进行检验或者鉴定，或者不向海事管理机构提交检验或者鉴定报告副本，影响事故调查；

（八）其他阻碍、妨碍内河交通事故调查取证的情形。

本条第一款所称谎报、匿报、毁灭证据，包括下列情形：

（一）隐瞒事实或者提供虚假证明、证词；

（二）故意涂改航海日志等法定文书、文件；

（三）其他谎报、匿报、毁灭证据的情形。

第三十四条 违反《内河交通安全管理条例》的有关规定，船舶、浮动设施造成内河交通事故的，除依法承担相应的法律责任外，依照《内河交通安全管理条例》第七十七条的规定，对责任船员给予下列处罚：

（一）造成特别重大事故的，对负有全部责任、主要责任的船员吊销船员适任证书或者其他适任证件，对负有次要责任的船员扣留船员适任证书或者其他适任证件 12 个月直至吊销船员适任证书或者其他适任证件；责任相当的，对责任船员扣留船员适任证书或者其他适任证件 24 个月或者吊销船员适任证书或者其他适任证件。

（二）造成重大事故的，对负有全部责任、主要责任的船员吊销船员适任证书或者其他适任证件；对负有次要责任的船员扣留船员适任证书或者其他适任证件 12 个月至 24 个月；责任相当的，对责任船员扣留船员适任证书或者其他适任证件 18 个月或者吊销船员适任证书或者其他适任证件。

（三）造成较大事故的，对负有全部责任、主要责任的船员扣留船员适任证书或者其他适任证件 12 个月至 24 个月或者吊销船员适任证书或者其他适任证件，对负有次要责任的船员扣留船员适任证书或者其他适任证件 6 个月；责任相当的，对责任船员扣留船员适任证书或者其他适任证件 12 个月。

（四）造成一般事故的，对负有全部责任、主要责任的船员扣留船员适任证书或者其他适任证件 9 个月至 12 个月，对负有次要责任的船员扣留船员适任证书或者其他适任证件 6 个月至 9 个月；责任相当的，对责任船员扣留船员适任证书或者其他适任证件 9 个月。

第九节 违反防治船舶污染水域监督管理秩序

第三十五条 本节中所称水污染、污染物与《水污染防治法》中的同一用语的含义相同。

第三十六条 违反《水污染防治法》规定，有下列行为之一的，依照《水污染防治法》第八十条的规定，责令停止违法行为，处以 5000 元以上 5 万元以下的罚款：

（一）向水体倾倒船舶垃圾或者排放船舶的残油、废油的；

（二）未经作业地海事管理机构批准，船舶进行残油、含油污水、污染危害性货物残留物的接收作业，或者进行散装液体污染危害性货物的过驳作业的；

（三）进行装载油类、污染危害性货物船舱的清洗作业，未向海事管理机构报告的；

（四）进行船舶水上拆解，未事先向海事管理机构报告的；

（五）进行船舶水上拆解、打捞或者其他水上、水下船舶施工作业，未采取防污染措施的。

有前款第（一）项、第（二）项、第（三）项行为之一的，处以5000元以上5万元以下的罚款；有前款第（四）项、第（五）项行为之一的，处以1万元以上10万元以下的罚款。

违反《水污染防治法》的规定，船舶造成水污染事故的，依照《水污染防治法》第八十三条的规定，造成一般或者较大水污染事故的，处以直接损失的20%的罚款；造成重大或者特大水污染事故的，处以直接损失的30%的罚款。

第三十七条 违反《水污染防治法》第二十七条的规定，拒绝海事管理机构现场检查，或者弄虚作假的，依照《水污染防治法》第七十条的规定，责令改正，处以1万元以上10万元以下的罚款。

第三十八条 违反《大气污染防治法》第三十五条第二款的规定，未取得海事管理机构的委托，对机动船舶进行排气污染检测，或者在检测中弄虚作假的，依照《大气污染防治法》第五十五条的规定，责令停止违法行为，限期改正，可以处以5万元以下罚款；情节严重的，取消其承担机动船舶年检的资格。

第三十九条 违反《大气污染防治法》第三十六条、第三十七条第二款、第四十二条有关规定，船舶有下列行为之一的，依照《大气污染防治法》第五十六条的规定，责令停止违法行为，限期改正，并可以处以5万元以下罚款：

（一）船舶未采取有效污染防治措施，向大气排放粉尘、恶臭气体或者其他含有有毒物质的气体；

（二）船舶未经当地环境保护行政主管部门批准，向大气排放转炉气、电石气、电炉法黄磷尾气、有机烃类尾气；

（三）船舶未采取密闭措施或者其他防护措施，运输、装卸或者贮存能够散发有毒有害气体或者粉尘的物质。

第四十条 违反《环境噪声污染防治法》第三十四条的规定，船舶在城市市区的内河航道航行时，未按照规定使用声响装置的，依照《环境噪声污染防治法》第五十七条的规定，对其给予警告或者处以1万元以下的罚款。

第四十一条 拆船单位违反《防止拆船污染环境管理条例》的规定，有下列情形之一的，依照《防止拆船污染环境管理条例》第十七条的规定，除责令限期纠正外，还可以根据不同情节，处以1万元以上10万元以下的罚款：

（一）未持有经批准的环境影响报告书（表），擅自设置拆船厂进行拆船的；

（二）发生污染损害事故，不向监督拆船污染的海事管理机构报告，也不采取消除或者控制污染措施的；

（三）废油船未经洗舱、排污、清舱和测爆即进行拆解的；

（四）任意排放或者丢弃污染物造成严重污染的。

第四十二条 拆船单位违反《防止拆船污染环境管理条例》第七条、第十条、第十五条、第十六条的规定，有下列行为之一的，依照《防止拆船污染环境管理条例》第十八条的规定，除责令其限期纠正外，还可以根据不同情节，处以警告或者处以1万元以下的罚款：

（一）拒绝或者阻挠海事管理机构进行拆船现场检查或者在被检查时弄虚作假的；

（二）未按照规定要求配备和使用防污设施、设备和器材，造成水域污染的；

（三）发生污染事故，虽采取消除或者控制污染措施，但不向海事管理机构报告的；

（四）拆船单位关闭、搬迁后，原厂址的现场清理不合格的。

第三章　附　　则

第四十三条 内河海事行政处罚的适用和程序适用《海上海事行政处罚规定》中的相关规定。

第四十四条 海事管理机构办理海事行政处罚案件，应当使用交通运输部制订的统一格式的海事行政处罚文书。

第四十五条 本规定自2015年7月1日起施行。2004年12月7日以交通部令2004年第13号公布的《中华人民共和国内河海事行政处罚规定》同时废止。

中华人民共和国防治船舶污染内河水域环境管理规定

（交通运输部令　2015年第25号）

第一章　总　　则

第一条　为防治船舶及其作业活动污染内河水域环境，保护内河水域环境，根据《中华人民共和国水污染防治法》《危险化学品安全管理条例》等法律、行政法规，制定本规定。

第二条　防治船舶及其作业活动污染中华人民共和国内河水域环境，适用本规定。

第三条　防治船舶及其作业活动污染内河水域环境，实行预防为主、防治结合、及时处置、综合治理的原则。

第四条　交通运输部主管全国防治船舶及其作业活动污染内河水域环境的管理。

国家海事管理机构统一负责全国防治船舶及其作业活动污染内河水域环境的监督管理工作。

各级海事管理机构依照各自的职责权限，具体负责管辖区域内防治船舶及其作业活动污染内河水域环境的监督管理工作。

第二章　一般规定

第五条　中国籍船舶防治污染的结构、设备、器材应当符合国家有关规范、标准，经海事管理机构或者其认可的船舶检验机构检验，并保持良好的技术状态。

外国籍船舶防治污染的结构、设备、器材应当符合中华人民共和国缔结或者加入的有关国际公约，经船旗国政府或者其认可的船舶检验机构检验，并保持良好的技术状态。

船舶经船舶检验机构检验可以免除配备相应的污染物处理装置的，应当在相应的船舶检验证书中予以注明。

第六条　船舶应当依照法律、行政法规、国务院交通运输主管部门的规定以及中华人民共和国缔结或者加入的国际条约、协定的要求，具备并随船携带相应的防治船舶污染内河水域环境的证书、文书。

第七条　船员应当具有相应的防治船舶污染内河水域环境的专业知识和技能，熟悉船舶防污染程序和要求，经过相应的专业培训，持有有效的适任证书和合格证明。

从事有关作业活动的单位应当组织本单位作业人员进行防治污染操作技能、设备使用、作业程序、安全防护和应急反应等专业培训，确保作业人员具备相关防治污染的专业知识和技能。

第八条　港口、码头、装卸站以及从事船舶水上修造、水上拆解、打捞等作业活动的单位，应当按照国家有关规范和标准，配备相应的污染防治设施、设备和器材，并保持良好的技术状态。同一港口、港区、作业区或者相邻港口的单位，可以通过建立联防机制，实现污染防治设施、设备和器材的统一调配使用。

港口、码头、装卸站应当接收靠泊船舶生产经营过程中产生的船舶污染物。从事船舶水上修造、水上拆解、打捞等作业活动的单位，应当按照规定处理船舶修造、打捞、拆解过程中产生的污染物。

第九条 150 总吨及以上的油船、油驳和 400 总吨及以上的非油船、非油驳的拖驳船队应当制定《船上油污应急计划》。150 总吨以下油船应当制定油污应急程序。

150 总吨及以上载运散装有毒液体物质的船舶应当按照交通运输部的规定制定《船上有毒液体物质污染应急计划》和货物资料文书，明确应急管理程序与布置要求。

400 总吨及以上载运散装有毒液体物质的船舶可以制定《船上污染应急计划》，代替《船上有毒液体物质污染应急计划》和《船上油污应急计划》。

水路运输企业应当针对所运输的危险化学品的危险特性，制定运输船舶危险化学品事故应急救援预案，并为运输船舶配备充足、有效的应急救援器材和设备。

港口、码头、装卸站的经营人以及有关作业单位应当制定防治船舶及其作业活动污染内河水域环境的应急预案，每年至少组织一次应急演练，并做好记录。

第十条 依法设立特殊保护水域涉及防治船舶污染内河水域环境的，应当事先征求海事管理机构的意见，并由海事管理机构发布航行通(警)告。设立特殊保护水域的，应当同时设置船舶污染物接收及处理设施。

在特殊保护水域内航行、停泊、作业的船舶，应当遵守特殊保护水域有关防污染的规定、标准。

第十一条 船舶或者有关作业单位造成水域环境污染损害的，应当依法承担污染损害赔偿责任。

通过内河运输危险化学品的船舶，其所有人或者经营人应当投保船舶污染损害责任保险或者取得财务担保。船舶污染损害责任保险单证或者财务担保证明的副本应当随船携带。

通过内河运输危险化学品的中国籍船舶的所有人或者经营人，应当向在我国境内依法成立的商业性保险机构和互助性保险机构投保船舶污染损害责任保险。具体办法另行制定。

第十二条 船舶污染事故引起的污染损害赔偿争议，当事人可以申请海事管理机构调解。在调解过程中，当事人申请仲裁、向人民法院提起诉讼或者一方中途退出调解的，应当及时通知海事管理机构，海事管理机构应当终止调解，并通知其他当事人。

调解成功的，由各方当事人共同签署《船舶污染事故民事纠纷调解协议书》。调解不成或者在 3 个月内未达成调解协议的，应当终止调解。

第三章 船舶污染物的排放和接收

第十三条 在内河水域航行、停泊和作业的船舶，不得违反法律、行政法规、规范、标准和交通运输部的规定向内河水域排放污染物。不符合排放规定的船舶污染物应当交由港口、码头、装卸站或者有资质的单位接收处理。

禁止船舶向内河水体排放有毒液体物质及其残余物或者含有此类物质的压载水、洗舱水或者其他混合物。

禁止船舶在内河水域使用焚烧炉。

禁止在内河水域使用溢油分散剂。

第十四条 150 总吨及以上的油船、油驳和 400 总吨及以上的非油船、非油驳的拖驳船队应当将油类作业情况如实、规范地记录在经海事管理机构签注的《油类记录簿》中。

150 总吨以下的油船、油驳和 400 总吨以下的非油船、非油驳的拖驳船队应当将油类作业情况如实、规范地记录在《轮机日志》或者《航行日志》中。

载运散装有毒液体物质的船舶应当将有关作业情况如实、规范地记录在经海事管理机构签注的《货物记录簿》中。

船舶应当将使用完毕的《油类记录簿》《货物记录簿》在船上保留 3 年。

第十五条 船长 12 米及以上的船舶应当设置符合格式要求的垃圾告示牌，告知船员和旅客关于垃圾管理的要求。

100 总吨及以上的船舶以及经核准载运 15 名及以上人员且单次航程超过 2 公里或者航行时间超过 15 分钟的船舶，应当持有《船舶垃圾管理计划》和海事管理机构签注的《船舶垃圾记录簿》，并将有关垃圾收集处理情况如实、规范地记录于《船舶垃圾记录簿》中。《船舶垃圾记录簿》应当随时可供检查，使用完毕后在船上保留 2 年。

本条第二款规定以外的船舶应当将有关垃圾收集处理情况记录于《航行日志》中。

第十六条 禁止向内河水域排放船舶垃圾。船舶应当配备有盖、不渗漏、不外溢的垃圾储存容器或者实行袋装，按照《船舶垃圾管理计划》对所产生的垃圾进行分类、收集、存放。

船舶将含有有毒有害物质或者其他危险成分的垃圾排入港口接收设施或者委托船舶污染物接收单位接收的，应当提前向对方提供此类垃圾所含物质的名称、性质和数量等信息。

第十七条 船舶在内河航行时，应当按照规定使用声响装置，并符合环境噪声污染防治有关要求。

第十八条 船舶使用的燃料应当符合有关法律法规和标准要求，鼓励船舶使用清洁能源。

船舶不得超过相关标准向大气排放动力装置运转产生的废气以及船上产生的挥发性有机化合物。

第十九条 来自疫区船舶的船舶垃圾、压载水、生活污水等船舶污染物，应当经检疫部门检疫合格后，方可进行接收和处理。

第二十条 船舶污染物接收单位在污染物接收作业完毕后，应当向船舶出具污染物接收处理单证，并将接收的船舶污染物交由岸上相关单位按规定处理。

船舶污染物接收单证上应当注明作业双方名称、作业开始和结束的时间、地点，以及污染物种类、数量等内容，并由船方签字确认。船舶应当将船舶污染物接收单证与相关记录簿一并保存备查。

第四章　船舶作业活动的污染防治

第二十一条　从事水上船舶清舱、洗舱、污染物接收、燃料供受、修造、打捞、拆解、污染清除作业以及利用船舶进行其他水上水下活动的，应当遵守相关操作规程，采取必要的防治污染措施。

船舶在港从事前款所列相关作业的，在开始作业时，应当通过甚高频、电话或者信息系统等向海事管理机构报告作业时间、作业内容等信息。

第二十二条　托运人交付船舶载运具有污染危害性货物的，应当采取有效的防污染措施，确保货物状况符合船舶载运要求和防污染要求，并在运输单证上注明货物的正确名称、数量、污染类别、性质、预防和应急措施等内容。

曾经载运污染危害性货物的空容器和空运输组件，在未彻底清洗或者消除危害之前，应当按照原所装货物的要求进行运输。

交付船舶载运污染危害性质不明的货物，货物所有人或者其代理人应当委托具备相应技术能力的机构进行货物污染危害性评估分类，确定安全运输条件，方可交付船舶载运。

第二十三条　船舶载运污染危害性货物应当具备与所载货物危害性质相适应的防污染条件。

船舶不得载运污染危害性质不明的货物以及超过相关标准、规范规定的单船限制性数量要求的危险化学品。

第二十四条　船舶运输散发有毒有害气体或者粉尘物质等货物的，应当采取封闭或者其他防护措施。

从事前款货物的装卸和过驳作业，作业双方应当在作业过程中采取措施回收有毒有害气体。

第二十五条　从事散装液体污染危害性货物装卸作业的，作业双方应当在作业前对相关防污染措施进行确认，按照规定填写防污染检查表，并在作业过程中严格落实防污染措施。

第二十六条　船舶从事散装液体污染危害性货物水上过驳作业时，应当遵守有关作业规程，会同作业单位确定操作方案，合理配置和使用装卸管系及设备，按照规定填写防污染检查表，针对货物特性和作业方式制定并落实防污染措施。

第二十七条　船舶进行下列作业，在长江、珠江、黑龙江水系干线作业量超过300吨和其他内河水域超过150吨的，港口、码头、装卸站应当采取包括布设围油栏在内的防污染措施，其中过驳作业由过驳作业经营人负责：

（一）散装持久性油类的装卸和过驳作业，但船舶燃油供应作业除外；

（二）比重小于1（相对于水）、溶解度小于0.1%的散装有毒液体物质的装卸和过驳作业；

（三）其他可能造成水域严重污染的作业。

因自然条件等原因，不适合布设围油栏的，应当采取有效替代措施。

第二十八条 从事船舶燃料供应作业的单位应当建立有关防治污染的管理制度和应急预案，配备足够的防污染设备、器材和合格的人员。

从事船舶燃料供受作业，作业双方应当在作业前对相关防污染措施进行确认，按照规定填写防污染检查表，并在作业过程中严格落实防污染措施。

第二十九条 从事船舶燃料供受作业的水上燃料加注站应当满足国家规定的防污染技术标准要求。

水上燃料加注站接受燃料补给作业应当按照污染危害性货物过驳作业办理相关手续。

第三十条 水上船舶修造及其相关作业过程中产生的污染物应当及时清除，不得投弃入水。

船舶燃油舱、液货舱中的污染物需要通过过驳方式交付储存的，应当遵守污染危害性货物过驳作业管理要求。

船坞内进行的修造作业结束后，作业单位应当进行坞内清理和清洁，确认不会造成水域污染后，方可沉坞或者开启坞门。

第三十一条 从事船舶水上拆解的单位在船舶拆解作业前，应当按规定落实防污染措施，彻底清除船上留有的污染物，满足作业条件后，方可进行船舶拆解作业。

从事船舶水上拆解的单位在拆解作业结束后，应当及时清理船舶拆解现场，并按照国家有关规定处理船舶拆解产生的污染物。

禁止采取冲滩方式进行船舶拆解作业。

第五章　船舶污染事故应急处置

第三十二条 海事管理机构应当配合地方人民政府制定船舶污染事故应急预案，开展应急处置工作。

第三十三条 船舶发生污染事故，应当立即就近向海事管理机构如实报告，同时启动污染事故应急计划或者程序，采取相应措施控制和消除污染。在初始报告以后，船舶还应当根据污染事故的进展情况作出补充报告。

海事管理机构接到报告后应当立即核实有关情况，按规定向上级海事管理机构和县级以上地方人民政府报告。海事管理机构和有关单位应当在地方人民政府的统一领导和指挥下，按照职责分工，开展相应的应急处置工作。

第三十四条 发生船舶污染事故的船舶，应当在事故发生后24小时内向事故发生地的海事管理机构提交《船舶污染事故报告书》。因特殊情况不能在规定时间内提交《船舶污染事故报告书》的，经海事管理机构同意可以适当延迟，但最长不得超过48小时。

《船舶污染事故报告书》应当至少包括以下内容：

（一）船舶的名称、国籍、呼号或者编号；

（二）船舶所有人、经营人或者管理人的名称、地址；

（三）发生事故的时间、地点以及相关气象和水文情况；

（四）事故原因或者事故原因的初步判断；

（五）船上污染物的种类、数量、装载位置等概况；

（六）事故污染情况；

（七）应急处置情况；

（八）船舶污染损害责任保险情况。

第三十五条 船舶有沉没危险或者船员弃船的，应当尽可能地关闭所有液货舱或者油舱（柜）管系的阀门，堵塞相关通气孔，防止溢漏，并向海事管理机构报告船舶燃油、污染危害性货物以及其他污染物的性质、数量、种类、装载位置等情况。

第三十六条 船舶发生事故，造成或者可能造成内河水域污染的，船舶所有人或者经营人应当及时消除污染影响。不能及时消除污染影响的，海事管理机构可以采取清除、打捞、拖航、引航、过驳等必要措施，发生的费用由责任者承担。

依法应当承担前款规定费用的船舶及其所有人或者经营人应当在开航前缴清相关费用或者提供相应的财务担保。

第六章　船舶污染事故调查处理

第三十七条 船舶污染事故调查处理依照下列规定组织实施：

（一）重大以上船舶污染事故由交通运输部组织调查处理；

（二）重大船舶污染事故由国家海事管理机构组织调查处理；

（三）较大船舶污染事故由直属海事管理机构或者省级地方海事管理机构负责调查处理；

（四）一般等级及以下船舶污染事故由事故发生地海事管理机构负责调查处理。

较大及以下等级的船舶污染事故发生地不明的，由事故发现地海事管理机构负责调查处理。事故发生地或者事故发现地跨管辖区域或者相关海事管理机构对管辖权有争议的，由共同的上级海事管理机构确定调查处理机构。

第三十八条 事故调查机构应当及时、客观、公正地开展事故调查，勘验事故现场，检查相关船舶，询问相关人员，收集证据，查明事故原因，认定事故责任。

船舶污染事故调查应当由至少两名调查人员实施。

第三十九条 在证据可能灭失或者以后难以取得的情况下，事故调查机构可以依法先行登记保存相应的证书、文书、资料。

第四十条 船舶污染事故调查的证据种类包括：

（一）书证、物证、视听资料、电子数据；

（二）证人证言；

（三）当事人陈述；

（四）鉴定意见；

（五）勘验笔录、调查笔录、现场笔录；

（六）其他可以证明事实的证据。

第四十一条 船舶造成内河水域污染的，应当主动配合事故调查机构的调查。船舶污染事故的当事人和其他有关人员应当如实反映情况和提供资料，不得伪造、隐匿、毁灭证据或者以其他方式妨碍调查取证。

船舶污染事故的当事人和其他有关人员提供的书证、物证、视听资料应当是原件原物，不能提供原件原物而提供抄录件、复印件、照片等非原件原物的，应当签字确认；拒绝确认的，事故调查人员应当注明有关情况。

第四十二条 有下列情形的，事故调查机构可以按照规定程序组织各级海事管理机构和相关部门开展船舶污染事故协查：

（一）污染事故肇事船舶逃逸的；

（二）污染事故嫌疑船舶已经开航离港的；

（三）辖区发生污染事故但暂时无法确认污染来源，经分析过往船舶有事故嫌疑的。

第四十三条 事故调查处理需要委托有关机构进行技术鉴定或者检验、检测的，事故调查机构应当委托具备国家规定资质要求的机构进行。

第四十四条 事故调查机构应当自事故调查结案之日起20个工作日内制作船舶污染事故认定书，并送达当事人。

船舶污染事故认定书应当载明事故基本情况、事故原因和事故责任。

自海事管理机构接到船舶污染事故报告或者发现船舶污染事故之日起6个月内无法查明污染源或者无法找到造成污染船舶的，经船舶污染事故调查处理机构负责人批准可以终止事故调查，并在船舶污染事故认定书中注明终止调查的原因。

第七章 法律责任

第四十五条 违反本规定，有下列情形之一的，由海事管理机构责令改正，并处以2万元以上3万元以下的罚款：

（一）船舶超过标准向内河水域排放生活污水、含油污水等；

（二）船舶超过标准向大气排放船舶动力装置运转产生的废气；

（三）船舶在内河水域排放有毒液体物质的残余物或者含有此类物质的压载水、洗舱水及其他混合物；

（四）船舶在内河水域使用焚烧炉；

（五）未按规定使用溢油分散剂。

第四十六条 违反本规定第十四条、第十五条、第二十一条有下列情形之一的，由海事管理机构责令改正，并处以3000元以上1万元以下的罚款：

（一）船舶未按规定如实记录油类作业、散装有毒液体物质作业、垃圾收集处理情况的；

（二）船舶未按规定保存《油类记录簿》《货物记录簿》和《船舶垃圾记录簿》的；

（三）船舶在港从事水上船舶清舱、洗舱、污染物接收、燃料供受、修造、打捞、污染清除作业活动,未按规定向海事管理机构报告的。

第四十七条 违反本规定第八条、第二十一条、第二十四条、第二十七条、第三十一条,有下列情形之一的,由海事管理机构责令改正,并处以1万元以上3万元以下的罚款:

(一)港口、码头、装卸站以及从事船舶修造、打捞等作业活动的单位未按规定配备污染防治设施、设备和器材的;

(二)从事水上船舶清舱、洗舱、污染物接收、燃料供受、修造、打捞、污染清除作业活动未遵守操作规程,未采取必要的防治污染措施的;

(三)运输及装卸、过驳散发有毒有害气体或者粉尘物质等货物,船舶未采取封闭或者其他防护措施,装卸和过驳作业双方未采取措施回收有毒有害气体的;

(四)未按规定采取布设围油栏或者其他防治污染替代措施的;

(五)采取冲滩方式进行船舶拆解作业的。

第四十八条 违反本规定第七条、第二十条、第二十五条、第二十六条,有下列情形之一的,由海事管理机构责令停止违法行为,并处以5000元以上1万元以下的罚款:

(一)从事有关作业活动的单位,未组织本单位相关作业人员进行专业培训的;

(二)船舶污染物接收单位未按规定向船方出具船舶污染物接收单证的;

(三)从事散装液体污染危害性货物装卸、过驳作业的,作业双方未按规定填写防污染检查表及落实防污染措施的。

第四十九条 违反本规定第十条,船舶未遵守特殊保护水域有关防污染的规定、标准的,由海事管理机构责令停止违法行为,并处以1万元以上3万元以下的罚款。

第五十条 船舶违反本规定第二十三条规定载运污染危害性质不明的货物的,由海事管理机构责令改正,并对船舶处以5000元以上2万元以下的罚款。

第五十一条 船舶发生污染事故,未按规定报告的或者未按规定提交《船舶污染事故报告书》的,由海事管理机构对船舶处以2万元以上3万元以下的罚款;对直接负责的主管人员和其他直接责任人员处以1万元以上2万元以下的罚款。

第五十二条 海事管理机构行政执法人员滥用职权、玩忽职守、徇私舞弊、违法失职的,依法给予行政处分;构成犯罪的,依法追究刑事责任。

第八章 附 则

第五十三条 本规定中下列用语的含义是:

(一)有毒液体物质,是指排入水体将对水资源或者人类健康产生危害或者对合法利用水资源造成损害的物质。包括在《国际散装运输危险化学品船舶构造和设备规则》的第17或18章的污染种类列表中标明的或者暂时被评定为X、Y或者Z类的任何物质。

(二)污染危害性货物,是指直接或者间接地进入水体,会损害水体质量和环境质量,对生物资源、人体健康等产生有害影响的货物。

(三)特殊保护水域,是指各级人民政府按照有关规定划定并公布的自然保护区、饮用水源保护区、渔业资源保护区、旅游风景名胜区等需要特别保护的水域。

（四）水上燃料加注站，是指固定于某一水域，具有燃料储存功能，给船舶供给燃料的趸船或者船舶。

第五十四条 本规定有关界河水域防治船舶污染的规定与我国缔结或者加入的国际公约、协定不符的，适用我国缔结或者加入的国际公约、协定。

防治军事船舶、渔业船舶污染内河水域环境的监督管理工作，不适用本规定。

第五十五条 本规定自2016年5月1日起施行。2005年8月20日以交通部令2005年第11号公布的《中华人民共和国防治船舶污染内河水域环境管理规定》同时废止。

船舶检验管理规定

（交通运输部令　2016 年第 2 号）

第一章　总　　则

第一条　为加强船舶检验管理，规范船舶检验服务，保障船舶检验质量，依据《中华人民共和国海上交通安全法》《中华人民共和国内河交通安全管理条例》《中华人民共和国船舶和海上设施检验条例》以及我国缔结或者加入的相关国际公约，制定本规定。

第二条　船舶检验活动及从事船舶检验活动的机构和人员的管理适用于本规定。

本规定所称船舶检验是指对船舶、水上设施、船用产品和船运货物集装箱的检验。

军用船舶、体育运动船艇、渔业船舶以及从事石油天然气生产的设施的检验，不适用本规定。

第三条　交通运输部主管全国船舶检验管理。

交通运输部海事局负责对船舶检验工作实施统一监督管理。

各级海事管理机构依据各自职责权限开展船舶检验监督工作。

第二章　船舶检验机构和人员

第四条　船舶检验机构是指实施船舶检验的机构，包括交通运输部和省、自治区、直辖市人民政府设置的船舶检验机构（以下简称国内船舶检验机构）和外国船舶检验机构在中华人民共和国境内设立的验船公司（以下简称外国验船公司）。

交通运输部和省、自治区、直辖市人民政府依法审批国内船舶检验机构或者外国验船公司时，应当依据《中华人民共和国海事行政许可条件规定》规定的验船机构审批条件作出是否予以审批的决定。予以审批的，同时应当明确国内船舶检验机构和外国验船公司的检验业务范围。

交通运输部海事局应当向社会公布船舶检验机构的检验业务范围。

第五条　国内船舶检验机构按照 A、B、C、D 四类从事船舶法定检验：

（一）A 类船舶检验机构，可以从事包括国际航行船舶、国内航行船舶、水上设施、船运货物集装箱和相关船用产品的法定检验；

（二）B 类船舶检验机构，可以从事国内航行船舶的法定检验和相关船用产品的法定检验；

（三）C 类船舶检验机构，可以从事内河船舶的法定检验；

（四）D 类船舶检验机构，可以从事内河小型船舶，以及封闭水域内船长不超过 30 米、主机功率不超过50千瓦的货船和船长不超过30米、主机功率不超过50千瓦的客船的法定检验。

第六条 外国验船公司的业务范围包括：

（一）依据船旗国政府授权，对悬挂该国国旗及拟悬挂该国国旗的船舶、海上设施实施法定检验和入级检验；

（二）对本款第（一）项规定的船舶、海上设施所使用的有关重要设备、部件和材料等船用产品实施检验；

（三）对外国企业所拥有的船运货物集装箱实施检验；

（四）经交通运输部海事局认可，在逐步开放的范围内对自由贸易区登记的中国籍国际航行船舶实施入级检验。

第七条 船舶检验机构应当在批准的业务范围内从事船舶检验活动。

第八条 船舶检验机构应当向交通运输部海事局报告年度船舶检验工作情况，包括质量体系运行、检验业务量、检验人员变化等情况。

第九条 船舶检验人员应当具备相应的专业知识和检验技能，满足国家有关船舶检验人员资质的要求。

交通运输部海事局负责统一组织船舶检验人员考试，并按照国家有关规定发放船舶检验人员资格证书。

第十条 国内船舶检验机构应当对船舶检验人员进行岗前培训和不定期持续知识更新培训。

第三章　法定检验

第十一条 法定检验是指船旗国政府或者其认可的船舶检验机构按照法律、行政法规、规章和法定检验技术规范，对船舶、水上设施、船用产品和船运货物集装箱的安全技术状况实施的强制性检验。

法定检验主要包括建造检验、定期检验、初次检验、临时检验、拖航检验、试航检验等。

第十二条 在中华人民共和国登记或者拟在中华人民共和国登记的船舶、水上设施的所有人或者经营人，有下列情形之一的，应当向国内船舶检验机构申请建造检验：

（一）建造船舶、水上设施的；

（二）改变船舶主尺度、船舶类型、分舱水平、承载能力、乘客居住处所、主推进系统、影响船舶稳性等涉及船舶主要性能及安全的重大改建，或者涉及水上设施安全重大改建的。

船舶、水上设施建造或者重大改建，应当向建造或者改建地船舶检验机构申请检验。

第十三条 营运中的中国籍船舶、水上设施的所有人或者经营人，应当向签发船舶检验证书的国内船舶检验机构申请定期检验。

定期检验可以委托营运地国内船舶检验机构代为进行。

第十四条 中国籍船舶、水上设施的所有人或者经营人，有下列情形之一的，应当向国内船舶检验机构申请初次检验：

（一）外国籍船舶、水上设施改为中国籍船舶、水上设施；

（二）体育运动船艇、渔业船舶改为本规定适用的船舶；

（三）营运船舶检验证书失效时间超过一个换证检验周期的；

（四）老旧营运运输船舶检验证书失效时间超过一个特别定期检验周期的。

有前款第（三）、（四）项所列情形之一的，新的检验周期按照原证书检验周期计算。

第十五条 中国籍船舶、水上设施的所有人或者经营人，有下列情形之一的，应当向国内船舶检验机构申请临时检验：

（一）因发生事故，影响船舶适航性能；

（二）改变证书所限定的航区或者用途；

（三）船舶检验机构签发的证书失效时间不超过一个换证周期；

（四）涉及船舶安全的修理或者改装，但重大改建除外；

（五）变更船舶检验机构；

（六）变更船名、船籍港；

（七）存在重大安全缺陷影响航行和环境安全，海事管理机构责成检验的。

对于前款第（三）项所列情形，船舶、水上设施申请检验时，国内船舶检验机构须对失效期内应当进行的所有检验项目进行检验，检验周期按照原证书检验周期计算。

在中华人民共和国管辖水域内的外国籍船舶，有第一款第（一）、（七）项所列情形之一的，应当向原签发检验证书的船舶检验机构申请临时检验。外国籍船舶的发证机构未在中华人民共和国境内设立验船公司的，应当向交通运输部海事局指定的船舶检验机构申请临时检验。

第十六条 中华人民共和国管辖水域内对移动式平台、浮船坞和其他大型船舶、水上设施进行拖带航行，起拖前应当申请拖航检验。

第十七条 船舶试航前，船舶所有人或者经营人应当向国内船舶检验机构申请试航检验，并取得试航检验证书。

国内船舶检验机构在签发试航检验证书前，应当按照相关技术检验要求进行检验，并确认船舶试航状态符合实施船舶图纸审查、建造检验的船舶检验机构批准的船舶配载及稳性状态。

第十八条 在中华人民共和国管辖水域内从事钻探、开发作业的外国籍钻井船、移动式平台的所有人或者经营人，应当向交通运输部海事局授权的船舶检验机构申请下列检验：

（一）作业前检验；

（二）作业期间的定期检验。

第十九条 中国籍船舶、水上设施所使用的有关水上交通安全和防止水域环境污染的重要设备、部件和材料应当进行船用产品检验。

应当进行法定检验的船用产品范围由交通运输部海事局公布。

第二十条 船舶检验机构应当按照船用产品法定检验技术要求，对纳入法定检验范围内的船用产品开展工厂认可、型式认可、产品检验。

第二十一条 船运货物集装箱的制造厂商或者所有人、经营人应当向船舶检验机构申请下列检验：

（一）船运货物集装箱制造时，申请工厂认可、定型设计认可和制造检验；

（二）使用中的船运货物集装箱，申请营运检验，采用定期检验或者按照经检验机构进行技术审核的连续检验计划进行检验。

第二十二条 国内船舶检验机构应当将船用产品和船运货物集装箱工厂认可、型式认可或者定型设计认可及单件产品的检验结果录入国家船舶检验数据库并对外公布。

第二十三条 中国籍国内航行船舶和水上设施、船用产品和船运货物集装箱经检验符合相关的法定检验技术要求后，国内船舶检验机构应当使用国家船舶法定检验发证系统签发相应的检验证书或者技术文件。

中国籍国际航行船舶经检验符合相关的法定检验技术要求后，国内船舶检验机构应当使用经交通运输部海事局认可的法定检验发证系统签发相应的检验证书或者技术文件，并由海事管理机构进行监督管理。

法定检验证书和国内航行船舶的检验报告和记录格式由交通运输部海事局统一制定并公布。

第二十四条 船舶检验机构应当建立和严格执行保证检验发证质量的控制程序和管理制度。

第二十五条 国内船舶检验机构根据船舶法定检验技术规范，对中国籍船舶、水上设施的法定检验要求实施等效、免除的，应当达到海事国际公约或者船舶法定检验技术规范要求的同等效能及安全水平，并向交通运输部海事局报告，船舶法定检验技术规范另有规定的除外。

第四章 入级检验

第二十六条 入级检验是指应船舶、水上设施的所有人和经营人自愿申请，按照拟入级的船舶检验机构的入级检验技术规范，对船舶、水上设施进行的检验，并取得入级船舶检验机构的入级标识。

第二十七条 除本规定第六条第（四）项规定的情形外，中国籍国际航行船舶加入船级的，应当向中国船级社申请入级检验。

第二十八条 下列中国籍国内航行船舶加入船级的，应当向中国船级社申请入级检验：

（一）在海上航行的乘客定额100人以上的客船；

（二）载重量1000吨以上的油船；

（三）滚装船、液化气体运输船和散装化学品运输船；

（四）船舶所有人或者经营人申请入级的其他船舶。

第二十九条 中国籍船舶、水上设施经入级检验符合相关的检验技术规范要求并取得法定检验证书的，船舶检验机构方可签发入级检验证书或者技术文件。

第三十条 从事中国籍船舶、水上设施入级检验业务的船舶检验机构应当将其入级检验技术规范和证书格式报交通运输部海事局备案。

第五章 船舶法定检验技术规范

第三十一条 船舶法定检验技术规范包括与船舶、水上设施、船用产品、船运货物集装箱相关的涉及航运安全及水域环境保护的检验制度、安全标准、检验规程等。

第三十二条 船舶法定检验技术规范，由交通运输部海事局组织制定，经交通运输部批准后公布施行。

限于省、自治区、直辖市内航行的下列船舶的法定检验技术规范，可由省、自治区、直辖市交通运输主管部门制定，并报交通运输部海事局备案；省、自治区、直辖市交通运输主管部门未制定的，参照交通运输部海事局制定的小型船舶法定检验技术规则检验发证：

（一）船长 15 米及以下的内河渡船；

（二）船长 20 米以下的普通货船；

（三）12 人及以下的载客船舶。

第三十三条 有下列情形之一的，船舶法定检验技术规范的制定机构应当组织开展船舶法定检验技术规范后评估：

（一）实施满 5 年的；

（二）上位法或者相关国际公约有重大修改或者调整的；

（三）水上交通安全管理环境发生重大变化，影响船舶法定检验技术规范适宜性的；

（四）其他应当进行后评估的情形。

第六章 检 验 管 理

第三十四条 船舶检验机构开展检验活动应当遵守中华人民共和国法律、法规、规章和相关国际公约的规定。

船舶检验机构应当严格按照检验业务范围开展检验工作，不得拒绝满足法定检验受理条件的申请。

船舶检验人员应当严格按照相关的法律、法规和检验技术规范的要求开展检验工作，恪守职业道德和执业纪律。

第三十五条 有下列情形之一的，船舶检验机构不得检验：

（一）船舶和水上设施的设计、建造与修造单位未建立质量自检制度；

（二）按照国家有关规定应当报废的船舶、水上设施；

（三）未提供真实技术资料；

（四）未按照规定取得新增运力审批的建造船舶；

（五）未能为船舶检验人员提供安全保障。

第三十六条 船舶检验机构应当在船舶、水上设施的建造或者重大改建开工前，对开工条件进行检查，经检查合格后，方可开展检验。

第三十七条 在中华人民共和国登记或者拟在中华人民共和国登记的船舶、水上设施未取得海事管理机构授予的船舶识别号的，船舶检验机构不得签发法定证书。

第三十八条 船舶和水上设施的所有人或者经营人，船用产品和船运货物集装箱制造厂商，船舶和水上设施的设计、建造与修造单位应当按照规定如实提交检验相关资料。

第三十九条 中国籍船舶、水上设施报废的，其所有人或者经营人应当报告国内船舶检验机构，国内船舶检验机构应当注销检验证书。

第四十条 中国籍船舶、水上设施变更船舶检验机构，新接受的船舶检验机构在发放检验证书时应当收回存档原检验证书。

按照省、自治区、直辖市交通运输主管部门制定的法定检验技术规范检验的船舶，船舶检验机构变更为其他省、自治区、直辖市的船舶检验机构的，新接受的船舶检验机构可以按照交通运输部海事局或者所在省、自治区、直辖市交通运输主管部门制定的法定检验技术规范重新进行检验。

第四十一条 外国籍船舶、水上设施因存在重大缺陷被强制取消船级的，新接受的境内设立的外国验船公司应当验证缺陷已改正后，方可受理检验。

第四十二条 有下列情形之一的，船舶检验机构应当停止检验或者撤销相关检验证书：

（一）违规建造、违规重大改建；

（二）提供虚假证明材料；

（三）未通过检验。

有前款第（一）项情形的还应当报告交通运输部海事局。

涂改检验证书或者以欺骗行为取得检验证书，船舶检验机构未撤销检验证书的，海事管理机构应当责令船舶检验机构撤销检验证书。

第四十三条 船舶检验机构应当建立船用产品法定检验质量监督机制，发现法定船用产品存在重大质量问题的，撤销检验证书或者禁止装船使用。

第四十四条 船舶检验机构应当对为其提供服务的检修、检测服务机构进行安全质量、技术条件的控制和监督。

第四十五条 船舶检验机构应当建立档案管理制度，妥善保管有关检验档案资料。

中国籍船舶、水上设施变更船舶检验机构的，原船舶检验机构应当将包含图纸的全部技术档案转交变更后的船舶检验机构。

第四十六条 交通运输部海事局应当组织对船舶检验机构检验能力和条件进行核查，对船舶检验机构检验质量进行监督。

第四十七条 海事管理机构发现涉及船舶检验重大质量问题或者有第十五条第一款第（一）、（七）项所列情形之一的，应当通报相关船舶检验机构。

涉及船舶检验重大质量问题的，应当报告交通运输部海事局组织调查处理。

相关船舶检验机构应当对检验质量问题进行分析整改，并将整改情况通报海事管理机构。

第四十八条 船舶检验机构应当配合海事管理机构开展船舶检验质量监督和调查。船舶检验机构对海事管理机构的监督和调查行为有异议的，可以向交通运输部海事局报告。

第四十九条 申请检验的单位或者个人对检验结论持有异议，可以向上一级船舶检验机构申请复验，接到复验申请的机构应当在7个工作日内作出是否予以复验的答复。

对复验结论仍有异议的，可以向交通运输部海事局提出再复验，由交通运输部海事局组织技术专家组进行检验、评议并作出最终结论。交通运输部海事局应当在接到再复验申请之日起15个工作日内作出是否予以再复验的答复。

第七章 法律责任

第五十条 违反本规定第十六条，移动平台、浮船坞、大型船舶、水上设施拖带航行，未经船舶检验机构进行拖航检验，由海事管理机构责令其停止拖航，并对船舶、设施所有人或者经营人处以2000元以上2万元以下罚款，对船长处以1000元以上1万元以下罚款，并扣留船员适任证书6至12个月，对水上设施主要负责人处以1000元以上1万元以下罚款。

第五十一条 违反本规定第十七条规定，试航船舶未经试航检验并持有试航证书的，由海事管理机构责令停止试航，并对船舶所有人或者经营人处以2000元以上2万元以下罚款，对试航船长处以1000元以上1万元以下罚款并扣留船员适任证书6至12个月。

第五十二条 违反本规定第十八条规定，在中华人民共和国沿海水域从事钻探、开发作业的外国籍钻井船、移动式平台的所有人或者经营人未按规定申请作业前检验或者作业期间检验，由海事管理机构责令其停止作业，并处以5000元以上3万元以下罚款。

第五十三条 违反本规定第三十九条，报废船舶的所有人或者经营人未向船舶检验机构报告，由海事管理机构对其所有人或者经营人处以5000元以上3万元以下罚款。

第五十四条 违反《中华人民共和国海上交通安全法》第四条的规定，船舶、水上设施和船上、设施上有关航行安全、防治污染等重要设备无相应的有效的检验证书的，依照《中华人民共和国海上交通安全法》第四十四条的规定，海事管理机构应当对船舶、水上设施所有人或者经营人处以2000元以上3万元以下的罚款。

违反《中华人民共和国内河交通安全管理条例》第六条第（一）项、第七条第（一）项的规定，船舶、水上设施未持有合格的检验证书擅自航行或者作业的，依照《中华人民共和国内河交通安全管理条例》第六十四条的规定，责令停止航行或者作业；拒不停止航行或者作业的，暂扣船舶、浮动设施；情节严重的，予以没收。

本条第一款、第二款所称无相应的有效的检验证书及未持有合格的检验证书，包括下列情形：

（一）没有取得相应的检验证书；

（二）持有的检验证书属于伪造、变造、转让、买卖或者租借的；

（三）持有的检验证书失效；

（四）检验证书损毁、遗失但不按照规定补办。

第五十五条　船舶检验机构有下列情形之一的，所签发的相应检验证书无效，由交通运输部海事局给予警告，责令限期整改，整改期间不得开展相关检验业务，并向社会公告：

（一）超越认可的业务范围开展检验业务；

（二）违反规定开展检验；

（三）使用不符合规定的船舶检验人员独立从事检验活动；

（四）违反检验规程受理检验；

（五）船舶、水上设施的建造或者重大改建开工前，未对开工条件进行检查或者在检查不合格的情况下开展检验；

（六）对未按照规定取得新增运力审批的建造船舶开展检验；

（七）未对向其提供服务的检修检测机构的安全质量、技术条件进行有效管控；

（八）在按规定取得船舶识别号前，签发法定检验证书；

（九）出现重大检验质量问题。

第五十六条　船舶检验机构有下列情形之一的，交通运输部海事局责令改正，并给予警告：

（一）国内船舶检验机构未对检验人员进行培训；

（二）外国验船公司未对外国籍检验人员按照公约要求进行培训；

（三）未按规定向交通运输部海事局报告有关事项；

（四）未建立档案管理制度。

第五十七条　船舶检验人员有下列情形之一的，依照《中华人民共和国船舶和海上设施检验条例》第二十八条的规定，海事管理机构可视情节给予警告、撤销其检验资格：

（一）未进行检验而签发相关检验证书；

（二）超出所持证书范围开展检验业务；

（三）未按照法定检验技术规范执行检验；

（四）未按规定的检验程序和项目进行检验；

（五）所签发的船舶检验证书或者检验报告与船舶、水上设施的实际情况不符；

（六）发生重大检验质量责任问题；

（七）不配合事故调查或者在调查过程中提供虚假证明。

第八章　附　　则

第五十八条　本规定自2016年5月1日起施行。

港口经营管理规定

（交通运输部令　2016年第43号）

第一章　总　　则

第一条　为规范港口经营行为，维护港口经营秩序，依据《中华人民共和国港口法》和其他有关法律、法规，制定本规定。

第二条　本规定适用于港口经营及相关活动。

第三条　本规定下列用语的含义是：

（一）港口经营，是指港口经营人在港口区域内为船舶、旅客和货物提供港口设施或者服务的活动，主要包括下列各项：

1. 为船舶提供码头、过驳锚地、浮筒等设施；

2. 为旅客提供候船和上下船舶设施和服务；

3. 从事货物装卸（含过驳）、仓储、港内驳运、集装箱堆放、拆拼箱以及对货物及其包装进行简单加工处理等；

4. 为船舶进出港、靠离码头、移泊提供顶推、拖带等服务；

5. 为委托人提供货物交接过程中的点数和检查货物表面状况的理货服务；

6. 为船舶提供岸电、燃物料、生活品供应、船员接送及船舶污染物（含油污水、残油、洗舱水、生活污水及垃圾）接收、围油栏供应服务等船舶港口服务；

7. 从事港口设施、设备和港口机械的租赁、维修业务。

（二）港口经营人，是指依法取得经营资格从事港口经营活动的组织和个人。

（三）港口设施，是指为从事港口经营而建造和设置的建（构）筑物。

第四条　交通运输部负责全国港口经营行政管理工作。

省、自治区、直辖市人民政府交通运输（港口）主管部门负责本行政区域内的港口经营行政管理工作。

省、自治区、直辖市人民政府、港口所在地设区的市（地）、县人民政府确定的具体实施港口行政管理的部门负责该港口的港口经营行政管理工作。本款上述部门统称港口行政管理部门。

第五条　国家鼓励港口经营性业务实行多家经营、公平竞争。港口经营人不得实施垄断行为。任何组织和部门不得以任何形式实施地区保护和部门保护。

第二章 资质管理

第六条 从事港口经营,应当申请取得港口经营许可。

实施港口经营许可,应当遵循公平、公正和公开透明的原则,不得收取费用,并应当接受社会监督。

第七条 从事港口经营(港口理货、船舶污染物接收除外),应当具备下列条件:

(一)有固定的经营场所;

(二)有与经营范围、规模相适应的港口设施、设备,其中:

1. 码头、客运站、库场、储罐、污水处理设施等固定设施应当符合港口总体规划和法律、法规及有关技术标准的要求;

2. 为旅客提供上、下船服务的,应当具备至少能遮蔽风、雨、雪的候船和上、下船设施;

3. 为国际航线船舶服务的码头(包括过驳锚地、浮筒),应当具备对外开放资格;

4. 为船舶提供码头、过驳锚地、浮筒等设施的,应当有相应的船舶污染物、废弃物接收能力和相应污染应急处理能力,包括必要的设施、设备和器材;

(三)有与经营规模、范围相适应的专业技术人员、管理人员;

(四)有健全的经营管理制度和安全管理制度以及生产安全事故应急预案,应急预案经专家审查通过。

第八条 从事港口理货,应当具备下列条件:

(一)申请人是依法在国内登记注册的企业法人;

(二)港口理货经营地域为申请人所在地的行政区域;

(三)有与经营范围、规模相适应的组织机构和管理人员、理货人员,有固定的办公场所和经营设施,有业务章程、理货规程和管理制度;

(四)具有符合相关通用要求的质量管理体系;

(五)具备与港口理货业务相适应的,能与港航电子数据交换中心和电子口岸顺利进行数据传输的理货信息系统和技术装备。

第九条 从事船舶污染物接收经营,应当具备下列条件:

(一)有固定的经营场所;

(二)配备海务、机务、环境工程专职管理人员至少各一名,专职管理人员应当具有 3 年以上相关专业从业资历;

(三)有健全的经营管理制度和安全管理制度以及生产安全事故应急预案;

(四)使用船舶从事船舶污染物接收的,应当拥有至少一艘不低于 300 总吨的适应船舶污染物接收的中国籍船舶;使用港口接收设施从事船舶污染物接收的,港口接收设施应处于良好状态;使用车辆从事船舶污染物接收的,应当拥有至少一辆垃圾接收、清运专用车辆。

第十条 港口工程试运行期间从事经营的,应当具备以下条件:

(一)有固定的经营场所;

(二)有与经营范围、规模相适应的港口设施、设备,其中:

1. 码头、客运站等固定设施应当符合港口总体规划;

2. 为旅客提供上、下船服务的,应当具备至少能遮蔽风、雨、雪的候船和上、下船设施;

3. 为国际航线船舶服务的码头(包括过驳锚地、浮筒),应当具备对外开放资格;

4. 为船舶提供码头、过驳锚地、浮筒等设施的,应当有相应的船舶污染物、废弃物接收能力和相应污染应急处理能力,包括必要的设施、设备和器材;

5. 码头、装卸设备、港池、航道、导助航设施及其他配套设施等港口设施主体工程已按批准的初步设计文件建成,并经交工验收合格,具有交工验收报告;主要装卸设备空载联动调试合格;

6. 港口工程的环境保护设施、安全设施、职业病防护设施、消防设施等已按要求与港口主体工程同时建设完成,且已通过安全设施验收和消防设施验收或者备案,环境保护设施和职业病防护设施符合国家有关法律、法规、规章、标准规定的试运行要求;

(三)有与经营规模、范围相适应的专业技术人员、管理人员;

(四)有健全的经营管理制度和安全管理制度;已制定试运行方案和应急预案,并经专家审查通过。

第十一条 从事港口装卸和仓储业务的经营人不得兼营理货业务。理货业务经营人不得兼营港口货物装卸经营业务和仓储经营业务。

第十二条 申请从事港口经营,应当提交下列相应文件和资料:

(一)港口经营业务申请书;

(二)经营管理机构的组成及其办公用房的所有权或者使用权证明;

(三)港口码头、库场、储罐、污水处理等固定设施符合国家有关规定的竣工验收合格证明;

(四)使用港口岸线的,港口岸线的使用批准文件;

(五)使用港作船舶的,港作船舶的船舶证书;

(六)负责安全生产的主要管理人员通过安全生产法律法规要求的培训证明材料;

(七)证明符合第七条规定条件的其他文件和资料。

从事港口理货业务的,应当提供上述(一)(二)项规定的材料和证明符合第八条规定条件的其他文件和材料。

从事船舶污染物接收经营的,应当提供上述(一)(二)项规定的材料和证明符合第九条规定条件的其他文件和材料。

港口工程试运行期间从事经营的,应当提供上述第(一)(二)(四)(六)项规定的材料和证明符合第十条规定条件的其他文件和材料。

第十三条 申请从事港口经营(申请从事港口理货除外),申请人应当向港口行政管理部门提出书面申请和第十二条第一款、第三款规定的相关文件资料。港口行政管理部门应当自受理申请之日起30个工作日内作出许可或者不许可的决定。符合资质条件的,由港口行政管理部门发给《港口经营许可证》，并通过信息网络或者报刊公布；不符合条件的，不予行政许可，并应当将不予许可的决定及理由书面通知申请人。《港口经营许可证》应当明确港口经营人的名称与办公地址、法定代表人、经营项目、经营地域、主要设施设备、发证日期、许可证有效期和证书编号。

《港口经营许可证》的有效期为3年。港口设施需要试运行经营的，所持有的《港口经营许可证》的有效期为试运行经营期，并在证书上注明。试运行经营期原则上不超过6个月；确需延期的，试运行经营期累计不得超过1年。

第十四条 申请从事港口理货，应当向港口所在地的省级交通运输主管部门提出书面申请并提交第十二条第二款规定的相关文件资料。省级交通运输主管部门在收到申请和相关材料后，可根据需要征求相关港口行政管理部门意见。相关港口行政管理部门应当在7个工作日内提出反馈意见。省级交通运输主管部门应当在受理申请人的申请之日起20个工作日内作出许可或者不许可的决定。予以许可的，核发《港口经营许可证》，并通过信息网络或者报刊公布；不予许可的应当将不予许可的决定及理由书面通知申请人。省级交通运输主管部门在作出许可决定的同时，应当将许可情况通知相关港口行政管理部门。

第十五条 省级交通运输主管部门和港口行政管理部门对申请人提出的港口经营许可申请，应当根据下列情况分别做出处理：

（一）申请事项依法不需要取得行政许可的，应当即时告知申请人不受理；

（二）申请事项依法不属于省级交通运输主管部门或者港口行政管理部门职权范围的，应当即时告知申请人向有关行政机关申请；

（三）申请材料存在可以当场更正的错误的，应当允许申请人当场更正；

（四）申请材料不齐全或者不符合法定形式的，应当当场或者在5日内一次告知申请人需要补正的全部内容，逾期不告知的，自收到申请材料之日起即为受理；

（五）申请事项属于省级交通运输主管部门或者港口行政管理部门职权范围，申请材料齐全、符合法定形式，或者申请人按照要求提交全部补正申请材料的，应当受理经营业务许可申请。

受理或者不受理经营业务许可申请，应当出具加盖许可机关专用印章和注明日期的书面凭证。

第十六条 港口经营人应当按照港口行政管理部门许可的经营范围从事港口经营活动。

第十七条 港口经营人变更经营范围的，应当就变更事项按照本规定第十三条或者第十四条规定办理许可手续，并到工商部门办理相应的变更登记手续。

港口经营人变更企业法定代表人或者办公地址的，应当向港口行政管理部门备案并换发《港口经营许可证》。

第十八条 港口经营人应当在《港口经营许可证》有效期届满之日30日以前，向《港口经营许可证》发证机关申请办理延续手续。

申请办理《港口经营许可证》延续手续，应当提交下列材料：

（一）《港口经营许可证》延续申请；

（二）除本规定第十二条第一款第（一）（二）项之外的其他证明材料。

第十九条 港口经营人停业或者歇业，应当提前30个工作日告知原许可机关。原许可机关应当收回并注销其《港口经营许可证》，并以适当方式向社会公布。

第三章 经营管理

第二十条 港口行政管理部门及相关部门应当保证港口公用基础设施的完好、畅通。

港口经营人应当按照核定的功能使用和维护港口经营设施、设备，并使其保持正常状态。

第二十一条 港口经营人变更或者改造码头、堆场、仓库、储罐和污水垃圾处理设施等固定经营设施，应当依照有关法律、法规和规章的规定履行相应手续。依照有关规定无需经港口行政管理部门审批的，港口经营人应当向港口行政管理部门备案。

第二十二条 从事港口旅客运输服务的经营人，应当采取必要措施保证旅客运输的安全、快捷、便利，保证旅客基本生活用品的供应，保持良好的候船条件和环境。

第二十三条 港口经营人应当优先安排抢险、救灾和国防建设急需物资的港口作业。

政府在紧急情况下征用港口设施，港口经营人应当服从指挥。港口经营人因此而产生费用或者遭受损失的，下达征用任务的机关应当依法给予相应的经济补偿。

第二十四条 在旅客严重滞留或者货物严重积压阻塞港口的紧急情况下，港口行政管理部门应当采取措施进行疏港。港口所在地的市、县人民政府认为必要时，可以直接采取措施，进行疏港。港口内的单位、个人及船舶、车辆应当服从疏港指挥。

第二十五条 港口行政管理部门应当依法制定可能危及社会公共利益的港口危险货物事故应急预案、重大生产安全事故的旅客紧急疏散和救援预案以及预防自然灾害预案，建立健全港口重大生产安全事故的应急救援体系。

港口行政管理部门按照前款规定制定的各项预案应当予以公布，并报送交通运输部和上级交通运输（港口）主管部门备案。

第二十六条 港口经营人应当依照有关法律、法规和交通运输部有关港口安全作业的规定，加强安全生产管理，完善安全生产条件，建立健全安全生产责任制等规章制度，确保安全生产。

港口经营人应当依法制定本单位的危险货物事故应急预案、重大生产安全事故的旅客紧急疏散和救援预案以及预防自然灾害预案，并保障组织实施。

港口经营人按照前款规定制定的各项预案应当报送港口行政管理部门和港口所在地海事管理机构备案。

第二十七条 港口经营人从事港口经营业务，应当遵守有关法律、法规和规章的规定，依法履行合同约定的义务，为客户提供公平、良好的服务。

第二十八条 港口经营人应当遵守国家有关港口经营价格和收费的规定，应当在其经营场所公布经营服务收费项目和收费标准，使用国家规定的港口经营票据。

第二十九条 港口经营人不得采取不正当手段，排挤竞争对手，限制或者妨碍公平竞争；不得对具有同等条件的服务对象实行歧视；不得以任何手段强迫他人接受其提供的港口服务。

第三十条 港口经营人应当按照有关规定及时足额交纳港口行政性收费。

港口经营人的合法权益受法律保护。任何单位和个人不得向港口经营人摊派或者违法收取费用。

港口经营人有权拒绝违反规定收取或者摊派的各种费用。

第三十一条 港口行政管理部门应当依法做好港口行政性收费的征管工作，保证港口行政性收费征收到位，并及时足额解缴。

港口行政性收费实行专户管理，专款专用。

第三十二条 港口经营人应当按照国家有关规定，及时向港口行政管理部门如实提供港口统计资料及有关信息。

各级交通运输（港口）主管部门和港口行政管理部门应当按照有关规定向交通运输部和上级交通运输（港口）主管部门报送港口统计资料和相关信息，并结合本地区的实际建设港口管理信息系统。

上述部门的工作人员应当为港口经营人保守商业秘密。

第四章　监督检查

第三十三条 港口行政管理部门应当依法对港口安全生产情况和本规定执行情况实施监督检查，并将检查的结果向社会公布。港口行政管理部门应当对旅客集中、货物装卸量较大或者特殊用途的码头进行重点巡查。检查中发现安全隐患的，应当责令被检查人立即排除或者限期排除。

各级交通运输（港口）主管部门应当加强对港口行政管理部门实施《中华人民共和国港口法》和本规定的监督管理，切实落实法律规定的各项制度，及时纠正行政执法中的违法行为。

第三十四条 港口行政管理部门的监督检查人员依法实施监督检查时，有权向被检查单位和有关人员了解情况，并可查阅、复制有关资料。

监督检查人员应当对检查中知悉的商业秘密保密。

监督检查人员实施监督检查，应当两个人以上，并出示执法证件。

第三十五条 监督检查人员应当将监督检查的时间、地点、内容、发现的问题及处理情况作出书面记录，并由监督检查人员和被检查单位的负责人签字；被检查单位的负责人拒绝签字的，监督检查人员应当将情况记录在案，并向港口行政管理部门报告。

第三十六条 被检查单位和有关人员应当接受港口行政管理部门依法实施的监督检

查,如实提供有关情况和资料,不得拒绝检查或者隐匿、谎报有关情况和资料。

第五章 法律责任

第三十七条 有下列行为之一的,由港口行政管理部门责令停止违法经营,没收违法所得;违法所得10万元以上的,并处违法所得2倍以上5倍以下罚款;违法所得不足10万元的,处5万元以上20万元以下罚款:

(一)未依法取得港口经营许可证,从事港口经营的;

(二)未经依法许可,经营港口理货业务的;

(三)港口理货业务经营人兼营货物装卸经营业务、仓储经营业务的。

有前款第(三)项行为,情节严重的,由港口所在地的省级交通运输主管部门吊销港口理货业务经营许可证,并以适当方式向社会公布。

第三十八条 经检查或者调查证实,港口经营人在取得经营许可后又不符合本规定第七、八、九、十条规定一项或者几项条件的,由港口行政管理部门责令其停止经营,限期改正;逾期不改正的,由作出行政许可决定的行政机关吊销《港口经营许可证》,并以适当方式向社会公布。

第三十九条 港口经营人不优先安排抢险物资、救灾物资、国防建设急需物资的作业的,由港口行政管理部门责令改正;造成严重后果的,吊销《港口经营许可证》,并以适当方式向社会公布。

第四十条 港口经营人违反本规定第二十六条关于安全生产规定的,由港口行政管理部门或者其他依法负有安全生产监督管理职责的部门依法给予处罚;情节严重的,由港口行政管理部门吊销《港口经营许可证》;构成犯罪的,依法追究刑事责任。

第四十一条 港口经营人违反本规定第二十八条、第二十九条规定,港口行政管理部门应当进行调查,并协助相关部门进行处理。

第四十二条 港口经营人违反本规定第三十二条规定不及时和不如实向港口行政管理部门提供港口统计资料及有关信息的,由港口行政管理部门按照有关法律、法规的规定予以处罚。

第四十三条 港口行政管理部门不依法履行职责,有下列行为之一的,对直接负责的主管人员和其他直接责任人员依法给予行政处分;构成犯罪的,依法追究刑事责任:

(一)对不符合法定条件的申请人给予港口经营许可的;

(二)发现取得经营许可的港口经营人不再具备法定许可条件而不及时吊销许可证的;

(三)不依法履行监督检查职责,对未经依法许可从事港口经营的行为,不遵守安全生产管理规定的行为,危及港口作业安全的行为,以及其他违反本法规定的行为,不依法予以查处的。

第四十四条 港口行政管理部门违法干预港口经营人的经营自主权的,由其上级行政机关或者监察机关责令改正。向港口经营人摊派财物或者违法收取费用的,责令退回;情节严重的,对直接负责的主管人员和其他直接责任人员依法给予行政处分。

第六章　附　　则

第四十五条　《港口经营许可证》的式样由交通运输部统一规定，由省级交通运输（港口）主管部门负责印制。

第四十六条　港口行政管理部门按照《中华人民共和国港口法》制定的港口章程应当在公布的同时送上级交通运输（港口）主管部门和交通运输部备案。

第四十七条　港口引航适用《船舶引航管理规定》（交通部令 2001 年第 10 号）。从事危险货物港口作业的，应当同时遵守《港口危险货物安全管理规定》（交通运输部令 2012 年第 9 号）。

第四十八条　本规定自 2010 年 3 月 1 日起施行。2003 年 12 月 26 日交通部发布的《港口经营管理规定》（交通部令 2004 年第 4 号）同时废止。

港口危险货物安全管理规定

(交通运输部令　2012 年第 9 号)

第一章　总　　则

第一条　为加强港口危险货物管理,预防和减少危险货物事故,保障人民生命、财产安全,保护环境,根据《中华人民共和国港口法》、《中华人民共和国安全生产法》、《危险化学品安全管理条例》等有关法律、行政法规和国际公约,制定本规定。

第二条　在港口内进行装卸、过驳、储存、包装危险货物或者对危险货物集装箱进行装拆箱等作业活动(以下简称"港口危险货物作业")适用本规定。

第三条　本规定所称"危险货物",是指列入国际海事组织制定的《国际海运危险货物规则》和国家标准《危险货物品名表》(GB 12268),具有爆炸、易燃、毒害、感染、腐蚀、放射性等特性,容易造成人身伤亡、财产毁损或者对环境造成危害而需要特别防护的货物。

第四条　交通运输部主管全国港口危险货物安全管理工作。

省、自治区、直辖市人民政府管理的港口,由省、自治区、直辖市人民政府交通运输主管部门所属的港口行政管理部门或者省、自治区、直辖市人民政府设立的港口行政管理部门具体负责该港口的危险货物安全管理工作。

港口所在地的市、县人民政府管理的港口,由市、县人民政府交通运输主管部门所属的港口行政管理部门或者市、县人民政府设立的港口行政管理部门具体负责该港口的危险货物安全管理工作。

本条第二款、第三款规定的负责港口危险货物管理工作的部门统称为港口行政管理部门。

第二章　港口建设项目安全审查

第五条　新建、改建、扩建从事港口危险货物作业的建设项目(以下简称"港口建设项目")由港口行政管理部门进行安全条件审查。

未经安全条件审查通过,港口建设项目不得开工建设。

第六条　交通运输部指导、监督全国港口建设项目安全条件审查工作。

国务院、国家发展改革委、交通运输部和省级人民政府及其有关部门审批、核准、备案的港口建设项目,由省级港口行政管理部门负责安全条件审查。

其他港口建设项目由项目所在地设区的市级港口行政管理部门负责安全条件审查。

第七条　建设单位在申请安全条件审查前,应当对港口建设项目进行安全条件论证,并应当委托具有法律法规规定资质的安全评价机构对该建设项目进行安全评价。

第八条 港口建设项目安全条件论证的内容应当包括：

（一）建设项目是否符合港口总体规划的安全要求；

（二）建设项目内在的危险和有害因素对安全生产的影响；

（三）建设项目与周边设施或者单位、人员密集区、敏感性设施和敏感环境区域在安全方面的相互影响；

（四）自然条件对港口建设项目的影响。

第九条 建设单位应当在港口建设项目审批或者核准前，向港口行政管理部门申请安全条件审查，并提交以下材料：

（一）建设项目安全条件审查申请书；

（二）建设项目概况；

（三）建设项目安全条件论证报告；

（四）建设项目安全评价报告。

第十条 建设单位应当向港口建设项目所在地设区的市级港口行政管理部门报送港口建设项目安全条件审查申请材料。

市级港口行政管理部门应当对属于本级管理权限的申请材料予以受理并进行审查；对属于上级管理权限的申请材料进行形式审查并逐级上报。转报工作应当在5日内完成。

第十一条 港口行政管理部门应当自受理申请之日起45日内作出审查决定。

港口行政管理部门在安全条件审查过程中要有海事管理机构参加并听取有关部门的意见，在综合各方意见的基础上作出审查决定。

第十二条 已经通过安全条件审查的港口建设项目有下列情形之一的，建设单位应当重新进行安全条件论证和安全评价，并重新申请审查：

（一）港口建设项目周边条件发生重大变化的；

（二）变更建设地址的；

（三）港口建设项目规模进行调整的；

（四）建设项目平面布置、装卸储运货种、工艺、设备设施等发生重大变化的。

第十三条 从事港口危险货物安全评价的机构应当具有法律法规规定的资质，取得许可的业务范围应当包括化学原料、化学品及医药制造业、仓储业和港口码头，其中从事液化天然气码头安全评价的机构取得许可的业务范围还应当包括管道运输业，并符合以下要求：

（一）从事港口危险货物安全评价的甲级机构，应当至少拥有1名熟悉港口安全相关法律法规和技术标准，具有港口工程相关专业本科以上学历或者从事港口安全、港口工程技术等相关工作5年以上工作经历的专职一级安全评价师，以及1名具有油气储运相关专业本科以上学历或者从事油气储运等相关工作5年以上工作经历的专职一级安全评价师。

（二）从事港口危险货物安全评价的乙级机构，应当至少拥有1名熟悉港口安全相关法律法规和技术标准，具有港口工程相关专业本科以上学历或者从事港口安全、港口工程技术等相关工作3年以上工作经历的专职二级安全评价师,以及1名具有油气储运相关专业本科以上学历或者从事油气储运等相关工作3年以上工作经历的专职二级安全评价师。

从事港口危险货物安全评价的从业人员应当符合交通运输部的有关要求。

第十四条 下列港口建设项目的安全评价应当由符合本规定要求的甲级安全评价机构承担:

(一)沿海10000吨级以上、内河1000吨级以上的码头,仓储总容量50000立方米以上的仓储设施。

(二)装卸储存民用爆炸物品、烟花爆竹、剧毒化学品、液化易燃气体的码头、仓储设施。

第十五条 港口行政管理部门对从事港口危险货物安全评价的机构实行备案管理。甲级安全评价机构应当向交通运输部备案,乙级安全评价机构应当向所在地省级港口行政管理部门备案。

第十六条 建设单位应当按照《安全生产法》的要求编制港口建设项目安全设施设计专篇,并在港口建设项目初步设计审批中进行审查。

港口建设项目安全设施应当在竣工验收前与主体工程同时建成并按照国家有关规定通过专项验收。未经验收合格,不得从事港口危险货物作业。

第三章　港口危险货物作业管理

第十七条 从事港口危险货物作业的港口经营人(以下简称"危险货物港口经营人"),除应当符合《港口经营管理规定》(交通运输部令2009年第13号)规定的港口经营许可条件外,还应当具备以下条件:

(一)设有安全生产管理机构或者配备专职安全生产管理人员;

(二)具有健全的安全管理制度和操作规程;

(三)企业主要负责人,危险货物装卸管理人员、申报人员、集装箱装箱现场检查员以及其他从业人员应当按照相关法律法规的规定取得相应的从业资格证书;

(四)有符合国家规定的港口危险货物作业设施设备;

(五)有符合国家规定的事故应急预案和应急设施设备。

第十八条 申请危险货物港口经营人资质,除按《港口经营管理规定》的要求提交相关文件和材料外,还应当提交以下文件和材料:

(一)危险货物港口经营申请表;

(二)符合国家规定的应急设备、设施清单;

(三)企业主要负责人、危险货物装卸管理人员、申报人员、集装箱装箱现场检查员的从业资格证书;

(四)安全设施专项验收合格证明。

第十九条 申请危险货物港口经营人资质,应当向港口行政管理部门提交上述材料。其中,从事剧毒化学品、易制爆危险化学品经营或者有储存设施的,应当向所在地设区的市级港口行政管理部门提出申请;从事其他危险化学品经营的企业,应当向所在地县级港口行政管理部门提出申请。

港口行政管理部门应当自受理申请之日起20日内作出许可或者不予许可的决定,20日内不能作出决定的,经负责人批准,可以延长10日,并应当将延长期限的理由告知申请人。符合许可条件的,应当颁发《港口经营许可证》,并对每个具体的危险货物作业场所配发《港口危险货物作业附证》(见附件)。

《港口经营许可证》应当载明危险货物港口经营人的名称与办公地址、法定代表人、经营项目、经营地域、主要设施设备、附证事项、发证日期、许可证有效期和证书编号。

《港口危险货物作业附证》应当载明危险货物作业的具体区域范围、作业方式、允许作业的危险货物品名(集装箱和包装货物载明到"项别")及其他相关事项。

第二十条 《港口经营许可证》的有效期为3年。

危险货物港口经营人应当在《港口经营许可证》有效期届满之日30日以前,向《港口经营许可证》发证机关申请办理延续手续。

申请办理《港口经营许可证》延续手续,应当提交下列材料:

(一)《港口经营许可证》延续申请;

(二)除本规定第十八条第一款第(一)项之外的其他证明材料;

(三)本规定第二十一条规定的安全评价报告。

第二十一条 从事危险货物作业的港口经营人应当在取得经营资质后,委托具有相应资质条件的评价机构,对本单位的安全生产条件每3年进行一次安全评价,提出安全评价报告。安全评价报告的内容应当包括对安全生产隐患的整改方案。

从事危险货物作业的港口经营人应当将安全评价报告以及整改方案的落实情况报所在地港口行政管理部门备案。

第二十二条 危险货物港口经营人应当根据《港口危险货物作业附证》上载明的危险货物种类和危险特性,在作业场所设置相应的监测、监控、通风、防晒、调温、防火、灭火、防爆、泄压、防毒、中和、防潮、防雷、防静电、防腐、防泄漏以及防护围堤或者隔离操作等安全设施、设备,并按照国家标准、行业标准或者国家有关规定对安全设施、设备进行经常性维护、保养,保证安全设施、设备的正常使用。

第二十三条 危险货物港口经营人应当在其作业场所和安全设施、设备上设置明显的安全警示标志;同时还应当在其作业场所设置通信、报警装置,并保证其处于适用状态。

第二十四条 危险货物专用库场、储罐应当符合国家标准和行业标准,并设置明显标志。

危险货物港口经营人应当对其危险货物专用库场、储罐的安全设施、设备定期进行检测、检验。

危险货物港口经营人不得储存没有安全技术说明书和安全标签的危险货物。

第二十五条 危险货物港口经营人应当对其铺设的危险货物输送管道定期进行检查、检测,并设置明显标志。

在港区内进行可能危及危险货物输送管道安全的施工作业，施工单位应当在开工的7日前书面通知管道所属单位，并与管道所属单位共同制定应急预案，采取相应的安全防护措施。管道所属单位应当指派专门人员到现场进行管道安全保护指导。

第二十六条 船舶载运危险货物进出港口，应当按照有关规定向海事管理机构办理申报手续。海事管理机构应当及时将有关申报信息通报所在地港口行政管理部门。

第二十七条 港口危险货物作业委托人应当向危险货物港口经营人提供完整准确的危险货物名称、联合国编号、危险性分类、包装、数量、应急措施等资料。作业委托人不得在委托作业的普通货物中夹带危险货物，不得将危险货物匿报或者谎报为普通货物。

对涉嫌在普通货物中夹带危险货物，或者将危险货物匿报或者谎报为普通货物的，所在地港口行政管理部门或者海事管理机构可以依法开拆查验，港口经营人应当予以配合。港口行政管理部门和海事管理机构应当将查验情况相互通报，避免重复开拆。

第二十八条 危险货物港口经营人在危险货物港口装卸、过驳作业开始24小时前，应当将作业委托人，以及危险货物品名、数量、理化性质、作业地点和时间、安全防范措施等事项向所在地港口行政管理部门报告。所在地港口行政管理部门应当在接到报告后24小时内作出是否同意作业的决定，通知报告人，并及时将有关信息通报海事管理机构。报告人在取得作业批准后72小时内未开始作业的，应当重新报告。未经所在地港口行政管理部门批准的，不得进行港口危险货物作业。

时间、内容和方式固定的港内危险货物装卸、过驳作业，可以按照港口行政管理部门的要求实行定期申报。

第二十九条 禁止在港口装卸、储存国家禁止通过水路运输的危险货物。

第三十条 港口危险货物作业应当符合有关安全作业标准、规程和制度，并在装卸管理人员的现场指挥或者监控下进行。

第三十一条 在港口内从事危险货物添加抑制剂或者稳定剂作业的，作业前应当将有关情况告知相关危险货物港口经营人。

第三十二条 危险货物港口经营人应当对危险货物包装进行检查，发现包装不符合国家有关规定的，不得予以作业，并应当及时通知作业委托人处理。

第三十三条 所在地港口行政管理部门应当根据国家有关规定对危险货物包装进行抽查。不符合规定的，可以责令作业委托人处理。

发生下列情况之一的，危险货物港口经营人应当及时处理并报告所在地港口行政管理部门：

（一）发现未申报或者申报不实、申报有误的危险货物；

（二）在普通货物或者集装箱中发现夹带危险货物；

（三）在危险货物中发现性质相抵触的危险货物。

对涉及船舶航行、作业安全的相关信息，港口行政管理部门应当及时通报所在地海事管理机构。

第三十四条 危险货物港口经营人进行爆炸品、气体、易燃液体、易燃固体、易于自燃的物质、遇水放出易燃气体的物质、氧化性物质、有机过氧化物、毒性物质、感染性物质、放射性物质、腐蚀性物质的港口作业，应当划定作业区域，明确责任人并实行封闭式管理。作业区域应当设置明显标志，禁止无关人员进入和无关船舶停靠。

第三十五条 危险货物应当储存在港区专用的库场、储罐，并由专人负责管理；剧毒化学品以及储存数量构成重大危险源的其他危险货物，应当单独存放，并实行双人收发、双人保管制度。

危险货物的储存方式、方法以及储存数量应当符合国家标准或者国家有关规定。

第三十六条 危险货物港口经营人应当建立危险货物出入库核查、登记制度。

对剧毒化学品以及储存数量构成重大危险源的其他危险货物，危险货物港口经营人应当将其储存数量、储存地点以及管理措施、管理人员等情况，报所在地港口行政管理部门备案。

第三十七条 出现下列情形之一的，危险货物港口经营人应当进行安全评价，安全评价报告向《港口经营许可证》发证机关备案：

（一）危险货物种类、数量或者装卸、储存方式及其相关设备、设施等发生重大变更的；

（二）发生火灾、爆炸或者危险货物泄漏，导致人员死亡，或者人员重伤和直接经济损失达到较大事故以上的；

（三）周边环境因素发生重大变化，可能对港口安全生产带来重大影响的。

第三十八条 危险货物港口经营人应当根据有关规定，进行重大危险源辨识，确定重大危险源级别，进行分级管理，对本单位的重大危险源登记建档，并报送所在地港口行政管理部门备案。对涉及船舶航行、作业安全的重大危险源信息，港口行政管理部门应当及时通报海事管理机构。

第三十九条 危险货物港口经营人应当建立健全重大危险源安全管理规章制度，制定实施危险货物重大危险源安全管理与监控方案，定期对重大危险源进行安全评估。

第四十条 重大危险源出现第三十七条规定的情形之一，可能影响重大危险源级别和风险程度的，应当对重大危险源重新进行辨识、分级、安全评估、修改档案，并及时报送所在地港口行政管理部门重新备案。

第四十一条 危险货物港口经营人应当制定安全隐患排查制度，定期开展安全事故隐患排查，及时消除隐患，并将检查及处理情况形成书面记录。

危险货物港口经营人应当将重大事故隐患的排查和处理情况及时向所在地港口行政管理部门备案。

第四十二条 危险货物港口经营人应当建立安全生产标准化体系，实施安全生产标准化，并保持体系的有效性。

第四章 应 急 管 理

第四十三条 危险货物港口经营人应当制定本单位危险货物应急预案，配备应急救援人员和必要的应急救援器材、设备，每半年至少组织一次应急救援培训和演练，并根据演练结果对应急预案进行修订。

危险货物港口经营人应当将其应急预案及其修订情况报所在地港口行政管理部门备案。

第四十四条 当港口危险货物作业发生险情或者事故时，港口经营人应当立即启动应急预案，采取应急行动，排除事故危害，控制事故进一步扩散，并按照有关规定向所在地港口行政管理部门和有关部门报告。

第四十五条 所在地港口行政管理部门应当建立危险货物事故应急体系，制定危险货物事故应急预案，组织建立专业化应急队伍和应急资源储备，定期组织开展应急培训和事故应急救援演练，提高应急能力。

港口危险货物作业发生事故时，所在地港口行政管理部门应当按规定向上级港口行政管理部门、当地人民政府及有关部门报告，并及时组织救助。

第四十六条 所在地港口行政管理部门应当组织开展港口重大危险源风险分析，建立健全本辖区内重大危险源的档案，建立重大危险源安全监管系统，加强对重大危险源的监管和应急准备。

第五章 安全监督与管理

第四十七条 所在地港口行政管理部门应当对危险货物港口经营人的资质进行年度核验，发现其不再具备资质条件的，应当责令限期整改；逾期不改正的，依法撤销其资质。

第四十八条 所在地港口行政管理部门应当依法对港口危险货物作业实施监督检查，对危险货物装卸、储存区域进行重点巡查。实施监督检查时，可以行使下列职权：

（一）进入并检查港口危险货物作业场所，查阅、抄录、复印相关的文件或者资料，提出整改意见；

（二）发现危险货物港口作业和设施、设备、装置、器材、运输工具不符合法律、法规、规章规定和标准要求的，责令立即停止使用；

（三）检查中发现安全隐患的，应当责令危险货物港口经营人立即消除或者限期消除；安全隐患严重影响生产安全的，应当责令停止作业；

（四）发现违法行为，应当当场予以纠正或者责令限期改正；

（五）经本部门主要负责人批准，查封违法储存危险化学品的场所，扣押违法储存的危险化学品。

港口行政管理部门依法进行监督检查，监督检查人员不得少于 2 人，并应当出示执法证件；有关单位和个人对依法进行的监督检查应当予以配合，不得拒绝、阻碍。

第四十九条 港口行政管理部门应当加强港口危险货物安全监管队伍建设，建立健全安全教育培训制度，依法规范行政管理人员的执法行为。

所在地港口行政管理部门应当配备必要的危险货物港口安全检查装备，建立危险货物港口安全监管信息系统，具备危险货物港口安全监督管理能力。

第五十条 港口行政管理部门应当建立举报制度，接受社会监督，并认真落实各类投诉和举报。

第五十一条 港口行政管理部门应当建立港口危险货物管理专家库。专家库应由熟悉港口安全相关法律法规和技术标准、港口危险货物作业、港口安全技术、港口工程、港口安全管理和港口应急救援等相关专业人员组成。

港口行政管理部门在组织安全条件审查、安全设施设计审查和专项验收或者其他港口危险货物管理工作时，需要吸收专家参加或者听取专家意见的，应当从专家库中抽取专家。

第六章 法律责任

第五十二条 未经安全条件审查，新建、改建、扩建港口危险货物建设项目的，由所在地港口行政管理部门责令停止建设，限期改正；逾期不改正的，处五十万元以上一百万元以下的罚款；构成犯罪的，依法追究刑事责任。

第五十三条 港口建设项目有下列行为之一的，由所在地港口行政管理部门责令限期改正；逾期未改正的，责令停止建设或者停产停业整顿，可以并处五万元以下的罚款；造成严重后果，构成犯罪的，依照刑法有关规定追究刑事责任：

（一）没有安全设施设计或者安全设施设计未按照规定报经有关部门审查同意的；

（二）未按照批准的安全设施设计施工的；

（三）安全设施未经验收合格，擅自投入生产或者使用的。

第五十四条 未依法取得相应的港口经营许可证，从事港口危险货物经营的，由所在地港口行政管理部门责令停止违法经营，没收违法所得；违法所得十万元以上的，并处违法所得二倍以上五倍以下罚款；违法所得不足十万元的，处五万元以上二十万元以下罚款。

第五十五条 危险货物港口经营人有下列情形之一的，由所在地港口行政管理部门责令改正，可以处五万元以下的罚款；拒不改正的，处五万元以上十万元以下的罚款；情节严重的，责令停产停业整顿：

（一）未对其铺设的危险货物管道设置明显的标志，或者未对危险货物管道定期检查、检测的；

（二）进行可能危及危险货物管道安全的施工作业，施工单位未按照规定书面通知管道所属单位，或者未与管道所属单位共同制定应急预案、采取相应的安全防护措施，或者管道所属单位未指派专门人员到现场进行管道安全保护指导的；

（三）未在作业场所和安全设施、设备上设置明显的安全警示标志，或者未在作业场所设置通信、报警装置的；

（四）危险货物专用库场、储罐未设置明显标志的；

（五）危险货物专用库场、储罐未设专人负责管理，或者对储存的剧毒化学品以及储存数量构成重大危险源的其他危险货物未实行双人收发、双人保管制度的；

（六）未建立危险化学品出入库核查、登记制度的。

（七）储存没有安全技术说明书或者安全标签的危险货物的。

第五十六条 危险货物港口经营人有下列情形之一的，由所在地港口行政管理部门责令改正，处五万元以上十万元以下的罚款；拒不改正的，责令停产停业整顿直至吊销其港口经营许可证件：

（一）未根据危险货物的种类和危险特性，在作业场所设置相关安全设施、设备，或者未按照国家标准、行业标准或者国家有关规定对安全设施、设备进行经常性维护、保养的；

（二）未依照本规定对其安全生产条件定期进行安全评价的；

（三）未将危险货物储存在专用库场、储罐内，或者未将剧毒化学品以及储存数量构成重大危险源的其他危险货物在专用库场、储罐内单独存放的；

（四）危险货物的储存方式、方法或者储存数量不符合国家标准或者国家有关规定的；

（五）危险货物专用库场、储罐不符合国家标准、行业标准的要求的；

（六）未对危险货物专用库场、储罐的安全设施、设备定期进行检测、检验的。

第五十七条 港口经营人违反本规定第二十一条、第三十六条规定，未将安全评价报告以及整改方案的落实情况报港口行政管理部门备案的，或者未将其剧毒化学品以及储存数量构成重大危险源的其他危险货物的储存数量、储存地点、管理措施以及管理人员等情况报港口行政管理部门备案的，由所在地港口行政管理部门责令改正，可以处一万元以下的罚款；拒不改正的，处一万元以上五万元以下的罚款。

第五十八条 在港口危险货物经营活动中有下列行为的，由所在地港口行政管理部门责令改正，并处三万元以下的罚款：

（一）港口经营人装卸国家禁止通过该港口水域水路运输的危险货物的；

（二）在港口从事危险货物添加抑制剂或者稳定剂作业前，未将有关情况告知相关危险货物港口经营人的；

（三）港口经营人未按规定对危险货物的包装进行检查的；

（四）港口经营人未将重大事故隐患的排查和处理情况及时向港口行政管理部门备案的。

第五十九条 在托运的普通货物中夹带危险货物，或者将危险货物谎报或者匿报为普通货物托运的，由所在地港口行政管理部门责令改正，处十万元以上二十万元以下的罚款，有违法所得的，没收违法所得；拒不改正的，责令停产停业整顿。

第六十条 违反本规定，从事危险货物港口作业的人员未按照安全管理制度和操作规程作业的，由港口经营人予以批评教育，依照有关规章制度予以处分；造成重大事故，构成犯罪的，由有关机关依法追究刑事责任。

第六十一条 港口行政管理部门的工作人员有下列行为之一的，对直接负责的主管人员和其他直接责任人员给予行政处分；构成犯罪的，依法追究刑事责任：

（一）未按规定的条件、程序和期限实施行政许可的；

（二）发现违法行为未依法予以制止、查处，情节严重的；

（三）未履行本规定设定的监督管理职责，造成严重后果的；

（四）有其他滥用职权、玩忽职守、徇私舞弊行为的。

第七章 附 则

第六十二条 本规定所称“危险化学品”，是指列入《危险化学品安全管理条例》规定的危险化学品目录，具有毒害、腐蚀、爆炸、燃烧、助燃等性质，对人体、设施、环境具有危害的剧毒化学品和其他化学品。

第六十三条 本规定自2013年2月1日起施行。2003年8月29日交通部发布的《港口危险货物管理规定》（交通部令2003年第9号）同时废止。

危险货物水路运输从业人员考核和从业资格管理规定

（交通运输部令　2016年第59号）

第一章　总　　则

第一条　为规范危险货物水路运输从业人员的从业资格，提高从业人员的安全、法制、业务素质，防止和减少生产安全事故，依据《中华人民共和国安全生产法》《危险化学品安全管理条例》等有关法律、行政法规，制定本规定。

第二条　危险货物水路运输从业人员的考核和从业资格管理适用本规定。

前款所称危险货物水路运输从业人员包括：

（一）从事港口危险货物储存作业的港口经营人的主要负责人和安全生产管理人员（以下简称港口危货储存单位主要安全管理人员）；

（二）危险化学品港口经营人的装卸管理人员（以下简称装卸管理人员）；

（三）水路运输企业从事船舶载运危险化学品进出港口申报的人员（以下简称申报员）；

（四）水路运输企业从事船舶载运危险化学品集装箱装箱现场检查的人员（以下简称检查员）。

本规定所称水路运输企业包括港口经营人、水路运输经营者、无船承运业务经营者、船舶代理业务经营者和水路货物运输代理经营者等。

本条第一款所称从业人员的考核和从业资格管理，包括港口危货储存单位主要安全管理人员的考核管理和装卸管理人员、申报员、检查员的从业资格管理。

本条第二款所称船舶载运危险化学品集装箱装箱现场检查，是指托运人委托检查员对其托运的危险化学品的装箱过程、标牌标志、积载隔离等是否符合国际公约、规则和国内技术标准要求进行的现场检查。

第三条　交通运输部指导全国危险货物水路运输从业人员的考核和从业资格管理。

县级以上地方人民政府交通运输主管部门（含港口行政管理部门）负责本行政区域内港口危货储存单位主要安全管理人员考核和装卸管理人员的从业资格管理。

各级海事管理机构依据职责负责申报员、检查员的从业资格管理。

第四条　危险货物水路运输企业应当对危险货物水路运输从业人员进行安全教育、法制教育和岗位技术培训，制定培训计划，安排安全生产培训经费，建立培训管理档案。

危险货物水路运输从业人员应当接受教育和培训，未经安全生产教育和培训合格的，不得上岗作业。

第五条　港口行政管理部门及各级海事管理机构应当依据职责对辖区内装卸管理人员

和申报员、检查员的从业资格进行监督检查。

监督检查中可以行使以下职权：

（一）查阅相应岗位人员的劳动合同、培训档案、年度考核材料等有关资料，向有关人员了解情况；

（二）检查核对相应岗位人员从业资格证书。

第二章 港口危货储存单位主要安全管理人员考核管理

第六条 港口危货储存单位主要安全管理人员应当按照《中华人民共和国安全生产法》的规定，经安全生产知识和管理能力考核合格。

第七条 交通运输部负责组织制定港口危货储存单位主要安全管理人员安全生产知识和管理能力考核大纲。

省级交通运输主管部门应当根据考核大纲编制考核题库，制定考核程序。

第八条 设区的市级港口行政管理部门应当按照省级交通运输主管部门编制的考核题库和制定的考核程序，组织港口危货储存单位主要安全管理人员安全生产知识和管理能力考核。考核不得收费。

组织考核的港口行政管理部门应当在考核结束后20个工作日内公布考核合格人员名单。参加考核人员可以向组织考核部门查询考核成绩。

第九条 从事港口危险货物储存作业的港口经营人应当及时组织本单位的主要安全管理人员报名参加考核，并向组织考核的港口行政管理部门提交报名申请及以下报名材料：

（一）申请考核人有效身份证件的复印件；

（二）能够证明其为主要安全管理人员的有效文件。

第十条 经考核合格的港口危货储存单位主要安全管理人员变动工作单位，担任其他港口危货储存单位主要安全管理人员的，可不再参加考核。

第十一条 从事港口危险货物储存作业的港口经营人应当加强经考核合格的主要安全管理人员的继续教育，及时更新法制、安全、业务方面的知识与技能。

第三章 装卸管理人员、申报员、检查员从业资格管理

第十二条 装卸管理人员、申报员、检查员应当按照本规定经考核合格，具备相应从业条件，取得相应种类的《危险化学品水路运输从业资格证书》（以下简称《资格证书》，见附件），方可从事相应的作业。

《资格证书》按照危险化学品国际水路运输和国内水路运输类型，细分为包装、散装固体、散装液体等种类，并在证书备注栏中予以注明。

《资格证书》由交通运输部统一式样及编号，在全国范围内有效。

第十三条 交通运输部负责制定装卸管理人员、申报员、检查员从业资格考核大纲。

省级交通运输主管部门应当按照交通运输部制定的考核大纲，编制装卸管理人员考核

题库,并制定本行政区域内装卸管理人员的考核程序。

交通运输部海事局应当按照交通运输部制定的考核大纲,编制申报员和检查员的考核题库,制定考核程序。

第十四条 省级交通运输主管部门按照考核程序和考核题库,组织装卸管理人员的从业资格考核工作。

交通运输部直属海事管理机构应当按照交通运输部海事局制定的考核程序和编制的考核题库,组织开展辖区内申报员和检查员的从业资格考核工作。

省级地方海事管理机构应当按照交通运输部海事局制定的考核程序和编制的考核题库,组织开展辖区内仅从事危险化学品国内水路运输的申报员和检查员的从业资格考核工作。

交通运输部直属海事管理机构、省级地方海事管理机构可以决定由下一级海事管理机构具体实施申报员、检查员的从业资格考核。实施机构的名录应当向社会公告。

第十五条 报名参加考核的人员应当向组织考核的机关提交报名申请和有效身份证件的复印件。

第十六条 组织从业资格考核的部门,应当在考核结束后20个工作日内公布考核合格人员名单。参加考核人员可以向组织考核部门查询考核成绩。

第十七条 组织装卸管理人员从业资格考核的部门,应当在公布考核合格人员名单后10个工作日内,向考核合格人员颁发《资格证书》。

第十八条 装卸管理人员的《资格证书》有效期为5年。

装卸管理人员的《资格证书》到期需要换发的,应当在《资格证书》有效期届满前30日至90日,由申请人向原发证机关或其从业单位所在地发证机关提出申请,并提交申请人在证书有效期内的培训经历。

装卸管理人员《资格证书》的发证机关应当在《资格证书》有效期届满前完成审核工作。审核合格的,由发证机关重新颁发《资格证书》;不合格的,不予换证并说明理由。

第十九条 申请换发装卸管理人员《资格证书》的人员有下列情形之一的,应当按照本规定重新参加考核合格后取得《资格证书》:

(一)按照《中华人民共和国安全生产法》规定接受安全生产教育和培训的时间未达到16个小时且培训不合格的;

(二)未履行安全生产管理职责,导致发生生产安全事故,受到行政处罚的。

第二十条 经考核合格拟从业申报员和检查员的,应当向组织考核的海事管理机构申请从业资格证书。

第二十一条 申请申报员、检查员从业资格的,应当符合以下条件并提供相应的证明材料:

(一)近2年内的考核合格证明;

(二)首次申请的,应当具有在同1个从业单位连续3个月的相应业务实习经历,提交从业单位的实习证明；

（三）检查员具有正常辨色力，提交医疗机构出具的体检证明；

（四）无因谎报、瞒报危险化学品违规行为曾被吊销从业资格的情形。

第二十二条 符合第二十一条规定的，海事管理机构应当在10个工作日内，做出是否给予从业资格的决定。同意的，应当签发《资格证书》；不同意的，应当向申请人说明原因。

第二十三条 2年内未从事船舶运输危险化学品申报或者危险化学品集装箱装箱现场检查的，应当重新申请考核和从业资格。

第二十四条 需要聘用装卸管理人员、申报员、检查员的水路运输企业，应当聘用依照本规定取得相应从业资格的装卸管理人员、申报员、检查员。

装卸管理人员、申报员、检查员应当按照所取得的《资格证书》注明的类型和种类范围从事相关作业活动。

第二十五条 水路运输企业应当将本单位的装卸管理人员、申报员、检查员的以下信息及时报送具有相应职责的管理部门，装卸管理人员信息报送港口所在地港口行政管理部门，申报员、检查员信息报送所在地海事管理机构：

（一）被聘用从业人员的有效身份证明复印件；

（二）被聘用从业人员的《资格证书》编号；

（三）被聘用从业人员的从业区域；

（四）解聘从业人员的姓名、有效身份证明证号和《资格证书》编号。

第四章 法律责任

第二十六条 港口危货储存单位主要安全管理人员未按照本规定经考核合格的，由所在地设区的市级港口行政管理部门责令限期改正，可以处5万元以下的罚款；逾期未改正的，责令停产停业整顿，并处5万元以上10万元以下的罚款，对其直接负责的主管人员和其他直接责任人员处1万元以上2万元以下的罚款。

第二十七条 水路运输企业的装卸管理人员、申报员、检查员未取得从业资格上岗作业的，由所在地港口行政管理部门或者海事管理机构责令改正，处5万元以上10万元以下的罚款；拒不改正的，责令停产停业整顿。

第二十八条 聘用装卸管理人员的危险化学品港口经营人或者聘用申报员、检查员的水路运输企业未按本规定第二十五条报送信息的，分别由所在地港口行政管理部门或者海事管理机构按照职责分工责令限期改正，并处以3000元的罚款；逾期未改正的，处以1万元的罚款。

第二十九条 装卸管理人员、申报员和检查员有下列行为之一的，分别由所在地港口行政管理部门或者海事管理机构按照职责分工责令改正，并处以5000元的罚款：

（一）将《资格证书》转借他人使用的；

（二）涂改《资格证书》的。

第三十条 各级交通运输主管部门、港口行政管理部门和海事管理机构的工作人员在从业人员的安全生产培训、考核、从业资格管理等工作中滥用职权、玩忽职守、徇私舞弊的,依照有关规定给予处分;构成犯罪的,依法追究刑事责任。

第五章 附 则

第三十一条 本规定自2016年10月1日起施行。

港口危险货物重大危险源监督管理办法(试行)

(交水发〔2013〕274号)

第一章　总　　则

第一条　为加强港口危险货物重大危险源的安全监督管理,预防和减少港口危险货物事故的发生,保护人民群众生命财产安全,维护港口安全生产秩序,根据《中华人民共和国港口法》、《中华人民共和国安全生产法》、《危险化学品安全管理条例》和《港口危险货物安全管理规定》等有关法律法规规章,制定本办法。

第二条　港口危险货物重大危险源的辨识评估、登记建档、备案核销及其监督管理等,适用本办法。

本办法所称港口危险货物重大危险源(以下简称港口重大危险源),是指参照《危险化学品重大危险源辨识》(GB 18218)标准辨识确定,港口区域内储存危险货物的数量等于或者超过临界量的单元(包括场所和设施)。

第三条　危险货物港口经营人(以下简称港口经营人)是本单位港口重大危险源安全管理的责任主体,其主要负责人对本单位港口重大危险源安全管理工作全面负责。

第二章　辨识评估

第四条　港口经营人应当对本单位的港口危险货物储存设施或场所进行港口重大危险源辨识,并记录辨识过程与结果。

第五条　港口经营人应当对本单位的港口重大危险源进行安全评估并确定重大危险源等级。港口重大危险源按照其危险程度,由高到低依次划分为一级、二级、三级。港口重大危险源分级方法见附件1。

第六条　港口经营人可以组织本单位的注册安全工程师、技术人员或者聘请有关专家对本单位港口重大危险源进行安全评估,也可以委托具有法律、法规、规章规定条件的安全评价机构对港口重大危险源进行安全评估。

依照有关法律、法规、规章等,港口经营人应当进行安全评价的,港口重大危险源安全评估可以与本单位的安全评价一起进行,也可以单独进行港口重大危险源安全评估。

第七条　构成一级港口重大危险源的储存设施或场所,港口经营人应当委托具有法律、法规、规章规定条件的安全评价机构,采用定量风险评价方法进行安全评估,确定个人和社会风险值。

确定的个人和社会风险值,不得超过本规定附件2列示的个人和社会可容许风险值标准。超过个人和社会可容许风险值标准的,港口经营人应当采取相应的降低风险措施。

第八条 港口重大危险源安全评估报告应当包括以下主要内容:

(一)评估的主要依据;

(二)港口重大危险源基本情况;

(三)辨识、分级的符合性分析;

(四)事故发生的可能性及危害程度;

(五)个人风险和社会风险值(采用定量风险评价方法时);

(六)可能受事故影响的周边单位、人员状况;

(七)安全管理措施、安全技术措施和监控措施;

(八)事故应急措施;

(九)评估结论与建议。

第九条 有下列情形之一的,港口经营人应当对港口重大危险源重新进行辨识分级,开展安全评估和完善档案:

(一)港口重大危险源安全评估满3年的;

(二)构成港口重大危险源的储存设施、场所进行新建、改建或扩建的;

(三)港口危险货物种类、数量或者储存方式及其相关设备、设施等发生重大变更,可能影响港口重大危险源级别和风险程度的;

(四)发生危险货物事故造成人员死亡,或者10人以上受伤,或者影响到公共安全的;

(五)外界生产安全环境因素发生变化,影响港口重大危险源级别和风险程度的。

第三章 登记备案

第十条 港口经营人应当对辨识确认的港口重大危险源及时进行登记建档。档案的主要内容包括:

(一)辨识、分级记录;

(二)港口重大危险源基本特征表;

(三)危险货物安全技术说明书;

(四)区域位置图、平面布置图、工艺流程图和主要设备一览表;

(五)港口重大危险源安全管理制度及安全操作规程;

(六)安全监测监控系统、措施说明、检测、检验结果;

(七)港口重大危险源事故应急预案;

(八)安全评估报告;

(九)港口重大危险源场所安全警示标志的设置情况;

(十)其他文件、资料。

第十一条 港口经营人在对港口重大危险源进行辨识、分级,并完成港口重大危险源安全评估报告后,应将港口重大危险源备案申请表和第十条规定的档案材料(其中第五项规定的文件资料只需提供清单),向所在地港口行政管理部门备案。对涉及船舶航行、作业安全的港口重大危险源信息,港口行政管理部门应当及时通报海事管理机构。

港口重大危险源出现第九条所述情形的,港口经营人应当修改档案,并及时向所在地港口行政管理部门重新备案。

第十二条 对不再构成港口重大危险源的,港口经营人应及时向所在地港口行政管理部门提出核销的书面申请报告。港口行政管理部门自收到港口经营人的书面申请报告之日起20个工作日内进行审核,并组织现场核查,对符合条件的予以核销。

第十三条 各级港口行政管理部门应当定期将本辖区的港口重大危险源汇总信息逐级上报。

第四章 安全管理

第十四条 港口经营人应当建立健全港口重大危险源安全管理制度,落实港口重大危险源安全技术措施;应当明确港口重大危险源的责任人或责任机构,并对港口重大危险源的安全状况进行定期检查和日常巡查;对于检查发现的事故隐患,应及时采取措施予以消除。

第十五条 港口经营人应当根据危险货物种类、数量、储存工艺或相关设备、设施等实际情况,建立健全港口重大危险源安全监测监控体系,完善控制措施。

港口重大危险源安全监测监控系统应符合有关国家标准或者行业标准。

第十六条 港口经营人应当按照国家有关规定,定期对港口重大危险源的安全设施和监测监控系统进行检测、检验,并进行经常性维护、保养,记录维护、保养、检测、检验结果。

第十七条 港口经营人应当在重大危险源所在场所设置明显的安全警示标志,标明紧急情况下的应急处置办法。

第十八条 港口经营人应对港口重大危险源的管理和操作岗位人员进行安全操作技能培训,使其了解港口重大危险源的危险特性,熟悉港口重大危险源安全管理规章制度和安全操作规程,全面掌握本岗位的安全操作技能和在紧急情况下应当采取的应急措施。

第十九条 港口经营人应当将港口重大危险源的危险特性、可能的事故后果和应急措施等信息,以适当方式告知从业人员和其他相关单位、人员。

第二十条 港口经营人应制定完善有关港口重大危险源事故应急预案体系,配备必要的防护、救援物资和装备,并进行经常性维护、保养,保障其完好。

港口经营人应当对存在吸入性有毒、有害气体的港口重大危险源,配备便携式浓度监测设备、空气呼吸器、化学防护服、堵漏器材等应急器材和设施;涉及剧毒气体的港口重大危险源,应配备两套以上(含两套)气密型化学防护服。

第二十一条 港口经营人应建立专职或兼职应急救援队伍,应急救援队伍规模应与其危险货物储运规模相适应。

第二十二条 港口经营人应当制定港口重大危险源事故应急预案演练计划,并按照下列要求进行事故应急演练:

（一）对于一级、二级港口重大危险源，每季度至少进行一次；

（二）对于三级港口重大危险源，每半年至少进行一次。

港口经营人应当记录和评估港口重大危险源事故应急演练情况，并根据记录和评估结果，及时修订完善港口重大危险源事故应急预案。

第二十三条 所在地港口行政管理部门应建立健全港口重大危险源安全监管制度，完善本辖区港口重大危险源档案，建立港口重大危险源安全监管系统，掌握辖区内港口重大危险源和应急队伍、应急资源等基本信息。

第二十四条 所在地港口行政管理部门应当组织开展港口重大危险源集中区域风险分析与应急能力评估，制定完善事故应急预案；应当根据本辖区应急工作的实际需要，并在征求海事等部门意见后，统筹规划、组织建立应急物资和装备储备，建立完善应急储备管理制度，加强应急准备。

第二十五条 所在地港口行政管理部门应建立健全港口重大危险源事故应急救援体系，定期组织开展应急培训和应急救援演练，提高应急救援能力。

第五章 监督检查

第二十六条 所在地港口行政管理部门应当加强港口重大危险源监督检查，督促港口经营人做好本单位港口重大危险源的辨识评估、登记建档、备案核销和安全管理、应急准备等工作。

第二十七条 所在地港口行政管理部门应建立港口重大危险源安全检查制度，根据辖区内港口重大危险源的数量、等级和危险程度等，定期对存在港口重大危险源的港口经营人进行监督检查。

港口行政管理部门在监督检查中发现港口重大危险源存在事故隐患的，应当依据《安全生产法》第五十六条第三款、《危险化学品安全管理条例》第七条以及《港口危险货物安全管理规定》第四十八条相关规定进行处置。

第二十八条 所在地港口行政管理部门应建立港口重大危险源监督检查台账，内容包括港口重大危险源监督检查记录表、现场检查记录、整改意见、整改情况等资料。

第二十九条 所在地港口行政管理部门应当会同本级人民政府有关部门，加强对港口重大危险源集中区域的监督检查，确保港口重大危险源与周边单位、居民区、人员密集场所等重要目标和敏感场所之间距离符合国家相关规定。

附件：1. 港口重大危险源分级方法（略）

2. 可容许风险值（略）

水路运输易流态化固体散装货物安全管理规定

（交水发〔2011〕638号）

第一条 为加强水路运输易流态化固体散装货物安全管理，保障运输安全，根据《中华人民共和国安全生产法》、《中华人民共和国港口法》、《中华人民共和国海上交通安全法》等有关法律、法规和国际公约，制定本规定。

第二条 本规定适用于中华人民共和国管辖范围内港口间运输船舶和到港船舶、港口以及其他有关单位从事易流态化固体散装货物运输、装卸、储存和检测等活动。

第三条 交通运输部主管全国水路运输易流态化固体散装货物安全管理工作。

海事管理机构负责管辖区域内易流态化固体散装货物船舶运输安全监督管理工作。

港口行政管理部门负责行政管辖区域内港口装卸、储存易流态化固体散装货物安全监督管理工作。

第四条 本规定有关术语定义如下：

易流态化固体散装货物，是指本身含有部分细颗粒和一定量水分、当其含水率超过适运水分极限时可能形成自由液面或固液两相流动层的固体散装货物，包括铁精矿、高岭土、红土镍矿和其他具有类似物理性质的货物。

适运水分极限，是指易流态化固体散装货物安全运输最大含水率，通常按其流动水分点的80% ~90%确定。流动水分点是指易流态化固体散装货物发生流动时的最小含水率。

第五条 水路运输易流态化固体散装货物实行目录管理。水路运输易流态化固体散装货物目录（见附件1）由交通运输部适时更新并公布。

第六条 凡使用船舶载运易流态化固体散装货物，其含水率不得超过适运水分极限。

第七条 船舶载运积载因数小于0.56立方米/吨高密度易流态化固体散装货物时，应在各舱及同一舱内均匀分布，避免重量过分集中于局部，以防止船舶结构变形而影响船舶强度。

第八条 托运人或其代理人（以下简称托运人）应当在货物交付船舶运输前，委托具有国家资质的检测机构（以下简称检测机构）对送检易流态化固体散装货物样品进行适运水分极限、颗粒分布、积载因数检测并出具易流态化固体散装货物检测报告。检测报告有效期6个月。易流态化固体散装货物适运水分极限检测所需取样、制样、送检，应当由托运人委托由交通运输部批准的理货机构（以下简称理货机构）进行。

托运人应当在货物装船前，委托检测机构对易流态化固体散装货物平均含水率进行检测并出具货物含水率检测报告。检测报告有效期7日。易流态化固体散装货物含水率检测所需取样、制样、送检，应当由托运人委托理货机构进行。托运人应全程参与取样过程。

为保证送检货样状况与装船货物实际状况相一致，托运人还应当委托理货机构对易流态化固体散装货物装船过程实施现场监装。理货机构应当在装船完毕后出具已装船货物含水率汇总报告。

若取样后至装船期间出现可能改变货物适运水分极限和货物含水率等情况，应按本条第二款重新取样检测。

对于通过船舶直接过驳方式转运货物，托运人应当提供货物原始资料并委托检测机构和理货机构对原船易流态化固体散装货物形态进行检查和监测。如无变化，经内贸承运方共同确认后装船；如有变化，应按本条第二款执行。

易流态化固体散装货物取样、制样、送检、检测以及监装等作业程序和要求按国家有关规定和标准执行。

第九条　船舶装载易流态化固体散装货物前24小时，船舶或其代理人应当核对托运人或其代理人提交的易流态化固体散装货物检测报告、含水率检测报告等相关单证和资料，确认货物适运，并在船舶开航前向海事管理机构和港口行政管理部门报备。

船舶装载易流态化固体散装货物前12小时，作业委托人应当将易流态化固体散装货物检测报告等相关单证提供港口经营人，港口经营人应及时对易流态化固体散装货物检测报告等相关单证进行核对，经核对无误后方可作业。

港口经营人应当在作业前12小时前用传真或电子邮件将作业计划和有关核对情况报告港口行政管理部门和海事管理机构。

第十条　装船前，船舶可采用易流态化固体散装货物适运性现场检测简易方法（见附件2）检测易流态化固体散装货物含水率是否符合运输要求。如发现货物含水率不符合要求，船舶可以委托其他检测机构对货物含水率进行重新检测。

第十一条　船舶在易流态化固体散装货物作业前，应对照《散货船装卸船/岸安全检查项目表》（见附件3）进行安全检查，并与港口经营人共同确认。

第十二条　港区内外露天储存易流态化固体散装货物，所用堆场应具备良好的排水功能。堆场经营人和港口经营人应当根据气候情况和货物性质加以苫盖，或采取适当措施，防止货物含水率增加。堆场经营人和港口经营人应当将堆场位置及规模等情况报港口行政管理部门备案。

第十三条　港口经营人在装船前或装船过程中发现货物不符合规定要求的，应当告知船舶并配合船舶不予装载或停止装载，同时报告港口行政管理部门和海事管理机构。装船过程遇降水天气，应当停止装船作业并关闭舱盖。

第十四条　港口经营人应根据船舶提供的配载、积载要求装载货物。装载完毕后按船方要求做好平舱工作，船舶对装载质量给予确认。

第十五条　港口经营人在作业过程中应当做好作业情况记录，内容包括作业船舶名称、货种、作业时间、作业单位、负责人及联系方式、天气情况、资料核对情况、堆场情况、装船情况、发现的问题及处理情况等。

第十六条　装船前，船舶应做好货舱内污水井、管系等的维修保护工作，并进行污水测量及抽水试验,以防堵塞或受损,确保畅通。

第十七条 船舶应对装船作业进行全过程观测。如发现问题,船长有权提出拒装或要求重新检测。

装船过程中,船舶可委托理货机构落实船舶装载和积载要求。理货机构应当派专人监测装船过程并做好记录,发现问题应当及时报告船舶和港口经营人。

第十八条 船舶应当合理积载,满足安全航行要求。如发现超载,海事管理机构应当禁止船舶离港。

第十九条 港口行政管理部门和海事管理机构应当加强对装卸易流态化固体散装货物的监管。如发现与原始单证不符或违反国际规则的,依照有关规定进行处理。

第二十条 对静止角小于35°干燥易流态化固体散装货物,船舶应当严格按照积载要求积载,港口经营人应当按照积载要求装舱,装舱完毕及时平舱,平舱效果应经船舶认可。

第二十一条 船舶应当根据装运易流态化固体散装货物的要求,制定操作规程及应急预案,建立定期演练制度,完善各项处置措施。

第二十二条 在航行过程中,船舶应根据所装载货物的特性和航行区域特点制定货舱定期巡查计划,并将定期巡查情况记入航海日志。巡查时如发现水分游离、货物流动或船舶发生倾斜等情况,应采取排水等应急措施,并就近向海事管理机构报告。

第二十三条 船舶经营人或管理人应对船员加强有关专业知识的培训和考核,使其熟悉易流态化固体散装货物的特性、操作规程及应急预案。

第二十四条 载运易流态化固体散装货物的船舶发生水上交通事故,海事管理机构应会同港口行政管理部门对事故进行调查和处理;对特别重大事故或交通运输部认为有必要时,由交通运输部直接组织调查组对事故进行调查和处理。

第二十五条 托运人、港口经营人、船舶经营人及其代理人应当健全制度、加强管理、诚实守信,依法经营。检测机构和理货机构应当恪尽职守、公正执业。港口行政管理部门和海事管理机构应当秉公执法,依法行政。

凡违反规定、玩忽职守、弄虚作假、滥用职权、徇私舞弊,造成事故的,一经查出,依法追究刑事责任;尚不构成犯罪的,依法给予处分。

第二十六条 中国籍船舶从事易流态化固体散装货物国际运输可参照本规定执行。

第二十七条 本规定由交通运输部负责解释。

第二十八条 本规定自公布之日起施行。《交通部关于发布〈海运精选矿粉及含水矿产品安全管理暂行规定〉的通知》(〔88〕交海字275号)以及《交通部、国家技术监督局关于发布〈海运精选矿粉及含水矿产品安全检验方法〉的联合通知》(〔89〕交运字198号)同时废止。

附件:1. 水路运输易流态化固体散装货物目录(2011版)(略)

2. 易流态化固体散装货物适运性现场检测简易方法(略)

3. 散货船装卸船/岸安全检查项目表(略)

工伤认定办法

（人力资源和社会保障部令　2011 年第 8 号）

第一条　为规范工伤认定程序，依法进行工伤认定，维护当事人的合法权益，根据《工伤保险条例》的有关规定，制定本办法。

第二条　社会保险行政部门进行工伤认定按照本办法执行。

第三条　工伤认定应当客观公正、简捷方便，认定程序应当向社会公开。

第四条　职工发生事故伤害或者按照职业病防治法规定被诊断、鉴定为职业病，所在单位应当自事故伤害发生之日或者被诊断、鉴定为职业病之日起 30 日内，向统筹地区社会保险行政部门提出工伤认定申请。遇有特殊情况，经报社会保险行政部门同意，申请时限可以适当延长。

按照前款规定应当向省级社会保险行政部门提出工伤认定申请的，根据属地原则应当向用人单位所在地设区的市级社会保险行政部门提出。

第五条　用人单位未在规定的时限内提出工伤认定申请的，受伤害职工或者其近亲属、工会组织在事故伤害发生之日或者被诊断、鉴定为职业病之日起 1 年内，可以直接按照本办法第四条规定提出工伤认定申请。

第六条　提出工伤认定申请应当填写《工伤认定申请表》，并提交下列材料：

（一）劳动、聘用合同文本复印件或者与用人单位存在劳动关系（包括事实劳动关系）、人事关系的其他证明材料；

（二）医疗机构出具的受伤后诊断证明书或者职业病诊断证明书（或者职业病诊断鉴定书）。

第七条　工伤认定申请人提交的申请材料符合要求，属于社会保险行政部门管辖范围且在受理时限内的，社会保险行政部门应当受理。

第八条　社会保险行政部门收到工伤认定申请后，应当在 15 日内对申请人提交的材料进行审核，材料完整的，作出受理或者不予受理的决定；材料不完整的，应当以书面形式一次性告知申请人需要补正的全部材料。社会保险行政部门收到申请人提交的全部补正材料后，应当在 15 日内作出受理或者不予受理的决定。

社会保险行政部门决定受理的，应当出具《工伤认定申请受理决定书》；决定不予受理的，应当出具《工伤认定申请不予受理决定书》。

第九条　社会保险行政部门受理工伤认定申请后，可以根据需要对申请人提供的证据进行调查核实。

第十条　社会保险行政部门进行调查核实，应当由两名以上工作人员共同进行，并出示执行公务的证件。

第十一条 社会保险行政部门工作人员在工伤认定中,可以进行以下调查核实工作:

(一)根据工作需要,进入有关单位和事故现场;

(二)依法查阅与工伤认定有关的资料,询问有关人员并作出调查笔录;

(三)记录、录音、录像和复制与工伤认定有关的资料。调查核实工作的证据收集参照行政诉讼证据收集的有关规定执行。

第十二条 社会保险行政部门工作人员进行调查核实时,有关单位和个人应当予以协助。用人单位、工会组织、医疗机构以及有关部门应当负责安排相关人员配合工作,据实提供情况和证明材料。

第十三条 社会保险行政部门在进行工伤认定时,对申请人提供的符合国家有关规定的职业病诊断证明书或者职业病诊断鉴定书,不再进行调查核实。职业病诊断证明书或者职业病诊断鉴定书不符合国家规定的要求和格式的,社会保险行政部门可以要求出具证据部门重新提供。

第十四条 社会保险行政部门受理工伤认定申请后,可以根据工作需要,委托其他统筹地区的社会保险行政部门或者相关部门进行调查核实。

第十五条 社会保险行政部门工作人员进行调查核实时,应当履行下列义务:

(一)保守有关单位商业秘密以及个人隐私;

(二)为提供情况的有关人员保密。

第十六条 社会保险行政部门工作人员与工伤认定申请人有利害关系的,应当回避。

第十七条 职工或者其近亲属认为是工伤,用人单位不认为是工伤的,由该用人单位承担举证责任。用人单位拒不举证的,社会保险行政部门可以根据受伤害职工提供的证据或者调查取得的证据,依法作出工伤认定决定。

第十八条 社会保险行政部门应当自受理工伤认定申请之日起 60 日内作出工伤认定决定,出具《认定工伤决定书》或者《不予认定工伤决定书》。

第十九条 《认定工伤决定书》应当载明下列事项:

(一)用人单位全称;

(二)职工的姓名、性别、年龄、职业、身份证号码;

(三)受伤害部位、事故时间和诊断时间或职业病名称、受伤害经过和核实情况、医疗救治的基本情况和诊断结论;

(四)认定工伤或者视同工伤的依据;

(五)不服认定决定申请行政复议或者提起行政诉讼的部门和时限;

(六)作出认定工伤或者视同工伤决定的时间。

《不予认定工伤决定书》应当载明下列事项:

(一)用人单位全称;

(二)职工的姓名、性别、年龄、职业、身份证号码;

(三)不予认定工伤或者不视同工伤的依据;

（四）不服认定决定申请行政复议或者提起行政诉讼的部门和时限；

（五）作出不予认定工伤或者不视同工伤决定的时间。

《认定工伤决定书》和《不予认定工伤决定书》应当加盖社会保险行政部门工伤认定专用印章。

第二十条 社会保险行政部门受理工伤认定申请后，作出工伤认定决定需要以司法机关或者有关行政主管部门的结论为依据的，在司法机关或者有关行政主管部门尚未作出结论期间，作出工伤认定决定的时限中止，并书面通知申请人。

第二十一条 社会保险行政部门对于事实清楚、权利义务明确的工伤认定申请，应当自受理工伤认定申请之日起15日内作出工伤认定决定。

第二十二条 社会保险行政部门应当自工伤认定决定作出之日起20日内，将《认定工伤决定书》或者《不予认定工伤决定书》送达受伤害职工（或者其近亲属）和用人单位，并抄送社会保险经办机构。

《认定工伤决定书》和《不予认定工伤决定书》的送达参照民事法律有关送达的规定执行。

第二十三条 职工或者其近亲属、用人单位对不予受理决定不服或者对工伤认定决定不服的，可以依法申请行政复议或者提起行政诉讼。

第二十四条 工伤认定结束后，社会保险行政部门应当将工伤认定的有关资料保存50年。

第二十五条 用人单位拒不协助社会保险行政部门对事故伤害进行调查核实的，由社会保险行政部门责令改正，处2000元以上2万元以下的罚款。

第二十六条 本办法中的《工伤认定申请表》、《工伤认定申请受理决定书》、《工伤认定申请不予受理决定书》、《认定工伤决定书》、《不予认定工伤决定书》的样式由国务院社会保险行政部门统一制定。

第二十七条 本办法自2011年1月1日起施行。劳动和社会保障部2003年9月23日颁布的《工伤认定办法》同时废止。

中华人民共和国海事局水上交通管制管理办法

（海通航〔2013〕123 号）

第一条 为规范水上交通管制行为，维护水域秩序、保障航行安全、保护海洋环境和人民生命财产安全，根据《中华人民共和国海上交通安全法》、《中华人民共和国海洋环境保护法》和《中华人民共和国水上水下活动通航安全管理规定》等有关法律、法规和规章，制定本办法。

第二条 本办法适用于在我国沿海水域实施的交通管制行为的组织和管理。

第三条 水上交通管制应遵循安全第一、高效便捷、因地制宜、兼顾各方的原则。

第四条 中华人民共和国海事局是全国水上交通管制管理工作的主管机关。

各级海事管理机构负责管辖区水域的水上交通管制管理工作。

第五条 本办法中的"水上交通管制"（以下简称"交通管制"）是指海事管理机构对特定水域中航行、停泊、作业的船舶采取的限制性通航管理行为。交通管制分为常规交通管制和临时交通管制。

常规交通管制是指因潮汐、航道和通航建筑物尺度、交通密集区、船舶定线制等因素影响，以及保护海洋环境的需要而采取的日常性限制和规范船舶航行、停泊、作业行为。

临时交通管制是指由于恶劣天气和海况、水上水下活动、演习、突发事件应急处置、军事活动等原因，以及在其它特殊情况下，对特定水域中航行、停泊、作业的船舶所采取的特定性的限制船舶航行、停泊和作业行为。

第六条 常规交通管制应按照规定程序制定通航安全管理规定，并向社会公布后组织实施。

第七条 下列临时交通管制由中华人民共和国海事局管辖：

（一）我国领海以外海域实施的；

（二）涉及两个及以上直属海事管理机构管辖水域的；

（三）对社会可能产生重大影响的。

第八条 下列临时交通管制由各直属海事管理机构管辖：

（一）水上水下活动、演习、海上突发事件应急处置、军事等原因产生涉及两个及以上分支海事管理机构管辖水域的；

（二）对社会可能产生较大影响的。

第九条 除第七条和第八条规定以外的临时交通管制由分支海事管理机构管辖。

第十条 涉及两个及以上直属海事管理机构管辖水域的临时交通管制，中华人民共和国海事局可指定某一直属海事管理机构负责，其他直属海事管理机构配合。被指定负责的直属海事管理机构应将临时交通管制措施及时报告中华人民共和国海事局，并通报相关直属海事管理机构。

直属海事管理机构管辖的临时交通管制对社会可能产生较大影响的，应及时向中华人民共和国海事局报备。

分支海事管理机构管辖的因突发事件应急处置等需要实施临时交通管制且持续24小时以上的，应及时向直属海事管理机构报备。

第十一条 因突发事件应急处置等需要实施临时交通管制的，各级海事管理机构应按照相关预案及时组织实施。

因恶劣天气、海况原因需要实施临时交通管制的，各直属海事管理机构应在充分征求社会意见基础上制定相应的管理规定，明确恶劣天气海况的要素，管制标准和禁（限）航措施等内容，向社会公布后实施。

第十二条 公民、法人或其他组织从事下列活动对通航安全和水域环境造成影响的，应向具有管辖权的海事管理机构申请进行临时交通管制：

（一）水上水下活动；

（二）载运或拖带超长、超高、超宽、半潜物体和特定危险物品的船舶航行、停泊或作业；

（三）海上演习；

（四）军事活动；

（五）其他需要实施临时交通管制的活动。

第十三条 交通管制申请由以下公民、法人或其他组织提出：

（一）水上水下活动的主体责任人；

（二）水上演习、涉水军事活动的主办单位；

（三）船舶、设施的所有人、经营人。

第十四条 载运或拖带超长、超高、超宽、半潜物体和特定危险物品的船舶、设施航行、停泊或作业需要实施交通管制的，相关公民、法人或其他组织应当提前3个工作日提出书面申请。

其他需要实施交通管制的，相关公民、法人或其他组织应提前7个工作日提出书面申请。

交通管制需求因故变更、取消的，申请人应及时书面报告相关海事管理机构。

第十五条 交通管制申请应包括但不限于以下内容：

（一）交通管制事由；

（二）交通管制起始和结束时间；

（三）交通管制所涉水域；

（四）交通管制需求；

（五）安全措施；

（六）所涉船舶资料；

（七）水上水下活动许可证复印件或已备案的证明材料，水上演习、涉水军事活动的批准文书（如有）；

（八）通航安全、环境影响评估报告（如有）。

第十六条 海事管理机构受理申请材料后，应按照"安全、高效、便捷"的原则对以下事项进行审查：

（一）交通管制是否必要；

（二）交通管制的时间和范围是否适当；

（三）交通管制需求是否可行；

（四）安全措施是否充分；

（五）船舶资料和相关文书资料是否齐全。

第十七条 海事管理机构收到因载运或拖带超长、超高、超宽、半潜物体和特定危险物品的船舶、设施航行、停泊或作业申请实施交通管制的，应于收到材料之日起3个工作日内做出决定；其他事由申请实施交通管制的，应于收到材料之日起7个工作日内做出决定。

第十八条 海事管理机构依据相关规定决定或批准的交通管制应制定交通管制方案，予以公告后组织实施。

第十九条 海事管理机构在制定和实施交通管制方案时，应尽可能缩短管制时间和缩小管制范围，最大限度地减少对船舶营运的影响。

第二十条 船舶航经交通管制水域时，应遵守海事管理机构发布的有关交通管制规定，服从海事管理机构的统一指挥，并采用良好船艺，保持安全航速航行。

第二十一条 交通管制措施包括：

（一）划定交通管制区，设置船舶报告线（点），或临时船舶报告线（点）；

（二）禁航、停航、禁止锚（停）泊；

（三）分道（边）及单向通航；

（四）限制（时）通过船舶的种类、尺度、吃水、航速；

（五）护航、伴航、安全监护；

（六）其他交通管制措施。

第二十二条 各级海事管理机构应充分考虑交通管制水域的天气、水文、地理特点，根据船舶种类、吨位和特定时间、区域，制定交通管制规定，明确具体管制措施。

第二十三条 各级海事管理机构在临时交通管制实施前和结束后，应按规定及时发布航行通（警）告。在实施交通管制期间，交通管制要求变更或取消管制的，应及时发布公告。

紧急情况下，应通过VTS、VHF、AIS、短信或微博等其他有效方式发布交通管制实施时间、管制对象、管制措施等。

第二十四条 海事管理机构在实施交通管制时应提供信息服务，必要时可提供助航服务。

第二十五条 实施临时交通管制的海事管理机构应在交通管制结束后，将管制的原因、时间、对象、批准手续、管制措施、公布文件和总结评估报告等记录和材料，及时存档备查。

第二十六条 海事管理机构实施交通管制应公正公开、依法行政，并自觉接受社会监督。

第二十七条 本办法中下列用语的含义是：

“沿海水域”是指直属海事管理机构具有管辖权的中华人民共和国沿海港口、内水和领海以及国家管辖的其他海域。

“船舶”是指各类排水或非排水船、筏、水上飞机、潜水器、移动式平台、浮动建筑和装置。

第二十八条 直属海事管理机构管辖的其他水域及地方海事管理机构管辖的水域可参照执行。

第二十九条 本办法由中华人民共和国海事局负责解释。

第三十条 本办法自2013年3月1日起施行。

企业安全生产费用提取和使用管理办法

（财企〔2012〕16 号）

第一章　总　　则

第一条　为了建立企业安全生产投入长效机制，加强安全生产费用管理，保障企业安全生产资金投入，维护企业、职工以及社会公共利益，依据《中华人民共和国安全生产法》等有关法律法规和《国务院关于进一步加强安全生产工作的决定》（国发〔2004〕2 号）和《国务院关于进一步加强企业安全生产工作的通知》（国发〔2010〕23 号），制定本办法。

第二条　在中华人民共和国境内直接从事煤炭生产、非煤矿山开采、建设工程施工、危险品生产与储存、交通运输、烟花爆竹生产、冶金、机械制造、武器装备研制生产与试验（含民用航空及核燃料）的企业以及其他经济组织（以下简称企业）适用本办法。

第三条　本办法所称安全生产费用（以下简称安全费用）是指企业按照规定标准提取在成本中列支，专门用于完善和改进企业或者项目安全生产条件的资金。

安全费用按照“企业提取、政府监管、确保需要、规范使用”的原则进行管理。

第四条　本办法下列用语的含义是：

煤炭生产是指煤炭资源开采作业有关活动。

非煤矿山开采是指石油和天然气、煤层气（地面开采）、金属矿、非金属矿及其他矿产资源的勘探作业和生产、选矿、闭坑及尾矿库运行、闭库等有关活动。

建设工程是指土木工程、建筑工程、井巷工程、线路管道和设备安装及装修工程的新建、扩建、改建以及矿山建设。

危险品是指列入国家标准《危险货物品名表》（GB 12268）和《危险化学品目录》的物品。

烟花爆竹是指烟花爆竹制品和用于生产烟花爆竹的民用黑火药、烟火药、引火线等物品。

交通运输包括道路运输、水路运输、铁路运输、管道运输。道路运输是指以机动车为交通工具的旅客和货物运输；水路运输是指以运输船舶为工具的旅客和货物运输及港口装卸、堆存；铁路运输是指以火车为工具的旅客和货物运输（包括高铁和城际铁路）；管道运输是指以管道为工具的液体和气体物资运输。

冶金是指金属矿物的冶炼以及压延加工有关活动，包括：黑色金属、有色金属、黄金等的冶炼生产和加工处理活动，以及炭素、耐火材料等与主工艺流程配套的辅助工艺环节的生产。

机械制造是指各种动力机械、冶金矿山机械、运输机械、农业机械、工具、仪器、仪表、特种设备、大中型船舶、石油炼化装备及其他机械设备的制造活动。

武器装备研制生产与试验，包括武器装备和弹药的科研、生产、试验、储运、销毁、维修保障等。

第二章 安全费用的提取标准

第五条 煤炭生产企业依据开采的原煤产量按月提取。各类煤矿原煤单位产量安全费用提取标准如下：

（一）煤（岩）与瓦斯（二氧化碳）突出矿井、高瓦斯矿井吨煤30元；

（二）其他井工矿吨煤15元；

（三）露天矿吨煤5元。

矿井瓦斯等级划分按现行《煤矿安全规程》和《矿井瓦斯等级鉴定规范》的规定执行。

第六条 非煤矿山开采企业依据开采的原矿产量按月提取。各类矿山原矿单位产量安全费用提取标准如下：

（一）石油，每吨原油17元；

（二）天然气、煤层气（地面开采），每千立方米原气5元；

（三）金属矿山，其中露天矿山每吨5元，地下矿山每吨10元；

（四）核工业矿山，每吨25元；

（五）非金属矿山，其中露天矿山每吨2元，地下矿山每吨4元；

（六）小型露天采石场，即年采剥总量50万吨以下，且最大开采高度不超过50米，产品用于建筑、铺路的山坡型露天采石场，每吨1元；

（七）尾矿库按入库尾矿量计算，三等及三等以上尾矿库每吨1元，四等及五等尾矿库每吨1.5元。

本办法下发之日以前已经实施闭库的尾矿库，按照已堆存尾砂的有效库容大小提取，库容100万立方米以下的，每年提取5万元；超过100万立方米的，每增加100万立方米增加3万元，但每年提取额最高不超过30万元。

原矿产量不含金属、非金属矿山尾矿库和废石场中用于综合利用的尾砂和低品位矿石。

地质勘探单位安全费用按地质勘查项目或者工程总费用的2%提取。

第七条 建设工程施工企业以建筑安装工程造价为计提依据。各建设工程类别安全费用提取标准如下：

（一）矿山工程为2.5%；

（二）房屋建筑工程、水利水电工程、电力工程、铁路工程、城市轨道交通工程为2.0%；

（三）市政公用工程、冶炼工程、机电安装工程、化工石油工程、港口与航道工程、公路工程、通信工程为1.5%。

建设工程施工企业提取的安全费用列入工程造价，在竞标时，不得删减，列入标外管理。国家对基本建设投资概算另有规定的，从其规定。

总包单位应当将安全费用按比例直接支付分包单位并监督使用，分包单位不再重复提取。

第八条 危险品生产与储存企业以上年度实际营业收入为计提依据，采取超额累退方式按照以下标准平均逐月提取：

（一）营业收入不超过1000万元的，按照4%提取；

（二）营业收入超过1000万元至1亿元的部分，按照2%提取；

（三）营业收入超过1亿元至10亿元的部分，按照0.5%提取；

（四）营业收入超过10亿元的部分，按照0.2%提取。

第九条 交通运输企业以上年度实际营业收入为计提依据，按照以下标准平均逐月提取：

（一）普通货运业务按照1%提取；

（二）客运业务、管道运输、危险品等特殊货运业务按照1.5%提取。

第十条 冶金企业以上年度实际营业收入为计提依据，采取超额累退方式按照以下标准平均逐月提取：

（一）营业收入不超过1000万元的，按照3%提取；

（二）营业收入超过1000万元至1亿元的部分，按照1.5%提取；

（三）营业收入超过1亿元至10亿元的部分，按照0.5%提取；

（四）营业收入超过10亿元至50亿元的部分，按照0.2%提取；

（五）营业收入超过50亿元至100亿元的部分，按照0.1%提取；

（六）营业收入超过100亿元的部分，按照0.05%提取。

第十一条 机械制造企业以上年度实际营业收入为计提依据，采取超额累退方式按照以下标准平均逐月提取：

（一）营业收入不超过1000万元的，按照2%提取；

（二）营业收入超过1000万元至1亿元的部分，按照1%提取；

（三）营业收入超过1亿元至10亿元的部分，按照0.2%提取；

（四）营业收入超过10亿元至50亿元的部分，按照0.1%提取；

（五）营业收入超过50亿元的部分，按照0.05%提取。

第十二条 烟花爆竹生产企业以上年度实际营业收入为计提依据，采取超额累退方式按照以下标准平均逐月提取：

（一）营业收入不超过200万元的，按照3.5%提取；

（二）营业收入超过200万元至500万元的部分，按照3%提取；

（三）营业收入超过500万元至1000万元的部分，按照2.5%提取；

（四）营业收入超过1000万元的部分，按照2%提取。

第十三条 武器装备研制生产与试验企业以上年度军品实际营业收入为计提依据，采取超额累退方式按照以下标准平均逐月提取：

（一）火炸药及其制品研制、生产与试验企业（包括：含能材料，炸药、火药、推进剂，发动机，弹箭，引信、火工品等）：

1. 营业收入不超过1000万元的，按照5%提取；

2. 营业收入超过1000万元至1亿元的部分，按照3%提取；

3. 营业收入超过1亿元至10亿元的部分，按照1%提取；

4. 营业收入超过10亿元的部分，按照0.5%提取。

（二）核装备及核燃料研制、生产与试验企业：

1. 营业收入不超过1000万元的，按照3%提取；

2. 营业收入超过1000万元至1亿元的部分，按照2%提取；

3. 营业收入超过1亿元至10亿元的部分，按照0.5%提取；

4. 营业收入超过10亿元的部分，按照0.2%提取。

5. 核工程按照3%提取（以工程造价为计提依据，在竞标时，列为标外管理）。

（三）军用舰船（含修理）研制、生产与试验企业：

1. 营业收入不超过1000万元的，按照2.5%提取；

2. 营业收入超过1000万元至1亿元的部分，按照1.75%提取；

3. 营业收入超过1亿元至10亿元的部分，按照0.8%提取；

4. 营业收入超过10亿元的部分，按照0.4%提取。

（四）飞船、卫星、军用飞机、坦克车辆、火炮、轻武器、大型天线等产品的总体、部分和元器件研制、生产与试验企业：

1. 营业收入不超过1000万元的，按照2%提取；

2. 营业收入超过1000万元至1亿元的部分，按照1.5%提取；

3. 营业收入超过1亿元至10亿元的部分，按照0.5%提取；

4. 营业收入超过10亿元至100亿元的部分，按照0.2%提取；

5. 营业收入超过100亿元的部分，按照0.1%提取。

（五）其他军用危险品研制、生产与试验企业：

1. 营业收入不超过1000万元的，按照4%提取；

2. 营业收入超过1000万元至1亿元的部分，按照2%提取；

3. 营业收入超过1亿元至10亿元的部分，按照0.5%提取；

4. 营业收入超过10亿元的部分，按照0.2%提取。

第十四条 中小微型企业和大型企业上年末安全费用结余分别达到本企业上年度营业收入的5%和1.5%时，经当地县级以上安全生产监督管理部门、煤矿安全监察机构商财政部门同意，企业本年度可以缓提或者少提安全费用。

企业规模划分标准按照工业和信息化部、国家统计局、国家发展和改革委员会、财政部《关于印发中小企业划型标准规定的通知》（工信部联企业〔2011〕300号）规定执行。

第十五条 企业在上述标准的基础上，根据安全生产实际需要，可适当提高安全费用提取标准。

本办法公布前，各省级政府已制定下发企业安全费用提取使用办法的，其提取标准如果低于本办法规定的标准,应当按照本办法进行调整;如果高于本办法规定的标准,按照原标准执行。

第十六条 新建企业和投产不足一年的企业以当年实际营业收入为提取依据,按月计提安全费用。

混业经营企业,如能按业务类别分别核算的,则以各业务营业收入为计提依据,按上述标准分别提取安全费用;如不能分别核算的,则以全部业务收入为计提依据,按主营业务计提标准提取安全费用。

第三章 安全费用的使用

第十七条 煤炭生产企业安全费用应当按照以下范围使用:

(一)煤与瓦斯突出及高瓦斯矿井落实“两个四位一体”综合防突措施支出,包括瓦斯区域预抽、保护层开采区域防突措施、开展突出区域和局部预测、实施局部补充防突措施、更新改造防突设备和设施、建立突出防治实验室等支出;

(二)煤矿安全生产改造和重大隐患治理支出,包括“一通三防”(通风,防瓦斯、防煤尘、防灭火)、防治水、供电、运输等系统设备改造和灾害治理工程,实施煤矿机械化改造,实施矿压(冲击地压)、热害、露天矿边坡治理、采空区治理等支出;

(三)完善煤矿井下监测监控、人员定位、紧急避险、压风自救、供水施救和通信联络安全避险“六大系统”支出,应急救援技术装备、设施配置和维护保养支出,事故逃生和紧急避难设施设备的配置和应急演练支出;

(四)开展重大危险源和事故隐患评估、监控和整改支出;

(五)安全生产检查、评价(不包括新建、改建、扩建项目安全评价)、咨询、标准化建设支出;

(六)配备和更新现场作业人员安全防护用品支出;

(七)安全生产宣传、教育、培训支出;

(八)安全生产适用新技术、新标准、新工艺、新装备的推广应用支出;

(九)安全设施及特种设备检测检验支出;

(十)其他与安全生产直接相关的支出。

第十八条 非煤矿山开采企业安全费用应当按照以下范围使用:

(一)完善、改造和维护安全防护设施设备(不含“三同时”要求初期投入的安全设施)和重大安全隐患治理支出,包括矿山综合防尘、防灭火、防治水、危险气体监测、通风系统、支护及防治边帮滑坡设备、机电设备、供配电系统、运输(提升)系统和尾矿库等完善、改造和维护支出以及实施地压监测监控、露天矿边坡治理、采空区治理等支出;

(二)完善非煤矿山监测监控、人员定位、紧急避险、压风自救、供水施救和通信联络等安全避险“六大系统”支出,完善尾矿库全过程在线监控系统和海上石油开采出海人员动态跟踪系统支出,应急救援技术装备、设施配置及维护保养支出,事故逃生和紧急避难设施设备的配置和应急演练支出；

（三）开展重大危险源和事故隐患评估、监控和整改支出；

（四）安全生产检查、评价（不包括新建、改建、扩建项目安全评价）、咨询、标准化建设支出；

（五）配备和更新现场作业人员安全防护用品支出；

（六）安全生产宣传、教育、培训支出；

（七）安全生产适用的新技术、新标准、新工艺、新装备的推广应用支出；

（八）安全设施及特种设备检测检验支出；

（九）尾矿库闭库及闭库后维护费用支出；

（十）地质勘探单位野外应急食品、应急器械、应急药品支出；

（十一）其他与安全生产直接相关的支出。

第十九条　建设工程施工企业安全费用应当按照以下范围使用：

（一）完善、改造和维护安全防护设施设备支出（不含“三同时”要求初期投入的安全设施），包括施工现场临时用电系统、洞口、临边、机械设备、高处作业防护、交叉作业防护、防火、防爆、防尘、防毒、防雷、防台风、防地质灾害、地下工程有害气体监测、通风、临时安全防护等设施设备支出；

（二）配备、维护、保养应急救援器材、设备支出和应急演练支出；

（三）开展重大危险源和事故隐患评估、监控和整改支出；

（四）安全生产检查、评价（不包括新建、改建、扩建项目安全评价）、咨询和标准化建设支出；

（五）配备和更新现场作业人员安全防护用品支出；

（六）安全生产宣传、教育、培训支出；

（七）安全生产适用的新技术、新标准、新工艺、新装备的推广应用支出；

（八）安全设施及特种设备检测检验支出；

（九）其他与安全生产直接相关的支出。

第二十条　危险品生产与储存企业安全费用应当按照以下范围使用：

（一）完善、改造和维护安全防护设施设备支出（不含“三同时”要求初期投入的安全设施），包括车间、库房、罐区等作业场所的监控、监测、通风、防晒、调温、防火、灭火、防爆、泄压、防毒、消毒、中和、防潮、防雷、防静电、防腐、防渗漏、防护围堤或者隔离操作等设施设备支出；

（二）配备、维护、保养应急救援器材、设备支出和应急演练支出；

（三）开展重大危险源和事故隐患评估、监控和整改支出；

（四）安全生产检查、评价（不包括新建、改建、扩建项目安全评价）、咨询和标准化建设支出；

（五）配备和更新现场作业人员安全防护用品支出；

(六)安全生产宣传、教育、培训支出;

(七)安全生产适用的新技术、新标准、新工艺、新装备的推广应用支出;

(八)安全设施及特种设备检测检验支出;

(九)其他与安全生产直接相关的支出。

第二十一条 交通运输企业安全费用应当按照以下范围使用:

(一)完善、改造和维护安全防护设施设备支出(不含"三同时"要求初期投入的安全设施),包括道路、水路、铁路、管道运输设施设备和装卸工具安全状况检测及维护系统、运输设施设备和装卸工具附属安全设备等支出;

(二)购置、安装和使用具有行驶记录功能的车辆卫星定位装置、船舶通信导航定位和自动识别系统、电子海图等支出;

(三)配备、维护、保养应急救援器材、设备支出和应急演练支出;

(四)开展重大危险源和事故隐患评估、监控和整改支出;

(五)安全生产检查、评价(不包括新建、改建、扩建项目安全评价)、咨询和标准化建设支出;

(六)配备和更新现场作业人员安全防护用品支出;

(七)安全生产宣传、教育、培训支出;

(八)安全生产适用的新技术、新标准、新工艺、新装备的推广应用支出;

(九)安全设施及特种设备检测检验支出;

(十)其他与安全生产直接相关的支出。

第二十二条 冶金企业安全费用应当按照以下范围使用:

(一)完善、改造和维护安全防护设施设备支出(不含"三同时"要求初期投入的安全设施),包括车间、站、库房等作业场所的监控、监测、防火、防爆、防坠落、防尘、防毒、防噪声与振动、防辐射和隔离操作等设施设备支出;

(二)配备、维护、保养应急救援器材、设备支出和应急演练支出;

(三)开展重大危险源和事故隐患评估、监控和整改支出;

(四)安全生产检查、评价(不包括新建、改建、扩建项目安全评价)和咨询及标准化建设支出;

(五)安全生产宣传、教育、培训支出;

(六)配备和更新现场作业人员安全防护用品支出;

(七)安全生产适用的新技术、新标准、新工艺、新装备的推广应用支出;

(八)安全设施及特种设备检测检验支出;

(九)其他与安全生产直接相关的支出。

第二十三条 机械制造企业安全费用应当按照以下范围使用:

(一)完善、改造和维护安全防护设施设备支出(不含"三同时"要求初期投入的安全设施),包括生产作业场所的防火、防爆、防坠落、防毒、防静电、防腐、防尘、防噪声与振动、防辐射或者隔离操作等设施设备支出，大型起重机械安装安全监控管理系统支出；

（二）配备、维护、保养应急救援器材、设备支出和应急演练支出；

（三）开展重大危险源和事故隐患评估、监控和整改支出；

（四）安全生产检查、评价（不包括新建、改建、扩建项目安全评价）、咨询和标准化建设支出；

（五）安全生产宣传、教育、培训支出；

（六）配备和更新现场作业人员安全防护用品支出；

（七）安全生产适用的新技术、新标准、新工艺、新装备的推广应用；

（八）安全设施及特种设备检测检验支出；

（九）其他与安全生产直接相关的支出。

第二十四条 烟花爆竹生产企业安全费用应当按照以下范围使用：

（一）完善、改造和维护安全设备设施支出（不含“三同时”要求初期投入的安全设施）；

（二）配备、维护、保养防爆机械电器设备支出；

（三）配备、维护、保养应急救援器材、设备支出和应急演练支出；

（四）开展重大危险源和事故隐患评估、监控和整改支出；

（五）安全生产检查、评价（不包括新建、改建、扩建项目安全评价）、咨询和标准化建设支出；

（六）安全生产宣传、教育、培训支出；

（七）配备和更新现场作业人员安全防护用品支出；

（八）安全生产适用新技术、新标准、新工艺、新装备的推广应用支出；

（九）安全设施及特种设备检测检验支出；

（十）其他与安全生产直接相关的支出。

第二十五条 武器装备研制生产与试验企业安全费用应当按照以下范围使用：

（一）完善、改造和维护安全防护设施设备支出（不含“三同时”要求初期投入的安全设施），包括研究室、车间、库房、储罐区、外场试验区等作业场所的监控、监测、防触电、防坠落、防爆、泄压、防火、灭火、通风、防晒、调温、防毒、防雷、防静电、防腐、防尘、防噪声与振动、防辐射、防护围堤或者隔离操作等设施设备支出；

（二）配备、维护、保养应急救援、应急处置、特种个人防护器材、设备、设施支出和应急演练支出；

（三）开展重大危险源和事故隐患评估、监控和整改支出；

（四）高新技术和特种专用设备安全鉴定评估、安全性能检验检测及操作人员上岗培训支出；

（五）安全生产检查、评价（不包括新建、改建、扩建项目安全评价）、咨询和标准化建设支出；

（六）安全生产宣传、教育、培训支出；

（七）军工核设施（含核废物）防泄漏、防辐射的设施设备支出；

（八）军工危险化学品、放射性物品及武器装备科研、试验、生产、储运、销毁、维修保障过程中的安全技术措施改造费和安全防护（不包括工作服）费用支出；

（九）大型复杂武器装备制造、安装、调试的特殊工种和特种作业人员培训支出；

（十）武器装备大型试验安全专项论证与安全防护费用支出；

（十一）特殊军工电子元器件制造过程中有毒有害物质监测及特种防护支出；

（十二）安全生产适用新技术、新标准、新工艺、新装备的推广应用支出；

（十三）其他与武器装备安全生产事项直接相关的支出。

第二十六条 在本办法规定的使用范围内，企业应当将安全费用优先用于满足安全生产监督管理部门、煤矿安全监察机构以及行业主管部门对企业安全生产提出的整改措施或者达到安全生产标准所需的支出。

第二十七条 企业提取的安全费用应当专户核算，按规定范围安排使用，不得挤占、挪用。年度结余资金结转下年度使用，当年计提安全费用不足的，超出部分按正常成本费用渠道列支。

主要承担安全管理责任的集团公司经过履行内部决策程序，可以对所属企业提取的安全费用按照一定比例集中管理，统筹使用。

第二十八条 煤炭生产企业和非煤矿山企业已提取维持简单再生产费用的，应当继续提取维持简单再生产费用，但其使用范围不再包含安全生产方面的用途。

第二十九条 矿山企业转产、停产、停业或者解散的，应当将安全费用结余转入矿山闭坑安全保障基金，用于矿山闭坑、尾矿库闭库后可能的危害治理和损失赔偿。

危险品生产与储存企业转产、停产、停业或者解散的，应当将安全费用结余用于处理转产、停产、停业或者解散前的危险品生产或者储存设备、库存产品及生产原料支出。

企业由于产权转让、公司制改建等变更股权结构或者组织形式的，其结余的安全费用应当继续按照本办法管理使用。

企业调整业务、终止经营或者依法清算，其结余的安全费用应当结转本期收益或者清算收益。

第三十条 本办法第二条规定范围以外的企业为达到应当具备的安全生产条件所需的资金投入，按原渠道列支。

第四章 监督管理

第三十一条 企业应当建立健全内部安全费用管理制度，明确安全费用提取和使用的程序、职责及权限，按规定提取和使用安全费用。

第三十二条 企业应当加强安全费用管理，编制年度安全费用提取和使用计划，纳入企业财务预算。企业年度安全费用使用计划和上一年安全费用的提取、使用情况按照管理权限报同级财政部门、安全生产监督管理部门、煤矿安全监察机构和行业主管部门备案。

第三十三条 企业安全费用的会计处理,应当符合国家统一的会计制度的规定。

第三十四条 企业提取的安全费用属于企业自提自用资金,其他单位和部门不得采取收取、代管等形式对其进行集中管理和使用,国家法律、法规另有规定的除外。

第三十五条 各级财政部门、安全生产监督管理部门、煤矿安全监察机构和有关行业主管部门依法对企业安全费用提取、使用和管理进行监督检查。

第三十六条 企业未按本办法提取和使用安全费用的,安全生产监督管理部门、煤矿安全监察机构和行业主管部门会同财政部门责令其限期改正,并依照相关法律法规进行处理、处罚。

建设工程施工总承包单位未向分包单位支付必要的安全费用以及承包单位挪用安全费用的,由建设、交通运输、铁路、水利、安全生产监督管理、煤矿安全监察等主管部门依照相关法规、规章进行处理、处罚。

第三十七条 各省级财政部门、安全生产监督管理部门、煤矿安全监察机构可以结合本地区实际情况,制定具体实施办法,并报财政部、国家安全生产监督管理总局备案。

第五章 附 则

第三十八条 本办法由财政部、国家安全生产监督管理总局负责解释。

第三十九条 实行企业化管理的事业单位参照本办法执行。

第四十条 本办法自公布之日起施行。《关于调整煤炭生产安全费用提取标准加强煤炭生产安全费用使用管理与监督的通知》(财建〔2005〕168 号)、《关于印发〈烟花爆竹生产企业安全费用提取与使用管理办法〉的通知》(财建〔2006〕180 号)和《关于印发〈高危行业企业安全生产费用财务管理暂行办法〉的通知》(财企〔2006〕478 号)同时废止。

《关于印发〈煤炭生产安全费用提取和使用管理办法〉和〈关于规范煤矿维简费管理问题的若干规定〉的通知》(财建〔2004〕119 号)等其他有关规定与本办法不一致的,以本办法为准。

四、相关文件

国务院关于进一步加强安全生产工作的决定

（国发〔2004〕2号）

各省、自治区、直辖市人民政府，国务院各部委、各直属机构：

安全生产关系人民群众的生命财产安全，关系改革发展和社会稳定大局。党中央、国务院高度重视安全生产工作，建国以来特别是改革开放以来，采取了一系列重大举措加强安全生产工作。颁布实施了《中华人民共和国安全生产法》（以下简称《安全生产法》）等法律法规，明确了安全生产责任；初步建立了安全生产监管体系，安全生产监督管理得到加强；对重点行业和领域集中开展了安全生产专项整治，生产经营秩序和安全生产条件有所改善，安全生产状况总体上趋于稳定好转。但是，目前全国的安全生产形势依然严峻，煤矿、道路交通运输、建筑等领域伤亡事故多发的状况尚未根本扭转；安全生产基础比较薄弱，保障体系和机制不健全；部分地方和生产经营单位安全意识不强，责任不落实，投入不足；安全生产监督管理机构、队伍建设以及监管工作亟待加强。为了进一步加强安全生产工作，尽快实现我国安全生产局面的根本好转，特作如下决定。

一、提高认识，明确指导思想和奋斗目标

1. 充分认识安全生产工作的重要性。搞好安全生产工作，切实保障人民群众的生命财产安全，体现了最广大人民群众的根本利益，反映了先进生产力的发展要求和先进文化的前进方向。做好安全生产工作是全面建设小康社会、统筹经济社会全面发展的重要内容，是实施可持续发展战略的组成部分，是政府履行社会管理和市场监管职能的基本任务，是企业生存发展的基本要求。我国目前尚处于社会主义初级阶段，要实现安全生产状况的根本好转，必须付出持续不懈的努力。各地区、各部门要把安全生产作为一项长期艰巨的任务，警钟长鸣，常抓不懈，从全面贯彻落实"三个代表"重要思想，维护人民群众生命财产安全的高度，充分认识加强安全生产工作的重要意义和现实紧迫性，动员全社会力量，齐抓共管，全力推进。

2. 指导思想。认真贯彻"三个代表"重要思想，适应全面建设小康社会的要求和完善社会主义市场经济体制的新形势，坚持"安全第一、预防为主"的基本方针，进一步强化政府对安全生产工作的领导，大力推进安全生产各项工作，落实生产经营单位安全生产主体责任，加强安全生产监督管理；大力推进安全生产监管体制、安全生产法制和执法队伍"三项建设"，建立安全生产长效机制，实施科技兴安战略，积极采用先进的安全管理方法和安全生产技术，努力实现全国安全生产状况的根本好转。

3. 奋斗目标。到2007年，建立起较为完善的安全生产监管体系，全国安全生产状况稳定好转，矿山、危险化学品、建筑等重点行业和领域事故多发状况得到扭转，工矿企业事故死

亡人数、煤矿百万吨死亡率、道路交通运输万车死亡率等指标均有一定幅度的下降。到2010年,初步形成规范完善的安全生产法治秩序,全国安全生产状况明显好转,重特大事故得到有效遏制,各类生产安全事故和死亡人数有较大幅度的下降。力争到2020年,我国安全生产状况实现根本性好转,亿元国内生产总值死亡率、十万人死亡率等指标达到或者接近世界中等发达国家水平。

二、完善政策,大力推进安全生产各项工作

4. 加强产业政策的引导。制定和完善产业政策,调整和优化产业结构。逐步淘汰技术落后、浪费资源和环境污染严重的工艺技术、装备及不具备安全生产条件的企业。通过兼并、联合、重组等措施,积极发展跨区域、跨行业经营的大公司、大集团和大型生产供应基地,提高有安全生产保障企业的生产能力。

5. 加大政府对安全生产的投入。加强安全生产基础设施建设和支撑体系建设,加大对企业安全生产技术改造的支持力度。运用长期建设国债和预算内基本建设投资,支持大中型国有煤炭企业的安全生产技术改造。各级地方人民政府要重视安全生产基础设施建设资金的投入,并积极支持企业安全技术改造,对国家安排的安全生产专项资金,地方政府要加强监督管理,确保专款专用,并安排配套资金予以保障。

6. 深化安全生产专项整治。坚持把矿山、道路和水上交通运输、危险化学品、民用爆破器材和烟花爆竹、人员密集场所消防安全等方面的安全生产专项整治,作为整顿和规范社会主义市场经济秩序的一项重要任务,持续不懈地抓下去。继续关闭取缔非法和不具备安全生产条件的小矿小厂、经营网点,遏制低水平重复建设。开展公路货车超限超载治理,保障道路交通运输安全。把安全生产专项整治与依法落实生产经营单位安全生产保障制度、加强日常监督管理以及建立安全生产长效机制结合起来,确保整治工作取得实效。

7. 健全完善安全生产法制。对《安全生产法》确立的各项法律制度,要抓紧制定配套法规规章。认真做好各项安全生产技术规范、标准的制定修订工作。各地区要结合本地实际,制定和完善《安全生产法》配套实施办法和措施。加大安全生产法律法规的学习宣传和贯彻力度,普及安全生产法律知识,增强全民安全生产法制观念。

8. 建立生产安全应急救援体系。加快全国生产安全应急救援体系建设,尽快建立国家生产安全应急救援指挥中心,充分利用现有的应急救援资源,建设具有快速反应能力的专业化救援队伍,提高救援装备水平,增强生产安全事故的抢险救援能力。加强区域性生产安全应急救援基地建设。搞好重大危险源的普查登记,加强国家、省(区、市)、市(地)、县(市)四级重大危险源监控工作,建立应急救援预案和生产安全预警机制。

9. 加强安全生产科研和技术开发。加强安全生产科学学科建设,积极发展安全生产普通高等教育,培养和造就更多的安全生产科技和管理人才。加大科技投入力度,充分利用高等院校、科研机构、社会团体等安全生产科研资源,加强安全生产基础研究和应用研究。建立国家安全生产信息管理系统,提高安全生产信息统计的准确性、科学性和权威性。积极开

展安全生产领域的国际交流与合作，加快先进的生产安全技术引进、消化、吸收和自主创新步伐。

三、强化管理，落实生产经营单位安全生产主体责任

10. 依法加强和改进生产经营单位安全管理。强化生产经营单位安全生产主体地位，进一步明确安全生产责任，全面落实安全保障的各项法律法规。生产经营单位要根据《安全生产法》等有关法律规定，设置安全生产管理机构或者配备专职（或兼职）安全生产管理人员。保证安全生产的必要投入，积极采用安全性能可靠的新技术、新工艺、新设备和新材料，不断改善安全生产条件。改进生产经营单位安全管理，积极采用职业安全健康管理体系认证、风险评估、安全评价等方法，落实各项安全防范措施，提高安全生产管理水平。

11. 开展安全质量标准化活动。制定和颁布重点行业、领域安全生产技术规范和安全生产质量工作标准，在全国所有工矿、商贸、交通运输、建筑施工等企业普遍开展安全质量标准化活动。企业生产流程的各环节、各岗位要建立严格的安全生产质量责任制。生产经营活动和行为，必须符合安全生产有关法律法规和安全生产技术规范的要求，做到规范化和标准化。

12. 搞好安全生产技术培训。加强安全生产培训工作，整合培训资源，完善培训网络，加大培训力度，提高培训质量。生产经营单位必须对所有从业人员进行必要的安全生产技术培训，其主要负责人及有关经营管理人员、重要工种人员必须按照有关法律、法规的规定，接受规范的安全生产培训，经考试合格，持证上岗。完善注册安全工程师考试、任职、考核制度。

13. 建立企业提取安全费用制度。为保证安全生产所需资金投入，形成企业安全生产投入的长效机制，借鉴煤矿提取安全费用的经验，在条件成熟后，逐步建立对高危行业生产企业提取安全费用制度。企业安全费用的提取，要根据地区和行业的特点，分别确定提取标准，由企业自行提取，专户储存，专项用于安全生产。

14. 依法加大生产经营单位对伤亡事故的经济赔偿。生产经营单位必须认真执行工伤保险制度，依法参加工伤保险，及时为从业人员缴纳保险费。同时，依据《安全生产法》等有关法律法规，向受到生产安全事故伤害的员工或家属支付赔偿金。进一步提高企业生产安全事故伤亡赔偿标准，建立企业负责人自觉保障安全投入，努力减少事故的机制。

四、完善制度，加强安全生产监督管理

15. 加强地方各级安全生产监管机构和执法队伍建设。县级以上各级地方人民政府要依照《安全生产法》的规定，建立健全安全生产监管机构，充实必要的人员，加强安全生产监管队伍建设，提高安全生产监管工作的权威，切实履行安全生产监管职能。完善煤矿安全生产监察体制，进一步加强煤矿安全生产监察队伍建设和监察执法工作。

16. 建立安全生产控制指标体系。要制订全国安全生产中长期发展规划，明确年度安全

生产控制指标，建立全国和分省（区、市）的控制指标体系，对安全生产情况实行定量控制和考核。从2004年起，国家向各省（区、市）人民政府下达年度安全生产各项控制指标，并进行跟踪检查和监督考核。对各省（区、市）安全生产控制指标完成情况，国家安全生产监督管理部门将通过新闻发布会、政府公告、简报等形式，每季度公布一次。

17. 建立安全生产行政许可制度。把安全生产纳入国家行政许可的范围，在各行业的行政许可制度中，把安全生产作为一项重要内容，从源头上制止不具备安全生产条件的企业进入市场。开办企业必须具备法律规定的安全生产条件，依法向政府有关部门申请、办理安全生产许可证，持证生产经营。新建、改建、扩建项目的安全设施必须与主体工程同时设计、同时施工、同时投入生产和使用（简称"三同时"），对未通过"三同时"审查的建设项目，有关部门不予办理行政许可手续，企业不准开工投产。

18. 建立企业安全生产风险抵押金制度。为强化生产经营单位的安全生产责任，各地区可结合实际，依法对矿山、道路交通运输、建筑施工、危险化学品、烟花爆竹等领域从事生产经营活动的企业，收取一定数额的安全生产风险抵押金，企业生产经营期间发生生产安全事故的，转作事故抢险救灾和善后处理所需资金。具体办法由国家安全生产监督管理部门会同财政部研究制定。

19. 强化安全生产监管监察行政执法。各级安全生产监管监察机构要增强执法意识，做到严格、公正、文明执法。依法对生产经营单位安全生产情况进行监督检查，指导督促生产经营单位建立健全安全生产责任制，落实各项防范措施。组织开展好企业安全评估，搞好分类指导和重点监管。对严重忽视安全生产的企业及其负责人或业主，要依法加大行政执法和经济处罚的力度。认真查处各类事故，坚持事故原因未查清不放过、责任人员未处理不放过、整改措施未落实不放过、有关人员未受到教育不放过的"四不放过"原则，不仅要追究事故直接责任人的责任，同时要追究有关负责人的领导责任。

20. 加强对小企业的安全生产监管。小企业是安全生产管理的薄弱环节，各地要高度重视小企业的安全生产工作，切实加强监督管理。从组织领导、工作机制和安全投入等方面入手，逐步探索出一套行之有效的监管办法。坚持寓监督管理于服务之中，积极为小企业提供安全技术、人才、政策咨询等方面的服务，加强检查指导，督促帮助小企业搞好安全生产。要重视解决小煤矿安全生产投入问题，对乡镇及个体煤矿，要严格监督其按照有关规定提取安全费用。

五、加强领导，形成齐抓共管的合力

21. 认真落实各级领导安全生产责任。地方各级人民政府要建立健全领导干部安全生产责任制，把安全生产作为干部政绩考核的重要内容，逐级抓好落实。特别要加强县乡两级领导干部安全生产责任制的落实。加强对地方领导干部的安全知识培训和安全生产监管人员的执法业务培训。国家组织对市（地）、县（市）两级政府分管安全生产工作的领导干部进行培训；各省（区、市）要对县级以上安全生产监管部门负责人，分期分批进行执法能力培训。

依法严肃查处事故责任，对存在失职、渎职行为，或对事故发生负有领导责任的地方政府、企业领导人，要依照有关法律法规严格追究责任。严厉惩治安全生产领域的腐败现象和黑恶势力。

22. 构建全社会齐抓共管的安全生产工作格局。地方各级人民政府每季度至少召开一次安全生产例会，分析、部署、督促和检查本地区的安全生产工作；大力支持并帮助解决安全生产监管部门在行政执法中遇到的困难和问题。各级安全生产委员会及其办公室要积极发挥综合协调作用。安全生产综合监管及其他负有安全生产监督管理职责的部门要在政府的统一领导下，依照有关法律法规的规定，各负其责，密切配合，切实履行安全监管职能。各级工会、共青团组织要围绕安全生产，发挥各自优势，开展群众性安全生产活动。充分发挥各类协会、学会、中心等中介机构和社团组织的作用，构建信息、法律、技术装备、宣传教育、培训和应急救援等安全生产支撑体系。强化社会监督、群众监督和新闻媒体监督，丰富全国“安全生产月”、“安全生产万里行”等活动内容，努力构建“政府统一领导、部门依法监管、企业全面负责、群众参与监督、全社会广泛支持”的安全生产工作格局。

23. 做好宣传教育和舆论引导工作。把安全生产宣传教育纳入宣传思想工作的总体布局，坚持正确的舆论导向，大力宣传党和国家安全生产方针政策、法律法规和加强安全生产工作的重大举措，宣传安全生产工作的先进典型和经验；对严重忽视安全生产、导致重特大事故发生的典型事例要予以曝光。在大中专院校和中小学开设安全知识课程，提高青少年在道路交通、消防、城市燃气等方面的识灾和防灾能力。通过广泛深入的宣传教育，不断增强群众依法自我安全保护的意识。

各地区、各部门和各单位要加强调查研究，注意发现安全生产工作中出现的新情况，研究新问题，推进安全生产理论、监管体制和机制、监管方式和手段、安全科技、安全文化等方面的创新，不断增强安全生产工作的针对性和实效性，努力开创我国安全生产工作的新局面，为完善社会主义市场经济体制，实现党的十六大提出的全面建设小康社会的宏伟目标创造安全稳定的环境。

国务院

2004 年 1 月 9 日

国务院关于进一步加强企业安全生产工作的通知

（国发〔2010〕23 号）

一、总体要求

1. 工作要求。深入贯彻落实科学发展观，坚持以人为本，牢固树立安全发展的理念，切实转变经济发展方式，调整产业结构，提高经济发展的质量和效益，把经济发展建立在安全生产有可靠保障的基础上；坚持“安全第一、预防为主、综合治理”的方针，全面加强企业安全管理，健全规章制度，完善安全标准，提高企业技术水平，夯实安全生产基础；坚持依法依规生产经营，切实加强安全监管，强化企业安全生产主体责任落实和责任追究，促进我国安全生产形势实现根本好转。

2. 主要任务。以煤矿、非煤矿山、交通运输、建筑施工、危险化学品、烟花爆竹、民用爆炸物品、冶金等行业（领域）为重点，全面加强企业安全生产工作。要通过更加严格的目标考核和责任追究，采取更加有效的管理手段和政策措施，集中整治非法违法生产行为，坚决遏制重特大事故发生；要尽快建成完善的国家安全生产应急救援体系，在高危行业强制推行一批安全适用的技术装备和防护设施，最大程度减少事故造成的损失；要建立更加完善的技术标准体系，促进企业安全生产技术装备全面达到国家和行业标准，实现我国安全生产技术水平的提高；要进一步调整产业结构，积极推进重点行业的企业重组和矿产资源开发整合，彻底淘汰安全性能低下、危及安全生产的落后产能；以更加有力的政策引导，形成安全生产长效机制。

二、严格企业安全管理

3. 进一步规范企业生产经营行为。企业要健全完善严格的安全生产规章制度，坚持不安全不生产。加强对生产现场监督检查，严格查处违章指挥、违规作业、违反劳动纪律的“三违”行为。凡超能力、超强度、超定员组织生产的，要责令停产停工整顿，并对企业和企业主要负责人依法给予规定上限的经济处罚。对以整合、技改名义违规组织生产，以及规定期限内未实施改造或故意拖延工期的矿井，由地方政府依法予以关闭。要加强对境外中资企业安全生产工作的指导和管理，严格落实境内投资主体和派出企业的安全生产监督责任。

4. 及时排查治理安全隐患。企业要经常性开展安全隐患排查，并切实做到整改措施、责任、资金、时限和预案“五到位”。建立以安全生产专业人员为主导的隐患整改效果评价制度，确保整改到位。对隐患整改不力造成事故的，要依法追究企业和企业相关负责人的责任。对停产整改逾期未完成的不得复产。

5. 强化生产过程管理的领导责任。企业主要负责人和领导班子成员要轮流现场带班。煤矿、非煤矿山要有矿领导带班并与工人同时下井、同时升井，对无企业负责人带班下井或该带班而未带班的，对有关责任人按擅离职守处理，同时给予规定上限的经济处罚。发生事故而没有领导现场带班的，对企业给予规定上限的经济处罚，并依法从重追究企业主要负责人的责任。

6. 强化职工安全培训。企业主要负责人和安全生产管理人员、特殊工种人员一律严格考核，按国家有关规定持职业资格证书上岗；职工必须全部经过培训合格后上岗。企业用工要严格依照劳动合同法与职工签订劳动合同。凡存在不经培训上岗、无证上岗的企业，依法停产整顿。没有对井下作业人员进行安全培训教育，或存在特种作业人员无证上岗的企业，情节严重的要依法予以关闭。

7. 全面开展安全达标。深入开展以岗位达标、专业达标和企业达标为内容的安全生产标准化建设，凡在规定时间内未实现达标的企业要依法暂扣其生产许可证、安全生产许可证，责令停产整顿；对整改逾期未达标的，地方政府要依法予以关闭。

三、建设坚实的技术保障体系

8. 加强企业生产技术管理。强化企业技术管理机构的安全职能，按规定配备安全技术人员，切实落实企业负责人安全生产技术管理负责制，强化企业主要技术负责人技术决策和指挥权。因安全生产技术问题不解决产生重大隐患的，要对企业主要负责人、主要技术负责人和有关人员给予处罚；发生事故的，依法追究责任。

9. 强制推行先进适用的技术装备。煤矿、非煤矿山要制定和实施生产技术装备标准，安装监测监控系统、井下人员定位系统、紧急避险系统、压风自救系统、供水施救系统和通信联络系统等技术装备，并于3年之内完成。逾期未安装的，依法暂扣安全生产许可证、生产许可证。运输危险化学品、烟花爆竹、民用爆炸物品的道路专用车辆，旅游包车和三类以上的班线客车要安装使用具有行驶记录功能的卫星定位装置，于2年之内全部完成；鼓励有条件的渔船安装防撞自动识别系统，在大型尾矿库安装全过程在线监控系统，大型起重机械要安装安全监控管理系统；积极推进信息化建设，努力提高企业安全防护水平。

10. 加快安全生产技术研发。企业在年度财务预算中必须确定必要的安全投入。国家鼓励企业开展安全科技研发，加快安全生产关键技术装备的换代升级。进一步落实《国家中长期科学和技术发展规划纲要(2006－2020年)》等，加大对高危行业安全技术、装备、工艺和产品研发的支持力度，引导高危行业提高机械化、自动化生产水平，合理确定生产一线用工。“十二五”期间要继续组织研发一批提升我国重点行业领域安全生产保障能力的关键技术和装备项目。

四、实施更加有力的监督管理

11. 进一步加大安全监管力度。强化安全生产监管部门对安全生产的综合监管，全面落实公安、交通、国土资源、建设、工商、质检等部门的安全生产监督管理及工业主管部门的安全生产指导职责,形成安全生产综合监管与行业监管指导相结合的工作机制,加强协作,形成合力。在各级政府统一领导下,严厉打击非法违法生产、经营、建设等影响安全生产的行为,安全生产综合监管和行业管理部门要会同司法机关联合执法,以强有力措施查处、取缔非法企业。对重大安全隐患治理实行逐级挂牌督办、公告制度,重大隐患治理由省级安全生产监管部门或行业主管部门挂牌督办,国家相关部门加强督促检查。对拒不执行监管监察指令的企业,要依法依规从重处罚。进一步加强监管力量建设,提高监管人员专业素质和技术装备水平,强化基层站点监管能力,加强对企业安全生产的现场监管和技术指导。

12. 强化企业安全生产属地管理。安全生产监管监察部门、负有安全生产监管职责的有关部门和行业管理部门要按职责分工,对当地企业包括中央、省属企业实行严格的安全生产监督检查和管理,组织对企业安全生产状况进行安全标准化分级考核评价,评价结果向社会公开,并向银行业、证券业、保险业、担保业等主管部门通报,作为企业信用评级的重要参考依据。

13. 加强建设项目安全管理。强化项目安全设施核准审批,加强建设项目的日常安全监管,严格落实审批、监管的责任。企业新建、改建、扩建工程项目的安全设施,要包括安全监控设施和防瓦斯等有害气体、防尘、排水、防火、防爆等设施,并与主体工程同时设计、同时施工、同时投入生产和使用。安全设施与建设项目主体工程未做到同时设计的一律不予审批,未做到同时施工的责令立即停止施工,未同时投入使用的不得颁发安全生产许可证,并视情节追究有关单位负责人的责任。严格落实建设、设计、施工、监理、监管等各方安全责任。对项目建设生产经营单位存在违法分包、转包等行为的,立即依法停工停产整顿,并追究项目业主、承包方等各方责任。

14. 加强社会监督和舆论监督。要充分发挥工会、共青团、妇联组织的作用,依法维护和落实企业职工对安全生产的参与权与监督权,鼓励职工监督举报各类安全隐患,对举报者予以奖励。有关部门和地方要进一步畅通安全生产的社会监督渠道,设立举报箱,公布举报电话,接受人民群众的公开监督。要发挥新闻媒体的舆论监督,对舆论反映的客观问题要深查原因,切实整改。

五、建设更加高效的应急救援体系

15. 加快国家安全生产应急救援基地建设。按行业类型和区域分布,依托大型企业,在中央预算内基建投资支持下,先期抓紧建设 7 个国家矿山应急救援队,配备性能可靠、机动性强的装备和设备,保障必要的运行维护费用。推进公路交通、铁路运输、水上搜救、船舶溢油、油气田、危险化学品等行业(领域)国家救援基地和队伍建设。鼓励和支持各地区、各部门、各行业依托大型企业和专业救援力量,加强服务周边的区域性应急救援能力建设。

16. 建立完善企业安全生产预警机制。企业要建立完善安全生产动态监控及预警预报体系,每月进行一次安全生产风险分析。发现事故征兆要立即发布预警信息,落实防范和应急处置措施。对重大危险源和重大隐患要报当地安全生产监管监察部门、负有安全生产监管职责的有关部门和行业管理部门备案。涉及国家秘密的,按有关规定执行。

17. 完善企业应急预案。企业应急预案要与当地政府应急预案保持衔接,并定期进行演练。赋予企业生产现场带班人员、班组长和调度人员在遇到险情时第一时间下达停产撤人命令的直接决策权和指挥权。因撤离不及时导致人身伤亡事故的,要从重追究相关人员的法律责任。

六、严格行业安全准入

18. 加快完善安全生产技术标准。各行业管理部门和负有安全生产监管职责的有关部门要根据行业技术进步和产业升级的要求,加快制定修订生产、安全技术标准,制定和实施高危行业从业人员资格标准。对实施许可证管理制度的危险性作业要制定落实专项安全技术作业规程和岗位安全操作规程。

19. 严格安全生产准入前置条件。把符合安全生产标准作为高危行业企业准入的前置条件,实行严格的安全标准核准制度。矿山建设项目和用于生产、储存危险物品的建设项目,应当分别按照国家有关规定进行安全条件论证和安全评价,严把安全生产准入关。凡不符合安全生产条件违规建设的,要立即停止建设,情节严重的由本级人民政府或主管部门实施关闭取缔。降低标准造成隐患的,要追究相关人员和负责人的责任。

20. 发挥安全生产专业服务机构的作用。依托科研院所,结合事业单位改制,推动安全生产评价、技术支持、安全培训、技术改造等服务性机构的规范发展。制定完善安全生产专业服务机构管理办法,保证专业服务机构从业行为的专业性、独立性和客观性。专业服务机构对相关评价、鉴定结论承担法律责任,对违法违规、弄虚作假的,要依法依规从严追究相关人员和机构的法律责任,并降低或取消相关资质。

七、加强政策引导

21. 制定促进安全技术装备发展的产业政策。要鼓励和引导企业研发、采用先进适用的安全技术和产品,鼓励安全生产适用技术和新装备、新工艺、新标准的推广应用。把安全检测监控、安全避险、安全保护、个人防护、灾害监控、特种安全设施及应急救援等安全生产专用设备的研发制造,作为安全产业加以培育,纳入国家振兴装备制造业的政策支持范畴。大力发展安全装备融资租赁业务,促进高危行业企业加快提升安全装备水平。

22. 加大安全专项投入。切实做好尾矿库治理、扶持煤矿安全技改建设、瓦斯防治和小煤矿整顿关闭等各类中央资金的安排使用,落实地方和企业配套资金。加强对高危行业企业安全生产费用提取和使用管理的监督检查,进一步完善高危行业企业安全生产费用财务管理制度,研究提高安全生产费用提取下限标准,适当扩大适用范围。依法加强道路交通事故社会救助基金制度建设,加快建立完善水上搜救奖励与补偿机制。高危行业企业探索实行全员安全风险抵押金制度。完善落实工伤保险制度,积极稳妥推行安全生产责任保险制度。

23. 提高工伤事故死亡职工一次性赔偿标准。从2011年1月1日起，依照《工伤保险条例》的规定，对因生产安全事故造成的职工死亡，其一次性工亡补助金标准调整为按全国上一年度城镇居民人均可支配收入的20倍计算，发放给工亡职工近亲属。同时，依法确保工亡职工一次性丧葬补助金、供养亲属抚恤金的发放。

24. 鼓励扩大专业技术和技能人才培养。进一步落实完善校企合作办学、对口单招、订单式培养等政策，鼓励高等院校、职业学校逐年扩大采矿、机电、地质、通风、安全等相关专业人才的招生培养规模，加快培养高危行业专业人才和生产一线急需技能型人才。

八、更加注重经济发展方式转变

25. 制定落实安全生产规划。各地区、各有关部门要把安全生产纳入经济社会发展的总体布局，在制定国家、地区发展规划时，要同步明确安全生产目标和专项规划。企业要把安全生产工作的各项要求落实在企业发展和日常工作之中，在制定企业发展规划和年度生产经营计划中要突出安全生产，确保安全投入和各项安全措施到位。

26. 强制淘汰落后技术产品。不符合有关安全标准、安全性能低下、职业危害严重、危及安全生产的落后技术、工艺和装备要列入国家产业结构调整指导目录，予以强制性淘汰。各省级人民政府也要制订本地区相应的目录和措施，支持有效消除重大安全隐患的技术改造和搬迁项目，遏制安全水平低、保障能力差的项目建设和延续。对存在落后技术装备、构成重大安全隐患的企业，要予以公布，责令限期整改，逾期未整改的依法予以关闭。

27. 加快产业重组步伐。要充分发挥产业政策导向和市场机制的作用，加大对相关高危行业企业重组力度，进一步整合或淘汰浪费资源、安全保障低的落后产能，提高安全基础保障能力。

九、实行更加严格的考核和责任追究

28. 严格落实安全目标考核。对各地区、各有关部门和企业完成年度生产安全事故控制指标情况进行严格考核，并建立激励约束机制。加大重特大事故的考核权重，发生特别重大生产安全事故的，要根据情节轻重，追究地市级分管领导或主要领导的责任；后果特别严重、影响特别恶劣的，要按规定追究省部级相关领导的责任。加强安全生产基础工作考核，加快推进安全生产长效机制建设，坚决遏制重特大事故的发生。

29. 加大对事故企业负责人的责任追究力度。企业发生重大生产安全责任事故，追究事故企业主要负责人责任；触犯法律的，依法追究事故企业主要负责人或企业实际控制人的法律责任。发生特别重大事故，除追究企业主要负责人和实际控制人责任外，还要追究上级企业主要负责人的责任；触犯法律的，依法追究企业主要负责人、企业实际控制人和上级企业负责人的法律责任。对重大、特别重大生产安全责任事故负有主要责任的企业，其主要负责人终身不得担任本行业企业的矿长（厂长、经理）。对非法违法生产造成人员伤亡的，以及瞒报事故、事故后逃逸等情节特别恶劣的，要依法从重处罚。

30. 加大对事故企业的处罚力度。对于发生重大、特别重大生产安全责任事故或一年内发生2次以上较大生产安全责任事故并负主要责任的企业，以及存在重大隐患整改不力的企业，由省级及以上安全监管监察部门会同有关行业主管部门向社会公告，并向投资、国土资源、建设、银行、证券等主管部门通报，一年内严格限制新增的项目核准、用地审批、证券融资等，并作为银行贷款等的重要参考依据。

31. 对打击非法生产不力的地方实行严格的责任追究。在所辖区域对群众举报、上级督办、日常检查发现的非法生产企业（单位）没有采取有效措施予以查处，致使非法生产企业（单位）存在的，对县（市、区）、乡（镇）人民政府主要领导以及相关责任人，根据情节轻重，给予降级、撤职或者开除的行政处分，涉嫌犯罪的，依法追究刑事责任。国家另有规定的，从其规定。

32. 建立事故查处督办制度。依法严格事故查处，对事故查处实行地方各级安全生产委员会层层挂牌督办，重大事故查处实行国务院安全生产委员会挂牌督办。事故查处结案后，要及时予以公告，接受社会监督。

各地区、各部门和各有关单位要做好对加强企业安全生产工作的组织实施，制订部署本地区本行业贯彻落实本通知要求的具体措施，加强监督检查和指导，及时研究、协调解决贯彻实施中出现的突出问题。国务院安全生产委员会办公室和国务院有关部门要加强工作督查，及时掌握各地区、各部门和本行业（领域）工作进展情况，确保各项规定、措施执行落实到位。省级人民政府和国务院有关部门要将加强企业安全生产工作情况及时报送国务院安全生产委员会办公室。

国务院

2010年7月19日

国务院关于坚持科学发展安全发展促进安全生产形势持续稳定好转的意见

（国发〔2011〕40号）

各省、自治区、直辖市人民政府，国务院各部委、各直属机构：

安全生产事关人民群众生命财产安全，事关改革开放、经济发展和社会稳定大局，事关党和政府形象和声誉。为深入贯彻落实科学发展观，实现安全发展，促进全国安全生产形势持续稳定好转，提出以下意见：

一、充分认识坚持科学发展安全发展的重大意义

（一）坚持科学发展安全发展是对安全生产实践经验的科学总结。多年来，各地区、各部门、各单位深入贯彻落实科学发展观，按照党中央、国务院的决策部署，大力推进安全发展，全国安全生产工作取得了积极进展和明显成效。“十一五”期间，事故总量和重特大事故大幅度下降，全国各类事故死亡人数年均减少约1万人，反映安全生产状况的各项指标显著改善，安全生产形势持续稳定好转。实践表明，坚持科学发展安全发展，是对新时期安全生产客观规律的科学认识和准确把握，是保障人民群众生命财产安全的必然选择。

（二）坚持科学发展安全发展是解决安全生产问题的根本途径。我国正处于工业化、城镇化快速发展进程中，处于生产安全事故易发多发的高峰期，安全基础仍然比较薄弱，重特大事故尚未得到有效遏制，非法违法生产经营建设行为屡禁不止，安全责任不落实、防范和监督管理不到位等问题在一些地方和企业还比较突出。安全生产工作既要解决长期积累的深层次、结构性和区域性问题，又要应对不断出现的新情况、新问题，根本出路在于坚持科学发展安全发展。要把这一重要思想和理念落实到生产经营建设的每一个环节，使之成为衡量各行业领域、各生产经营单位安全生产工作的基本标准，自觉做到不安全不生产，实现安全与发展的有机统一。

（三）坚持科学发展安全发展是经济发展社会进步的必然要求。随着经济发展和社会进步，全社会对安全生产的期待不断提高，广大从业人员“体面劳动”意识不断增强，对加强安全监管监察、改善作业环境、保障职业安全健康权益等方面的要求越来越高。这就要求各地区、各部门、各单位必须始终把安全生产摆在经济社会发展重中之重的位置，自觉坚持科学发展安全发展，把安全真正作为发展的前提和基础，使经济社会发展切实建立在安全保障能力不断增强、劳动者生命安全和身体健康得到切实保障的基础之上，确保人民群众平安幸福地享有经济发展和社会进步的成果。

二、指导思想和基本原则

（四）指导思想。坚持以邓小平理论和“三个代表”重要思想为指导，深入贯彻落实科学发展观，牢固树立以人为本、安全发展的理念，始终把保障人民群众生命财产安全放在首位，大力实施安全发展战略，紧紧围绕科学发展主题和加快转变经济发展方式主线，自觉坚持“安全第一、预防为主、综合治理”方针，坚持速度、质量、效益与安全的有机统一，以强化和落实企业主体责任为重点，以事故预防为主攻方向，以规范生产为保障，以科技进步为支撑，认真落实安全生产各项措施，标本兼治、综合治理，有效防范和坚决遏制重特大事故，促进安全生产与经济社会同步协调发展。

（五）基本原则。——统筹兼顾，协调发展。正确处理安全生产与经济社会发展、与速度质量效益的关系，坚持把安全生产放在首要位置，促进区域、行业领域的科学、安全、可持续发展。——依法治安，综合治理。健全完善安全生产法律法规、制度标准体系，严格安全生产执法，严厉打击非法违法行为，综合运用法律、行政、经济等手段，推动安全生产工作规范、有序、高效开展。——突出预防，落实责任。加大安全投入，严格安全准入，深化隐患排查治理，筑牢安全生产基础，全面落实企业安全生产主体责任、政府及部门监管责任和属地管理责任。——依靠科技，创新管理。加快安全科技研发应用，加强专业技术人才队伍和高素质的职工队伍培养，创新安全管理体制机制和方式方法，不断提升安全保障能力和安全管理水平。

三、进一步加强安全生产法制建设

（六）健全完善安全生产法律制度体系。加快推进安全生产法等相关法律法规的修订制定工作。适应经济社会快速发展的新要求，制定高速铁路、高速公路、大型桥梁隧道、超高层建筑、城市轨道交通和地下管网等建设、运行、管理方面的安全法规规章。根据技术进步和产业升级需要，抓紧修订完善国家和行业安全技术标准，尽快健全覆盖各行业领域的安全生产标准体系。进一步建立完善安全生产激励约束、督促检查、行政问责、区域联动等制度，形成规范有力的制度保障体系。

（七）加大安全生产普法执法力度。加强安全生产法制教育，普及安全生产法律知识，提高全民安全法制意识，增强依法生产经营建设的自觉性。加强安全生产日常执法、重点执法和跟踪执法，强化相关部门及与司法机关的联合执法，确保执法实效。继续依法严厉打击各类非法违法生产经营建设行为，切实落实停产整顿、关闭取缔、严格问责的惩治措施。强化地方人民政府特别是县乡级人民政府责任，对打击非法生产不力的，要严肃追究责任。

（八）依法严肃查处各类事故。严格按照“科学严谨、依法依规、实事求是、注重实效”的原则，认真调查处理每一起事故，查明原因，依法严肃追究事故单位和有关责任人的责任，严厉查处事故背后的腐败行为，及时向社会公布调查进展和处理结果。认真落实事故查处分级挂牌督办、跟踪督办、警示通报、诫勉约谈和现场分析制度，深刻吸取事故教训，查找安全漏洞，完善相关管理措施，切实改进安全生产工作。

四、全面落实安全生产责任

（九）认真落实企业安全生产主体责任。企业必须严格遵守和执行安全生产法律法规、规章制度与技术标准，依法依规加强安全生产，加大安全投入，健全安全管理机构，加强班组安全建设，保持安全设备设施完好有效。企业主要负责人、实际控制人要切实承担安全生产第一责任人的责任，带头执行现场带班制度，加强现场安全管理。强化企业技术负责人技术决策和指挥权，注重发挥注册安全工程师对企业安全状况诊断、评估、整改方面的作用。企业主要负责人、安全管理人员、特种作业人员一律经严格考核、持证上岗。企业用工要严格依照劳动合同法与职工签订劳动合同，职工必须全部经培训合格后上岗。

（十）强化地方人民政府安全监管责任。地方各级人民政府要健全完善安全生产责任制，把安全生产作为衡量地方经济发展、社会管理、文明建设成效的重要指标，切实履行属地管理职责，对辖区内各类企业包括中央、省属企业实施严格的安全生产监督检查和管理。严格落实地方行政首长安全生产第一责任人的责任，建立健全政府领导班子成员安全生产“一岗双责”制度。省、市、县级政府主要负责人要定期研究部署安全生产工作，组织解决安全生产重点难点问题。

（十一）切实履行部门安全生产管理和监督职责。健全完善安全生产综合监管与行业监管相结合的工作机制，强化安全生产监管部门对安全生产的综合监管，全面落实行业主管部门的专业监管、行业管理和指导职责。相关部门、境内投资主体和派出企业要切实加强对境外中资企业安全生产工作的指导和管理。要不断探索创新与经济运行、社会管理相适应的安全监管模式，建立健全与企业信誉、项目核准、用地审批、证券融资、银行贷款等方面相挂钩的安全生产约束机制。

五、着力强化安全生产基础

（十二）严格安全生产准入条件。要认真执行安全生产许可制度和产业政策，严格技术和安全质量标准，严把行业安全准入关。强化建设项目安全核准，把安全生产条件作为高危行业建设项目审批的前置条件，未通过安全评估的不准立项；未经批准擅自开工建设的，要依法取缔。严格执行建设项目安全设施“三同时”（同时设计、同时施工、同时投产和使用）制度。制定和实施高危行业从业人员资格标准。加强对安全生产专业服务机构管理，实行严格的资格认证制度，确保其评价、检测结果的专业性和客观性。

（十三）加强安全生产风险监控管理。充分运用科技和信息手段，建立健全安全生产隐患排查治理体系，强化监测监控、预报预警，及时发现和消除安全隐患。企业要定期进行安全风险评估分析，重大隐患要及时报安全监管监察和行业主管部门备案。各级政府要对重大隐患实行挂牌督办，确保监控、整改、防范等措施落实到位。各地区要建立重大危险源管理档案，实施动态全程监控。

（十四）推进安全生产标准化建设。在工矿商贸和交通运输行业领域普遍开展岗位达标、专业达标和企业达标建设，对在规定期限内未实现达标的企业，要依据有关规定暂扣其生产许可证、安全生产许可证，责令停产整顿；对整改逾期仍未达标的，要依法予以关闭。加强安全标准化分级考核评价，将评价结果向银行、证券、保险、担保等主管部门通报，作为企业信用评级的重要参考依据。

（十五）加强职业病危害防治工作。要严格执行职业病防治法，认真实施国家职业病防治规划，深入落实职业危害防护设施“三同时”制度，切实抓好煤（矽）尘、热害、高毒物质等职业危害防范治理。对可能产生职业病危害的建设项目，必须进行严格的职业病危害预评价，未提交预评价报告或预评价报告未经审核同意的，一律不得批准建设；对职业病危害防控措施不到位的企业，要依法责令其整改，情节严重的要依法予以关闭。切实做好职业病诊断、鉴定和治疗，保障职工安全健康权益。

六、深化重点行业领域安全专项整治

（十六）深入推进煤矿瓦斯防治和整合技改。加快建设“通风可靠、抽采达标、监控有效、管理到位”的瓦斯综合治理工作体系，完善落实瓦斯抽采利用扶持政策，推进瓦斯防治技术创新。严格控制高瓦斯和煤与瓦斯突出矿井建设项目审批。建立完善煤矿瓦斯防治能力评估制度，对不具备防治能力的高瓦斯和煤与瓦斯突出矿井，要严格按规定停产整改、重组或依法关闭。继续运用中央预算内投资扶持煤矿安全技术改造，支持煤矿整顿关闭和兼并重组。加强对整合技改煤矿的安全管理，加快推进煤矿井下安全避险系统建设和小煤矿机械化改造。

（十七）加大交通运输安全综合治理力度。加强道路长途客运安全管理，修订完善长途客运车辆安全技术标准，逐步淘汰安全性能差的运营车型。强化交通运输企业安全主体责任，禁止客运车辆挂靠运营，禁止非法改装车辆从事旅客运输。严格长途客运、危险品车辆驾驶人资格准入，研究建立长途客车驾驶人强制休息制度，持续严厉整治超载、超限、超速、酒后驾驶、高速公路违规停车等违法行为。加强道路运输车辆动态监管，严格按规定强制安装具有行驶记录功能的卫星定位装置并实行联网联控。提高道路建设质量，完善安全防护设施，加强桥梁、隧道、码头安全隐患排查治理。加强高速铁路和城市轨道交通建设运营安全管理。继续强化民航、农村和山区交通、水上交通的安全监管，特别要抓紧完善校车安全法规和标准，依法强化校车安全监管。

（十八）严格危险化学品安全管理。全面开展危险化学品安全管理现状普查评估，建立危险化学品安全管理信息系统。科学规划化工园区，优化化工企业布局，严格控制城镇涉及危险化学品的建设项目。各地区要积极研究制定鼓励支持政策，加快城区高风险危险化学品生产、储存企业搬迁。地方各级人民政府要组织开展地下危险化学品输送管道设施安全整治，加强和规范城镇地面开挖作业管理。继续推进化工装置自动控制系统改造。切实加强烟花爆竹和民用爆炸物品的安全监管，深入开展“三超一改”（超范围、超定员、超药量和擅自改变工房用途)和礼花弹等高危产品专项治理。

(十九)深化非煤矿山安全整治。进一步完善矿产资源开发整合常态化管理机制,制定实施非煤矿山主要矿种最小开采规模和最低服务年限标准。研究制定充填开采标准和规定。积极推行尾矿库一次性筑坝、在线监测技术,搞好尾矿综合利用。全面加强矿井安全避险系统建设,组织实施非煤矿山采空区监测监控等科技示范工程。加强陆地和海洋石油天然气勘探开采的安全管理,重点防范井喷失控、硫化氢中毒、海上溢油等事故。

(二十)加强建筑施工安全生产管理。按照"谁发证、谁审批、谁负责"的原则,进一步落实建筑工程招投标、资质审批、施工许可、现场作业等各环节安全监管责任。强化建筑工程参建各方企业安全生产主体责任。严密排查治理起重机、吊罐、脚手架等设施设备安全隐患。建立建筑工程安全生产信息系统,健全施工企业和从业人员安全信用体系,完善失信惩戒制度。建立完善铁路、公路、水利、核电等重点工程项目安全风险评估制度。严厉打击超越资质范围承揽工程、违法分包转包工程等不法行为。

(二十一)加强消防、冶金等其他行业领域的安全监管。地方各级人民政府要把消防规划纳入当地城乡规划,切实加强公共消防设施建设。大力实施社会消防安全"防火墙"工程,落实建设项目消防安全设计审核、验收和备案抽查制度,严禁使用不符合消防安全要求的装修装饰材料和建筑外保温材料。严格落实人员密集场所、大型集会活动等安全责任制,严防拥挤踩踏事故。加强冶金、有色等其他工贸行业企业安全专项治理,严格执行压力容器、电梯、游乐设施等特种设备安全管理制度,加强电力、农机和渔船安全管理。

七、大力加强安全保障能力建设

(二十二)持续加大安全生产投入。探索建立中央、地方、企业和社会共同承担的安全生产长效投入机制,加大对贫困地区和高危行业领域倾斜。完善有利于安全生产的财政、税收、信贷政策,强化政府投资对安全生产投入的引导和带动作用。企业在年度财务预算中必须确定必要的安全投入,提足用好安全生产费用。完善落实工伤保险制度,积极稳妥推行安全生产责任保险制度,发挥保险机制的预防和促进作用。

(二十三)充分发挥科技支撑作用。整合安全科技优势资源,建立完善以企业为主体、以市场为导向、产学研用相结合的安全技术创新体系。加快推进安全生产关键技术及装备的研发,在事故预防预警、防治控制、抢险处置等方面尽快推出一批具有自主知识产权的科技成果。积极推广应用安全性能可靠、先进适用的新技术、新工艺、新设备和新材料。企业必须加快国家规定的各项安全系统和装备建设,提高生产安全防护水平。加强安全生产信息化建设,建立健全信息科技支撑服务体系。

(二十四)加强产业政策引导。加大高危行业企业重组力度,进一步整合浪费资源、安全保障低的落后产能,加快淘汰不符合安全标准、职业危害严重、危及安全生产的落后技术、工艺和装备。地方各级人民政府要制定相关政策,遏制安全水平低、保障能力差的项目的建设和延续。对存在落后技术设备、构成重大安全隐患的企业,要予以公布,责令其限期整改,逾期未整改的依法予以关闭。把安全产业纳入国家重点支持的战略产业,积极发展安全装备融资租赁业务,促进企业加快提升安全装备水平。

(二十五)加强安全人才和监管监察队伍建设。加强安全科学与工程学科建设,办好安全工程类高等教育和职业教育,重点培养中高级安全工程与管理人才。鼓励高等院校、职业学校进一步落实完善校企合作办学、对口单招、订单式培养等政策,加快培养高危行业专业人才和生产一线急需技能型人才。加快建设专业化的安全监管监察队伍,建立以岗位职责为基础的能力评价体系,加强在岗人员业务培训。进一步充实基层监管力量,改善监管监察装备和条件,创新安全监管监察机制,切实做到严格、公正、廉洁、文明执法。

八、建设更加高效的应急救援体系

(二十六)加强应急救援队伍和基地建设。抓紧7个国家级、14个区域性矿山应急救援基地建设,加快推进重点行业领域的专业应急救援队伍建设。县级以上地方人民政府要结合实际,整合应急资源,依托大型企业、公安消防等救援力量,加强本地区应急救援队伍建设。建立紧急医学救援体系,提升事故医疗救治能力。建立救援队伍社会化服务补偿机制,鼓励和引导社会力量参与应急救援。

(二十七)完善应急救援机制和基础条件。健全省、市、县及中央企业安全生产应急管理体系,加快建设应急平台,完善应急救援协调联动机制。建立健全自然灾害预报预警联合处置机制,加强安监、气象、地震、海洋等部门的协调配合,严防自然灾害引发事故灾难。建立完善企业安全生产动态监控及预警预报体系。加强应急救援装备建设,强化应急物资和紧急运输能力储备,提高应急处置效率。

(二十八)加强预案管理和应急演练。建立健全安全生产应急预案体系,加强动态修订完善。落实省、市、县三级安全生产预案报备制度,加强企业预案与政府相关应急预案的衔接。定期开展应急预案演练,切实提高事故救援实战能力。企业生产现场带班人员、班组长和调度人员在遇到险情时,要按照预案规定,立即组织停产撤人。

九、积极推进安全文化建设

(二十九)加强安全知识普及和技能培训。加强安全教育基地建设,充分利用电视、互联网、报纸、广播等多种形式和手段普及安全常识,增强全社会科学发展、安全发展的思想意识。在中小学广泛普及安全基础教育,加强防灾避险演练。全面开展安全生产、应急避险和职业健康知识进企业、进学校、进乡村、进社区、进家庭活动,努力提升全民安全素质。大力开展企业全员安全培训,重点强化高危行业和中小企业一线员工安全培训。完善农民工向产业工人转化过程中的安全教育培训机制。建立完善安全技术人员继续教育制度。大型企业要建立健全职业教育和培训机构。加强地方政府安全生产分管领导干部的安全培训,提高安全管理水平。

(三十)推动安全文化发展繁荣。充分利用社会资源和市场机制,培育发展安全文化产业，打造安全文化精品，促进安全文化市场繁荣。加强安全公益宣传，大力倡导“关注安全、关爱生命”的安全文化。建设安全文化主题公园、主题街道和安全社区，创建若干安全文化示范企业和安全发展示范城市。推进安全文化理论和建设手段创新，构建自我约束、持续改进的长效机制，不断提高安全文化建设水平，切实发挥其对安全生产工作的引领和推动作用。

十、切实加强组织领导和监督

（三十一）健全完善安全生产工作格局。各地区要进一步健全完善政府统一领导、部门依法监管、企业全面负责、群众参与监督、全社会广泛支持的安全生产工作格局，形成各方面齐抓共管的合力。要切实加强安全生产工作的组织领导，充分发挥各级政府安全生产委员会及其办公室的指导协调作用，落实各成员单位工作责任。县级以上人民政府要依法健全完善安全生产、职业健康监管体系，安全生产任务较重的乡镇要加强安全监管力量建设，确保事有人做、责有人负。

（三十二）加强安全生产绩效考核。把安全生产考核控制指标纳入经济社会发展考核评价指标体系，加大各级领导干部政绩业绩考核中安全生产的权重和考核力度。把安全生产工作纳入社会主义精神文明和党风廉政建设、社会管理综合治理体系之中。制定完善安全生产奖惩制度，对成效显著的单位和个人要以适当形式予以表扬和奖励，对违法违规、失职渎职的，依法严格追究责任。

（三十三）发挥社会公众的参与监督作用。推进安全生产政务公开，健全行政许可网上申请、受理、审批制度。落实安全生产新闻发布制度和救援工作报道机制，完善隐患、事故举报奖励制度，加强社会监督、舆论监督和群众监督。支持各级工会、共青团、妇联等群众组织动员广大职工开展群众性安全生产监督和隐患排查，落实职工岗位安全责任，推进群防群治。

国务院

2011 年 11 月 26 日

国务院办公厅关于印发《推进长江危险化学品运输安全保障体系建设工作方案》的通知

（国办函〔2014〕54号）

上海市、江苏省、安徽省、江西省、湖北省、湖南省、重庆市、四川省、云南省人民政府，发展改革委、工业和信息化部、公安部、财政部、环境保护部、住房城乡建设部、交通运输部、水利部、质检总局、安全监管总局：

交通运输部会同有关部门制订的《推进长江危险化学品运输安全保障体系建设工作方案》已经国务院同意，现印发给你们，请认真贯彻执行。

国务院办公厅

2014年6月9日

推进长江危险化学品运输安全保障体系建设工作方案

长江是我国横贯东中西部地区的黄金水道，承担了沿江地区85%的大宗货物和中上游地区90%的外贸货物运输量，在促进区域经济社会协调发展中发挥了重要纽带作用。近年来，随着大量化工园区沿长江集中布局，长江干线危险化学品运输量以年均近10%的幅度快速增长，对危险化学品生产、仓储、装卸、运输、污染物处置等各环节的安全管理带来了严峻挑战。同时，长江也是沿江地区重要的水源地，沿线共有生活和工业取水口400余处，涉及人口约1.4亿人。一旦发生危险化学品泄漏等安全事故，将直接威胁沿江居民饮用水安全，影响生态环境和沿江经济发展。为加快推进长江危险化学品运输安全保障体系建设，确保长江危险化学品运输安全和居民饮用水安全，现制订以下工作方案：

一、总体要求

（一）指导思想。深入贯彻落实党的十八大和十八届三中全会精神，坚持科学发展安全发展，通过优化产业布局、推进信息共享、改善设施装备、提高应急能力，完善长江危险化学品运输安全保障体系，提升运输安全水平，保障长江沿岸居民饮用水安全和生态文明建设，促进沿江经济社会可持续发展，为依托黄金水道建设长江经济带创造良好环境。

（二）工作目标。长江沿江化工园区布局优化，合理控制上游地区沿江石化、化工产业发展；长江沿线取水口水源保护区防控措施完备；长江危险化学品运输动态监管信息互联共享，形成监管合力；长江危险化学品生产、储存、运输等相关装备设施、人员素质及安全监管和应急处置能力适应安全发展需要。

二、主要任务

（一）优化沿江石化、化工产业布局，提高化工园区风险防控能力。

1. 综合考虑长江水系生态环境承载力、沿江饮用水源保护、运输安全等因素，结合生态功能区划、环境保护规划以及城乡规划，尽快研究完善长江危险化学品产业布局规划，规范长江两岸化工园区的建设和发展，优化石化、化工产业结构。（发展改革委、工业和信息化部牵头，环境保护部、住房城乡建设部、交通运输部、安全监管总局配合）

2. 开展已建沿江化工园区以及危险化学品装卸、仓储设施的安全风险与应急能力评估，建立完善安全管理和应急处置体系，提高风险控制能力。组织开展沿江化工园区船舶洗舱设施和洗舱水处理能力评估，进一步完善相关配套设施。（工业和信息化部、环境保护部、交通运输部、安全监管总局负责）

3. 完善相关法规和标准，加强对危险化学品包装物和容器的监督检查，促使企业按照相关法律、行政法规和规章的规定包装危险化学品，粘贴或者悬挂安全标签，并提供安全技术说明书。（质检总局、工业和信息化部、交通运输部、安全监管总局负责）

（二）构建长江危险化学品动态监管信息平台，加强饮用水水源保护。

1. 抓紧建立完善长江危险化学品运输动态监管信息平台，推进各有关部门共享危险化学品运输相关基础信息、动态信息，及时掌握危险化学品的流向和状态，逐步实现危险化学品运输的全程监控、监测预警和应急辅助决策功能，有效控制危险化学品运输风险，建立完善上下游事故信息通报制度，提高应急处置能力。（交通运输部牵头，工业和信息化部、环境保护部、水利部、安全监管总局负责）

2. 加强长江沿线取水口水源风险防控，进一步落实饮用水水源保护区管理和水源地核准与安全评估制度，针对沿江危险化学品生产、运输等对饮用水水源的影响进行风险评估，完善监测预警措施和应急预案，有条件的地区应落实应急水源，防范危险化学品事故引发次生突发环境事件。（环境保护部牵头，住房城乡建设部、水利部负责）

3. 落实新修订的《危险化学品安全管理条例》，尽快制订出台《内河危险化学品禁运目录》，建立危险化学品适运性评估制度。针对新进入水运领域的危险化学品，开展适运性评估，从物理化学特性、事故危害程度、应急处置措施等方面，评估危险化学品水运风险，确定运输条件和要求，提出安全保障措施，提高危险化学品运输风险控制能力。（交通运输部牵头，工业和信息化部、环境保护部、安全监管总局配合）

（三）加强长江危险化学品运输装备设施建设，促进企业转型升级。

1. 推进长江危险化学品运输船舶结构调整，鼓励并加快淘汰长江单壳危险化学品船舶，引导安全技术标准高、符合节能减排要求的双壳危险化学品船舶投入运输市场，加强长江危险化学品运输船舶标准化建设。自 2016 年 1 月 1 日起，长江干线全面禁止单壳化学品船舶和 600 载重吨以上单壳油船进入，危险化学品运输船舶船型标准化率达到 70%。强化对危险化学品运输船舶的监督检查，保障运输安全。（交通运输部负责）

2. 根据沿江化工园区布局、码头数量分布、船舶通航密度、危险化学品运输发展趋势等，加快危险化学品船舶专用锚地、船舶洗舱水接收处理基地等配套设施建设，研究制定科学合理的锚地建设方案，鼓励社会和企业投资建设洗舱水接收处理基地，尽快改变专用锚地不够、洗舱水接收处理能力不足的局面。（交通运输部牵头，环境保护部负责）

3. 推动长江危险化学品运输企业转型升级，提高企业安全生产管理水平。严格航运市场准入管理，落实《国内水路运输管理条例》，提高危险化学品运输市场准入门槛，鼓励现有危险化学品运输企业通过兼并重组实现规模化经营。建立危险化学品水路运输企业信息库，对危险化学品运输企业实施分类分级管理，强化企业安全生产与污染防治责任，并将企业安全生产标准化与企业的资质管理相结合，推动优质航运企业发展。（交通运输部负责）

4. 落实《危险化学品安全管理条例》，建立水路危险化学品运输从业人员资格制度，加强相关从业人员及管理人员危险化学品知识和应急技能培训。研究完善安全风险告知制度，提高从业人员的安全意识和应急处置能力。（交通运输部牵头，环境保护部配合）

（四）完善危险化学品应急救援体系，提高应急处置能力。

1. 按照统一领导、综合协调、分类管理、分级负责、属地管理为主的应急管理体制，建立完善长江危险化学品应急处置资源储备和运行维护制度，明确应急物资储备种类、数量，落实相关单位应急资源储备责任义务，研究提出沿江危险化学品生产、仓储、装卸、运输等环节及饮用水安全保障应急资源统筹配置方案。（工业和信息化部、财政部、环境保护部、住房城乡建设部、交通运输部、水利部、安全监管总局负责）

2. 加强长江危险化学品应急队伍建设，进一步强化公安消防、安全监管、环保、水利、港口、海事、救捞等部门应急救援力量，指导沿江危险化学品生产、仓储、装卸、运输企业建立与自身生产经营规模相适应的专职或兼职的应急救援队伍，按照相关要求编制应急预案，改善应急装备、提高人员素质、加强培训演练，着力提升危险化学品事故应急处置能力。建立危险化学品应急专家队伍，提供技术支持。强化应急救援队伍的运行保障，积极探索应急救援市场化服务的机制和模式。（工业和信息化部、公安部、环境保护部、交通运输部、水利部、安全监管总局负责）

3. 加强危险化学品安全管理和应急处置技术研究，支持关键技术研究与重大装备研制，鼓励新产品、新工艺和新技术开发，促进科研成果的转化和推广应用。制定完善相关标准规范和危险化学品应急处置技术指南。（工业和信息化部、环境保护部、交通运输部、水利部、质检总局、安全监管总局负责）

三、保障措施

（一）加强组织领导，落实责任。国务院有关部门要按照本工作方案的分工要求，将涉及本部门的工作进一步分解和细化，抓紧制定具体落实措施，确保完成各项任务。各有关省市人民政府要加强对贯彻实施本工作方案的组织领导，统筹落实分工任务，推进保障体系建设取得实效。

（二）建立协调机制，齐抓共管。交通运输部要牵头做好落实本工作方案的协调工作，及时汇总报告各项工作进展情况。各有关部门和地方要通力协作、密切配合。沿江县级以上人民政府要建立相应的工作机制，并充分发挥危险化学品安全生产监管部门联席会议作用，加强全过程安全监管及应急联动，实现长江危险化学品运输平稳安全有序，保障沿江居民饮用水安全。

国务院安委会关于深入开展企业安全生产标准化建设的指导意见

（安委〔2011〕4号）

一、充分认识深入开展企业安全生产标准化建设的重要意义

（一）是落实企业安全生产主体责任的必要途径。国家有关安全生产法律法规和规定明确要求，要严格企业安全管理，全面开展安全达标。企业是安全生产的责任主体，也是安全生产标准化建设的主体，要通过加强企业每个岗位和环节的安全生产标准化建设，不断提高安全管理水平，促进企业安全生产主体责任落实到位。

（二）是强化企业安全生产基础工作的长效制度。安全生产标准化建设涵盖了增强人员安全素质、提高装备设施水平、改善作业环境、强化岗位责任落实等各个方面，是一项长期的、基础性的系统工程，有利于全面促进企业提高安全生产保障水平。

（三）是政府实施安全生产分类指导、分级监管的重要依据。实施安全生产标准化建设考评，将企业划分为不同等级，能够客观真实地反映出各地区企业安全生产状况和不同安全生产水平的企业数量，为加强安全监管提供有效的基础数据。

（四）是有效防范事故发生的重要手段。深入开展安全生产标准化建设，能够进一步规范从业人员的安全行为，提高机械化和信息化水平，促进现场各类隐患的排查治理，推进安全生产长效机制建设，有效防范和坚决遏制事故发生，促进全国安全生产状况持续稳定好转。

各地区、各有关部门和企业要把深入开展企业安全生产标准化建设的思想行动统一到《国务院通知》的规定要求上来，充分认识深入开展安全生产标准化建设对加强安全生产工作的重要意义，切实增强推动企业安全生产标准化建设的自觉性和主动性，确保取得实效。

二、总体要求和目标任务

（一）总体要求。深入贯彻落实科学发展观，坚持"安全第一、预防为主、综合治理"的方针，牢固树立以人为本、安全发展理念，全面落实《国务院通知》和《国办通知》精神，按照《企业安全生产标准化基本规范》（AQ/T 9006—2010，以下简称《基本规范》）和相关规定，制定完善安全生产标准和制度规范。严格落实企业安全生产责任制，加强安全科学管理，实现企业安全管理的规范化。加强安全教育培训，强化安全意识、技术操作和防范技能，杜绝"三违"。加大安全投入，提高专业技术装备水平，深化隐患排查治理，改进现场作业条件。通过安全生产标准化建设，实现岗位达标、专业达标和企业达标，各行业（领域）企业的安全生产

水平明显提高,安全管理和事故防范能力明显增强。

(二)目标任务。在工矿商贸和交通运输行业(领域)深入开展安全生产标准化建设,重点突出煤矿、非煤矿山、交通运输、建筑施工、危险化学品、烟花爆竹、民用爆炸物品、冶金等行业(领域)。其中,煤矿要在2011年底前,危险化学品、烟花爆竹企业要在2012年底前,非煤矿山和冶金、机械等工贸行业(领域)规模以上企业要在2013年底前,冶金、机械等工贸行业(领域)规模以下企业要在2015年前实现达标。要建立健全各行业(领域)企业安全生产标准化评定标准和考评体系;进一步加强企业安全生产规范化管理,推进全员、全方位、全过程安全管理;加强安全生产科技装备,提高安全保障能力;严格把关,分行业(领域)开展达标考评验收;不断完善工作机制,将安全生产标准化建设纳入企业生产经营全过程,促进安全生产标准化建设的动态化、规范化和制度化,有效提高企业本质安全水平。

三、实施方法

(一)打基础,建章立制。按照《基本规范》要求,将企业安全生产标准化等级规范为一、二、三级。各地区、各有关部门要分行业(领域)制定安全生产标准化建设实施方案,完善达标标准和考评办法,并于2011年5月底以前将本地区、本行业(领域)安全生产标准化建设实施方案报国务院安委会办公室。企业要从组织机构、安全投入、规章制度、教育培训、装备设施、现场管理、隐患排查治理、重大危险源监控、职业健康、应急管理以及事故报告、绩效评定等方面,严格对应评定标准要求,建立完善安全生产标准化建设实施方案。

(二)重建设,严加整改。企业要对照规定要求,深入开展自检自查,建立企业达标建设基础档案,加强动态管理,分类指导,严抓整改。对评为安全生产标准化一级的企业要重点抓巩固、二级企业着力抓提升、三级企业督促抓改进,对不达标的企业要限期抓整顿。各地区和有关部门要加强对安全生产标准化建设工作的指导和督促检查,对问题集中、整改难度大的企业,要组织专业技术人员进行"会诊",提出具体办法和措施,集中力量,重点解决;要督促企业做到隐患排查治理的措施、责任、资金、时限和预案"五到位",对存在重大隐患的企业,要责令停产整顿,并跟踪督办。对发生较大以上生产安全事故、存在非法违法生产经营建设行为、重大隐患限期整顿仍达不到安全要求,以及未按规定要求开展安全生产标准化建设且在规定限期内未及时整改的,取消其安全生产标准化达标参评资格。

(三)抓达标,严格考评。各地区、各有关部门要加强对企业安全生产标准化建设的督促检查,严格组织开展达标考评。对安全生产标准化一级企业的评审、公告、授牌等有关事项,由国家有关部门或授权单位组织实施;二级、三级企业的评审、公告、授牌等具体办法,由省级有关部门制定。各地区、各有关部门在企业安全生产标准化创建中不得收取费用。要严格达标等级考评,明确企业的专业达标最低等级为企业达标等级,有一个专业不达标则该企业不达标。

各地区、各有关部门要结合本地区、本行业(领域)企业的实际情况,对安全生产标准化建设工作作出具体安排,积极推进,成熟一批、考评一批、公告一批、授牌一批。对在规定时间内经整改仍不具备最低安全生产标准化等级的企业，地方政府要依法责令其停产整改直至依法关闭。各地区、各有关部门要将考评结果汇总后报送国务院安委会办公室备案，国务院安委会办公室将适时组织抽检。

四、工作要求

（一）加强领导，落实责任。按照属地管理和"谁主管、谁负责"的原则，企业安全生产标准化建设工作由地方各级人民政府统一领导，明确相关部门负责组织实施。国家有关部门负责指导和推动本行业（领域）企业安全生产标准化建设，制定实施方案和达标细则。企业是安全生产标准化建设工作的责任主体，要坚持高标准、严要求，全面落实安全生产法律法规和标准规范，加大投入，规范管理，加快实现企业高标准达标。

（二）分类指导，重点推进。对于尚未制定企业安全生产标准化评定标准和考评办法的行业（领域），要抓紧制定；已经制定的，要按照《基本规范》和相关规定进行修改完善，规范已达标企业的等级认定。要针对不同行业（领域）的特点，加强工作指导，把影响安全生产的重大隐患排查治理、重大危险源监控、安全生产系统改造、产业技术升级、应急能力提升、消防安全保障等作为重点，在达标建设过程中切实做到"六个结合"，即与深入开展执法行动相结合，依法严厉打击各类非法违法生产经营建设行为；与安全专项整治相结合，深化重点行业（领域）隐患排查治理；与推进落实企业安全生产主体责任相结合，强化安全生产基层和基础建设；与促进提高安全生产保障能力相结合，着力提高先进安全技术装备和物联网技术应用等信息化水平；与加强职业安全健康工作相结合，改善从业人员的作业环境和条件；与完善安全生产应急救援体系相结合，加快救援基地和相关专业队伍标准化建设，切实提高实战救援能力。

（三）严抓整改，规范管理。严格安全生产行政许可制度，促进隐患整改。对达标的企业，要深入分析二级与一级、三级与二级之间的差距，找准薄弱点，完善工作措施，推进达标升级；对未达标的企业，要盯住抓紧，督促加强整改，限期达标。通过安全生产标准化建设，实现"四个一批"：对在规定期限内仍达不到最低标准、不具备安全生产条件、不符合国家产业政策、破坏环境、浪费资源，以及发生各类非法违法生产经营建设行为的企业，要依法关闭取缔一批；对在规定时间内未实现达标的，要依法暂扣其生产许可证、安全生产许可证，责令停产整顿一批；对具备基本达标条件，但安全技术装备相对落后的，要促进达标升级，改造提升一批；对在本行业（领域）具有示范带动作用的企业，要加大支持力度，巩固发展一批。

（四）创新机制，注重实效。各地区、各有关部门要加强协调联动，建立推进安全生产标准化建设工作机制，及时发现解决建设过程中出现的突出矛盾和问题，对重大问题要组织相关部门开展联合执法，切实把安全生产标准化建设工作作为促进落实和完善安全生产法规规章、推广应用先进技术装备、强化先进安全理念、提高企业安全管理水平的重要途径，作为落实安全生产企业主体责任、部门监管责任、属地管理责任的重要手段，作为调整产业结构、加快转变经济发展方式的重要方式，扎实推进。要把安全生产标准化建设纳入安全生产"十二五”规划及有关行业(领域)发展规划。要积极研究采取相关激励政策措施,将达标结果向银行、证券、保险、担保等主管部门通报,作为企业绩效考核、信用评级、投融资和评先推优等的重要参考依据,促进提高达标建设的质量和水平。

(五)严格监督,加强宣传。各地区、各有关部门要分行业(领域)、分阶段组织实施,加强对安全生产标准化建设工作的督促检查,严格对有关评审和咨询单位进行规范管理。要深入基层、企业,加强对重点地区和重点企业的专题服务指导。加强安全专题教育,提高企业安全管理人员和从业人员的技能素质。充分利用各类舆论媒体,积极宣传安全生产标准化建设的重要意义和具体标准要求,营造安全生产标准化建设的浓厚社会氛围。国务院安委会办公室以及各地区、各有关部门要建立公告制度,定期发布安全生产标准化建设进展情况和达标企业、关闭取缔企业名单;及时总结推广有关地区、有关部门和企业的经验做法,培育典型,示范引导,推进安全生产标准化建设工作广泛深入、扎实有效开展。

国务院安全生产委员会

2011年5月3日

国务院安委会办公室关于加强生产安全事故信息公开工作的意见

（安委办〔2012〕27 号）

各省、自治区、直辖市及新疆生产建设兵团安全生产委员会，国务院安委会有关成员单位：

为认真贯彻落实《国务院办公厅关于印发 2012 年政府信息公开重点工作安排的通知》（国办发〔2012〕26 号）和全国政府信息公开工作电视电话会议精神，加大生产安全事故应对、处置、调查、处理信息的公开力度，维护安全生产领域社会公平正义，现就加强生产安全事故信息公开工作提出如下意见：

一、充分认识加强生产安全事故信息公开工作的重要性

安全生产工作事关人民生命财产安全，安全生产信息公开工作事关社会公众的知情权、参与权和监督权。国办发〔2012〕26 号文件把生产安全事故信息公开作为 2012 年政府信息公开工作的八个重点方面之一，充分体现国务院对安全生产工作的高度重视，体现了科学发展、安全发展的理念和以人为本、执政为民的宗旨。各地区、各有关部门要把生产安全事故信息公开作为实施政务公开，加强群众监督，回应社会关切，促进责任落实，维护安全生产领域社会公平正义的重要手段之一，切实加以推进，切实维护人民群众合法权益。

二、推进风险预警信息公开，切实提高防范和应对生产安全事故的能力

各地区、各有关部门要高度重视生产安全事故的防范和风险预警工作，建立和完善协调联动机制，确保快捷高效发布可能引发事故灾难的风险信息尤其是极端天气和可能引发事故的自然灾害预警信息，并及时、准确地传达到各有关部门、单位和社会公众，切实提高企业防范和应对生产安全事故的能力，提高社会公众自救互救能力。

三、推进生产安全事故应对处置信息公开，及时回应社会关切

各地区、各有关部门要按照“积极主动公开”的要求，把生产安全事故应对处置信息更全面、更及时、更细致地告知社会公众。一是要及时准确发布生产安全事故尤其是社会影响较大、关注度高的事故信息，杜绝不实传言和猜疑传播的空间。二是要及时准确发布政府采取的事故处置举措和抢险救援进展信息，实时掌握社会舆情动向，主动回应社会关切，消除公众疑虑。

四、推进生产安全事故查处和责任追究信息公开，主动接受社会监督

各地区、各有关部门要依据《安全生产法》、《生产安全事故报告和调查处理条例》（国务院令第493号）等法律法规的规定，除依法应当保密的内容外，积极主动向社会公开生产安全事故调查处理信息，通报事故原因，公布事故调查报告和责任追究处理结果。

一是事故调查组成立后，事故调查组组长单位应当主动公布事故调查组成员名单。二是事故调查组或事故调查组组长单位要根据调查进展，及时向社会通报事故情况。三是事故调查报告经有关人民政府或部门批复后，事故调查组组长单位应当在规定时限内向社会公布事故调查报告。对依法应当保密但可以作区分处理的事故调查报告，要向社会公布经区分处理后的非涉密内容。四是有关部门要及时公布生产安全事故责任追究和整改措施的落实情况。五是要加强安全生产舆情引导和对生产安全事故信息公开后社会反响的预判工作，做好应对预案，并密切跟踪公开后的舆情，及时发布正面信息，正确引导舆论。

五、推进生产安全事故挂牌督办信息公开，促进安全生产责任落实

各地区、各有关部门要严格执行《重大事故查处挂牌督办办法》（安委〔2010〕6号）和《非法违法较大生产安全事故查处跟踪督办暂行办法》（安委办〔2011〕12号），不断完善、规范挂牌事项的办理和信息公开程序，促进安全生产责任落实。一是对国务院安委会挂牌督办的重大生产安全事故和国务院安委会办公室跟踪督办的非法违法、瞒报谎报较大生产安全事故，应当在督办通知书下发之日起10个工作日内，在国家安全监管总局政府网站上向社会公开；各地区、各有关部门决定实行挂牌督办的生产安全事故，应当在本地区、本部门政府网站上设专栏予以公布。二是挂牌督办的生产安全事故结案后，各地区、各有关部门应当及时在政府网站专栏中向社会公开事故调查报告和责任追究落实情况；其中，对于由国务院安委会挂牌督办和国务院安委会办公室跟踪督办的事故，还应当将公开相关信息的链接地址上报国务院安委会办公室，在国家安全监管总局政府网站上建立链接。

各地区、各有关部门要高度重视生产安全事故信息公开工作，充分发挥政府网站信息发布主平台和报刊、广播、电视等主流媒体的作用，坚持并不断完善安全生产新闻发布制度和重特大事故快速报道机制，正确处理安全生产信息公开与保守国家秘密的关系，重视舆情预判和引导，不断推进安全生产信息公开工作。

国务院安委会办公室

2012年7月3日

国务院安委会办公室关于大力推进安全生产文化建设的指导意见

（安委办〔2012〕34 号）

各省、自治区、直辖市及新疆生产建设兵团安全生产委员会，国务院安委会各成员单位，有关中央企业：

为深入贯彻落实《中共中央关于深化文化体制改革推动社会主义文化大发展大繁荣若干重大问题的决定》（以下简称《决定》）精神，进一步加强安全生产文化（以下简称安全文化）建设，强化安全生产思想基础和文化支撑，大力推进实施安全发展战略，根据《国务院关于坚持科学发展安全发展促进安全生产形势持续稳定好转的意见》（国发〔2011〕40 号，以下简称国务院《意见》）和《安全文化建设“十二五”规划》（安监总政法〔2011〕172 号），现提出以下指导意见：

一、充分认识推进安全文化建设的重要意义

（一）推进安全文化建设是社会主义文化大发展大繁荣的必然要求。坚持以人为本，更加关注和维护经济社会发展中人的生命安全和健康，是安全文化建设的主旨目标，体现了社会主义文化核心价值的基本要求。党的十七届六中全会《决定》，为我们加强安全文化建设提供了坚强有力的指导方针、工作纲领和努力方向。各地区、各有关部门和单位要自觉地把安全文化建设纳入社会主义文化建设总体布局，准确把握经济社会发展对安全生产工作的新要求，准确把握推动安全文化事业繁荣发展的新任务，准确把握广大人民群众对安全文化需要的新期待，紧密结合安全生产工作实际，抓住机遇，乘势而上，不断把安全文化建设推向深入。

（二）推进安全文化建设是实施安全发展战略的必然要求。从“安全生产”到“安全发展”、从“安全发展理念”到“安全发展战略”，充分表明了党中央、国务院对保障人民群众生命财产安全的坚强决心，反映了经济社会发展的客观规律和内在要求。各地区、各有关部门和单位要围绕安全发展战略的本质要求、原则目标、工程体系和保障措施，加强培训教育和宣传推动，既要强化安全发展的思想基础和文化环境，更要强化必须付诸实践的精神动力和战略行动，切实做到在谋划发展思路、制定发展目标、推进发展进程时以安全为前提、基础和保障，实现安全与速度、质量、效益相统一，确保人民群众平安幸福享有改革发展和社会进步的成果。

（三）推进安全文化建设是汇集参与和支持安全生产工作力量的必然要求。目前，我国正处于生产安全事故易发多发的特殊阶段，安全基础依然比较薄弱，重特大事故尚未得到有

效遏制，职业病多发，非法违法、违规违章行为屡禁不止等问题在一些地方和企业还比较突出。进一步加强安全生产工作，需要着力推进安全文化建设，创新方式方法，积极培育先进的安全文化理念，大力开展丰富多彩的安全文化建设活动，注重用文化的力量凝聚共识、集中智慧，齐心协力、持之以恒，推动社会各界重视、参与和支持安全生产工作，不断促进安全生产形势持续稳定好转。

二、安全文化建设的指导思想和总体目标

（四）指导思想。以邓小平理论和"三个代表"重要思想为指导，深入贯彻落实科学发展观，坚持社会主义先进文化前进方向，牢固树立科学发展、安全发展理念，紧紧围绕贯彻党的十七届六中全会《决定》和国务院《意见》精神，全面落实《安全文化建设"十二五"规划》，以"以人为本、关爱生命、安全发展"为核心，以促进企业落实安全生产主体责任、提高全民安全意识为重点，以改革创新为动力，坚持"安全第一、预防为主、综合治理"的方针，围绕中心、服务大局，不断提升安全文化建设水平，切实发挥安全文化对安全生产工作的引领和推动作用，为促进全国安全生产形势持续稳定好转，提供坚强的思想保证、强大的精神动力和有力的舆论支持。

（五）总体目标。大力开展安全文化建设，坚持科学发展、安全发展，全面实施安全发展战略的主动性明显提高；安全生产法制意识不断强化，依法依规从事生产经营建设行为的自觉性明显增强；安全生产知识得到广泛普及，全民安全素质和防灾避险能力明显提升；安全发展理念深入人心，有利于安全生产工作的舆论氛围更加浓厚；安全生产管理和监督的职业道德精神切实践行，科学、公正、严格、清廉的工作作风更加强化；反映安全生产的精品力作不断涌现，安全文化产业发展更加充满活力；高素质的安全文化人才队伍发展壮大，自我约束和持续改进的安全文化建设机制进一步完善，安全生产工作的保障基础更加坚实。

三、切实强化科学发展、安全发展理念

（六）加强安全生产宣传工作。广泛深入宣传科学发展、安全发展理念，积极组织各方力量，通过多种形式和有效途径，大力宣传、全面落实党中央、国务院关于加强安全生产工作的方针政策和决策部署。积极营造关爱生命、关注安全的社会舆论氛围，宣传推动将科学发展、安全发展作为衡量各地区、各行业领域、各生产经营单位安全生产工作的基本标准，实现安全生产与经济社会发展有机统一。

（七）深入开展群众性安全文化活动。坚持贴近实际、贴近生活、贴近群众，认真组织开展好全国"安全生产月"、"安全生产万里行"、"安康杯"、"青年示范岗"等主题实践活动，增强活动实效。广泛组织安全发展公益宣传活动，充分利用演讲、展览、征文、书画、歌咏、文艺汇演、移动媒体等群众喜闻乐见的形式，加强安全生产理念和知识、技能的宣传，提高城市、社区、村镇、企业、校园安全文化建设水平，不断强化安全意识。

（八）着力提高全民安全素质。加强安全教育培训法规标准、基地、教材和信息化建设，

加强地方政府分管安全生产工作的负责人、安全监管监察人员及企业"三项岗位"人员、班组长和农民工安全教育培训。积极开展全民公共安全教育、警示教育和应急避险教育。探索在中小学开设安全知识和应急防范课程,在高等院校开设选修课程。

(九)加强安全文化理论研究。充分发挥安全生产科研院所和高等院校的作用,加强安全学科建设,以安全发展为核心,组织研究、推出一批有价值和广泛社会影响力的安全文化理论成果。鼓励各地区和企业单位结合自身特点,探索安全文化建设的新方法、新途径,加大安全文化理论成果转化力度,更好地服务安全生产工作。

四、大力推动安全生产职业道德建设

(十)强化安全生产法制观念。结合中宣部、司法部和全国普法办联合开展的"法律六进"主题活动,深入开展安全生产相关法律法规、规章标准的宣传,坚持以案说法,加强安全生产法制教育,切实增强各类生产经营单位和广大从业人员的安全生产法律意识,推进"依法治安"。进一步加强安全生产综合监管、安全监察、行业主管等部门领导干部的法制教育,推进依法行政。

(十一)弘扬高尚的安全监管监察职业精神。以忠于职守、公正廉明、执法为民、甘于奉献为核心内容,深入宣传全国安全监管监察系统先进单位和先进个人的典型事迹,进一步激发各级党员干部立足岗位、牢记宗旨、爱党奉献的工作热情,坚定做好安全生产工作、维护人民群众生命财产安全的信心和决心,建设一支政治坚定、业务精通、作风过硬、执法公正的安全监管监察队伍,争做安全发展忠诚卫士。

(十二)增强全民安全自觉性。以"不伤害自己、不伤害他人、不被别人伤害、不使他人受到伤害"为主要内容,将安全生产价值观、道德观教育纳入思想政治工作和精神文明建设内容,注重加强日常性的安全教育,强化安全自律意识,使尊重生命价值、维护职业安全与健康成为广大职工群众生产生活中的精神追求和基本行为准则。

(十三)继续开展企业安全诚信建设。把安全诚信建设纳入社会诚信建设重要内容,形成安全生产守信光荣、失信可耻的氛围,促进企业自觉主动地践行安全生产法律法规和规章制度,强化企业安全生产主体责任落实。健全完善安全生产失信惩戒制度,及时公布生产安全事故责任企业"黑名单",督促各行业领域企业全面履行安全生产法定义务和社会责任,不断完善自我约束、持续改进的安全生产长效机制。

五、深入开展安全文化创建活动

(十四)大力推进企业安全文化建设。坚持与企业安全生产标准化建设、职业病危害治理工作相结合,完善安全文化创建评价标准和相关管理办法,严格规范申报程序。"全国安全文化建设示范企业"申报工作统一由省级安全监管监察机构负责,凡未取得省级安全文化建设示范企业称号、未达到安全生产标准化一级企业的,不得申报。积极开展企业安全文化建设培训,加强基层班组安全文化建设,提高一线职工自觉抵制"三违"行为和应急处置的能力。

（十五）扎实推进安全社区建设。积极倡导"安全、健康、和谐"的理念，健全安全社区创建工作机制，逐步由经济发达地区向中西部地区推进，进一步扩大建设成果。大力推动工业园区和经济技术开发区等安全社区建设，继续推进企业主导型社区以及国家级和省级经济开发区、工业园区安全社区建设。

（十六）积极推进城市安全文化建设。充分发挥政府的主导推动作用，将安全生产与城市规划、建设和管理密切结合，研究制定安全发展示范城市创建标准、评价机制和工作方案，积极推进创建工作。创新城市安全管理模式，加强社会公众安全教育，完善应急防范机制，有效化解人民群众生命健康和财产安全风险，提高城市整体安全水平。

六、加快推进安全文化产业发展

（十七）深化相关事业单位改革。以突出公益、强化服务、增强活力为重点，大力发展公益性安全文化事业，探索建立事业单位法人治理结构。按有关规定要求，加快推进安全监管监察系统的文艺院团、非时政类报刊社、新闻网站等转企改制，拓展有关出版、发行、影视企业改革成果，鼓励经营性文化单位建立现代企业制度，形成面向市场、体现安全文化价值的经营机制。支持有实力的安全文化单位进行重组改制，引导社会资本进入，着力发展主业突出、核心竞争力强的骨干安全文化企业。

（十八）鼓励创作安全文化精品。坚持以宣传安全发展、强化安全意识为中心的创作导向，面向社会推出一批优秀安全生产宣传产品，满足人民群众对安全生产多方面、多层次、多样化的精神文化需求。调动文艺创作的积极性和创造性，鼓励社会各界参与创作更多反映安全生产工作、倡导科学发展安全发展理念的优秀剧目、图书、影视片、宣传画、音乐作品及公益广告等，丰富群众性安全文化，增强安全文化产品的影响力和渗透力。

（十九）支持安全文化产业发展。协调社会安全文化资源，参与安全文化开发建设，提高新闻媒体、行业协会、科研院所、文艺团体、中介机构、文化公司等参与安全文化产业的积极性，加快发展出版发行、影视制作、印刷、广告、演艺、会展、动漫等安全文化产业。充分发挥文化与科技相互促进的作用，利用数字、移动媒体、微博客等新兴渠道，加快安全文化产品推广。

七、切实提高安全生产舆论引导能力

（二十）把握正确的舆论导向。坚持马克思主义新闻观，贯彻团结稳定鼓劲、正面宣传为主的方针，广泛宣传有关安全生产重大政策措施、重大理论成果、典型经验和显著成效。准确把握新形势下安全宣传工作规律，完善政府部门、企业与新闻单位的沟通机制，有力引导正确的社会舆论。进一步加强安全生产信息化建设，推进舆情分析研判，提高网络舆论引导能力。

（二十一）规范信息发布制度。严格执行安全生产信息公开制度，不断拓宽渠道，公开透明、实事求是、及时主动地做好事故应急处置和调查处理情况、打击非法违法生产经营建设行为、隐患排查治理、安全生产标准化建设以及安全生产重点工作进展等情况的公告发布，对典型非法违法、违规违章行为进行公开曝光。完善安全生产新闻发言人制度，健全突发生产安全事故新闻报道应急工作机制，增强安全生产信息发布的权威性和公信力。

（二十二）加强社会舆论和群众监督。健全安全生产社会监督网络，扩大全国统一的“12350”安全生产举报电话覆盖面，通过设立电子信箱和网络微博客等方式，拓宽监督举报途径。健全新闻媒体和社会公众广泛参与的安全生产监督机制，落实安全生产举报奖励制度，保障公众的知情权和监督权。建立监督举报事项登记制度，及时回复查处整改情况，切实增强安全生产社会监督、舆论监督和群众监督效果。

八、全面加强安全文化宣传阵地建设

（二十三）加强新闻媒体阵地建设。以安全监管监察系统专业新闻媒体为主体，加强与主流媒体深度合作，形成中央、地方和安全监管监察系统内媒体，以及传统媒体与新兴媒体、平面媒体与立体媒体的宣传互动，构建功能互补、影响广泛、富有效率的安全文化传播平台，提高安全文化传播能力。

（二十四）加强互联网安全文化阵地建设。按照“积极利用、科学发展、依法管理、确保安全”的方针，开展具有网络特点的安全文化建设。结合安全生产的新形势、新任务，大力发展数字出版、手机报纸、手机网络、移动多媒体等新兴传播载体，拓展传播平台，扩大安全文化影响覆盖面。

（二十五）加强安全监管监察系统宣传阵地建设。加快建立健全国家、省、市、县四级安全生产宣传教育工作体系，推动安全文化工作日常化、制度化建设，着力提高安全宣传教育能力。加强安全监管监察机构与相关部门间的沟通协作，充分利用思想文化资源，协调各方面力量，形成统一领导、组织协调、社会力量广泛参与的安全文化建设工作格局。

（二十六）加强安全文化教育基地建设。推进国家和地方安全教育（警示）基地，以及安全文化主题公园、主题街道建设。积极应用现代科技手段，融知识性、直观性、趣味性为一体，鼓励推动各地区、各行业领域及企业建设特色鲜明、形象逼真、触动心灵、效果突出的安全生产宣传教育展馆，提高社会公众对安全知识的感性认识，增强安全防范意识和技能。

九、强化安全文化建设保障措施

（二十七）加强组织领导。各地区、各有关部门和单位领导干部要从贯彻落实党的十七届六中全会《决定》精神的政治高度、从提高安全生产水平的实际需要出发，研究制定安全文化建设规划和政策措施，明确职能部门，完善支撑体系。扩大社会资源进入安全文化建设的有效途径，动员全社会力量参与安全文化建设。

（二十八）加大安全文化建设投入。加强与相关部门的沟通协调，完善有利于安全文化的财政政策，将公益性安全文化活动纳入公共财政经常性支出预算；认真执行新修订的安全生产费用提取使用管理办法，加强安全宣传教育培训投入；推动落实从安全生产责任险、工伤保险基金中支出适当费用,支持安全文化研究、教育培训、传播推广等活动的开展。

(二十九)加强安全文化人才队伍建设。加大安全生产宣传教育人员的培训力度,提升安全文化建设的业务水平。加强安全文化建设人才培养,提高组织协调、宣传教育和活动策划的能力,造就高层次、高素质的安全文化建设领军人才。建立安全文化建设专家库,加强基层安全文化队伍建设。

(三十)加大安全文化建设成果交流推广。深入开展地区间、行业领域及企业间的安全文化建设成果推广,提高安全文化对安全生产的促进作用,激励全社会积极参与安全文化建设。积极开展多渠道多层次的安全文化建设对外交流,加强安全文化建设成果的对外宣传,鼓励相关单位与国际组织、外国政府和民间机构等进行项目合作,学习借鉴和运用国际先进的安全文化推动安全生产工作。

国务院安委会办公室

2012 年 7 月 30 日

交通运输部关于贯彻落实国务院通知精神进一步加强企业安全生产工作的意见

（交安监发〔2010〕394号）

各省、自治区、直辖市、新疆生产建设兵团交通运输厅（局、委），天津、上海市交通运输和港口管理局，部属各单位，中远、中海、中外运长航、招商局、中交建设集团，上海船研所：

为切实加强企业的安全生产工作，国务院下发了《关于进一步加强企业安全生产工作的通知》（国发〔2010〕23号，以下简称《通知》），对企业、各级地方人民政府以及行业主管部门的安全生产工作提出了明确要求，对今后做好企业的安全生产工作具有重要的指导作用。交通运输行业是国家安全生产的重点领域，各单位一定要高度重视，认真组织学习，坚决贯彻落实好国务院《通知》精神。结合交通运输安全生产实际，现就有关贯彻落实工作通知如下：

一、加强组织领导，全面贯彻落实《通知》精神。交通运输各单位要充分学习领会《通知》精神，结合实际，拟定详细的落实措施；要加强贯彻落实工作的组织领导，部安委办负责牵头组织交通运输行业的贯彻落实工作，相关司局根据各自职责和业务分工负责具体指导相关工作的落实；各级交通运输主管部门、具有安全监管职能的机构和相关企业要强化组织领导工作，加强对《通知》的宣传贯彻力度，把落实《通知》作为当前和今后交通运输安全生产工作的一项重要工作来抓。部将对各单位贯彻落实《通知》的情况进行督查。

二、加强源头管理，严格交通运输安全生产准入条件。进一步严格规范和执行交通运输企业的安全生产准入标准，重点加强对从事水上客运、道路长途客运、旅游客运和危险品运输企业的把关，加强对从事出入境道路运输、国际航运、“两岸三地”海上运输和港口危险货物作业企业的审核。开展船舶管理市场清理整顿，暂停审批新的船舶管理公司。凡不符合通航安全生产条件的港口、码头及桥梁一律不予审批，正在建设的要立即停止建设。将道路危险品运输从业人员、经营性道路旅客运输和出租车驾驶员、机动车检测维修技术人员、港口危险货物作业人员、大型港口和施工企业安全生产三类人员的从业资格和继续教育管理作为建设重点，进一步强化“四客一危”船舶船员的培训考试发证，提高实操技能在船员考证中的比重，规范交通运输从业人员的管理。加强对运输车辆特别是从事危险品运输车辆的准入管理，严禁非法改装的车辆进入运输市场；加强船舶建造质量的检验把关，严禁“三无”船舶和低标准船舶进入市场，严禁不符合国家质量标准的特种起重设备进入工地。进一步强化建设项目审批前的安全评价，凡不符合安全生产准入条件的企业、从业人员、运输工具和设备，一律不得进入交通运输市场，凡不符合安全生产规定的交通运输工程建设项目，必须立即停止建设，已开工的交通运输工程建设项目，一经发现违规行为，必须立即停止建设。

三、加强企业主体责任的落实，进一步规范企业安全生产经营行为。各级交通运输主管部门要督促企业落实安全生产主体责任，进一步健全企业层级责任体系，建立一岗双责制度，强化对一线安全生产的管理和服务，重点推进交通运输企业安全质量体系的建设和评估审核。加大安全生产投入力度，加强安全生产技术的研发，重视推广应用安全生产新产品、新材料、新工艺，加快淘汰安全性能低、高耗能、高污染的车辆和船舶，重点推进内河船型标准化，推进危险品运输车辆厢(罐)式运输。

四、加强对非法违法行为的打击力度，保持良好的市场秩序。凡未取得经营许可资质从事交通运输生产的，要予以取缔。继续严厉打击非法从事道路水路运输、出租车运输的行为，继续强化道路超限、超载、超员和内贸集装箱以及运输船舶超限超载的治理，严厉打击长江、渤海湾、琼州海峡等水域滚装运输非法夹带危险品的行为，坚决取缔非法渡船渡口，加强运砂船超载整治。加大对交通建设工程的非法分包、转包行为以及违章作业的打击和治理力度。

五、加强安全隐患排查，加大突出问题治理力度。要按照"月统计、季通报、年考核"的要求，进一步强化企业自身安全隐患的排查治理。加强营运车辆安全性能检查，重点强化危险品运输车船、城市公交车辆、城市轨道交通、码头渡船渡口安全隐患排查，确保安全状况良好，从事危险化学品装卸、储运经营的港口企业，应按部的要求进行安全评价；加强桥梁、隧道、港口码头的安全隐患排查，对降低标准产生隐患的，要立即整改，对重大安全隐患要挂牌督办，进一步加大危桥改造力度。强化从事危险品作业的港口安全生产事故风险控制，大力开展船舶防碰撞、防泄漏工作，特别是要加强与农业部门的沟通协调，共同推进商船渔船的防碰撞工作。进一步强化节假日期间从事长途客运的安全管理，重点研究制定车辆夜间行驶的安全对策措施。加强对通航水域桥梁、港口设施通航安全的风险评估，强化通航安全监管，落实项目安全设施建设，严格安全设施与主体工程"三同时"。深入开展"平安工地"建设活动，把防坍塌、防坠落、防触电作为安全工作重点。

六、加强安全动态监管，提高监管能力和服务水平。加强对企业安全生产的绩效考核，建立交通运输企业和从业人员的诚信体系，将诚信考核作为准入管理、建立淘汰机制的重要组成内容。危险品运输车辆、旅游包车和三类以上的班线客车必须安装符合国家标准的具有行驶记录功能的卫星定位装置。加快推进交通运输安全生产综合信息平台建设，积极推进一类危险化学品全程动态监管，建立营运车辆动态信息公共服务平台，加强对重点桥隧、交通运输枢纽、航电枢纽、场站的监测监控，充分利用船舶交通管理系统(VTS)、船舶自动识别系统(AIS)、闭路电视监控系统(CCTV)等加强对港口、航道、重要通航水域和交通管制区船舶、特别是"四客一危"船舶的航行信息服务工作。加强重点桥隧工程施工安全风险评估，严防重特大安全生产责任事故的发生。督促企业积极落实高危行业企业安全生产费用，加大安全生产投入，提高现场安全防护条件，落实交通运输建设施工有关规定要求。

七、加强基层、基础建设，完善安全生产长效机制。要进一步完善安全生产和应急工作法规体系、加强体制机制建设，从根本上改变基层工作不扎实、基础工作不牢固的状况。重点强化农村公路的安保工程实施，推进农村客运和渡船渡口的安全管理，加快推进长江干线等内河安全监管和航行保障设施建设，提高内河航道的通航等级，进一步推进船舶定线制，鼓励和引导交通运输企业向规模化、集约化方向发展，引导企业由承运人向物流经营人转变。加强对基层工作的指导，加大现场检查的力度，进一步规范操作规程，强化岗位责任制的落实。

八、加强应急救援能力建设，提升突发事件应对水平。各级交通运输主管部门和企业要建立健全应急管理机制，结合交通运输实际，制定针对性强、可操作的应急预案，加强突发事件的预测预警和应急演练。根据全国公路网情况和公路交通突发事件的种类及特点，结合公路交通应急队伍的分布，加快推进国家、省、市公路交通应急救援保障中心的建设。依托大型道路运输企业，建立国家、省、市道路运输应急保障车队。加快监管救助飞行力量、大中型监管救助船舶、抢险打捞装备及基地建设；在沿海和内河主要通航水域，加快国家船舶溢油应急基地和溢油应急船舶建设，推进内河搜救机制和能力建设，加快建立完善水上搜救奖励与补偿机制。选择危险化学品码头多、危险品运量大的港口，建设国家级危险品事故应急物资及装备储备库。

九、加强队伍建设，提高从业人员的素质和能力。要有计划、有步骤地对各类人员进行轮训，提高专业知识和技能。进一步加强高危行业人员、新录用人员、转岗人员的培训教育；客运驾驶员、危险品运输驾驶员及押运员必须经过交通运输主管部门培训考试合格后持证上岗。加强公路和航道养护、大型专业机械操作、城市轨道交通工作人员、城市公共客运人员、船员等人员的培养和素质教育，提高安全操作技能和应急处置能力。强化路政、道路运输以及海事、救捞、港航、工程建设等监管和救助人才队伍建设。优化交通运输建设工程安全管理人员的结构，重点培养企业主要负责人、项目经理、安全管理员、监理工程师等，特别要高度重视农民工的岗前培训，切实提高农民工的安全生产技能。

十、加强安全督查和责任追究，全面落实安全生产责任。各级交通运输安全监管、人事、监察等部门要依法建立安全生产的责任追究制度，明确安全生产的责任和考核目标，严格执行党政领导干部安全生产问责制，并加强督查、考核和责任追究。根据相关法律和行业管理职责分工，建立事故查处的督办制度，加强事故调查和问责力度，按照“四不放过”的原则，严肃查处每一起安全生产事故，严肃追究责任领导和相关责任人。对安全生产责任不落实、整改不到位、造成人员伤亡和财产损失的，要依法对相关单位及其责任人给予处罚并追究责任。对违法违规、失职渎职导致事故发生的，要严肃查处、严格追究责任。

交通运输部

2010 年 8 月 17 日

交通运输部关于加强危险品运输安全监督管理的若干意见

（交安监发〔2014〕211 号）

各省、自治区、直辖市、新疆生产建设兵团交通运输厅（局、委），中远、中海、招商局、中交建设、中外运长航集团，部属各单位：

近年来，危险品运输安全生产重特大事故时有发生，特别是山西“3·1”特别重大道路交通危化品燃爆事故、浙江杭州桐庐县境内化学品泄漏事故以及湖南“7·19”特别重大道路交通运输事故，引起了党中央国务院高度重视和社会广泛关注。为坚决遏制危险品运输安全生产事故的发生，现就加强危险品运输安全监督管理提出以下意见：

一、严格危险品运输市场准入

（一）严格企业准入管理。严格危险品运输资质许可，认真审核申请企业的安全生产和经营条件。一是 2015 年底前，暂停审批道路危险品运输企业。做好“挂而不管、以包代管、包而不管”安全责任不落实车辆的清理，实现道路危险品运输企业全部车辆公司化经营。二是 2017 年底前，暂停审批内河水路油品、化学品运输单船公司。三是严格新建、改建、扩建的港口危险品罐区（储罐）、库（堆）场、危险品码头和输送管线项目的安全设施设计审查和验收，凡未通过安全生产条件审查的，一律不得开工；未通过项目验收、取得危险品码头作业附证的，一律不得运营生产。落实工程质量安全终身责任制。四是危险品运输企业未取得安全生产标准化达标证书的，限期予以整改，并根据相关法律、法规规定对仍未达标的企业不得新增运力和扩大经营范围；水路危险品运输企业未按规定取得 DOC 证书的，不得从事运输经营。

（二）严格运输工具准入管理。一是严格道路危险品运输车辆准入前材料审核和年度审验，禁止不合格车辆准入。二是自 2015 年 1 月 1 日起，无紧急切断装置且无安全技术检验合格证明的液体危险品罐车，根据相关法律、法规规定不予通过年审，并注销其道路运输证。三是加强危险品运输船舶准入，严格船舶检验，未取得船舶检验证书的，不得从事运输经营。四是逐步淘汰“两横一纵两网十八线”的内河单壳散装液体危险品运输船舶，自 2016 年 1 月 1 日起，长江干线全面禁止单壳化学品船、600 载重吨以上的单壳油船进入，危险品运输船舶船型标准化率达到 70%。

（三）严格从业人员准入管理。一是严把道路水路危险品运输从业人员考试与证件发放关，严禁考试和发证过程中弄虚作假、徇私舞弊等行为，一经发现严肃处理。二是从事道路危险品运输的驾驶员、押运员，从事水路危险品运输的船员、装卸管理人员、申报人员、集装箱装箱检查员必须持相应的资格证上岗。三是按照有关规定建立和落实道路运输（危险品）

经理人从业资格制度和专职安全管理人员制度。四是严格驾驶员从业资格管理,及时掌握驾驶员的违章、事故记录及诚信考核、继续教育等情况,对于记分周期内扣满 12 分的驾驶员,要根据相关法律、法规规定吊销其从业资格证件,三年内不予重新核发。

二、强化危险品运输安全监督管理

(四)加强危险品运输作业过程监督管理。一是严格危险货物车辆联网联控系统的接入管理,凡应接入而尚未接入的车辆、已装监控系统但不能正常使用的车辆以及故意损毁、屏蔽系统的,责令其整顿,未按要求进行整改的,按照《安全生产法》和《道路运输车辆动态监督管理办法》的相关规定予以从严处罚。二是港口危险品罐区(储罐)、库(堆)场、危险品码头应按相关规定配备消防、防雷电、防静电、防污染等相关设施设备,并做到监测监控全覆盖,安排专人实时监控。三是加强船舶载运危险品进出港口申报管理,加强对进入船舶交通管理中心控制水域的载运危险品船舶的跟踪监管。严格按照国家规定禁止通过内河封闭水域运输剧毒化学品以及国家规定禁止通过内河运输的其他危险品;除上述以外的内河水域,禁止运输国家规定禁止通过内河运输的剧毒化学品以及其他危险品。四是从事危险品运输的企业要严格执行相关法律法规,按照运输车船的核定载质量(重量)装载危险品,不得超载、谎报和瞒报。

(五)加强危险品运输督查检查。一是定期深入企业、深入基层、深入现场开展督查检查,重点检查企业安全生产主体责任和基层一线安全生产措施落实等情况。二是严格查处危险货物托运人未依法将危险货物委托具备危险货物运输资质的企业(车船)承运危险货物的行为。三是严格按照相关法律法规和交通运输安全生产约谈、重点监管名单、挂牌督办等相关规定,严厉查处违法违规从事危险品运输的企业、车船和从业人员,对未按约谈、挂牌督办要求整改的或纳入重点监管名单仍然违法违规运输的应依法依规严肃处理并从严追究责任。

(六)深化危险品运输安全专项整治行动。针对道路水路危险品运输、港口危险品罐区和油气输送管线等重点领域,开展危险品专项整治行动,建立健全隐患排查治理体系,对重大隐患实行挂牌督办,凡整改仍达不到要求的,根据相关法律、法规规定停产停业整顿。严厉打击危险品运输非法违规行为,重点打击无证经营、越范围经营、超速超载、疲劳驾驶、非法改装和非法夹带危险品运输等行为。

三、推进危险品运输安全生产风险管控

(七)开展危险品运输风险防控。一是建立安全生产风险管理制度,开展风险源辨识、评估,确定风险等级,制定具体控制措施。二是细化落实重大风险源安全管控责任制,建立风险源数据库,并按照有关规定做好重大风险源报备工作,实时掌握重大风险源变化情况,采取有针对性的管控措施,实现全过程控制。

(八)加强危险品运输事故应急处置。一是各级交通运输管理部门要完善道路水路危险

品运输事故应急预案，纳入地方政府事故应急处置体系，建立应急联动机制，并按规定开展应急演练。二是危险品运输企业要编制具体的危险品运输事故应急预案和操作手册，并发放到相关车船和一线从业人员。三是加强应急救援能力建设，配备应急装备设施和物资，加强专兼职应急救援力量建设，有条件的应建立专业应急救援队伍。

四、加强从业人员培训和监管队伍建设

（九）强化从业人员教育培训。一是督促企业健全并落实安全教育培训制度，切实抓好从业人员岗前培训、在岗培训和继续教育。二是重点要强化危险品运输企业主要负责人、安全管理人员、驾驶员（船员）、装卸管理人员、押运人员等人员的教育培训。三是各级交通运输管理部门要严格执行考培分离制度，严把考试发证质量关，凡符合考试条件要求的可不通过培训直接考试。

（十）加强危险品运输安全监管队伍建设。一是各级交通运输管理部门、特别是负有港口危险品罐区监管职责的管理部门，要加强危险品运输安全监管队伍建设，配备具有专业知识的监管人员。二是部、省交通运输管理部门要建立危险品运输安全生产专家库，让专家参与技术咨询、督促检查和参谋决策等工作。

五、严肃危险品运输安全生产事故调查处理

（十一）加大事故查处力度。一是切实做好水上危险品运输安全生产事故调查处理工作，依法严格追究相关责任单位、责任人的责任。加强对事故调查处置情况的监督，确保事故调查处理从严、据实、及时结案。二是积极主动参与和协助公安、安监等部门做好危险品道路运输、港口储运和装卸作业等安全生产事故的调查处理工作。

（十二）加强事故的警示教育。一是按时上报危险品运输事故信息，及时发布事故警示通报。二是加强事故统计、分析，深度剖析典型事故案例，总结事故教训；举一反三，制定有效措施，防范类似事故再次发生。

六、建立危险品运输安全生产长效机制

（十三）加强危险品运输安全生产法规建设。一是认真梳理并进一步完善危险品运输安全生产法规制度，及时废止不必要的法规。二是各地交通运输管理部门和海事管理机构要结合当地的实际情况，加强与地方人大、政府及相关部门的沟通协调，加快危险品运输相关法规的制修订工作。

（十四）加强危险品运输安全生产技术和信息化应用。一是充分发挥全国道路危险品运输联网联控信息系统的管控作用，提高联网联控系统在过程管理、监管执法、信息共享等方面的应用水平。二是加快推进长江危险品运输、港口危险品码头和港口危险品罐区监测监控等信息系统建设和完善。三是加强物联网、车联网、船联网等关键技术在危险品运输安全监督管理工作中的应用，加大危险品运输防泄漏、应急处置等关键技术研发和应用力度，积

极引导使用安全技术性能高的运输工具和设施装备。四是建设全国重点监管企业、车船、人员信息数据库；积极推进道路水路危险品运输重要信息与路网、通航信息以及相关重要监督管理信息跨区域、跨部门的共享。

（十五）加强区域和相关部门协作配合。加强与公安、安监、环保、海关、质检等相关部门和周边地区的沟通协作、密切配合，进一步建立健全协调联动工作机制和应急反应机制，特别要在当地政府统一领导下，加强对港口危险品罐区、库（堆）场和油气输送管线，道路危化品和烟花爆竹等易燃易爆物品以及剧毒和放射性物质运输等领域的联合执法，切实解决危险品运输安全生产方面存在的深层次问题。

交通运输部

2014 年 10 月 13 日

交通运输部关于进一步加强安全生产工作的意见

（交安监发〔2013〕1号）

各省、自治区、直辖市、新疆生产建设兵团及计划单列市交通运输厅（局、委），上海市、天津市交通运输和港口管理局，有关港口管理局，部属各单位、部内各单位：

为认真贯彻党的十八大精神，深入落实国务院关于安全发展的要求，切实加强交通运输安全生产工作，为经济社会持续健康发展、人民群众安全便捷出行创造良好环境，提出以下意见：

一、全面把握安全发展的总体要求

（一）深刻认识交通运输安全工作的长期性、艰巨性和复杂性。随着我国工业化、信息化、城镇化、农业现代化快速发展，对交通运输安全生产提出了更高的要求。交通运输安全生产基层基础工作还比较薄弱，仍处于事故多发高发期，重特大事故频发易发的势头尚未得到根本遏制。交通运输企业受金融危机冲击，生产成本上升，经济效益下降，影响安全生产的问题有所增加。交通运输行业暴露出安全管理理念不适应、法规制度不健全、责任落实不到位、从业人员业务素质有待提高、安全文化建设亟待加强等诸多深层次问题。各种传统和非传统、自然和社会的不确定因素与风险交织并存，推进交通运输安全发展的任务更加繁重、更为紧迫。

（二）切实把交通运输安全生产工作摆在更加突出的位置。牢固树立以人为本、安全发展的理念，坚持“安全第一、预防为主、综合治理”的方针，始终把保障经济社会持续健康发展、维护人民群众生命财产安全放在首位，以“平安交通”创建活动为载体，以事故预防为重点，以责任落实为保障，以科技创新和教育培训为支撑，以能力建设为基础，牢牢把握安全工作主动权，不断提升交通运输安全发展水平，严密防范和坚决遏制重特大事故，为全面建成小康社会提供坚实的交通运输安全服务保障。

二、深化“平安交通”创建活动

（三）深入开展“平安交通”创建活动。各级交通运输管理部门和企业要把“平安交通”创建活动作为抓好当前和今后一个时期安全生产工作的载体，以创建平安公路、平安车船、平安港站、平安渡口、平安工地等为重点，结合实际，因地制宜，深入推进，务求实效。通过创建活动，使安全生产体制机制法制进一步健全，各类应急处置预案进一步完善，安全生产保障能力进一步增强，安全生产文化进一步提升，安全生产队伍素质进一步提高，确保交通运输安全生产形势持续稳定好转。

（四）加强“平安交通”创建活动的组织实施。各级交通运输管理部门和企业要切实加强组织领导，制定实施方案，动员各方力量广泛参与，形成创建活动合力。全面深入开展"平安交通"创建宣传活动，积极营造良好社会氛围。"平安交通"创建活动与安全生产各专项活动相互衔接，不断总结经验，表彰先进，推动创建活动扎实有序有效开展。

三、坚决遏制安全生产重特大事故

（五）严格安全生产准入条件。研究提高并严格执行交通运输企业、车船、从业人员安全准入标准，严把车辆、船舶、设施设备关，严禁非法改装车辆和"三无"船舶进入市场。严格工程建设项目管理，达不到安全生产条件的企业不得进入交通运输工程建设市场。严格执行从业人员资格证制度，从事客运、危险化学品运输、特种设备操作等重点岗位的人员必须持证上岗。

（六）开展隐患排查和专项整治。进一步完善安全隐患排查治理长效机制，加强重大安全隐患动态跟踪管理。督促交通运输企业定期进行安全隐患排查，确保隐患整改落实到位。针对道路水路运输、城市客运、工程建设等重点领域存在的薄弱环节和突出问题，深入开展专项整治行动，对安全生产状况不断恶化的交通运输企业，及时采取措施予以清理整顿，有效遏制重特大事故。

（七）强化道路运输安全管理。加强对道路运输企业和营运车辆的安全管理，严格执行"三不进站、六不出站"安全管理规定。推进"安全带－生命带"工程。积极推行长途客运车辆凌晨2时至5时停止运行或实行接驳运输，达不到安全通行条件的三级以下山区公路严禁营运客车夜间通行。会同相关部门严厉打击客车超员、超速和货车超载、超限营运等违章行为，加强旅游包车和异地营运车辆的安全管理和整治。加强城市公交安全管理。

（八）强化水路运输安全监管。加大对重点水域和重点船舶的日常监管力度，深入开展琼州海峡、渤海湾、三峡库区等区域客滚运输安全专项整治。加强对船舶通航密集区、水上施工区和交通管制区以及台湾海峡客运航线的监管，严防船舶碰撞和泄漏等事故。严厉打击船舶非法营运和超载行为。进一步督促县乡人民政府落实监管主体责任，加大渡口渡船安全监管力度。强化对航运企业安全管理体系审核和跟踪管理。开展船舶救生、消防设备配备等专项检查，确保船舶适航。严格船员培训考试发证，确保船员适任。

（九）强化危险化学品运输安全管理。进一步规范危险化学品运输和安全管理行为，加强对港口码头危险货物罐区的安全管理。加大滚装运输、集装箱夹带危险化学品检查力度，严厉打击非法违法从事危险化学品运输和夹带危险品运输的行为。切实加强内河、封闭水域危险化学品运输的监管，禁止通过内河封闭水域运输剧毒化学品和国家规定禁止通过内河运输的其他危险化学品，强化长江沿线危险化学品运输安全治理，研究建立长江沿线危险化学品运输安全监管长效机制。

（十）强化工程建设施工安全管理。严格执行工程施工安全各项制度、规程，严禁违章指挥、违章操作、违反劳动纪律。全面推行桥梁隧道施工安全风险评估，继续开展防坍塌和防高空坠落专项行动。加强大型桥梁隧道、港口码头等重大工程建设的现场安全管理，切实做好工程施工现场地质灾害预防和应对工作。

四、加强安全生产科技创新和教育培训

（十一）加强安全生产科研和应用。加快交通运输安全生产风险管理体系研究和应用，提高安全风险分析评估和综合防治的技术水平。加强危险化学品运输、海上溢油清除、重点领域监控监管等关键技术和装备设施研究。积极推广应用性能可靠、先进适用的安全生产新技术、新工艺、新设备和新材料。

（十二）加快安全生产管理信息化建设。加快交通运输安全畅通和应急信息系统建设，推进危险化学品和烟花爆竹水路运输动态管理信息系统建设，完善路网监测与应急管理信息系统、重点营运车辆联网联控系统。加强电子海图、电子航道图、地理信息系统（GIS）在交通运输领域推广应用。

（十三）加强从业人员安全教育培训。有计划、分步骤地开展从业人员岗位培训和继续教育。对新录用和转岗人员应开展岗前培训和安全教育，企业负责人、安全管理人员和从事旅客、危险化学品运输等一线从业人员应定期接受在岗培训和继续教育。加强安全应急知识培训和应急演练，提升从业人员安全应急实际操作能力。

五、推进安全生产法规制度和标准化建设

（十四）推进安全生产法规规范和标准建设。加快推进《航道法》、《城市公共交通条例》等法律法规的制定或修订。建立健全交通运输安全生产激励与责任追究、重大隐患挂牌督办、安全生产“黑名单”等制度。加快制定完善道路水路运输、城市公交、工程施工等安全和应急的技术标准规范。推进城市轨道交通、海上溢油等应急预案编制工作。

（十五）加快推进企业安全生产标准化。在交通运输行业普遍开展岗位达标、专业达标和企业达标建设。组织开展考评员培训、考试和考评机构资质认定，加强考评员、考评机构监督管理，积极推进企业达标考评，客运和危险化学品运输企业应在2013年底前达标，其他交通运输企业在2015年底前达标。

（十六）强化安全生产标准化达标等级应用。将企业安全生产标准化与企业营运资质许可、运力调整等相结合，重点支持高等级达标企业，整体提升交通运输企业安全管理水平。对在规定期限内未达标的企业，依据有关规定责令停业整顿；对整改逾期仍未达标的，依法予以取消营运资质。

六、完善和严格落实安全生产责任体系

（十七）严格落实企业安全生产主体责任。督促企业依法依规加强安全生产，严格遵守和执行安全生产相关方针政策、法律法规、标准规范，及时制修订各项安全生产规章制度和操作规程。完善和落实安全生产责任制，企业主要负责人、实际控制人应切实承担安全生产第一责任人责任，逐级签订安全生产责任书，完善层级责任制。强化对车船、设施设备和一

线操作员工的安全管理,督促客运、危险品运输驾驶人员、特种作业人员等关键岗位签订安全责任承诺书,确保责任落实。

(十八)严格落实安全生产监管责任。各级交通运输管理部门应建立健全行政首长负总责,领导班子成员"一岗双责"制度。加强安全生产调研,及时了解掌握基层安全生产情况,组织解决安全生产存在的重点难点问题。加大安全生产监管和督促检查工作力度,加强现场和动态执法,秉公执法文明执法,确保监管到位。

(十九)完善安全生产管理体制机制。各级交通运输管理部门和交通运输企业应按有关规定,设置安全管理机构和配置安全管理人员,建立健全安全生产委员会制度。加强交通运输部门与相关部门的沟通协作,强化交通运输综合安全监管部门和业务管理部门的协调配合,进一步完善交通运输安全管理信息报告、督促检查、应急救援等机制,形成齐抓共管的合力。发挥社会组织、行业协会等中介组织在安全生产中的作用。

七、强化安全和应急保障能力

(二十)加大安全生产投入。交通运输企业应按规定足额提取并用好安全生产费用,完善费用管理制度,严禁虚列或挪用。加快淘汰和更新老旧车辆、船舶及设施设备,全面推进内河船型标准化建设,加强工程建设工地防风、防雷、防地质灾害等安全设施的配备。新建、改建、扩建工程项目的安全设施必须与主体工程做到"三同时"(同时设计、同时施工、同时投产和使用)。各级交通运输管理部门应将安全生产的科研开发、宣传教育、督查检查、事故调查处置、绩效奖励等费用纳入预算,提供经费保障。

(二十一)加强安全生产基础设施建设。重点加强农村公路安保、城市轨道交通运营安保、危桥改造、渡改桥等安全生产基础设施建设。全面推进老旧码头结构加固改造,加快重点航道疏浚、整治和锚地的规划建设,加强航运枢纽、通航建筑物等水运工程的助航和安保设施设备建设。完善航标配布,按规定设置通航桥梁防撞设施。加强重点陆岛、岛岛运输配套安全设施建设。

(二十二)提高安全监管装备水平。研究制定安全监管装备器材配备标准,加强公路与水路安全监管装备器材的配置和基地建设,为安全监管部门和人员配齐配强装备和防护器材。进一步完善整合船舶交通管理系统(VTS)、船舶自动识别系统(AIS)、闭路电视监控系统(CCTV)等功能,研究建立大型交通运输基础设施建设和管养安全监测系统,提升动态监管能力。

(二十三)加强应急救援装备设施建设。推进国家和省级公路交通应急保障中心及基地建设。加快应急救助船艇、飞行器、指挥车辆等装备建设。加快船舶溢油应急基地建设,加强水路危险品运输应急物资储备,加快航标、测量船舶及装备建设。依托大型交通运输企业,建立各级道路和水路运输应急保障运力储备。

八、加强安全生产考核和监督

(二十四)推进安全生产绩效考核。建立完善安全生产考核机制,加大领导干部和部门负责人政绩业绩考核中安全生产的权重和考核力度,将安全责任的落实作为单位和人员绩效考核的重要内容,与评优、评先、晋升相结合。建立并完善安全生产激励机制,对成效显著的单位和个人要以适当形式予以表扬和奖励。

(二十五)加大安全生产责任追究力度。严格事故调查处理和责任追究,按照“四不放过”的原则,严格实行安全生产一票否决、引咎辞职等问责制度,严肃查处每一起安全生产事故,依法严肃追究责任单位和相关责任人责任。认真落实事故查处挂牌督办、警示通报、诫勉约谈等制度。畅通安全生产举报渠道,强化社会监督、舆论监督和群众监督,共同推进群防群治和责任落实。

交通运输部

2013 年 1 月 5 日

关于加强我国港口引航管理的通知

（交水发〔2007〕174号）

各有关省、自治区、直辖市交通厅（委），上海市港口管理局，各港口所在地港口行政管理部门，各直属海事局：

自2006年以来，各地人民政府根据国务院办公厅《关于深化中央直属和双重领导港口管理体制改革意见的通知》（国办发〔2001〕91号）要求，积极推进引航管理体制改革，取得了较大的进展，为建立公平、公正的引航秩序提供了条件。为进一步加强我国港口引航管理，加快建立良好的港口公共服务环境，全面提升引航服务水平，现将有关事项通知如下：

一、充分认识加强引航管理的重要性，切实加强组织领导

引航工作关系到船舶航行安全和港口经营安全，关系到港口的综合竞争力和健康发展，关系到国家主权和对外开放的整体形象。加强引航管理，对促进港口业健康有序发展，提升我国港口的综合竞争力和国际地位具有十分重要的意义。随着新的引航管理体制的逐步确立和港口业的快速发展，对引航工作提出了更高的要求。港口行政管理部门要高度重视，切实加强组织领导，把加强引航管理作为今年港口行政管理的一项重点工作，以更高的标准、更严格的要求全面加强对引航机构的管理，尽快提升引航服务水平。

各港口行政管理部门和海事管理机构要密切配合，通力合作，按照各自的职责加强引航管理和监督。

二、严把准入关，加强引航资质管理

依照《港口法》、《船舶引航管理规定》（交通部令2001年第10号）等有关规定，引航机构须经我部批准，方可从事引航活动。引航机构必须符合国办发〔2001〕91号文件和我部的有关规定且具备《船舶引航管理规定》设定的资质条件。

港口行政管理部门要加强引航机构的准入管理，定期对引航机构的资质进行检查，确保其在符合资质条件下从事引航活动。对已经我部批准的引航机构，因引航体制发生重大变化，要进行一次资质审查；对未经批准的，要报部办理行政许可手续。各地由港口行政管理部门组织并按照《船舶引航管理规定》规定的程序和要求于2007年6月30日前向我部提出引航机构资质审查或行政许可申请。对审查不合格、不符合引航资质条件的，我部将责令其限期整改，整改后仍不能达到引航资质条件的，将依据《行政许可法》等有关规定，撤销其引航资格或不予行政许可。

我部将于2007年下半年公布合格的引航机构名单。对未取得我部批准文件的引航机

构,港口行政管理部门和海事管理机构要采取措施制止其继续从事引航活动,我部将组织有关部门和单位重新组建或设置新的引航机构以确保港口运营的正常行。

严把引航员的准入关。海事管理机构要加强引航员的培训、考试和发证的管理工作,加大对引航员业务技能和实际操作能力的考核和检查的力度。

三、实行科学管理,加强制度建设,全面提升引航服务水平

引航机构要从引航的计划、组织、控制、协调等方面进行科学的系统管理,做好引航调度计划和引航方案,及时安排和科学调度引航员,不断提升引航的服务质量。制订引航服务标准,体现引航的公正性、公平性、统一性。引航机构要与有关企业、单位密切协作,建立通畅的信息传递渠道,使引航与港口生产紧密衔接,形成有机的港口生产服务链。要加快建立集引航调度指挥、引航服务和引航监管等有关内容为一体的引航服务监管系统,逐步实现引航服务信息化。

各地要建立引航机构的社会监督机制,由港口行政管理部门、口岸有关单位、港航企业、中国引航协会等单位派代表组成引航机构监督委员会,加强对引航的社会监督。

港口行政管理部门要健全引航机构的财务管理制度,实施财务预算管理,加强对引航收费的监督。

四、加强引航队伍规范化建设,全面提升引航队伍素质

为适应我国港口吞吐能力增长和船舶大型化发展的需要,港口行政管理部门和引航机构要把加强引航队伍建设放在突出重要的位置。

坚持以人为本,根据引航体制变化的新要求,建立一支管理规范、业务精湛、保障有力、公平服务、高效廉洁的港口引航员队伍。一是要抓好引航机构的领导班子建设,培养统揽全局、团结协作、作风精良、科学管理的新型领导班子;二是要加快培养高素质的引航员,加大引航员的培训力度,做好引航员的选拔聘用工作,大力优化引航员队伍结构;三是要建立科学有效的考核奖励制度,实现引航机构的规范管理;四是要加强作风建设,树立良好的引航服务形象。

五、切实加强引航安全管理工作

港口行政管理部门要着力抓好引航安全工作。要根据港口发展和引航安全工作的需要,加快制定引航机构发展规划和引航装备计划,分阶段、有计划地进行引航设施设备的建设和更新改造,逐步实现引航技术装备的现代化。建立引航安全操作规程和安全管理体系。引航机构要继续强化安全意识,严格遵守有关港口作业和船舶安全航行的规定,在当前生产任务重、引航员相对紧张的情况下,要正确处理好安全与生产的关系,制定安全引航应急预案,确保引航安全。

海事管理机构要加强引航安全监督管理工作。

六、严格监管，规范引航行为

港口行政管理部门和海事管理机构要加强对引航行为的监督检查，严厉打击非法从事引航活动的行为。对违反规定的，一经发现，要严肃查处，及时纠正违规行为，并追究有关责任人员的责任；对未经批准，擅自从事引航活动的，要采取措施予以制止，并依法给予行政处罚；对违反工作纪律和规定的引航员，要加强教育，并依法给予行政处分。

中华人民共和国交通部

2007年4月13日

关于加强内河集装箱运输安全管理的通知

（交水发〔2009〕498 号）

各有关省、自治区、直辖市交通运输厅（委），长江、珠江航务管理局，各直属海事局，中央航运企业集团

2009 年 8 月 10 日“航龙 518”轮发生集装箱落江事故，暴露出内河集装箱运输安全管理中存在薄弱环节。为避免类似事故再次发生，确保内河运输安全形势稳定，现就有关事项通知如下：

一、提高认识，高度重视内河集装箱运输安全管理工作

各级港航管理部门、海事管理机构要以对国家和人民生命财产安全高度负责的态度，认真贯彻落实各项安全措施，坚决克服麻痹大意思想，切实加强对内河集装箱运输工作的领导，进一步加强对港航企业的安全生产教育，努力提高港航企业和广大从业人员的安全生产意识，确保安全生产形势稳定。

二、规范操作，认真执行内河集装箱运输安全有关规定

港航企业要严格执行各项安全管理规定，突出抓好港口装卸、船舶积载、集装箱系固等环节的作业管理，保障内河集装箱运输安全。

港口企业要按照《集装箱港口装卸作业安全规程》和《系列 1：集装箱装卸和栓固》等规定进行集装箱装卸作业。应事先制定周密、可靠的操作方案，不准超负荷作业；结合港口大型机械的抗风等级、各种自然条件，制定合理的特殊天气下作业操作规程。

进行危险货物集装箱装卸作业时，港口企业应事先制定安全装卸与堆存方案，由经过专门培训的危险货物集装箱装卸班组和装卸指导员承担作业。严禁装卸载有包装破漏危险货物的集装箱。

航运企业应严格按照《货物系固手册》对集装箱进行牢固可靠的系固和绑扎，特别是甲板上或舱内无格槽堆装的集装箱应予栓固。卸船时，应按卸载顺序和区域拆除集装箱栓固装置，并检查所有对集装箱栓固的装置是否被解除。对装载危险货物的集装箱进行装卸时，应严格遵守《水路危险货物运输规则》、《国际海运危险货物规则》和《船舶载运危险货物安全监督管理规定》中有关积载和隔离的要求。

三、严格管理，建立和完善有关制度

各有关港航管理部门、海事管理机构要认真分析总结事故发生规律，组织研究制定有针

对性的安全管理措施。建立和完善危险货物集装箱申报和信息通报制度，港航企业应按照《港口法》的规定将危险货物集装箱及装载危险货物的有关情况、作业时间和地点报告港口行政管理部门和海事管理机构。

四、强化监管，切实落实安全生产管理责任

各港航管理部门、海事管理机构要加强现场监管，督促从事内河集装箱运输的港航企业执行有关安全规定，重点加强危险货物集装箱的安全管理工作，抓好危险货物集装箱的申报工作，严厉打击瞒报、漏报、虚报危险货物等违规行为；加强对集装箱的检查，对装运危险货物的集装箱，要严格按《集装箱装运包装危险货物监督管理规定》的有关要求执行。

各有关港航管理部门、海事管理机构应结合"安全生产年活动"的开展，于2009年11月30日前按照职责分工组织开展一次辖区内的内河集装箱运输安全管理专项检查，深入排查安全隐患，根据各自职责分工，重点对《集装箱港口装卸作业安全规程》和《系列1：集装箱装卸和栓固》、《货物系固手册》和危险货物管理等规定的执行情况进行检查。对危险货物集装箱，港航管理部门、海事管理机构重点检查的项目包括：标牌和标记，包件的标志，文书，包装，集装箱、车辆或其他货物运输组件内的积载/系固，货物的隔离，集装箱安全公约安全批件牌，严重结构缺陷，集装箱的系固附件等内容。发现问题，要责令限期整改。请各省（区、市）交通运输主管部门和各直属海事局，于2009年12月31日前将有关检查情况以书面形式报部，长江、珠江沿线的各省（区、市）交通运输主管部门将检查情况分别抄送长江、珠江航务管理局。

联系人和电话、传真：部水运局刘晓峰，010－65292637，010－65292638；部海事局许吉翔，010－65292873。

中华人民共和国交通运输部

2009年9月17日

关于切实加强港口油品接卸作业安全生产的紧急通知

（交安委明电〔2010〕7号）

各省、自治区、直辖市交通运输厅（局、委），天津、上海市交通运输和港口管理局，长江、珠江航务管理局，中远、中海、中外运长航、招商局集团，部直属海事局、救捞局：

7月16日18:20时，新加坡太平洋石油公司所属30万吨原油船“宇宙宝石”轮在大连新港中石油原油储备库卸油过程中，由于原油储备罐陆地管线在加催化剂作业时发生爆炸，引起火灾，并导致部分原油泄漏入海。事故发生后，胡锦涛总书记、温家宝总理立即做出重要批示。中共中央政治局委员、国务院副总理张德江代表中共中央、国务院连夜紧急赶到事故现场，指挥灭火救援工作。李盛霖部长等领导立即赶赴现场，组织指挥交通运输系统相关部门紧急开展消防、清污等工作。目前，库区明火已被扑灭，海上油污清除工作正在有序、紧张进行。当前，正值防汛抗台战高温关键时期，为吸取大连“7·16”事故教训，防止再发生类似事故，确保港口油品接卸作业安全，现就有关要求通知如下：

一、强化港口安全生产工作

各部门、各单位要充分认识当前防汛抗台战高温期间安全生产形势的严峻性，认真吸取大连事故的教训，做到举一反三、充分准备、有效应对，要进一步落实安全生产“两个”主体责任，加强层级安全生产监督管理，强化预防预控，并要制定有针对性的措施，确保港口油品接卸作业的安全。

二、强化安全隐患排查治理

各交通运输企业、特别是港口企业要立即组织对港口油品接卸工作进行拉网式隐患排查，要集中人力、物力和财力加大隐患治理的力度，及时消除事故隐患，保持生产设备设施处于良好的技术状态。对于一时难以消除的重大事故隐患，要实行挂牌督办、限期整改。

三、强化港口生产作业现场管理

港口现场作业人员要认真落实岗位责任制，严格执行港口和危化品安全操作规程，注意谨慎操作，做到万无一失；现场管理人员要强化现场巡回检查，及时发现问题，及时果断处置，做到管理无缺陷；企业领导要把安全生产作为当前工作的重点，坚持亲自主抓，坚持带班值守，做到督促落实到位。

四、强化安全有效监管

各交通运输主管部门和海事部门要对所有的油品接卸港口码头进行最严格督查，加大安全监管和执法力度，凡不符合安全生产要求的，要坚决停产整顿。要重点强化现场作业的有效监管，对港口油库、输油管道、设施设备以及运输船舶做到安全监管无死角。

五、强化应急救援准备

各部门、各单位要借鉴大连“7·16”事故的经验和教训，及时修改完善本部门、本单位相关的应急预案，要加大投入，加强消防、溢油等应急物资的储备，加强应急队伍建设和应急演练，切实提高突发事件的应急处置能力。

交通运输部

2010年7月17日

关于开展严厉打击非法违法生产经营建设行为专项行动的通知

（交安委明电〔2011〕5号）

各省、自治区、直辖市、新疆生产建设兵团交通运输厅（局、委），天津、上海市交通运输和港口管理局，部属各单位，中远、中海、中外运长航、招商局、中交建设集团：

为贯彻落实《国务院安委会关于开展严厉打击非法违法生产经营建设行为专项行动的通知》（安委明电〔2011〕7号）精神，进一步强化安全生产工作力度，促进交通运输安全生产形势持续稳定好转，部决定开展交通运输系统严厉打击非法违法生产经营建设行为（以下简称"打非"）专项行动。现就有关事项通知如下：

一、总体要求

认真贯彻落实中央领导同志近期关于加强安全生产工作的一系列重要批示指示精神和《国务院关于进一步加强企业安全生产工作的通知》（国发〔2010〕23号）、《国务院办公厅关于继续深化"安全生产年"活动的通知》（国办发〔2011〕11号）精神，依据安全生产相关法规，严厉打击交通运输领域非法违法生产经营建设行为，依法严惩非法违法行为，促进交通运输安全生产形势持续稳定好转。

二、重点范围和重点内容

重点范围：水路交通、道路运输、城市客运、公路水运工程施工等领域。

重点内容：下列非法违法生产经营建设行为。

（一）具有共性的严重非法违法生产经营建设行为。

1. 无证、证照不全或过期从事生产经营建设的；

2. 关闭取缔后又擅自生产经营建设的；

3. 停产整顿、整合技改未经验收擅自组织生产的和违反建设项目安全设施"三同时"规定的；

4. 非法用工、无证上岗的；

5. 拒不执行安全监管指令、抗拒安全执法的。

（二）具有领域特点的非法违法生产经营建设行为。

1. 水路交通：

（1）运输船舶和内贸集装箱超载的；

（2）非法载客和非法从事渡船渡口运输的；

(3)长江、渤海湾、琼州海峡等水域滚装运输非法夹带危险品的;

(4)在通航水域非法采砂和非法从事运砂行为的;

(5)大船小证、违章航行的。

2. 道路运输:

(1)营运车辆超员、超限、超载、超速行驶的;

(2)客运车辆夜间途经达不到夜间安全通行条件的三级及以下山区公路或不按规定线路行驶的;

(3)非营运车辆违法载人的;

(4)非法改装车辆从事道路营运的;

(5)非法夹带危险品运输的。

3. 城市客运:

(1)非法从事城市客运的;

(2)非法从事出租车运输的;

4. 公路水运工程施工:

(1)施工企业无相关资质或超越资质范围承揽工程,违法分包、转包工程,违规托管、代管、挂靠的;

(2)使用不符合安全规定设施设备和建筑材料的。

三、时间步骤

(一)部署发动阶段(4 月中旬—5 月上旬)。

各部门、各单位要结合安全生产工作实际,抓紧"打非"方案的制定和部署,强化宣传,大力营造交通运输系统"打非"专项行动的良好舆论氛围。

(二)集中打击阶段(5 月上旬—6 月下旬)。

各部门、各单位要根据实施方案,结合年度安全生产工作安排,做好统筹兼顾,加大对各类非法违法生产经营建设行为的打击力度。

(三)检查督导阶段(6 月上旬—7 月上旬)。

各部门、各单位门要适时组织开展检查督查活动,及时掌握"打非"专项行动的工作进展情况,确保行动取得实效。部安委会将对交通运输系统"打非"专项行动情况进行监督检查。

请各部门、各单位于 7 月 10 日前,将本地区、本部门开展"打非"专项行动总结材料报送部安委会办公室。部安委会办公室汇总后上报国务院安委会办公室。

四、工作要求

(一)高度重视,加强领导。各部门、各单位要高度重视"打非"专项行动的重要性,将"打非"工作作为确保交通运输安全生产形势稳定的重要举措,强化组织领导,周密部署,明确责任,确保"打非"专项行动取得预期效果。

（二）抓住重点，依法严厉打击。各部门、各单位要抓住关键环节，及时发现和解决打非行动中的难点和突出问题，严防行动流于形式，严防打击不力、打击不到位。要依法依规强化执法手段，切实做到“四个一律”。

（三）加强协调，形成合力。各部门、各单位要取得各级地方政府的支持，加强与安监、公安、住房城乡建设、工商等部门的协调配合，及时沟通信息，密切协作，形成整顿和规范交通运输市场秩序的合力，进一步增强打击和整治非法违法生产经营建设行为的力度。

（四）强化责任追究，确保行动到位。各部门、各单位要强化责任考核，对工作不认真、走过场的要通报批评，严令改正；对执行不力的要实行严格的责任追究。要按照“四不放过”原则，严肃查处每一起由于非法违法从事交通运输行为导致的安全生产事故；特别是对非法违法生产行为造成人员伤亡的，要依法处罚，涉嫌犯罪的，要追究刑事责任。

交通运输部

2011 年 4 月 20 日

关于印发交通运输系统集中开展“打非治违”专项行动方案的通知

（交安委明电〔2012〕3号）

各省、自治区、直辖市、新疆生产建设兵团交通运输厅（局、委），天津、上海市交通运输和港口管理局，天津市市政公路管理局，部属各单位，中远、中海、招商局、中交建设、中外运长航集团：

国务院办公厅下发了《关于集中开展安全生产领域“打非治违”专项行动的通知》（国办发明电〔2012〕10号），决定从2012年4月中旬至9月底，在全国集中开展打击非法违法生产经营建设、治理纠正违规违章行为（以下简称“打非治违”）专项行动。为贯彻落实国务院的总体部署，我部起草了《交通运输系统集中开展“打非治违”专项行动方案》（见附件），现印发给你们，请遵照执行。

交通运输部

2012年4月19日

附件：

交通运输系统集中开展“打非治违”专项行动方案

一、总体要求

深入贯彻党中央、国务院关于安全生产工作的决策部署，认真落实《国务院关于进一步加强企业安全生产工作的通知》（国发〔2010〕23号）和《国务院关于坚持科学发展安全发展促进安全生产形势持续稳定好转的意见》（国发〔2011〕40号）精神，牢固树立科学发展安全发展理念，结合交通运输系统“安全生产年”活动和我部组织开展的各项专项整治活动部署，依法依规依据政策，集中开展交通运输“打非治违”专项行动，及时发现和整改安全隐患，大力实施安全发展战略，着力构建安全生产长效机制，有效防范和坚决遏制重特大事故发生，切实维护人民群众生命财产安全，促进交通运输安全生产形势持续稳定好转，为迎接党的十八大胜利召开创造良好的社会环境。

二、重点内容

交通运输系统“打非治违”专项行动的重点内容：

（一）无经营许可证件、证照不全或过期、超许可范围非法从事道路、水路运输、出租车运输和交通运输施工建设的，未经批准的渡口渡船非法经营的；

（二）非法用工、无从业资格证上岗的，运输船舶不按要求配备船员或船员不适任的；

（三）营运车辆超载超员、非法改装车辆从事运输的，运输船舶超限超载、不适航、大船小证的；

（四）客运车辆不按规定线路行驶的，旅游包车未取得包车证或持空白包车证的；

（五）非危险化学品运输车辆从事危险化学品运输的，集装箱非法夹带危险品运输的，渤海湾、舟山群岛、琼州海峡、北部湾、长江等重点水域滚装运输非法夹带危险化学品的；

（六）新材料、新设计、新装备、新技术未经安全检测核准投入使用的；

（七）违章指挥、违反安全作业规定、违反安全操作规程的，拒不执行安全监管指令、抗拒安全生产执法的；

（八）交通运输建设工程非法分包、转包以及违章作业的，违反建设项目安全设施“三同时”规定的，取缔后又擅自生产经营建设的，应关未关或关闭不到位的；

（九）瞒报谎报事故，以及重大隐患隐瞒不报或不按规定期限予以整治的；

（十）应急救援队伍、装备不健全的，应急演练不及时，自救装备不足、培训不够的；

（十一）隐患排查治理制度不健全、责任不明确、措施不落实、整改不到位的；

（十二）其他违反安全生产法律、法规、规章的生产经营建设行为。

三、方法步骤

坚持企业自查自纠与督促检查相结合，全面排查与重点整治相结合，交通运输系统“打非治违”专项行动分四个阶段进行：

（一）制定方案、自查自纠阶段（4月中旬—5月底）。

各部门、各单位要按照本方案要求，结合实际，研究制定具体行动方案（4月25日前报部安委办）。同时要迅速动员部署，督促企业全面开展自查自纠工作，及时治理纠正非法违规行为，消除安全隐患。

（二）联合执法、集中整治阶段（6月—7月）。

各部门、各单位要在当地人民政府统一领导下，积极联合相关部门，共同确定部门间的联合行动主题，始终保持“打非治违”的高压态势，切实做到“四个一律”：对非法生产经营建设和经停产整顿仍未达到要求的，一律关闭取缔；对非法生产经营建设的有关单位和责任人，一律按规定上限予以经济处罚；对存在非法生产经营建设的单位，一律责令停产整顿，并严格落实监管措施；对触犯法律的有关单位和人员，一律依法严格追究法律责任。

（三）全面检查、重点抽查阶段（8月）。

各部门、各单位要建立专项行动的台账，加强动态管理，组织开展情况进行全面细致的检查和工作指导，及时发现和解决工作中存在的突出问题，推动“打非治违”专项行动深入开展。在各部门、各单位督促检查的基础上，部将组织督查组，对各部门、各单位开展专项行动的情况进行督查，推动“打非治违”工作取得实效。

（四）总结经验、巩固提高阶段（9月）。

各部门、各单位要对“打非治违”专项行动情况进行总结，通过专项行动的开展，深入研究探索安全生产规律，构建交通运输安全生产长效机制。9月17日前将专项行动总结报部安委办。

四、工作要求

（一）加强领导，全力推进专项行动开展。

为切实加强对“打非治违”专项行动的组织领导，部成立由部安委会负责的“打非治违”专项行动领导小组，部安委办负责日常工作，相关司局协调配合。交通运输系统各部门、各单位要充分认识开展专项行动的重要性，始终把安全生产作为交通运输发展的“生命线”，要成立相应的组织领导机构，主要领导亲自挂帅，落实具体责任部门和责任人，以强力推动专项行动的深入扎实开展。交通运输企业主要负责人和实际控制人要切实负起安全生产第一责任人的责任，认真组织开展自查自纠，针对存在的问题，做到整改方案、责任、时限、措施和资金“五落实”，全面提高企业依法依规安全生产的水平。

（二）广泛宣传，营造专项行动的良好氛围。

各部门、各单位要注重宣传教育引导，将“打非治违”专项行动与“安全生产月”活动有机结合起来，大力营造“科学发展、安全发展”、“关爱生命、关注安全”的舆论环境和社会氛围。要引导广大企业职工和人民群众积极参与，支持“打非治违”工作，通过设立举报电话、邮箱等方式，进一步畅通安全生产的社会监督渠道，鼓励群众举报交通运输行业安全生产非法违法行为，对严重非法违规生产经营建设行为导致的事故及时公开曝光。

（三）依法依规，确保专项行动措施落到实处。

各部门、各单位要严格依法依规开展“打非治违”专项行动，讲方法、讲政策，在严厉打击、严肃纠正非法违规行为的同时，要高度重视稳定、和谐，妥善处理好事关人民群众切身利益的问题。要强化“打非治违”的督促检查和责任追究，确保工作取得实效，对工作不认真、走过场的要通报批评，严令改正；对执行不力的要实行严格的责任追究。要严格事故查处，认真执行事故查处挂牌和跟踪督办制度，对非法违规行为造成事故的企业，以及谎报瞒报事故的，要依法从重处罚。

（四）统筹协调，构建安全生产长效机制。

各部门、各单位要将集中开展“打非治违”专项行动与安全隐患排查治理、“安全生产年”、“双基”建设、“道路客运安全年”、“平安工地”、“平安港口”、交通运输企业安全生产标准化建设等安全生产专项活动以及日常的安全监管相结合，全面加强安全生产各项工作。要坚持标本兼治，强化法规制度落实，严把安全生产“准入关”，紧紧抓住交通运输行业安全生产工作中存在的薄弱环节和突出问题，特别是对反复发生、长期未能根治的顽症痼疾，要及时研究采取有效措施，予以解决。

（部安委办电话：010－65292133，传真：010－65292124，邮箱：pengfp@mot.gov.cn）

交通运输部关于进一步加强水路运输易流态化固体散装货物安全管理工作的通知

（交水明电〔2013〕4号）

各省、自治区、直辖市交通运输厅（委），上海市、天津市交通运输和港口管理局，各直属海事局，中远、中海、中外运长航集团，中国外轮理货总公司、中联理货有限公司：

2012年12月23日，南京康瑞水陆联运有限公司所属“康瑞68”轮载运4725吨硫精矿，由江苏南通驶往山东龙口途中，在长江口南槽灯船以西1海里处倾侧沉没，因救助及时未造成人员伤亡。据初步调查，船舶载运硫精矿含水率较高，存在港航作业单位未向相关管理部门进行报备、货物未经理货部门采样送检、管理部门审核把关不到位等问题。此次事故再次暴露出各有关单位未落实好部《水路运输易流态化固体散装货物安全管理规定》（交水发〔2011〕638号，以下简称638号文），安全管理工作中仍存在不到位、不得力的问题。

为认真吸取2012年2月18日“鑫源顺6”轮及此次“康瑞68”轮沉没事故的教训，切实提高各部门、各单位对水路运输易流态化固体散装货物的安全管理意识和管理力度，有效防范此类事故的发生，现就进一步加强水路运输易流态化固体散装货物安全管理工作通知如下：

一、各部门、各单位要进一步统一思想认识，高度重视水路运输易流态化固体散装货物的安全管理工作。港口行政管理部门、海事管理机构要密切配合，加强合作，共同抓好水路运输易流态化固体散装货物安全监管工作。

二、港口行政管理部门、港航企业要加强组织领导，进一步完善相关机制，切实落实领导责任制，层层细化落实工作责任，并将水路运输易流态化固体散装货物的安全管理纳入业绩考核重要内容，做到奖罚分明，激励并督促各有关方面做好工作。海事管理机构要加强内部执法管理。

三、各部门、各单位要进一步加强638号文等相关文件的宣传贯彻力度。通过开展多种形式的培训教育活动，保证相关管理人员、从业人员能够熟练掌握638号文等相关文件管理要求，切实提高其业务、技术以及安全管理能力和水平。

四、港口行政管理部门、海事管理机构要加强对管理对象的指导，联合开展督查，对从事易流态化固体散装货物运输的企业进行重点筛选、排查，建立有针对性的管理制度及管理台账，加强安全监管，避免同类事故再次发生。

五、港口行政管理部门要进一步建立和完善信息系统，构建动态监管平台，充分运用信息化手段，实现易流态化固体散装货物港口作业的动态监控。海事管理机构应通过VTS、AIS、CCTV等手段加强对载运易流态化固体散装货物船舶的航行动态监管。

六、理货机构要诚信经营，履行好638号文赋予的职责，把好技术关。要加强相关理货人员的职业道德和业务素质教育，确保在易流态化固体散装货物取样、制样、送检、监装等各环节工作的公平、公正。

七、各部门、各单位要进一步完善相关应急预案体系，提高从业人员的应急反应能力。要根据638号文等相关文件要求，针对易流态化固体散装货物船舶运输、港口装卸、堆存等关键环节制定专项应急预案，确保一旦发生应急情况能够迅速做出反应，将损失降低到最低程度。

八、各部门、各单位要将在落实638号文过程中出现的新情况、新问题及时报部水运局。

交通运输部

2013年1月28日

交通运输部关于进一步加强港口危险货物安全监管工作的通知

（交水函〔2015〕300号）

各有关省、自治区、直辖市交通运输厅（委）：

为加强港口危险货物管理，2013年我部颁布了《港口危险货物安全管理规定》（交通运输部令2012年第9号，以下简称“9号令”）。结合2014新《安全生产法》出台，我部进行了港口危险化学品安全监管专项调研，并开展了安全专项整治。为进一步加强港口危险货物安全监管工作，现结合新《安全生产法》和监管实际情况，就有关事项通知如下：

一、巩固2014年专项整治成果

2014年，我部组织开展了港口油气输送管线安全专项排查整治和港口危险化学品安全专项整治，所在地港口行政管理部门要在专项整治的基础上，逐个建立所监管企业的基础档案，档案应包括企业基本信息、生产设施信息、安全设施信息、主要负责人信息及码头、储罐、管线电子分布图等必要内容，并于2015年6月底前将档案报送至省级港口行政管理部门；同时，要进一步加强重大危险源管理，组织定期应急救援演练，跟踪隐患后续整改，巩固专项整治成果，督促企业完善内部安全生产规章制度，形成安全监管长效机制。各省级港口行政管理部门要在2015年7月底前将档案建立情况和隐患后续整改情况书面报部。

二、开展安全设施的专项整治

针对港口危险货物企业普遍存在安全设施老旧和配备不齐的问题，今年各级港口行政管理部门应按照《港口安全设施目录》和相关标准规范，开展港口安全设施的专项整治，消除港口安全设施隐患，提高安全生产本质安全。同时，要对辖区内的港口危险货物企业全面实施安全生产风险管理。请各省港口行政管理部门在2015年12月底前将整治情况书面报部。

三、加强法规标准建设，完善制度体系

部将按照新《安全生产法》等法律法规的要求，结合各地监管实际，修订有关港口危险货物安全监管的规章标准，进一步完善制度体系。各省级行政管理部门要结合当地实际，制定地方规章和标准，指导基层港口行政管理部门有效开展监管工作。

四、进一步落实监管职责，加强监管队伍建设

各级港口行政管理部门要切实理清监管职责，建立重点监管名单、曝光台、责任追究、

“一岗双责”、隐患排查治理、奖惩激励、诚信管理、安全生产约谈、挂牌督办、监督检查、巡视等安全生产监督管理制度。针对预案开展应急演练，提高实操技能和应对突发事件的能力。制定安全生产年度监督检查计划，按计划进行现场监督检查，强化隐患排查，切实履行监管责任，保障港口安全生产。

各级交通主管部门要积极争取地方政府支持，明确港口安全生产监管经费、监管机构和专职监管人员的配置要求；配备必要的交通工具、监督检测设备、事故调查取证与分析设备、个人防护设备；有计划、有步骤地对安全监管人员进行系统的安全监管教育培训，逐步建立与安全监管职责相匹配的安全监管机构和监管队伍。

部将总结分析各地好的做法和经验，在全国范围内进行推广，并选择国内安全监管工作先进地区，组织开展监管工作示范交流学习，提升全国港口危险货物安全监管的整体水平。

五、以信息化为抓手，提升监管能力建设

部将研究制定监管系统信息化建设指南，指导各地建设危险货物港口安全监管信息系统。各港口行政管理部门要向地方政府积极争取信息系统建设配套资金，以信息化建设为抓手，在电子分布图的基础上建立动态的电子监管档案，实现对监管底数的动态实时更新；建设危险货物应急决策支持系统，提升应急管理水平和紧急状况下的指挥决策能力；要根据港口安全监管的实际情况，配置相适应的监管检测设备、现场取证设备、监管交通工具等必要的监管装备，形成现代化的监管力量。

六、严格市场准入管理，强化动态监管

各级港口行政管理部门要按照《安全生产法》《危险化学品安全管理条例》《港口危险货物安全管理规定》等法律、法规和部门规章，严格执行港口危险货物建设项目安全审查制度，对未经安全条件审查擅自开工建设、未按批准的安全设施设计专篇建设施工、安全设施未经验收合格擅自投入使用的港口建设项目，依法责令其停止建设或停产停业整顿，从源头上抓好安全监管。同时，港口行政管理部门要强化以下三方面的动态监管，对不符合安全生产要求的，要依法处罚并责令停产停业。

（一）加强对重大变更行为审查。

9 号令第三十七条第一款中的危险货物种类的重大变更，指增加类别发生变化、闪点降低、毒性增大，或者需要采取特殊防护措施的危险货物种类；货物数量增加的重大变更，指导致出现重大危险源或者重大危险源等级增大的数量变更。重大变更可能导致港口危险货物作业安全风险增大，所在地港口管理部门要加强对重大变更行为的监管。

（二）做好港区内危险货物作业和专业化集装箱码头的安全监管。

在港区范围内，为船舶提供供油服务和油污水接收的企业，应按《港口经营管理规定》《港口危险货物安全管理规定》发放港口经营许可证，有固定港口设施的，对具体的危险货物场所配发《港口危险货物作业附证》。水上加油船由海事管理机构负责安全监管。

新建、改建、扩建专业化集装箱码头或者集装箱库场，从事港口危险货物集装箱装卸、堆存作业的，应当依据9号令进行港口危险货物建设项目安全审查。对已投入运营的专业化集装箱码头，新增港口危险货物集装箱装卸作业的，应当按9号令第三十七条进行安全评价，并按照9号令发放《港口经营许可证》和《港口危险货物作业附证》。

（三）加强港口危险货物常压储罐的检查检测。

港区范围内的危险货物常压储罐投入运营后，所在地港政管理部门应当督促港口经营人，根据企业生产实际，建立储罐检查、检测制度，保障储罐安全运营。

交通运输部

2015年4月22日

关于加强客船和危险品船舶运输市场准入管理和市场监管的通知

（厅水字〔2011〕199 号）

各省、自治区、直辖市交通运输厅（委），天津市、上海市交通运输和港口管理局，长江、珠江航务管理局：

为贯彻落实国务院第 165 次常务会议精神和交通运输部关于安全生产工作的部署要求，进一步加强客船（含高速客船、客滚船、客货船、客渡船、客货渡船、旅游船等）、危险品船舶（含化学品船、液化气船和油船等）运输企业和船舶市场准入管理及市场监管，保障人民生命和财产安全，促进水路运输业健康发展，现将有关事项通知如下：

一、各级交通运输主管部门（含港航管理机构，下同）应高度重视，加强领导，坚持安全第一、预防为主、综合治理的原则，严格执行客船和危险品船舶运输企业和船舶管理有关规定和市场调控政策，严把市场准入关，强化日常监管，促进水路运输业科学发展、安全发展。

二、加强客船和危险品船舶运输企业和船舶市场准入管理。按照《水路运输管理条例》、《国内水路运输经营资质管理规定》等有关法规、规章的规定，认真审核申报材料，严格履行审批流程，重点审核企业安全管理机构和制度、安全和防污染管理符合证明和安全管理证书、专职管理人员配备和船舶检验证书等材料。在审核过程中，应认真核对各种证书、证明材料的复印件与原件的符合情况。对不符合经营资质的“四客一危”运输企业一律不准筹建和开业，严格执行《老旧运输船舶管理规定》，坚持客船和危险品船新增运力“先审批、后建造”的规定，不得为未取得新增运力许可或超过报废年限的船舶核发营运证。对提供虚假材料但尚未取得相关许可的，两年内将不受理其同类申请，已经取得许可的将依法取消其被许可事项，对未认真履行审核职责的单位和个人要进行通报批评。

三、加强客船和危险品船运输企业和船舶的日常监管和年度核查工作。各级交通运输主管部门要加强对客船和危险品船运输运输企业和船舶的现场监管和年度核查，建立运输企业和船舶诚信经营、安全运输、遵章守法等经营行为档案，逐步建立健全水路运输企业和船舶诚信制度和经营资质预警机制。对安全管理制度不落实、不完善、专职管理人员配备不到位等不符合经营资质条件的企业，责令整改并可限制其新增同类船舶运力，情节严重的应依法停业整顿。对存在无证经营、超范围经营等行为的企业，要依法予以处罚。

中华人民共和国交通运输部办公厅

2011 年 9 月 6 日

关于明确港口危险化学品安全监督管理若干问题的通知

（厅水字〔2012〕4号）

各省、自治区、直辖市交通运输厅（局、委）、安全生产监督管理局：

为切实做好新修订的《危险化学品安全管理条例》（国务院令第591号，以下简称《条例》）的贯彻落实工作，加强港口危险化学品安全监督管理，根据《中华人民共和国港口法》（以下简称《港口法》）、《中华人民共和国安全生产法》等法律法规，现就有关问题通知如下：

一、关于港区内危险化学品安全监管

按照部门职责分工，港口行政管理部门根据港口总体规划确定的范围，对港区内危险化学品码头建设项目和储存设施建设项目按照国务院交通运输主管部门的规定进行安全条件审查。港区范围不明确的，其储存设施及仓储作业的安全监管主体和范围由设区的市级港口行政管理部门会同当地规划、安全生产监督管理等部门协商确定（上述职责划分，不涉及海事部门职责）。

在港区内危险化学品生产和使用危险化学品的生产装置及相连储罐部分，由安全生产监督管理部门负责安全监管；仅与危险化学品码头相连的储罐部分，由港口行政管理部门负责安全监管。

二、关于港区内加油站安全监管

在港区陆上专门为港口企业的装卸设备、非营运车辆服务的加油站，由港口行政管理部门负责安全监管。在港区陆上为社会车辆服务的加油站，由安全生产监督管理部门负责安全监管。

三、关于港口危险化学品从业人员资格、安全评价机构管理以及生产安全事故调查处理

根据《港口法》和《条例》的规定，鉴于港口危险化学品作业的专业性和危险性，为确保港口安全，切实做好安全管理工作，对从事港口危险化学品装卸管理、申报、集装箱装箱现场检查等业务的人员以及企业主要负责人，由交通运输主管部门负责组织安全培训和资格认定。向港口危险化学品经营人提供安全评价服务的机构和从业人员，应当符合交通运输主管部门的有关要求。

危险化学品港口经营企业发生重大及以下生产安全事故的，根据《生产安全事故报告和调查处理条例》（国务院令第493号），由事故发生地人民政府授权或者委托的部门等单位负责调查处理。

四、关于安全监管职责交接

根据《条例》和上述职责分工，发生安全监管职责转移的，有关港口行政管理部门和安全生产监督管理部门应当按照有关程序办理职责交接手续，移交相关材料。对正在开展生产、储存危险化学品建设项目前期工作或项目在建的，自本通知印发之日起，原管理部门不再受理新的有关建设项目安全条件审查申请；已受理的，原管理部门应在 2012 年 2 月 1 日前作出审查决定，并及时移交有关材料。对已投产项目，自 2012 年 2 月 1 日至 2012 年 3 月 31 日为交接过渡期，由原管理部门与新管理部门进行交接，一次性整体移交相关档案材料（复印件，包括申请材料、许可文件和监管信息等）。对符合法律法规和安全生产条件的，换发新的许可证书；对不符合法律法规和安全生产条件的，应要求有关单位进行整改，符合要求后，方可换发许可证书。

港口行政管理部门与安全监管部门要加强沟通，密切配合协作，交接工作不得影响港口企业的安全生产，发现问题及时解决，确保交接工作顺利进行。

交通运输部

2012 年 1 月 9 日

交通运输部关于印发《交通运输企业安全生产标准化建设评价管理办法》的通知

（交安监发〔2016〕133号）

为深入贯彻落实《中华人民共和国安全生产法》，大力推进企业安全生产标准化建设，现将《交通运输企业安全生产标准化建设评价管理办法》印发给你们，请遵照执行。

交通运输部

2016年7月26日

交通运输企业安全生产标准化建设评价管理办法

第一章　总　　则

第一条　为推进交通运输企业安全生产标准化建设，规范评价工作，促进企业落实安全生产主体责任，依据《中华人民共和国安全生产法》，制定本办法。

第二条　本办法适用于中华人民共和国境内交通运输企业安全生产标准化建设评价及其监督管理工作。

第三条　交通运输部负责全国交通运输企业安全生产标准化建设工作的指导，具体负责一级评价机构的监督管理。

省级交通运输主管部门负责本管辖范围内交通运输企业安全生产标准化建设工作的指导，具体负责二、三级评价机构的监督管理。

长江航务管理局、珠江航务管理局分别负责行政许可权限范围内的长江干线、西江干线省际航运企业安全生产标准化建设工作的指导，具体负责二、三级评价机构的监督管理（以上部门和单位统称为主管机关）。

第四条　交通运输企业安全生产标准化建设按领域分为道路运输、水路运输、港口营运、城市客运、交通运输工程建设、收费公路运营六个专业类型和其他类型（未列入前六种类型，但由交通运输管理部门审批或许可经营）。

道路运输专业类型含道路旅客运输、道路危险货物运输、道路普通货物运输、道路货物运输站场、汽车租赁、机动车维修和汽车客运站等类别；水路运输专业类型含水路旅客运输、水路普通货物运输、水路危险货物运输等类别；港口营运专业类型含港口客运、港口普通货物营运、港口危险货物营运等类别；城市客运专业类型含城市公共汽车客运、城市轨道交通运输和出租汽车营运等类别；交通运输工程建设专业类型含交通运输建筑施工企业和交通工程建设项目等类别；收费公路运营专业类型含高速公路运营、隧道运营和桥梁运营等类别。

第五条　交通运输企业安全生产标准化建设等级分为一级、二级、三级，其中一级为最高等级，三级为最低等级。水路危险货物运输、水路旅客运输、港口危险货物营运、城市轨道交通运输、高速公路、隧道和桥梁运营企业安全生产标准化建设等级不设三级，二级为最低等级。

交通运输企业安全生产标准化建设标准和评价指南，由交通运输部另行发布。

第六条　交通运输企业安全生产标准化建设评价工作应坚持“政策引导、依法推进、政府监管、社会监督”的原则。

第七条　交通运输企业安全生产标准化建设评价及相关工作应统一通过交通运输企业安全生产标准化管理系统（简称管理系统）开展。

第八条 交通运输部通过购买服务委托管理维护单位，具体承担管理系统的管理、维护与数据分析、评审员能力测试题库维护、评价机构备案和档案管理等日常工作。各省级主管机关可根据需要通过购买服务委托省级管理维护单位承担相关日常工作。

第九条 管理维护单位应具备以下条件：

（一）具有独立法人资格，从事交通运输业务的事业单位或经批准注册的交通运输行业社团组织；

（二）具有相适应的固定办公场所、设施和必要的技术条件；

（三）配有满足工作所需的管理和技术人员；

（四）3 年内无重大违法记录，信用状况良好；

（五）具有完善的内部管理制度；

（六）法律、法规规定的其他条件。

第十条 主管机关应与委托的管理维护单位签订合同或协议，明确委托工作任务、要求及相关责任。

第十一条 管理维护单位因自身条件变化不满足第九条要求或不能履行合同承诺的，主管机关应解除合同并及时向社会公告。

第二章　评　审　员

第十二条 评审员是具有企业安全生产标准化建设评价能力，进入评审员名录的人员。

第十三条 凡遵守法律法规，恪守职业道德，符合下列条件，通过管理系统登记报备，经公示 5 个工作日，公示结果不影响登记备案的，自动录入评审员名录。

（一）具有全日制理工科大学本科及以上学历；

（二）具备中级及以上专业技术职称，或取得初级技术职称 5 年以上；

（三）具有 5 年及以上申报专业类型安全相关工作经历；

（四）身体健康，年龄不超过 70 周岁；

（五）同时登记备案不超过 3 个专业类型；

（六）通过管理系统相关专业类型专业知识、技能和评价规则的在线测试；

（七）申请人 5 年内未被列入政府、行业黑名单或 1 年内未被列入政府、行业公布的不良信息名录；

（八）评审员承诺备案信息真实，考评活动中严格遵守国家有关法律法规，不弄虚作假、提供虚假证明，一旦违反，自愿退出交通运输企业安全生产标准化建设评价相关活动。

第十四条 评审员按专业类型自愿申请登记在一家评价机构后，方可从事交通运输企业安全生产标准化建设评价工作，登记完成后 12 个月内不可撤回。

第十五条 评审员应按年度开展继续教育学习，自登记备案进入评审员名录后，每 12 个月周期内均应通过管理系统进行继续教育在线测试。通过测试的，可继续从事企业安全生产标准化建设评价工作；未通过测试的，暂停参加评价活动，直至通过继续教育测试。继续教育测试不收取任何费用。

第十六条 部管理维护单位应按年度发布评审员继续教育测试大纲,评审员年度继续教育测试大纲应包含以下内容:

(一)相关专业的安全生产法律、法规、标准规范;

(二)交通运输企业安全生产标准化建设有关新政策;

(三)应更新的安全生产专业知识。

第十七条 评审员个人信息变动应于5个工作日内通过管理系统报备。

第十八条 评审员向受聘的评价机构申请不再从事企业安全生产标准化建设评价工作,或年龄超过70岁的,部管理维护单位应在5个工作日内注销其备案信息。

第三章 评价机构

第十九条 评价机构是指满足评价机构备案条件,完成管理系统登记报备,从事交通运输企业安全生产标准化建设评价的第三方服务机构。

第二十条 评价机构分为一、二、三级。一级评价机构向交通运输部备案,二、三级评价机构向省级主管机关备案。

一级评价机构可承担申请一、二、三级的企业安全生产标准化评价工作,二级评价机构可承担备案地区申请二、三级的企业安全生产标准化评价工作,三级评价机构可承担备案地区申请三级的企业安全生产标准化评价工作。

第二十一条 凡符合以下条件,通过管理系统登记备案,经公示5个工作日,公示结果不影响登记备案的,自动录入评价机构名录。

(一)从事交通运输业务的独立法人单位或社团组织;

(二)具有一定的交通运输企业安全生产标准化建设评价或交通运输安全生产技术服务工作经历;

(三)具有相适应的固定办公场所、设施;

(四)具有一定数量专职管理人员和相应专业类型的自有评审员;

(五)初次申请一级评价机构备案,应已完成本专业类型二级评价机构备案1年以上,并具有相关评价经历;

(六)建立了完善的管理制度体系;

(七)单位或法定代表人3年内未被列入政府、行业黑名单或1年内未被列入政府、行业公布的不良信息名录;

(八)评价机构同一等级登记备案不超过3个专业类型;

(九)评价机构承诺备案信息真实,严格遵守国家有关法律法规,不弄虚作假、提供虚假证明,一旦违反,自愿退出交通运输企业安全生产标准化建设评价相关活动;

(十)满足其他法律法规要求。

以上第一至五款评价机构具体备案条件见附录A。

第二十二条 评价机构进入评价机构名录后，备案信息有效期5年，并向社会公布。备案信息公布内容应包含评价机构的名称、法定代表人、专业类型、等级、地址和印模、备案号和有效期等。

第二十三条 评价机构可在登记备案期届满前1个月通过管理系统进行延期备案，延期备案符合下列条件，经公示5个工作日后，结果不影响延期备案的，自动延长备案期5年。

（一）单位经营资质合法有效；

（二）未被主管机关列入公布的不良信息名录；

（三）满足该等级评价机构登记备案条件。

第二十四条 评价机构名称、地址或法定代表人变更，或从事专职管理和评价工作的人员变动累计超过25%的，应通过管理系统进行信息变更备案。

第二十五条 评价机构应不断完善内部管理制度，严格规范评价过程管理，并对评价和年度核查结论负责。

第二十六条 评价机构应按年度总结评价工作，于次年1月底前通过管理系统报管理维护单位，管理维护单位汇总分析后，形成年度报告报主管机关。

第二十七条 评价机构在妥善处置其负责评价和年度核查相关业务后，可向登记备案的管理维护单位申请注销其评价机构备案信息，管理维护单位核实相关业务处置妥善后应在5个工作日内完成备案注销工作，并通过管理系统向社会公布。评价机构申请注销的，2年内不得重新备案，所聘评审员自动恢复未登记评价机构状态。

第四章　评价与等级证明颁发

第二十八条 评价机构负责交通运输企业安全生产标准化建设评价活动的组织实施和评价等级证明的颁发。

第二十九条 交通运输企业安全生产标准化建设评价包括初次评价、换证评价和年度核查三种形式。

第三十条 交通运输企业安全生产标准化建设等级证明应按照交通运输部规定的统一样式制发，有效期3年。

第三十一条 已经通过低等级交通运输企业安全生产标准化建设评价的企业申请高等级交通运输企业安全生产标准化建设评价的，评价及颁发等级证明应按照初次评价的有关规定执行。

第三十二条 交通运输企业应根据经营范围分别申请相应专业类别建设评价，属同一专业类型不同专业类别的，可合并评价。

第三十三条 交通运输企业申请安全生产标准化建设评价应遵循以下规定：

（一）依照法律法规要求自主申请；

（二）自主选择相应等级的评价机构；

（三）评价过程中，向评价机构和评审员提供所需工作条件，如实提供相关资料，保障有效实施评价；

（四）有权向主管机关、管理维护单位举报、投诉评价机构或评审员的不正当行为。

第三十四条 交通运输企业在取得安全生产标准化等级证明后，应根据评价意见和标准要求不断完善其安全生产标准化管理体系，规范安全生产管理和行为，形成可持续改进的长效机制，并接受主管机关、评价机构的监督。

第一节 初次评价

第三十五条 申请初次评价应具备以下条件：

（一）具有独立法人资格，从事交通运输生产经营建设的企业或独立运营的实体；

（二）具有与其生产经营活动相适应的经营资质、安全生产管理机构和人员，并建立相应的安全生产管理制度；

（三）近1年内没有发生较大以上安全生产责任事故；

（四）已开展企业安全生产标准化建设自评，结论符合申请等级要求。

第三十六条 交通运输企业应通过管理系统向所选择的评价机构提出企业安全生产标准化建设评价申请，申报初次评价应提交以下资料：

（一）标准化建设评价申请表（样式由管理系统提供）；

（二）法律法规规定的企业法人营业执照、经营许可证、安全生产许可证等；

（三）企业安全生产标准化建设自评报告。自评报告应包含：企业简介和安全生产组织架构；企业安全生产基本情况（含近3年应急演练、一般以上安全事故和重大安全事故隐患及整改情况）；从业人员资格、企业安全生产标准化建设过程；自评综述、自评记录、自评问题清单和整改确认；自评评分表和结论等。

第三十七条 评价机构接到交通运输企业评价申请后，应在5个工作日内完成申请材料完整性和符合性核查。核查不通过的，应及时告知企业，并说明原因。评价机构对申请材料核查后，认为自身能力不足或申请企业存在较大安全生产风险时，可拒绝受理申请，并向其说明，记录在案。

第三十八条 企业申请资料核查通过后，评价机构应成立评价组，任命评价组长，制定评价方案，提前5个工作日告知当地主管机关后，满足下列条件，可启动现场评价。

（一）评价组评审员不少于3人，其中自有评审员不少于1人；

（二）评价组长原则上应为自有评审员，且具有2年和8家以上同等级别企业安全生产标准化建设评价经历，3年内没有不良信用记录，并经评价机构培训，具有较强的现场沟通协调和组织能力；

（三）评价组应熟悉企业评价现场安全应急要求和当地相关法律法规和标准规范要求。

第三十九条 评价机构应在接受企业评价申请后30个工作日内完成对企业的现场评价工作，并提交评价报告。

第四十条 现场评价工作完成后，评价组应向企业反馈发现的安全事故隐患和问题、整改建议及现场评价结论，形成现场评价问题清单，问题清单应经企业和评价组签字确认。现场发现的重大安全事故隐患和问题应向负有直接安全生产监督管理职责的交通运输管理部门和相应的主管机关报告。

第四十一条 企业对评价发现的安全事故隐患和问题，在现场评价结束30日内按要求整改到位的，经申请，由评价机构确认整改合格，所完成的整改内容可视为达到相关要求；对于不影响评价结论的安全事故隐患和问题，企业应按评价机构有关建议积极组织整改，并在年度报告中予以说明。

第四十二条 评价案卷应包含下列内容：

（一）申请资料核查记录及结论；

（二）现场评价通知书（应包含评价时间、评价组成员等）；

（三）评价方案；

（四）企业安全生产重大问题整改报告及验证记录；

（五）评价报告，包括现场评价记录、现场收集的证据材料、问题清单及整改建议、评价结论及评价等级意见；

（六）其他必要的评价证据材料。

第四十三条 评价机构应对评价案卷进行审核，评价报告及其他必要的评价资料通过管理系统向管理维护单位报备。评价机构评价结论认为符合颁发评价等级证明的，应报管理维护单位向社会公示5个工作日；公示结果不影响评价结论的，评价机构应向企业颁发交通运输企业安全生产标准化评价等级证明。

第四十四条 企业对评价结论存有异议的，可向评价机构提出复核申请，评价机构应针对复核申请事项组织非原评审员进行逐项复核，复核工作应在接受企业复核申请之日起20个工作日内完成，并反馈复核意见。企业对评价机构复核结论仍存异议的，可选择其他评价机构申请评价。涉及评价机构评价工作不公正和违规行为的，企业可向相应管理维护单位或主管机关投诉、举报。

第四十五条 交通运输企业安全生产标准化建设等级证明格式由交通运输部统一规定（附录B），证明应注明类型、类别、等级、适用范围和有效期等。

第四十六条 管理维护单位应在收到评价机构报备的评价等级证明、评价报告等资料5个工作日内，向社会公布获得交通运输企业安全生产标准化建设等级证明的企业和评价机构有关信息，接受社会监督。

第二节 换证评价

第四十七条 已经取得安全生产标准化评价等级证明的企业在证明有效期满之前可向评价机构申请换证评价，换证完成后，原证明自动失效。

第四十八条 企业申请换证评价时，应提交以下材料：

（一）企业法人营业执照、经营许可证等；

（二）原交通运输企业安全生产标准化建设等级证明；

（三）企业换证自评报告和企业基本情况、安全生产组织架构；

（四）企业安全生产标准化运行情况，以及近3年安全生产事故或险情、重大安全生产风险源及管控、重大安全事故隐患及治理等情况。

第四十九条 申请换证的企业在取得等级证明3年且满足下列条件，在原证明有效期满之日前3个月内可直接向评价机构申请换发同等级企业安全生产标准化建设等级证明：

（一）企业年度核查等级均为优秀（含换证年度）；

（二）企业未发生一般以上等级安全生产责任事故；

（三）企业未发生被主管机关安全生产挂牌督办或约谈；

（四）企业安全生产信用等级评为B级以上；

（五）企业未违反其他安全生产法律法规有关规定；

（六）安全生产标准化建设标准发生变化的，年度核查或有关证据证明其满足相关要求。

第五十条 换证评价及等级证明颁发的流程、范围和方法按照初次评价的有关规定执行。

第三节 年度核查

第五十一条 企业取得安全生产标准化建设等级证明后，有效期内应按年度开展自评，自评时间间隔不超过12个月，自评报告应报颁发等级证明的评价机构核查。

第五十二条 评价机构对企业年度自评报告核查发现以下问题的，可进行现场核查：

（一）自评结论不能满足原有等级要求的；

（二）自评报告内容不全或存在不实，不能真实体现企业安全生产标准化建设实际情况的；

（三）企业生产经营状况发生重大变化的，包括生产经营规模、场所、范围或主要安全管理团队等；

（四）企业未按要求及时向评价机构报告重大安全事故隐患和较大以上安全生产责任事故的；

（五）相关方对企业的安全生产提出举报、投诉；

（六）企业主动申请现场复核。

第五十三条 评价机构应在企业提交年度自评报告15个工作日内完成自评报告年度核查，需进行现场核查的，应在30个工作日内完成。

第五十四条 年度核查结论分为不合格、合格和优秀三个等级评价，并通过管理系统向社会公开。企业安全生产标准化建设运行情况不能持续满足所取得的评价等级要求，或长期存在重大安全事故隐患且未有效整改的评为不合格；基本满足且对不影响评价结论的问题和重大安全事故隐患进行有效整改的评为合格；满足原评价等级所有要求，并建立有效的企业安全生产标准化持续改进工作机制，且运行良好，重大安全事故隐患和问题整改完成的，评为优秀。对于年度核查评为优秀，应由企业在年度自查报告中主动提出申请，经评价机构核查，包括进行现场抽查验证通过后，方可评为优秀。

第五十五条 评价机构对企业的年度核查评价在合格以上的，维持其安全生产标准化建设等级证明有效；年度核查评价不合格或未按要求提交自评报告的，评价机构应通知企业并提出相关整改建议，企业在30日内未经验收完成整改，或仍未提交自评报告，或拒绝评价机构现场复核的，评价机构应撤销并收回企业安全生产标准化建设等级证明，并通过管理系统向社会公告。

第五十六条 已经取得交通运输企业安全生产标准化建设等级证明的企业，在有效期内发现存在重大安全事故隐患或发生较大以上安全生产责任事故的，应在10个工作日内向颁发等级证明的评价机构报送相关信息，评价机构可视情况开展企业安全生产标准化建设核查工作。

第五十七条 评价机构撤销企业安全生产标准化建设等级证明的，应通过管理系统向管理维护单位备案。

第四节 证明补发和变更

第五十八条 企业安全生产标准化建设等级证明遗失的，可向颁发等级证明的评价机构申请补发。

第五十九条 企业法定代表人、名称、经营地址等变更的，应在变更后30日内，向颁发等级证明的评价机构提供有关证据材料，申请对企业安全生产标准化评价等级证明的变更。

第六十条 评价机构发现申请安全生产标准化建设等级证明变更的企业的安全生产条件发生重大变化，超出第四十九条情况的，可进行现场核实，核实结果不影响变更证明的，应予以变更，核实认为企业安全生产条件不满足维持原证明等级要求的，原证明应予以撤销并通过管理系统向社会公示。

第六十一条 评价机构应在接受企业提出的证明变更申请后30日内，完成证明变更。

第五章 监督管理

第六十二条 主管机关应加强对管理维护单位、评价机构和评审员的监督管理，建立健全日常监督、投诉举报处理、评价机构和评审员信用评价、违规处理和公示公告等机制，规范交通运输企业安全生产标准化建设评价工作。省级主管机关对日常监督管理工作中发现的一级评价机构存在的违法违规行为应通过管理系统上报。

第六十三条 主管机关应采取“双随机、一公开”的突击检查方式，组织抽查本管辖范围内从事相关业务的评价机构和评审员相关工作。抽查内容应包含：机构备案条件、管理制度、责任体系、评价活动管理、评审员管理、评价案卷、现场评价以及机构能力保持和建设等。

第六十四条 交通运输管理部门应将企业安全生产标准化建设工作情况纳入日常监督管理，通过政府购买服务委托第三方专业化服务机构，对下级管理部门及辖区企业推进企业安全生产标准化建设工作情况进行抽查，抽查情况应向行业通报。

第六十五条 已经取得交通运输企业安全生产标准化评价等级证明的企业，在有效期内发生重大以上安全生产责任事故，或1年内连续发生2次以上较大安全生产责任事故的，评价机构应对该企业安全生产标准化建设情况进行核查，不满足原等级要求的，应及时撤销其安全生产标准化等级证明。事故等级按照《生产安全事故报告和调查处理条例》（国务院令第493号)和《水上交通事故统计办法》(交通运输部令2014年15号)确定。

第六十六条 负有直接安全生产监督管理职责的交通运输管理部门应对企业安全生产标准化建设评价中发现的重大安全事故隐患及时进行核查,确认后责令企业立即整改,并依法依规追究相应人的责任。

第六十七条 主管机关应建立投诉举报渠道,公布邮箱、电话,接受实名投诉举报。

第六十八条 主管机关接到有关企业安全生产标准化建设评价实名举报或投诉的,经确认举报或投诉事项是属本单位管辖权限,应在60个工作日内完成调查核实处理,并将处理意见向举报人反馈。

第六十九条 投诉举报第一接报主管机关对确认不属本单位管辖权限的,应在5个工作日内告知举报人,并建议其向具有管辖权限的主管机关举报。

第七十条 评审员、评价机构违背承诺,其备案信息经核实存在弄虚作假的,管理维护单位应在3个工作日内将其列入黑名单,并通过管理系统向社会公告。

第七十一条 管理维护单位应对评审员、评价机构发生的违规违纪和违反承诺等失信行为,依据评审员、评价机构信用扣分细则(见附录C)进行记录。

第七十二条 评审员、评价机构信用等级按其扣分情况分为AA、A、B、C、D共5个等级,未扣分的为AA;扣1-2分的为A;扣3-8分的为B;扣分9-14分的为C;扣15-19分的为D;信用扣分超过20分(含20分)的列入黑名单。以上信用扣分按近3年扣分累计。

第七十三条 部管理维护单位应通过管理系统,按年度向社会公布管辖范围内一级评价机构、评审员3年内违规行为和信用等级汇总情况,以及评价机构所颁发等级证明的企业及其近5年发生等级以上安全生产事故情况。评审员发生信用扣分的,管理维护单位应告知评审员登记的评价机构。

省级管理维护单位应通过管理系统,按年度向社会公布管辖范围内二、三级评价机构,以及评价机构所颁发等级证明的企业及其近5年发生等级以上安全生产事故情况。

第七十四条 交通运输管理部门应将交通运输企业安全生产标准化建设情况和评价结果纳入企业安全生产信用评价范围,鼓励引导交通运输企业积极开展安全生产标准化建设。

第七十五条 交通运输管理部门应加强对企业安全生产标准化评价结果应用,作为实施分级分类、差异化监管的重要依据;对安全生产标准化未达标或被撤销等级证明的企业应加大执法检查力度,予以重点监管。客运、危险货物经营企业安全生产标准化建设评价及年度核查情况应作为企业经营资质年审和运力更新、新增审批、招投标的安全条件重要参考依据。

第七十六条 主管机关和管理维护单位的工作人员发生失职渎职的,应按规定追究相关责任人责任;评价机构的工作人员和评审员发生弄虚作假、违法违纪行为,依法依规追究相关人员法律责任。

第六章　附　　则

第七十七条 交通运输企业安全生产标准化是指企业通过落实安全生产主体责任,全员全过程参与，建立安全生产各要素构成的企业安全生产管理体系，使生产经营各环节符合安全生产、职业病防治法律、法规和标准规范的要求，人、机、环、管处于受控状态，并持续改进。

第七十八条 交通运输企业安全生产标准化建设评价是指企业安全生产标准化评价机构，依据相关法律法规和企业安全生产标准化建设标准，评价企业安全生产标准化建设情况，对评价过程中发现安全生产的问题，提出整改建议，是促进企业安全生产标准化建设工作的重要方式。

第七十九条 对企业所实施的安全生产标准化建设评价，不解除企业遵守国际、国内有关安全生产法律法规的责任和所承担的企业安全生产主体责任。

第八十条 航运企业已建立安全管理体系并取得符合证明（DOC）的，视同满足企业安全生产标准化建设二级水平。

第八十一条 省际运输企业是指从事省际间道路或水路运输的交通运输企业。

第八十二条 自有评审员是指与受聘评价机构签订正式劳动合同，且受聘评价机构已为其连续缴纳1年以上社保的人员。

第八十三条 本办法所称企业是指从事公路、水路交通运输的生产经营单位，包括直接从事生产经营行为的事业单位。

第八十四条 省级主管机关未委托管理维护单位的，本管理办法涉及的相关工作由其承担。

第八十五条 管理系统由交通运输部统一开发，委托管理维护单位负责日常维护。

第八十六条 本办法自发布之日实施，有效期5年。《关于印发交通运输企业安全生产标准化考评管理办法和达标考评指标的通知》（交安监发〔2012〕175号）及《关于印发交通运输企业安全生产标准化相关实施办法的通知》（厅安监字〔2012〕134号）同时废止。

附录 A：

评价机构登记备案条件

<table>
<tr><th rowspan="2">序号</th><th rowspan="2">条件</th><th colspan="3">要　求</th><th rowspan="2">备　注</th></tr>
<tr><th>一级</th><th>二级</th><th>三级</th></tr>
<tr><td>1</td><td>固定办公场所面积</td><td>不少于 300m²</td><td>不少于 200m²</td><td>不少于 100m²</td><td>需提供房屋产权证明或 1 年以上的租赁合同</td></tr>
<tr><td>2</td><td>专职管理人员</td><td>不少于 8 人</td><td>不少于 5 人</td><td>不少于 3 人</td><td rowspan="2">需提供人员正式劳动合同（事业单位需提供加盖单位公章的人员在职证明），连续 1 年以上的单位代缴纳的社保缴费证明</td></tr>
<tr><td>3</td><td>自有评审员</td><td>不少于 30 名本专业自有评审员</td><td>不少于 12 名本专业自有评审员</td><td>不少于 6 名本专业自有评审员</td></tr>
<tr><td>4</td><td>高级职称人员</td><td>不少于 10 人</td><td>不少于 3 人</td><td>不少于 2 人</td><td>高级职称是指国家认可的从事管理、技术、生产、检验和评估评价的高级技术人员，但不含高级经济师、高级政工师等非相关职称</td></tr>
<tr><td>5</td><td>工作经验</td><td>1. 至少具备 5 年以上从事交通运输相关业务领域咨询服务工作的经验；
2. 至少具备 1 年以上二级评价机构备案经历；
3. 已评价一定数量本专业二级企业</td><td>1. 至少具备 3 年以上从事交通运输相关业务领域咨询服务工作的经验；
2. 至少具备 1 年以上三级评价机构备案经历；
3. 已评价一定数量本专业三级企业</td><td>1. 至少具备 3 年以上从事交通运输相关业务领域咨询服务工作的经验</td><td>评价机构申请备案一级资质需评价二级企业家数（新增专业类型不需要）：
道路运输：200 家；水路运输：80 家；港口营运：50 家；城市客运：100 家；交通工程建设：100 家。
评价机构申请备案二级资质需评价三级企业家数（新增专业类型不需要）由各省级主管机关确定</td></tr>
</table>

注：上述条件为单个专业类型登记备案条件，本办法实施前已经取得评价机构证书的评价机构备案不受此条件限制；已经完成其他类型评价机构备案，增加评价机构备案类型的，不要求具有下一级评价机构备案及相关要求。二、三级评价机构备案条件为最低要求，各省级主管机关可根据具体情况参照设定相应备案条件。

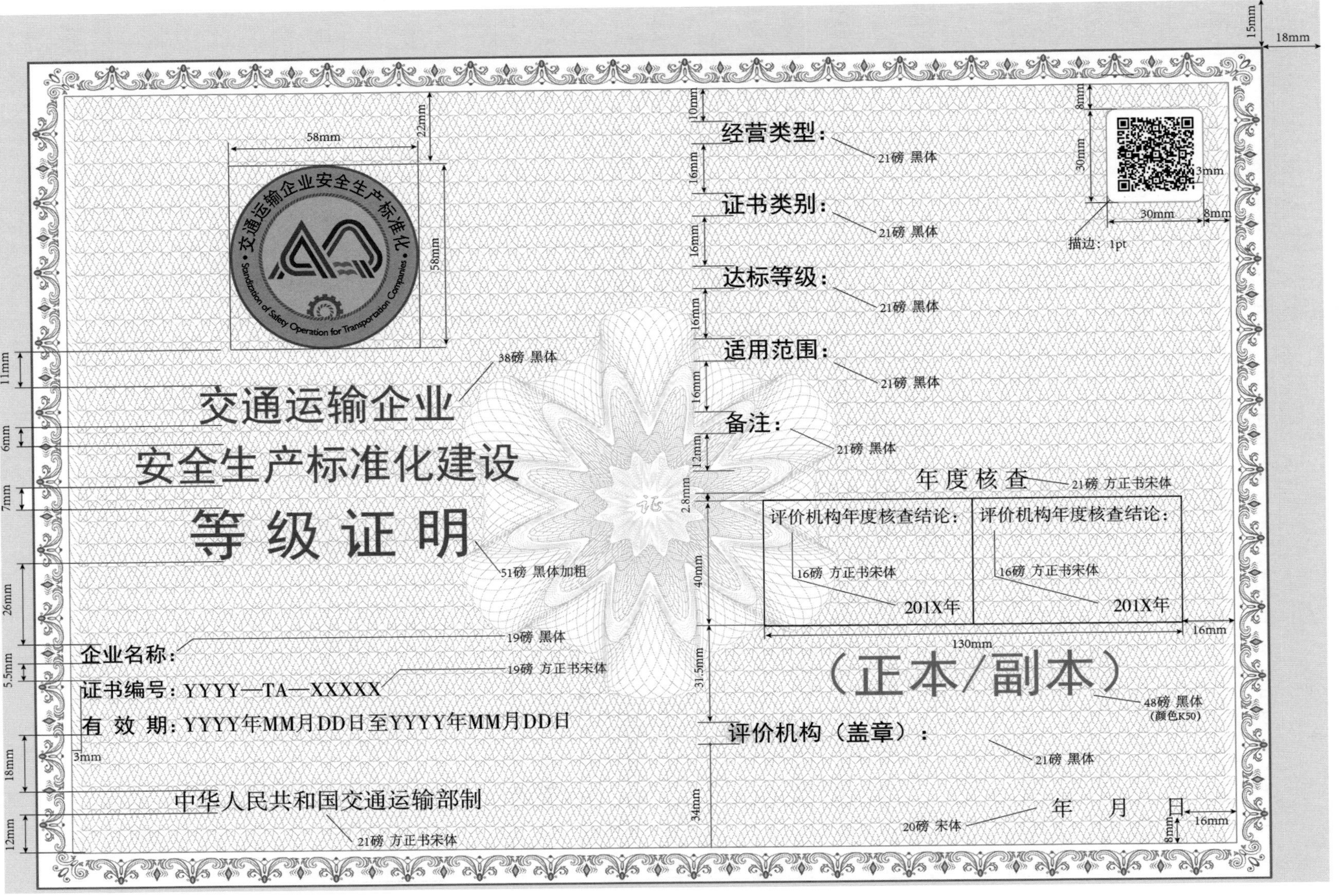
交通运输企业
安全生产标准化建设
等 级 证 明

企业名称：
证书编号：YYYY—TA—XXXXX
有 效 期：YYYY年MM月DD日至YYYY年MM月DD日

中华人民共和国交通运输部制

经营类型：
证书类别：
达标等级：
适用范围：
备注：

年 度 核 查

评价机构年度核查结论：	评价机构年度核查结论：
201X年	201X年

（正本/副本）

评价机构（盖章）：

年 月 日

证明格式及编号说明

1. 等级证明纸张大小为420mm×297mm(A3),带底纹。

2. 证明编号格式为YYYY—TA—XXXXXX。YYYY表示年份;TA表示负责颁发等级证明的评价机构监督管理的省级以上管理维护单位(01表示交通运输部,02表示北京市,03表示天津市,04表示河北省,05表示山西省,06表示内蒙古自治区,07表示辽宁省,08表示吉林省,09表示黑龙江省,10表示上海市,11表示江苏省,12表示浙江省,13表示安徽省,14表示福建省,15表示江西省,16表示山东省,17表示河南省,18表示湖北省,19表示湖南省,20表示广东省,21表示海南省,22表示广西自治区,23表示重庆市,24表示四川省,25表示贵州省,26表示云南省,27表示西藏自治区,28表示陕西省,29表示甘肃省,30表示青海省,31表示宁夏自治区,32表示新疆自治区,33表示新疆生产建设兵团,34表示长江航务管理局,35表示珠江航务管理局);XXXXXX表示序列号。

3. 经营类别分为道路客运运输、道路危险货物运输、道路普通货物运输、道路货物运输站场、汽车租赁、机动车维修、汽车客运站、水路客运运输、水路普通货物运输、水路危险货物运输、港口客运、港口普通货物营运、港口危险货物营运、城市公共汽车客运、城市轨道交通运输、出租汽车营运、交通运输建筑施工企业、交通工程建设项目、高速公路运营、隧道运营和桥梁运营等类别。

4. 评价等级分一级、二级、三级3个级别。

5. 证明电子模板可在管理系统下载。

6. 证明正本1份,副本3份。

附录 C：

评审员评价机构信用扣分细则

一、评审员发生下列情形的，信用分值扣 1 分：

（一）管理维护单位对评审员评价能力、评价技巧、抽样或流程符合性提出质疑的；

（二）评审员信息发生变更，未按照规定办理变更手续的；

（三）经核实，评价期间不遵守有关纪律，迟到或提早离场的；

（四）未按评价计划实施现场评价，但不影响评价过程的。

二、评审员发生下列情形的，信用分值扣 2 分：

（一）以个人名义或未经评价机构同意，开展与评价相关活动；

（二）近 3 年内，管理维护单位对评审员评价能力、评价技巧、抽样或流程符合性提出质疑 2 次的评审员；

（三）近 3 年内，评审员参与评价的企业有 20% ~30% 发生一般以上安全生产责任事故；

（四）近 3 年内，评审员参与评价的企业发生了 1 起一般安全生产责任事故，且事故调查确定的直接原因在评价时已经存在，但评价中未识别或指出；

（五）未按评价计划实施现场评价，影响评价过程的。

三、评审员发生下列情形的，信用分值扣 5 分：

（一）与申请评价的企业存在利害关系的，未回避的；

（二）近 3 年内管理维护单位对评审员评价能力、评价技巧、抽样或流程符合性提出质疑 3 次及以上的评审员；

（三）非故意泄露企业技术和商业秘密，未造成严重后果的；

（四）近 3 年内，评审员参与评价的企业有 30% ~50% 发生一般以上安全生产责任事故；

（五）近 3 年内，评审员参与评价的企业发生了 1 起较大安全生产责任事故，且事故调查确定的直接原因在评价时已经存在，但评价中未识别或指出；

（六）受到主管部门通报批评的。

四、评审员发生下列情形的，信用分值扣 10 分：

（一）评价活动中为第三方或个人谋取利益，但不构成违法的；

（二）未按要求如实反映企业重大安全事故隐患或风险的；

（三）允许他人借用自己的名义从事评价活动的；

（四）近 3 年内，评审员参与评价的企业有 50% 以上发生一般以上安全生产责任事故；

（五）近 3 年内，评审员参与评价的企业发生了 1 起重大上安全生产责任事故，且事故调查确定的直接原因在评价时已经存在，但评价中未识别或指出。

五、评审员发生下列情形的，信用分值扣20分：

（一）登记备案条件弄虚作假的；

（二）评价活动中，存在重大违法、违规、违纪行为，构成违法的；

（三）评价活动中为第三方或个人谋取利益，情节特别严重的；

（四）评价工作中弄虚作假的，结果影响评价结论的；

（五）近3年内，评审员参与评价的企业发生了1起特别重大安全生产责任事故，且事故调查确定的直接原因在评价时已经存在，但评价中未识别或指出；

（六）故意泄露企业技术和商业秘密，或泄露企业技术和商业秘密造成严重后果的；

（七）被列入省部级以上黑名单的。

六、评价机构发生下列情形的，信用分值扣1分：

（一）逾期30日未提交年度工作报告；

（二）不按规定程序和要求开展评价活动的；

（三）内部档案管理制度不健全或重要考评记录文件（每缺失1件扣1分）；

（四）未按评价计划实施现场评价，但不影响评价过程的；

（五）允许不具备评价能力人员参与评价活动的；

（六）近3年内，评价机构所评价的企业有20%～30%发生一般以上安全生产责任事故。

七、评价机构发生下列情形的，信用分值扣5分：

（一）未按要求如实反映企业重大安全事故隐患或风险的；

（二）未及时向管理维护单位报备评价结果的；

（三）泄露企业技术和商业秘密的，未构成后果的；

（四）评价机构评价结果或年度核查不符合实际情况；

（五）利用评价活动，谋取其他利益的；

（六）近3年内，评价机构所评价的企业有30%～50%发生一般以上安全生产责任事故；

（七）近3年内，评价机构所评价的企业发生了1起较大安全生产责任事故，且事故调查确定的直接原因在评价时已经存在，但评价中未识别或指出。

八、评价机构发生下列情形的，信用分值扣10分：

（一）评价工作中隐瞒或应发现而未发现企业重大安全事故隐患或风险；

（二）泄露企业技术和商业秘密的，造成较轻后果的；

（三）分包转包评价工作的；

（四）利用评价活动，强制谋取其他利益的；

（五）评价活动的专业类型不符合本办法要求或超范围评价的；

（六）评价机构或其法定代表人被主管部门通报批评的；

（七）近3年内，评价机构所评价的企业有50%以上发生一般安全生产责任事故；

（八）近3年内，评价机构所评价的企业发生1起重大安全生产责任事故，且事故调查确定的直接原因在评价时已经存在，但评价中未识别或指出。

九、评价机构发生下列情形的，信用分值扣20分：

（一）登记备案条件弄虚作假的；

（二）评价工作中弄虚作假，或应发现而未发现企业重大安全事故隐患或风险，导致隐患未消除或风险未得到有效控制，发生等级以上责任事故的；

（三）采取不正常竞争措施，严重影响市场秩序的；

（四）泄露企业技术和商业秘密的，造成严重后果的；

（五）评价机构相关条件低于首次备案条件，督办整改不合格的；

（六）近3年内，评价机构所评价的企业发生1起特别重大安全生产责任事故，且事故调查确定的直接原因在评价时已经存在，但评价中未识别或指出；

（七）评价机构或其法定代表人被列入省部级以上黑名单的；

（八）按照有关法规、规定，应予以撤销的。

以上信用扣分细则，逐条逐次累计。交通运输部安委会办公室可根据安全生产信用体系建设和企业安全生产标准化建设情况适时调整。